돈황변문교주 5

敦煌變文校注

교주자 **황정**(黃征)은 1958년생. 강소(江蘇) 회음(淮陰)인. 1993년 항주대학(杭州大學)에서 박사학위 취득. 현재 남경사범대학(南京師範大學) 중문과 교수 겸 돈황학연구소 소장을 맡고 있다. 주요 논문과 저서로는 「돈황사본 정리 때 지켜야 할 원칙(敦煌寫本整理應遵循的原則)」, 『돈황 속자 사전(敦煌俗字典)』(黃征 著), 『돈황변문집교의(敦煌變文集校議)』(郭在貽 · 張涌泉 · 黃征 공저) 등이 있다.

교주자 **장용천**(張涌泉)은 1956년생. 절강(浙江) 의오(義烏)인. 항주대학 중문과를 졸업 후 동대학원에서 석사학위를 받았으며, 1994년 사천대학(四川大學)에서 박사학위 취득. 현재 절강사범대학(浙江師範大學) 교수로 재직 중이다. 주요 논문과 저서로는 「돈황변문 속자의 유형과 고증 방법(敦煌變文俗字的類型及其考辨方法)」, 『돈황소설합집(敦煌小說合集)』(張涌泉 主編), 『돈황변문집교의(敦煌變文集校議)』(郭在貽 · 張涌泉 · 黃征 공저) 등이 있다.

옮긴이 **전홍철**(全弘哲)은 1960년 서울 출생. 한국외대 중국어과를 졸업하고, 동 대학원에서 敦煌變文 연구로 박사학위를 받았으며, 현재 又石大學 SILKROAD 映像研究院 院長 겸 유통통상학부(중국학) 교수로 재직 중이다. 현재 溫州大學 東亞民俗文化研究所 兼職教授를 맡고 있으며, 돈황학과 SILKROAD 文明交流에 관한 글쓰기와 영상 제작을 하고 있다. 주요 저서와 영상물로 『敦煌 講唱文學의 理解』 · 『敦煌 民間文學 談論』(著書), 〈韓國과 실크로드(Korea and Silkroad)〉 · 〈全北 속의 中國(全北裏的中國)〉 · 〈Pansori Road(板聲之路)〉(Video) 등이 있다.

옮긴이 **정병윤**(鄭炳潤)은 1966년생. 한국외국어대학교 중국어과를 졸업하고, 중국 남경대학교에서 「돈황강창문학 중 불교고사류 작품연구」로 박사학위를 받았다. 현재 한국외국어대학교와 우석대학교에서 중국 고전시와 중국문화 관련 강의를 하고 있다. 주요 논저로는 『돈황의 전설』, 「韓人과 고대 돈황인과의 접촉에 관한 고찰」, 「돈황석굴과 유불도 삼교의 만남」, 「돈황변문과 불교의 중국화과정」 등이 있다.

옮긴이 **정광훈**(鄭廣薰)은 1973년생. 한국외국어대학교 중국어과를 졸업하고 같은 학교에서 敦煌 變文에 관한 논문으로 석사 과정을 마쳤으며, 북경대 중문과에서 『스토리텔링 전통과 당대 중후기 문학 변혁』으로 박사학위를 받았다. 지금은 고려대 민족문화연구원의 HK연구교수로 재직 중이다. 주요 논문과 역서로 「敦煌 사본의 圖文 배치 방식과 圖書史的 의의」, 「敦煌 變文의 우리말 번역에 대한 고찰」, 『당대 변문』(공역), 『그림과 공연』(공역), 『중국문화사전』 등이 있다.

돈황변문교주 敦煌變文校注 5

1판 1쇄 인쇄 2015년 9월 30일 **1판 1쇄 발행** 2015년 10월 15일

교주자 황정 · 장용천 **옮긴이** 전홍철 · 정병윤 · 정광훈 **펴낸이** 박성모 **펴낸곳** 소명출판
등록 제13-522호 **주소** 06643 서울시 서초구 서초중앙로6길 15, 1층
대표전화 (02) 585-7840 **팩시밀리** (02) 585-7848
이메일 somyong@korea.com **홈페이지** www.somyong.co.kr

ISBN 979-11-86356-72-2 94820 값 37,000원
ISBN 979-11-86356-67-8 (전6권)

이 번역도서는 2003년도 정부재원(교육인적자원부 학술연구조성사업비)으로 한국연구재단의 지원에 의하여 연구되었음.

이 번역도서는 중화사회과학기금의 지원으로 연구되었음.(中華社會科學基金Chinese Fund for the Humanities and Social Sciences資助)

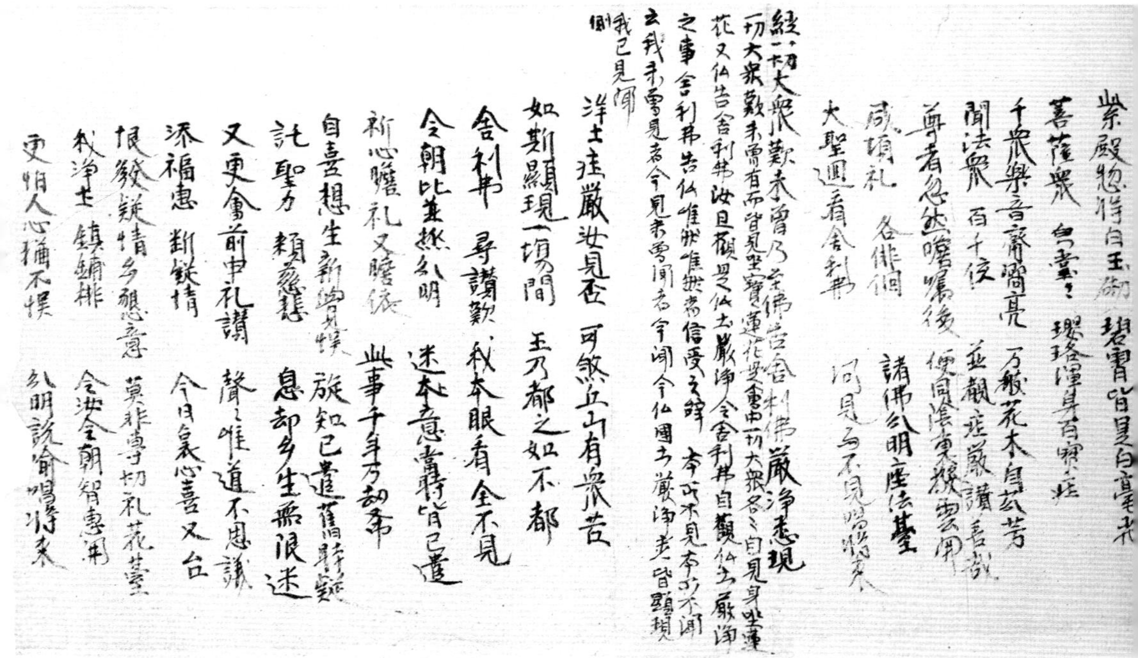

敦煌本 維摩詰經講經文三(S.3872)

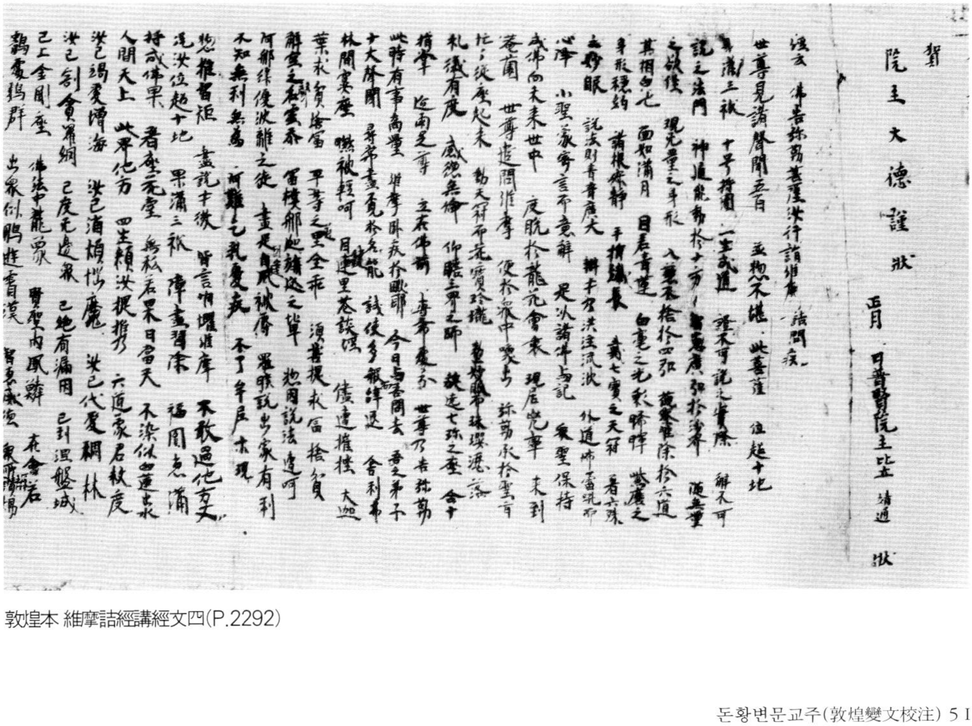

敦煌本 維摩詰經講經文四(P.2292)

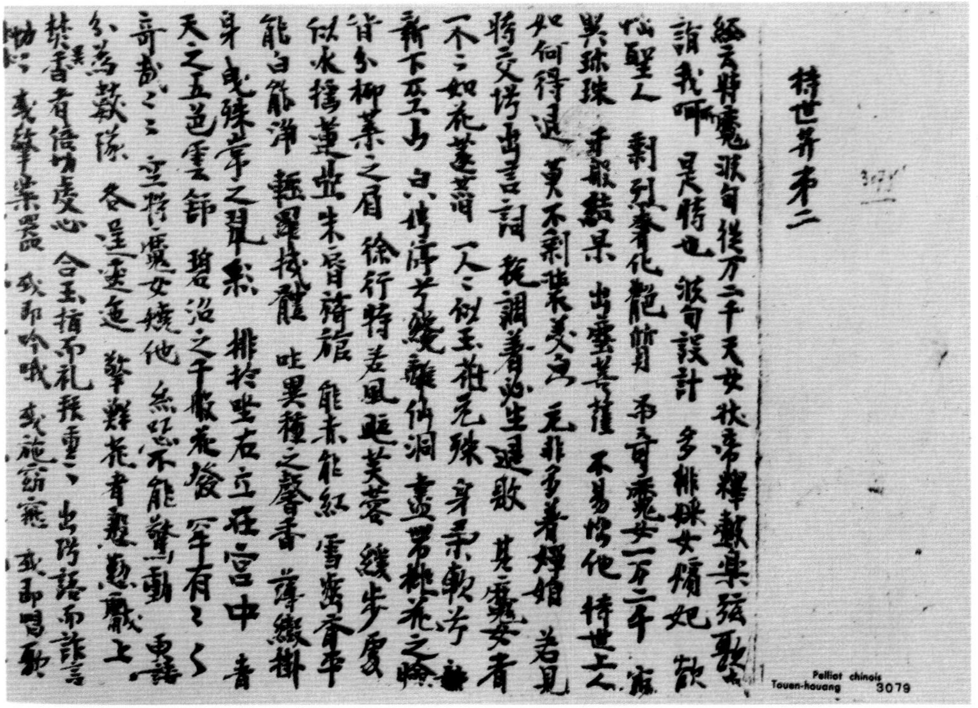

敦煌本 維摩詰經講經文五(P.3079)

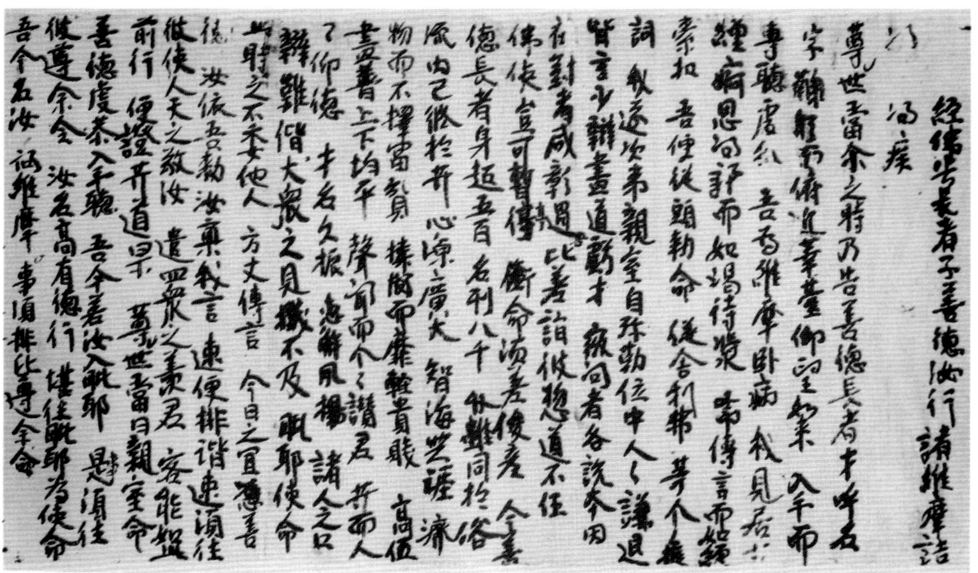

敦煌本 維摩詰經講經文六(俄Φ252)

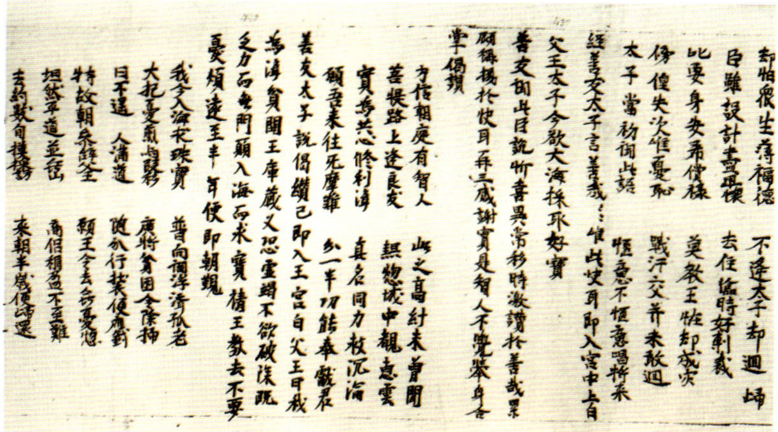

敦煌本
雙恩記(俄Φ96)

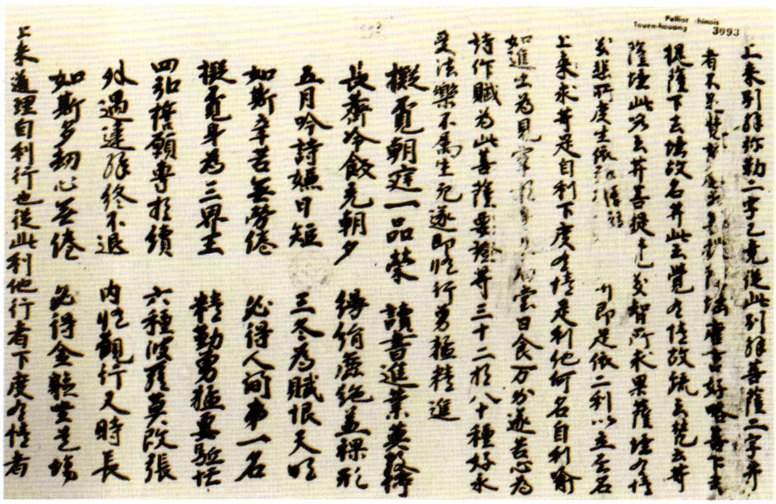

敦煌本
佛說觀彌勒菩薩上生兜率天經講經文
(P.3093)

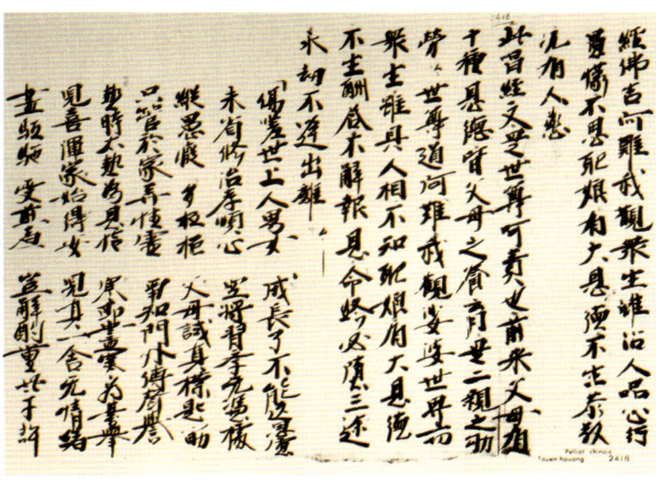

敦煌本
父母恩重經講經文一
(P.2418)

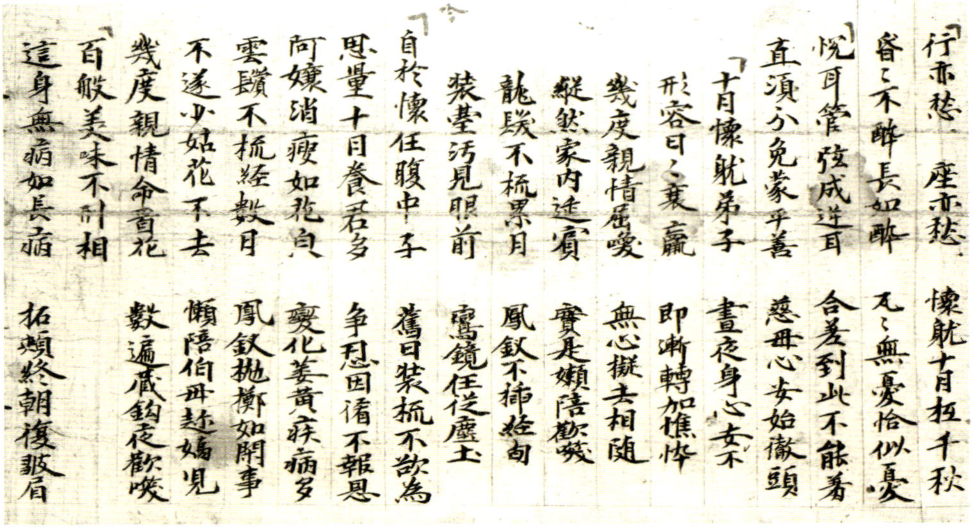

敦煌本 父母恩重經講經文二(BD8672)

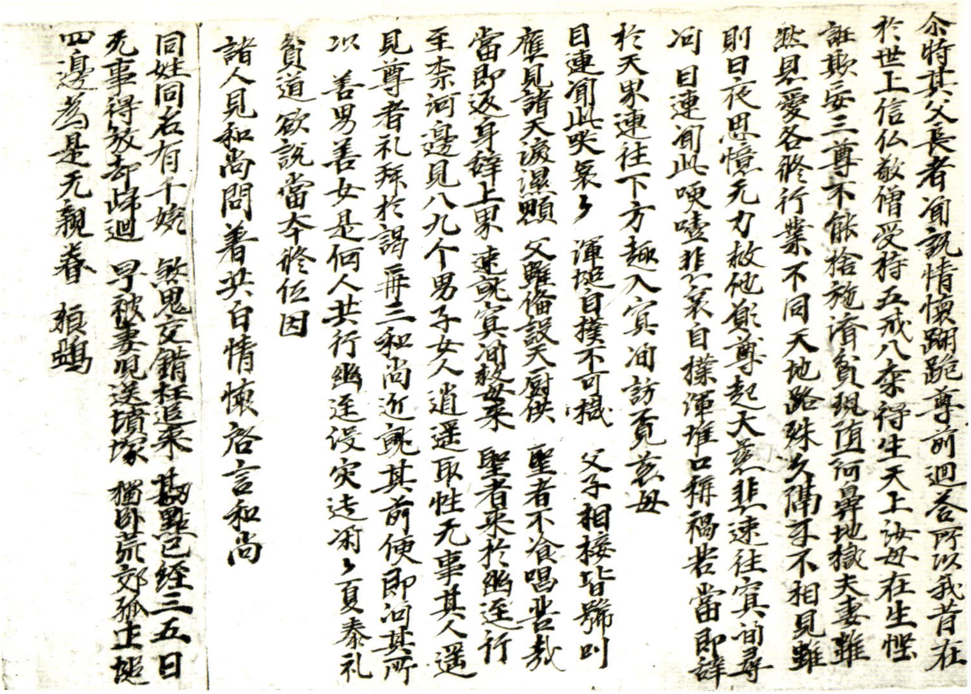

敦煌本 盂蘭盆經講經文(BD02496)

돈황변문교주 5

敦煌變文校注

황정 · 장용천 교주
전홍철 · 정병윤 · 정광훈 옮김

소명출판

일러두기

본서의 교주 체제는 『돈황변문집』의 방법을 따르되, 일부 변경된 부분이 있어 아래에 그 내용을 명시해둔다.

1. 본서에 수록된 변문은 『돈황변문집』에 실린 작품 대부분을 포함하며, 여기에다 러시아・대만・일본 등지에 소장되어 있는 변문 필사본을 더하여 총86종이다. (『돈황변문집』에는 78종이 실려 있는데, 그 가운데 「하녀부사(下女夫詞)」・「추음(秋吟)」・「수신기(搜神記)」・「효자전(孝子傳)」 4종은 변문이 아니기에 제외시켰다. 또 P.2121 「유마힐경강경문」 1종은 사실 「유마경압좌문」의 일부이므로 본서에서는 이들을 하나로 합쳤고, S2440 「해좌문(解座文)」 1종은 『돈황변문집』에서는 「삼신압좌문(三身押座文)」 끝부분에 수록해놓았는데, 연구 결과 '해좌문'에 해당되는 까닭에 한 편의 독립된 작품으로 삼았다. 결과적으로 12종이 늘어난 셈이다.)
2. 본서의 작품 배열은 『돈황변문집』에서처럼 역사고사와 불교고사 두 부류로 대별하여 이루어졌다. 역사고사는 문체에 의거하여 유설유창(有說有唱)・유설무창(有說無唱)・대화체로 세분하여 3권으로 나눴으며, 각 권의 배열순서는 역사 시대순에 따랐다. 불교고사는 부처(석가모니) 고사・불경의 강설・불가(佛家) 고사 순서로 분류하여 3권으로 나눴다. 압좌문(押座文) 및 기타 단문(短文)은 그 뒤에 실어 한 권으로 삼았다.
3. 본문은 『돈황변문집』 및 관련 집록본(輯錄本)을 기초로 하고, 돈황 필사본 원권(대부분 마이크로필름)을 대조하였다. 필사본 정황과 이록(迻錄)에 참고한 저본, 교주(校注)에 참고한 주석본은 각 편의 주석 1번에 설명해두었다. 작품의 제목은, 편자가 임의로 정한 것은 '[ ]' 표시로 제목에 괄호를 쳐두고 마찬가지로 주석 1번에 설명을 달았다. 본문은 가능한 한 저본의 원형을 따르되, 다른 주석본을 참고하여 보충한 것이나 문맥에 비춰 바로잡은 몇몇 부분은 모두 교주에 그 사실을 밝혔다. 그리고 저본에는 오류가 없으나 다른 주석본에 오류가 있는 경우는 별도로 주(注)를 달지 않았고, 일반적인 이체자에도 주를 달지 않았다. 또 저본에는 오류가 있고 다른 주석본에는 오류가 없는 것은 직접 정문(正文)으로 바로잡고 교주에 그 근거를 밝혔다. 또 저본의 문자가 해독이 어려운 경우(예를 들면 속어나 판별이 힘든 속자 등)는 그 가차자나 이체자를 기록하였으며, 두 판본에 적힌 문자가 서로 다른 경우는 교주에다 상이한 내용을 기록해두었다. 저본에 글자가 빠져 있는 경우는 '□'로 표시했고, 빠진 글자 수를 정확히 알 수 없을 경우는 '▭'(좀 더 긴 직사각형 모양)로 표시했다. 빠진 글자는 다른 판본, 혹은 앞뒤 문맥에 의거하여 보충해 넣었을 때는 보완해 넣은 글자를 '[ ]'로 괄호를 쳐두었고, 저본에 본래 빠져 있는 글자는 먼저 '[□]'로 표시를 하고 그 옆에다 보완해 넣은 글자를 '( )' 표시 안에 넣어 두었다.
4. 일반적인 속자(俗字)는 별도의 주석 없이 곧바로 통용되는 번체자로 고쳐 적었다. 『돈황변문집』의 본문 기록에 의문이 들거나 오해하기 쉬운 속자들이 사용된 경우는 통용되는 번체자로 수정하고 주석을 달아 시비를 바로잡았다. 자형(字形)의 유사(類似)로 생긴 오자는 직접 정자(正字)로 바로잡았고 주석에 그 이유를 설명하였고, 자음(字音)의 유사로 생긴 오자와 가차자(假借字)는 원래의 글자로 표기하고 주를 달아 본자(本字)를 밝혔다. 그리고 일반적으로 통용되거나 알아보기 쉬운 가차자들, 이를 테면 '유(猶)'와 '유(由)', '교(教)'와 '교(交)', '이(已)'와 '이(以)' 등은 '( )' 안에다 본자를 적어두고 별도로 주를 달지 않았다. ('혜(慧)'와 '혜(惠)'처럼 음과 뜻이 서로 통용되는 부류는 주석을 달지 않았다.) 그리고 고금(古今)의 용법이 서로 다른 글자들, 예컨대 '원(元)'과 '원(原)', '제(弟)'와 '제(第)', '양(孃)'과 '낭(娘)', '봉(奉)'과 '봉(捧)', '민(閔)'과 '민(憫)', '좌(坐)'와 '좌(座)', '은(隱)'과 '온(穩)', '배(陪)'와 '배(賠)' 등은 저본의 글자를 택함으로써 고서(古書)의 본모습을 남겨두었다.
5. 본서는 『돈황변문집』에 있는 모든 주석 내용을 그대로 남겨두었다. 『돈황변문집』의 본문 기록은 '원록(原錄)', 그 교주는 '원교(原校)'라 칭하였다. 반중규의 『돈황변문집신서』는 '반서(潘書)'(본 번역본에서는 '신서(新書)'라 표기함), 그 교주는 '반교(潘校)'(본 번역본에서는 '반중규(潘重規)'라 표기함)라 약칭하였다. 서진악(徐震堮)의 『돈황변문집교기보정(敦煌變文集校記補正)』과 그 『재보(再補)』는 '서교(徐校)'(본 번역본에서는 '서진악(徐震堮)'라 표기함)라 칭한다. 장례홍(蔣禮鴻)의 『돈황변문자의통석(敦煌變文字義通釋)』은 '통석(通釋)'(본 번역본에서는 상황에 따라 '통석(通釋)'과 '장례홍'을 병용함)이라 칭하며, 기타 다른 학자들의 견해는 일률적으로 그 이름을 적되 선생이나 동지 같은 호칭은 붙이지 않았다. 여러 명의 견해가 똑같을 경우는 발행시기가 이른 학자의 견해를 인용하고, 그 나머지는 언급하지 않았다. 전문가들의 견해는 1989년 말까지로 한정하였고, 본서 끝부분에 첨부해둔 관련 논저의 목록을 본문에서는 일일이 주를 달아 밝히지는 않았다.
6. 한 지방에서의 글자와 어휘의 쓰임새에 대해 이전의 자전이나 사전에서는 언급할 가치가 없다고 여겨 다루어지지 않았다. 그런데 돈황변문은 민간에서 발생하여 구어와 속자로 기술되어 있으니 진실로 지방의 속자와 속어의 집합체인 셈이다. 이러한 글자와 어휘들은 그 뜻을 해독하기 어렵고 자전이나 사전에서도 언급되어 있지 않으니, 독자들은 그런 글자(어휘)를 접할 때마다 한숨이 나오게 마련이다. 그리하여 본서에서는 이처럼 난삽하고도 그 뜻이 애매한 글자들, 혹은 글자는 통용되나 그 의미가 다른 속어에 대해서는 부가 설명을 덧붙여 독자의 편의를 도모하였다. 그 밖의 널리 통용되는 글자나 어휘, 인명, 전고(典故)들은 번잡함을 피하기 위해 굳이 주를 달지 않았다.
7. 본서 말미에는 「참고문헌 : 본서에서 인용한 變文 補校 논저 목록」과 「찾아보기」를 첨부하였다.

돈황변문교주 전체 차례

돈황변문교주 4

돈황변문교주 5

돈황변문교주 6

유마힐경강경문 3(維摩詰經講經文三)[1]

經 : 「爾時長者寶積[2]說[此偈已, 白佛言 …… 願聞得佛國土淸淨, 唯願世尊說][3]諸菩薩淨土之行.」

經 : 爾時長者子[4]寶積說[5]此偈已, 白佛言 : 世尊, 是五百長[□](者)[6]子

1 王慶菽 [原校] 본권 편호는 S.3872이다. 표제는 본래 빠져 있는데 내용이 『維摩詰所說經』에 근거하고 있는 까닭에 임의로 제목을 달았다. [校注] 본편이 의거하고 있는 경문은 『維摩詰所說經』 「佛國品第1」의 후반부와 「方便品第2」의 대부분이다. 권말에 경문 "是身如毒[蛇], 如怨賊, 如空聚, 陰界諸人(入)所共合成"운운하고서 그 뒤에 아무런 강설부분이 없는 것으로 보아 잔결된 게 틀림없다.

2 '長者'는 '長者子'가 되어야 한다. 경문은 본래 '長者子'로 되어 있다. 본편 아래 문장 인용문에서도 '長者子'로 되어 있다. 「佛國品」의 "爾時毗耶離城有長者子, 名曰普寂, 與五百長者子俱持七寶蓋來詣佛所"는 그 증거이다. '長者子'는 長者의 아들이다.

3 [原校] "此偈已, 白佛言 …… 願聞得佛國土淸淨, 唯願世尊說" 이 문구가 原卷에는 빠져 있다. 『維摩詰所說經』에 의거하여 보충한다.

4 '子'자는 原錄에서는 실수로 누락되었는데 여기서는 原卷에 의거하여 보충해 넣는다.

5 '說'은 原錄에서는 '經云' 두 글자로 되어 있고 그 주석에서 말하기를 "'經云' 두 글자는 문맥으로 보아 '說'자가 되어야 한다"고 하였다. [校注] '云'자는 原卷에서는 '經'자 우측 아래에 旁註로 적혀 있다. 이는 교열자가 실수로 덧붙인 것으로 보인다.('普寂經'

皆[7]已發阿□□(耨多)[8]羅三藐三菩提心, 願聞得佛國土清淨, 唯願世尊說諸菩薩淨土之行. 卽[9]是菩薩淨土, 當來不諂衆生來生其國. 若有不諂不詐, 心無所曲衆生卽生菩薩淨土中, 隨其直心, 則能發行. 若隨一切衆[10]生, 皆有直心, 則□起一切善行.[11] 隨其發行, 則得深心. 若發一切衆善, 則具甚深□.[12] 若具深妙之心, 則能調伏其意. 若調伏意已, 則所聞如其所說修行.[13] 若依其說修行, 則衆善悉能迴向與一切衆生. 若能迴向與一切衆生, 則具足種種方便. 旣具足種種方便, 則能成就一切衆生. 若成就得一切衆□(生), 卽便佛國嚴淨. 隨佛土淨, 卽說法淨. 佛土旣得嚴淨, 則一切之法皆淨. 若說法淨, 則智惠淨. 智惠[14]能淨, 其心淸淨. 其心淨已, 則一切功德淸淨. 是故寶積若[15]菩薩

을 불경 이름으로 오인하였을 것) '經'은 '說'의 형와자이다.(돈황사권에서 '說'자는 '經'자와 유사한 형태로 표기된다) 여기서는 문맥에 의거하여 '說'로 기록한다.

6 原卷에서는 '者'자가 없다. 여기서는 문맥에 의거하여 임의로 보충한다.

7 '皆'는 原錄에서는 '公'으로 되어 있고 그 주석에서 "『維摩詰經』에 의거하건대 이는 '皆'자가 되어야 한다"고 하였다. [校注] 原卷에서는 '㐅'로 되어 있는데 이는 '皆'의 초서체이다. 아래 문장 "皆有直心"의 '皆'자가 原卷에서는 이 형태로 되어 있다.

8 [原校] '耨多' 두 자는 『維摩詰經』에 의거하여 보충한 것이다.

9 原卷에서는 '卽'자 앞에 궐문이 있는 것 같은데 '直心' 두 자를 넣어야 합당하다. 아래의 두 구는 경문 "寶積當知直心是菩薩淨土, 菩薩成佛時不諂衆生來生其國"을 연역한 것이다.

10 [原校] 본권에서 '衆'자는 모두 '㐺'으로 적혀 있다. 여기서는 일률적으로 '衆'으로 수정해 적는다. [校注] 본권에서는 '衆'과 '㐺'이 모두 보인다. '衆'자는 모두 '㐺'으로 적혀 있다는 原校의 표현은 옳지 않다.

11 궐자는 '發'자가 되어야 할 것 같다. 아래 문장 "若發一切衆善"은 이 구문을 이어받은 것이다.

12 '深'자는 原錄에서는 궐문으로 되어 있다. 潘重規는 原卷에서는 '深'자로 되어 있다고 했는데 이는 옳다. 이에 의거하여 보충한다. 아래의 궐자는 모두 '心'자가 되어야 한다. 아래 문장 "若具深妙之心"은 이 구문을 이어받은 것이다. 이들 몇 구는 경문 "隨其發行, 則得深心. 隨其深心, 則意調伏"을 연역한 것이다.

13 '行'자는 原錄에서는 궐문으로 되어 있다. 여기서는 남아 있는 자형과 문맥에 의거하여 보충한다. 아래 문장 "若依其說修行"은 이 구문을 이어받은 것이다.

14 '智惠'는 '智慧'와 같다. 지혜롭다는 의미의 '慧'자가 돈황사본에서는 '惠'로 되어 있는 경우가 많다. 原錄에서는 직접 '惠'를 '慧'로 수정하였는데 이는 타당하지 못하다.

15 '若'은 原卷에서는 '𢀖'으로 되어 있는데 이는 '若'의 초서체이다. 본문은 경문 "是故寶

欲得淨土, 當淨其心. 菩薩摩訶薩若要身居淨土, 卽先[淨][16]其心. 如何淨心?不嫉、不妒[17]、不諂、不誑、不憍慢[18]、不掉擧[19]、不兩舌、不惡口、無貪、無嗔、無諍、無競、不煞、不盜、不婬、不忘(妄)[□](語)[20]、不飮酒、常行慈悲、濟貧、拔苦, 歸將有餘救不足者, 將安樂施危厄者. 乃頭目髓腦, 身肉手足, 將內外財帛, 施身爲床座, 求聞妙法.

淨土深沈理, 聞來莫可知,
那邊通穩便, 何處是修□.[21]
望救衆生苦, 希求出淤泥,
此時申請問, 幸願賜慈悲.
必可除邪見, 應須滅衆災.
幸逢金色相, 欣遇法門開.

積若菩薩欲得淨土, 當淨其心"을 인용한 것이다.

16 [原校] '淨'자는 『維摩詰經』에 의거하여 보충한 것이다. [校注] 앞의 두 구는 『維摩詰經』 원문을 인용한 것이 아니다. '淨'자는 문맥에 의거하여 보충한 것이다.

17 '妒'는 原卷에서는 '姤'로 되어 있다. [劉凱鳴] '姤'는 '妬'의 형와자이다. '妬'는 '妒'의 이체자이다. [校注] '姤'는 곧 '妬' 혹은 '妒'의 속자이다. 돈황사본에서 '질투'의 '妒'자는 흔히 '姤'로 표기된다.('우연히 만나다'라는 의미의 古候切 '姤'는 同形異字이다) 『龍龕手鏡』 女部 : "姤, 俗; 妒, 通; 妬, 正 : 當故反, 害也." 본권에서 '妒'자는 모두 '姤'로 되어 있다. 이하에서는 직접 '妒'라 고쳐적되 더 이상 注를 달지는 않는다.

18 '憍'는 原卷에서는 '憍'로 되어 있는데 이는 '憍'의 속서이다. 『干祿字書』 "高喬 : 上俗下正." '憍'는 '驕'의 후기 속자이다. 『集韻』 宵韻 : "憍, 逸也, 矜也. 通作驕." 같은 책 小韻 : "憍, 小人得志也." '憍慢'은 불교술어로서, 스스로를 높이고 남을 능멸하는 것을 가리킨다. 慧琳 『一切經音義』 卷25 : "옥편에 따르면, 방자한 것을 '憍'라 하고, 남을 깔보는 것을 '慢'이라 한다(今依玉篇 : 自恣爲憍, 凌他曰慢)."

19 '掉擧'는 불교술어로서, 마음을 들뜨고 불안하게 하는 번뇌이다. 慧琳 『一切經音義』 卷1 : "掉擧, 賈注國語云 : 掉, 搖也. 韻英 : 動也. …… (擧)字書云起令高也, 說文對擧也." 玄奘 譯 『阿毘達磨俱舍論』 卷4 : "掉는 掉擧를 말하며 마음을 불안정하게 만든다(掉謂掉擧, 令心不靜)." 袁賓은 '掉擧'를 '掉鬼', '調鬼'라 교정하였고, 劉凱鳴은 '釣譽'라 교정하였는데 모두 정확하지 못하다.

20 '語'자는 문맥에 의거하여 임의로 보충한 것이다. 不煞 · 不盜 · 不婬 · 不妄語 · 不飮酒는 불교의 '五戒'이다. S.6551 「佛說阿彌陀經講經文」에는 이와 관련된 해설이 있다. 참고하기 바란다.

21 [徐震堮] 앞뒤의 운으로 판단해 보건대 '修' 뒤는 '持'자가 되어야 한다.

禮拜親花坐, 虔心近寶臺,
此時垂教遵,[22] 決定絶疑猜.
欲望開眞路, 專希振法雷,
敕文(教)[23]令諦聽, 便請唱將來.

경전에서 말하기를, "그때에 장자의 아들 보적이 이 게송을 설하고 부처님께 아뢰었다. …… 불국토의 청정을 얻고자 하나이다. 바라옵건대 여러 보살이 정토로 나아가기 위해 닦는 수행을 설하여 주십시오."

경전에서 말하기를, 그때 장자의 아들 보적은 이 게송을 설하고 부처님께 아뢰었다. 세존이시여, 여기 5백 장자의 아들이 다 이미 아뇩다라삼막삼보리의 마음을 내었고 불국토의 청정을 얻고자 합니다. 바라건대 여러 보살이 정토로 나아가기 위해 닦는 수행을 설하여 주십시오. [보적아, 알지어다.] 곧은 마음이 보살의 정토이니 [보살이 부처될 때에] 아첨하지 않는 중생들이 그 나라에 태어난다. 아첨하지도 속이지도 않아 마음에 사악함이 없다면 이들은 보살의 정토에 태어난다. 그 곧은 마음을 간직하면 선행을 베풀게 된다. 일체의 중생들이 모두 곧은 마음을 지닌다면 일체의 선행이 베풀어질 것이다. 그 선행을 따른다면 순수한 마음을 얻을 수 있게 된다. 일체의 선행이 베풀어진다면 순수한 마음을 얻게 되고, 순수한 마음을 얻게 되면 그 뜻을 다스릴 수 있게 되고, 그 뜻을 다스릴 수 있게 되면 가르침대로 수행할 수가 있게 되고, 가르침대로 수행할 수 있게 되면 여러 선행을 모든 중생에게 회향(迴向)[24]할 수 있게 되고, [여러 선행을] 모든 중생에게 회향할 수 있게 되면 여러 가지 방편(方便)[25]을 구족하게 되고, 여러 가지 방편을 구족하게 되면 모든 중생을 성도(成道)시킬 수 있게 되고, 모든 중생을 성도시킬 수 있게 되

22 【徐震堮】'遵'은 '道'가 되어야 할 듯하다. 【校注】'遵'은 '導'의 형와자이다. 서씨의 견해는 정확하지 않은 것 같다.
23 '交'는 原錄에서는 '文'으로 오록되어 있다. 여기서는 原卷에 의거하여 바로잡는다.
24 자기가 닦은 선근공덕을 다른 중생이나 또는 자기의 불과(佛果)에 돌림.
25 좋은 방법을 써서 중생을 인도하는 것.

면 불국토가 깨끗해지고, 불국토가 깨끗해지면 설법이 깨끗해지고, 불국토가 깨끗해지면 일체의 법이 모두 깨끗해지고, 설법이 깨끗해지면 지혜가 깨끗해지고, 지혜가 깨끗해지면 마음이 깨끗해지고, 마음이 깨끗해지면 일체의 공덕이 깨끗해진다. 그러므로 보적아, 만일 보살이 정토를 얻으려거든 먼저 그 마음을 청정하게 가져야 한다. 보살이 정토에 거하려거든 먼저 그 마음을 깨끗이 해야 한다. 마음을 깨끗이 한다는 게 무슨 말인가? 질투하지 않고, 투기하지 않고, 아첨하지 않고, 속이지 않고, 교만하지 않고, 마음이 들뜨지 않고, 이간질하지 않고, 욕하지 않고, 탐하지 않고, 성내지 않고, 언쟁하지 않고, 다투지 않고, 살생하지 않고, 도둑질하지 않고, 음란하지 않고, 거짓말하지 않고, 술 마시지 않는다는 것이다. 항상 자비로이 가난한 자를 도와 그들의 고통을 없애주고, 여유로움으로 부족한 자를 돕고, 안락함을 위태로운 자에게 베풀고, 머리와 눈과 몸뚱이와 손발, 그리고 안팎의 재백(財帛)을 보시하고, 육신을 침상으로 바치면서 오묘한 법문을 듣기를 간구한다.

정토의 심오한 이치
들어도 알 수가 없다.
그곳은 안락하거늘
어느 곳에서인들 수행하지 않으랴.
중생의 고통을 구제하길 바라고
진흙 속에서 벗어나기를 희구한다.
이때 질문을 내어
자비를 베푸시기를 소망한다.
반드시 사견(邪見)을 제거해야 하고
뭇 재앙을 없애야 한다.
운 좋게도 황금빛 부처를 만나고
기쁘게도 법문을 듣게 되었다.
연화좌에 예배 올리고

경건한 마음으로 보대(寶臺)에 다가선다.
이때 가르침을 내리시니
반드시 의심과 의혹이 사라지리라.
참된 길이 열리기를 희구하고
법뢰(法雷)가 크게 떨치기를 갈망한다.
잘 새겨들어라 말씀하시는데
이제 곧 창(唱)이 나오리라.

經:「諦聽諦聽, 善思念之」, 乃至「受教而聽.」云云

爾時長[□](者)子寶積及五百長者子, 旣獻七寶蓋已, 乃說偈讚歎世尊訖, 乃白佛言:「世尊世尊, 我等五百長者子發無[26]上正等道心, 願聞如來國土淸淨之事, 惟願世尊說諸菩薩摩訶薩[27]所修行淨土之行. 世尊大慈, 爲我廣說, 我等聞已, 誓願修學.」云云

佛言:善哉, 寶積. 善哉者, 言義,[28] 我佛又贊成寶積長者, 能問於我菩薩修行淨土之行, 及爲諸菩薩又問如來淨土之行, 我爲汝等說之, 汝等諦聽諦聽. 言諦聽者, 諦者, 審也, 個個審實思慮, 用心淨(靜)聽, 勿生疑惑, 聞已修學, 善思念之. 我說與汝, 汝聞應善歎思量其義, 聞其義已, 記念在心, 令莫忘失. 云云

欲得聞眞妙, 還須志意聽,

---

26 '無'는 原錄에서는 '元'으로 되어 있다. 【校注】 본권에서는 '無'자가 '元'으로 적혀 있는 경우가 많아 '元'자와 혼란을 일으킨다. 이하에서는 문맥에 의거하여 직접 바로잡아 기록하되 더 이상의 주를 달지는 않는다.

27 '薩'은 原卷에서는 '卄'로 되어 있다. 潘校는 이를 '薩'자의 생략형이라고 하였는데 이는 지극히 옳다.(俗書에서 '菩薩'은 '井'로 표기된다. 이로부터 유추해보건대 '薩'은 '卄'로 표기될 것이다) 原校에서는 '井'로 되어 있는데 정확하지 못하다. '菩薩摩訶薩'은 보살을 가리키며, '摩訶薩'은 '摩訶薩薩'의 약칭으로, 보살에 대한 통칭이다. 본편 위 문장 "菩薩摩訶薩若要身居淨土, 卽先淨其心"에서 '菩薩摩訶薩'이란 문구가 보이고 있다.

28 '義'자는 본문에서 아무런 의미도 갖지 않는다. 衍字로 보아 삭제해야 한다. '言'자는 다음 구에 속한다.

言言宜穩審, 句句要分明.
莫慮竇難會, 何愁理不精,
此時申講說, 隨類心均平.
定見除迷路, 終𢚩[29]斷所猜.
然須消放逸, 莫遣亂心懷.[30]
自此邪門閉,[31] 因玆法戶開,
有情皆得果, 無處不消災.
禱祝須心志,[32] 虔誠莫縱乖,
一齋(齊)咸悄悄, 說也唱將來.

경전에서 말하기를, "자세히 듣고 잘 생각하라"에서 "너에게 말하여 주리라"까지.

이때 장자 아들 보적과 5백의 장자 아들들은 칠보일산을 바치고서 게송으로 세존을 찬탄한 다음 부처님께 아뢰었다. "세존이시여, 저희 5백의 장자 아들들은 위없는 정등보리심을 발하였거늘, 불국토의 청정함에 대해 듣기를 원하고, 여러 보살들이 정토로 나아가기 위해 닦는 수행에 대해 세존께서 설해주시기를 바랍니다. 자비로우신 세존이시여, 저희를 위하여 설하여 주십시오, 저희는 설법을 듣고 또 그 가르침에 따르고자 합니다."

부처님이 말씀하시기를, 훌륭하다, 보적이여. '훌륭하다'고 한 것은 부

29 '𢚩'는 자전에 나와 있지 않다. 原校에서는 이를 '息'으로 보았는데 반드시 옳은 것은 아니다.

30 '懷'는 原卷에서는 '心' 편방이 되어 '忄' 형태로 적혀 있다.(돈황사본에서는 흔히 '心' 편방이 이 형태로 되어 있다) 原錄에서는 이를 '壞'로 보았는데 정확하지 못하다.

31 '閉'는 原錄에서는 '關'으로 되어 있다. 徐震堮은 이를 '閉'로 의심하였다. 【校注】 原卷에서는 '開'로 되어 있는데 이는 아마도 다음 구 '開'자와 관련하여 야기된 오자인 것 같다. '閉'로 본 徐震堮의 견해는 옳아 보인다. 따라서 이를 따른다. 原錄에서는 '關'으로 되어 있는데 이는 교록자가 임의로 수정한 것이다.

32 '志'는 '專志', '虔誠'이다. 변문 중에는 '志意', '志心'과 같은 문구가 보인다. 예를 들어 본편 위 문장 "欲得聞眞妙, 還須志意聽"이 있다. 이 '志'자도 같은 뜻이다.

처님께서 보살이 정토에 나아가기 위해 닦는 수행 및 여러 보살들을 위하여 여래께 정토행에 대해 여쭙는 보적을 칭찬한 것이다. 나는 그대들을 위해 설할 것이니 그대들은 자세히 들으라. '자세히 들으라(諦聽)'의 '체(諦)'는 '심(審)'으로, 각자 세심히 살펴가며 주의 깊게 듣되 의심을 품지 말 것이며 들은 뒤에는 그것을 명심하라는 말이다. 나는 그대에게 설할 것이니 그대는 잘 듣고 그 뜻을 깊이 생각하고 마음속에 새겨두어 잊지 말 일이다.

참된 묘법을 듣고자 한다면
제대로 새겨들어야 한다.
한 마디 한 마디 자세히 살펴야 하고
한 구절 한 구절 확실히 들어야 한다.
법보(法寶)는 이해하기 어렵다고 생각지 말 것이니
어찌 이치가 세밀하지 못할 것을 염려하는가.
지금 강설을 할 것이니
다 같이 마음을 가라앉히라.
정견(定見)은 미로(迷路)를 제거하고
마침내 의심을 사라지게 한다.
방일함을 없애야 하고
마음이 어지러워서도 안 된다.
이로부터 사악한 마음은 닫히고
법의 문이 열리리라.
중생은 모두 득과(得果)[33]하게 될 것이고
어느 곳에서나 재앙은 소멸될 것이다.
기도와 축원은 전일한 마음으로 해야 하나니
경건 성실하여 방종하지 말 일이다.

33 불도를 닦아 그 과보를 얻는 일. 깨달음에 이르거나 극락정토에 왕생하는 것을 이른다.

모두들 정숙하시라.

창(唱)이 곧 나오리라.

□(經):「如是寶積菩薩隨其直心別[34]能發行」, 乃至「是故寶積, 若菩薩欲得淨土, 當淨其心, 隨其心淨, 則佛土淨.」

於是長者子寶積五百人等, 受佛誨淨心, 淨聽佛言, 寶積當知直心是菩薩淨土. 菩薩成佛時, 不諂衆生. 來生其國. 衆生其心正直, 無有邪曲, 入佛知見, 悟佛知見, 悲歎平等. 勸一切衆生, 皆如赤子. 知身是空, 了達實法. 卽佛是心, 卽心是佛, 心外無法, 法外無心, 淨穢同體, 無有分別. 穢方淨土, 皆猶(由)心變, 無有根本, 亦無生滅, 三界唯識, 萬法唯心. 了悟心源, 卽是淨土. 若悟眞理, 菩薩與土,[35] 悉同是一. 也卽是心淨卽佛土淨云. 別佛土淨云.[36]

側 淨土何曾遠, 認得還須顯,

都來咫尺間, 迷心終不見.

見了只在心, 心了淨方現,

莫更苦尋求, 只此除方便.

淨方道理只居心, 心拙唯言義校[37]深,

悟了只於心上取, 心迷何處漫追尋.

心明自在來還去, 心亂空論古與今,

---

34 '別'은 '則'이 되어야 한다. 『維摩詰經』 宋・元・明・淸・麗藏本에서는 모두 '則'으로 되어 있다.

35 '與'자 뒤에 '穢'자 하나가 빠져 있는 것 같다. '穢土'는 본편에서 자주 보인다. "菩薩土與穢土悉同是一"은 위 문장 "淨穢同體, 無有分別"의 의미이다.

36 '別'은 '則'이 되어야 한다. 위 문장 "卽佛土淨云" 다섯 글자는 잘못 기록한 것인데, 미처 삭제하지 못한 것 같다. 마땅히 삭제해야 한다. "卽是心淨, 卽佛土淨"은 경문 "隨其心淨, 則佛土淨"의 뜻이다.

37 '校'는 '頗', '極'으로 정도가 매우 심함을 표시한다. 「葉淨能詩」: "도사는 이렇게 많은 술을 권해오는데도 매 순배마다 빠지고 넘어가는 법이 없었다(道士被勸校多, 巡巡不闕)." 「唐太宗入冥記」: "그렇게 할 수 있다 하더라도 사실 너무나 힘든 일입니다(得則得, 在事實校難)."

畢竟若[38]未除心內黑, 定隨心意定漂沈.
心了了, 意咍咍, 心若尋常有亂猜,
若解分明生曉悟, 眼前便是寶花開.
淸淨土, 紫蓮臺, 莫遠尋求使意懷,
會內一人都不悟, 忽然起問唱將來.

경전에서 말하기를, "이처럼 보적아, 보살은 그 곧은 마음을 간직하면 선행을 베풀게 될 것이고"에서 "그러므로 보적아, 만일 보살이 정토를 얻고자 하거든 먼저 그 마음을 깨끗이 해야 하고, 그 마음이 깨끗해지면 불국토가 깨끗해진다"까지.

이때 장자 아들 보적을 비롯한 5백 인은 부처님의 가르침을 받아 마음을 깨끗이 하고 고요함 속에서 부처님의 말씀을 들었다. 보적은 곧은 마음을 지녀야 보살이 정토에서 태어날 수 있고, 또 보살이 성불할 때 아첨하지 않는 중생이어야 내생에 불국토에서 태어날 수 있게 됨을 알았다. 중생의 마음이 정직하여 사악함이 없어야 부처님의 지견(知見)에 들고 부처님의 지견을 깨닫게 된다. 일체의 중생에게 권하기를 마치 어린아이 대하듯 하신다. 육신이 공(空)임을 아는 것은 실법(實法)을 제대로 알고 있는 것이다. 부처가 곧 마음이고, 마음이 곧 부처이며, 마음 밖에 법 없고, 법 밖에 마음 없다. 깨끗함과 더러움은 한 몸이라 아무런 차이도 없다. 예토와 정토는 모두 마음이 지어낸 것이다. 아무런 근본도 없고 생멸도 역시 존재하지 않는다. 삼계(三界)는 오직 의식(意識)[39]이 지어낸 것이고, 만법은 마음이 만들어낸 것이다. 마음의 근원을 깨닫게 되면 그곳이 곧 정토이다. 진리를 깨닫게 되면 보살의 국토와 예토가 하나임을 알게 된다. 이는 마음이 깨끗해지면 불국토 역시 깨끗해짐을 말하는

38 蔣禮鴻은 '畢竟若'은 '畢若'이 되어야 하며, '竟'자는 상용어 '畢竟'과 관련하여 잘못 기록한 것이다. '畢若'은 '必若'('畢'과 '必'은 동음으로 서로 통용된다)이며 '만일'이란 뜻이다.

39 의근(意根)에 기대어 대상을 인식 추리 추상(追想)하는 마음의 작용.

것이다.

측(側) 정토는 어찌 멀리 있겠는가.

이해하면 곧 나타나는 것이라.
언제나 지척에 있음에도
미혹된 마음으로 끝내 알아보지 못한다.
마음속에 있음을 알아채기만 하면
정토는 나타나게 되는 것이니
애써 구하지 말 것이고
다만 방편을 제거할 일이다.
정토의 도리는 마음에 있거늘
마음은 옹졸하면서 의미만 심오하기 그지없다 말한다.
오직 마음속에서 얻을 수 있음을 깨달아야 하거늘
마음은 미혹되어 어느 곳을 찾아 헤매는가.
마음이 밝으면 저절로 찾아오는 것이고
마음이 어지러우면 실속 없이 고금(古今)을 논하게 된다.
마음속의 어둠을 제거하지 않는다면
분명 마음가는대로 표류하게 될 것이다.
마음은 분명하고 뜻은 즐거운데
마음이 즐거우면 함부로 의심하게 마련이다.
분명히 이해하여 깨달음이 생기면
눈앞에 보화(寶花)가 피어나리.
청정한 국토와 자줏빛 연화좌를
먼 곳에서 찾으려 말고 마음속에 품을지니.
법회에서 한사람도 이를 깨닫지 못하니
홀연 이를 묻는 창(唱)으로 곧 나오리라.

經:「爾時舍利弗, 承佛威神, 作是念」, 乃至「而是佛土不淨若此.」

爾時舍利弗, 承佛之威神, 又不敢發問, 默然作念. 作念者, 是舍利弗[40]內心思惟佛言, 若菩薩心淨, 則佛土淨者. 我世尊本爲菩薩之時, □是萬行精修, 意豈不淨. 意豈不淨者, 云佛過去因中佛之心意, 豈是不淨, 感果來於穢土. 此之佛土, 便不得清淨, 被有而此[41]穢濁之事云.

忽整威儀從坐起, 合掌殷勤申敬禮,
迷心此際有疑猜, 唯願慈悲說妙義.
世尊身, 在因地, 豈不修持清淨意,
如斯穢土顯然間, 難會如斯深道理.
今辰幸乞賜慈悲, 願決昏昏一段疑,
適道墮(隨)其心意淨, 如何穢土現如斯.
終不曉, 周難知, 衆惡山川總見之,
我佛當爲菩薩日, 爭無臻志苦修持.
猶未悟, 尙疑猜, 特望金言借辯才,
所貴裏心生了悟, 輒然方放[42]近花臺.
垂憫念, 賜悲裏(哀), 幸乞毫光照下懷,
大聖呵呵添幸色, 與他說喩唱將來.

경전에서 말하기를, "이때 사리불이 부처님의 위신력을 입어 이렇게 생각하였다"에서 "어찌하여 불국토가 이처럼 깨끗하지 못한가요?"까지.

이때 사리불이 부처의 위신력을 입었는데 감히 질문하지 못하고 묵묵히 속으로 생각하였다. '이렇게 생각하였다(作念)'는 사리불이 속으로 부처의 말씀을 곰곰이 생각해보는 것을 말한다. 보살의 마음이 깨끗하

40 '弗'은 原錄에서는 누락된 글자를 보충한 부호'[ ]'를 사용하고 있다. 潘校는 原卷에는 '弗'자가 있다고 했는데 이는 옳다.

41 '而此'는 '如此'로 보아야 한다.

42 '放'은 原錄에서는 '敢'으로 되어 있다. 여기서는 原卷에 의거하여 바로잡는다. '放'은 '敎', '使'의 뜻이다. 「廬山遠公話」: "그리하여 상공과 부인은 선경이 서원의 香湯에서 몸을 씻고 옷을 갈아입을 수 있게 하였고, 또 그가 방으로 돌아가 쉴 수 있게 하였다(於是相公與夫人令善慶西院內香湯沐浴, 重換衣裝, 放善慶且歸房中歇息)." 이 '放'자도 이와 같은 뜻이다.

면 불국토가 깨끗해진다고 하셨는데, 우리 세존께서 보살이었을 당시 만행(萬行)을 닦으셨을 터인데 어찌 마음이 깨끗하지 않으실 수 있을까? '어찌 마음이 깨끗하지 않으실 수 있을까(意豈不淨)'는 부처님이 과거에 마음이 깨끗하지 못하여 그 과보로 이 예토(穢土)에 오신 것일까 하고 의심하는 것이다. 이 불국토는 깨끗하지 못하여 이처럼 혼탁한 세상이 되었음을 말하고 있는 것이다.

문득 위의를 단정히 하고 자리에서 일어나
합장을 하며 정중히 경의를 표한다.
어리석은 마음으로 지금 의혹이 생겨나니
부디 자비를 베푸시어 오묘한 이치를 설해 주시기를.
세존께서 인지(因地)[43]에 머무실 무렵
어찌 마음을 청정히 간직하지 않으시어
지금과 같은 예토가 생기게 되었는지
그 깊은 이치를 이해하기 어렵네.
오늘 운 좋게 자비를 바라게 되었으니
부디 이 어두운 의혹을 풀어주시기를.
그 마음의 청정함을 따른다면
어찌 이 같은 예토가 나타날 수 있는지요.
이해도 안 되고 납득하기도 어려우니
여러 험난한 산천이 이를 바라다보네.
부처님께서 보살이었을 적에
어찌 마음을 청정히 간직하지 않으시었는가.
깨닫지 못하고 의혹만 생겨나니
부처님의 말씀을 기다려보네.
마음속에 문득 생각이 떠올라

43 불법의 수행이 아직 성불에 이르지 아니한 보살의 지위.

홀연 연화좌로 가까이 다가서네.
가엾고 안타깝게 여기시어
백호의 광명을 비춰 주시기를.
대성(大聖)은 기쁜 빛을 띠시고 웃으시며
그에게 비유적으로 설하는데 그 창이 곧 나오리.

經:「佛知其念, 卽告之言」, 乃至「日月豈不淨也」[44] 云云.

佛知其念者, 世尊以他心智, 知舍利弗作念. 佛便告言, 汝舍利弗, 於汝意云何, 日月豈是不淨也. 舍利弗, 日之與月, 兩耀齊明, 一日一夜, 照四天下, 消(曉)昏攸睹,[45] 除熱得涼, 蕩蕩巍巍, 淨無瑕穢, 功德廣大, 難贊難思, 引導衆生, 豈不淸淨. 而盲者不見, 佛言譬如生盲之人, 自無肉眼, 不見日月, 豈日月無[46]也. 尒(舍)利弗曰:「不也世尊, 不也世尊.[47] 不然, 世尊. 卽是生盲之人, 自己過罪, 非是日月之愆[48]也.」答也. 佛告舍利弗, 衆生種不見如來佛國嚴淨, 非如來各.[49] 卽是衆生

---

44 '也'는 『維摩詰經』 宋・元・明・淸・麗藏本에서는 모두 '耶'로 되어 있다.

45 '攸睹'는 原錄에서는 '假睹'로 적고 '候睹'로 교정하였다. 그리고 그 주석에서는 "원래의 '假睹'는 무슨 뜻인지 알 수가 없다"고 하였다. [校注] 原卷에서는 본래 '攸睹'로 되어 있는데 이는 '攸睹'이다. '消(曉)昏攸睹'는 밤낮으로 볼 수 있음을 말한다. 『新書』도 이와 같다. 袁賓은 '消昏沒暗'으로 교정하였는데 정확하지 못하다.

46 '無'를 『新書』는 原卷에서는 '亡'으로 되어 있다고 하였다. [校注] 原卷에서 이 글자는 하반부가 잔결되어 있는데 남아 있는 글자는 '元'의 상반부분 같다. 본권에서 '無'자와 '元'자는 혼용되어 쓰이고 있다.(주석 24)번을 참조 바란다) 그러므로 '元'은 곧 '無'이다. 그리고 '亡'자는 본권에서는 '𠃊'으로 되어 있어, 이곳의 남은 자형과는 다른 형태이다.

47 이상 두 구는 原卷에서는 '不也世尊'으로 되어 있다. 그리고 매 글자 우측 아래에는 두 개의 작은 점이 찍혀 있다. 이는 '不也世尊'이 반복됨을 가리킨다. 原錄에서는 '不也不也, 世尊世尊'으로 되어 있는데 이는 잘못이다. 돈황사본에서 문구의 중복은 보통 글자 아랫부분 혹은 우측에 생략 부호를 붙여 표시하고 있다.

48 '愆'은 原卷에서는 '僁'로 되어 있는데 이는 '愆'의 속체이다.(玄應 『一切經音義』 卷3:"僁, 今作愆." 慧琳 『一切經音義』 卷4:"考聲:愆, 失也. 說文:過也, 從心衍聲也. …… 經多從二天作僁, 俗字也.") 原錄에서는 우측 상반부가 두 개의 '旡'로 되어 있는데 이는 본래의 형태가 아니다.

宿業深重, 根智差[50]殊, 小果之徒, 障累未除, 不能自覺. 又不覺他, 因甚得見佛國嚴淨. 且十住菩薩尚不見佛智, 況乎小果識[51]劣智微, 如何觀見佛國嚴淨之事. 云云

日光兼與天邊月, 常向天邊多皎潔,
非於日月沒光明, 自是盲人不分別.
佛國土, 事不遠, 汝爲迷莫可見,[52]
若交智惠得開張, 佛國淨方皆總現.
韻 他家日月自分明, 不科之才[53]目已盲.
不解略言光皎皎, 無非只道色冥冥.[54]

---

49 '種'은 '總'이 되어야 한다. '總不見'은 '都不見'이다. 또 '各'자는 '咎'의 형와자이다. 경문에는 "衆生罪故不見如來佛土嚴淨, 非如來咎"라는 문구가 있는데 마침 '咎'자로 되어 있다. 『新書』도 이와 같다. 原校에서는 '各'이 '過'로 되어 있는데 형태와 음이 비슷하지 않다. 이는 오류이다.

50 '差'는 原卷에서는 '差'로 되어 있는데 이는 '差'의 속체이다. 본편 아래 문장 "人若心淨, 平等無差"의 '差'자가 原卷에서는 이 형태로 되어 있다. S.4511「金剛醜女因緣」"전생에 벽지불을 비방한 까닭에 용모도 얼굴도 볼품없게 되었네(前生爲謗辟支迦, 所以形容面貌差)"의 끝 글자 역시 '差'자이다.

51 '識'은 原錄에서는 '穢'로 오록되어 있다. 여기서는 原卷에 의거하여 바로잡는다. 『新書』도 이와 같다.

52 앞뒤 구문에 비춰보아 이 문구는 7자구가 되어야 한다. 潘重規는 '迷'자 다음에 '心'자가 빠진 것 같다고 하였다. [校注] 본편에서는 '迷意'라는 단어가 자주 보인다. 여기서 빠진 글자 역시 '意'자일 것이다.

53 '不科之才'는 原錄에서는 '才'자가 '方'으로 되어 있다. 『新書』도 이를 따르고 있다. [潘重規] '科'는 '料'자이고, '之'는 '諸'와 통한다. 日月은 본래 밝은데 사방 사람들의 눈이 모두 멀었음을 뜻한다. [校注] 반씨의 견해는 의미상 잘 통한다. 그러나 字形으로 보자면 '科'는 '科'의 속자이다.(「廬山遠公話」"請科痛杖"의 '科'자가 原卷에서는 '科'로 되어 있다) 또 '才'자는 原卷에서는 '[illegible]'로 되어 있고 그 우측 옆에 '才'자가 旁註로 붙어 있다. 原錄에서는 '方'으로 되어 있는데 이는 原卷의 자형에 부합되지 않는다. 앞으로의 재고가 필요한 부분이다.

54 '冥'은 原卷에서는 '[illegible]'으로 되어 있는데 이는 '冥'자이다. 原校에서는 '寡或冥'으로 되어 있는데 '寡'자는 아니다. '冥'의 속자로는 '冝'(『龍龕手鏡』'宀'부에 보임) 혹은 '寘'(S.328「伍子胥變文」"遠道寘寘斷寂寥"와 P.2319 篇題 "大目乾連寘間救母變文一卷"의 '寘'는 모두 '冥'자이다)이 있다. '[illegible]'는 '寘'의 변체이다.(글자 아랫부분의 '[illegible]'은 뒤에 나오는 중복부호와 관련하여 덧붙여진 군더더기일 것이다) '冥'은 앞 聯의 '盲'자와 압운이 된다. '寡'자로 보면 운이 맞지 않는다.

終不曉, 尙含情, 何異時人帶恨誠,
若解持心開了悟, 須臾便是淨方生.
認取理, 莫疑猜, 休縱迷心繼[55]在懷,
莫更恨他日月闇, 自緣幻[56]目不曾開.
世尊說, 振春雷, 百萬天人唱善哉,
螺[57]髻梵王請指引, 分明更說唱將來.

경전에서 말하기를, "부처님께서 그 생각을 아시고 이렇게 말씀하셨다"에서 "해와 달이 어찌 청정하지 않는가?"까지.

'부처님께서 그 생각을 아시고(佛知其念)'는 세존께서 타심통(他心通)으로 사리불의 생각을 알았음을 말한다. 부처님께서 말씀하셨다. "사리불아, 너는 해와 달이 청정하지 않다고 생각하느냐? 사리불아, 해와 달은 하루의 낮과 밤 동안 온 세상을 골고루 비추어 밤낮으로 볼 수 있다. 뜨거움이 사라지면 서늘함이 찾아들고 하늘 높이 떠 있어 아무런 더러움도 없이 깨끗하기만 하다. 그 공덕은 광대하여 이루 다 찬탄하기 어려울 만큼 중생을 인도하는데 어찌 청정하지 않을 수 있겠는가. 그런데 눈을 가지지 못한 맹인이 이를 보지 못한다고 해서 어찌 해와 달이 없다고 할 수 있겠느냐." 사리불이 대답하였다. "그렇지 않습니다. 세존이시여. 그것은 맹인 자신의 허물일지언정 해와 달의 허물은 아닙니다." 부처님이 다시 사리불에게 말씀하셨다. "중생들이 여래의 국토가 청정하게 장

---

55 '繼'는 '繫'와 같다. 본편 아래 문장 "迷意終難段, 疑心尙繼纒," "淸旦何妨專繼念?" 이들 '繼'자 역시 같은 뜻이다.

56 '幻'은 原卷에서는 '㓜'으로 되어 있고 原校에서는 '幼'로 되어 있다. 潘校는 '眇'가 되어야 한다고 하였다. [校注] 자형과 문맥에 비춰보아 이는 '幻'이 되어야 한다. '幻'자는 속서에서 '㓜'으로 표기되어 '幼'자와 비슷하다. S.4571 「維摩詰經講經文」 "令知㓜質之非堅" "吾此身軀㓜化成"의 '㓜'은 모두 '幻'의 속체이다. '纫'는 필기체 '㓜'의 변형이다.

57 '螺'는 原卷에서는 '[illegible]'로 되어 있는데 이는 뒤의 '髻'자와 관련하여 편방이 비슷하게 변한 것이다. 본권에서 '螺'자는 대부분 이 형태로 되어 있다.(간혹 '螺'로 되어 있기도 하다. 예를 들면, 아래 문장 "髮如螺髻"의 '螺'가 原卷에서는 '螺'로 되어 있다) 이하에서는 직접 바로잡아 기록하되 별도의 주석을 달지 않는다.

엄된 것을 보지 못하는 것이지 여래의 허물은 아니다. 중생은 숙업(宿業)이 무겁고 근기가 서로 달라 소과(小果)의 무리들은 장애를 제거하지 못하여 그것을 깨닫지 못한다. 십주(十住)[58] 보살조차도 부처의 지혜를 본 적이 없거늘, 하물며 보잘것없는 지혜를 지닌 소과(小果)의 중생들이 어찌 불국토의 청정함을 볼 수 있겠느냐."

햇볕은 하늘의 달과 함께
언제나 하늘에서 밝고 깨끗하게 [만물을] 비춘다.
해와 달에 광명이 없는 것이 아니라
맹인 스스로가 그것을 깨닫지 못하는 것이다.
불국토는 멀지 않거늘
그대는 어리석은 마음으로 보지 못하는 것이다.
지혜의 문이 열리게 되면
불국토의 청정함이 눈앞에 펼쳐지리.

운(韻) 저 해와 달은 스스로 밝은데
이를 알지 못하는 눈들은 이미 맹인.
햇볕의 밝음을 알지 못하는 것은
빛에 어두움을 말하는 것에 다름 아니다.
이를 깨닫지 못하는 중생들은
단지 한스러워할 따름이다.
마음이 열려 이를 깨닫게 되면
그 즉시 정토가 생겨나리.
이치를 받아들이고 의혹을 품지 말 것이며
방종과 어리석음에 얽매이지 말 일이다.
저 해와 달이 어둡다고 원망하지 말 것이니
스스로의 눈이 열리지 않은 탓이다.

58 보살이 수행하는 오십이위(五十二位) 단계 가운데 제11위에서 제20위까지의 단계.

세존이 말씀하시니 춘뢰가 진동하고
수천수만의 천인(天人)들이 훌륭하다 찬탄한다.
나계범왕[59]이 앞으로 나오며
말을 하는데 그 창이 곧 나온다.

經 : 「爾時螺髻梵王語舍利弗, 勿昨[60]是意, 謂此佛土以爲不淨」, 乃至「心有高下, 不依佛惠, 故見此土爲不淨耳.」

爾時螺髻梵王語舍利弗 : 勿作是意, 謂此佛土將爲不淨. 螺髻梵王者, 卽是初禪梵王, 髮如螺髻, 與佛無殊, 修四空四禪, 有大智大惠, 根[61]熟果滿, 識量弘深, 見此穢土, 如似自在天宮. 言舍利弗勿作是意, 便將此土爲不淨世界. 舍利弗又云 : 我見此土丘陵坑坎,[62] 荊棘沙礫, □(土)石諸山, 穢惡充滿. 丘陵坑次, 卽是高下不平, 荊棘沙礫, 粗惡之義, 土石諸山, 方是穢垢. 緣舍利弗身居小果, 與佛及菩薩所見不同. 似[63]甚? 似營(螢)火對於日光, 泥彈同於月愛, 全不相承, 故但見穢惡, 不見淸淨. 螺髻梵王又告舍利弗, 仁者心有高下, 不依佛惠, 故見此

59 대범천왕의 이름. 정수리의 머리카락이 소라같이 되었으므로 나계라 함.

60 '昨'은 徐震堮은 '作'으로 교정하였는데 이는 옳다. 『維摩詰經』 경문에서는 마침 '作'으로 되어 있다. 본편 아래 문장의 인용 경문에서도 '作'으로 되어 있다.

61 '熟'은 原卷에서는 '熱'으로 되어 있고, 原校에서는 '熟'으로 되어 있다. **[校注]** '熱'은 '熱'의 변체이며, 後者는 '熱'의 속자이다.(『龍龕手鏡』 火部에 보임) 본문은 '熟'을 잘못 적은 것이다.

62 '坎'은 原錄에서는 '次'로 되어 있다. 이를 徐震堮은 '坎'이 되어야 한다고 했는데 이는 지극히 옳다. 原卷에서는 본래 '坎'으로 되어 있는데 이는 '坎'의 속체이다. 『維摩詰經』 송 · 원 이후의 각 판본에서는 모두 '坎'으로 되어 있다. 아래 문장의 '坎'자는 原卷에서는 모두 '坎', 즉 '坎'자로 되어 있다. 原錄에서는 모두 '次'로 오록되어 있는데, 여기서는 이를 바로잡아 기록하되 더 이상 주석을 달지 않는다.

63 '似'는 原錄에서는 '似'로 되어 있고 그 교주에서는 "'佽'자는 衍字인 것 같다" 하였다. **[蔣禮鴻]** 正文과 校注의 字體가 약간 다른데 둘 다 '似'의 이체자이지 연자가 아니다. …… '佽甚'은 하나의 문구로 읽어야 한다. 이는 물어보는 말이고, 뒤에 나오는 말은 그에 대한 대답이다. **[校注]** '似'자로 본 장씨의 견해는 옳다. 原卷은 본래 '似'로 되어 있는데 이는 '似'의 속체(본권에서 '似'자는 모두 이 형태로 되어 있다)이다. 原錄은 오류다. 「佛說阿彌陀經講經文(2)」 주석 103)번을 참조 바란다.

土爲不淨耳. 云仁者自己心中高下不平, 穢惡□滿.[64] 何不依佛智惠, 除遣疑惑, 淨穢兩途, 皆是自生分别, 淨穢無殊, 不悟不淨, 不下不高, 無有差殊, 卽爲平等. 云云

梵王旣見生疑誤, 引接發言尋保護,
汝今[65]勿作此輕言, 自爲未明淸淨土.
我心誠, 看此境, 瑩徹分明如寶鏡,
略無穢惡眼前生, 只見眞如兼大聖.
舍利弗, 我見處, 荊棘丘山及惡趣,
裏心常有此疑猜, 一段疑猜終不去.
我見如來土, 坑丘自顯然,
雖聞螺髻說, 猶訝梵王言.
迷意終難段,[66] 癡心尙繼纏,
窮思深妙理, 不可會幽玄.
聞說依希誤(悟), 愚心漸次開,
目前觀穢濁, 莫可決疑猜.
大聖施神變, 天人國未裁,
大方淸淨土, 齊現唱將來.

경전에서 말하기를, "그때 나계범왕이 사리불에게 말하였다. 그대는 이 불국토가 청정하지 못하다고 생각하지 마시오"에서 "마음이 높고 낮고 하여 부처님의 지혜에 따르지 못하므로 이 국토가 부정하다고 보는

64 위 문장 가운데 "穢惡充滿"이란 문구가 있다. 이곳의 궐문은 '充'자가 아닌가 한다.

65 '今'은 原卷에서는 '令'으로 되어 있다. 돈황사본에서 '今'과 '令'은 종종 혼용된다. 본권의 '今'자는 돈황사본에서 흔히 '令' 형태로 표기된다. 여기서는 모두 문맥에 의거하여 바로잡아 기록하되, 이하에서는 더 이상 주를 달지 않는다.

66 '段'은 原錄에서는 '改'로 되어 있다. 【校注】 原卷에서는 '叚'로 되어 있는데 이는 '段'자이다. 본편 위 문장 "願決昏昏一段疑"과 "一段疑猜終不去" 아래 문장 "覺時一段虛華" 이들 예문 중의 '段'자가 原卷에서는 모두 '叚'로 되어 있음은 그 증거이다. 본문에서 '段'은 '斷'의 가차자이다. S.2073 「廬山遠公話」: "계곡에서는 물이 끊임없이 흐르고(泉水傍流, 豈有叚絶)." 이 '叚' 역시 '段'자이며 '斷'과 통한다.

것입니다"까지.

"그때 나계범왕이 사리불에게 말하였다. 이 불국토가 청정하지 못하다는 생각은 마시오." 나계범왕은 초선범왕(初禪梵王)으로 머리모양이 소라처럼 생겼다. 부처와 다를 바 없이 사공사선(四空四禪)을 수행하여 지혜가 뛰어나고 근기가 무르익어 과위(果位)[67]가 충만한데, 그는 이 예토가 마치 자재천궁과 같다고 보아, 사리불에게 이 국토를 깨끗하지 못한 세계로 여기지 말라 한 것이다. 사리불이 다시 말했다. "이 국토에는 험한 등성이와 깊은 구렁텅이가 있고, 가시덤불·자갈밭·흙과 돌·여러 산 및 온갖 더러운 것으로 채워져 있소." '험한 등성이와 깊은 구렁텅이(丘陵坑坎)'는 높거나 낮아 평평하지 않음을 뜻하고, '가시덤불·자갈밭·흙과 돌(荊棘沙礫)'은 거칠고 나쁨을 뜻하며, '여러 산(土石諸山)'은 더러움을 뜻한다. 사리불이 낮은 과위(果位)에 머물러 있기 때문에 부처나 보살이 보는 바와 같지 않다. 이는 무엇과 같은가? 마치 반딧불이 햇볕에 대적하는 것과 같고 진흙이 월애(月愛)[68]와 함께 있는 것과 같아 전혀 상통되지 않는 까닭에, 더러움만을 보고 청정함은 보지 못하는 것이다. 나계범왕은 또 사리불에게 말하였다. "사람의 마음이 높고 낮고 하여 부처님의 지혜에 따르지 못하므로 이 국토가 부정하다고 보는 것입니다." 이는 사람 스스로의 마음이 높고 낮아 [이 국토가] 더러움으로 가득하다고 본 것이다. 어찌 부처의 지혜를 따라 의혹을 제거하지 않는가? 깨끗함과 더러움은 모두 자신 스스로가 그 차이를 만들어 낸 것이다. 깨끗함과 더러움에는 아무런 차이가 없는데 [이 사실을] 깨닫지 못하면 [이 국토가] 깨끗하지 못하다고 여긴다. [마음이] 높거나 낮음도 없고 아무런 차별도 없어 평등하기만 하다.

범왕은 [사리불에게] 의혹과 오해가 생기는 것을 보고
그의 발언을 받아 해명하고자 하네.

---

67 수행한 공덕으로 깨달음을 얻은 지위.
68 보석 이름.

"그대는 가볍게 말하지 마시라
그대 스스로 불국토가 청정하지 않다고 여긴 것이네.
나는 이 경계를 직접 목도하였거늘
그 맑고 깨끗하기가 보경(寶鏡)과 같다네.
눈앞에 더러움이 없다는 사실을
진여(眞如)와 대성(大聖)만이 알 수 있네."
사리불이 말하기를 "내가 보기에
[이 세계는] 가시덤불과 구릉과 악취(惡趣)로 채워져 있네.
마음속에 항상 이러한 의혹이 자리하여
언제까지나 사라지지 않는다네.
나는 여래의 국토에
구렁텅이와 등성이가 있음을 보았기에
비록 나계범왕의 말을 들었어도
외려 범왕의 말을 의아해하네.
우매한 식견은 실로 고치기 어려워
어리석은 마음이 여전히 남아 있다네.
오묘한 이치 아무리 생각해보아도
이해할 수 없을 만큼 현묘하네.
그 말씀 듣고 깨닫기를 희구하여
어리석은 마음 점차 열리지만
눈앞의 더러움과 혼탁함을 바라보니
의심을 없앨 수가 없다네."
대성(大聖)께서 신통력을 부리니
천인(天人)들도 헤아리지 못한다.
십방(十方)의 청정한 국토
일제히 모습을 보이는 창(唱)이 곧 나온다.

經:「於是佛以足指案[69]地, 卽時三千大千世界若干百千珍寶」, 乃至「自見坐寶蓮花.」云云

於是佛將足指案地, 爾時世尊見舍利弗心疑, 言此佛土決定穢濁. 世尊卽以足指案地, 卽時三千大千世界若干百千珍寶嚴飾. 若干者, 無數百千雜寶間廁, 不狀不及. 譬如寶莊嚴佛無量功德, 寶莊嚴土如寶莊嚴佛國, 以無量無邊珍寶嚴飾其土. 佛爲舍利弗有疑, 乃變卽[70]丘陵坑次之屬, 示其衆寶莊嚴:

忽然大聖施神變, 應是[71]有靈皆總見,
淨方次弟[72]眼前生, 快樂莊嚴無不現.
玉爲樓, 金作[73]殿, 鸎[74]鵡頻迦咸讚歎,
非論菩薩似恆沙, 光內親觀諸佛面.
如來神力忽昭[75]彰, 淨國從空便顯揚,
紫殿總將白玉砌, 碧霄皆是白毫光.
菩薩衆, 貌堂堂, 瓔珞渾身百寶莊,[76]
千衆[77]樂音齊嚮亮, 萬般花木自芬芳.

---

69 '案'은 '按'과 통한다. 『維摩詰經』 경문에서는 마침 '按'으로 되어 있다.

70 【徐震堮】 '變卽' 두 자는 도치되어야 한다. 【校注】 '卽'은 '却'의 형와자인 듯하기에 도치시킬 필요가 없다.

71 '是'는 原錄에서는 '見'으로 오록되어 있다. 이를 蔣禮鴻은 '是'라 교정하였는데 이는 지극히 옳다. 【校注】 原卷에서는 본래 '是'로 되어 있다. 이에 의거하여 바로잡는다. '應是'는 '모든', '일체'라는 뜻이다. 『通釋』 해당 항목을 참조 바란다.

72 '弟'는 原錄에서는 '第'로 되어 있다. 여기서는 原卷에 의거하여 바로잡는다. 이하 동일하다.

73 '作'은 原錄에서는 '爲'로 오록되어 있다. 여기서는 原卷에 의거하여 바로잡는다.

74 '鸎'은 原卷에서는 '𪇆'으로 되어 있는데 이는 '鸎'의 속자인 '𪇆'의 변체이다. 본문에서 '鸎'은 '鸚'과 통한다. 原錄에서는 '鸚'으로 되어 있는데 이것은 글자가 될 수 없다.

75 【原校】 원래 '照'로 되어 있는데 그 옆에 '昭'자가 旁註로 달려 있다. 여기서는 '昭'자를 채택한다. 【校注】 이것은 正字를 旁註로 단 경우이다. 原校는 옳다.

76 '莊'은 原校에서는 '裝'으로 되어 있다. 【校注】 '莊'자 역시 '裝飾'의 의미로 쓰일 수 있다. 어원상으로 말하자면, '妝飾'을 뜻하는 글자는 당연히 '妝'자가 正字이다. '粧'은 속자이며 '裝'과 '莊'은 가차자이다. 顔元孫은 '莊'자를 '粧粉'의 正字라고 하였는데 이는 아마도 당시의 사용 상황에 비춰 그렇게 말한 것이리라.

聞法衆, 百千侅,[78] 並睹莊嚴讚善哉,
尊者忽然瞻囑[79]後, 便同[80]陰裏撥雲開.
咸頂禮, 各徘佪, 諸佛分明座[81]法臺,
大聖迴看舍利弗, 問見與不見唱將來.

경전에서 말하기를, "이에 부처님이 발로 땅을 누르자 곧 무궁무진의 보배로 장식을 한 삼천대천세계가 즉시 나타났다"에서 "자신들이 연화보좌 위에 앉아 있는 것을 발견하였다"까지.

"이에 부처님이 발로 땅을 눌렀다.(於是佛將足指案地)" 이때 세존은 사리불이 의심을 하여 불국토가 더럽고 혼탁하다고 말하는 것을 보고 즉시 발로 땅을 눌렀다. "곧 무궁무진의 보배로 장식을 한 삼천대천세계가 즉시 나타났다.(卽時三千大天世界若干百千珍寶嚴飾)" '약간(若干)'은 여러 가지 무수한 보물을 말한다. "비여보장엄불무량공덕보장엄토(譬如寶莊嚴佛無量功德寶莊嚴土)'는 여러 가지 보배로 장엄된 것이 마치 보장엄(寶莊嚴) 부처님이 무량한 공덕으로 장엄한 국토와 같았다는 말이다. 부처님은 사리불이 의심하는 것을 보고 즉시 구릉과 구렁텅이를 여러 가지 보배로 아름답게 장식하였다.

홀연 대성(大聖)께서 신통력을 부리시니

---

77 '衆'자를 黃靈庚은 '種'으로 보았는데 이는 옳다. '衆'과 '種'은 음이 유사하며 서로 통용된다. S.2614「大目乾連冥間救母變文」: "세간에 두 종류의 사람들은 왕의 얼굴을 볼 수 없다(世間兩衆人不得見王面)." '兩衆人'은 '兩種人'이다. '衆'은 '種'의 가차자이다.(P.2319에서는 '兩種人'으로 되어 있다)

78 '侅'는 原卷에서는 '**侅**'로 되어 있는데 이는 '侅'의 변체이다. 原校에서는 '位'로 되어 있는데 이는 잘못이다.『新書』도 이와 같다. 慧琳『一切經音義』권9: "垓, 古文**豥**、奒二形, 今作姟, 同, 古才反, 數名也. 風俗通曰: 十億曰兆, 十兆曰經, 十經曰姟." 수의 단위는 본래 정해진 글자가 없다. '侅'는 '姟', '垓', '**豥**', '奒'와 같이 또 다른 형태의 동일 글자일 것이다. '百千侅'는 그 수가 극도로 많음을 말한다.

79 【徐震堮】 '囑'은 '矚'이어야 한다.

80 劉凱鳴은 '同'을 '從'으로 교정하였다. 【校注】 '同'자는 그 자체로도 의미가 잘 통한다. 유씨의 견해는 옳지 않다.

81 '座'는 '坐'로 보아야 한다.

모든 중생들 다 같이 목격하였다.
정토가 지금 눈앞에 펼쳐지는데
청정하게 장엄된 모습 활짝 드러났다.
옥으로 된 누각에 황금으로 된 전각
앵무새와 가릉빈가가 함께 찬탄한다.
항하사와 같은 [무수한] 보살들은 물론이고
광명 속에서 여러 부처님의 모습이 보인다.
여래께서 신통력을 부리시니
허공에서 정토가 모습을 드러내는데
궁전은 백옥으로 되어 있고
푸른 하늘에는 백호의 광명이 비친다.
보살들은 당당한 모습인데
영락(瓔珞)으로 온 몸을 장식했고
수천 가지 음악소리 일제히 울려 퍼지고
수만 가지 꽃나무들 향기를 풍긴다.
법문을 듣는 중생들 그 수를 헤아릴 수 없는데
그 장엄함을 보고는 모두 훌륭하다 찬탄한다.
존자(尊者)는 문득 이 광경을 목도한 후
어둠 속에서 구름이 걷히는 듯하였다.
절을 올리고 서성거리는데
여러 부처님이 법좌 위에 자리하고 계신다.
대성께서 사리불을 바라보시며
보았느냐고 묻는 창이 곧 나온다.

經:「一切大衆, 歎未曾[有]」, 乃至「佛告舍利佛(弗)嚴淨悉現.」一切大衆, 歎未曾有, 而皆見坐寶蓮花, 是會中一切大衆各各自見, 身坐蓮花. 又佛告舍利弗, 汝且觀是佛土嚴淨, 令舍利弗自觀佛土嚴淨之事.

舍利弗告佛唯然. 唯然者, 信受之辭, 本所不見, 本所不聞, 云我未曾見者, 今見; 未曾聞者, 今聞; 今佛國土嚴淨, 悉皆顯現, 我已見聞.

側 淨土莊嚴汝見否, 可煞[82]丘山有衆苦.

如斯顯現一場間, 王乃都[83]之如不都.
舍利弗, 尋讚歎, 我本眼看全不見,
今朝比並極分明, 迷意當時皆已遣.
祈心瞻禮又瞻依, 此事千年萬劫希,
自喜想生新覺誤(悟), 旋知已遣舊時疑.
託聖力, 賴慈悲, 息卻多生[84]無限迷,
又更會前申禮讚, 聲聲唯道不思議.
添福惠, 斷疑情,[85] 今日裏心[86]喜又台,[87]

---

82 ‘煞’은 原錄에서는 ‘煞(煞或然)’으로 되어 있는데 이는 ‘煞(煞或然)’을 잘못 기록한 것이다. ‘煞’이 原卷의 자형이다. 原校에서는 ‘煞’ (『變文集』에서 ‘煞’자는 흔히 ‘煞’로 되어 있다) 혹은 ‘然’이 되어야 한다고 했다. 徐震堮은 ‘可煞’로 보아야 하고 ‘可煞’은 ‘可是’와 같으며, 이는 唐宋人의 상용어라고 하였다. [校注] 서씨의 견해는 옳다. ‘煞’은 ‘煞’의 이체자이다. 돈황사본에서 ‘煞’자는 보통 이 형태로 되어 있다.

83 [原校] ‘都’는 ‘睹’가 되어야 할 것 같다. [校注] ‘都’와 ‘睹’는 음이 유사하며 서로 통용된다. 아래 문장 “既能意氣達菩提, 便都(睹)莊嚴極樂事.” 原校에서는 ‘都’가 ‘睹’로 되어 있다. 또 P.3485「大目乾連冥間救母變文」: “부귀하고 화려한 이곳, 바라보고 있으니 마음이 즐거워지네(可憐富貴嬌奢地, 望都令人心悅暢).” 이 ‘都’ 역시 ‘睹’의 가차자이다.(S.2614에서는 ‘覩’로 되어 있는데 이는 그 증거이다) 또 袁賓은 ‘如’는 ‘與’가 되어야 하고 ‘王’은 ‘問’이 되어야 한다고 했는데 모두 정확하지 않아 보인다.

84 ‘多’는 原卷에서는 ‘⺙’으로 되어 있고 原校에서는 ‘衆’으로 교정하였다. 徐震堮은 ‘⺙’과 ‘多’는 같은 뜻이라고 하였다. [校注] 서씨의 견해는 옳다. ‘⺙’은 ‘多’의 속자이다. 돈황사본에서 누차 보인다.(본권에서 ‘多’자는 모두 이 형태로 되어 있다) ‘多生’은 六道를 윤회하는 중생을 가리킨다. S.6551「佛說阿彌陀經講經文」: “三塗의 지옥에서 갖은 辛苦 겪으며 여러 생 동안 악업만을 지었네(三塗地獄受辛懃, 只爲多生造惡業).” P.2305「妙法蓮華經講經文」: “여러 생 동안 애써 고생을 하면서도 피로한 줄 모르는 것은 묘법을 듣기 위함이로다(廣說多生懃苦事, 爲求妙法不疲勞).” 이들 예문에서 ‘多生’이라는 명칭이 보인다.

85 [徐震堮] ‘情’은 ‘猜’가 되어야 한다. 이하 동일하다. [校注] ‘疑情’은 그 자체로 의미가 잘 통한다. 굳이 수정할 필요가 없다. 아래 문장 “各各除疑意, 人人有悟懷.” ‘疑情’은 ‘疑意’와 같다. P.2133「妙法蓮華經講經文」: “세존은 의심하는 마음을 끊을 것을 널리 알리시며, 그 공덕은 이 자리에서 헤아릴 수 없다 하시네(世尊普告斷疑懷, 功得(德)

恨發疑情多懇意, 莫非專切禮花臺.

我淨土, 鎮鋪排, 令汝今朝智惠開,

更怕人心猶不悞,[88] 分明[89]說喻唱將來.

경전에서 말하기를, "모든 대중은 처음 보는 일이라고 찬탄하며"에서 "부처님께서 사리불에게 말씀하셨다. …… 깨끗함이 모두 드러났다"까지.

"모든 대중은 처음 보는 일이라고 찬탄하며 자신이 보배연꽃 위에 앉아 있는 것을 보게 되었다." 이는 모든 대중들이 연화보좌 위에 앉아 있는 자신들의 모습을 발견한 것을 말한다. 또 부처님이 사리불에게 "너는 이 불국토가 깨끗한 것을 보느냐?"고 말씀하셨는데, 이는 사리불 스스로가 불국토의 깨끗함을 목격하도록 한 것이다. 사리불이 부처님께 대답하였다. "예, 그렇습니다.(唯然)" "유연(唯然)"은 '믿는다'는 말이다. 본래 본 적도 들어본 적도 없었기에 나는 일찍이 본 적이 없다고 한 것인데, 이제 나는 그것을 보았고, 일찍이 들어본 적이 없었는데 이제 그것을 들었다. 지금 불국토의 깨끗함이 모두 활짝 드러났으니 나는 이제 그것을 보고 들었다.

如今不可裁)." '斷疑情'은 '斷疑懷'와 같은 뜻이다. 또 S.4571「維摩詰經講經文」: "믿음은 깨달음을 가져오고, 의심하는 마음을 철저히 없앤다(總遣信生教悟解, 從頭皆與斷擬(疑)□)." 原校에서는 궐자를 '猜'로 보았고 徐震堮은 '猜'자는 앞뒤와 운이 맞지 않는다며 궐자는 '情'자가 되어야 한다고 하였다. 이는 참고할 필요가 있다.

86 '裏'는 原錄에서는 '裛'로 되어 있고 '衷'으로 교정하였다. 潘重規는 原卷에서는 '裏'로 되어 있다고 하였다. [校注] 原卷은 본래 '裛'로 되어 있는데 이는 '裏'(본권에서 '裏'자는 흔히 이 형태로 되어 있다)자의 訛變인 것 같다. P.2305「妙法蓮華經講經文」: "大王心裏生歡喜." 또 P.3666「燕子賦」: "使人遠來衝熱, 且向窟裏逐涼." '裏'자가 原卷에서는 각각 '褁', '裛'로 되어 있음은 참고할 필요가 있다. '裏心'은 '內心'이며, 본편에서 자주 사용되고 있다. 위 문장 "所貴裏心生了悟." "裏心常有此疑猜" 모두 '裏心'이란 단어가 사용되고 있다.

87 '台'는 문중에서 운각자로 쓰이고 있다. 아래 문장 '臺', '開', '來'와 압운된다. '土來切'로 발음해야 옳다. 그러나 이것을 '台'로 보면 문맥에 맞지 않는다. 여기서는 '咍'의 假借로 보아야 한다.

88 '悞'는 '悟'와 통한다. 原錄에서는 직접 '悟'로 수정하였는데 이는 타당하지 못하다.

89 '明'은 原錄에서는 '別'로 오록되어 있다. 여기서는 原卷에 의거하여 바로잡는다.

측(側) 정토가 장엄된 것을 그대는 보느냐

그러나 산과 구릉에는 갖은 어려움이 남는다.
이렇게 눈앞에 한바탕 펼쳐지는데
왕은 그것을 보고 있는가 그렇지 않는가.
사리불은 몹시 찬탄하며
나는 눈이 있어도 보지 못했었는데
오늘 아침 분명히 비교되어지니
어리석은 식견이 그 자리에서 사라졌네.
경건하게 예배 올리며 우러러보는데
이 같은 일은 천년 만겁 동안에도 드문 일이라네.
스스로 기쁨에 젖어 깨달음을 얻고자 하는데
그 즉시 깨닫게 되어 이전의 의혹이 사라졌네.
성력(聖力)과 자비에 의지하여
중생의 한없는 어리석음이 사라졌네.
법회에서 예배 올리고 찬양하며
불가사의하다 연이어 되뇌네.
복덕과 지혜가 더해지고 의심을 끊게 되니
오늘 마음이 기쁘고 흐뭇하네.
의혹이 생김에 진심으로 여쭙고자
간절히 연화대에 예배 올렸네.
나는 정토를 펼쳐 보임으로써
오늘 그대의 지혜가 열리도록 하였는데
아직도 깨닫지 못하는 마음이 있을까 싶어
분명한 비유를 드는데 그
창이 곧 나오리라.

經:「佛語舍利弗, 我佛國土常淨若此」, 乃至「若人心淨, 便見此土功德莊嚴.」

經 : 佛[90]語舍利弗, 我佛國土常淨若此. 告云 : 我之國土尋常淸淨如此, 是汝小果小智所隔,[91] 智鏡不同, 不見我土嚴淨, 常生不淨之見. 爲欲度斯下劣人, 故示是衆惡不淨[土][92]耳. 我爲度下劣之輩, 個個漸入佛智, 示現如是衆惡不淨土耳. 譬如諸天共一寶器大食, 各隨自己福德, 飯色有異.[93] 如諸天之人, 共一寶器中食, 各隨自己福[94]力, 其飯各各差別, 滋味不等, 聖凡福業有異, 所以觀淨穢不同如是. 舍利弗, 若人心淨, 便見此土功德莊嚴, 人若心淨, 平等無差, 卽見佛國淸淨之[95]耳云云.

淸幽國土長如此, 衆寶莊嚴皆若是,
只緣自意有高低, 迷意凡心難得至.

---

90 原錄에서는 '佛'자 앞에 임의로 '經'자를 보충해 넣었다. [校注] '經'자는 原卷에 없다. 이에 의거하여 삭제한다.

91 '所隔'은 原錄에서는 '隔在'로 되어 있고, '隔在智鏡' 네 글자를 붙여서 읽고 있다. [校注] 原卷에서는 본래 '隔𠩄'으로 되어 있는데, 후자는 '所'자의 초서체이다(『新書』도 이와 같다) '隔所'는 의미가 통하지 않는데 '所隔'의 잘못으로 보인다. 여기서는 도치시켜 바로잡고 앞 문구에 속하는 것으로 보았다.

92 이상 2구는 『維摩詰經』 경문을 인용한 것이다. '土'자는 경문의 의거하여 임의로 보충한 것이다. 아래 문장 "示現如是衆惡不淨土耳." 여기서도 '土'자가 있다.

93 이상 3구는 『維摩詰經』 경문을 인용한 것이다. 原錄에서는 '共' 뒤에 '一'자가 더 있고, '器' 뒤에 '中'자가 더 있으며, '食' 뒤에 '各'자가 더 있다. 경문에는 이들 세 글자가 없다. 原卷에는 이 세 글자가 있지만 이미 덧칠을 가한 상태이기에 이를 다시 기록한다는 것은 옳지 않다(다음 주석을 참조 바란다) 또 '飯'자는 原卷에서는 '飰'로 되어 있는데 이는 '飯'의 속자이다. 原錄에서는 이를 '飦'라 오록하였다.

94 [原校] "德飯色有異, 如諸天之人, 共一寶器中食, 各隨自己福" 21자는 原卷에서는 작은 글씨로 적혀 있다. 보충해 넣은 것인지 아니면 해설을 한 것인지 알 수가 없다. [校注] '譬如' 이하 3구는 경문을 인용한 것이고, '如諸天之人' 이하 5구는 앞 3구의 경문을 해설한 것이다. 경문과 해설한 문장의 자구가 대동소이한 탓에 筆寫者가 경문 "譬如諸天" 4자를 적은 다음 "共一寶器中食, 各隨自己福力" 등의 해설 문자를 그 뒤에 잘못 붙여 놓은 것이다. 나중에 이 잘못을 발견한 필사자는 '一', '中', '各' 세 글자를 덧칠하고 '隨其福' 뒤에다 빠트린 일단의 문구를 보충해 넣었다. 그러므로 보충해 넣은 이 작은 글자는 본문의 해설이 아니라 본문의 보완이다.

95 '之' 뒤에 '土'자가 누락된 것 같다. '之'는 '土'의 오자이다.

似諸天, 一寶器, 食饌臨時各有異,
福微之者遂蔬餐,[96] 福盛之人皆上味.
修行少, 心未至, 卽見穢方皆若此,
旣能意氣達菩提, 便都(睹)莊嚴極樂事.
長者蒙垂勸, 明明斷所猜,
自然知勝法, 各各了奇才.
居士聞言化, 尋時悞(悟)[97]意開,
旣無貪繼半,[98] 淨[99]肯愛珍財.
所喜旋添意, 淸涼逈愜[100]懷,
幾多方便處, 便請唱將來.

경전에서 말하기를, "부처님이 사리불에게 이르셨다. 나의 불국토가 항상 이렇게 깨끗하였다"에서 "만일 사람의 마음이 깨끗해지면 이 국토의 공덕장엄을 보게 되느니라"까지."

"부처님이 사리불에게 이르셨다. 나의 불국토가 항상 이렇게 깨끗하였다." 이는 나의 국토는 항상 이처럼 깨끗하기만 한데, 그대의 낮은 과위(小果)와 적은 지혜(小智)에 가로막히고, 지혜가 같지 않은 까닭에 내 국토의 깨끗함은 보지 못하고 항상 더러움만을 보는 것이다. "어리석은 사

96 '餐'은 原錄에서는 '食'으로 되어 있다. [校注] 原卷에서는 '飡'으로 되어 있는데 이는 '餐'의 속자이다.(『集韻』 寒韻: "餐, 俗作飡, 非." 『康熙字典』 食部: "說文餐或從水作飡, 後人訛省作飡.")

97 '悞'는 原校에서는 '悟'로 되어 있다. 袁賓은 '悞'는 오자가 아니라서 글자를 고칠 필요가 없다고 하였다. [校注] 본권에서 '悟'자는 보통 '悞'로 표기되고 있다.(위 문장에서만도 이미 세 군데 있다) 原校는 옳아 보인다.

98 [徐震堮] '繼半'은 '羈絆'이 되어야 한다. 631쪽(본서 『維摩詰經講經文(5)』를 말함. 역자 주)의 "白鹿重遭於繼(繫)絆"은 그 증거가 된다. [校注] '半'을 '絆'으로 본 서씨의 견해는 옳다. '繼'자는 수정할 필요가 없다. 『爾雅』 釋詁: "係, 繼也." 郝懿行 義疏: "繼之言繫也, 繫、繼音又同也." 係·繫·繼는 모두 비슷한 음이며, 그 의미가 서로 통함을 알 수 있다. 주석 50)번을 참조 바란다.

99 '淨'을 蔣禮鴻은 '爭'으로 교정하였는데 이는 옳다. '爭'은 '怎'과 쓰임이 같다.

100 '愜'은 原卷에서는 '㥦'으로 되어 있는데 이는 '愜'의 속체이다. 『龍龕手鏡』에서 '愜'의 異體로 '㥦'을 들고 있음을 참고할 필요가 있다.

람들을 제도하기 위하여 일부러 여러 가지 나쁜 것이 가득한 부정한 국토를 나타내 보인 것이다." 나는 어리석은 무리들을 제도하기 위하여 부처의 지혜로 이처럼 여러 가지 나쁜 것이 가득한 더러운 국토를 보여준 것일 따름이다. "마치 여러 천상사람들이 하나의 밥그릇에 밥을 먹더러도 제각기 그 복덕에 따라 밥이 다른 것과 같으니라." 이는 마치 여러 천상의 사람들이 함께 하나의 밥그릇에 밥을 먹더라도 각자의 복력(福力)에 따라 밥이 각각 다르고 맛도 같지 않음을 말한다. 성인(聖人)과 범인(凡人)의 복덕이 다르기 때문에 깨끗함과 더러움을 보는 눈이 이처럼 다른 것이다. "사리불아, 만일 사람의 마음이 깨끗해지면 이 국토의 공덕장엄을 보게 되느니라." 만일 사람의 마음이 깨끗해짐에 아무런 차이도 없어지면 그들은 불국토의 깨끗함을 보게 될 것이다.

국토는 오랫동안 이처럼 깨끗하였으니
여러 보배로 이처럼 장식되어 있다.
단지 마음의 높고 낮음이 있는 까닭에
어리석은 식견의 범인은 [불국토에] 다다르기 어렵다.
마치 제천(諸天)이 하나의 보기(寶器)를 사용하나
먹는 밥이 각기 다른 것과 같다.
복덕이 미미한 자는 맛없는 음식을 먹고
복덕이 성한 자는 맛좋은 음식을 먹는다.
수행이 낮은 자는 마음이 도달하지 못하여
이 같이 더러운 것만을 보게 되고
마음이 보리에 도달할 수 있게 되면
장엄한 극락의 모습을 보게 될 것이다.
장자는 가르침을 입어
의심을 확실히 끊게 되었다.
저절로 아비달마[101]를 이해하게 되고
각각 뛰어난 재주를 이루게 되었다.

거사는 교화의 말씀을 듣고
즉시 마음이 활짝 열리게 되었다.
이미 탐욕의 굴레에서 벗어났거늘
어찌 재화에 집착하리.
즐거움이 마음에 찾아들고
청량함이 가슴에 들어선다.
수많은 여러 방편들이
곧 창으로 나온다.

經:「若在刹利, 刹利中尊, 教以忍辱.[102] 若在婆羅門, 婆羅門中尊, 除其我慢.」

若在刹利, 刹利中尊, 教以忍[103]辱. 刹利者, 是西天王種, 爲厭居王佐,[104] 不樂諠囂, 棄捨國城, 入於林藪, 修忍辱[105]力, 除瞋恚[106]心, 內能捨頭目身軀, 外能捨珠珍妻兒, 自能忍辱, 亦勸教人, 終歲無閑, 經年不倦.

在婆羅門, 除其我慢. 婆羅門者, 是淨行之種, 世祖已來, 修閭淨行,[107] 自有堅志, 勸人無厭, 求離世間, 希生天果. 或遍緣臥棘, 五熱

101 불전 가운데 경전을 해설하거나 주석한 논(論)을 이르는 말.

102 '教以忍辱'은 原卷에서는 '除其我慢'으로 되어 있다. 이는 뒤의 '除其我慢'과 관련하여 생긴 오류일 것이다. 여기서는 『維摩詰經』 경문에 의거하여 바로잡는다. 아래 문장 "若在刹利, 刹利中尊, 教以忍辱"은 그 증거이다.

103 '忍'은 原卷에서는 '尋'으로 오록되어 있다. 여기서는 문맥에 의거하여 바로잡는다.

104 '佐'는 '位'의 형와자로 보인다.

105 '辱'은 原錄에서는 궐문으로 되어 있다. 潘重規는 原卷에 남아 있는 자형에 근거하여 이 글자가 '辱'자임을 유추해냈다. 여기서는 이에 의거하여 보충한다.

106 '瞋恚'는 原錄에서는 '腹悉'로 오록되어 있다. 潘重規는 原卷에서는 '瞋恚'로 되어 있다고 하였는데 이는 옳다. 이에 의거하여 바로잡는다.

107 '修閭淨行'은 해독하기 어렵다. '閭'는 '於'의 오자인 것 같다. 『大唐西域記』 卷2: "바라문은 淨行이다. 도를 지키고 정숙하게 살아가는데 그들의 지조는 결백하다(婆羅門, 淨行也, 守道居貞, 潔白其操)." P.2133 「妙法蓮華經講經文」: "청정한 수행을 하여 탐하지도 성내지도 않으며, 부처와 승려를 대하니 마음이 절로 깨끗해진다(修行淨行不

炙身, 持雞狗戒, 事日月天. 但知執我執人, 亦說無因無報. 邪山增長, 慢海添流, 自[108]是他非, 常生我慢. 居士在彼, 亦爲其尊, 說法化之, 令除慢易, 皆令出衆, 未便入流故云云.

意爲衆生故, 權爲羅刹[109]尊,
初還行嫉妬, 後卽斷貪嗔.
指示心歸正, 令交懇募(慕)眞,
但行忍辱行, 必見脫泥津.
旣遇婆羅衆, 其中亦作尊,
令除我慢意, 卻作善和人.
便去貪邪意, 抛離外道因,
忙然歸大道, 當下出囂塵.
各各除疑意, 人人有悟懷,
若作含喜捨, 尋便抱悲哀.
我慢何曾有, 貪嗔已遣迴,
總達方便理, 請爲唱將來.

경전에서 말하기를, "만일 왕족 가운데 있으면 왕족 가운데서 으뜸이 되어 욕된 것을 참도록 가르치고, 바라문 가운데 있게 되면 바라문 가운데서 으뜸이 되어 교만한 마음을 없애게 하였다."

"만일 왕족 가운데 있으면 왕족 가운데서 으뜸이 되어 욕된 것을 참도록 가르쳤다." '왕족(刹利)'은 서천의 왕족이면서 왕위에 머무는 것을 싫어하고 떠들썩함을 즐기지 않아 나라를 버리고 숲속으로 들어가 인욕

貪嗔, 向佛於僧意自純)." 「廬山遠公話」: "내세에 원수가 없고자 한다면 금생에 수행을 하여야 할 것이다(欲得後世無冤, 不如今生修於淨行)." 모두 참고할 필요가 있다.

108 '自'를 原錄에서는 실수로 빠트렸다. 潘重規는 原卷에서는 '自'자가 있다고 했다. 이는 옳다. 이에 의거하여 보충해 넣는다.

109 '羅刹'은 楊雄은 '刹利'라 교정하였는데 이는 지극히 옳다. 『大唐西域記』 卷2 印度族姓: "찰제리는 王種이다. 옛날에는 刹利라고 했는데 이는 간략하게 말한 것이다(二曰刹帝利, 王種也. 舊曰刹利, 略也)." '羅刹'은 惡鬼名으로 본문과 아무런 연관도 없다.

을 수행하고 분노의 마음을 없앤다. 안으로는 머리와 눈과 육체를 버릴 수 있고, 밖으로는 진주(珍珠)와 처자식을 버릴 수 있으며, 스스로 욕됨을 참을 수 있다. 다른 사람을 가르치는 데 해가 다하도록 한가로움이 없고 한 해가 지나도록 게으른 법이 없다.

"바라문 가운데 있게 되면 바라문 가운데서 으뜸이 되어 교만한 마음을 없애게 하였다." '바라문(婆羅門)'은 수행자로서, 선조 이래로 정행(淨行)을 닦아 뜻을 굳건히 하고 중생을 교화하는 데 싫증을 느끼지 않으며, 세속에서 벗어나고자 애쓰고 하늘에서 태어나기를 희구한다. 가시 위에 드러눕기도 하고, 뜨거운 태양 아래서 육신을 태우는가 하면, 계구계(鷄狗戒)[110]를 지니고 일월천(日月天)을 섬긴다. 그러나 그들은 아집에 빠져서 [만물은] 아무런 인연 없이 절로 생겨난다고 말한다. 사악함이 산처럼 늘어나고 오만함이 바닷물처럼 흐른다. 자신은 옳고 남은 그르다고 하며 항상 거만하다. 거사가 그들 속에 있게 되면 그 무리의 으뜸이 되어 설법으로 그들을 교화하여 그들의 오만함을 없앤다.

마음이 중생을 위하는 까닭에
잠시 왕족의 존자가 되었다.
처음에는 질투를 행하지만
나중에는 탐진(貪嗔)을 끊는다.
마음이 정도(正道)로 돌아가도록 일깨우고
진리를 흠모하도록 가르친다.
인욕을 행할 수만 있다면
반드시 진흙 나루에서 벗어날 수 있다.
바라문의 무리를 만나면
역시 그 무리의 존자가 되어
그들의 오만을 제거하여

110 계계(鷄戒)를 지니는 자는 하루 종일 한 발로 서 있고, 구계(狗戒)를 지니는 자는 사람의 인분을 먹는 고행을 한다. 고행을 해탈을 위한 방도로 삼는 자들이다.

타인과 잘 융화되게 만든다.
탐욕스럽고 사악한 마음을 없애
외도의 인연을 내던지게 한다.
서둘러 대도(大道)로 돌아오니
그 즉시 속세를 벗어난다.
각기 의심하는 마음을 없애고
사람마다 깨달음을 얻는다.
집착 없는 평온함을 지니지 못했고
평소에 비애에 빠져 있었으며
오만하기만 했었는데
이제는 탐욕과 분노가 사라졌다.
방편의 이치에 통달했는데
그 창이 곧 나오리.

經: 若在大臣, 大臣中尊, 教以正法. 若在王子, 王子中尊, 示以忠孝. 若在大臣, 大臣中尊, 教以正法. 大臣者, 或是當朝相座, 或是出鎮藩方, 爲天子之腹心, 作聖人之耳目, 成邦立國, 爲社禮(稷)之柱石, 定難除兇,[111] 作朝廷之蘺屛.[112] 然後示其正法常王, 遂訓人[113]陳以直言, 無施邪教命, 天子金枝永茂, 玉葉[114]長榮, 子子孫孫, 相承相代,[115]

---

111 '兇'은 原錄에서는 '覔'으로 되어 있고 '危或兇'으로 교정하였다. [校注] 原卷에서는 윗부분 '㐅'이 '㕛'로 되어 있는데 이는 곧 '兇'자이다. 原錄의 기록은 사실과 다르다.

112 [徐震堮] '蘺'는 '蕃'이 되어야 한다. [校注] '蘺'는 '籬'가 되어야 한다. 속서에서는 대죽머리가 종종 초두머리로 표기된다. '籬屛'은 '왕실을 지키는 제후', '보위하다'는 뜻이다.(『玉篇』 艸部: "藩, 籬也.") '蕃'으로 본 서씨의 견해는 정확하지 못하다.

113 '訓'은 原錄에서는 '諷'으로 되어 있다. 潘重規는 原卷에서는 '訓'으로 되어 있다고 했는데 이는 옳다. 이에 의거하여 바로잡는다. '訓人'은 '教民'과 같다.

114 '葉'은 原卷에서는 '䒸'로 되어 있는데 이는 '葉'의 속자이다.(唐代에는 太宗 李世民의 諱를 피하여 '世'자와 관련 있는 글자는 모두 다른 형태로 적었다) 原錄에서는 '莯'로 되어 있는데 이는 사실과 다르다.

115 '代'는 原卷에서는 '伐'로 되어 있다. 徐震堮은 이를 '代'로 보았다. [校注] 돈황사본에

出將入相, 燮理陰陽, 愍物接人, 行思(恩)布惠. 使千年萬歲, 皇風不墜, 帝道無傾. 顯名於鳳閣之中, 晝影向騏(麟)臺之上. 以著書史, 紀德紀功, 是名大臣. 我維摩居士於此大臣之中, 亦爲第一. 更以方便, 令其不枉人民, 是故於此中尊. 云云

若在王子, 王子中尊, 示以忠孝. 言王子者, 是國王之太子, 或是遠從, 或是親王, 但是皇屬, 總得名爲王子. 並須鏘鏘濟濟, 有孝有忠, 始末一心, 無懷二意, 同匡家社, 共治邦家. 使根固枝繁永不枯, 四海萬方爲一統. 上則忠勤於主, 次則孝養於親, 是王子之行. 我維摩居士亦於次[116]中, 而得第一. 仍以微妙方策而教誨[117]之, 王子信行, 又使皇圖霸盛. 云云

爲人不得多愚奥,[118] 認取眞常深妙教,
若悟永不受沈輪(淪), 眞(直)須在意行忠孝.
忠不施, 孝不展, 神道虛空皆總見,
須臾致得禍臨身, 妻男眷囑[119]遭除剪.
忠旣行, 孝旣展, 必見官高名位顯,
善神密護鎭隨身, 自然災行常除遣.
事須依勸莫因巡,[120] 切要修持此個身,
凡有行藏平隱[121]作, 低[122]防禍幻(患)使心神.

서 '代'와 '伐'은 혼용되고 있다. '代'인지 '伐'인지는 문맥에 의거하여 판단해야 한다.

116 '次'는 '此'가 되어야 한다. 위 문장 "摩居士, 亦於此中爲其法則." 전후의 문구가 서로 비슷한데 '此'자로 되어 있음을 볼 수 있다.

117 '誨'는 原卷에서는 '海'로 오록되어 있다. 原錄에서는 직접 '誨'로 수정하였는데 여기서는 이를 따른다.

118 '愚奥'는 '愚拗'가 되어야 할 것 같다.

119 '囑'은 '屬'의 增旁字이다. 原錄에서는 직접 '屬'으로 수정하였는데 이는 타당하지 못하다.

120 [徐震堮] '因巡'은 '因循'이 되어야 한다. [校注] '因循'은 '대충대충'이란 뜻이다. 서씨의 견해는 옳다. 『通釋』 '因循、因巡' 항목을 참조 바란다.

121 [袁賓] '隱'은 '穩'의 형와자이다. [校注] '隱'은 오자가 아니다. 『說文解字』: "㥯, 有所依也. 讀與隱同." 段玉裁 注: "此與 …… 隱音同義近, 隱行而㥯廢矣. 凡諸書言安隱者當作此. 今俗作安穩." '穩'자는 『說文新附』에서도 보이는데 이는 '穩'의 後起 俗字이다.

常孝順, 每[123]忠貞, 必遂高遷[124]得顯榮,
儻若欺謾小子[125]事, 當時迍厄便施行.
蒙化後, 轉情開, 節勒之心斂意懷,
行孝行忠無[126]少闕,[127] 修仁修德有所咍.
然福祐, 息迍災, 各願歸依近法臺,
總待周旋行化後, 現身有病唱將來.

徐鉉은 "穩, 安也. 古通用安隱"이라 하였다. 고서에서는 '安穩(침착하다, 평온하다)', '穩審', '平穩'의 의미로 '隱'자를 자주 사용하였다. 예를 들면, 『詩經』「大雅」綿 "迺慰迺止" 鄭玄 箋: "民心定, 乃安隱其居." 『莊子』「應帝王篇」"其臥徐徐" 司馬彪 注: "徐徐, 安隱貌." 『書經』 盤庚 "皆尙隱哉" 孔穎達 疏: "隱謂隱審也." 돈황사본에서 '隱'과 '穩'은 혼용되고 있다. 예를 들면 P.3592「金剛醜女因緣」: "朝暮切須看隱審." P.3048에서는 '隱審'이 '穩審'으로 되어 있다. 이로 보아 당시에는 '隱'의 '穩'으로의 轉變이 아직 완성되지 못했음을 알 수 있다. 그런데 교록자는 '穩'은 알고 있으되 '隱'은 알지 못하여 모든 '隱'자를 오자로 간주하여 '穩'으로 수정한 것이다.

122 '低'는 原卷에서는 '仾'로 되어 있고, 原校에서는 '低'로 되어 있다. 潘重規는 '桓'이 되어야 할 것 같다고 하였다. 【校注】 자형으로 보건대, '仾'는 '低'의 속자이다.(『廣韻』 齊韻: "低, 俗作仾." 돈황사본에서 '低'는 흔히 '仾'로 표기된다) 그러나 '低'자는 본문의 문맥과 아무런 관련이 없다. 여기서는 '隄'라 교정한 袁賓의 견해를 따른다. '低'와 '隄'는 동음으로 서로 통용된다. 『廣韻』 齊韻: "隄, 防也." '隄防'은 동의의 글자가 결합된 첩어로서 문맥에도 부합된다.

123 '每'는 原錄에서는 '母'로 되어 있다. 徐震堮은 '母'가 되어야 할 것 같다고 하였다. 【校注】 原卷에서는 '毌'로 되어 있는데 이는 '每'자를 잘못 적은 것 같다. '每'는 앞 구 '常'과 同義의 대구가 되고 있다. 潘重規는 '毌'은 '貫'자인 듯하다고 하였다. 그러나 '毌'자는 古籍에서 거의 사용되지 않으며 돈황사본에서도 사용된 예를 찾아볼 수 없다. 그러므로 반씨의 견해는 따를 수 없다.

124 '遷'은 原錄에서는 '零'으로 되어 있고 '齡'으로 교정하였다. 【校注】 原卷에서는 본래 '零'로 되어 있는데 이는 '䙴'의 오자인 듯하다. 후자는 '遷'과 같다. '高遷'은 마침 '顯榮'과 호응한다.

125 '小子'를 蔣禮鴻은 '약간', '조금'으로 해석하였는데 이는 옳다. 돈황사본에서 '小'와 '少'는 혼용된다. '小子'는 '少子'이며 '子'는 어조사이다. S.4511「金剛醜女因緣」: "만일 조금이라도 눈살을 찌푸리는 자가 있다면 내세에는 반드시 추악한 얼굴로 태어나게 될 것이다(若人些子攢眉, 來世必當醜面)." '小子'는 '些子'와 같은 뜻이다.

126 '無'는 原錄에서는 '多'로 오록되어 있다. 여기서는 原卷에 의거하여 바로잡는다.

127 '闕'은 原卷에서는 '闕'로 되어 있는데 이는 '闕'의 속자이다. P.3595「蘇武李陵執別詞」: "北闕之下, 求得錐寸置利." 이 '闕' 역시 '闕'의 속자이다. 『干祿字書』에서는 '闕'의 속자로 '闕'을 적고 있는데, '闕'는 '闕'의 변형일 것이다.

경전에서 말하기를, “만일 대신 가운데 있으면 대신 가운데서 으뜸이 되어 올바른 법으로 교화하고, 왕자 중에 있게 되면 왕자들 가운데 으뜸이 되어 충성하고 효도하는 일을 보여준다.”

“만일 대신 가운데 있으면 대신 가운데서 으뜸이 되어 올바른 법으로 교화한다.” ‘대신(大臣)’은 조정에 참여하거나, 지방이나 이웃나라에 머물며 천자의 심복이 되고 성인의 눈과 귀가 되어, 나라를 지키고 사직을 떠받드는 자이다. 재난과 원흉을 제거하는 조정의 방어벽이 되고, 왕에게 정법을 제시하고, 백성들에게 직언을 올리도록 가르침으로써 왕이 사악한 칙명을 내리지 않도록 한다. 천자의 자손이 영원히 번성하고 가문은 오랫동안 영화를 누려 자자손손 대를 이으며, 문무를 겸비하고 음양을 고르게 다스려 외물(外物)과 백성을 가엾게 여기고, 은혜를 베풀어 천년만년 동안 황제의 위풍이 추락하지 않게 하며, 황제의 왕도(王道)가 기울어지지 않게 하여, 궁궐에 그 이름 떨치고 누대 위에 초상(肖像)이 걸리고 사서(史書)에 그 공덕이 기록되는 이를 대신이라 부른다. 우리 유마거사는 이들 대신 가운데 있으면 그 중의 으뜸이 되어 백성을 속이지 말라고 그들을 가르치니, 이러한 까닭에 대신 중의 으뜸이 되는 것이다.

“만일 왕자 중에 있게 되면 왕자들 가운데 으뜸이 되어 충성하고 효도하는 일을 보여준다.” ‘왕자(王子)’는 국왕의 태자이다. 관계가 소원한 사촌이든 친왕(親王)이든 간에 황제의 권속이면 모두 왕자이다. 엄숙정중하게 시종 한 마음으로 효도와 충성을 다하여 두 마음이 없어야 한다. 국가와 사회를 바로잡고 황제를 도와 나라를 다스린다. 뿌리를 튼튼히 하고 가지를 무성히 하여 영원토록 시들지 않게 하고 사해만방(四海萬方)이 하나가 되도록 한다. 위로 황제에 충성하고 다음으로 부모에 효도하는 것이 왕자의 행동이다. 우리 유마거사는 그들 가운데서도 으뜸이 되어 오묘한 방책으로 그들을 가르치는데 왕자의 행동은 황위(皇位)의 번영을 돕는 거라 한다.

사람 되어 어리석을 수 없으니

오묘한 가르침 받아들여야 하리.
깨닫게 되면 언제까지나 침륜되지 않으니
충효를 행하도록 마음 써야 하리.
충성도 효도도 하지 않으면
귀신이 허공에서 모습을 드러내어
잠깐 사이에 재앙이 닥쳐와
처자식과 권속이 제거되고 말리라.
충성을 행하고 효도를 펼치면
관직은 높아지고 이름은 드러날 것이며
선한 신령이 따르며 그 몸을 보호하니
재앙은 절로 사라지고 말리라.
섬김은 가르침에 따르되 건성으로 하지 말 것이며
반드시 이 몸에 간직해야 할 것이다.
모든 행위가 평온하게 이루어지면
재앙이 닥침을 방지할 수 있다.
항상 효순하고 충성을 다하면
반드시 승직하여 영화를 누리게 된다.
만일 조금이라도 남을 기만한다면
그 즉시 불행이 닥쳐오리라.
교화를 입어 가슴이 열리게 되니
절제심이 마음을 제어한다.
효와 충을 행함에 조금의 모자람도 없고
인(仁)과 덕(德)을 기꺼이 닦으라.
그리하면 복(福)은 오고 화(禍)는 사라질 것이니
이에 귀의하고자 하거든 법좌(法座)로 다가오라.
늘 보살피며 교화를 행한 후
육신의 병을 내보이는 창이 곧 나온다.

[經 : 「若在內官, 內官中尊. 化政宮女.」][128]

若在[129]內官, 內官中尊, 化政宮女. 云內官者, 是黃門也, 亦名[130]閹官, 近伐(代)無記, 及四十餘年, 此官絶滅. 西天亦有此色, 不唯中國有之. 凡是官(宮)禁食宿中, 皆爲親密, 出銜帝命, 入當絲綸. 食宿不離於殿庭, 行坐常隨於輦輅. 宮人妓女, 無不依屬, 內監嬪妃, 皆令官處治,[131] 爲四方之監護, 作一國之威權, 百辟稟承, 千官取別.[132] 重佛重法, 好侈好奢, 共佐皇風, 同居紫禁. 我維摩居士, 亦於此中, 爲其法則, 教化是等, 悉使發心. 云云

不可思議居士, 化誘有千般道理,
非論說法多[133]途, 勸誨王孫帝子.
宰官居士之屬, 和愜如同魚水,
婆羅門人我如山,[134] [我]悉遣除慢易.[135]

---

128 [原校] "經 : 「若在內官, 內官中尊. 化政宮女.」" 13자는 『維摩詰經』에 의거하여 보충한 것이다.

129 '在'는 原錄에서는 '有'로 오록되어 있다. 여기서는 原卷에 의거하여 바로잡는다.

130 原錄에서는 '名'자 앞에 '不'자가 있고 그 주석에서는 "'不'자는 衍字이다"고 하였다. [校注] 原卷에는 본래 '不'자가 없다. 그 우측 옆에 '名'자가 적혀 있는데 이는 '不'은 '名'의 오자임을 가리킨다. 따라서 '名'으로 수정해야 마땅하다. 原錄에서는 있는 그대로 '不'자를 기록하고 이것이 연문이라고 다시 설명하고 있으니 사족이라 아니할 수 없다.

131 '處治'는 原錄에서는 '官(宮)處'로 되어 있고 '治'자를 뒤 구에 속하는 것으로 보았다. 劉凱鳴은 이를 따르면서 '治'자는 '至'의 동음 가차자로 의심하였다. 徐震堮은 '官'은 연문이고 '治'자는 앞 구에 속한다고 하였다. [校注] 서씨의 견해가 옳다. 原卷은 본래 '官治'로 되어 있고, '官'자 우측(약간 아래)에 '處'자를 旁註로 덧붙이고 있는데, 이는 '官'자를 '處'로 고쳐야 함을 가리킨다. '處治'는 '처리하다', '관리하다'는 뜻으로, 문맥과도 잘 어울린다. 劉凱鳴은 "제 아무리 朝代가 바뀌더라도 '內監嬪妃'는 '處治'의 대상이 될 수 없다"며 이는 곡해라고 하였다. 『新書』 역시 '官'자로 적고 이는 '內官'을 가리킨다고 하였는데 이 역시 옳지 않다.

132 [劉凱鳴] '別'은 '則'의 와자이다. '取則'은 '取法'과 같다. [校注] 이 문구는 閹官의 권위를 서술하고 있긴 하나 百官이 엄관의 말을 법으로 받아들인다는 것은 들어본 적이 없다. '別'자는 수정할 필요가 없다. '別'은 '식별하다', '결재하다'는 뜻이다. 본문의 "千官取別"은 백관의 장단점과 그들의 昇職을 엄관이 판단하고 결정짓는다는 것을 가리킨다.

133 '多'는 原錄에서는 '不'로 오록되어 있다. 潘重規는 原卷에서는 '多'로 되어 있다고 했다. 이에 의거하여 바로잡는다.

最是難化調伏, 豪貴尊嚴剎利,
盡因大士歸旋,[136] 減卻貢高[137]之意.
更有國主兒孫, 遠近宗枝王子,
皆令忠孝君親, 悉使皇風不墜.
又有國內庶民, 博[138]勢修生意氣,
盡[139]因開士[140]指南, 個個聞經會儀.[141]
又逢閹豎之徒, 直至宮中侍婢,
忽逢居士誡呵, 一一消亡罪累.

---

134 [徐震堮] '我'자는 연문으로 보인다. [校注] 原卷에서 '我'자는 '人'자 우측 아랫부분에 방주로 적혀 있는데 이는 '人' 뒤에 '我'자를 보충할 것을 말한다. '人我'는 '我人', '彼我'로 적기도 하는데, 이는 불교술어로서 '이기려고 하다'는 뜻이다. 따라서 '我'자는 연문이 아니다. 「佛說觀彌勒菩薩上生兜率天經講經文」: "남과 나 모두가 굳센 기상을 갖고 있어, 누구 하나 부질없이 기다리고만 있지 않지(一場人我壯胸襟, 一個無常專伺候)." 『通釋』 '人我' 항목에 상세한 해설이 있다. "婆羅門人我如山"은 바라문은 '人我'의 마음이 산처럼 높음을 가리킨다. 앞에서 바라문이 "執我執人" 하고 "邪山增長"한다는 것은 바로 이 뜻이다.

135 '除' 뒤에는 '其'자가 누락되어 있는 것 같다.(위 문장 "在婆羅門, 除其我慢"을 참조하라) 原錄에서는 문구 맨 앞에 '我'자를 보충하였는데 정확하지 못한 것 같다.(앞뒤 문장 어디에서도 제1인칭 어투는 찾아볼 수 없다)

136 '旋'은 原卷에서는 '㨋'으로 되어 있는데 이는 '旋'자이다. '方' 편방은 속서에서 흔히 '扌'으로 표기된다. 예를 들어 '於'를 '扵'로, '旅'를 '挔'로 적는 것이다. 『龍龕手鏡』 手部: "㨋, 俗; 挻, 正: 似泉、似戀二反, 揎也, 轉也." '㨋'이나 '挻'은 사실 모두 '旋'의 속자이다. '㨋'은 또 '㨋'이나 '挻'의 변체일 것이다. 原校에서는 '從'으로 되어 있는데 이는 잘못이다. 『廣雅』 釋詁: "旋, 還也." '歸旋'은 동의의 글자가 결합된 복합어로서, '길을 잃었던 자가 올바른 길로 되돌아옴', '자신의 잘못을 깨닫고 방향을 고침'을 말한다.

137 '貢高'는 불교술어로서 '교만하고 잘난 체하다'는 뜻이다. 『通釋』의 해당 항목을 참조 바란다.

138 '博'은 原錄에서는 '傳'으로 되어 있다. [校注] 原卷에서는 '博'으로 되어 있는 것 같다. '博勢', '傳勢' 둘 다 해독이 어렵다. 앞으로의 검토가 필요하다.

139 '盡'은 原錄에서는 '當'으로 오록되어 있다. 여기서는 原卷에 의거하여 바로잡는다.

140 '士'는 原錄에서는 '土'로 오록되어 있다. 여기서는 原卷에 의거하여 바로잡는다. '開士'는 보살의 德名이다. 玄應『一切經音義』 卷3: "開士는 佛法으로 중생을 이끄는 사람이다. 범어로 扶薩 혹은 보살이라고도 부른다(開士, 謂以法開導之士也. 梵云扶薩, 又作扶薛, 或言菩薩是)."

141 [徐震堮] '儀'는 '義'가 되어야 할 듯하다.

內侍黃門輩, 無非執化權,
見僧常禮重, 求法每精專.
起敬傾家產, 營齋請福田,
寫經兼鑄像, 謀後世良緣.
空不支那有, 多應在五天,
少時還美妙, 醜拙是臨年.[142]
富貴學宮裏, 憍[143]奢佽(倣)[144]殿前.
忽然思(恩)寵盡, 被配守陵園.
恰愚(遇)維摩詰, 談空甚喜歡,
一時生厭離, 合掌入菴園.

경전에서 말하기를, “내관 중에 있게 되면 내관들 가운데 으뜸이 되어 궁녀들을 올바르게 교화한다.”

“내관 중에 있게 되면 내관들 가운데 으뜸이 되어 궁녀들을 올바르게 교화한다.” ‘내관(內官)은 황문(黃門)을 말하며 엄관(閹官)이라고도 부른다. 최근 40여 년 동안 [내관으로] 이름이 올라간 자가 없어 이 관직은 아주 없어졌다. 서천축에도 이 관직이 있었으니 중국에만 있었던 것은 아니다. 보통 제왕과 후비들과 친밀하며, 제왕의 명령을 전달하고 제왕의 조서(詔書)를 받는다. 궁궐을 떠나 숙식할 수 없으며 [제왕이] 출행하고 머물 때 항상 옥가(玉駕)를 따른다. 궁녀와 기녀는 모두 그의 소관이고, 내감(內監)과 비빈(妃嬪)을 관리한다. 사방을 감독 보호하며 일국의 권위를 지닌 자로서, 제후들이 그의 명령에 복종하고 백관(百官)의 승직을 결정한다. 불법(佛法)을 중시하고 사치를 좋아하며 황제의 덕을 보좌하면서

142 ‘臨年’를 項楚는 ‘老年’의 의미로 보았다.

143 ‘憍’는 原卷에서는 ‘憍’로 되어 있는데 이는 ‘憍’의 속자이다. ‘憍’는 ‘驕’와 같다. 『廣雅』 宵韻: “憍, 本亦作驕.” 原錄의 ‘嬌’는 임의로 수정한 것으로 타당하지 못하다.

144 ‘佽’는 자전에 나와 있지 않다. 原校에서는 이를 ‘倣’으로 교정하였고, 『新書』는 ‘傚’로 보았다. 【校注】 자형으로 판단해 보건대 原校가 사실에 가깝다. 『玉篇』 人部: “倣, 學也.” ‘倣’, ‘學’은 같은 뜻으로 서로 대구가 된다.

궁궐에 기거한다. 우리 유마거사는 그들 중에서도 모범이 되어 그들을 교화하여 모두 발심하도록 하였다.

불가사의한 거사님
수천 가지 도리로 중생을 교화하시고
여러 가지 설법으로
제왕의 왕자들을 교화하신다.
관리들과 유마거사는
물고기와 물처럼 잘 융화된다.
바라문은 나와 남의 분별심이 산과 같은데
그들의 오만을 모조리 제거하신다.
가장 굴복시키기 어려운 자는
호사스럽고 존귀한 왕족들인데
모두 거사에 감복 귀의하여
교만한 마음을 제거하였다.
또 제왕의 자손과
멀고 가까운 왕족의 자손들을
모두 임금에 충성하고 부모에 효도하도록 가르쳐
황제의 덕이 떨어지지 않도록 하였다.
또 나라 안의 서민들은
의기를 닦아 기르는데
모두 보살의 인도 하에
각기 설법을 듣는다.
또 내관(內官)의 무리들과
궁중의 시비(侍婢)들은
홀연 거사의 훈계와 꾸짖음을 듣고서
하나하나 자신들의 죄업을 없앴다.
내시(內侍) 황문(黃門)의 무리들

권세에 집착하지 않는 자 없는데
항상 예배를 올리는 승려를 보고서
정심으로 불법을 구한다.
공경하는 마음으로 가산(家產)을 쏟아 부어
재(齋)를 올리며 복전(福田)을 구하고
경문을 옮겨 적고 불상을 만들면서
훗날의 좋은 인연을 기구한다.
공(空)은 중국에만 있는 것이 아니라
오천축에도 존재하는 법.
젊은 시절의 아름다움
노년이 되면 추악해진다.
궁 안에서 부귀함을 배우고
궁 앞에서 교만과 사치를 흉내 낸다.
홀연 은총이 다하여
능원(陵園)을 지키는 자로 내보내진다.
마침 유마힐을 만나 뵙고
공(空)을 논하는 말씀을 들으니 기쁘기만 하다.
갑자기 삶에 염증을 느껴
합장을 하고 암라원으로 들어간다.

有一內侍罷官, 居於山水, 忽得疾病, 令人尋醫. 有人言某村、某聚落, 有一處士名醫, 急令人召到, 便令候脈, 候脈了. 其人云: 更不是別疾病, 是坐後風. 其大官甚怒, 便令從人拖出, 數人一時打決.[145] 其人叫呼, 更有一人內侍, 亦是罷官, 看來見外面鬧, 內使多露頭揷梳[146]

145 '打決'은 동의의 글자가 결합된 첩어이다. '決'과 '打'는 같은 뜻이다.
146 '梳'는 原卷에서는 '手' 편방으로 되어 있는데 이는 '梳'자이다.(돈황사본에서 '木' 편방과 '手' 편방은 혼용된다)

於墻頭於面曰：此人村坊下輩，不識大官，不要打棒,[147] 便令放去. 其醫人忽爾抬頭，見此中官，更言曰：阿姨[148]道(到)底是那.[149]

長者維摩詰以[150]如是等無量方便，云何名以如是等無量方便? 即是上來說[151]在刹利，刹利中尊. 直至說在護戈，護戈[152]中尊已來,[153] 居

---

147 '棒'은 原卷에서는 '捧'으로 되어 있다. 【校注】『廣韻』講韻："棒, 打也." '打棒'은 위 문장의 '打決'과 같은 뜻이며, 마찬가지로 동의의 글자가 결합된 첩어이다. 여기서는 문맥에 의거하여 바로잡는다.

148 '姨'는 原錄에서는 '娍'으로 되어 있다. 袁賓은 이를 '娥'로 교정하고 '阿娥'는 젊고 아름다운 여자를 가리킨다고 하였다. 아울러 『方言』의 "秦晋之間凡好而輕者謂之娥"라는 문구를 증거로 들었다. 【校注】原卷에서는 '娍'로 되어 있는데 이는 '姨'의 속와자인 듯하다(潘校도 이와 같다) P.2324「難陀出家緣起」："釋迦如來親弟，那是城母所生." '城'은 '姨'의 오자임은 참고할 만하다. '阿姨'는 비구니를 가리킨다. 시골 의원이 내시(엄관)에게 '坐後風'(産後의 寒氣) 진단을 내리고, 머리카락을 드러내고 빗을 꼽고 있는 또 다른 내시를 비구니로 거듭 오인하고 있으니 웃지 않을 수가 없다. S.6551「佛說阿彌陀經講經文」："更有 …… 寺主、禪師、頭陀、尼衆、阿姨師等，不及一一稱名，並乃戒珠朗曜，法水澄清." S.1472「佛說八陽神咒經」："乙亥歲四月四日，爲亡阿姨師寫此經功德記. 法界有情，同霑斯福." '阿姨師'는 비구니를 가리키고 있음을 참고할 필요가 있다.

149 '道'는 原校에서는 '到'로 되어 있다. 【校注】'道'는 수정할 필요가 없다. '道底'는 '道的'이다. '底'는 '的'과 같으며 구조조사이다. P.2133「妙法蓮華經講經文」："부처님께서 사람들의 수행이 어느 정도인지 추측하게 하는 唱이 곧 나온다(佛把諸人修底行，校量多少唱看看)." 이 '底'의 용법도 이와 같다. "阿姨道底是那"는 "阿姨說的是啊"이다. '那'는 문미에서 긍정 혹은 감탄의 어기를 나타내는 조사이다.(『集韻』箇韻："那，語助. 或從口從奈.") 袁賓은 "阿姨到底是那"는 "到底是阿娥那"가 도치된 것이라고 하며 '那'는 文尾 의문사로서 '嗎'에 해당한다고 하였는데, 이 견해는 오류인 것 같다.

150 '以'자는 原錄에서는 실수로 누락되었는데 여기서는 原卷에 의거하여 보충해 넣는다. 이 문구는 『維摩詰經』 경문을 인용한 것인데, 경문에도 '以'자가 있다.

151 '說'은 原卷에서는 '兊'로 되어 있다. 아래 문장 "直至說在護戈(世)，護戈(世)中尊已來"의 '說'자 역시 原卷에서는 이 형태로 되어 있다. 原校는 '說'자로 의심하였는데 이는 옳다. 본권에서 '說'자는 보통 '說'로 되어 있는데, '兊'은 '說'의 生旁字(편방을 생략한 글자)이다.

152 '護戈護戈'는 原錄에서는 '護護戈戈'로 되어 있다. 【徐震堮】 문맥으로 보아 '護戈護戈'가 되어야 한다. 【校注】原卷에서는 본래 '護 戈'로 되어 있는데 이는 '護戈護戈'를 줄여 쓴 것이다. 돈황사본에서 ABAB형의 문구는 'A A'나 'A B' 형태로 줄여 표기되곤 한다. 본편 위 문장 "若在大臣，大臣中尊"이 原卷에서는 "若在大 臣 中尊"으로 되어 있음은 그 한 예이다. 또 '護戈'는 '護世'의 오자이다.(초서체 '世'자는 '戈'자와 형태가 유사하여 오독되기 쉽다) 『維摩詰經』 經文 "若在護世，護世中尊，護諸衆生"은 이 문구가 의거하고 있는 바이다.

士以種種百千方便, 於中誘誨, 善說諸法, 教化多般, 悉令信受, 隨其類趣, 依稟修學. 皆於本事通達解了, 又令速發無[154]上正等之心. 居士爲愍衆生及小果之輩,[155] 意欲廣談妙法, 示現有疾於方丈室中, 獨寢一床, 以疾而臥. 是要度脫迷暗, 總出昏衢, 令知身命不堅, 幻化爲體. 四大假合, 五蘊成形, 欻爾無常, 颯然空寂. 維摩居士尙悟如斯, 況我輩之徒, 如何不覺. 云云

到處行方便, 頭頭盡化情,
心無刹異[156]事, 意卽爲衆生.
若獲淸涼果,[157] 皆弘喜悅誠,
因玆親引力, 切切事分明.
以此多饒益, 尋時現病身,
廣談人世事, 四大似浮塵.
遂顯身羸掇,[158] 令交歸正眞.
只徒[159]來問疾, 意要話其因.
旣有秀黃[160]貌, 兼陳捎[161]弱懷,

153 '已來'는 '以來'와 같다. 대략의 수를 표시한다.

154 '無'는 原卷에서는 '元'으로 되어 있는데, 이는 필사체 '无'의 변형이다. 原錄에서는 이를 '之'로 오록하였다.

155 '輩'는 原卷에서는 '輂'으로 오록하였다. 原錄에서는 이를 '輩'로 수정하였는데 여기서는 이를 따른다.

156 '刹'은 '差' 혹은 '煞'의 음와자가 아닌가 한다. 『集韻』: "差, 異也." '差異'는 같은 의미의 글자가 병용된 것이다. '煞異'는 '甚異'이다. '煞'은 '매우', '대단히'라는 뜻이다.

157 '果'는 原錄에서는 '界'로 오록되어 있다. 【校注】 原卷에서는 '杲'로 되어 있는데 이는 '果'의 속자이다. P.3418 王梵志 詩: "但能求生路, 同證四果身." 본편 아래 문장 "不唯一日三時, 以皂莢水浣濯, 未得果位間"의 '果'자 역시 모두 '杲'로 되어 있다.

158 '羸掇'은 蔣禮鴻은 '羸惙'로 교정하였다.

159 '徒'는 '圖'로 보아야 한다.

160 '委'는 原錄에서는 '秀'로 되어 있다. 【校注】 原卷에서는 '秀'로 되어 있다. 潘重規는 이를 '委'자로 의심하였는데 이는 사실에 가깝다. '委'와 '萎'는 고대에는 통용되었다.(『釋名』 釋言語: "委, 萎也.") 北京圖書館 河字 12호 「父母恩重經講經文」: "푸른 눈썹 복사꽃 얼굴은 어느새 변하여, 밀랍 빛깔로 누렇고 까맣게 변해버렸네(翠眉桃臉潛移改, 蠟色萎黃暗裏來)." '委黃'은 곧 '萎黃'이다.

說人如電轉, 言也似雲雷.

若有一生質, 乃[162]憂四大災,

總交知若此, 普爲唱將來.

한 내시가 관직에서 물러나 산수(山水) 간에서 살고 있는데 갑자기 병이 들자 사람을 시켜 의원을 찾았다. 어떤 이가 모 촌 모 취락에 유명한 의사가 있다고 하여 급히 사람을 보내어 왕진을 부탁했다. 진맥을 짚어보고 나서 그 의사가 말하기를, "이것은 다른 병이 아니라 바로 산후풍(産後風)입니다." 이에 대노한 내시는 사람을 시켜 그를 내쫓으며 여럿이서 일시에 두들겨 패니 그는 비명을 질러댔다. 이때 마찬가지로 관직에서 물러난 또 다른 내시가 한 명 있었는데, 그는 바깥이 소란스럽자 머리에 빗을 꽂은 채 담장 밖으로 고개를 내밀며 말하였다. "이 자는 마을의 아랫것이라 대신을 알아보지 못해서 그런 것이니 때리지 말고 그냥 돌려보내시오." 그러자 의원이 문득 고개를 들어 이 내시를 바라보며 말하였다. "아주머니는 대체 누구십니까?"

"장자 유마힐은 이처럼 한량없는 방편으로 [중생을 교화하여 이익케 하였다.]" "이처럼 한량없는 방편으로"라는 것은 무엇을 말하는가? 즉 앞에서 말한바 "왕족 중에 있게 되면 왕족 가운데 으뜸이 되고"에서부터 "서천왕 중에 있게 되면 사천왕 가운데 으뜸이 되어" 등을 가리킨다. 거사는 수백수천의 방편으로 그들 가운데서 가르침을 펼치는데 능숙한 설법으로 여러 무리들을 교화하여 가르침을 받아들이게 만든다. 그 무리의 흥취에 따라 가르침을 펴서 배운 바를 받아들이고 자신의 일에 깊이 통달하도록 하며 속히 무상정각을 이루려는 마음을 발하게 한다. 거사는 중생과 낮은 과위(果位)의 무리들을 불쌍히 여겨 그들을 위해 설법을

161 '捎'는 '悄'가 되어야 할 것 같다. 『說文解字』 心部 : "悄, 憂也." 위 문장 '羸掇'과 비교하여 蔣禮鴻은 이를 '羸惙'로 교정하였다.

162 '乃'는 原錄에서는 '刀'로 되어 있고 '都'로 교정하였다. 【校注】 原卷에서는 사실 '乃'로 되어 있다. 이에 의거하여 바로잡는다.

펴고자 질병을 핑계로 방장에 홀로 드러누워 계신 것이다. 이것은 미욱한 이들을 제도하여 어리석음에서 구해내기 위함이다. 육신은 견고하지 못하고 실체가 없는 환상이며, 사대(四大)가 임시로 결합되고 오온(五蘊)으로 이루어져 있어 영원하지 못하여 삽시간에 적막해지고 말 것임을 깨닫게 하고자 한 것이다. 유마거사는 이처럼 [중생을] 깨우치고 계시는데 우리 같은 무리들은 어째서 깨닫지 못하는가.

도처에서 방편을 행하심에
일마다 교화의 마음을 다 쏟으신다.
마음속에는 다른 일 없고
오직 중생을 위할 뿐.
청량한 과일을 얻게 되면
희열에 넘쳐 정성을 다 하리.
이리하여 몸소 온 힘을 기울이고
간절하고 분명하게 섬김을 다하리.
이로써 많은 효과가 있으니
시기를 선택하여 육체의 병을 드러내어
인간세상의 일을 널리 얘기하는데
사대(四大)는 떠다니는 먼지와 같다네.
육신의 파리함을 드러내 보여
참됨으로 돌아가도록 가르친다.
병문안하러 온 것은
병이 든 원인을 묻고자 해서네.
몸이 이미 누렇게 말라 있으니
그 허약함이 근심스럽기만 한데
말하는 모습이 번개가 치는 듯하고
말소리는 우레 소리 같다.
한 평생의 육신이 있다면

사대의 소멸을 염려하게 되리니
이와 같음을 깨닫게 하고자
널리 알리는 창이 곧 나오리.

經:「以其疾故, 國王、大臣、長者、居士、婆羅門等, 及諸王子幷餘官屬無數千人, 皆往問疾.」云云

以其疾故, 國王、大臣、長者、居士、婆羅門等, 及諸王子幷餘官屬無[163]數千人皆往問疾. 長者卽寶積等五百獻蓋之徒, 居士卽如[164]維摩居士之輩, 婆羅門卽淨門[165]之衆, 及諸國王兼國王子, 幷國內官屬百千萬衆, 聞居士有疾, 皆來體問.[166] 言居士居士, 何故有疾?爲移[167]是四大違和, 爲復是教化疲倦. 願爲我等, 說此病緣.[168]

纔聞居士疾[169]榮(縈)身, 凡是有靈皆怪訝,
病臥只居方丈內, 飢羸起坐甚艱難.
國王王子盡奔波,[170] 居士宰官咸禮覲,

163 '無'는 原錄에서는 '共'으로 오록되어 있다. 【校注】 原卷에서는 '元'으로 되어 있는데 이는 필기체 '无'자의 변형이다. 이 몇 구는 『維摩詰經』 원문을 인용한 것인데, 경문에도 '無'자로 되어 있다.

164 原卷에는 '如'자 앞에 '與'자가 있다. 이는 '如'자와 음이 비슷하여 잘못 적었다가 미처 삭제하지 못한 것 같다. 이에 삭제하여 바로잡는다.

165 '淨門'은 '淨行'이 되어야 한다. '門'은 위 문장 '婆羅門'의 '門'과 관련하여 생긴 오자인 것 같다.('門'과 '行'의 초서체는 형태가 비슷하여 오독하기 쉽다) 본편 위 문장 "婆羅門者, 是淨行之種." 이는 참고할 필요가 있다.

166 '體問'은 '體察', '慰問'이다.

167 '移'를 蔣禮鴻은 '復'으로 교정하였는데 이는 정확하다. '爲復'은 선택의문문을 나타내는 접속사로서, '還是(아니면)'와 같다. 『通釋』 해당 항목을 참조 바란다.

168 "等說此病緣" 다섯 글자는 原錄에서는 누락되었다. 여기서는 原卷에 의거하여 보충한다.

169 '疾'은 原錄에서는 '病'으로 오록되어 있다. 여기서는 原卷에 의거하여 바로잡는다.

170 이 문구는 原錄에서는 "國王子盡大奔波"로 되어 있다. 【校注】 原卷에서는 '王'자 뒤에 점이 하나 있는데 이는 '王'자의 반복부호이다. 그리고 原卷에서는 '大'자가 완전하게 적혀 있지 않다.(오른쪽으로 삐친 획 '㇏'이 없고 윗부분도 이미 덧칠해져 있다) 따라서 이를 기록하는 것은 옳지 않다. "國王子盡奔波"는 다음 구 "居士宰官咸禮覲"과 대

一切天人皆到會, 果然見一病維摩,
多將湯藥問因依, 大照國師[171]尋斬候,[172]
雖卽至心[173]申體察, 莫知來處辯其因.
謝諸人者[174]賜相哀, 四大元知有此災,
舊日神情威似虎, 今來體骨瘦如柴.
深貴[175]汝, 倍憂懷, 我此身形自嘆裁,
因有如斯縈病故, 廣陳妙法唱將來.

경전에서 말하기를, "그가 병이 났다는 말을 듣고 국왕과 대신과 장자와 거사와 바라문들과 왕자와 여러 관리들 수천 명이 와서 병을 위문하였다."

구가 되며 문맥도 잘 통한다. 原錄은 오류다.

171 '大照'는 項楚는 '待詔'라 교정하였다. '待詔', '國師'는 모두 醫員에 대한 존칭이다. 『太平廣記』 卷219 田令孜 항목: "時田令孜有疾, 海內醫工召遍, 至於國師、待詔, 了無其徵." '國師待詔'의 쓰임이 본편과 똑같다.

172 '斬候'는 項楚는 '證候'로 보아야 할 것 같다고 하였는데 이는 사실에 가깝다.

173 '志心'은 原卷에서는 '恙'로 되어 있다. 【原校】 돈황사본에서 '恙'자는 '至心' 두 자를 가리키는 경우가 많다. 【潘重規】 '恙'는 '志心' 두 자일 것이며, '志心'은 '至心'과 통한다. 【校注】 潘校가 '恙'을 '志心' 두 자로 본 것은 지극히 옳다. 그러나 '志心'을 '至心'과 통한다고 한 것은 정확한 견해는 아니다. '志心'은 '경건하다'는 뜻인데, 여기서 '志'는 '專一'을 말하기에 이 글자를 수정할 필요는 없다. 본편 위 문장 "禱祝須心志, 虔誠莫縱乖." 이 '志'는 '전일하다'는 뜻이다. 唐 慧能 『六祖壇經』 般若品第2: "너희들로 하여금 각기 지혜를 얻게 하리니 지극한 마음으로 자세히 들어라(使汝等各得智慧, 志心諦聽)." 이 '志心'도 같은 의미이다. 본편 위 문장: "欲得聞眞妙, 還須志意聽." S.5511 「降魔變文」: "경은 지금 재물을 경시하기를 마치 흙 대하는 듯하고 덕을 중시하기를 마치 보배 대하는 듯하며 일심으로 정원을 사들이려 하는데 대체 그것을 어디에 쓰려는 게요?(卿今輕財如土, 重德猶珍, 志意買園, 欲將何用?)" S.3728 「押座文」: "지심으로 순종하는 것은 부처님을 믿는 것과 똑같고, 좋은 말로 여쭙는 것은 향을 사르는 것보다 낫다네(志意順從同信佛, 美言參問勝燒香)." 이들 예문 중의 '志意'는 '志心'과 같다. P.3716 王梵志 詩: "지심으로 묘법을 구하면 반드시 여래를 뵙게 되리(至意求妙法, 必得見如來)." 이 '至意'가 P.3656에서는 '志意'로 되어 있다. '至意'와 '志意'는 글자는 다르나 의미는 같다.

174 '人'은 '仁'으로 보아야 한다. '人'과 '仁'은 동음으로 서로 통용된다. '仁者'라는 문구는 아래 문장에서 수차례 보인다.

175 '貴'는 袁賓은 '媿'로 보았다. '감사하다'는 뜻이다.

"그가 병이 났다는 말을 듣고 국왕과 대신과 장자와 거사와 바라문들과 왕자와 여러 관리들 수천 명이 와서 병을 위문하였다." 장자는 보개를 바친 보적 등 5백 인을 말하고, 거사는 유마거사와 같은 부류를 말하며, 바라문은 수행하는 무리를 말한다. 그리고 모든 국왕과 그 왕자들 및 나라 안의 수천수만 되는 관원들이 거사가 병에 걸렸다는 말을 듣고 모두 찾아와서 위문을 올리며 묻는다. "거사님, 거사님, 무슨 이유로 병에 걸리셨습니까? 사대가 조화롭지 못해서 입니까? 아니면 교화하시느라 힘 드셔서 그렇습니까? 부디 이 병의 원인을 말씀해 주시기 바랍니다."

유마거사가 병에 걸렸다는 말을 듣고
모든 중생들은 괴이 여긴다.
병들어 방장 안에 누워 계신데
굶주리고 수척하여 일어나 앉는 것조차 힘겨워한다네.
국왕과 왕자들 모두 황급히 달려오고
거사와 관원들은 그를 찾아 절을 올린다.
모든 천인들도 그곳에 이르렀는데
아니나 다를까 유마가 병이 들었네.
많은 탕약을 지어 바치고
여러 의원들이 찾아와
지심으로 진찰해 봐도
병이 온 이유를 알 수가 없네.
모든 어진 자들은 이를 슬퍼하는데
사대(四大)가 본래 이 같은 재앙을 가져온 거라네.
지난날은 안색이 호랑이처럼 위엄 있었는데
지금은 육신이 장작개비처럼 말라 있다.
나를 걱정해 찾아와 준 그대들이 몹시 고마운데
나의 이 몸을 염려하여 탄식하네.
이처럼 육신이 병에 걸린 것을 구실로

널리 묘법을 설하는데 그 창이 곧 나온다.

經 : 其往[176]者, 維摩詰因以身[疾][177]廣爲諸法, 諸仁者, 見(是)身無常, 無强、無力、無堅、速朽之法, 不可信也. 爲苦、爲惱, 衆病所集.」云云

其往者, 維摩詰因以身疾, 廣爲說法, 因爲國王、居士等百千萬人皆來體問, 居士便以身疾, 廣博解說, 令其人輩, 生厭捨心. 諸[178]仁者, 是身無常, 無常者, 卽不常也. 上生非想處, 下至轉輪王云云, 無有常定也. 無强無力, 人若無疾無惱, 身心强盛, 氣力勁直. 若或有病, 故是身力衰羸. 人有四百四病, 皆屬四大主持, 若或一脈不調, 百一病起. 緣地水火風, 假立其體, 諸邪相伏. 今日脈陳,[179] 頭疼口苦, 唱死唱生,[180] 腹脹喉[181]乾, 稱怨[182]乞命, 四支(肢)不擧, 兩眼無光, 坐臥人扶, 飮食小[183]味, 脣鶱耳返,[184] 齒黑爪青, 身生紫黶, 語話非常, 見鬼見神, 乍寒乍熱. 有時似如湯火, 有時冰鐵何殊. 腸胃內恰似車鳴, 筋骨中也似刀攪. 渾家怕怖, 滿坐驚張. 一時拍臆搥胸, 忙亂澆茶酹酒, 醫□□□□脈候, 直是□□□者又道年災過(　　　　　　)[185]

---

176 '往'은 原卷에서는 '徍'으로 되어 있는데 이는 '往'의 예서체이다. '往'자는 篆書로 '䢔'라 적고, 隸書로는 '徍'라 적는데 '往'은 이 자를 줄여 적은 것이다.

177 [原校] '疾'자는 『維摩詰經』에 의거하여 보충한다. [校注] 이하의 인용경문에서도 '疾' 자가 있다.

178 '諸'는 原錄에서는 '請'으로 오록되어 있다. 이를 徐震堮은 '諸'로 교정하였다. [校注] 原卷에서는 본래 '諸'로 되어 있다. 이에 의거하여 바로잡는다.

179 '陳'은 '沈'이 되어야 한다. '脈沈'은 '맥박이 잠복해 있다'는 뜻이다. 『史記』 扁鵲倉公列傳 : "脈法曰 : 沈之而大堅, 浮之而大緊者, 病主在腎."

180 앞의 '唱'은 原錄에서는 '渴'로 오록되어 있다. 여기서는 原卷에 의거하여 바로잡는다. '唱死唱生'은 '죽네 사네 소리 지른다'는 뜻이다. '唱'은 '叫', '呼'의 뜻이다.

181 '喉'는 原錄에서는 '唯'로 오록되어 있다. 여기서는 原卷에 의거하여 바로잡는다.

182 '怨'은 原錄에서는 '惌'로 되어 있는데 이는 '怨'의 속자이다.(宋 婁機 『班馬字類』 願韻 : "惌, 史記封禪書 : 百姓一其法." '惌' 역시 '怨'자이다) 문중에서는 '冤'으로 보아야 한다.

183 [徐震堮] '小'는 '少'와 같다.

184 '脣鶱耳返'은 앞으로의 재고가 필요하다.

早時鬱[186]霧最分芳,[187] 並向園(園)中廣到行,
九夏[188]取涼招掃洒, 三春賞玩到宮商.
枝垂嬈婀朝盛露, 花坼輕風晚[189]帶香,
恰到斧[190]刀斫折從,[191] 便同人質卽無常.
又無斤, 又無力,[192] 何處得堅難可惜,
葉[193]彫(凋)枝落並皆枯, 況植[194]萬般爭改易.
漫行行, 徒歷歷, 舞蝶飛蜂休覓覓,[195]
根株除倂[196]暫時間, 看來只是留蹤跡.
人身病, 似枯樹, 苦惱災危成積聚,
看看卽是落黃泉, 何處令人能久住.

---

185 【原校】 원문에 따르면 여기까지 1행이 잔결되어 있다.

186 '鬱'은 原卷에서는 '欝'로 되어 있는데 이는 '鬱'의 속자이다.

187 '分芳'은 '紛紛', '紛亂', '紛紜'의 뜻이다. 『通釋』의 해당항목을 참조 바란다. 原校에서는 '分'을 '芬'으로 교정하였는데 이는 불필요하다.

188 '夏'는 原錄에서는 '憂'로 되어 있고 '秋'라 교정하였다. 【徐震堮】 '憂'는 '夏'가 되어야 한다. '秋'라 교정한 것은 잘못이다. 『陶集』: "日月推薦, 已復九夏." '九夏'는 여름철 90일을 말한다. 【校注】 原卷에서는 본래 '夏'자로 되어 있다. 이에 의거하여 바로잡는다.

189 '晚'은 原錄에서는 '脫'로 되어 있다. 袁賓은 이를 '晚'으로 교정하였다. 【校注】 原卷에서는 '晩'로 되어 있는데 이는 '晚'의 속체이다. 이에 의거하여 바로잡는다.

190 '斧'는 原卷에서는 좌측에 '金' 편방이 붙어 있다. 이는 '斧'의 속자이다.

191 【徐震堮】 '從'자는 '斫折' 앞에 와야 할 것 같다. 袁賓은 '從'은 '後'가 되어야 한다고 하였다. 원씨의 견해가 사실에 가깝다.

192 '斤'은 原校에서는 '勁'으로 되어 있는데 이는 사실에 가깝다. 이 문구는 경문 "是身無常、無强、無力、無堅"을 연역한 것이다.

193 '葉'은 原卷에서는 '菜'로 되어 있는데 이는 '葉'의 속자이다. 原錄에서는 '業'으로 오록되어 있다.

194 '植'은 '值'가 되어야 할 듯하다. '況值'는 '正值'이다. '況'은 '正', '適'의 뜻이다. 『詩詞曲語辭匯釋』 해당 항목을 참조 바란다.

195 이 문구는 原錄에서는 "舞蝶休飛蜂覓覓"으로 되어 있다. 【校注】 原卷은 본래 "舞蝶飛休蜂覓覓"으로 되어 있고, '休蜂'의 우측 옆에 갈고리 모양의 부호가 붙어 있다. 따라서 원문은 "舞蝶飛蜂休覓覓"이 되어야 한다. 原錄은 오류다.

196 '除倂'은 '배제하다', '제거하다'이다. '倂'과 '除'는 같은 뜻으로 서로 통용된다. 『舊五代史』 唐明宗紀第4 : 天成2年 6月 丁亥 "詔天下除倂無名寺額." 이 '除倂'은 같은 뜻이다. '倂除'라고도 적는다. 「佛說觀彌勒菩薩上生兜率天經講經文」 주석 10)번을 참조 바란다.

直須認取速行行，不請[197]無端戀意情，
且要健時爲利益，莫教病臥善心生。
我此病，似花榮，葉[198]若黄金葉又青，
及到遮身今有疾，何殊枯樹卽須傾。
何處坼，[199] 幾時開，只是枯危掩夜臺，
莫待此身有疾病，卽宜聞早使心懷。
休愛美，[200] 莫疑猜，[201] 卻要分明自摶才。[202]
更怕衆中迷未息，廣舖此喻唱將來。

경전에서 말하기를, "문병 온 자들에게 유마힐은 육체의 병을 구실삼아 널리 설법을 하였다. 모든 어진 이들이여, 이 몸은 덧없고 강한 것이 아니며 큰 힘이 있는 것도 아닙니다. 단단한 것도 아니며 빨리 노쇠해 가는 것이며, 믿을 것이 못 되며 고통스러운 것이고 괴로운 것이며, 모든 병이 모인 것입니다."

"문병 온 자들에게 유마힐은 육체의 병을 구실삼아 널리 설법을 하였다." 국왕과 거사 등 수천수만의 사람들이 문병을 왔음으로 인해 거사는 육신의 병을 구실삼아 널리 설법을 함으로써 그들이 삶에 집착하지 않도록 하였다. "모든 어진 이들이여, 이 몸은 덧없는 것입니다." '덧없다

197 [項楚] '不請'은 唐人의 속어로서 '不必'이란 뜻이다.

198 [徐震堮] 앞의 '葉'자는 '藥'가 되어야 할 것 같다.

199 '坼'은 原錄에서는 '折'로 오록되어 있다. 여기서는 原卷에 의거하여 바로잡는다. '何處坼'은 뒤의 '幾時開'란 뜻이다. '坼'과 '開'는 같은 뜻으로 서로 호용된다.

200 '美'는 原卷에서는 '媄'로 되어 있는데 이는 '美'의 속자이다. 慧琳『一切經音義』卷10 : "美, 說文從羊從大, 經從父作媄, 非也." 비록 慧琳은 '美'자를 '父' 편방으로 적는 것은 잘못이라고 하였으나 이러한 필사법은 당시에 자못 유행하였다.(사례는 매우 많다. 일일이 열거하지 않는다) 原錄에서는 '羨'으로 되어 있는데 이는 잘못이다.

201 '猜'는 原卷에서는 '情'으로 오록되어 있다. 原錄에서는 이를 '猜'로 수정하였다. 여기서는 이를 따른다.

202 [潘重規] '摶'은 '剸'과 통하는 듯하다. 『龍龕手鏡』: "剸, 細割也." '才'는 '裁'와 통한다. '摶才'는 '斷裁', '裁斷'과 같다. [校注] '剸裁'로 본 반씨의 견해는 옳다. '剸裁'는 유사한 의미의 글자가 결합된 복합어로서, '재단하다', '처치하다'는 뜻이다. 「維摩詰經講經文(1)」 주석 146)번을 참조 바란다.

(無常)'는 '불상(不常)'이다. 위로는 비상처천(非想處天)에 태어난 것으로부터 아래로는 전륜왕에 이르기까지 영원한 것은 없다. '강한 것이 아니며 큰 힘이 있는 것도 아니다.' 사람이 만일 질병도 고뇌도 없다면 심신은 강성해지고 기력은 세질 것이다. 그런데 병이 있는 까닭에 몸과 기력은 쇠약해진다. 사람에게는 4백 네 종류의 질병이 있는데, 이 모두는 사대(四大)가 주관하고 있어, 만일 이중 어느 하나가 조화롭지 못하면 1백 한 가지의 질병이 생긴다. 지(地)·수(水)·화(火)·풍(風)이 임시로 모여 육체를 만든 것이다. 오늘 맥박은 가늘고 머리는 아파오며 입은 바싹 말라 죽네 사네 소리 지르고, 배는 부풀고 목구멍은 타들어가 구차하게 목숨을 구걸한다. 사지를 들 수가 없고 두 눈은 광채를 잃었으며, 앉고 눕는 데도 남의 도움을 받아야 하고 음식의 맛을 모른다. 입술은 이지러지고 귀는 잡음이 들리며, 이는 까맣게 변하고 손톱은 새파랗다. 또 몸에는 검은 반점이 생기고 말하는 게 정상이 아니며, 귀신이 눈에 보이고, 추웠다 더웠다 한다. 어떤 때는 불처럼 뜨거웠다가도 어떤 때는 냉동된 쇠와 같다. 위장에서는 수레 소리가 들려오고, 근골은 칼로 도려내는 것 같다. 온 가족이 놀라고 온 집안이 두려워한다. 갑자기 가슴을 두드리며 황급히 차를 뿌리고 술을 뿌리며 신에게 제사를 지낸다. 의원은 (

)

아침에 짙은 안개 자욱이 깔리면
정원으로 산책을 나서고
구하(九夏)에는 물 뿌려 서늘함을 취하고
삼춘(三春)에는 노래 소리 감상한다.
하늘거리는 나뭇가지는 아침녘에 이슬을 흩뿌리고
활짝 핀 꽃은 저물녘에 솔바람에 실려 향기를 풍겨오지만
한번 도끼와 칼을 맞아 잘리고 나면
인간의 육신처럼 무상하기만 하다.
강하지도 않고 큰 힘도 없으니

애석히 여기지 않을 단단함을 어디선들 얻을 수 있을까.
이파리는 떨어지고 가지는 메마르니
마치 앞 다투어 변해가는 듯하다.
쉴 새 없이 이리저리 떠돌며
춤추는 나비와 날아다니는 꿀벌은 쉴 곳을 찾는다.
뿌리와 줄기가 잘리는 것은 한순간
보아하니 흔적만 남아 있다.
병든 육체는 마른 나무와 같고
고뇌와 재앙이 겹겹이 쌓여 있다.
보이는 것은 황천(黃泉)이니
어느 곳인들 오래 머물 수 있으리.
속히 떠나야 할 것이니
이유 없이 연연해할 필요가 없다.
건강할 때 이익 되게 할 일이지
병들고 나서야 선한 마음 들지 않도록 하라.
나의 이 병은 무성하게 핀 꽃과 같으니
꽃은 황금색이고 이파리는 새파랗다.
이 몸 이제 병이 들었으니
꺾이는 고목과 다를 바가 없다.
어느 때나 피어날 수 있을까
이제 다만 무덤을 덮어 가릴 수 있을 뿐이다.
이 몸이 병들기를 기다리지 말고
일찌감치 마음에 준비를 하고 있어야 한다.
집착하는 마음을 거두고 의심하지 말 것이니
분명히 그런 마음을 잘라내야 할 것이다.
무리 속에 여전히 이해하지 못하는 자가 있을까 염려하여
다시 비유 들어 설명하는 창이 곧 나오리.

[203][經]:「諸[仁者, 如此][204]身明知[205]者所不立. 是身如聚沫,[206] 不可撮摩.[207] 是身如泡, 不得久立. 是身如炎, 從渴愛生. 是身如芭蕉, 中無有堅. 是身如幻, 從顚到(倒)起. 是身如夢, 爲虛妄見. 是身如影, [從]業[208]緣現.[209] 是身如浮雲, 須臾變[滅]」,[210] 乃至「念念不住」[211]

---

203 이 단락의 마이크로필름은 본래 다음 단락 뒤에 있다. 필사자가 잘못 기록한 것이거나 후세 사람이 잘못 붙인 것으로 생각된다. 여기서는 문맥에 의거하여 이곳으로 옮긴다. 原錄은 『維摩詰經』에 의거하여 이곳에 "'經: 是身如聚沫 …… 如泡 · 夢 · 影 ……'至'是身如雷(이 글자는 뒤의 '電'자와 관련하여 잘못 적은 것이라서 삭제해야 마땅하다고 인용자는 여김)電 ……'"이란 문구를 임의로 보충해 넣었는데 이는 정확하지 못하다.

204 이상의 몇 글자는 原卷에서는 잔결되어 완전하지 못하다. 여기서는 『維摩詰經』 경문에 의거하여 임의로 위와 같이 보충한다. 原錄에서는 '諸□□以'로 되어 있는데 반드시 옳은 것 같지는 않다.

205 '明'은 原卷에서는 본래 '名'으로 되어 있고 그 우측 옆에 '名'이라 旁註가 달려 있다. 이는 '名'은 '明'의 오록임을 표시한다. 마땅히 '明'으로 수정해야 한다. 原錄에서는 '名'으로 적고 '明'이라 교정하였는데 이는 사족이라 할 만하다. 또 '知'와 '智'는 통한다. 경문에서는 '智'로 되어 있다.

206 '沫'은 原卷에서는 '沐'으로 되어 있고, 徐震堮은 이를 '沫'이라 교정하였다. [校注] 『維摩詰經』 송원 이후의 각 판본에서는 모두 '沫'로 되어 있다. 이에 의거하여 바로잡는다. 아래 문장 '聚沫'은 原卷에서는 '聚沐'으로 오록되어 있다. 모두 문맥에 의거하여 바로잡되 더 이상 주를 달지 않는다.

207 '撮'은 原卷에서는 '撤'로 되어 있는데 이는 '撮'의 속자이다. '撮摩'의 '撮'은 '손가락으로 집다'는 뜻이고, '摩'는 '접촉하다', '닿다'는 뜻이다. 의미가 비슷한 글자가 결합된 복합어이다. 그러므로 이를 도치시켜 '摩撮'이 된다 해도(아래 문장: "是身如聚沫, 不可能摩撮.") 그 의미는 변하지 않는다. 徐復은 慧琳 『一切經音義』에 의거하여 '撮摩'는 곧 '撮磨'이며 '持取研磨'란 뜻이라고 하였는데 이는 정확하지 않은 것 같다.

208 '從'자는 『維摩詰經』 경문에 의거하여 보충한 것이다. 또 '業'자는 原錄에서는 '葉'으로 되어 있다. 潘重規는 原卷에서는 '業'으로 되어 있다고 하였다. 이에 의거하여 바로잡는다.

209 『維摩詰經』 각 판본에 따르면 이 앞에는 "是身如響, 屬諸因緣"이란 문구가 더 있다. 보충해 넣는 게 마땅하다.

210 '滅'자는 『維摩詰經』 경문에 의거하여 임의로 보충한 것이다.

211 '住'는 原錄에서는 '移'로 되어 있다. [潘重規] 原卷에서는 '往'자로 되어 있다. …… 돈황사본에서 '彳'과 '亻'은 종종 구분 없이 사용된다. 原卷의 '往'자는 '住'자일는지 모른다. [校注] '住'자가 옳다. 『維摩詰經』 경문 "是身如電, 念念不住." '住'로 되어 있음을 볼 수 있다. 본편 아래 문장의 인용문에서도 "念念不住"로 되어 있다. '念'은 범어 刹那의 의역이다. '念念不住'는 한순간도 그치지 않는다는 뜻이다. 原錄에서는 '移'로 되

是身如聚沐(沫), 譬如水中聚沐, 如何[212]撮摩? 以手觸之, 自然後壞.[213]「是身如泡」者, 亦如水上浮傴(漚), 念念之間, 卽當壞滅. 如炎者, 如似荒郊陽炎,[214] 那得久停? 瞬息之間, 自然消歇. 又如芭蕉不堅, 芭蕉雖葉綠花紅, 爭那彼中[215]不實, 皆是虛朽. 又如夢想, 如人夜眠作夢, 覺時一段虛華, 千般萬種之中, 無有一件實處. 又身如人影, 及衆物皆有影逐, 人物若在, 影卽隨之, 人物段[216]無, 影從何有? 身滅影沈, 影生人顯. 是身如電, 念念不住, 譬[217]如雲裏電光, 瞥然之間, 卽使不見. 又如石中有火, 欻有忽滅, 豈可久留. 又如風中秉燭, 不易保持十全. 也似河水東流, 一去似難再復. 輕志[218]易落, 更[219]無返樹之期. 細雨辟[220]天, 豈有歸雲之日. 也似機關傀儡,[221] 皆因繩索抽牽, 或舞或歌,

---

어 있어 정반대의 의미를 보이고 있다.

212 '何'는 原卷에서는 '河'로 되어 있다. 袁賓은 이를 '何'로 교정하였다. 【校注】 돈황사본에서 '何'와 '河'는 혼용된다. 여기서는 문맥에 의거하여 바로잡는다.

213 '壞'는 原卷에서는 '壊'로 되어 있다. 아래 문장 "卽當壞滅"의 '壞'자가 原卷에서는 '懷'로 되어 있다. 돈황사본에서 '土' 편방과 '忄' 편방은 혼용되고 있다. 여기서는 문맥에 의거하여 모두 '壞'로 기록한다. 앞의 '壞'자가 原錄에서는 '忄'으로 되어 있고 우측 부분은 '裏'로 되어 있는데 이는 사실과 다르다.

214 '陽炎'은 '颺談', '陽焰', '陽光'으로 적기도 한다. 이는 불교어로서, 광야에서 아른거리는 가공의 광채(아지랑이를 말함-역자 주)이다. '炎', '談', '焰'은 음이 비슷하며 의미가 서로 통한다. 古籍에서는 흔히 혼용된다. 『通釋』에서는 '炎'을 '焰'으로 보고 있는데 그럴 필요 없다.(『維摩詰經』 經文: "是身如炎, 從渴愛生." 이 '炎'자는 麗藏本, 資福藏 磧砂藏 등 판본에서도 똑같다. '炎'은 '陽炎'의 약칭이다)

215 '中'자는 原錄에서는 실수로 누락되었다. 여기서는 原卷에 의거하여 보충해 넣는다.

216 '段'은 原卷에서는 '𠭊'로 되어 있다. 原校에서는 이를 '改'로 수정하였고, 劉凱鳴은 이를 '設'로 교정하였다. 【校注】 자형으로 보아 原卷은 '段'자이다. '段'은 '斷'으로 보아야 하며 '斷絶'을 뜻한다. '無'자와 의미가 비슷하다. 본편 주석 59)번을 참조 바란다.

217 '譬'는 原錄에서는 '辟'으로 되어 있다. 【校注】 原卷에서는 '辟'으로 되어 있는데 이는 '譬'의 속자이다.(본권에서 '譬'자는 모두 '辟'로 되어 있다) 이에 의거하여 바로잡는다.

218 【徐震堮】 '志'는 '花'의 오자로 생각된다.

219 原卷에서는 '更'자가 중복되고 있다. 【原校】 '更'자는 연문이다. 【校注】 두 개의 '更'자 중에서 하나는 앞줄 끝에, 또 하나는 이 줄 처음에 위치해 있다. 줄이 바뀌는 곳에 위치하는 글자는 연문이 되는 경우가 많다. 여기서는 삭제하여 바로잡는다.

220 【徐震堮】 '辟'은 '辭'가 되어야 할 것 같다. 【校注】 '辭'자는 돈황사본에서 '辭'로 표기되는 경우가 많은데 그 형태가 '辟'자와 많이 닮아 있다.

或行或走，曲罷事畢，抛向一邊，直饒萬劫驅遣，不肯行得.[222] 轉動皆是之緣[223]共助，便被幻或[224]人情．若夜[225]斷卻諸緣，甚處有傀儡聲□.[226] 所以玄宗皇帝從蜀[227]地迴，肅宗代位，冊玄宗爲上皇，在於西內．是政已歸於太子，凡事皆不自專，四十八年爲君，一旦何曾自在．齒衰髮白，面皺身羸，乃裁請(詩)自喻．甚遂?[228]「剋木牽絲作老翁，雞皮鶴髮與眞同，須臾曲罷還無事，也似人生一世中.」[229] 玄宗尚自[230]如

---

221 '關'은 原錄에서는 '開'로 되어 있다. 【校注】 原卷에서는 '𨳝'로 되어 있는데 이는 '閞'자이다. '閞'은 또 '關'의 속자이다. 돈황사본에서 자주 보인다. 예를 들면, P.3211 王梵志詩 : "사랑도 없고 미움 또한 없음은, 부모를 뒷전으로 함이 아니네(無愛亦無憎, 非[illegible]後父母)." P.2553「王昭君變文」: "멀리 백운을 가리키며 잠시 멈추어 내 '별향관'곡을 한 번 들어보시오(遠指白雲呼且住, 聽奴一曲別鄉閞)." '𨳝'과 '閞'은 모두 '關'자이다. "機關傀儡"는 기계 장치를 설치하여 움직일 수 있는, 흙이나 나무로 만든 인형을 가리킨다.

222 "不肯行得"은 原卷에서는 '不肯行得時'로 되어 있다. '得'자 우측 옆에는 '卜' 형태의 삭제부호가 있다. 따라서 이 글자는 마땅히 삭제해야 한다. 그런데 "不肯行時"는 의미가 문맥에 어울리지 않는다. 삭제해야 할 글자는 '時'자인 것 같다. 이는 필사자가 '時'자를 삭제하려다가 실수로 '得'자 우측에 '卜' 부호를 가한 것 같다. 原錄에서는 '不肯行得時'로 되어 있는데 이는 잘못이다.

223 '之緣'은 아래 문장의 '諸緣'이다. '之'와 '諸'는 음이 비슷하며 서로 통용된다.

224 '或'은 '惑'과 통한다. 原錄에서는 직접 '惑'으로 수정하였는데 이는 타당하지 못하다.

225 '夜'는 '也'로 보아야 한다.『廬山遠公話』: "상공은 이날 밤 부인을 위하여 또 老苦를 설하였다(是也又爲夫人說其老苦)." 이 '也'는 '夜'로 보아야 한다. 본편 아래 문장 "譬如大火，我相終無，熱性週遍，有何差殊．若夜起得，悉□平等，不以玉石金土，一等燋然." 이 '夜'자를 蔣禮鴻은 '也'로 교정하였다. 모두 같은 예들이다. '若也'는 가설을 나타내는 말이다.『廬山遠公話』: "衰老와 병마가 찾아들면 하얗게 된 머리칼은 다시 검어질 수 없다(若也老病來侵，白髮無緣再黑)." 이 '若也'도 같은 의미이다.

226 '聲'은 原錄에서는 '各'으로 되어 있다. 【校注】 原卷에서는 '声'로 되어 있는 듯한데, 이는 '聲'의 속체이다. 이에 의거하여 수정한다. 문구 끝의 궐자는 '音'자인 것 같다.

227 '蜀'은 原卷에서는 약간 변형된 '蜀'으로 되어 있다. 原錄은 이를 '罰'로 기록하였는데 정확하지 못하다.

228 【潘重規】 '遂'는 '道'가 되어야 할 것 같다. 【校注】 반씨의 견해는 사실에 가깝다. '甚道' 뒤에 의문부호를 붙여야 할 것이다.

229 위의 시는『全唐詩』권3「明皇帝」下에 수록되어 있으며 제목은 '傀儡吟'으로 되어 있다. 또『全唐詩』권202「梁鍠」下에 '詠木老人'('傀儡吟', '詠窟磊子人'이라 부르기도 함)이란 제목으로 수록되어 있다. 編者는『明皇雜錄』을 인용하여 "李輔國矯制，遷明皇西宮，戚戚不樂，日一蔬食，嘗咏此詩，或云明皇所作"라 말하고 있다. 또 南宋 吳曾

此, 我等寧不傷身, 奉勸門徒云云.

諸□□以身名(明)知者所不怙, 是身如聚沫, 不可撮摩. 是身如泡, 不得久立. 是身如炎, 從渴愛生. 是身如芭蕉, 中無有堅. 是身如幻, 從顚到(倒)起. 是身如夢, 爲虛妄見. 是身如影, 業緣現. 是身如浮雲, 須臾變. 乃至念念不往(住).

是身如聚沫, 不可能摩撮,
將喩一生身, 誰人得免[231]脫.
是身如泡起, 盤旋於淥水,[232]
將喩一生身, 那能得久俟.[233]
如炎自渴[234]愛, 大艶[235]須臾昧,
將喩一生身, 要君生曉會.
身如芭蕉樹, 莫見堅實處,

『能改齋漫錄』 卷8의 '傀儡' 항목에서 唐 梁鍠 「咏木老人」 詩를 인용한 다음 "開天傳信記稱明皇還蜀, 嘗以爲誦, 而非明皇所作也"라 말하고 있다. 본편의 내용에 비춰보아 이는 玄宗의 作으로 보는 것이 옳아 보인다. 시구 중의 '尅'자가 『全唐詩』에서는 '刻'으로 되어 있는데 '刻'자가 옳다.('尅'은 '剋'과 같으며 '刻'과 통한다) '曲'자는 『全唐詩』에서는 '弄'으로 되어 있고, '還'자는 '寂', '也'자는 '還', '世'자는 '夢'으로 되어 있다. 『能改齋漫錄』의 기록은 '夢'자가 '世'자(본편과 같음)로 되어 있는 것 외에는 『全唐詩』와 똑같다.

230 '自'는 原錄에서는 '且'로 오록되어 있다. 여기서는 原卷에 의거하여 바로잡는다.

231 '免'은 原卷에서는 '兗'로 되어 있는데 이는 '免'의 속체이다. 본권에서 '免'자는 모두 '兗'로 되어 있다. 原錄에서는 '兗'로 적고 있는데 여기서는 바로잡아 기록한다.

232 '淥'은 原校에서는 '綠'으로 되어 있다. 【校注】『集韻』 燭韻 : "淥, 水淸." 漢 張衡 「東京賦」 : "於東則洪池淸籞, 淥水澹澹." 이로 보아 '淥'은 수정할 필요가 없다.

233 '俟'는 '待', '候'이며, 앞의 연 '水'자와 압운된다. 原校에서는 '住'로 되어 있는데 운이 맞지 않는 것으로 보아 옳지 않다. 『新書』도 이와 같다.

234 '渴'은 原錄에서는 '得'으로 오록되어 있다. 潘重規는 原卷에서는 '渴'로 되어 있다고 했는데 이는 옳다. 이에 의거하여 바로잡는다. 앞에서 인용한 경문 "是身如炎, 從渴愛生"은 본 문구가 의거한 바이다.

235 '大艶'은 原校에서는 '猶炎'으로 되어 있는데 정확하지 않아 보인다. 여기서는 '大'는 '火'로 보고, '艶'은 '빛나는 모습'을 뜻하므로 굳이 글자를 수정하지는 않는다. 李時診 『本草綱目』 卷6 : "澤中之陽焰, …… 似火而不能焚物者也." 自注 : "狀如火焰, 起於水面." 이로보아 '火艶'은 '火焰'과 같음을 알 수 있다.

將喻一生身, 要君深會取.
是身如夢幻, 顚倒爲其見,
將喻一生身, 何曾事得現,
是身如影現, 一切莫緣[236]見,
將喻一生身, 實處何曾顯.
是身如雷電, 何曾得久現,
將喻一生身, 須臾卽不見.
上來說喩要君知, 還把身心細認之,
淸旦可妨專繼念, 夜深卻請細尋思.
人身事, 豈堅持, 聚散都來幾許時,
若冤[237]寶珍論實處, 只須歸佛不思議.
無常事, 掩泉臺, 虛幻身軀自摶才,[238]
認取一眞深妙理, 休交六道受輪迴.
惠[239]虛假, 只貪才, 早晩曾將智惠開,
更怕會中還不悟, 說伊四大處唱將來.

경전에서 말하기를, "이와 같이 몸은, 지혜가 밝은 사람은 의지하지 않는 것입니다. 이 몸은 물방울(聚沫)과 같아서 잡거나 만질 수도 없고, 이 몸은 물거품(泡)과 같아서 오래도록 지탱할 수가 없습니다. 이 몸은 아지랑이(炎)와 같아서 갈애(渴愛)로부터 생겨난 것이며, 이 몸은 파초(芭

236 '莫'은 '業'으로 보아야 한다. '業緣'은 불교술어로서, 선업은 樂果를 불러오는 인연이 되고, 악업은 苦果를 불러오는 인연이 됨을 뜻한다. 일체의 有情은 모두 업연으로부터 생겨난다. 『維摩詰經』 經文: "是身如影, 從業緣生"은 본 문구가 의거한 바이다.

237 '冤'은 原卷에서는 '究'으로 되어 있는데 이는 '冤'자의 속서인 것 같다. P.3697 「捉季布傳文」: "依卿所奏休尋捉, 解究釋結罷言論." 이 '究' 역시 '冤'자이다. '冤'은 문중에서 '怨'으로 보아야 할 것 같다. 潘重規는 '覓'으로 보아야 할 것 같다고 했는데 자형이 너무 다르다.

238 '摶才'는 '剸裁'와 통한다. 앞서 설명한 바 있다. '摶'은 原錄에서는 '搏'으로 적고 있는데 이는 사실과 다르다.

239 '惠'자는 오류로 보인다(다음 구의 '惠'자와 관련하여 야기된 오자일 것이다) 앞으로의 재고를 기다린다. 다음의 '才'자는 '財'로 보아야 한다.

蕉)와 같아서 속에 견고한 것이 있지 않습니다. 이 몸은 허깨비(幻)와 같아서 잘못된 생각(顚倒) 때문에 생겨난 것이며, 이 몸은 꿈과 같아서 허망한 망견(妄見)으로 된 것입니다. 이 몸은 그림자와 같아서 업연(業緣)을 따라 나타나는 것이며, 이 몸은 뜬 구름과 같아서 잠깐 사이에 변하고 사라지며"에서 "한순간도 머물러 있지 않습니다"까지.

'이 몸은 물방울과 같다.' 예를 들어 물속의 물방울을 어떻게 잡거나 만질 수 있을까? 손으로 대기만 하면 터져버린다. '이 몸은 물거품과 같다.' 이것은 물 위의 물거품과 같아서 잠깐 사이에 사라지고 만다. '아지랑이 같다'는 이 몸이 마치 광야의 아지랑이와 같아서 어찌 오래 머무를 수 있을까? 순식간에 절로 소멸되고 만다. 또 이 몸은 파초처럼 견고하지 못하다. 파초는 비록 잎은 푸르고 꽃은 붉으나 그 속이 견실하지 않고 텅 비어 있다. 이 몸은 또 꿈과 같다. 사람은 밤에 잠을 잘 때 꿈을 꾸는데 꿈에서 깨고 나면 모두가 허망한 것들뿐이라 어느 것 하나 실제인 것이 없다. 또 이 몸은 그림자와 같다. 모든 사물에는 그 그림자가 있다. 사물이 있으면 그림자는 그것을 따르고, 사물이 없으면 어떻게 그림자가 존재할 수 있을까. 몸이 사라지면 그림자도 사라지고, 그림자가 생기면 몸도 생긴다. '이 몸은 번개와 같아서 한순간도 머물러 있지 않는다.' 예를 들어 구름 속의 번개는 눈 깜짝할 사이에 사라져버린다. 또 이 몸은 석화(石火)[240]와 같아서 불꽃은 금방 사라져 버리니 어찌 오래 지속될 수 있을까. 또 바람 속에서 등불을 들고 있는 것과 같아서 온전히 보전하기란 쉽지 않다. 또 동으로 흘러가는 강물과도 같아서 한번 흘러가고 나면 다시 돌아오기 어렵다. 한번 떨어진 꽃은 다시 나무로 돌아올 수 없고, 한번 하늘에서 떨어진 가랑비는 다시 구름으로 돌아갈 수 없다. 또 [이 몸은] 꼭두각시와도 같아 끈에 묶여 춤도 추고 노래도 부르고 걷기도 하고 달리기도 하다가, 일단 노래가 다하고 공연이 끝나

240 돌이 서로 맞부딪치거나 돌과 쇠가 맞부딪칠 때 순간적으로 일어나는 불.

구석으로 내던져지고 나면 제아무리 그것을 오랫동안 사용했다 해도 저 스스로는 움직이려 하지 않는다. 그것이 움직일 수 있는 것은 여러 인연이 도와준 덕인데, 사람은 이로 인해 환상에 미혹되어버린다. 만일 모든 인연을 끊어버리고 나면 어디서 꼭두각시 소리를 들을 수 있겠는가. 현종(玄宗) 황제가 촉 땅에서 돌아오니 숙종(肅宗)은 황위를 대신 차지하고 현종을 태상황(太上皇)으로 봉하여 서쪽 궁에 머물게 하였다. 모든 정치는 이미 태자에게 돌아가서 어떤 일 하나 스스로 결정할 수가 없었다. 48년 동안 황제로 있다가 하루아침에 이렇게 되었다. 치아가 약해지고 머리카락이 하얗게 변하고 얼굴에 주름이 생기고 몸이 쇠약해지는데 현종은 다음과 같은 시를 지어 그러한 자신의 모습을 비유하였다. “나무를 깎고 실을 엮어 늙은이를 만들었는데 닭의 피부에 학의 털을 한 모습이 진짜 사람 같네. 잠깐 사이에 노래가 끝나고 할 일이 없어지는데 그 모습이 참으로 우리의 인생을 닮았네.” 현종조차도 이와 같았거늘 우리 같은 사람들이 어찌 육신을 온전히 보존할 수 있을까. 문도들에게 권하노니

이 몸은 물방울과 같아서
잡거나 만질 수가 없네.
이는 사람의 몸에 비유할 수 있거늘
어느 누가 이를 면할 수 있으리.
이 몸은 물거품과 같아서
맑은 물 위를 둥둥 떠다니네.
이는 사람의 몸에 비유할 수 있거늘
어느 누가 오래도록 남을 수 있으리.
이 몸은 갈애에서 생겨난 아지랑이 같아서
아른거리는 것도 잠시 뿐이네.
이는 사람의 몸에 비유할 수 있거늘
그대는 이 점을 깨달아야만 하리.
이 몸은 파초와 같아서

단단한 곳을 찾아볼 수 없다네.
이는 사람의 몸에 비유할 수 있거늘
그대는 이 사실을 깊이 받아들여야 하리.
이 몸은 꿈이나 환상과 같아서
잘못된 생각으로 생겨난 것이네.
이는 사람의 몸에 비유할 수 있거늘
[꿈이나 환상이] 실제로 나타난 경우가 있었는가.
이 몸은 그림자와 같아서
모든 것은 업연(業緣)에서 생겨난 것이네.
이는 사람의 몸에 비유할 수 있거늘
실제로 모습이 나타난 적이 있었는가.
이 몸은 번개와 같아서
오랫동안 모습이 보인 적이 없었네.
이는 사람의 몸에 비유할 수 있거늘
잠깐 사이에 사라지고 만다네.
이 같은 비유를 그대는 이해해야 하리니
몸과 마음을 면밀히 인식해야 한다네.
이른 아침에는 이 점을 가슴에 새겨두고
한밤중에도 이를 곰곰이 생각해보시라.
사람의 몸 어찌 버텨낼 수 있을까.
모였다가 흩어지는 것은 어느 때일까.
보배를 찾고 실제를 얘기하고자 한다면
불가사의한 부처님께 귀의해야만 하리라.
덧없는 게 우리 몸이라 무덤 속에 묻히리니
공허한 이 몸을 잘 다스려야 하리라.
이 오묘한 이치를 깨달아
육도의 윤회를 그만둘 일이다.

이 점을 깨닫지 못하고 재물만 탐하니
어느 때나 지혜가 열릴 것인가.
법회 속에 아직도 깨닫지 못하는 이 있을까 염려하여
사대(四大)를 설하는 창이 곧 나오리.

經:「是身無主爲如地, 是身無我爲如火, 是身無壽爲如風, 是身無人爲如水, 是身不實, 四大爲家.」

是身無主爲如地, 譬如大地, 得河爲主, 高山鎭壓,[241] 深海橫截, 枕[242]木聚[243]林, 悉生生[244]上, 穢濁盈溢, 淹浸[245]於中, 鑿穿斸掘, 有何主相. 是身無我爲如火, 譬如大火, 我相終無, 熱性週遍, 有何差殊. 若夜[246]起得, 悉□[247]平等, 不以[248]玉石金土, 一等燋然, 揀甚大地山河, 一時傾滅. 是身無壽爲如風, 風無定性, 亦是一種, 更無多般, 忽若動時, 拔樹鳴條, 傾江覆海, 無其形影, 不見蹤由,[249] 旣無定期, 有何壽相? 是身無人爲如水.[250] 水亦[251]無定質, 分流[252]萬谷千山, 能方能圓,

241 原卷에서 '壓'자는 두 번 적혀 있는데 앞의 '壓'자는 삭제를 한 것으로 보여 이를 기록하는 것은 옳지 않다.
242 '枕'은 原錄에서는 '桄'으로 되어 있는데 이는 '枕'자인 것 같다. 原錄에서는 '枝'로 되어 있는데 형태와 의미가 모두 사실과 부합되지 않는다.
243 '聚'는 '藂'으로 보아야 한다. '藂'은 '叢'의 속자이다.(『廣韻』 東韻에 보임)
244 뒤의 '生'자를 徐震堮은 '其'로 보아야 한다고 했는데 이는 사실에 가깝다. 潘重規는 이를 '土'로 보아야 할 것 같다고 했는데 정확하지 않아 보인다.
245 '浸'은 原卷에서는 '浸'자로 되어 있는 것 같다. 原錄은 이를 '漫'으로 기록하고 있는데 오류로 보인다.
246 '夜'를 蔣禮鴻은 '也'로 교정하였는데 이는 옳다.
247 原卷에서는 '悉'자 뒤에 한 칸 정도의 공백을 두고 있는데 이는 한 글자가 누락된 것을 말해준다.
248 '不以'는 '無論', '不管'의 뜻이다. 『通釋』 해당 항목을 참조 바란다.
249 '由'는 原錄에서는 '內'로 되어 있다. '踪內'는 단어가 될 수 없다. 原卷을 세밀히 살펴보면 '內'자는 '由'자인 것 같다. 이에 의거하여 바로잡는다.
250 이 문구는 原卷에서는 "是身如水無人"으로 오록되어 있다. 여기서는 앞에서 인용한 경문에 의거하여 바로잡는다.
251 '亦'은 原錄에서는 '示'로 오록되어 있다. 潘重規는 原卷에서는 '亦'으로 되어 있다고

曲直自若, 擁[253]之則住, 決之則流, 霧露泉源皆是一性. 是身不實, 四大爲家, 旣:

騁我騁人何曾久, 四大合成爲所有,
假饒富貴似石崇, 持[254]爲長如彭祖壽.
執我身, 我眼手, 地水火風假合就,
他家四大一齊歸, 便見形體總枯朽.
逐緣生, 隨業[255]報, 魂魄游游[256]無去處.
曾終[257]十善重佛僧, 敬[258]莫交身沈六趣.

했는데 이는 옳다. 이에 의거하여 바로잡는다.

252 原卷에서 '分流'는 반복되어 있다. 그 중 하나는 연문일 것이다. 이에 삭제하여 바로잡는다.

253 '擁'은 原卷에서는 '擁'으로 되어 있는데 이는 '擁'의 속체이다. 「隋澧水石橋碑」에서는 '擁'자가 이 형태로 되어 있다. 『集韻』 鍾韻: "擁, 遮也." 『管子』 明法: "出而道留謂之擁." 原校에서는 '壅'으로 교정하였는데 그럴 필요 없다.

254 '持'는 '直'으로 보아야 할 것 같다. '直'은 '使'의 뜻으로, 앞 구 '假饒'와 같은 뜻이다.

255 '業'은 原錄에서는 '葉'으로 되어 있고 '業'으로 교정하였다. [校注] 原卷에서는 '茱'으로 되어 있는데 이는 '業'의 속자이다. 본권에서 '業'자는 보통 이 형태로 되어 있다. 原錄에서는 이를 '葉'으로 보고 있는데 정확하지 못하다('葉'자는 본권에서는 모두 '茱'으로 되어 있다) 여기서는 모두 原卷에 의거하여 바로잡되 별도의 주석을 달지 않는다.

256 [徐震堮] '遊遊'는 '悠悠'로 보아야 한다. [校注] '遊遊'는 '떠돌다', '유랑하다'는 뜻으로, 글자를 수정할 필요가 없다. 「蘇武李陵執別詞」: "어찌하여 장군은 사막을 떠돌고 있소?(奈何將軍, 遊遊沙漠?)" '遊遊'자가 쓰이고 있다. S.2614 「大目乾連冥間救母變文」: "혼백이 冥途를 떠돌며(魂魄飄流冥路間)." '魂魄遊遊'는 곧 '魂魄飄流'이다. 杜甫 「哀江頭」 詩: "明眸皓齒今何在? 血汚遊魂歸不得." '遊魂'은 정처 없이 떠도는 혼귀를 가리킨다. 본문의 '魂魄遊遊'와 같은 뜻이다.

257 '終'자에서는 적당한 의미를 찾을 수가 없다. '種'으로 보아야 할 듯하다. '種'은 '修種'의 뜻을 가지고 있다. 「廬山遠公話」: "아들딸을 낳고 기르며 각자 구하는 바가 있지만, 전생에 씨 뿌리지 않고 여러 겁 동안 복을 닦지 않는다. 세상의 영화를 얻고자 한다면 금생에 복을 닦아야만 한다(生男養女, 分頭自求. 前生不種, 累劫不修. 欲得世上榮, 須是今生修福)." P.2305 「妙法蓮華經講經文」: "이와 같이 갖은 부귀를 지니게 된 것은 이미 여러 생에 걸친 수행이 있었기 때문이다(如此富貴多般, 早是累生修種)." 이들 예문에서 '種'과 '修'는 대구가 되며 같은 뜻이다. '修種'은 同義의 복합어이다. 또 「金剛般若波羅密經講經文」: "有漏의 福으로 영화를 누리는 것이, 어찌 경전을 독송하며 선업의 씨앗을 심는 것만 하리(有漏福, 受榮花, 何似持經種善芽?)" '修種'의 '種'은 '種善芽'의 '種'이 변화 발전한 것이다.

四大身何執，持身自酌量，
亦非多巧[259]說，不是漫分張.[260]
地水終須去，火風沒處藏，[261]
唯存魂與識，不免受忙忙.
爭似修眞路，何如慕法財，
不逢地獄苦，必見紫蓮臺.
永處淸虛道，令君斷有裁，[262]
猶疑未曉了，更說唱將來.

경전에서 말하기를, “이 몸은 주인이 없으니 땅(地)과 같으며, 이 몸은 아(我)가 없으니 불(火)과 같습니다. 이 몸은 영원한 수명(壽)이 없으니 바람(風)과 같으며, 이 몸은 물과 같아서 실체로서의 자아가 없습니다. 이 몸은 실체가 아니라 지·수·화·풍의 4대(大)를 집으로 삼고 있습니다.”

‘이 몸은 주인이 없으니 땅과 같다.’ 이는 대지에 비유한 것이다. 높은 산이 짓누르고, 깊은 바다가 제멋대로 절단 내고, 나무며 숲이 그 위에서 자라고, 더럽고 혼탁한 것들이 넘쳐나 대지를 뒤덮고 구멍 뚫고 움푹 패게 하니 어디에 주인이 있겠는가. ‘이 몸은 아(我)가 없으니 불(火)과 같다.’ 이는 큰불에 비유한 것이다. 아(我)는 없고 뜨거운 성질만 팽배해 있으니 불과 아무런 차이도 없다. 만일 밤중에 불이 나면 모두를 똑같이

258 ‘敬’은 ‘竟’으로 보아야 한다. ‘最終’, ‘畢竟’의 뜻이다. P.2122「維摩詰經講經文」: “終朝敬日死王摧” 蔣禮鴻은 ‘敬日’을 ‘竟日’로 교정하였는데 이는 그 예이다.

259 ‘巧’는 原卷에서는 ‘𢀜’로 되어 있는데 이는 ‘巧’의 속자이다.『干祿字書』: “𢀜巧 : 上通下正.” 原錄에서는 ‘巧’로 되어 있는데 이는 사실과 다르다.

260 ‘漫’은 原錄에서는 ‘謾’으로 오록되어 있다. 여기서는 原卷에 의거하여 바로잡는다. ‘分張’은 ‘구분하다’, ‘분별하다’란 뜻으로, 앞 구 ‘巧說’과 대구가 되며 유사한 의미로 쓰이고 있다.「解座文匯抄」: “형제가 있고 아들이 어리면 누가 옳고 그른지 분별하지 마시길(兄弟居, 男幼稚, 莫便分張非與是).” 이 ‘分張’도 같은 의미이다. ‘漫分張’은 ‘함부로 분별하다’는 뜻이다.

261 ‘藏’은 原卷에서는 ‘蔵’으로 되어 있는데 이는 ‘藏’의 속자이다.

262 ‘有裁’는 해독하기 어렵다. ‘裁’는 ‘財’로 보아야 할 것 같다. ‘有財’는 앞 구 ‘淸虛’와 대구가 된다.

대하여, 옥이나 황금을 가리지 않고 깡그리 불태워버리니 산천대지는 일시에 소멸되고 만다. '이 몸은 영원한 수명(壽)이 없으니 바람(風)과 같다.' 바람은 일정함이 없으니 이 역시 같은 부류이다. 갑자기 바람이 불면 나무가 뽑히고 나뭇가지가 울어대며 강과 바다가 요동치나 그 형태도 그림자도 없어 종적을 찾을 길이 없는 데다 정해진 시간도 없으니 그 어디에 수명이 있겠는가? '이 몸은 물과 같아서 실체로서의 자아가 없다.' 물 역시 정형화된 형태 없이 천산만학(千山萬壑)을 흐르는데 모나기도 둥글기도 구부러지기도 곧기도 하는 등 자유자재이다. 끌어안으면 괴이고 터주면 흐른다. 안개나 이슬이나 샘물은 모두 똑같은 성질이다. '이 몸은 실체가 아니라 지·수·화·풍의 사대(四大)를 집으로 삼고 있다.'

나를 움직이고 남을 움직인다지만 오래 간 적 있었는가.
사대가 합쳐져 이루어진 것이니
석숭(石崇) 같은 부귀도
팽조(彭祖) 같은 장수일지라도
나의 몸에 집착하고 나의 눈과 손에 집착하면
지·수·화·풍이 잠시 모여 이루어진 것이네.
이들 사대가 모두 돌아가게 되면
형체는 이내 시들고 만다.
인연을 따르고 업보를 따라
혼백은 이리저리 떠돌지만 돌아갈 곳이 없다.
일찍이 십선(十善)을 닦고 승려를 존숭했다면
이 몸이 육도(六道)에 떨어지지 않으리.
사대로 이루어진 육신에 어찌 집착하여
입신(立身)하리라 스스로 헤아리는가.
멋대로 구별하는 것도 아니고
함부로 분별하는 것도 아니네.
지·수는 결국은 없어지고

화·풍은 사라져 숨어버리니
오직 혼백과 마음만이 남아
황망함을 면하지 못한다.
참된 길을 수행하고
교법의 가르침을 따른다면
지옥의 고통을 만나지 않고
반드시 자연대(紫蓮臺)를 보게 될 것이다.
영원히 청허한 경지에 머물러
물욕을 끊어버리길.
아직도 깨닫지 못하는 자가 있을까 싶어
다시 설하는 창이 곧 나오리.

經: 是身爲虛(僞), [雖假][263]以澡浴衣食, 必歸磨滅.」

是身虛僞, 雖假以澡浴衣食, 畢[264]歸磨滅. 我等凡夫, 內心不淨, 雜惡充滿, 三十六物, 共成此身. 糞穢增多, 猶如行廁. 愚癡不悟, 常將世間淸冷之水, 澡浴磨滅. 只是洗得外邊塵垢, 心中諸惡, 不能去除. 貪嗔癡慢, 諂誑邪僞, 覆藏其中, 未曾少許改悔.[265] 更有大小便利, 膿血交流, 不唯一日三時, 以皀莢水浣濯, 未得果位間. 假使百千萬年, 以滄海水洗之, 亦不能淨. 又常以衣裳覆蓋, 不令倮露身形, 年年裁剪綾羅, 歲歲割截綺綵,[266] 以遮醜拙, 用障筋骸. 如似畫[267]瓶, 用盛糞

263 [原校] '雖假' 두 글자는 『維摩詰經』에 의거하여 보충한 것이다. [校注] '雖'자는 原卷에서는 우측 절반이 남아 있다.

264 '畢'은 '必'로 보아야 한다. 앞에서 인용한 『維摩詰經』 경문에서는 '必'로 되어 있다.

265 '悔'는 原錄에서는 궐문으로 되어 있고 '悟'라 보충해 넣었다. 潘重規는 原卷에서는 '悔'자로 되어 있다고 했다. 이에 의거하여 보충해 넣는다.

266 原錄에서는 '綵' 앞에 '珠'자가 더 있다. 潘重規는 原卷에는 이 글자가 없다고 했다. 이에 의거하여 바로잡는다.

267 '畫'는 原錄에서는 '盡'으로 되어 있고 '畫'라 교정하였다. [徐震堮] 原校에서는 '盡'을 '畫'로 수정하였는데 이는 잘못이다. '盡'은 '淨'의 同聲字이다. [潘重規] 原卷에서는

穢, 忽然破裂, 一段[268]乖張. 又假以飮食, 以活其命, 若何充其口腹, 濟以飢瘡, 饘粥之屬, 可以救療, 不須廣爲宰剔,[269] 漫作[270]烹庖. 直饒煮鴨蒸[271]鵝, 熊生虎炙, 新羅[272]阿魏[273]福建[274]乾[275]薑, 恣意齟嚼, 欣

'畫'로 되어 있다. [校注] '畫'자가 맞다. 原卷에서는 본래 '畫'로 되어 있는데 이는 '畫'의 속자이다. 宋 郭忠恕 『佩觿』 卷上 : "畫有胡賣、胡麥二翻, 俗別爲畫 …… 浮僞有如此者." '畫瓶盛糞'은 인간의 육신을 빗댄 것으로, 불전에서 자주 보이는 비유이다. 『經律異相』 卷20 引用 『出曜經』 : "남편은 돌아가서 갖가지 색으로 여러 가지 무늬를 그린 고운 병에다 똥을 가득히 담고, 그 주둥이를 단단히 막아서 향기와 꽃 냄새만 나도록 하였다. …… 그의 아내에게 말하였다. '그대가 진실로 나를 사랑합니까? 만약 나를 사랑한다면 이 병을 안고 나의 몸을 사랑하듯 놀아보시오.' 그러자 아내는 그의 말을 따라 병을 안고 장난감 다루듯 만지작거리면서 떨어지려 하지 않았다. 남편이 그의 아내가 그 병에 애착하는 것을 보고 이내 병을 깨뜨려 버리자, 병에서 구린내가 흘러넘치고 구더기가 튀어나왔다. 다시 아내에게 말하였다. '아까처럼 또 이 깨진 병을 안을 수 있겠소?' 그러자 아내는 '내가 차라리 죽으면 죽었지 이 병에 가까이 다가갈 수는 없습니다 ……'라고 대답했다. 이에 남편이 말했다. '당신이 바로 봤습니다. 나도 당신의 몸을 자세히 살펴보았더니, 이 병보다 더 심하였습니다. 머리로부터 발끝까지 따로따로 나누어서 생각하면 그저 서른여섯 가지의 물건인데, 무엇 탐낼 만한 것이 있겠습니까?'(夫主還歸, 綵畫好瓶, 盛滿糞穢, 牢蓋其口, 香華芬薰, …… 告其歸曰 : '審愛我不? 若愛我者, 可抱弄此瓶, 如愛我身.' 婦隨其語, 抱瓶玩弄, 意不捨離. 夫主見婦愛著此瓶, 卽打瓶破, 臭穢流溢, 蛆蟲現出. 復語婦曰 : '汝今故能抱此破瓶不耶?' 答曰 : '我寧取死, 不能近此. ……' 夫言 : '見汝正見. 我觀汝身, 劇於此瓶. 從頭至足, 分別思惟三十六物, 有何可貪.')" 본문은 이 경문에 의거하였다.

268 '段'은 原錄에서는 '改'로 되어 있다. 潘重規는 原卷에서는 '段'으로 되어 있다고 하였다. [校注] 原卷에서는 '叚'로 되어 있는데 이는 '段'자임이 분명하다. '一段'은 본편의 상용어이다. 예를 들어 위 문장 "願決昏昏一段疑" "覺時一段榮華" 등이 그것이다. '乖張'은 '위배하다', '위반하다', '부합하지 않다'는 뜻이다.(南朝 梁武帝 「孝思賦」 : "何在我而不爾, 與二氣而乖張." 여기서 '乖張'은 이 뜻으로 쓰이고 있다) '一段乖張'은 똥을 담고 있는 畫瓶의 안팎이 서로 부합하지 않음을 말한 것이다.

269 '剹'은 原卷에서는 '剢'으로 되어 있다. 原校에서는 이를 '割'로 교정하였다. 蔣禮鴻은 이를 '剹'의 형와자라고 단정하였다. [校注] 장씨의 견해는 옳다. '剢'은 '剹'의 속체이다. P.2011 王仁昫 「刊謬補缺切韻」 平聲仙韻此緣反 : "剢, 剔. 又先全反." '剢'은 바로 '剹'의 속체이다.

270 原錄에서는 '作' 뒤에 '幸'자가 더 있다. 그리고 그 주석에서는 "'幸'자는 연자로 보인다"고 하였다. [校注] 原卷에서는 '作' 뒤에 글자 하나가 더 있는데('幸'으로 보임) 이미 글자 위에 동그라미 표시가 쳐져 있다. 이를 기록하는 것은 옳지 못하다.

271 '蒸'은 原卷에서는 '饝'으로 되어 있다. [校注] 『改併四聲篇海』 食部 引用 『俗字背篇』 : "饝, 與蒸義同." 『正字通』 : "饝, 俗烝字. 烝, 俗作蒸, 加食非." '餖'은 '饝'의 생략형 변체이다.

心呑噉，終是傾於糞讓(壤)，不免塡彼溝坑．應須裝束誡奢，飮食知足，一旦身殂命殞，自受自一生．雖福力如斯，臨去時勢盡還墮．如何(河)邊枯挂(桂)，不久摧折，似天畔閑雲，片[276]時散滅．速生厭離，不用攀緣，求生四禪四空，莫受八寒八熱云云．

경전에서 말하기를, "이 몸은 거짓인 것이니, 설사 몸을 씻고 옷을 입으며 밥을 먹는다 해도 반드시 닳아서는 없어지게 될 것입니다."

이 몸은 거짓이라서 설령 목욕하고 옷 입히고 먹여 주어도 마침내 스러지고 만다. 우리 범부의 속마음은 깨끗하지 못하고 여러 가지 악함으로 충만하여 있으니 바로 서른여섯 가지 더러움이 합쳐져서 이 몸을 이루었다. 오물이 많아지니 측간과 다름없다. 어리석어 깨닫지 못하고, 항상 세간의 맑은 물로 몸을 씻지만, 그저 겉의 더러움만을 씻어낼 뿐 마음 속의 여러 더러움은 씻어버릴 수가 없다. 탐냄과 성냄, 어리석음과 오만, 아첨과 기만, 사악과 허위 등이 그 속에 숨겨져 있으면서도 여태껏 조금이라도 고쳐보려 한 적이 없다. 게다가 똥오줌이 담겨 있고 피고름이 흐르는 것이 다만 하루 세 차례가 아니라서 쥐엄나무의 물로 씻어내어도

---

272 原錄에서는 '新' 앞에 '雜'자가 더 있다. 蔣禮鴻은 "(이는) 뒤의 '羅'자와 관련하여 생긴 오자 혹은 연문일 것이다"고 하였다. 【校注】 이 글자는 '新'자를 잘못 적은 것이다. 原卷에서는 이미 덧칠을 하였기에 이를 기록하는 것은 옳지 못하다.

273 '阿'는 原錄에서는 '問'으로 되어 있고 그 주석에서는 "본래 '[illegible]'으로 되어 있는데 이는 '問'자인 것 같다"고 하였다. 蔣禮鴻은 이를 '阿'자로 보았다. 【校注】 原卷에서는 본래 '阿'의 초서체로 되어 있다. '阿魏'는 악취가 나는 식물의 일종이다. 『通釋』 해당 항목에 상세한 설명이 있다.

274 原卷에서는 '福'자 뒤에 '見'자가 더 있다. 이는 뒤에 나오는 '建'자의 음와자이다. 여기서는 삭제하여 바로잡는다.

275 '乾'은 原卷에서는 '乹'으로 되어 있는데 이는 '乾'의 속자이다. 『集韻』 僊韻 : "乾，俗作乹，非是." 乾坤의 '乾'은 '乾燥'의 '乾'과 형태가 같다. 그러므로 '乹'은 乾坤의 '乾'의 속자이자 乾燥의 '乾'의 속자이다.(본편 위 문장 : "腹脹喉乾，稱怨乞命. 이 '乾'자가 原卷에서는 마찬가지로 '乹'으로 되어 있다) 原錄에서는 '乾'으로 되어 있는데 이는 사실과 다르다.

276 '片'은 原錄에서는 '泛'으로 오록되어 있다. 潘重規는 原卷에서는 '片'으로 되어 있다고 했는데 이는 옳다. 이에 의거하여 바로잡는다.

과위(果位)에 오를 수 없다. 설사 수천수만 년 동안 바닷물로 씻어낸다 해도 깨끗해질 수 없다. 또 항상 옷으로 육신을 덮어 그 모습을 드러내려 하지 않으니 매년 비단을 자르고 해마다 능라를 재단하여 그 추악한 육신을 덮어 가린다. 이는 마치 오물을 담고 있는 꽃병과 같아서 갑자기 깨지고 나면 꽃병의 안팎은 완전 다른 모습을 내보이게 된다. 또 음식을 먹어 그 목숨을 부지하거늘 어떻게 그 배를 채워 굶주림과 부스럼을 낫게 할 수 있을까? 죽(粥)으로 그것들을 낫게 할 수 있으니 함부로 가축을 잡아 요리하지 말아야 한다. 설사 오리와 거위를 삶고 곰과 호랑이를 구우며, 신라의 아위(阿魏)와 복건의 말린 생강을 맛있게 씹어 기쁜 마음으로 그것을 삼킨다 해도, 결국에는 죽음으로 돌아가 어쩔 수 없이 구덩이를 메우게 될 것이다. 모름지기 사치를 경계하고 음식의 족함을 알아, 어느 날 아침 목숨이 다하게 되면 자신의 일생을 스스로 받아야 할 것이다. 비록 복덕이 이와 같아도 떠날 때가 되면 세력은 다하여 곤두박질치고 만다. 이는 마치 강가의 늙은 계수나무가 오래지 않아 잘리고, 하늘가의 뜬 구름이 잠깐 사이에 흩어져 사라지고 마는 것과 같다. 속히 더러운 속세를 떠나 대상에 대한 마음의 작용을 멈추고 사선(四禪)과 사공(四空)에서 태어날 것을 추구하여 팔한지옥과 팔열지옥을 면하도록 하라.

[經]:「是身爲災, 百一病惱.」已至說也.
想此色身無准定, 愛逞無多諍競,[277]
業莊癡心莫可當, 不悟年秋身有病.
有此身, 便有病, 荒語心迷猶惜命,

277 '多諍競'은 原錄에서는 '名諍竟'으로 되어 있다. 徐震堮은 '多諍競'으로 의심하였다. [校注] '名'은 原卷에서는 사실 '多'로 되어 있다. 이에 의거하여 바로잡는다. '諍'과 '爭'은 고대에는 서로 통용되었다.(『集韻』 諍韻: "諍, 通作爭.") '竟'은 '競'의 속자이다. 돈황사본에서 '競'자는 흔히 '竸'으로 표기되곤 한다. 예를 들면, 「廬山遠公話」: "似螢光競日" '競'자가 原卷에서는 '竸'로 되어 있는 것이다. '竸'자의 上部를 생략하면 '竟'자가 된다.

若或五月炎天死, 遍體蠅蛆甚處淨.
勸門徒, 須覺悟, 一世爲人難値遇,
粧束於身道是榮, 來往娑婆千萬度.
誡身心, 少嫉妒,[278] 逡速[279]時光早已暮,
貪活貪計[280]入黃泉, 男女不肯替受苦.
此個色身[281]何准則, 澡浴之時如洗墨,
若交淨潔似珍寄(奇), 使盡[282]江河終不得.
自還知, 自要見, 休苦貪求添愛羨,
不論富貴與高低, 皆似水中墨一片.
若徒[283]淨潔淨其心, 要頻將熱水霖(淋),[284]
直饒便得洗至骨, 恰[285]如將水洗烏金.
虛後見, 亂求尋, 意淨終無穢惡侵,
我佛世尊陳此喩, 恐人不會受漂沈.
要君察, 道心開, 此事因依義理排,
使卻幾多江海水, 定應不得離塵埃.

278 '妒'는 原卷에서는 '妬'로 되어 있는데 이는 '妒'의 속자이다. 문중에서 이 자는 '暮', '苦' 등의 글자와 압운이 된다.

279 【徐震堮】 '逡'은 '迅'으로 보아야 한다. 돈황사본에서는 흔히 '逡速'으로 '迅速'을 대신하곤 한다. 【校注】 '逡'과 '迅'은 음이 비슷하며 의미가 비슷하다. '逡'자는 굳이 수정할 필요가 없다. 『禮記』 大傳: "逡率天下諸侯執豆籩, 逡奔走." 鄭玄 注: "逡, 疾也."

280 '貪活貪計'는 곧 '貪活計'이다. '活計'는 재산을 가리킨다.

281 '色身'은 原錄에서는 '身色'으로 오록되어 있다. 여기서는 原卷에 의거하여 바로잡는다. 본편 위 문장 "想此色身無準定"에서는 '色身'으로 되어 있다. '色身'은 四大五塵 등 色法에 의해 이루어진 육신을 가리키는 불교술어이다.

282 '盡'은 原錄에서는 '君'으로 오록되어 있다. 潘重規는 原卷에서는 '盡'으로 되어 있다고 했는데 이는 옳다. 이에 의거하여 바로잡는다.

283 '徒'는 '圖'로 보아야 한다.

284 이 구절에서는 한 글자가 누락되었다. 구절 맨 앞에 '不', '休'와 같은 글자를 넣어야 할 것 같다. 문구의 의미는, 만일 청결해지고자 하거든 그 마음을 정결히 해야지 따뜻한 물로 외피만을 적셔서는 안 된다는 것이다.

285 '恰'은 原錄에서는 '拾'으로 되어 있다. 【校注】 原卷에서는 '恰'자가 '扌' 편방으로 오록되었다가 짙은 먹물로 다시 '忄' 편방으로 수정하였다. 이에 의거하여 바로잡는다.

眞道理, 決疑猜, 若解[286]迴心必免災,

居士萬般施教化, 說身如毒蛇唱將[來].

經 : 「是身如毒[蛇], 如怨賊, 如空聚, 陰界諸人(入)[287]所共合成 …… 」

(下缺)

경전에서 말하기를, "이 몸은 재앙이라 백한 가지 병이 늘 괴롭힙니다."

이 몸을 생각해보니 정해진 법도가 없어
어리석게도 서로 다투기를 좋아한다.
업장과 우매한 마음을 감당할 수 없으니
모르는 사이에 나이 들어 몸에 병 생긴다.
이 몸에 병이 생기면
갈팡질팡 당황하며 목숨에 연연해한다.
만일 5월의 무더위에 죽게 되면
온 몸에 파리와 구더기가 뒤덮으니 어느 곳인들 깨끗할까.
그대들은 이 점을 깨달아야 하리라
1백 년을 사는 사람 드물다는 사실을.
몸치장을 하고서 영화를 누린다 말하고
수천수만 번 사바세계를 오간다.
몸과 마음을 조심하고 시샘하지 말라
순식간에 날은 저문다.
재산을 탐하다가 황천에 떨어지면
아들딸도 그대를 대신하여 고통 받으려 하지 않는다.
이 몸에는 어떠한 규칙이 있는가.
목욕을 하는데 먹을 씻는 것 같다.
진귀한 보물을 닦듯 깨끗이 씻고자 하지만
강물이 다하도록 씻어도 깨끗해지지 않는다.

---

286 '解'는 原錄에서는 '能'으로 오록되어 있다. 여기서는 原卷에 의거하여 바로잡는다.

287 [原校] '入'자는 『維摩詰經』에 의거하여 수정한 것이다.

이 점을 각자 깨달아
탐욕의 마음을 그칠 일이다.
부귀한 자나 지위가 높고 낮은 자를 막론하고
모두가 다 물속의 먹과 같다.
그 마음을 깨끗이 하고자 한다면
따뜻한 물로 적시기만 해서는 안 된다.
설령 뼛속까지 씻어낸다 하더라도
물로 먹을 씻는 거나 다름없다.
마음 가는대로 이끌리지 말 일이다.
마음이 깨끗해지면 더러움은 침범하지 못하는 법.
우리 세존께서는 이 비유를 말씀하신 것은
중생이 이를 알지 못해 재앙에 떨어질까 염려하신 까닭이다.
그대는 이 점을 잘 살펴서 도심(道心)이 열리도록 하라.
이는 마땅히 따라야 할 도리이다.
강해(江海)의 물을 다 써버린다 해도
이 속세의 먼지를 다 털어낼 수는 없는 법.
참된 도리로 의혹을 제거하고
마음을 돌이킬 수 있다면 재앙을 면하게 된다.
거사는 수많은 교화를 펴는데
이 몸은 독사와 같다는 창이 곧 나온다.

경전에서 말하기를, "이 몸은 독사와 같고, 원망스러운 도둑과 같고, 사람이 살지 않는 마을(空聚)과 같아서 5음(陰)과 18계(界)와 모든 입처(入)에 의하여 이루어진 것입니다."

(이하 빠져있음)

유마힐경강경문 4(維摩詰經講經文四)[1]

經云:「佛告彌勒菩薩, 汝行詣維摩詰問疾.」

世尊見諸聲聞五百並總不堪. 此菩薩位超十地, 果滿三祇, 十號將圓, 一生成道. 證不可說之實際, 解不可說之法門. 神通能動於十方, 智惠廣弘於沙界. 隨無量之欲性, 現無量之身形. 人慈[2]不捨於四弘, 觀

1 王慶菽 【原校】 이 권의 편호는 P.2292이고 표제는 본래 빠져 있다. 내용이 『維摩詰所說經』에 의거하고 있는 까닭에 임의로 제목을 붙였다. 【校注】 본편의 所依經典은 「菩薩品第4」의 전반부이다. 보살품제4는 세존이 彌勒, 光嚴, 持世, 善德 등 네 명의 보살에게 유마의 병문안을 다녀오도록 하는 고사를 서술하고 있다. 본권은 이 중 앞의 두 보살에 관해서만 이야기하고 있다. 卷末 "持世上人多智惠, 好交問去唱將來"라는 문구로 보아 원문은 아직 끝나지 않았다.(P.3079과 북경도서관 光字 94호, 러시아 소장 符盧格 編 252호 「維摩詰經講經文」은 각각 지세, 선덕이 유마를 병문안하는 일을 서술하고 있다. 본권의 속편으로 생각된다) 또 項楚는 原卷 말미 2행의 題記 가운데 "寫此等卄卷文書, 恰遇抵黑"의 "제卄卷"는 「維摩詰經講經文」전체의 권수를 가리킨다고 하였는데 이는 사실에 가깝다.

2 '人'은 原卷에서는 '入'으로 되어 있다. 【潘重規】 돈황사본에서 '人'과 '入'은 흔히 혼용된다. '人慈'는 '仁慈'와 같다. 이에 의거하여 바로잡는다.

察唯除於六道. 其相貌也, 面如滿月, 目若青蓮, 白毫之光彩晞暉, 紫磨之身形隱約. 諸根寂靜, 手指纖長. 戴七寶之天冠, 著六殊(銖)之妙服. 說法則青[3]音廣大, 辯才乃洪注流波. 外道怖雷吼而心降, 小聖蒙密言而意解. 是以諸佛與記, 衆聖保持, 成佛向未來世[4]中, 度脫於龍花會裏. 現居兜率, 來到菴園. 世尊遣問維摩, 便於衆中喚出. 彌勒承於聖旨, 忙忙從座起來. 動天冠而花寶玲瓏, 整妙服而珠瓔瀝落.[5] 禮儀有度, 威[6]德無倫. 仰瞻三界之師, 旋遶七珍之座. 合十指掌, 近兩足尊, 立在佛前, 專希處分. 世尊乃告彌勒, 「此時有事商量, 維摩臥疾於毗耶, 今日與吾問去. 吾之弟子十大聲聞, 尋常盡覓於名能, 試[7]使多般而辭退. 舍利弗林間宴[8]座, 甒被輕呵. 目健連里巷談經, 儘遭摧挫. 大迦葉求貧捨[9]富, 平等之道里(理)[10]全乖. 須菩提求富捨貧, 解空[11]之聲名虛忝. 富樓那、迦旃延[12]之輩, 總因說法遭呵. 阿那律、優波離之徒, 盡是因逢[13]被辱. 羅喉說出家有利, 不知無利無爲. 阿難乞乳憂

---

3 [潘重規] '青'은 '淸'과 통한다.

4 原錄에서는 '世' 뒤에 '界'자를 실수로 덧붙였는데 여기서는 原卷에 의거하여 삭제한다.

5 '瀝落'은 '歷落'과 같다. '가지런하지 못한 모습'이다.

6 '威'는 原卷에서는 '感'으로 되어 있다. 徐震堮은 이를 '威'라 교정하였다. 여기서는 이를 따른다. 아래 문장 "智惠威德, 衆所稱揚." 역시 '威德'이란 단어가 쓰이고 있다.

7 '試'는 原錄에서는 '誠'으로 되어 있다. 潘重規는 原卷에서는 '試'자로 되어 있다고 했는데 이는 옳다. 이에 의거하여 바로잡는다.

8 '宴'은 原卷에서는 '宴'으로 되어 있는데 이는 '宴'의 속자이다. 『干祿字書』: "宴宴 : 上通下正." 또 「魏宕昌公暉福寺碑」에서 '宴'자가 '宴'으로 되어 있다. 이는 그 예이다.

9 '捨'는 原錄에서는 '於'로 오록되어 있다. 여기서는 原卷에 의거하여 바로잡는다. 『新書』도 이와 같다.

10 '里'는 '理'와 통한다. 原錄에서는 직접 '理'로 수정하였는데 타당하지 못하다.

11 '解'는 原錄에서는 '鮮'으로 오록되어 있다. 여기서는 原卷에 의거하여 바로잡는다. 『新書』도 이와 같다. '解空'은 불교술어로서, 諸法이 空相이란 사실을 깨달음을 가리킨다. 불제자 중에서 須菩提가 解空第一이다.

12 '延'은 原卷에서는 '延'으로 되어 있는데 이는 '延'의 속자이다. 『干祿字書』: "延延 : 上通下正." 原錄에서는 '廷'로 되어 있는데 이는 사실과 다르다.('廷'은 '廷'의 속자이다. 『干祿字書』에 보임)

13 '因逢'은 原卷에서는 '自風'으로 되어 있고 우측 옆에 '因逢'이라 旁註가 붙어 있다. 이는 誤字를 수정함을 뜻한다. 原錄에서는 '因逢自風'으로 되어 있는데 의미가 통하지

疾, 不了牟尼示現. 總推智矩(短), 盡說才微, 皆言怕懼維摩, 不敢過他方丈. 況汝位超十地, 果滿三祇, 障盡習除, 福圓惠滿. 將成佛果, 看座花臺. 無私若杲日當天, 不染似白蓮出水. 人間天上, 此界他方. 四生賴汝提攜, 六道蒙君救度. 汝已竭愛增(憎)海, 汝已消煩惱魔, 汝已代(伐)愛稠林, 汝已割貪羅網. 已度無邊衆, 已絶有漏因, 已到涅盤[14]城, 已上金剛座. 佛法中龍象, 賢聖內鳳鱗(麟). 在會若鶴處雞群, 出衆似鵬[15]遊霄漢. 智[16]惠威德, 衆所稱揚. 居士丈室染疾, 使汝毗耶傳語, 速須排比, 不要推延. 若與維摩相見時, 慰問所疾痊可否.

경전에서 말하기를, "부처님께서 미륵보살에게 말씀하셨다. '그대가 유마힐에게 가서 문병을 하도록 하라.'"

세존은 5백의 성문(聲聞)이 모두 감당할 수 없다고 하는 것을 보았다. 이 보살은 과위가 십지(十地)를 넘어섰고 과(果)가 삼기(三祇)를 가득 채웠으며 십호(十號)[17]를 장차 구족하여 일생 동안에 성도하게 된다. 말로 표현할 수 없는 실제를 증득하고, 말로 표현할 수 없는 법문을 이해하였다. 신통력은 십방(十方)을 움직일 수 있고, 지혜는 사바세계를 널리 덮을 수 있다. 한량없는 욕망을 따라 한량없는 육신을 드러내었다. 인자하여 사홍서원을 버리지 않고 육도(六道)에서 벗어났다. 그 외모로 말하자면, 얼굴은 보름달 같고 눈은 푸른 연꽃 같고, 백호의 광채가 눈부시고, 자마황금으로 된 육신이 감추어져 있다. 육근(六根)[18]이 고요하게 가라앉

않는다. 『新書』도 이와 같다.

14 '盤'은 原錄에서는 '槃'으로 되어 있다. 여기서는 原卷을 따른다. [校注] 『說文解字』 木部: "槃, 承槃也. 從木般聲. 盤, 籒文, 從皿." '槃'과 '盤'은 본래 한 글자이다.

15 '鵬'은 原錄에서는 '鵰'로 되어 있다. [校注] 原卷에서는 '鵰'로 되어 있는데 이는 '鵬'자이다. 돈황사본에서 '朋'자는 보통 '用' 형태로 되어 있어 '用'자와 혼동을 야기한다. 그러므로 '鵰'은 '鵬'의 俗體이다.

16 '智'는 原錄에서는 '賢'으로 오록되어 있다. 潘重規는 原卷에서는 본래 '智'로 되어 있다고 했는데 이는 옳다. 이에 의거하여 바로잡는다.

17 부처를 가리키는 열 가지 칭호.

18 육식(六識)을 낳는 눈, 귀, 코, 혀, 몸, 뜻의 여섯 가지 근원.

아 있고 손가락은 가늘고 길며 머리에는 칠보의 천관(天冠)을 쓰고 육수의(六銖衣)를 입고 있다. 법문을 설하면 맑은 소리가 울려 퍼지고, 언변은 커다란 물결이 도도히 흐르듯 탁월하다. 외도는 그의 사자후를 두려워하여 마음으로부터 굴복하고, 소성(小聖)은 그의 설법을 듣고 그 의미를 이해한다. 이리하여 제불이 수기(授記)를 내리고, 뭇 성문들은 그것을 간직하여 미래세에 성불하고 용화삼회(龍華三會)에서 해탈하게 된다. 지금은 도솔천에 머무는데 오늘 암라원에 내려왔다. 세존께서 그들에게 유마의 문병을 다녀오라고 하시자 곧 무리 속에서 불려 나왔다. 미륵이 성지를 받들어 황급히 자리에서 일어서는데 천관(天冠)이 가볍게 흔들리고 화려한 보배 장식이 햇빛에 반짝거리며 묘복(妙服)의 구슬들이 잘그락거린다. 그 모습 예법에 맞고 위덕(威德)은 견줄 자 없는데, 그는 삼계(三界)의 스승을 우러러보며 칠보 장식 보좌 주위를 한 바퀴 돌고 나더니 합장을 하고서 양족존(兩足尊)[19] 가까이 다가와 부처 앞에 서서 말씀을 기다렸다. 세존이 미륵에게 말씀하셨다. "지금 의논할 일이 있다. 유마거사가 지금 병이 들어 비야리성에 누워 있는데, 오늘 나 대신에 문병을 다녀와야겠다. 나의 제자인 십대 성문은 언제나 능력의 부족을 이유로 문병을 다녀올 수 없다고 사양하였다. 사리불은 숲속에서 좌선하다가 꾸짖음을 당했고, 목건련은 거리에서 법을 설하다가 좌절을 겪었고, 대가섭은 가난한 자들에게 걸식을 하다가 평등한 법에 어긋난다는 꾸지람을 듣게 되었고, 수보리는 부유한 자들에게 걸식을 하다가 해공(解空) 제일이라는 명성이 헛되게 되었고, 부루나와 가잔연은 설법을 하다가 꾸짖음을 들어야 했고, 아나율과 우파리는 모욕을 당했고, 나후라는 출가의 이익을 말하려다가 이익 없음과 무위법을 모른다는 말을 들어야 했고, 아난은 세존의 병을 치료하고자 우유를 구걸하려다 석가모니의 현시를 이해하지 못한다는 나무람을 들어야 했다. 모두 다 자신들의 지

19 두 발을 가진 존재 중에서 가장 높은 이라는 뜻으로, '부처'를 높여 이르는 말.

혜가 짧고 언변이 없음을 이유로, 유마를 대하기 두려워 감히 그의 방장에 갈 수가 없다는 것이다. 그런데 그대는 십지(十地)를 넘어섰고 과(果)가 삼기(三祇)를 가득 채웠으며, 장애를 모두 제거하고 복과 지혜가 원만해져, 이제 곧 불과(佛果)를 이루어 연화좌에 앉게 될 것이니, 그대는 밝은 태양이 하늘에서 고루 대지를 내리비추듯이 공평무사하게 되고, 더러운 물에서 피어나는 하얀 연꽃처럼 더러움에 오염되지 않을 것이다. 인간세상과 천상의 이곳저곳을 막론하고 사생(四生)은 그대의 이끎에 의지하게 되고, 육도(六道)의 중생들은 그대의 제도를 입게 될 것이다. 그대는 이미 애증의 마음이 말라 없어졌고 번뇌의 악마가 사라졌으며, 빽빽한 숲을 사랑하는 마음이 소멸되었고 비단옷을 탐하는 마음이 끊어졌다. 그대는 이미 무수한 중생들을 제도하였고 번뇌의 업인을 끊었으며, 이미 열반에 도달하여 금강좌에 올랐다. 승려 중의 용상(龍象)[20]이고, 현성(賢聖) 중의 봉린(鳳麟)[21]이다. 그대가 이 법회에 있으니 군계일학 격으로 두드러져 보이고, 수리가 하늘을 날고 있는 듯하다. 그대의 지혜와 위덕은 중생의 찬탄을 이끌어낸다. 거사가 병이 들어 방장에 누워 있거늘, 이제 그대를 비야리성으로 문병을 보내려 하니 속히 준비하여 늦지 않도록 하라. 그리고 유마를 만나게 되거든 병을 고칠 수 있는지를 물어 보거라."

詩云: 小乘昔日總遭嗔, 若往[22]分疏各說因,
知汝神通超小聖, 想君詞辯越聲聞.
不唯早證三身位, 兼亦曾修萬行門.
今爲維摩身染疾, 事須與傳語莫因循.
世尊喚命其彌勒, 彌勒忽忽[23]從座起,

20 덕과 학식이 높은 승려를 용이나 코끼리의 위력에 비유하여 이르는 말.
21 재주와 능력이 뛰어난 젊은이를 비유적으로 이르는 말.
22 '往'은 原錄에서는 '待'로 오록되어 있다. 여기서는 原卷에 의거하여 바로잡는다.

合十指爪設[24]卑儀, 向千花座聽尊旨.
六銖衣裓襯金霞, 七寶簪冠動朱翠,
立在師前候聖言, 仁天[25]見者生歡喜.
辯才無礙[26]衆降伏, 威[27]德難儔佛讚美.[28]
牟尼這日發慈言, 交(教)往毗耶問居士.
知惠圓, 福德備, 佛果將成出生死,
牟尼這日發慈言, 交(教)往毗耶問居士.
戴天冠, 服寶帔,[29] 相好端嚴法王子,
牟尼這日發慈言, 交(教)往毗耶問居士.
越三賢, 超十地, 福德周圓入佛位,
牟尼這日發慈言, 交(教)往毗耶問居士.
足詞才, 多智惠, 出語總歸無相里.[30]

---

23 '怱怱'은 原錄에서는 '悤之'로 되어 있다. 徐震堮은 이를 '怱怱'으로 교정하였다. [校注] 서씨의 견해는 옳다. '悤'은 '怱'의 속자이다.(『說文解字』에서는 '悤'으로 되어 있고, 예서체로 '怱'이 되었다. 이의 속체가 '悤'이다) '之'자는 原卷에서는 본래 두 개의 점으로 되어 있는데 이는 '悤'자가 중복됨을 표시한다. 이에 의거하여 바로잡는다.

24 '設'은 原錄에서는 '說'로 오록되어 있다. 여기서는 原卷에 의거하여 바로잡는다. 『新書』도 이와 같다.

25 [徐震堮] '仁天'은 '人天'이 되어야 한다. [校注] 서씨의 견해는 옳다. 본편 아래 문장 "七人天敬重"에서는 마침 '人'자로 되어 있다. '人天'은 불교술어로서 六道 윤회 중의 人道와 天道를 가리키며, 모든 世間과 衆生을 가리키기도 한다.

26 '礙'는 原卷에서는 '㝵'으로 되어 있는데 이는 '礙'의 속자이다. 『集韻』代韻 : "礙, 說文 : 止也. 『南史』引用 『浮屠書』에서는 '㝵'으로 되어 있다." 본권에서 '礙'자는 모두 '㝵'으로 적혀 있다.

27 '威'는 原錄에서는 '感'으로 오록되어 있다. 徐震堮을 이를 '威'로 교정하였다. [校注] 原卷에서는 본래 '威'자로 되어 있다. 이에 의거하여 바로잡는다.

28 '美'는 原錄에서는 '羙'로 되어 있고 '羨'으로 교정하였다. [陳治文] '羙'는 '美'의 別體字이다. …… '美'는 앞뒤 구와 운이 맞는다. [校注] 진씨의 견해는 옳다. '羙'는 '美'의 속자로서(慧琳 『一切經音義』에서 보임) 돈황사본에서 자주 보인다. 위의 글자가 原卷에서는 '羙'으로 되어 있는데 이는 '羙'의 변체이다. 본권에서 '美'자는 모두 '羙'로 되어 있다. 原校는 옳지 않다.

29 '帔'는 原卷에서는 '怶'로 되어 있는데 이는 '帔'의 속자이다.

30 '里'는 '理'로 보아야 한다. 위 문장에서는 이와 마찬가지로 '道理'가 '道里'로 되어 있

牟尼這日發慈言, 交(教)往毗耶問居士.
果報圓, 已受記, 來世成佛號慈氏,
牟尼這日發慈言, 交(教)往毗耶問居士.
難測度, 難思議, 不了二門自他利,
牟尼這日發慈言, 交(教)往毗耶問居士.
牟尼這日發慈言, 處分他家語再三,
十大聲聞多恐失, 一生菩薩計應堪.
清詞辯海人難及, 妙智如泉衆共談,
若見維摩傳慰問, 好生祇對莫羞慚.
吾今對衆苦求哀, 望汝依言莫逆懷,
小聖從頭遭挫辱, 大權[31]次第合推排.
隨時行李看將去, 奔魯[32]排比不久迴.
更莫分疏說理路, 便須與去唱將來.

시(詩)는 말한다:

소승(小乘)들은 지난날 모두 유마의 꾸짖음을 당한 적이 있어
각자 까닭을 이야기하며 갈 수 없다 말한다.
그대의 신통력은 소성(小聖)을 넘어서고
그대의 언변은 성문(聲聞)을 능가한다.
삼신(三身)[33]의 과위를 벌써 증득했을 뿐 아니라

다. '無相'은 불교술어로서 '理絶衆相'을 말하며 '有相'과 반대된다.

31 '權'은 原卷에서는 '攉'으로 되어 있다. 『新書』는 이를 '權'으로 기록하고 있는데 이는 지극히 옳다. 돈황사본에서 '扌' 편방과 '木' 편방은 혼용되기 일쑤이다. 그리고 '雚'은 간략히 '萑'으로 적는 경우가 많다. '大權'은 불교술어로서, 불보살이 중생을 제도하기 위하여 여러 가지 형상으로 모습을 드러내는 것을 가리킨다. 앞 구 '小聖'과 대응된다.

32 '奔魯'를 蔣禮鴻은 '莽魯'로 보아야 한다고 했는데 이는 지극히 옳다. '莽'은 속자로 '莾'라 적는데 '奔'은 '莾'의 편방을 생략한 오자일 것이다. '莽魯'는 '대략', '대충'의 뜻이다. 『通釋』 해당 항목을 참조 바란다.

33 성질에 따라 나눈 부처의 세 가지 몸. 법신 보신 응신 또는 자성신 수용신 변화신 따위가 있다.

만행(萬行)의 관문도 일찍이 수행하였다.
지금 유마가 병에 걸렸으니
어물대지 말고 가서 나의 말을 전하라.
세존이 미륵을 부르니
미륵은 총총하게 자리에서 일어난다.
합장하고 예의를 갖추어
천화좌(千花座)를 바라보며 석존의 말씀에 귀를 기울이는데
육수의(六銖衣)가 황금빛으로 반짝이고
칠보의 보관(寶冠)이 붉은 비취를 흔든다.
스승 앞에 서서 그 말씀 기다리는데
인천(人天)이 그를 보자 환희심이 인다.
언변에 막힘이 없어 모두가 굴복하고
위덕(威德)은 짝하기 어려우니 석존이 감탄한다.
석가모니 이날 자비로이 말씀하시는데
비야리성으로 가서 거사를 문안하라신다.
지혜가 원만하고 복덕을 갖추니
불과(佛果)를 이루어 생사를 벗어나게 되리라네.
석가모니 이날 자비로이 말씀하시는데
비야리성으로 가서 거사를 문안하라신다.
천관(天冠)을 머리에 쓰고 칠보로 장식한 옷을 입었는데
단엄한 상호(相好)는 불법(佛法)의 왕자로다.
석가모니 이날 자비로이 말씀하시는데
비야리성으로 가서 거사를 문안하라신다.
삼현(三賢)을 넘어서고 십지(十地)를 초월했으며
복덕이 원만하여 불위(佛位)에 올랐도다.
석가모니 이날 자비로이 말씀하시는데
비야리성으로 가서 거사를 문안하라신다.

언변이 뛰어나고 지혜가 풍부하여
어떤 말을 해도 무상(無相)의 이치에 어긋남이 없도다.
석가모니 이날 자비로이 말씀하시는데
비야리성으로 가서 거사를 문안하라신다.
과보가 원만하고 수기(授記)를 이미 받아
내세에 부처가 되어 자씨라 불릴 거라네.
석가모니 이날 자비로이 말씀하시는데
비야리성으로 가서 거사를 문안하라신다.
가늠하기도 어렵고 헤아리기도 어렵나니
자리(自利)와 이타(利他)라는 이문(二門)을 구별짓지 않도다.
석가모니 이날 자비로이 말씀하시는데
비야리성으로 가서 거사를 문안하라신다.
석가모니 이날 자비로이 말씀하시는데
그를 보내려 거듭 말씀하신다.
"십대 성문은 모두 그 실수를 두려워하는데
일생보처(一生補處) 보살은 감당할 수 있으리.
그대의 유창한 언변은 비견하기 어렵고
샘물처럼 샘솟는 지혜는 여럿과 이야기할 만하도다.
유마를 만나거든 위문의 말을 전해야 할 것이니
부디 사양 말고 떠날 채비 갖추라.
나는 오늘 여럿에게 심부름을 부탁했다.
부디 그대는 나의 뜻을 거스르지 마시라.
소성(小聖)은 처음에 모욕을 당한 적이 있다 하니
대성(大聖)이 병문안 가는 게 순서에 맞다.
당장 채비를 갖춰 떠나서는
머뭇거리지 말고 신속히 돌아오라.
어려움을 하소연하지 말고

속히 떠나라는 창이 곧 나온다."

經云:「彌勒白佛言:世尊, 我不堪任[34]詣彼問疾. 所以者何?憶念我昔爲兜率天王及其眷屬, 說不退轉地之行時」, 乃至「不退轉地之行.」[35]

是時彌勒, 重親花座, 再近蓮臺, 三禮牟尼, 一伸辭退, 彌勒名叨菩薩, 位忝無生, 化人之方便素虧, 度衆之懃勞未省. 剜眼截頭之苦行, 未省施爲, 捨身捨命之殊因, 何曾暫作. 蒙世尊授記, 沐衆聖保持, 成佛果於當來, 度有情於苦海. 受灌頂職位, 爲法王孫, 居兜率陀天, 是一生補處. 適來蒙世尊, 不以智惠淺劣, 詞辯荒虛, 敕往方丈室中, 慰問有疾菩薩, 述十大聲聞之過, 贊一生調御之能. 勞聖選差, 伏蒙奬錄. 道理直應前去, 不合推辭. 憶昔爲兜率天王, 說不退轉地之行. 且兜率天王者, 以十善果報, 生六欲天中, 受妙樂於外宮, 離囂塵於內院. 雖則朝朝聽法, 會會聞經, 心求無上菩提, 誓志營[36]於福業. 當初便領諸眷屬, 聽法特來我所. 我便交(敎)修六度, 遣救四生, 要施平等之心, 仍須不偏不儻.[37] 忍辱無我, 不計怨[38]親, 精進禪寂, 長依修攝, 般若智惠, 觀照圓通. 令捨內財外財, 交(敎)修白業淨業. 尙慮信根深淺,[39] 法

---

34 '任'은 原錄에서는 '往'으로 오록되어 있다. 潘重規는 原卷에서는 '任'으로 되어 있다고 했는데 이는 옳다. 【校注】『維摩詰經』 경문에서도 '任'으로 되어 있다. 이에 의거하여 바로잡는다.

35 原卷에서는 이 뒤에 "時乃至不退轉地之行" 아홉 글자가 더 있는데 이는 아마도 연자일 것이다. 『維摩詰經』 경문에 의거하여 삭제한다.(경문에서 '時'자는 뒤 구에 속하는 것으로 되어 있고 그 뒤에 '不退轉地之行'이란 문구가 없다)

36 '營'은 原卷에서는 '𤇾'으로 되어 있는데 이는 '營'의 속자이다. S.5437「漢將王陵變」에서 '營'자는 보통 '𤇾'로 되어 있다.

37 【徐震堮】'儻'은 '黨'으로 보아야 한다. 【校注】'儻'과 '黨'은 古今字로 서로 통용된다. '儻'자는 굳이 수정할 필요가 없다.

38 【徐震堮】'怨'과 '冤'은 같다. 이하 동일하다. 【校注】『廣韻』 元韻:"怨, 怨讐." '怨'과 '冤'은 음이 비슷하며 뜻이 서로 통한다. '怨'자는 굳이 수정할 필요 없다.

39 【袁賓】'深'자는 문맥에 맞지 않는다. '浮'가 되어야 한다. 형태가 비슷한 데서 야기된 잘못이다. 아래 문장 "習種性根縣浮淺"은 그 증거이다. 【校注】'深淺'은 그 자체로 의미가 통하는 까닭에 굳이 글자를 수정할 필요가 없을 것 같다.

種輕微, 只恐生返覆[40]心, 與說不退轉行, 天王及其眷屬, 座前合掌, 聽法聞經, 忽見居士到來, 儘被他家呵責.

경전에서 말하기를, "세존이시여, 저도 그를 찾아가 문병하는 것을 감당할 수 없습니다. 왜냐 하면 생각해 보니, 예전에 제가 도솔천왕(兜率天王)과 그 권속들을 위하여 불퇴전지(不退轉地)의 수행에 대해 말하고 있었습니다."

이때 미륵이 연화대로 가까이 다가와 석가모니에게 삼례(三禮)를 올리며 사양의 말을 올렸다. "저 미륵은 외람되이 보살이라는 칭호를 입어 열반을 욕되게 하였고 교화의 방편도 부족하며 중생 제도에 애써본 적도 없습니다. 눈을 파내고 머리를 자르는 고행도 해본 적 없고, 육신과 목숨을 내던지는 업인(業因)도 지어본 적이 없습니다. 세존의 수기(授記)를 입고 뭇 성현들의 은혜를 입어, 내세에는 불과(佛果)를 이루어 중생들을 고해에서 구하게 될 거라는 것입니다. 직위를 관정(灌頂)하여 주시고, 법왕의 자손이 되어 도솔천에 머물며 일생보처보살(一生補處菩薩)[41]이 되었습니다. 지금 세존께서는 저의 지혜가 천박하고 언변이 보잘것없음에도 불구하고 방장으로 가서 병이 든 보살을 문안하라 하시며, 십대 성문의 과오를 말씀하시고 일생보처의 능력을 찬탄하십니다. 세존께서는 심부름 보낼 사람으로 저를 선택하시고 또 저를 이렇게 칭찬하시니, 마땅히 가야하는 게 도리이고 사양하는 것은 옳지 않습니다. 그런데 생각해보건대, 예전에 제가 도솔천왕(兜率天王)에게 불퇴전지(不退轉地)의 수행에 대해 말한 적이 있었습니다. 도솔천왕은 십선(十善)의 과보로 육욕천(六欲天)에 태어나 외궁(外宮)에서는 오묘한 음악을 즐기고 내원(內院)에서는 요란함에서 벗어나 한적함을 즐기곤 하였지만, 그는 날마다 설법을 듣고 법회 때마다 경문을 들어 위없는 보리를 구하고 복업(福業)을 짓고자 다짐했습니다. 당시 그는 모든 권속들을 이끌고 제가 있는 곳으로

40 '返覆'은 '反覆'으로 보아야 한다.
41 다음 생에 부처가 된다는 보살.

일부러 찾아와 법문을 듣곤 했습니다. 저는 그들에게 육바라밀을 닦아 사생(四生)을 구제할 것을 가르쳤고, 또 평등을 말하고 불편부당해서는 안 됨을 이야기했습니다. 인욕을 행하고 무아(無我)를 깨달을 것이며 친소(親疎)를 따지지 말고 좌선에 오랫동안 정진하라 하였습니다. 또 반야의 지혜로 진여의 이치를 비추어볼 것이며, 안팎의 재물을 버리고 선업(善業)을 닦을 것을 이야기하였습니다. 저는 행여 그들의 근기가 가벼워 본래의 마음으로 되돌아갈까 염려되어 신근(信根)[42]의 심천(深淺)을 헤아려가며 그들에게 불퇴전행을 설하였습니다. 천왕과 그의 권속들은 법좌 앞에서 합장을 한 채 법문을 경청하고 있었는데, 갑자기 거사가 제게 다가와 꾸짖는 것이었습니다."

詩云 : 雖居兜率具深慈, 常念才微智又微,
並[43]小乘人通似勝, 對維摩詰力還虧.
詞疏理寡[44]非他說, 識淺情幽每自知,
若遣問疾爲使去, 必應有辱我牟尼.
彌勒蒙佛親揀選, 在會聖凡皆總見,
幾迴旋繞百花臺, 一注仰瞻圓月面.
合柔[45]軟手向牟尼, 以美妙言伸讚嘆,
須將卑懇啓尊懷, 伏乞慈悲垂愍[46]念.

---

42 오근(五根)의 하나. 삼보(三寶)와 사제(四諦)의 진리를 믿는 일을 이른다.

43 '並'자는 뒤 구 '對'에 대응되며, 둘 다 '비교하다'는 뜻이다. P.3079 「維摩詰經講經文」 : "胡部도 이에는 비할 수 없고, 龜玆도 그와는 대적하기 어렵다(胡亂莫能相比並, 龜玆不易對量他)." '比並'과 '對量'은 모두 동의의 복합어로서 둘 다 '비교하다'는 뜻이다. 『通釋』 '對量' 항목을 참조 바란다.

44 '寡'는 原卷에서는 '㝢'로 되어 있는데 이는 '寡'의 俗體이다. 『龍龕手鏡』 宀部에서 '㝢'는 '寡'와 통한다고 하였다.

45 '柔'는 原卷에서는 '𠇗'로 되어 있는데 이는 초서체 '柔'자의 楷化字이다. 본권에서 '柔'자는 모두 이 형태로 되어 있다. 魏 孝文帝 「弔比干文」에서 '柔'자가 '𠇗'로 되어 있음을 참고할 필요가 있다.

46 '愍'은 原錄에서는 '憫'으로 되어 있다. 【校注】 原卷에서는 '慜'으로 되어 있는데 이는

我昔時, 因勸善, 爲兜率天王及從眷,
恐伊返歸正眞心, 總遣[47]修行不退轉.
處花宮, 居寶殿, 皆於妙樂生貪戀,
爲說諸佛堅固門, 總遣修行不退轉.[48]
初出塵, 絶離染, 習種性根尠浮淺,
與說修行堅固門, 總遣習於不退轉.
且精懃, 勿疏散, 愛把眼花空裏翫,[49]
與說諸佛堅固門, 總遣修行不退轉.
利一身, 非一見, 不敢蹤横起方便,
與說諸佛堅固門, 總遣修行不退轉.[50]
福德微, 神力軟, 多被魔家來惱亂,
與說諸佛堅固門, 總遣修行不退轉.
出愛河, 到彼岸, 令發四弘廣大願,
與說諸佛堅固門, 總遣修行不退轉.
天王聞說愜深情, 各各歡忻不可名,
爭取天花伸供養, 競將異寶表虔成(誠).

'愍'의 이체자이다.(『玉篇』, 『龍龕手鏡』에서는 '愍'과 '愍'은 같다고 함) '憫'은 '閔'의 후기 분화자이다. 비록 '愍'자와 음이 유사하고 의미가 통한다지만 이 두 글자는 결코 동일 글자가 아닌 까닭에 이들을 혼용해서 쓸 수는 없다. 『干祿字書』: "愍憫 : 上愍傷, 下憫默." 이는 당시 사용상에 구별이 있었음을 보여준다. 돈황사본에서 '愍'자는 보통 '愍'으로 적고 있는데 이는 唐代 李世民의 諱를 피한 결과로 생각된다.

47 '遣'은 原錄에서는 '是'로 오록되어 있다. 여기서는 原卷에 의거하여 바로잡는다. 『新書』도 이와 같다.

48 [校注] 앞뒤 문장에서는 모두 "爲說諸佛堅固門, 總遣修行不退轉"(다섯 번 보임)으로 되어 있는데 유독 이 聯에서만 달리 되어 있다. 게다가 그 의미도 해독이 안 된다. "與說諸佛堅固門, 總遣修行不退轉"의로 교정해야 할 것 같다.

49 '翫'은 原錄에서는 '玩'으로 되어 있다. 여기서는 原卷에 의거하여 바로잡는다. 『說文解字』: "翫, 習猒也." "玩, 弄也." 이로보아 이 두 글자는 음은 비록 같고 의미도 비슷하지만 결코 한 글자는 아니다. 따라서 임의로 수정하는 것은 옳지 않다.

50 이상 4구는 原錄에서는 실수로 누락되었다. 여기서는 原卷에 의거하여 보충해 넣는다. 『新書』도 이와 같다.

昔時迷處從玆悟, 往日昏交此日星(醒),
因得聽聞不退轉, 起來禮謝不休停.
發大願, 唱奇哉, 感賀[51]慈悲化利開,
因得聽聞不退行, 從今修進救輪迴.
天王禮謝言希有, 彌勒慈悲未盡懷,
更擬爲他重解說, 被維摩見也唱將來.

시는 말한다:

도솔천에 거하며 자비심을 갖추었다지만
재주는 미미하고 지혜도 보잘것없네.
소승(小乘)보다 뛰어날지는 몰라도
유마힐의 능력에 비하면 부족하기만 하네.
언사에 설득력이 떨어지고
생각이 얕고 마음이 어리석음을 잘 안다네.
만일 병문안을 가게 되면
반드시 우리 석존을 욕되게 할 것이네.
미륵이 석존의 간택을 받으니
법회의 성인(聖人)과 범인(凡人) 모두가 그를 바라보는데
[미륵은] 연화대(蓮花臺)를 몇 바퀴 돌더니
석존의 존안을 우러러보며
두 손을 합장하고 석존을 향하여
오묘한 말로 찬탄을 한다.
저의 간절한 마음을 석존께 열어보이나니
부디 자비를 베푸시어 가엾게 여겨주시옵소서.
제가 이전에 선업을 권하려는 뜻에서

---

51 '感賀'는 '感荷'와 같다. '賀'와 '荷'는 음이 비슷하고 의미도 서로 통한다. S.4511「金剛醜女因緣」: "門徒를 제도하여 선한 모습으로 태어나게 하시니, 감사하도다, 여래의 숨은 聖力이여(爲度門徒生善相, 感賀如來聖力潛)." 이 '感賀' 역시 '感荷'와 같다.

도솔천왕과 그의 권속들에게 설법을 했었는데
저는 그들을 진심(眞心)으로 되돌리기 위하여
불퇴전의 자세로 수행할 것을 얘기했었네.
화려한 궁전에서 살고 보전(寶殿)에서 지내며
오묘한 음악을 탐하는 그들에게
제불(諸佛)의 견고한 법문을 설하며
불퇴전의 자세로 수행할 것을 얘기했었네.
이제 겨우 번뇌에서 벗어나 더러움에 물들지 않았을 따름이라
습성과 근기가 매우 얕았지만
제불(諸佛)의 견고한 법문을 설하며
불퇴전의 자세로 수행할 것을 얘기했었네.
정성껏 부지런하여 방달(放達)하지 말 일이며
눈앞의 현란함에 이끌리지 말라 하였고
제불(諸佛)의 견고한 법문을 설하며
불퇴전의 자세로 수행할 것을 얘기했었네.
한 몸을 이롭게 하고자
감히 함부로 방편을 부릴 수 없었고
제불(諸佛)의 견고한 법문을 설하며
불퇴전의 자세로 수행할 것을 얘기했었네.
복덕은 미미하고 신통력은 보잘것없어
여러 차례 마왕에 의해 동요되었지만
제불(諸佛)의 견고한 법문을 설하며
불퇴전의 자세로 수행할 것을 얘기했었네.
애욕의 강을 벗어나 피안에 이르러
사홍서원을 발하도록 하였고
제불(諸佛)의 견고한 법문을 설하며
불퇴전의 자세로 수행할 것을 얘기했었네.

천왕은 설법을 듣고 깊은 감명을 받았고
권속들도 모두 기뻐하며 마음이 열렸네.
너도나도 천화(天花)로 공양올리고
앞 다투어 기이한 보물로 공경을 표했네.
이로부터 지난날의 미혹에서 벗어났고
오늘로 지난날의 어리석음을 벗어던졌네.
불퇴전의 법문을 들었던 까닭이니
자리에서 일어나 연신 고마움의 절을 올렸네.
커다란 서원을 세우며 기이하다 찬탄하며
교화의 자비에 감사의 절을 올렸네.
불퇴전의 법문을 들었던 까닭이니
이로부터 윤회를 벗어나게 되었네.
천왕은 이는 드문 일이라며 감사의 절을 올리고
미륵의 자비는 다함이 없다 하였네.
그에게 거듭 설법을 하려 하는데
유마께서 이 광경을 보셨는데 그 창이 곧 나오리라.

經云:「時維摩詰來謂我言:彌勒, 世尊授仁者記, 一生當得阿耨多羅三藐[52]三菩提, 爲用何生得授記[53]乎? 過去耶? 未來耶? 現在耶? 若過去生, 過去[□](生)[54]已滅; 若未來生, 未來生未至; 若現在生, 現在

---

52 '藐'은 原卷에서는 '狠'으로 되어 있는데 이는 '藐'의 俗體이다.『吐魯番出土文書』第2冊「義熙寫本毛詩鄭箋殘卷」:"彤弓, 朱弓也, 以講□ □弛狼也. 言, 我也." 그중 '狼'은 '貌'의 俗書이다. 今本『毛傳』에는 다음과 같은 관련 문구가 있다. "彤弓, 朱弓也, 以講德習射. 弨, 弛貌; 言, 我也." 이는 그 증거이다. 同書「高昌書儀」:"山川緬邈, 奉集未期." '邈'은 '邈'의 俗體이다. 참고할 필요가 있다.

53 '授記'는 '受記'로 보아야 한다. 부처가 그 제자에게 내생에 부처가 되리라는 사실을 예언하는 교설을 내리는 것을 '授記'라고 한다. 그 교설을 받는 것이 '受記'다. 문중에서는 '受記'를 가리킨다.『維摩詰經』경문에서는 마침 '受記'로 되어 있다.

54 '生'자는 原卷에서는 없다. 여기서는 문맥과『維摩詰經』경문에 의거하여 보충해 넣

生莫[55]住. 如佛所說比丘, 汝今卽時亦生, 亦老, 亦滅. …… 不任詣彼問疾.」[56]

彌勒告世尊, 往日遭維摩呵責事. 彌勒道: 我思往昔, 爲兜率天王及其眷屬說不退轉地之次,[57] 忽見維摩髮籠離垢之繒, 手柱(拄)弱梨[58]之仗(杖), 謂我言道: 「彌勒: 汝久居聖位, 已出煩籠,[59] 三僧祇劫修行, 百萬生中精進. 福惠具足, 種性尊高, 六度已圓, 十身備歷. 所以世尊授仁者記, 一生成佛. 未委三生之中, 何生得記, 過去未來現在?若言過去, 過去已滅; 若言未來, 未來未至; 若言現在, 現在不住. 況生住異滅, 念念遷移, 云何彌勒得授記[60]乎? 又莫是無生得受記也? 若是無生得受記者,[61] 如無有生; 若以如滅得受記者, 如無有滅. 眞如不屬生滅, 無去無來. 又一切衆生, 皆有眞如. 若彌勒得授記者, 一切衆生, 亦合得記. 若過去得菩提, 卽是菩提無住相. 若未來得菩提, 未來之事有何憑, 現在推窮又是無.」居士道偈:

如何[62]狂(誑)或(惑)諸賢聖,[63] 眞如旣也無差別,

는다.

55 '莫'은 『維摩詰經』 경문에서는 '無'로 되어 있다.

56 原錄에서는 이 문구가 단독으로 한 문단을 이루고 있다. 또 '不' 다음에 '堪'자를 보충한 다음, '堪'자는 『維摩詰經』에 의거하여 보충한다고 하였다. 【校注】 原卷에서 이 문구는 앞 문장에 바짝 붙어 있지 않다. 이는 그 사이에 문장이 생략되어 있음을 표시한다. 하문에서 연역한 경문은 이 문구까지이다. 경문에서는 이 단락 끝부분이 '堪'자 없이 "不任詣彼問疾"로 되어 있다. 原錄에서의 分段과 補字는 모두 타당하지 못하다.

57 '次'는 '行'으로 보아야 한다. 앞에서 인용한 경문에서는 마침 "爲兜率天王及其眷屬說不退轉地之行"으로 되어 있다.

58 '梨'는 '藜'로 보아야 한다. 명아주 줄기로 지팡이를 만들 수 있다.

59 '煩籠'은 '煩惱之樊籠(번뇌의 울타리)'이다. 原校에서는 '煩'을 '樊'으로 교정하였는데 이는 잘못이다. 「金剛般若波羅密經講經文」 주석 246)번을 참조 바란다.

60 '授記'는 '受記'가 되어야 한다.

61 이상 두 구의 '無生'은 '如生'으로 보아야 할 듯하다. 『維摩詰經』 경문 "爲從如生得受記耶? 爲從如滅得受記耶? 若以如生得受記者, 如無有生; 若以如滅得受記者, 如無有滅"은 그 증거이다. 경문 "又莫是無(如)生得受記也"에 의거해 보건대 뒤에 "莫是如滅得受記也" 한 구가 빠진 것 같다.

62 '何'는 原錄에서는 '來'로 오록되어 있다. 여기서는 原卷에 의거하여 바로잡는다. 『新

法性因何有兩[64]種, 菩提不是觸塵收.
何處說言身上覓. 菩提不是觸塵攝,
爭得交他性上求. 菩提相狀旣全無,
菩提長短[65]何當有. 菩提微妙難知故,
莫將有所得心求.

경전에서 말하기를, "그때 유마힐이 저에게 와서 말하였습니다. '미륵이여, 세존께서는 그대에게 수기(授記)를 주시기를 이제 한 생(生)만 더 태어나면 아뇩다라삼먁삼보리를 얻을 것이라고 하셨다는데, 어느 생(生)에서 수기를 받는 것입니까? 과거의 생입니까, 미래의 생입니까, 현재의 생입니까? 만약 과거의 생이라고 한다면, 그 과거의 생은 이미 사라져 버렸고, 만약 미래의 생이라고 한다면, 미래는 아직 오지 않았고, 만약 현재의 생이라고 하여도 그 현재의 생은 [끊임없이 유동하고 있어서] 한 군데 머무르는 일이 없습니다. 부처님께서 말씀하신 것같이 비구여, 그대는 지금 이 순간에도 태어나고 늙으며 죽어가고 있지 않습니까? …… 그러므로 저는 그를 찾아가 문병하는 것을 감당할 수가 없습니다.'"

미륵이 세존께 지난날 유마에게 꾸지람을 들을 일을 아뢰었다. 미륵이 말하였다. 생각해보니, 제가 지난날 도솔천왕과 그의 권속들에게 불퇴전지(不退轉地)의 수행에 대해 말하고 있었는데, 갑자기 유마가 나타났습니다. 머리에는 깨끗한 비단이 감겨 있고 손에는 명아주 지팡이가 들려 있었는데, 제게 이렇게 말하는 것이었습니다. "미륵이여! 그대는 오랫동안 성자의 위치에 머물면서 번뇌의 울타리에서 벗어났고 삼아승기

書』도 이와 같다.

63 이 단락의 운문에는 탈자나 오자가 있고, 이 문구 전후에도 누락된 문장이 있다.

64 '兩'은 原錄에서는 '雨'로 되어 있다. 【校注】 돈황사본에서는 '兩'과 '雨'자가 뒤섞여 쓰이고 있다. 여기서는 문맥에 의거하여 '兩'으로 직접 고쳐 적는다.

65 '短'은 原錄에서는 '矩'로 되어 있고 '短'으로 교정하였다. 【校注】 돈황사본에서 '短'은 흔히 '矩'로 표기되곤 한다. 본권에서 '短'자는 모두 '矩'로 되어 있는데 문맥에 맞춰 그때그때 판단해야 한다.

겁 동안 수행을 하였으며 백만 번의 생(生) 동안 정진하였습니다. 복덕과 지혜를 갖추었고 신분은 고귀하며 육바라밀을 수행하였고 십신(十身)을 갖추었습니다. 그리하여 세존께서는 그대에게 수기를 내리시어 한 생(生)만 더 태어나면 부처가 될 것이라 하였습니다. 그런데 삼생(三生) 가운데 어느 생에서 수기를 받았는지 알 수가 없습니다. 과거의 생입니까, 미래의 생입니까, 현재의 생입니까? 만약 과거의 생이라고 한다면 그 과거의 생은 이미 사라져 버렸고, 미래의 생이라고 한다면 미래는 아직 오지 않았으며, 현재의 생이라 한다면 그 현재의 생은 한 군데 머무르는 일이 없습니다. 모든 사물은 생기고, 머물고, 변화하고, 소멸해가며 매 순간 유동하고 있는데, 미륵이 받은 수기는 어떤 것입니까? 무생(無生)의 경지에서 받은 수기입니까? 만일 무생의 경지에서 수기를 받은 것이라면 이는 생(生)이 없는 것과 같습니다. 만일 진여가 없어지는 것으로부터 수기를 받은 것이라면 이는 진여에는 소멸됨이 없는 것과 같습니다. 진여는 생기는 것도 아니고 없어지는 것도 아니며, 오는 법도 없고 떠나가는 법도 없습니다. 또 일체 중생은 모두 진여를 가지고 있습니다. 만일 미륵이 수기를 받았다면 일체 중생 역시 수기를 받아야 할 것입니다. 만일 과거에 보리를 얻었다면 이 보리는 한 곳에 머물러 있지 않을 것이고, 미래에 보리를 얻는다면 미래의 일은 믿을 만하지 못하며, 현재에 얻는다 해도 현재는 변화하고 있는 것이라 없는 것이나 다름없습니다." 거사가 게송으로 말한다.

어찌 뭇 성현들을 기만하려드는가.
진여에는 차이가 없는 법이거늘
법성(法性)에 어찌 둘이 있으리.
깨달음은 만져서 얻을 수 있는 게 아니거늘
어찌 육신에서 구할 것을 설하는가.
깨달음은 만져서 지닐 수 있는 게 아니거늘
어찌 그들더러 위로부터 얻으라 설하는가.

깨달음은 그 형상이 전혀 없거늘
깨달음에 어찌 길고 짧음이 있겠는가.
깨달음은 미묘하여 이해하기 어려우니
마음으로 구하라 설하지 마시라.

彌勒告世尊:「世尊, 維摩居士說爾許多來由,[66] 我於當日都無祗[67]對. 會中有二百天人, 聞居士談揚, 盡懷歡喜之心, 皆獲無生法忍. 唯增慚赧, 尙自憂惶, 聞說便瞻(膽)戰心驚, 豈得交吾曹爲使, 伏乞世尊, 特開惠鏡, 朗鑒卑情, 會中菩薩極[68]多, 且望慈悲別請.」讚嘆維摩有偈:

維摩神力不同常, 誰肯將心敢抵當,
智似碧天消闇霧, 詞如紅日爍輕霜.
聲名遠振千千界, 變現遐傳[69]萬萬方.
憶昔尙由(猶)懷戰灼,[70] 爭堪爲使共談揚.
善哉彌勒法王子, 到涅槃城出生死,

66 '來由'는 原錄에서는 '東西'로 오록되어 있다. 여기서는 原卷에 의거하여 바로잡는다. 『新書』도 이와 같다.

67 '祗'는 原卷에서는 '**祗**'로 되어 있는데 이는 '祗'의 속자이다. 『龍龕手鏡』 示部: "祗, 俗; **祗**, 通; 祗, 正: 音脂, 敬也, 又一承也." '祗'는 '祗'의 속자이다.(『干祿字書』: "互氐: 上通下正. 諸從氐者並準此." 行均은 '祗'를 정자로 보았다. 이는 당시 사용되는 정황을 기준으로 삼은 것이다) '**祗**'은 또 '祗'자가 변화해서 생긴 속자이다. 原錄에서는 '**祗**'로 되어 있는데 이는 사실과 다르다.

68 '極'은 原卷에서는 '摽'으로 되어 있는데 이는 '極'의 속자이다. 唐 張守節 『史記正義』「論字例」에서 "極下爲點, 析旁著片, 惡上安西 …… 此之等類例, 直是訛字"라 하였다. 당시 '極'자는 '標'으로 표기되기도 했음을 말해준다. 그리고 속서에서 '木' 편방과 '扌' 편방은 뒤섞여 쓰인다. 그리하여 '標'이 다시 '摽'로 변한 것이다. 본편 아래 문장 "尊卑極遠, 深淺全殊." 이 '極'자가 原卷에서는 '摽'으로 되어 있다. 原錄에서는 '標'로 되어 있는데 이는 사실과 다르다.

69 原卷에서 '遐傳'은 '能於'로 되어 있고, 그 우측 옆에 '遐傳'이라 旁註가 붙어 있다. 이는 오자를 수정함을 가리킨다. 原錄에서는 이 구가 "變現遐傳於萬萬方"이라 하여 '於'자를 덧붙이고 있다. 『新書』도 이와 같다.

70 '灼'은 原錄에서는 '灼'으로 되어 있다. 【徐震堮】 '灼'은 '灼'과 같다. 【校注】 原卷에서는 본래 '灼'으로 되어 있다. 이에 의거하여 바로잡는다.

現居補處住天宮, 來世成佛居寶位.
智無雙, 德難比, 十方諸佛盡讚美,
解爲天王及眷屬, 能說難思不退地.
蒙世尊, 與授記, 三世之中何世値,
我今不會與咨陳, 伏望慈悲略開示.
過去生, 過去生已滅, 諸行無常不曾止,
如空中鳥跡更無別, 怎生得受菩提記.
未來, 未來生現無, 色相莊嚴且未至.
準承[71]佛果理全虧, 怎生得受菩提記.
現在、現在生不停, 念念遷流無住滅,
昨朝今日事全殊, 怎生得受菩提記.
若以無生得受記, 無生卽是其正位,
正位方中絶果因,[72] 怎生得授(受)菩提記.
如生如滅理皆明, 無相無爲法不貳,
聖賢彌勒一雷同, 怎生得受菩提記.
衆生畢竟總成佛, 無以此法誘天子,
莫分莫別是玄河, 怎生得受菩提記.
我時聞說沒言讎,[73] 對彼天人懶出頭,
演解脫言詞遠順, 說菩提理事玄幽.
維摩才辯誰人對, 居士神通卒莫籌,[74]

71 '準'은 原錄에서는 '唯'로 되어 있다. 蔣禮鴻은 이를 '準'으로 교정하였다. 【校注】 原卷에서는 본래 '准'으로 되어 있다. 『玉篇』: "准, 俗準字." '準承'은 '바라다', '작정하다'는 뜻이다. 본편 하문 "我見汝常親佛會, 早入法門, 准承已悟於無爲, 誰料由(猶)貪於有相." 여기에도 '准承'이 나온다.

72 '果因'은 原錄에서는 '因果'로 되어 있다 . 여기서는 原卷에 의거하여 바로잡는다. 『新書』도 이와 같다.

73 【徐震堮】 '雠'는 '酬'와 같다. 【校注】 '雠'는 '讎'로 보아야 한다. 『說文解字』 言部: "讎, 應也." 段玉裁 注: "讎者, 以言對之. 詩云'無言不讎'." 서씨의 견해는 전부 정확한 것은 아니다.

交我若過方丈去, 思量往昔至今羞.
其時彌勒告如來, 往昔遭呵不是推,
我卽還同明(鳴)布鼓, 維摩直似振春雷.
不辭便往傳尊旨, 必被他家挫辱迴.
幸有光嚴童子里,[75] 不交(教)伊去唱將來.

미륵이 세존에게 아뢰기를, "세존이시여! 유마거사는 이처럼 여러 가지 것들을 이야기했는데 당시 저는 아무런 대꾸도 하지 못했습니다. 법회에 있던 2백 명의 천인들은 거사의 말을 듣고서 모두 환희심이 일며 무생법인(無生法忍)을 얻었습니다. 지금도 얼굴이 붉어지고 두렵기만 한데, 지금 [병문안을 다녀오라는] 세존의 말씀을 들으니 깜짝 놀라 가슴이 가라앉지 않습니다. 그러는 제가 어찌 심부름을 다녀올 수 있겠습니까? 바라옵건대 세존이시여, 지혜의 거울을 펼치시어 저의 심정을 비춰봐 주시기 바랍니다. 이 법회 가운데는 많은 보살들이 있습니다. 부디 저를 심부름 보내지 말아 주시기 바랍니다." 유마를 찬탄하는 게송이 나온다.

유마의 신통력은 범상치 않으니
누군들 감히 그와 겨룰 생각하리오.
지혜는 푸른 하늘이 어두운 안개를 없애듯 하고
언변은 밝은 태양이 서리를 녹이듯 하네.
명성은 멀리 수천 세계에까지 떨쳐지고
변현(變現)은 온 누리에까지 전해지네.
지난 일을 생각해보면 가슴이 떨려오니
어찌 감히 심부름꾼 되어 그와 함께 담론하리.
훌륭하다, 미륵 법왕자여!
열반에 이르고 생사를 벗어나

74 【袁賓】'籌'는 '儔'이다.

75 '里'는 '裏'와 같으며 어기조사이다. '哩', '呢'에 해당한다. 『詩詞曲語辭匯釋』과 『通釋』의 해당 항목을 참조 바란다.

지금은 일생보처의 천궁에서 머무는데
내세에는 부처가 되어 보위에 앉게 되리라네.
지혜는 무쌍하고 복덕은 견주기 어려우니
십방의 제불들이 일제히 찬탄한다.
천왕과 그 권속들을 위하여
불가사의한 불퇴전지를 설한다.
세존의 수기를 받은 것은
삼세(三世) 중 어느 생에 받은 것인지.
저는 지금 알 수가 없어 묻는 것이니
부디 자비로이 가르침을 내려주시길.
과거의 생은 이미 사라졌고
제행무상(諸行無常)은 그친 적이 없어
마치 허공 속의 새 발자국과 다름이 없으니
어떻게 보리의 수기를 받을 수 있으리.
미래의 생은 지금 존재하지 않아
색상(色相)은 아직 나타나지 않았으니
불과(佛果)는 이치에 맞지 않거늘
어떻게 보리의 수기를 받을 수 있으리.
현재의 생은 한곳에 머물지 않아
매 순간 유동하며 변화하고 있어
어제와 오늘이 전혀 다르거늘
어떻게 보리의 수기를 받을 수 있으리.
만일 무생(無生)에서 받은 수기라면
무생은 곧 정위(正位)[76]이고
정위는 인과를 끊은 것이니

76 지혜로써 열반을 깨달아 얻는 자리.

어떻게 보리의 수기를 받을 수 있으리.
생(生)이나 멸(滅)처럼 그 이치가 분명하고
무상(無相) 무위법(無爲法)과 다르지 않으며
성현과 미륵은 똑같거늘
어떻게 보리의 수기를 받을 수 있으리.
중생은 결국은 성불하게 되리니
이 법문으로 천자를 유혹하지 말지라.
이들은 아무런 차이도 없는 똑같은 현하(玄河)이거늘
어떻게 보리의 수기를 받을 수 있으리.
나는 이 말을 듣고서 대꾸도 하지 못하고
그저 천인들 앞에서 멍할 따름이었네.
해탈을 얘기하는 언사는 막힘이 없었고
보리를 설하는 이치는 현묘했네.
유마의 변재에 어느 누가 대응할 것이고
거사의 신통력에 견줄 자 누굴 것인가.
만일 나더러 방장에 가라 한다면
지난 일이 떠올라 지금까지 부끄럽다네.
이때 미륵이 여래에게 아뢰는데
지난날 겪은 꾸지람이
아직도 북소리처럼 귓전에 울려대는데
유마는 마치 봄철의 우레를 떨치는 듯하네.
사양하지 않고 세존의 뜻을 전하러 간다면
반드시 그에게서 굴욕을 당하고 돌아올 것이네.
다행히 광엄동자가 그곳에 있어
그에게 다녀오라고 하는 창이 곧 나오리라.

經云:「佛告光嚴童子, 汝行詣維摩詰問疾.」

三萬二千菩薩, 八千餘數聲聞, 盡總顒顒合掌, 無非楚楚斂容, 宣命者各抱慚惶, 怕差者盡懷憂懼. 會中悄悄, 飲氣呑聲. 天花落一枝兩枝, 甘露灑十點五點. 世尊乃重開金口, 別選一人, 傳牟尼安慰之詞, 問居士纏綿之相. 有一童子, 名號[77]光嚴, 相圓明而特異衆人, 心朗曜而逈然高士. 修行曩劫, 磨練多生, 煩惱多生, 煩惱之海欲枯, 智惠之山將就. 隨緣化物, 愛處俗塵, 如蓮不染於淤泥, 似桂無侵於霜雪. 諸佛秘藏, 說之而義若湧泉, 菩薩法門, 入之而去同流水. 身三口四, 喩日月之分明,[78] 言直心眞, 現嬰[79]童之純禮. 不居淨土, 也住娑婆, 渾俗塵寧顯姓名, 爲道者全亡人事. 此日聽佛說法, 亦在菴園, 貯謙謹於情懷, 處卑微之座位. 佛於大衆, 乃命光嚴, 汝須從座起來, 聽我今朝敕命. 光嚴被喚, 便整容儀, 纖手擧而淡泞[80]風光, 王步移而威儀庠序. 虔恭三禮, 仰示[81]慈尊. 寶冠亞[82]而風颯苻枝,[83] 瓔珞搖而霞飛錦樹. 天人齊看, 凡聖皆歡. 卓然立在於佛前, 側耳專聽於敕命. 世尊告曰: 「汝且須知, 吾有一大事因緣, 藉汝與吾[84]弘傳至教. 城外維摩居士,

---

77 '號'는 原卷에서는 '号'로 되어 있다. 原錄에서는 '曰'로 오록되어 있다.

78 '明'은 原錄에서는 '別'로 오록되어 있다. 潘重規는 原卷에서는 '明'으로 되어 있다고 했는데 이는 옳다. 이에 의거하여 바로잡는다.

79 '嬰'은 原卷에서는 '嬰'으로 되어 있는데 이는 '嬰'의 속자이다. 『龍龕手鏡』에서는 '嬰'자가 '嬰'으로 되어 있고, 「唐魏邈妻趙氏墓誌」에서는 '嬰'으로 되어 있다. 또 P.3079 「維摩詰經講經文」 "琵琶弦上, 韻合春鶯"에서는 '鶯'자가 '鶯'으로 되어 있다. 모두 참고할 필요가 있다. 原錄에서는 '嬰'로 되어 있는데 이는 사실과 다르다.

80 [徐復] '淡泞'는 '淡沱, 澹蕩'과 같은 뜻이다. ……『文選』 木玄虛 「海賦」: "泱漭淡泞, 騰波赴勢." 李善 注: "淡泞, 澄深也." 變文의 '淡泞'은 여기서 나온 게 아닌가 한다. [校注] '淡泞'은 '澹泞'이라고도 적는다.(『集韻』 談韻: "淡, 水貌. 或作澹.") 『篇海類編』 「地理類」 水部: "泞, 澹也." 이 '淡泞'은 동의의 복합어로서 '맑고 깨끗하다'는 뜻이다. 宋 蘇舜欽 「水調歌頭滄浪亭」: "瀟灑太湖岸, 淡泞洞庭山." 여기서 '淡泞'은 '瀟灑'와 유사한 의미로 서로 대구가 되는데, 이는 변문의 용법과 똑같다.

81 '示'는 '視'로 보아야 한다.

82 '亞'는 '아래로 늘어뜨리다', '드리우다'는 뜻이다.

83 [劉凱鳴] '苻枝'는 '錦樹'와 대구를 이루기 어렵다. '苻'는 '琈'가 되어야 한다. 『集韻』 下平聲十八尤韻房尤切: "琈, 美玉名." [校注] '苻'는 '符'의 속자로 생각된다. '符'는 '符瑞'를 말하며 문맥도 잘 통한다.

是我門徒, 作俗中引道之師, 爲世上照人之鏡. 忽[85]爾乖於攝治, 今有病生, 纏綿於丈[86]室枕床, 妨蟆於大城遊履. 塵生麈尾, 藥滿雞窗,[87] 有心憑机[88]以呻吟, 無力丈梨[89]而教化. 我今愍念, 欲擬安存, 聊伸法乳[90]之情, 貴表師資之義. 我尋乎小聖, 五百聲聞, 分疏之皆曰不任, 盡總乃苦遭罵辱. 我也委知難去, 不是階齊, 如熒火之光明, 敵太陽之赫弈. 必知菩薩, 問得維摩, 二空之理旣同, 七辯之詞不異, 末上[91]先呼彌勒, 令人毗耶, 成佛雖在龍華. 爲使不任詣彼. 誰知彌勒也有瑕玼,[92] 對知足天人之前, 曾被維摩問難. 適來汝兄[93]彌勒, 苦理推詞,[94]

---

84 原錄에서는 '吾' 다음에 '佛'자를 실수로 덧붙이고 있다. 潘重規는 이 글자는 原卷에는 없다고 했는데 이는 옳다. 이에 의거하여 삭제한다.

85 '忽'은 原錄에서는 '匆'로 되어 있다. 徐震堮은 이를 '忽'로 교정하였다. 【校注】 原卷에서는 본래 '忽'로 되어 있다. 이에 의거하여 바로잡는다.

86 '丈'은 原錄에서는 '大'로 오록되어 있다. 여기서는 原卷에 의거하여 바로잡는다. 『新書』도 이와 같다.

87 '鷄'는 原卷에서는 '鶏'로 되어 있다. 原校에서는 이를 '鷄'자로 의심하였는데 이는 옳다. 본문 아래 문장 "遙望而淸風宛在, 鶴處雞群." 이 '鷄'자가 原卷에서는 이 형태로 되어 있다. '鷄窗'은 '書窗', '書齋'를 말한다. 『藝文類聚』 권91 인용 「幽明錄」: "진나라 연주자사 폐국 송처종이 일찍이 長鳴鷄 한 마리를 사서 창가에 놓아두고 애지중지 길렀다. 얼마 후 닭은 사람의 말을 할 줄 알게 되어 송처종과 담론을 나누었는데 말이 매우 지혜로웠으며 종일토록 다함이 없었다(晋兗州刺史沛國宋處宗嘗買得一長鳴鷄, 愛養甚至, 恒籠著窗間, 鷄遂作人語, 與處宗談論極有言智, 終日不輟)." 이후 '鷄窗'은 '書窗', '書齋'를 가리키게 되었다.

88 '机'는 原卷에서는 '扌' 편방으로 되어 있다. 劉凱鳴은 이를 '几'로 교정하였다. 【校注】 돈황사본에서 '木' 편방과 '手' 편방은 뒤섞여 쓰이고 있다. 그러므로 이 글자는 '机'의 속체이다. 문중에서 '机'는 '几'의 增旁 속자이다.

89 '丈梨'를 劉凱鳴은 '杖藜'라 교정하였는데 이는 정확하다.

90 '法乳'는 '正法의 우유'를 말한다. 불교를 비유한 말이다. 原校에서는 '乳'를 '語'라 하였는데 이는 잘못이다.

91 '末上'은 '最初'란 듯이다. 『通釋』 해당 항목을 참조하라.

92 '玼'는 '疵'와 같다. 『廣韻』 支韻: "玼, 玉病." 설문해자를 살펴보면 '玼'는 본래 옥 빛깔의 선명한 모습을 가리켰는데, 후에 이 글자가 瑕疵의 의미로 쓰이게 되었다. 보통 '疵'는 '瑕'자와 붙여 쓰이는데, '瑕'자와 편방이 유사하게 변화하여 '玼'가 된 것이다.

93 '兄'은 原卷에서는 글자 하반부가 '兀' 형태로 되어 있다. 이는 '兄'의 속자이다. S.328 「伍子胥變文」: "忽憶父兄狂(枉)被誅." '兄'자가 原卷에서는 이 형태로 되어 있다. "汝兄彌勒"은 그 자체로 의미가 잘 통한다. 原錄에서는 임의로 '見'으로 수정하였는데 이

問疾佛使，不可暫停，居士使[95]長時懸望．我今知汝，最敎[96]聰明，無瑕玼似童子一般，有行解[97]與維摩無異.[98] 汝於今日，更莫推詞，共爲苦海之舟航，同作人天之眼目．莫藏智劍，勿吝囊錐，事須爲我分憂，問疾略過方丈.」云云

경전에서 말하기를, "부처님께서는 동자(童子)인 광엄(光嚴)에게 말씀하셨다. '그대가 유마힐을 찾아가서 문병하도록 하라.'"

3만2천의 보살과 8천여 명의 성문들이 말쑥한 차림새로 모두 공손히 합장을 하고 있는데, 명을 받게 될까 근심하고 심부름을 가게 될까 두려워한다. 법회는 고요하여 숨소리만 들려온다. 천화(天花)는 한 잎 두 잎 흩날리고 감로는 방울방울 뿌려지고 있다. 세존이 다시 입을 열어 다른 한 명을 선발하여 세존의 위문을 전하고 거사의 병문안을 시키려 한다. 광엄이라 불리는 동자가 있는데, 그 생김새는 환하고 원만하여 뭇 사람들과 다르고, 마음은 맑고 환하여 뭇 선비들과 확연히 달랐다. 여러 겁 동안 수행을 하고 여러 생(生) 동안 수련을 쌓아, 번뇌의 바다는 고갈되고 지혜의 산을 장차 이루려 하였다. 인연을 따라 대상을 교화하고 속세에 머물기를 좋아했지만, 연꽃이 더러운 물에 오염되지 않는 듯했고 계수나무가 서리나 눈의 영향을 받지 않는 듯했다. 제불의 비장(秘藏)

는 불필요하다.

94 [徐震堮] '詞'는 '辭'와 같다.

95 '使'는 原錄에서는 '便'으로 되어 있다. 여기서는 原卷에 의거하여 바로잡는다. "居士使長時懸望"은 앞의 "不可暫停"을 이어받아 말한 것으로, 居士를 오랫동안 염려하게 해서는 안 됨을 말하고 있다.

96 '最'는 原卷에서는 '冣'로 되어 있는데 이는 '最'의 속서이다. 原錄에서는 '取'로 되어 있는데 이는 사실과 다르다. 또 '敎'는 '校' 혹은 '較'로 보아야 하며, 이는 '極', '甚'의 뜻이다. '最敎(校)'는 동의의 글자가 중첩된 첩어이다. S.3872「維摩詰經講經文」: "정토의 도리는 마음에 있거늘, 마음은 옹졸하면서 의미만 심오하기 그지없다 말한다(淨方道理只居心，心拙唯言義校深)." 이 '校'자도 같은 뜻이다.

97 '行解'는 덕행과 재능을 가리킨다.『通釋』해당 항목에 자세히 나와 있다.

98 '異'는 原錄에서는 '量'으로 오록되어 있다. 潘重規는 原卷에서는 '異'로 되어 있다고 했는데 이는 옳다. 이에 의거하여 바로잡는다.

을 설하는데 샘물이 솟아오르듯 의미가 명확했고, 보살의 법문을 수행하는데 흐르는 물처럼 막힘이 없었다. 되는대로 말해도 해와 달처럼 의미가 분명했고, 언행과 마음은 어린아이처럼 곧고 진실하였다. 정토에 머물지 않고 사바세계에 살면서 속세의 먼지와 뒤섞이며 이름을 드날렸고, 도(道)를 위해서라면 세상일을 모두 잊어버렸다. 이날 부처님의 설법을 듣기 위해 그 역시 암라원에 와서 삼가고 조심하는 마음으로 낮은 자리에 앉아 있었다. 부처님이 대중 앞에서 광엄을 불렀다. 그대는 자리에서 일어나 오늘 나의 칙명을 따르라. 광엄은 자신이 호명되자 용의를 단정히 하고 가냘픈 손을 치켜드는데 얼굴은 맑고 깨끗하며, 걸음을 옮기는데 그 위의는 단정하고 엄숙하다. 공손하게 삼배를 올리고서 세존을 우러러보는데, 보관(寶冠)이 드리워지니 바람이 상서로운 조짐을 가져오고, 영락이 흔들리니 노을이 아름다운 나무 위에 내려앉는다. 천인들이 일제히 그를 바라보고 뭇 성인들이 모두 기뻐하는데, 광엄은 부처님 앞에 똑바로 선 채 부처님의 칙명에 귀를 기울인다. 세존께서 그에게 알린다. "그대도 알고 있듯이 큰 일이 하나 있거늘, 그대가 나의 뜻을 전하도록 하라. 성 밖에 있는 유마거사는 나의 문도(門徒)로서, 중생을 도(道)로 인도하는 속세의 스승이자 인간 세상을 비춰주는 거울이다. 그런데 갑자기 몸의 조화가 깨져 병이 들어 방장의 침상 위에 누워 있어 성안을 돌아다니지 못하고 있다. 주미(麈尾)[99]에 먼지가 쌓이고 서창(書窓)에는 약이 그득한데, 안석에 기댄 채 신음하며 지팡이를 짚고서 교화를 다닐 힘도 없다. 나는 지금 이를 안타깝게 여겨 그를 편안하게 해주고자 잠시 정법(正法)의 우유를 내려서 사도(師徒)의 정을 표하고자 한다. 나는 소성(小聖)과 5백의 성문(聲聞)에게 부탁을 했으나 모두들 자신들이 당한 욕됨을 털어놓으며 감히 그 임무를 맡을 수 없다는 것이었다. 그곳에 가기 어렵다는 것을 나도 잘 알고 있다. 유마에 견줄 만하지 못하니

99 말총이나 헝겊 따위로 만든 먼지떨이. 총채.

마치 반딧불로 눈부신 태양에 대적하려는 것과 같다. 그대가 유마의 질문에 답할 수 있으리란 것은, 그대의 이공(二空)의 이치가 유마와 똑같고 칠변(七辯)[100]의 재주도 그와 다르지 않는 까닭이다. 앞서 먼저 미륵에게 비야리성으로 문병을 다녀오라고 했다. 그런데 용화수 아래서 성불하게 될 미륵이지만 그는 그곳에 갈 수가 없다고 했다. 누가 미륵에게도 하자(瑕疵)가 있으리라 생각했겠는가. 지족천(知足天)의 천인들 앞에서 유마의 질문을 받은 적이 있었던 것이다. 그대의 형님 격인 미륵이 고충을 이유로 사양하였지만 유마의 병문안을 그만둘 수는 없다. 거사를 오랫동안 기다리게 할 수는 없다. 나는 그대가 매우 총명하고 동자(童子)처럼 아무런 하자가 없으며, 덕행과 재능이 유마와 다를 바 없음을 알고 있다. 그대는 오늘 거절하지 말아서 유마와 더불어 고해(苦海)를 항해하는 배가 되고 인천(人天)의 눈이 되도록 하라. 지혜의 검을 숨기지 말고 주머니 속의 송곳을 아껴두지 말라. 나를 위해 이 근심을 덜어주길 바라니 방장으로 문병을 다녀 오거라."

佛告光嚴聽我語, 有事今朝須汝[101]去,
暫於丈室問維摩, 更莫依前有詞訴.
心旣明, 行又普, 淸淨光明無比喩,
逢顚[102]危處解安存, 是闡提人能救度.
汝須聽, 莫疑悟,[103] 丈室維摩身病苦,

100 불법(佛法)을 해설하는 일곱 가지 변설(辯舌).

101 '須汝'는 原錄에서는 '汝須'로 오록되어 있다. 潘重規는 原卷에서는 '須汝'로 되어 있다고 했는데 이는 옳다. 이에 의거하여 바로잡는다.

102 '顚'은 原卷에서는 '顛'으로 되어 있는데 이는 '顚'의 속자이다. 아래 문장 "心猿意馬罷顚狂"의 '顚'도 原卷에서는 '顛'으로 되어 있다. 『廣韻』에서 '顛'과 '顚'은 같다고 하였다. 『集韻』은 "顚, 俗作顛, 非是"라 하였다. [校注] '顛'은 '顚'의 類化 俗字이다. 『龍龕手鏡』 雜部 : "顛, 古文, 丁年反." 『龍龕手鏡』에서는 '顛'이 古文이라 하였는데 이는 정확하지 못하다.

103 '疑悟'는 '疑悞'로 보아야 한다. '悟'와 '悞'는 동음으로 서로 통용된다. S.3872 「維摩詰

領吾言了便須行, 更莫推辭問疾去.
是天人, 兼八部, 見解聖凡無不許,
旣能如此有佳名, 更莫推辭問疾去.
汝爲賓, 他爲主, 他且如龍君似虎,
兩家彼此是俗人, 更莫推辭問疾去.
此道場, 難抵遇, 居士身心勿怕懼,
共伊彼此是丈夫兒, 更莫推詞[104]問疾去.
緣諸[105]人, 各有故, 問得遍曾遭觸悞,[106]
汝似明珠絶點瑕, 更莫推辭問疾去.
佛言童子汝須聽, 切爲維摩病苦縈,
四體有同臨岸樹, 雙眸無異井中星.
心中憶問何曾罷, 丈室思吾更不停,
斟酌光嚴能問得, 吾今對衆遣君行.
丁寧金口讚當才, 切莫依前也讓推,
汝見維摩情款曲, 維摩見汝喜俳佪.

經講經文」: "그 말씀 듣고 깨닫기를 희구하여 어리석은 마음 점차 열리지만(聞說依希悞, 愚心漸次開)." "아직도 깨닫지 못하는 마음이 있을까 싶어 분명한 비유를 드는데 그 창이 곧 나오리라(更怕人心猶不悞, 分別說喩唱將來)." 여기서 '悞'는 '悟'로 보아야 한다. '疑悞'는 동의의 복합어이다. '悞'와 '疑'는 같은 뜻이다.(『集韻』 莫韻: "悞, 疑也.") S.3872 「維摩詰經講經文」: "범왕은 [사리불에게] 의혹과 오해가 생기는 것을 보고 그의 발언을 받아 해명하고자 하네(梵王旣見生疑悞, 引接發言尋保護)." S.4374 「分家書樣文」: "今聞家中殷實, 孝行七傳, 分爲部分根原, 免後子孫疑悞." 또 '疑誤'라고도 적는데(『廣韻』 暮韻: '悞'는 '誤'와 같다. '悞'는 '誤'의 후기 분화자이다) S.4128 「太子成道變文」: "이 아이는 비록 궁에서 태어나고 또 세상의 누구보다도 뛰어나지만, 요괴 귀신인지 아니면 환생한 보살인지 마음에 의심이 들어 자세한 것을 알아보기로 하였소. [태자의 탄생이] 善途인지 惡途인지 설명해주길 바라오(孩童雖生宮內, 以世絶倫, 莫是鬼魅妖神, 莫是化生菩薩, 心中疑誤, 決定審詳, 善惡二途, 分明說解)." 여기서도 '疑誤'가 쓰이고 있다.

104 '詞'는 '辭'와 통한다. 原錄에서는 직접 '辭'로 수정하였는데 이는 타당하지 못하다.

105 原錄에서 '緣諸' 두 자는 실수로 도치되어 있다. 여기서는 原卷에 의거하여 바로잡는다. 『新書』도 이와 같다.

106 '悞'는 '忤'로 보아야 한다.

不於年臘人中選，直向聰明衆裏差，
必足分憂能問病，便須排當[107]唱將來.
부처님이 광엄에게 이르기를, 내 말을 들어보라.
오늘 아침 그대가 해야 할 일이 있나니
잠시 방장으로 가서 유마를 문안하길 바라니
이전의 일로 하소연하지 말라.
그대의 마음은 밝고 행동 또한 올바르니
그 맑고 깨끗한 광명은 형용할 수가 없다.
위험에 처해도 평안할 수 있으니
모든 천제인(闡提人)[108]을 구제할 수 있도다.
그대는 잘 들어 의심하지 말지니
방장에 있는 유마는 지금 병이 들었다.
내 말이 끝나거든 즉시 길을 떠나야 할 것이니
그대는 병문안 가는 것을 사양하지 말라.
모든 천인과 팔부(八部)
성인과 범부가 이를 받아들일 것이며,
이 같은 아름다운 명성을 얻었으니
그대는 병문안 가는 것을 사양하지 말라.
그대는 손님이고 그는 주인이니
그가 용이라면 그대는 호랑이다.
두 사람은 둘 다 속인(俗人)이니
그대는 병문안 가는 것을 사양하지 말라.
이 도량(道場)은 만나기 어렵나니

107 '排當'은 原卷에서는 본래 '排比'로 적었다가 '比'자를 지우고 그 옆에 '當'자를 덧붙였다. 이에 의거하여 수정한다. '排當'과 '排比'는 같은 뜻이다. '當'은 조사로서 아무런 뜻도 없다.

108 본디 해탈의 소인을 갖지 못하여 부처가 될 수 없는 이.

거사를 두려워하지 말 것이다.
그대와 거사는 모두 대장부이니
병문안 가는 것을 사양하지 말라.
모든 사람은 각자 사연이 있는데
일찍이 난처한 질문을 받은 적이 있다네.
그대는 명주(明珠)처럼 아무런 흠도 없으니
병문안 가는 것을 사양하지 말라.
부처님이 동자에게 이르기를, 내 말을 들어보라.
지금 유마가 병고(病苦)에 시달리고 있다.
사지(四肢)는 절벽 위의 나무와 같고
두 눈동자는 우물 속의 별이나 다름없다.
어느 때나 [병고가] 그칠 지를 알 수 없는데
방장(方丈)의 그를 생각하면 나는 그만둘 수 없다.
광엄이라면 병문안을 할 수 있으리라 여겨
나는 지금 뭇사람들 앞에서 그대를 보내려 한다.
부처님은 그의 재주를 찬탄하며 부탁하건데
이전의 일로써 사양하지 말라.
그대는 유마의 충심을 보았고
유마는 그대의 망설임을 보았다.
출가자 중에서 고르지 않고
총명한 중생 가운데서 선발하였는데
문병을 가는 근심을 덜기 위해서는
반드시 준비를 갖춰야 한다는 창이 곧 나온다.

經云:「光嚴白佛言, 世尊, 我不堪任詣彼問疾.」

光嚴聞告, 憂喜滿懷. 後說憂心, 先論喜事. 論其喜事, 數有四般,[109] 願佛慈悲, 許我諮告. 一、世尊告命, 二、對衆吹噓, 三、問處勝强,

四、位陪彌勒. 我聞百憶(億)世界, 唯佛最尊, 金容現而日月藏暉, 神力呈而乾坤振動, 萬生難遇, 億劫罕逢. 人逢也, 業海便枯; 世有也, 苦輪頓息. 我今慶幸, 得覩如來, 又蒙對衆呼名, 令我問維摩居士. 金口之語, 玉齒慈音, 呼我名於蓮花舌中, 喚我號於人天會裏. 又見菴園會上, 凡聖人多, 此方菩薩微塵, 他土聖賢沙數. 不邀諸德, 偏道我名, 對彌勒[110]前卻紀[111]纖塵, 向海水畔偏誇滴露. 深生暫(慚)愧, 豈敢忘恩. 令瓦礫以[112]生光, 遣枯林之[113]花秀. 又所蒙處分, 令問維摩, 聞名之如露入心, 共語似醍醐灌頂. 心同日月, 辯似江河. 被呵責者菩薩聲聞, 爲弟子者國王宰相. 令交問處, 直爲勝强. 隨風氣而鷰雀也[114]高飛, 處驥尾而蚊蝱[115]致遠. 又見世尊告命, 彌勒上人授記於祇樹園中, 成佛於龍花會裏, 慈氏洋言已[116]過, 不問維摩. 誰知彌勒下頭, 便沐更呼我號. 以小計大, 將鍮[117]喩金, 得陪離苦之人, 我有成佛之望. 一蒙世尊呼命, 四喜齊生, 便合唱喏而行. 子細思量, 又乃不可. 喜有四件, 憂有四般, 不如對我世尊, 一一分明說破. 第一、揣己無德, 第二、去易

---

109 '般'은 原錄에서는 '紁'으로 오록되어 있다. 여기서는 原卷에 의거하여 바로잡는다. 『新書』도 이와 같다.

110 '彌勒'을 蔣禮鴻은 '須彌'로 교정하였는데 이는 옳아 보인다.

111 '紀'는 原錄에서는 '記'로 되어 있다. 潘重規는 原卷에서는 '紀'로 되어 있다고 했는데 이는 옳다. [校注] 『釋名』「釋言語」: "紀, 記也, 記識也." '紀'와 '記'는 古今字로서 서로 통용된다. '紀'를 직접 '記'로 수정해서는 안 된다.

112 '以'는 原錄에서는 '似'로 되어 있다. 徐震堮은 이를 '以'로 보아야 한다고 했다. [校注] 原卷에서는 '以'로 되어 있다. 이에 의거하여 바로잡는다.

113 '之'는 '而'에 해당한다. 아래 문장 "聞名之如露入心"의 '之'자도 같은 뜻이다. 「維摩詰經講經文(1)」의 주석 31)번을 참조 바란다.

114 [徐震堮] '也'자는 衍字이다.

115 '蝱'은 原卷에서는 '蛨'로 되어 있는데 이는 필기체 '蝖'의 변체이다. '蝖'은 '蝱'의 속자이다.

116 '已'는 原錄에서는 '巳'로 되어 있다. [校注] 原卷에서는 '已'로 되어 있다. 문맥으로 보아 '已'자가 옳다. 이에 의거하여 바로잡는다.

117 '鍮'는 原卷에서는 우측부분의 '月'이 '貝'로 되어 있는데 이는 '鍮'의 속자일 것이다. 뒤의 '喩'자와 아래 문장 "況維摩, 難比喩"의 '喩'자가 原卷에서는 '喻'로 되어 있는데 이는 참고할 필요가 있다. 『龍龕手鏡』 金部: "鍮, 吐侯反, 鍮, 石似金也."

迴難, 第三、恐辱世尊, 第四、昔遭挫辱. 云云

경전에서 말하기를, "광엄이 부처님께 아뢰었다. 세존이시여, 저는 그를 찾아가 문병하는 것을 감당할 수가 없습니다."

광엄은 부처님의 말씀을 듣고 걱정스러운 한편 기쁘기도 하였다. 걱정거리는 나중에 말하고 먼저 기쁨을 말하겠다. 여기에는 네 가지 기쁨이 있으니, 첫째는 세존께서 명령을 내게 내리신 것이고, 둘째는 대중 앞에서 자신을 추켜세운 것이고, 셋째는 유마를 병문안하라는 것이고, 넷째는 미륵과 동등한 과위(果位)로 인정되고 있다는 것이다. 나는 이 백억 세계에서 부처님이 가장 존귀하다고 들었다. 부처님의 존안(尊顔)이 나타나면 해와 달이 그 빛을 잃고, 부처님의 신통력이 발휘되면 천지가 뒤흔들린다. 만 생(生)을 살아도 뵙기 어렵고 억 겁(劫)을 보내도 만나기 힘들다. 이 분을 만나면 업보가 사라지고, 세상에 그 분이 계시면 고통의 윤회가 일시에 멈춘다. 나는 기쁘게도 지금 여래를 뵙게 된 데다, 대중 앞에서 이름이 불리고 유마거사의 병문안을 다녀오라는 말씀을 들었다. 부처님께서 자비로운 음성으로 인천(人天)이 모인 자리에서 내 이름을 거명하셨다. 암라원의 법회에는 성인들이 무수하다. 보살도 대단한 것이 못되고 성현은 부지기수인데, 다른 그들을 부르지 않고 바로 내 이름을 부르셨다. 수미산을 앞에 두고 작은 티끌을 찾으셨고, 바닷물을 앞에 두고 물방울을 칭찬하셨다. 몹시 부끄럽거늘 어찌 그 은혜를 잊을 수 있을까. 기와와 자갈에 광채가 돌게 하셨고, 마른 나무에 꽃이 피게 하셨다. 게다가 유마의 병문안을 다녀오라 하셨는데, 그 이름을 들으니 마치 감로가 가슴속으로 흘러드는 것 같고 제호가 정수리에 뿌려지는 듯 했다. [유마의] 마음은 일월과 같고 언변은 강물과 같은데, 그에게서 꾸짖음을 들은 자는 보살과 성문이고, 그의 제자는 국왕과 재상들이다. 그런 유마의 병문안을 나더러 다녀오라 하셨다. 바람이 부니 제비와 참새가 [바람을 타고] 높이 날 수 있고, 천리마의 꼬리가 있으니 모기와 등에가 [꼬리에 앉아] 멀리까지 다다를 수 있다. 앞서 세존께서는 미륵

상인(上人)에게 그 임무를 맡기셨다. 미륵상인은 기수원(祇樹園)에서 세존의 수기를 받고 장차 용화회(龍華會)에서 성불하게 될 것인데, 그런 자씨(慈氏)가 스스로의 과오를 이야기하며 유마의 병문안을 거절하였다. 그런데 누가 알았으랴, 미륵에 이어 내 이름이 호명될 줄이야! 작은 것으로 큰 것을 가늠하고 놋쇠를 황금과 비견하여, 나를 고(苦)를 벗어난 사람과 같은 대열에 올려놓았으니 내게도 성불의 가능성이 있는 셈이다. 세존의 호명을 받고, 또 사방에서 모두가 이를 기뻐하니 당장이라도 가겠다고 말씀드리고 싶지만, 다시 한 번 생각해보면 안 될 일이다. 네 가지 기쁨이 있듯이 네 가지 두려움도 있거늘, 우리 세존에게 그 하나하나를 분명히 말씀드려야만 한다. 첫째는 스스로 생각해보건대 내게는 덕이 없고, 둘째는 병문안 가기는 쉬워도 돌아오기 어렵고, 셋째는 세존을 욕되게 할까 두렵고, 넷째는 이전에 욕됨을 당한 적이 있음이다.

夫量力度德者, 是君子之常言, 省行察仁者, 是聖賢之恒範. 如我者, 發心日淺, 迷性時深, 於六度中, 稍悟進修, 向八識內, 由藏人我, 見四生六道, 便擬開教化之門; 向一性三乘, 才欲啓修行之路. 雖名菩薩, 多處俗塵. 在火宅而任運業生, 習網羅而等閑惡長. 而況維摩大士, 莫測津涯, 說萬事如在掌中. 談三界[118]不離心內. 貌同野鶴, 性比閑雲. 洒甘露於塵尾稍(梢)頭, 起慈雲於蓮花舌上. 詞同傾海, 弁(辯)似湧泉, 若令交我問他, 遠比百千萬陪(倍). 弟一. 便承敕命, 不阻專情, 辭千花座上世尊, 問方丈室中居士, 將佛言語, 傳問維摩. 忽然別有事端, 到彼如何祇對. 分疏不怠,[119] 便值責訶, 如秋葉之逢霜, 似輕冰[120]

118 原錄에서는 '界' 뒤에 '境'자가 더 있다. [徐震堮] 앞 구에 비춰보아 이 '境'자는 衍文으로 생각된다. [校注] 原卷에서 '境'자는 이미 삭제되었기에 이를 기록하는 것은 옳지 않다.

119 [徐震堮] '怠'는 '逮'로 보아야 할 듯하다.

120 '冰'은 原錄에서는 '水'로 오록되어 있다. [校注] 原卷에서는 '冰'으로 되어 있는데 이는 '氷'의 속자이다. 이에 의거하여 바로잡는다. 『新書』도 이와 같다. 아래 문장 "劫劫趣

之畏日. 去時稍易, 迴日[121]極難, 非唯取笑於傍人, 兼亦自添於慚悚. 弟二. 縱被維摩呵責, 事也爲等閑, 卽將忍辱祇當, 居士自然息怒. 卻恐爲使不了, 辱著世尊. 弟子尙自如斯, 師主想應不煞. 因觀魚目, 有似類(纇)珠, 爲見鉛[122]刀, 兼輕龍劍. 此時問病, 須揀英才. 他時別有指呼, 不敢有違敕命. 弟三. 又緣我初悟道, 未曉眞源, 已[123]曾被居士叱呵, 空立一無祇對. 明珠有瞖,[124] 白玉沾瑕, 於俗諦深覺漸惶, 在眞理頗多悟(誤)解, 尊卑極遠, 深淺全殊. [□□](弟四).[125] 抱四喜與四憂, 懷萬驚及萬怕, 有勞聖旨, 直阻尊情, 卻緣自審荒虛, 不敢問他居士.

무릇 역량을 헤아리고 덕망을 잰다는 것은 군자가 늘 하는 말이고, 행동을 돌아보고 어짊을 살피는 것은 성현이 지켜야 할 규범이다. 나 같은 사람은 발심(發心)한 지 얼마 안 되어 미혹됨이 여전히 깊고, 육바라밀을 조금 수행하여 팔식(八識) 안에서 인아(人我)[126]를 숨길 수 있을 정도다. 사생(四生) 육도(六道)를 대하게 되면 교화의 문을 열고자 했고, 일성(一性) 삼승(三乘)을 대하면 그제야 수행의 길에 나아가고자 했다. 비록 보살이라 불리긴 했지만 속세에서 많이 지냈고 화택(火宅)[127]에서 머무는 동안 업보가 자랐으며, 받아들이는 데는 익숙했지만 악(惡)이 자라는 데

名, 不異映冰之士"의 '冰'자도 原卷에서는 '氷'으로 되어 있다. '輕冰'은 '엷은 얼음'이다. 杜甫「龍門鎭」詩: "細泉兼輕冰, 沮洳棧道濕." 이 '輕冰' 역시 같은 의미이다.

121 '日'은 原錄에서는 '時'로 오록되어 있다. 潘重規는 原卷에서는 '日'로 되어 있다고 했는데 이는 옳다. 이에 의거하여 바로잡는다.

122 '鉛'은 原卷에서는 오른쪽 부분이 '公'으로 되어 있다. 이는 '鉛'의 속자이다.(『干祿字書』에 보임) '㕣' 편방이 속서에서는 모두 '公'으로 되어 있다.

123 '已'는 原錄에서는 '己'로 되어 있다. 『新書』에서는 '已'로 되어 있다. 【校注】 原卷에서는 본래 '己'로 되어 있다. 여기서는 문맥에 의거하여 '已'로 기록한다.

124 '瞖'는 原錄에서는 '臀'으로 적고 '翳'로 교정하였다. 【校注】 原卷에서는 본래 '瞖'으로 되어 있는데 이는 '瞖'의 속자이다. '瞖'는 '翳'와 같다. 『玉篇』目部: "瞖, 眼疾也."

125 原卷에서는 '弟四' 두 글자가 없다. 여기서는 徐震堮의 견해를 좇아 보충한다. 또 위 문장 "弟一" "弟二" "弟三"은 原錄에서는 모두 다음 구에 붙여 놓았는데 여기서는 徐震堮의 견해를 따라 수정한다.

126 사람 안에 변하지 아니하는 본체가 있다는 미혹한 생각. 곧 아(我)가 있다는 생각이다.

127 불타고 있는 집이라는 뜻으로, 번뇌와 고통이 가득한 이 세상을 이르는 말.

는 소홀하였다. 그런데 유마거사는 그 한계를 가늠할 수 없으니 세상사를 설하심이 마치 그것을 손바닥 위에 올려놓고 바라보듯 하고, 삼계(三界)를 말씀하시는데 마음속을 들여다보듯 하신다. 외모는 두루미 같고 성품은 한가로이 떠도는 구름 같다. 주미(麈尾)에 감로를 뿌리고 연꽃과 같은 혀(舌)에서는 자비의 구름이 피어난다. 언사(言辭)는 바닷물이 쏟아지듯 하고 언변(言辯)은 샘물이 솟아오르듯 한데, 내가 그의 병문안을 간다는 것은 천부당만부당한 일이다. 첫째, 칙명을 받들어 그 뜻에 따라 연화좌 위의 세존과 작별하고서 방장에 누워 있는 거사에게 문병을 간다면, 세존의 말씀을 유마에게 전할 수 있을지는 몰라도 틀림없이 또 다른 일이 생길 터이니, 그것을 어떻게 대꾸할 것인가? 제대로 설명하지 못하면 곧바로 책망이 떨어질 것이니, 이는 마치 가을 낙엽이 서리를 맞는듯하고, 얇은 얼음이 햇빛을 두려워하는듯하다. 가기는 쉬워도 돌아오기는 대단히 어렵다. 그렇게 된다면 주위 사람의 웃음거리가 될 뿐만 아니라 내 스스로도 부끄럽기 짝이 없게 된다. 둘째, 유마로부터 꾸짖음을 듣더라도 그 욕됨을 참으면 그만이고 거사의 분노도 저절로 사그라질 것인데, 두려운 것은 내가 임무를 완수하지 못하고 세존을 욕되게 할까봐서이다. 물고기의 눈도 자세히 살펴보면 구슬처럼 생겼고, 납으로 된 칼도 용검(龍劍)처럼 가볍다. 지금 병문안을 가는 데는 뛰어난 인물이 선발되어야 한다. 앞으로 세존께서 다른 심부름을 시키시면 그때 가서 말씀대로 따르면 된다. 셋째, 나는 초보적으로 도를 이해하는 정도에 지나지 않아 그 근원을 제대로 알지 못한다. 이 때문에 일찍이 거사의 질책을 받고서도 아무런 대꾸도 하지 못했다. 명주(明珠)에도 어두운 데가 있고 백옥에도 흠이 있는 법이다. 속제(俗諦)[128]를 깊이 깨닫고서 부끄러움에 어찌할 바를 모르고, 진리의 많은 부분을 오해하였다. [유마와 나는] 존비(尊卑)의 차이가 매우 심하고 수행의 깊이에서도 너무

128 세상에서 일반적으로 인정하는 진리로, 여러 가지 차별이 있는 현실 생활의 이치를 말한다. 언어적 표현을 넘어서는 궁극적 진리인 진제(眞諦)와 구별된다.

나 다르다. 넷째, 네 가지 기쁨과 네 가지 근심, 온갖 두려움을 안은 채로 세존의 뜻을 받들고 싶지만, 내 스스로 생각해봐도 안 되는 일이기에 감히 유마거사의 병문안을 갈 수가 없다.

我見世尊宣敕命, 令問維摩居士病,
初聞道著我名時, 心裏不妨懷喜慶.
金口言, 堪可敬, 無漏梵音本清淨,
依言便合入毗耶, 不合推辭阻大聖.
願世尊, 慈愍故, 聽我今朝懇詞訴,
佛有慈悲正遍知, 有數件因依不敢去.
我少年, 智未具, 佛法之中未曉悟,
切緣居士辯才多, 所以思量不敢去.
況維摩, 難比喻, 語似河傾兼海注,
問我無言向對他, 所以如今不敢去.
我遭呵, 不怕懼, 去恐辱著三界主,
自知爲使不當才, 怕帶類(累)[129]世尊不敢去.
數年前, 於道路, 恰向[130]城門前逢遇,
被他痛切劃[131]摧殘, 所以如今不敢去.
願世尊, 且容許, 專望[132]慈悲垂擁護.

---

129 '類'는 原卷에서는 초서체 '類'자로 되어 있다. 原校에서는 '類'를 '累'로 보았는데 이는 옳다. '類'와 '累'는 모두 止攝來母字이며 음이 비슷하여 서로 통용된다. 潘重規는 '類'는 '纇'로 보아야 한다며 '纇'와 '累'는 같은 글자라고 했는데 이는 따를 만하지 못하다.('纇'와 '累'는 한 글자가 아니다. 음도 비슷하지 않다) P.3197「捉季布傳文」: "謾排酒饌應難喫, 久坐時多帶類人." 여기서의 '帶類'는 '帶累'와 통한다.

130 '向'은 原錄에서는 '合'으로 오록되어 있다. 여기서는 原卷에 의거하여 바로잡는다. 『新書』도 이와 같다.

131 '劃'은 '돌연', '갑자기'란 뜻이다. 『詩詞曲語辭匯釋』을 참조 바란다.

132 '望'은 原錄에서는 '聖'으로 되어 있다. 徐震堮은 이를 '望'으로 봐야 할 것 같다고 하였다. [校注] 原卷에서는 본래 '望'으로 되어 있다. 이에 의거하여 바로잡는다.

會中賢聖數極多, 便乞金言別喚取.
居士神通不可論, 淸[133]聲美譽滿乾坤,
六根磨鍊三祇劫, 一語苞藏萬法通.
方丈室中身染疾, 合教傳語賜安存,
忽然被問無詞對, 卻恐臨時辱世尊.
合啓讓, 禮花臺, 問疾多應不是才,
彌勒上(尙)猶言淺智, 光嚴爭敢不辭推.
道傳咫尺非難往, 祇對乖張不易迴,
佛見光嚴言語切, 喚將盤問唱將來.
나는 세존의 칙명을 입었는데
유마거사의 문병을 다녀오라는 것이네.
처음 내 이름이 불렸을 때
마음속에는 커다란 기쁨 일었네.
세존의 말씀은 존경할만하고
무루(無漏)의 범음(梵音)은 청정하네.
말씀대로 비야리성으로 들어가
성인(聖人)의 뜻에 어긋남이 없어야 할 것이나
세존이시여, 불쌍히 여기시어
저의 간절한 호소를 들어보소서.
자비와 정편지(正遍知)[134]를 지니신 부처님
몇 가지 이유가 있어 감히 문병을 갈 수 없다네.
저는 어리고 지혜도 제대로 갖추지 못하여
부처님의 가르침을 아직 깨닫지 못했네.
유마는 말재주가 매우 뛰어난 까닭에
감히 문병을 가지 못하겠네.

133 '淸'은 原卷에서는 '情'으로 되어 있다. 여기서는 徐震堮의 견해에 의거하여 수정한다.
134 '두루 바르게 깨달은 사람'이라는 뜻.

유마는 비유하기 어려운데
언사는 마치 강물이 쏟아지고 바닷물이 흐르듯 하여
그가 물어도 저는 아무런 대꾸도 못할 것이기에
오늘 감히 문병을 가지 못하겠네.
꾸짖음을 당할까봐 두려워서가 아니라
삼계(三界)의 주인이신 세존을 욕되게 할까봐서네.
심부름을 감당하지 못할 것임을 잘 알고 있고
세존에게 누를 끼칠 것을 염려해서 감히 가지 못하겠네.
몇 해 전에 길 가다가
우연히 성문 앞에서 유마를 만났는데
당시 그에게서 통렬한 책망을 들었던 까닭에
오늘 감히 문병을 가지 못하겠네.
세존이시여, 부디 이를 허락해주시고
자비를 베풀어 주시기를.
법회 중에 성현들 무수하니
부디 다른 이를 불러주시기를.
거사의 신통력은 이루 말할 수 없고
맑고 아름다운 명성은 천지에 가득하네.
삼아승기겁 동안 육근(六根)을 수련하여
한마디 말 속에 만법(萬法)이 간직되어 있네.
방장에서 병든 몸으로 누워 있지만
중생 교화에는 아무런 문제도 없을 것이네.
그의 갑작스런 질문에 아무런 대꾸도 하지 못하여
세존을 욕되게 할까 두렵네.
연화좌에 절을 올리며 사절하오니
병문안 다녀올 인재는 아니네.
미륵도 스스로를 지혜가 얕다 하였거늘

광엄이 어찌 감히 사절하지 않으리오.
지척에 말씀 전하러 가는 것은 어렵지 않지만
다만 일이 잘못되어 쉽게 돌아오지 못할 것이네.
부처님은 광엄의 절실한 말을 들으시고
까닭을 묻는데 그 창이 곧 나온다.

經云:「所以者何?」

於是佛呼童子, 再近花臺, 汝聽吾丁寧處分:「汝是吾之弟子, 吾是汝之大師, 發一言而便合依從, 況再囑而因何辭訴?[135] 我也深知你見解, 酌度你根幾,[136] 與維摩不教[137]些些, 爲甚如今謙退, 有何所以, 請與我宣. 儻或[138]實有理窮, 吾即別差人去.」光嚴白佛言曰:「殊勝之事, 雖不敢爲, 蒙佛對衆以吹噓, 故合依言而便往. 如或世尊不信, 應須一一分疏, 不言有似暗含, 未說直如謙退. 我於往日, 初發道心, 不知五欲之無常, 豈暮(慕)一乘之究竟. 忽思梵刹,[139] 求問道場, 乃取父母指揮, 將少香花供養. 便辭父母, 欲詣菴園, 或[140]於郊野之中, 逢見維摩居士.」云云有偈道:

童子天然悟志眞,[141] 起居父母便辭陳,
我今暫擬離甘旨, 略入伽藍聽法輪.
一炷名香充供養, 百枝花蕊表慇勤,

135 '訴'는 原卷에서는 '言' 편방에 '片'자로 되어 있는데 이는 '訴'의 속자이다.
136 '根幾'는 '根機'와 같다. 이는 불교술어로서 '타고난 기품(秉賦)'을 가리킨다. 『新書』는 蔣禮鴻의 견해를 따라 '幾'를 '基'로 보았는데 정확하지 못하다.
137 '敎'는 '校' 혹은 '較'와 같다. '差', '減'의 뜻이다. 『通釋』 해당 항목에 상설되어 있다.
138 '或'은 原錄에서는 '成'으로 오록되어 있다. 여기서는 原卷에 의거하여 바로잡는다. 潘校도 이와 같다.
139 '刹'은 原校에서는 '剎'로 되어 있는데 이는 '刹'의 속자이다. 『龍龕手鏡』 刀部에는 '刹'의 속자로 '剎'을 적고 있다. 참고할 필요가 있다. 原錄에서는 '剎'로 되어 있는데 이는 사실과 다르다.
140 '或'은 '忽'로 보아야 한다. 아래 문장 "忽向此間, 得逢居士." 이는 그 증거이다.
141 '志眞'은 '至眞'으로 보아야 할 것 같다. 돈황사본에서 '志'와 '至'는 흔히 통용된다.

願兒[142]禮佛諸功德, 迴施莊嚴奉二親.

父母有偈道云:

> 父母聞言道大奇, 少年本分正嬌癡,
> 卻思城外花臺禮, 不把庭前竹馬騎.
> 又擬道場申供養, 善緣和合正當時,
> 事須速疾來歸舍, 只向門前待我兒.

경전에서 말하기를, "그 이유가 무엇인가?"

이때 부처님은 동자를 연화대(蓮花臺) 가까이 오게 하고서 말씀하셨다. "그대는 나의 제자이고 나는 그대의 스승이니, 내가 어떤 말을 하면 즉시 거기에 따라야 하거늘 어째서 못하겠다고 사절하는가? 나는 그대의 식견을 잘 알고 있고, 그대의 근기도 잘 헤아리고 있다. 그대는 유마와 비교해 봐도 뒤떨어지지 않거늘, 왜 사양을 하는가? 무슨 까닭인가? 내게 그 이유를 말해 보아라. 만일 합당한 이유가 있다면 다른 사람을 보내겠다." 광엄이 부처님께 아뢰었다. "수승(殊勝)한 일이라면, 감당할 수 없는 일일지라도 부처님의 찬탄을 받게 되면 마땅히 말씀대로 따라야 할 것입니다. 만일 세존께서 믿지 않으신다면 하나하나 말씀드리겠습니다. 애매한 변명은 하지 않을 것이고, 겸손으로 사양하거나 하는 일은 하지 않겠습니다. 저는 지난날 처음 도심(道心)이 발하였을 때 오욕(五欲)의 무상함을 알지 못했고 일승(一乘)[143]의 교법을 깨닫지 못했습니다. 그러던 중, 저는 문득 사찰을 떠올리고 도량(道場)을 찾아볼 생각을 갖게 되었고, 부모님의 말씀을 따라 향화(香花) 공양을 올리기로 하였습니다. 부모님께 작별인사를 올리고 암라원으로 가던 도중, 문득 교외 벌판에

---

142 '兒'는 原卷에서는 '児'로 되어 있는데 이는 '兒'의 속자이다. 『干祿字書』: "児兒: 上俗下正." '児'는 곧 '兒'의 변체이다. 아래 문장 "事須速疾來歸舍, 只向門前待我兒." 여기서의 '兒'자가 原卷에서는 '児'로 적혀 있다. 原錄에서는 '見'으로 되어 있는데 이는 잘못이다. 潘校도 이와 같다.

143 모든 중생이 부처와 함께 성불한다는 석가모니의 교법. 일체(一切) 것이 모두 부처가 된다는 법문이다.

서 유마거사를 만났습니다." 이때 게송이 있다.

동자는 저절로 궁극의 진리를 깨닫고
부모에게 문안 올리며 작별인사를 올린다.
"저는 이제 잠시 두 분의 봉양을 그만두고
가람(伽藍)에 들어가서 법문을 듣고자 합니다.
이름난 향(香) 하나로 공양 올릴 수 있고
백 가지 꽃으로 은근한 마음을 표현하려네.
소자 부처님께 절을 올리고 공덕을 쌓은 후
부모님을 받들고자 합니다."

부모가 게송으로 말한다.

부모는 그 말을 듣고 별일이라 하네.
나이 어려 귀엽고 철모르기만 한데
성 밖 연화대에 예배 올릴 생각은 하면서
마당의 죽마(竹馬)는 탈 생각 않는구나.
또 도량에 공양 올리고자 하니
좋은 인연 맺기에 딱 좋은 시기로다.
일을 마치고 속히 집으로 돌아오너라.
문 앞에서 내 아들을 기다리고 있을 터이니.

光嚴旣聞父母允許, 便乃拜別尊堂, 不乘寶馬輕車, 遂乃步行途路. 臨辭華弟,[144] 乃命家童, 捧數合之香花, 擎幾般之幡[145]蓋. 威儀庠序,

---

144 '弟'는 '宅第(저택)'이다. 『字彙』 竹部 : "第, 第宅, 有甲乙次第, 故曰第." '次第(순서)'의 '第'자는 본래 '弟'자이다.(본권에서 '순서'를 뜻하는 '次第'의 '第'는 모두 '弟'로 되어 있다. 原錄에서는 이를 모두 곧바로 '第'로 수정하였는데 이는 타당하지 못하다) '宅第'라는 글자는 '次第(순서)'라는 뜻에서 파생되어 나온 것이기에 본래 '弟'가 되어야 한다. 『資治通鑑』 「漢孝成皇帝元延元年」 : "乃駕車至禹弟." 胡三省 注 : "弟與第同, 舍也, 宅也." 原錄에서는 '弟'를 '第'라 교정하고 있는데 이는 불필요하다.

145 '幡'은 原卷에서는 '憣'으로 되어 있는데 이는 '幡'의 속자이다. 『龍龕手鏡』 心部 : "憣, 俗, 孚袁反, 正作幡." 돈황사본에서 '幡'자는 흔히 '憣'으로 적혀 있다.

服錦新鮮. 拋火宅於城中, 禮花臺於郭外. 街坊競看, 仕庶咸嗟, 嘆幼年能發於善心, 怪齠齔[146]解辭於俗網.

行次逢[147]著居士有偈言曰:

光嚴貪喜[148]去波波,[149] 一簇家童侍衛多,
戴霧花枝香爛熳, 惹煙幡蓋勢巍峨.
道場決定親瞻禮, 火宅多應出網羅,
正是喜懽行次第, 城門忽爾遇維摩.

光嚴整(正)行之次, 忽見維摩, 道貌凜然, 儀形畾落.[150] 右手掌拂塵之塵尾, 左手擎化物之寒節, 萬莖之鶴髮垂肩, 數寸之雪眉覆目. 襜襜道服,[151] 貼[152]天上之雲霞; 歷歷星冠, 奪人間之皓月. 遙望而清風

146 '齔'은 原卷에서는 '齔'으로 되어 있는데 이는 '齔'의 속자이다. 『龍龕手鏡』 齒部: "齔, 今; 齔, 正." 이는 참고할 필요가 있다. '齠齔'는 '어린 시절'을 가리킨다.

147 '逢'은 原錄에서는 '途'로 오록되어 있다. 여기서는 原卷에 의거하여 바로잡는다. 潘校도 이와 같다.

148 '喜'는 原卷에서는 '喜'로 되어 있는데 이는 '喜'자이다.(본권에서 '喜'자는 이 형태로 되어 있다) 原校에서는 '善'으로 되어 있는데 이는 잘못이다.

149 '波波'는 '매우 바쁘게 뛰어다니는 모습'이다. 『佛學大辭典』: "波波, 雜語, 奔波忽擾之貌." 본편 아래 문장 "다급히 법을 구하는 것은 그림자를 쫓는 사람과 다를 바 없고, 성급히 명성을 추구하는 것은 얼음에 모습을 비춰보는 선비와 다를 바 없습니다(波波求法, 無殊趁影之人; 劫劫趨名, 不異映冰之士)." 또 「目連緣起」: "죽어 삼도의 무간지옥에 떨어져 진종일 벌을 받으며 고통에 신음한다(死墮三途無間獄, 終朝受罪苦波波)." 앞의 예문에서 '波波'와 '劫劫'은 같은 뜻으로 서로 대구가 된다. '劫劫'은 '汲汲'과 같다. 周一良은 '波波'와 '劫劫'은 '劫波' 한 단어를 두 개로 나눈 다음, 그 하나하나를 중첩시킨 것으로, 둘 다 '時時(언제나, 늘)'라는 뜻이라고 하였는데, 정확하지 않은 것 같다. 뒤의 예문에서 '波波'는 형용사 '苦'자 뒤에 붙어 있는데 매우 바쁜 모습을 가리키고 있다. S.3491 「頻婆娑羅王后宮綵女功德意供養塔生天因緣變」: "한 평생은 바람 앞의 등불처럼 허망하고 백 년은 春夢과 같이 바삐 흘러간다네(一世似風燈虛沒沒, 百年如春夢苦忙忙)." '波波'와 '劫劫'은 이 예문의 '沒沒', '忙忙'과 같고, (郝懿行 『爾雅義疏』 釋詁: "沒沒卽勉勉, 聲之轉也.") '苦波波'는 '苦忙忙'과 같다.

150 '畾落'은 '磊落'과 같다. 용모나 태도가 당당한 모습이다.

151 '服'은 原錄에서는 '眼'으로 되어 있다. 徐震堮은 이를 '服'으로 보았다. 【校注】 原卷에서는 '服'으로 되어 있는데 이는 필기체 '服'의 變體이다. 이에 의거하여 바로잡는다. '襜襜道服'은 도복이 바람에 나부끼는 모습을 가리킨다. 『楚辭』 劉向 「九歎」 逢紛: "裳襜襜而含風兮." 王逸 注: "襜襜, 搖貌."

宛在，鶴處雞群；近觀而光彩射人，龍來洞口．光嚴才見，趨驟近前，五體投誠，虔恭便禮，重重禮敬，問誶[153]起居：「不審維摩尊體萬福，一自佛前分首，已隔寒喧，難尋似鶴之蹤，莫睹如雲之跡．長思道行，每想英聰．修書而無鴈可憑，顯戀而有夢頻託．[154] 不知別後，況味如何，說法化道於晨昏，接物必勞於德用．我知今日，交下遭逢，深慚瞻禮於花臺，何幸得逢於居士．」居士對曰：「少禮光嚴，吾緣佛事驅忙，不得頻頻相見．我長於諸處，誇汝婁羅，心田無荊棘之林，性行絶波濤之險．有善比[155]作，無惡不除．佛會之中，顯汝名性．[156] 法教之內，汝獨聰明．更須勤苦，莫退菩提，共汝進修，同證無爲之果．」光嚴聞語，喜不自勝，擧步向前，問居士曰：「我見居士，忽忽行李，急急[157]入城，未

152 ‘貼’은 『新書』에서는 ‘貼’으로 되어 있고, 그 주석에서 “原卷의 ‘貼’자를 『變文集』에서는 ‘貼’으로 오록하였다”고 하였다. [校注] 原卷은 사실 ‘貼’자로 되어 있다. ‘貼’은 ‘붙이다’는 뜻으로 문맥에 잘 부합한다. 반씨는 『變文集』의 오류를 이어받아 ‘道服’을 ‘道眼’으로 오록하고, ‘貼’자가 ‘道眼’과 아무런 연관도 없음에 임의로 ‘貼’이라 수정한 것이다. 한 번의 오류가 또 다른 오류를 낳은 것이다.

153 ‘誶’는 原卷에서는 ‘訁卆’로 되어 있다. 原校에서는 이를 ‘誶’라 교정하였다. 潘重規는 이를 ‘訊’으로 보아야 한다고 하였다. P.3079, 북경 光字 94호 「維摩詰經講經文」：“問訁卆莫敎生驚覺.” ‘訁卆’자가 原錄에서는 ‘誶’로 되어 있고, 潘校는 ‘訊’이 되어야 한다고 하였다. [校注] 字形으로 판단해 보건대 ‘訁卆’은 ‘誶’자이다. ‘卒’자는 속서로 ‘卆’라 적기도 한다. 돈황사본에서 ‘卒’ 편방은 보통 ‘卆’으로 표기되곤 하는데 그 사례는 일일이 열거하기 어려울 만큼 많다. 『龍龕手鏡』 言部：“訁卆, 通; 誶, 正.” 이는 그 증거이다. 어원상으로 말하자면, ‘問訊(안부를 묻다)’은 ‘訊’으로 적는 것이 사실에 가깝지만(『說文解字』 言部：“訊, 問也.”), ‘誶’의 본뜻은 ‘책망하다’, ‘나무라다’로서 ‘問訊’과는 아무런 관련이 없다. 그러나 ‘訊’과 ‘誶’는 음과 뜻이 모두 비슷한 까닭에 옛사람들은 ‘誶’자를 ‘問訊’의 의미에 사용하게 된 것이다. 『集韻』 至韻：“譢, 告也, 問也. 或作訊, 通作誶.” 『莊子』「徐無鬼篇」 釋文 引用 『廣雅』 曰：“誶, 問也.” 王引之 『經義述聞』 卷5 毛詩 「歌以訊止」：“訊, 古亦讀若誶 …… 訊, 誶同聲, 故二字互通. …… 或義爲誶告而通用訊, 或義爲訊問而通用誶.” ‘問誶’는 곧 ‘問訊’이고, ‘訁卆’은 ‘誶’이기에 ‘誶’자는 굳이 고칠 필요 없다.

154 이 문구는 나의 그리움의 감정을 꿈에 기탁한다는 뜻이다. 劉凱鳴은 ‘顯’을 ‘顧’로 교정하였는데 이는 옳지 않다.

155 [徐震堮] ‘比’는 ‘必’로 보아야 한다.

156 [徐震堮] ‘性’은 ‘姓’으로 보아야 한다.

157 ‘急急’은 原卷에서는 ‘急’로 되어 있는데 이는 ‘急急’의 俗寫인 것 같다. 『漢語大字典』

委新別何方，唯願慈悲指示.」

광엄은 부모의 허락을 받고서 모친께 작별인사 올린 후, 보마(寶馬)가 끄는 날랜 수레를 타지 않고 걸어서 여정에 올랐다. 화려한 저택을 떠남에 앞서, 여러 향화(香花)와 수 개의 깃발이며 산개(傘蓋)를 받든 가동(家僮)을 따르게 하니, 그 위의 단정 엄숙하고 복색은 새롭고 산뜻하다. 성안의 화택(火宅)을 버리고 교외의 연화대에 절을 올리려 한다. 길가의 구경꾼들 이를 바라보며 어린애가 선심(善心)을 발하고 어린 나이에 속세의 그물을 벗어던졌다며 모두 찬탄을 하였다.

길가는 중에 거사를 만났는데, 여기에 게송이 있다.

> 광엄은 탐욕을 버리고 바삐 길을 떠나는데
> 한 무리의 가동(家僮)이 시위(侍衛)되어 따른다.
> 안개와 같은 꽃가지는 은은한 향기를 풍기고
> 연기를 일으키는 깃발과 산개는 우뚝 솟아있다.
> 도량을 찾아 몸소 예배 올리고자 마음먹고
> 화택의 그물에서 벗어났도다.
> 환희에 차서 한창 길을 걷고 있다가
> 성문 밖에서 문득 유마를 만났다.

광엄은 길 가던 도중에 홀연 유마를 만났는데 그 풍모가 늠름하고 태도는 당당하였다. 오른손에는 먼지를 터는 주미(麈尾)가 들려 있고, 왼손에는 외물(外物)을 감화시키는 차가운 지팡이가 들려 있으며, 만 가닥의 백발이 어깨를 덮고, 수 촌(寸)이나 되는 하얀 눈썹은 눈을 가렸다. 바람에 나부끼는 도복(道服)은 천상의 운하(雲霞)를 불러오고, 반짝이는 성관(星冠)[158]은 인간세상의 밝은 달을 잃게 한다. 멀리서 바라보니 한 줄기

心部 인용 元 李好古『張生煮海』第2折 "則怕驚㤂烈一命喪屍骸"에서 '㤂'은 '急'과 같다고 했는데 이는 그 증거이다. 본편 아래 문장 "愛暮(慕)幡花虛急急"의 '急急'이 原卷에서는 '㤂'으로 되어 있는데 이 역시 '急急' 두 자이다.『龍龕手鏡』心部에서 '㤂'자는 "音隱, 謹也"이고 '㥯'의 속자라고 하였다.(『說文解字』心部 : "㥯, 謹也, 從心, 㥯聲." '㤂'과 음과 뜻이 모두 같다) 그러나 原卷의 글자와는 한 글자가 아니다.

청풍(淸風)이 불어오는 듯 하고, 닭의 무리 가운데 있는 한 마리 학과 같으며, 가까이서 바라보니 광채가 눈을 부시게 하고 동굴에서 용이 나오는 듯하다. 광엄은 그를 보자 바삐 앞으로 달려가 경건하고 공손하게 오체투지를 올렸다. 거듭해서 경의를 표하고서 안부를 여쭈었다. "유마님, 옥체는 안녕하신지요. 한번 부처님 전에서 헤어지고 나니 안부를 여쭐 수가 없는데, 마치 학의 종적처럼 대하기 어렵고 구름의 흔적처럼 찾아뵙기 힘듭니다. 항시 불도 수행을 바라고 영명하기를 바라온 저는 서신을 적어도 띄워 보낼 기러기가 없어, 그저 그리움의 감정을 꿈에 기탁할 따름이었습니다. 작별한 후 어떻게 보내셨나요? 아침저녁으로 설법 교화하시고 만물을 덕망으로 대하셨나요? 저는 오늘 그간의 생활이 부끄러워 연화대를 찾아 예배를 올리려던 참이었는데 기쁘게도 거사님을 만나 뵙게 되었습니다." 거사가 대답하였다. "광엄동자여, 예의 차리지 마십시오. 저는 불사(佛事)가 분망하여 자주 만날 수가 없습니다. 당신은 영민하고 마음속에 가시덤불이 없으며 행실에는 파도와 같은 위태로움이 남아 있지 않습니다. 또 선은 반드시 행하고 악은 제거하였습니다. 법회에서 당신의 이름은 드러나고, 설법 중에서 당신 홀로 총명합니다. 더욱 성실히 노력하여 보리(菩提)에 이르고 수양에 힘써 무위(無爲)의 과위(果位)에 올라야 할 것입니다." 광엄은 이 말을 듣고 기쁨을 이기지 못하고 앞으로 나와 거사에게 물었다. "거사님은 지금 걸음을 재촉하여 바삐 성으로 향하시는데 어느 곳으로 가시려는지 알 수가 없습니다. 부디 자비를 베푸시어 가르쳐 주시기 바랍니다."

光嚴禮佛於城外, 蔟錦攢花作一隊,
人擎寶蓋響珊珊, 風引金爐香靄靄.
好威儀, 足自在, 誰不咨嗟生敬愛,

158 도사가 쓰는 모자.

行程纔到大城門, 恰值[159]維摩相遇會.
便向前, 合手掌, 禮拜虔恭途路上,
重序[160]寒喧問起居, 志心一向懷瞻仰.
久辭違, 長憶想, 終日有心伸供養,
何期今日道途間, 得逢居士慈悲相.
在俗中, 智惠朗, 只有維摩無比量,
昨霄(宵)眠夢有徵祥, 今朝得見慈悲相.
我心中, 喜無量, 貧處得逢珍寶藏,
正當我發善心時, 誰知得見[161]慈悲相.
搖塵尾, 把[162]梨[163]丈(杖), 何處爲人斷疑網,
忽忽獨自入城門, 行止因由請宣唱.
我今歡喜百千重, 暗夜明燈忽爾逢,
明月半輪居世上, 慈雲一片入城中.
遙觀以覺人風美, 近禮方知法味濃,
我佛上由(尚猶)常嘆仰, 光嚴爭不志虔恭.
禮居士, 五三迴, 瞻仰尊顔問大才,
行李適來離甚處, 入城忙迫[164]使人猜.
爲當他國施方便, 爲復靈山禮寶臺,

159 '値'는 原錄에서는 '道'로 오록되어 있다. 여기서는 原卷에 의거하여 바로잡는다. 『新書』도 이와 같다.

160 '序'는 原校에서는 '叙'로 되어 있다. [校注] '序'자에는 본래 '陳叙'의 의미가 있다. 글자를 굳이 고칠 필요는 없다.

161 '見'은 原錄에서는 '知'로 되어 있다. 徐震堮은 '見'으로 보아야 할 것 같다고 하였다. [校注] 原卷은 본래 '見'으로 되어 있다. 이에 의거하여 바로잡는다.

162 '把'는 原卷에서는 '扌巴'로 되어 있는데 이는 '把'의 속자이다. 위 문장 "不把庭前竹馬騎"의 '把'자가 原卷에서는 이 형태로 되어 있다. 原錄에서는 '抱'로 되어 있는데 이는 잘못이다.

163 [徐震堮] '梨'는 '藜'가 되어야 한다.

164 '迫'은 原錄에서는 '怕'로 되어 있다. 徐震堮은 '迫'으로 교정하였다. [校注] 原卷에서는 본래 '迫'자로 되어 있다. 이에 의거하여 바로잡는다.

居士莫辭與我說, 一心願聽唱將來.

광엄은 부처님께 예배 올리고자 성을 나서는데
깃발과 꽃들이 한 무리를 이루었다.
받들고 있는 보개(寶蓋) 소리 잘그락대고
황금 향로의 향은 바람에 실려 아른아른 피어오른다.
이 훌륭한 위의(威儀)와 안온한 걸음걸이에
어느 누가 감탄하지 않고 경모(敬慕)하지 않을까.
이제 막 성문을 나서려는데
마침 유마를 만났네.
앞으로 나아가 합장을 하고서
공손하게 길 위에서 절을 올리고
문안 인사 올리며
지심으로 거사를 우러러보네.
오랫동안 보지 못했어도 늘 잊지 않고 있었으니
하루가 다하도록 공양 올리고자 하네.
뜻밖에 오늘 길 가다가
거사의 자비로운 모습을 만났네.
속세에 머물며 지혜롭기로는
유마에 견줄 자 아무도 없도다.
어제 밤 길몽을 꾸었더니
오늘 자비상(慈悲相)을 뵈었도다.
내 마음이 한없이 기쁜데
나는 오늘 진귀한 보장(寶藏)을 만났다네.
마침 내가 선심(善心)을 발할 때
자비상(慈悲相)을 뵙게 될 줄 누가 알았으리오.
주미(麈尾)를 흔들고 지팡이를 손에 쥐고서
어느 곳에서나 중생의 의혹의 그물을 잘라버리신다.

바삐 홀로 성문으로 들어가시는데
가시는 곳 부디 알려주시길.
나는 지금 더없이 환희에 차 있는데
어두운 밤중에 환한 등불을 만났도다.
밝은 반달이 세상에 머무는데
자비의 구름 한 조각이 성안으로 향한다.
멀리서 바라보면 아름다운 풍모가 전해오고
가까이서 바라보면 짙은 법락(法樂)이 느껴진다.
우리 부처님도 늘 찬탄하셨거늘
광엄이 어찌 경앙(敬仰)하지 않으랴.
거사에게 수차례 절을 올리고
존안을 우러르며 여쭙는데
지금 어느 곳으로 향하시는지
바삐 입성(入城)하시는 모습이 궁금하기만 하네.
다른 나라에 방편을 베푸시려는 건가요?
영산(靈山)의 보대(寶臺)에 예배 올리시려는 건가요?
거절 마시고 부디 말씀해주시기를.
일심으로 대답을 원하는데 그 창이 곧 나온다.

經云:「憶念我昔出毗耶離大城, 時維摩詰方入城, 我卽爲作禮而問言, 居士從何所來?答我言, 吾從道場來.」云云[165]

光嚴合掌, 啓白維摩, 唯願慈悲, 聽我咨問. 我爲猒[166]居火宅, 有心

165 '云云'은 原錄에서는 '云云……'으로 되어 있다. 【校注】 原卷에서는 '云……'으로 되어 있는데 이는 '云云'의 축약이다.(본권에서 '云云'은 모두 이 형태로 되어 있다) '云云'은 말이 아직 끝나지 않은 모습이다.

166 '猒'은 原校에서는 '厭'으로 되어 있다. 【校注】 '猒'은 '厭惡(싫어하다)'의 '厭'자의 本字이고, '厭'의 본뜻은 '窄'인데('厭'은 '壓'의 本字) 이 글자로 '싫어하다'란 뜻을 나타내게 되었으니 이는 轉用된 것이다. 그러므로 '猒'자를 수정하는 것은 옳지 않다. 『變文

深暮(慕)善緣, 命三五個家童, 排一兩對幡蓋, 欲出城外, 往詣迦藍. 忽向此間, 得逢居士, 我知維摩所行之處, 必有利益因緣, 不是說法化人, 只是禮佛問道. 未委適來居士, 行程近遠, 甚處迴歸, 我要知此蹤由, 所貴漸明法眼. 維摩見問, 微笑點頭, 解能如此問吾, 大是聰明童子. 我適離處, 別卻道場, 甚生富貴端嚴, 可畏光花熾盛.

這日光嚴纔問了, 大聖維摩便迴告,
念君惹子[167]大童兒, 便解與吾論志道.[168]
拋火宅, 厭煩惱, 數入伽藍聽微妙,
甚能忍辱及精勤, 見說於家又慈孝.
心鏡明, 長鑒照, 寂靜修行棄喧鬧,[169]
忽然只把這身心, 自然不久拋生老.
問我二, 我以會, 要甚行由知所在,
問我新從何處來, 聽取老夫細祇對.
問我身, 是四大, 假合因緣作依賴,
究竟推尋總[170]是真, 人我旣空無主宰.
問我心, 歸性海, 性海直應非內外,

集』에서 '猒'자는 보통 '厭'으로 교정하거나 직접 '厭'자로 수정하였는데, 여기서는 原卷의 기록을 그대로 따른다. 이하에서는 더 이상 주를 달지 않는다.

167 '惹'는 '偌'와 같다. '偌子'는 '這點兒'와 같다. 『通釋』 해당 항목을 참조하기 바란다.

168 '志'는 '至'로 보아야 한다. 돈황사본에서 '志'와 '至'는 통용된다. 본편 아래 문장 "祇把練魔求志理, 不將諂曲順人情." 이 '志' 역시 '至'로 보아야 한다. '至道'는 '至理'와 같다. 『抱朴子』 明本 : "其褒貶也, 皆準的乎至理." 「長興四年中興殿應聖節講經文」 : "다만 지극한 도를 펼치셔야지 공훈을 떨칠 방도가 따로 있는 건 아니라네(只把宣揚申至道, 別無門路展功勳)." 여기서도 '至道'가 나온다.

169 '鬧'는 原卷에서는 '閙'로 되어 있는데 이는 俗體이다. 原錄에서는 '閑'으로 되어 있는데 이는 잘못이다. 『新書』도 이와 같다.

170 '總'은 『新書』에서는 '惚'로 되어 있고, 그 주석에서는 "原卷에서는 '惚'로 되어 있고, 『變文集』에서는 '總'으로 되어 있다" 하였다. 【校注】 '惚'자에서는 취할 만한 적당한 뜻이 없다. 原卷은 본래 '惣'로 되어 있는데 좌측 상반부의 字迹이 명확하지 않아 무슨 글자인지 알 수가 없다. 문맥으로 보아 '惣', 즉 '總'의 속자인 것 같다.('總'자가 본권에서는 모두 '惣'으로 되어 있다) '總'으로 보는 게 비교적 합당하다.

既無內外及中間, 何得更言來所在.
如此說, 你未解, 恐怕交君無取採,
若論目下別何方, 吾且新辭道場內.
纔見維摩別道場, 光嚴歡喜異尋常,
今朝不往[171]逢居士, 與我心頭恰塞當.[172]
要寶藏人得寶藏, 求淸涼者得淸涼,
慈悲隔事[173]相提挈, 未委何方是道場.
重禮拜, 乞慈哀, 獲幸今朝遇大才,
本意道場求善請, 恰逢居士道場迴.
東西南北希宣說, 遠近高低指引開,
已是受恩莫責過, 直言去處唱將來.

경전에서 말하기를, "생각해 보니, 예전에 제가 비야리성을 나가려 하였을 때에 유마힐이 마침 성문으로 들어오고 있었습니다. 저는 그에게 인사를 하고 물었습니다. 거사님, 어디서 오십니까? 그는 대답하였습니다. 저는 도량(道場)에서 옵니다."

광엄이 합장을 하고 유마에게 아뢰었다. "자비를 베푸셔서 저의 질문을 들어 주십시오. 저는 화택(火宅)에 거하는 것이 싫어, 좋은 인연을 찾을 마음으로 네댓 명의 가동을 시켜 깃발과 보개를 준비하게 하고서 성 밖 가람으로 가려던 참이었습니다. 그런데 여기서 이렇게 거사님을 만났습니다. 저는 유마님이 가시는 곳에 반드시 은혜의 인연이 있으리라는 사실을 알고 있습니다. 그것도 설법을 통해서가 아니라 단지 부처님께 절을 올리고 불도(佛道)를 묻는 것만으로 말입니다. 저는 지금 거사님이 가시는 곳이 얼마나 먼지도 모르고, 또 어디로 돌아가시는지도 모릅

171 '往'을 徐震堮은 '枉'으로 교정하였는데 이는 정확하다.
172 '塞當'은 '相當'이다. '塞'은 '廝'와 같다. 「維摩詰經講經文(3)」주석 157)번을 참조 바란다.
173 '隔事'는 아래 문장 "隔事莫辭子細說"에서도 보인다. 袁賓은 이를 '居士'로 보았는데 정확한 것인지 알 수가 없다. 앞으로의 재고가 필요하다.

니다. 저는 지금 가시는 곳을 알고자 합니다." 유마는 질문을 듣고 미소를 지으며 고개를 끄덕였다. "이렇게 묻는 그대는 대단히 총명한 동자로군요. 저는 다른 곳이 아니라 제가 떠나온 도량으로 갑니다."

이날 광엄이 여쭙자
대성(大聖) 유마는 대답하는데
"그대 같은 동자(童子)라면
내가 말하는 지극한 이치를 이해할 수 있으리.
화택을 버리고 번뇌를 싫어하여
자주 가람에 들어가 오묘한 법문을 들으니
인욕을 행하고 수행에 정진하였으며
집에서 설법을 듣고 효도를 행하였다.
마음이 밝고 주위를 살필 줄 알며
고요히 수행하여 소란함에서 벗어났다.
홀연 이 몸에 매달리는데
[이 몸은] 머지않아 생사를 내던지리.
나는 이미 그대를 만났는데
무슨 이유로 가는 곳을 묻는가.
어디에서 오느냐고 내게 묻는데
이 늙은이의 말을 들어보시라.
이 몸은 사대(四大)가
잠시 화합하여 이루어진 것이라
결국에는 홀연히 돌아갈 것이니
인아(人我)[174]는 공(空)이고 주재자도 없다네.
이 마음은 진여로 돌아갈 것이니
진여는 안과 밖을 가리지 않는다네.

174 사람 안에 변하지 아니하는 본체가 있다는 미혹한 생각. 곧 아(我)가 있다는 생각이다.

이미 안도 밖도 중간도 없거늘
어찌 오는 곳이 따로 있겠는가?
이 말을 그대는 이해하지 못하여
그대가 얻는 바 없을까 염려되네.
이것을 다른 말로 얘기한다면
나는 도량이라 말할 수 있을 것이네."
도량으로 간다는 말을 듣고
광엄은 말할 수 없는 환희를 느꼈다.
"오늘 거사님을 만났는데
[거사님 말씀이] 내 마음에 딱 들어맞네.
보장(寶藏)을 원하는 사람은 보장을 얻게 되고
청량(清涼)함을 구하는 사람은 청량함을 얻게 되네.
자비로이 이끌어 주시기를 바라온데
어느 곳이 도량인지 알지 못하겠네."
거듭 절을 올리며 자비를 구하였더니
다행히 오늘 대재(大才)를 만났네.
본래 도량을 구하고자 했는데
때마침 도량으로 돌아가는 거사를 만났네.
동서남북 어디서나 설법하는 경우 드물지만
멀고 가까움, 높고 낮음을 가리지 않고 가르침을 전하네.
이미 은혜를 입어 책망 받지 않으니
곧장 가는 곳을 묻는데 그 창이 곧 나온다.

經云:「我問道場者何所是?答曰:直心是道場,無虛假故.發行是道場,能辯[175]事故.深心是道場,增益功德故.菩提心是道場,無錯謬故.」

175 '辯'은 『維摩詰經』 각 판본에서는 '辦'으로 되어 있다. '辦'으로 보는 것이 옳은 듯하다.

光嚴合掌, 又白維摩, 近別道場, 我以知委. 爲復山巖寺宇, 爲復城廓[176]伽藍. 是何堂殿樓臺, 有甚幡花寶蓋. 多少來田地,[177] 幾許多僧徒. 深知重疊諮聞,[178] 伏乞慈悲爲說. 光嚴有詩:

願抛火宅上牛車, 又遇維摩長善牙,[179]
未委道場何寺宇, 算應供養有幡花.
梵螺吹處淸三業, 金罄[180]敲時斷八邪,
端的忽然知去處, 將身願入法王家.

居士問光嚴, 汝求者, 元是有相道場. 此處說毬場, 有相道場, 有十件利益, 有十件不利益, 言利益者: 一是有相, 二是有作, 三感人天果報, 四長福, 五消災, 六有限, 七具緣, 八化[181]邪心, 九破壞, 十利益不普. 無相道場: 十件利益全, 一是無相, 二得菩提, 三利衆生, 四隨方卽就, 五超過三界, 六萬法包含, 七增益智惠, 八諸佛讚揚, 九根源無盡, 十眞實法門. 夫欲逃生死, 先須令心平等. 萬法而皆自心生, 三界

176 [徐震堮] '廓'은 '郭'과 같다.

177 [項楚] '田地'는 土地나 地面을 가리킨다. 唐人의 상용어이다.

178 '諮聞'은 '諮問'이 되어야 한다. 위 문장 "唯願慈悲, 聽我咨問." '諮問'은 곧 '咨問'이다. '諮'는 '咨'의 후기 속자이다.

179 '善牙'는 原校에서는 '善才'로 되어 있다. [徐震堮] '牙'를 '才'로 교정한 것은 잘못이다. 詩 전체는 叶家麻韻인데 유독 이 글자만 다른 글자일리는 없다. 게다가 '長善才'의 의미도 분명하지 않다. '牙'는 '芽'로 보아야 할 것 같다. [校注] 서씨의 견해는 옳다. 『說文解字』 艹部: "芽, 萌芽也." 段玉裁 注: "古多以牙爲芽." S.6551 「佛說阿彌陀經講經文」 後附: "妙因宿值, 善牙發於今生; 業過先停, 道心堅於此日." 또 "今世後世, 莫絶善緣; 此世他生, 善牙增□." 이 '善牙'도 '善芽'이다. 「金剛般若波羅密經講經文」: "유루의 복으로 영화를 받음이 어찌 경문을 들고 선업의 씨앗을 심는 것만 같으리(有漏福, 受榮花, 何似持經種善芽)." 여기서는 마침 '善芽'로 되어 있다. '善芽'는 '善心의 萌芽'로서, 문맥에도 잘 부합된다.

180 '罄'은 原錄에서는 '盤'으로 되어 있다. 潘重規는 이는 '磬'이어야 한다고 하였다. [校注] 原卷에서는 '罄'으로 되어 있는데 이는 '罄'의 속체이다. '罄'자는 「漢張壽碑」에서는 '罄'으로 되어 있고, 「唐鄭恕己墓誌」에서는 '豎'로 되어 있다. 모두 참고할 필요가 있다. '罄'과 '磬'은 古今字로서 서로 통용된다.

181 原錄에서는 '化'자를 실수로 빠트렸다. 여기서는 原卷에 의거하여 보충해 넣는다. 『新書』도 이와 같다.

乃本從識上. 況乎擬求佛果, 將出本源, 須開眞實之道場, 必賴證修於功德. 豈有攀緣有相, 愛暮(慕)[182]色聲.[183] 幡花無證理之期, 香火有消災之分. 此是如來方便, 接引初心, 令[184]睹相已(以)虔恭, 遣因嚴而發善. 光嚴, 我見汝常親佛會, 早入法門, 准承已悟於無爲, 誰料由(猶)貪於有相. 波波求法, 無殊趁影之人; 劫劫趨名, 不異映冰之士. 菩提是道, 心法是場. 能於心法之場, 生得菩提之道. 汝於今日, 實爲遭逢, 只於一句言詞, 斷却[185]萬生疑.[186]

경전에서 말하기를, "저는 물었습니다. 도량이 어디에 있습니까? 그는 답하였습니다. 올곧은 마음(直心)이 도량이니 거짓이 없기 때문입니다. 올곧은 마음으로 행하는 것(發行)이 도량이니 만사를 판별(辦)할 수 있기 때문입니다. 깊은 마음(深心)이 도량이니 공덕을 증대시키기 때문입니다. 깨달음을 구하는 마음(菩提心)이 도량이니 잘못되는 일이 없기 때문입니다."

광엄이 합장하고서 유마에게 다시 물었다. "도량이란 어디를 말씀하시는 것입니까? 산 위의 암자를 말씀하시는 것입니까? 성곽에 있는 가람을 말씀하시는 것입니까? 거기에는 어떤 전당(殿堂)과 누대(樓臺)가 있습니까? 또 무슨 번화(幡花)와 보개가 있습니까? 얼마의 논밭이 있습니까? 승도는 또 얼마나 됩니까? 거듭 여쭈오니 부디 말씀해 주십시오." 광엄의 시가 나온다.

---

182 '暮'는 '慕'와 통한다. 原錄에서는 직접 '慕'로 수정하였는데 이는 타당하지 못하다. 아래 문장 "愛暮幡花虛急急"의 '暮' 역시 '慕'와 통한다. 原錄에서는 직접 '慕'로 수정하였는데 이는 옳지 못하다.

183 '色聲'은 原錄에서는 실수로 도치되어 있다. 潘重規는 原卷에서는 '色聲'으로 되어 있다고 하였는데 이는 옳다. 이에 의거하여 도치시킨다.

184 '令'은 原錄에서는 '今'으로 오록되어 있다. 潘重規는 原卷에서는 '令'으로 되어 있다고 하였는데 이는 옳다. 이에 의거하여 바로잡는다.

185 '却'은 原錄에서는 '劫'으로 되어 있다. 徐震堮은 이를 '却'으로 보아야 할 것 같다고 하였다. [校注] 原卷에서는 본래 '却'의 속체로 되어 있다. 이에 의거하여 바로잡는다.

186 [徐震堮] '疑' 뒤에 한 글자가 누락된 것 같다.

화택을 버리고 우거(牛車)에 오르고자 하는데
오늘 유마 대재(大才)를 만났네.
도량이란 어떤 사찰을 말하는지 알 수가 없고
공양 받는 번화(幡花)는 얼마나 되는지.
법라(法螺)를 불면 삼업(三業)이 맑아지고
경쇠를 울리면 팔사(八邪)가 사라지는 곳.
가시는 곳을 확실히 알게 되면
이 몸은 법왕(法王)의 집으로 들어가길 원하네.

거사가 광엄에게 말하기를, "그대가 구하는 것은 본래 유상(有相)의 도량입니다. 격구장을 애로 들어 설명하지요. 유상의 도량에는 열 가지 이익과 열 가지 불이익이 있습니다. 이익으로는, 첫째, 형상이 있고(有相), 둘째, 성취가 있고(有作), 셋째, 인천을 감응케 하며(感人天果報), 넷째, 복덕이 오래가고(長福), 다섯째, 재앙이 소멸되고(消災), 여섯째, 유한하고(有限), 일곱째, 인연이 있고(具緣), 여덟째, 사악한 마음을 교화시키고(化邪心), 아홉째, 악을 쳐부수고(破壞), 열째, 이익이 일반적이지 않다(利益不普)는 것입니다. 무상의 도량에는 열 가지 이익이 갖추어져 있는데, 첫째, 형상이 없고(無相), 둘째, 깨달음을 얻고(得菩提), 셋째, 중생을 이익 되게 하고(利衆生), 넷째, 상황에 맞게 변화 적응하고(隨方卽就), 다섯째, 삼계를 초월하고(超過三界), 여섯째, 만법을 포함하고(萬法包含), 일곱째, 지혜를 늘리고(增益知慧), 여덟째, 제불이 찬양하고(諸佛讚揚), 아홉째, 근원이 다함이 없고(根源無盡), 열째, 진실한 법문(眞實法門)입니다. 생사를 벗어나려면 먼저 마음을 평등해야 합니다. 만법은 마음에서 생겨나는 것이고, 삼계(三界)는 식(識)을 바탕으로 하고 있습니다. 불과(佛果)를 얻고 근원으로 나아가려면, 진실한 도량을 먼저 열어야 하고, 반드시 공덕을 쌓아야만 합니다. 어찌 마음이 대상에 의지하여 작용할 것이고 성색(聲色)에 집착할 것입니까? 번화(幡花)는 진여의 증득을 기약하지 못하고, 향화(香火)는 재앙을 물리치지 못합니다. 이것은 여래의 방편으로, 중생의 초발심을 이끌어 그의 경건함을 불러오고 선업을 쌓게 합니다. 광엄동자여, 나는 그대가 항상 부처님의 법회에 참석하여 법문을 들어왔기에, 진즉에 무위(無爲)를 깨달았으리라고 생각했는데 뜻밖에도 여전히 유상(有相)에 집착하고 있군요. 다급히 법을 구하는 것은 그림자를 쫓는 사람과 다를 바 없고, 성급히 명성을 추구하는 것은 얼음에 모습을 비춰보는 선비와 다를 바 없습니다. 보리(菩提)가 도(道)이고 심법(心法)이 곧 장(場)이기에, 심법이라는 장(場)에서 보리의 도를 얻을 수 있는 것입니다. 그대는 오늘 나를 만났으니 단 한 구의 언사(言辭)로 모든 의혹을 끊어버리십시오."

居士有道場偈:

修心修行是眞修, 莫學愚人向外求,
愛暮(慕)幡花虛[187]急急, 攀緣香火大攸攸.
鍾聲豈滅輪迴苦, 磐韻難消生死憂,
與汝個修行疾徑[188]路, 須知萬法在心頭.

與汝眞道場偈:

若要拋離生死鄕, 須知內法[189]作津梁,
卽心有似言詞妙, 約行求眞道理强.
救苦逍遙勝磬韻, 心珠照耀勝燈光,
勸君更莫懷猶預,[190] 這個修行是道場.

---

187 '虛'는 原卷에서는 '霊'로 되어 있는데 이는 '虛'자이다. '虛'자는 속체로 '虗'라 적기도 하는데(『干祿字書』에 보임) 이것이 약간 변하면 곧 '霊'자가 된다. S.2073 「廬山遠公話」: "꿈속에서 십방의 諸佛이 허공에 모습을 드러내고(又乃夢中見十方諸佛, 悉現霊空)." 『變文集』에서는 '霊'를 '虛'라 교정하였다. 『新書』도 이와 같다.

188 原錄에서는 '徑'자를 실수로 빠트렸다. 여기서는 原卷에 의거하여 보충한다. 『新書』도 이와 같다.

189 '法'은 原錄에서는 '外'로 오록되어 있다. 여기서는 原卷에 의거하여 바로잡는다. 佛敎徒는 기타 종교와 구분하여, 佛法을 內法이라 부른다.

190 '預'는 原卷에서는 좌측부분이 '矛'로 되어 있는데 이는 '預'의 속체이다. 原錄에서는 좌측부분이 '弟'로 되어 있는데 이는 사실과 다르다.

光嚴謝居士有詩:

自知情識久昏昏, 不曉眞心是法門,
有相幡花何足[191]說, 無爲功德始堪論.
喜於里巷逢居士, 恰共靈山見世尊,
隔事莫辭子細說, 萬生不敢忘深恩.

所以經云:「直心是道場, …… 無錯謬故.」

도량(道場)에 관한 거사의 게송:

마음을 닦는 것이 참된 수행이니
어리석은 사람처럼 겉모습을 추구하지 말라.
다급히 번화(幡花)에 집착하고
서둘러 향화(香火)에 의지하는구나.
종소리가 어찌 윤회의 고통을 없앨 수 있을 것이고
경쇠 소리가 생사의 근심을 제거할 수 있겠는가.
그대에게 수행의 지름길을 알려주노니
만법은 마음속에 있음을 명심할 일이다.

그대에게 참된 도량을 알리는 게송:

생사를 벗어나고자 한다면
불교를 나루로 삼아야 하리.
이 마음에 언사와 같은 오묘함이 있고
수행은 진리를 구하는 좋은 길이네.
고통에서 벗어난 자유로움이 경쇠 소리보다 훌륭하고
마음속의 구슬이 등불보다 더 밝게 빛나네.
그대는 주저하지 말라.
이 수행이 곧 도량이로다.

광엄이 거사에게 감사를 올리는 게송:

---

191 '足'은 原錄에서는 '是'로 오록되어 있다. 여기서는 原卷에 의거하여 바로잡는다. 『新書』도 이와 같다.

저는 오랫동안 지혜가 어두워
참된 마음이 곧 법문임을 깨닫지 못했네.
유상(有相)의 번화(幡花)가 어찌 충분할까.
무위(無爲)의 공덕이야말로 논할 만하네.
기쁘게도 거리에서 거사를 만나
영산(靈山)에서 함께 세존을 뵈었네.
유상(有相)에 얽매이지 말라는 가르침
만생(萬生) 동안에도 그 큰 은혜 잊을 수 없네.

그래서 경전에서 말하기를, “올곧은 마음이 도량이니 …… 잘못되는 일이 없기 때문입니다” 하였다.

夫欲修萬行, 先要直心, 心旣無諂佞之機, 果豈有曲邪之報. 由心直故, 利有數般, 所以直心之場, 能生[192]菩提之道. 由心直故, 具其十條 : 一不入於邪見, 二不入惡道, 三鬼神敬奉, 四無諂佞, 五懷抱無事, 六怨親平等, 七人天敬重, 八疑心不生, 九度分祈求, 十速得成佛. 由此直心爲本, 別引法起[193]心生, 發起四種願心, 更運萬般善業. 恐此二心, 深淺相續, 更起深心. 深深擬證無爲, 念念堅修功德, 敬[194]要何爲. 復起菩提之心, 正證七大之果. 此四心者, 名爲道場, 十方諸佛讚揚, 三世如來修學. 一念念漸消煩惱, 一心心契證菩提. 王賊[195]水火

192 原錄에서는 ‘生’자를 실수로 빠트렸다. 여기서는 原卷에 의거하여 보충한다. 『新書』도 이와 같다.

193 ‘法起’는 아무런 의미도 없다. ‘發行’으로 보아야 할 것 같다. ‘法’은 ‘發’의 音訛字이다. 또 다음 구 “發起四種願心”과 관련하여 ‘行’을 ‘起’로 오록한 것이다. “直心爲本, 別引發行心生; 恐此二心, 深淺相續, 更起深心; 又復起菩提之心 : 此四心者, 名爲道場.” 본문의 이 문구들은 앞에서 인용한 『維摩詰經』 “直心是道場” “發行是道場” “深心是道場” “菩提心是道場”과 같은 문구에서 나온 것이다. ‘法起’를 ‘發行’이라 교정하면 앞뒤 문맥이 매우 자연스러워진다.

194 ‘敬’은 ‘更’으로 보아야 할 것 같다. 이 두 글자는 동음으로 서로 통용된다.

195 ‘王賊’은 原校에서는 ‘三賊’으로 되어 있다. [徐震堮] ‘王’을 ‘三’으로 수정하여 ‘三賊’이라 한 것은 어디에서 나온 것인지 모르겠다. 생각건대, 뒤에 “生老病死不染”이란 문

不侵, 生老病死不染. 若或功圓業[196]就, 善滿惡除, 感三十二相莊嚴, 得一百四十功德. 巍巍金相, 光明而日月藏暉; 皎皎玉毫, 燦爛而乾坤換色. 此之利益, 起自何來, 皆因清淨直心, 置[197]證逍遙之位.

善心之內何心重, 只有直心堪敬奉,
一直心起萬邪亡, 些些煩惱難[198]移動.
無諂曲, 少恣縱, 偏解消除邪見夢,
但校[199]一念直心生, 自然衆善來隨從.
喚光嚴, 我相告, 直心場上能生道,
所以直心是道場, 若能行得偏爲好.
有直心, 要豈[200]造, 地獄傍生長不到,
世世人天路上行, 若能行得偏爲好.

구가 나오는데, 이 '王'자는 '盜'로 보아야 할 것 같다. 그리하면 盜賊水火와 生老病死, 이렇게 각각 네 가지 사항을 열거하게 된다. 【校注】 '三賊'은 어디에서도 들은 바 없어 신뢰하기 어렵다. 서씨는 '王'을 '盜'로 수정하였는데 그 의미만으로는 문맥에 매우 부합되나 '王'과 '盜'자가 음이나 형태가 너무도 달라 訛變되었다고 보기가 어렵다. 생각건대, '王'은 '六'의 형와자가 아닌가 한다. '六賊'은 불교술어로서, 色・聲・香・味・觸・法 여섯 가지를 가리키는데, 이들은 善財를 빼앗는다하여 이렇게 불린다. 「降魔變文」: "정신을 맑게 하고 思念을 가라앉히고서, 망념을 부수고 모든 그릇됨을 잠재우네. 六賊이 이리저리 날뛰어도 더럽힐 수 없고 定力의 불가사의함을 알게 되네(澄神靜慮安心想, 摧伏妄念息諸非. 六賊縱橫不能染, 將知定力不思議)." P.2914 王梵志詩: "六賊이 모두 다 고통이지만 心賊이 제일 큰 재앙이라네(六賊俱爲患, 心賊最爲災)." '六賊'이란 문구가 쓰이고 있다.

196 '業'은 原錄에서는 '菓'으로 되어 있다. 【校注】 原卷에서는 본래 '苿'으로 되어 있는데 이는 '業'의 속자이다. 「魏山徽墓誌」에서 '業'자는 '業'으로 되어 있는데 이는 그 예이다. 본편 위 문장 "誓志營於福業" "在火宅而任運業生" "更運萬般惡業" 이들의 '業'자가 原卷에서는 모두 '苿'으로 되어 있는데 이는 '業', '苿'이 또 다시 省變된 것이다.

197 '置'는 '致'로 보아야 한다. S.4511 「金剛醜女因緣」: "한탄하노니 전생의 惡業으로 말미암아 추하게 되었는데 그 모습 사람 같지가 않네(自嘆前生惡業因, 置令醜陋不如人)." 『變文集』에서는 '置'를 '致'로 교정하였는데, 이는 그 예이다.

198 '難'은 原錄에서는 '勤'으로 오록되어 있다. 潘重規는 原卷에서는 '難'으로 되어 있다고 했는데 이는 옳다. 이에 의거하여 바로잡는다.

199 【徐震堮】 '校'는 '交'가 되어야 하며, '交'는 '敎'와 같다.

200 '豈'는 原校에서는 '登'으로 되어 있다. 潘重規는 이를 '起'로 의심하였다. 【校注】 돈황 사본에서 '豈'와 '起'는 통용되는 경우가 많다. 潘校는 사실에 가깝다.

直心人, 少憂惱, 神鬼無因能攪擾,
只是[201]直心不怕伊, 君能行得偏爲好.
直心人, 須心好, 富貴不親貧不笑,
目慢心士[202]不曾爲, 君能行得偏爲好.
直心人, 無奸巧, 心上不曾藏怨懊,[203]
好惡言詞道了休, 君能行得偏爲好.
直心人, 不草草, 到處能令人愛樂,
儻理尋常不儻親,[204] 君能行得偏爲好.
柔[205]耎[206]直, 最爲妙, 不得凶麤[207]多强拗,
無益上直心不要爲, 君能行得偏爲好.
佛法中, 最濟要, 萬善皆由心變造,

201 '是'는 原錄에서는 '爲'로 되어 있다. 【校注】 原卷은 '是'자 같다. 이에 의거하여 바로잡는다.

202 '心士'는 해독이 어렵다. '士'는 '工'의 訛字로 의심된다. 그리고 '工'은 '慣'과 통한다. 『集韻』 送韻: "慣, 心動也. 一曰自高." '慣'은 '貢'이라 적기도 한다. 慧琳 『一切經音義』 卷25: "憍慢貢高, 今依玉篇, 自恣爲憍, 淩他曰慢, 慢前爲貢, 心擧曰高也." 본편 아래 문장 "貢高我慢比天長, 折挫應交(敎)虛見傷" '貢高我慢'과 '目慢心慣'은 둘 다 '교만하고 잘난 체하다'는 뜻이다.

203 '懊'는 原錄에서는 '懷'로 오록하였다. 여기서는 原卷에 의거하여 바로잡는다. 『新書』도 이와 같다. 『集韻』 皓韻: "懊, 恨也." '懊'는 앞뒤의 '擾', '笑', '好' 등 글자와 압운이 된다.

204 두 '儻'자는 모두 '黨'으로 보아야 한다.

205 '柔'는 原卷에서는 속자로 되어 있다. 이에 대해서는 앞에서 이미 말한 바 있다. 原錄에서는 '宋'으로 되어 있는데 이는 잘못이다.

206 '耎'은 原錄에서는 '突'로 되어 있다. 【校注】 原卷에서는 '耎'으로 되어 있는데 이는 '耎'자이다. 『龍龕手鏡』 火部: "耎, 而兖反, 柔也, 弱也." 또 同書 大部: "耎, 音耎." 어원상으로 보면 '耎'은 '耎'의 訛變俗字이다. '耎'은 본래 '稍前大(약간 앞이 큼)'을 뜻하는데, 이 자를 '연약하다'는 뜻으로 사용하게 된 것은 아마도 '偄'에서 나온 것이리라. (『說文解字』: "耎, 讀若畏偄.") 『說文解字』 人部: "偄, 弱也." 段玉裁 注: "俗作輭, 訛作軟." 原校에서 '突'을 '輭'으로 교정한 것 역시 이것과는 약간의 차이가 있다.

207 '麤'는 原卷에서는 '麁'로 되어 있는데 이는 '麁'의 속체이고, '麁'는 '麤'의 속자이다. (『集韻』 模韻: "麤, 俗作麁, 非是.") 原錄에서는 '粗'로 되어 있는데 이는 타당하지 못하다. ('麤'와 '粗'는 음이 비슷하고 뜻도 통하나 '麤'자가 곧 '粗'자는 아니다)

且應目下[208]滅憂愁, 又緣不久抛生老.
直心人, 功不小, 萬事欲行能返照,
光嚴若立得直心場, 自然生得菩提道.
若要修行逡速程, 直心直行直須平,
歲寒不易和松操,[209] 鑒照無虧似鏡明.
祇[210]把練魔[211]求志理, 不將諂曲順人情,
直心場上招何果, 諸佛菩提此處生.
四心清淨道場排, 總在心王爲剸裁,[212]
心裏嶇崎招損污, 胸[213]中平穩免淪(輪)迴.
光嚴歡喜言無[214]盡, 爲見維摩心鏡開,
居士恐伊心未悟, 更論心靜唱將來.

만행(萬行)을 닦으려면 먼저 마음이 곧아야 한다. 마음에 이미 아첨함이 없다면 어찌 요사스런 과보가 있겠는가. 마음이 곧으면 이익이 따라

208 '目'은 原錄에서는 '日'로 오록되어 있다. 여기서는 原卷에 의거하여 바로잡는다. '目下'는 '眼前', '卽刻'이다. 본편 위 문장 "若論目下別何方, 吾且新辭道場內." 여기서도 '目下'라는 단어가 쓰이고 있다.

209 '和'를 袁賓은 '如'로 교정하였는데 이는 사실에 가깝다. 「秋吟」: "合持匪石之堅, 將錘如松之操." 이는 그 증거이다. 또 '操'자가 原卷에서는 '木' 편방으로 되어 있는데 이는 '松'자와 관련하여 類化된 것 같다. 그리고 우측 윗부분에 초두(艹)가 있는데 이는 그 俗體이다.

210 '祇'는 原錄에서는 '祗'로 오록되어 있다. [校注] 原卷에서는 '秖'로 되어 있는데 이는 '祇'의 속자이다.(『集韻』 支韻에 보임) 이에 의거하여 바로잡는다.

211 '魔'는 '磨'가 되어야 한다. '練磨'는 불교술어로서 「維摩詰經講經文(1)」 주석 175)번에 상설되어 있다.

212 '裁'는 原錄에서는 '栽'로 되어 있다. 徐震堮은 이를 '裁'로 교정하였다. [校注] 原卷은 본래 '裁'로 되어 있다. 이에 의거하여 바로잡는다. '剸裁'는 '재단하다', '처리하다'는 뜻이다. 서씨가 '剸'을 '制'로 본 것은 정확하지 못하다. 「維摩詰經講經文(1)」 주석 146)번을 참조 바란다.

213 '胸'은 原卷에서는 '平'으로 되어 있다. 이는 '平穩'의 '平'과 관련하여 오록한 것 같다. 서씨는 이를 '胸'으로 교정하였는데 이는 옳다. 여기서는 이를 따른다.

214 '無'는 原錄에서는 '不'로 오록되어 있다. 여기서는 原卷에 의거하여 바로잡는다. 『新書』도 이와 같다.

오는 까닭에, 올곧은 마음이 곧 도량이고 깨달음을 낳게 하는 길이 되는 것이다. 마음이 올곧으면 열 가지 이익이 따른다. 첫째, 사견(邪見)에 빠지지 않고, 둘째, 악도(惡道)에 떨어지지 않고, 셋째, 신귀(神鬼)를 공경하고, 넷째, 아첨하지 않고, 다섯째, 아무 탈 없이 편안하고, 여섯째, 원수와 친척을 평등하게 대하고, 일곱째, 인천(人天)을 공경하고, 여덟째, 의심이 생기지 않고, 아홉째, 원하는 바를 기구하게 되고, 열째, 속히 성불하게 된다. 그러므로 곧은 마음을 근본으로 삼아, 곧은 마음으로 행하여 네 가지 서원을 세우고 여러 가지 선업을 쌓아야 한다. 이 두 가지 마음이 서로 연속되어 깊은 마음(深心)을 낳게 한다. 깊이 무위(無爲)를 증득하고 매 순간 공덕을 쌓는다면 다시 또 뭐가 필요하리요? 보리심이 생기면 칠대(七大)[215]를 깨닫게 된다. 이 네 가지 마음이 곧 도량이다. 십방의 제불이 이를 찬탄하고 삼세의 여래께서 이를 수행하셨다. 일념으로 번뇌를 없애고 일심으로 보리를 증득하라. 육적(六賊)과 수화(水火)가 침범하지 못하고 생로병사에 물들지 않는다. 공업(功業)을 원만히 성취하게 되면, 선(善)은 가득차고 악(惡)은 사라질 것이고, 32상(相)의 장엄함을 느낄 수 있게 되며 140개 공덕을 얻게 된다. 우뚝한 황금빛 용모가 비추는 광명은 일월 빛을 가리고, 교교(皎皎)한 백호(白毫)는 찬란한 빛을 쏘아 천지의 빛깔을 바꾼다. 이러한 이익은 어디에서 오는 것인가. 모두 청정한 곧은 마음이 소요(逍遙)의 마음을 깨달은 데서 오는 것이다.

선심(善心) 중에서 어떤 마음이 중한가.
곧은 마음만이 공경 받을만하네.
곧은 마음이 한번 생기면 만 가지 사악함이 사라지고
여러 가지 번뇌들 찾아들기 힘드네.
아첨하지 말고 방종하지 말라.
사악한 꿈조차도 꾸지 않는다네.

---

215 우주에 존재하는 모든 것을 낳는 일곱 가지 요소. 지대(地大), 수대(水大), 화대(火大), 풍대(風大), 공대(空大), 견대(見大), 식대(識大)를 이른다.

일념으로 곧은 마음을 애써 기르면
여러 선(善)들이 저절로 따라오네.
광엄동자여, 내 그대에게 알리노니
곧은 마음이라는 도량에서 도(道)가 생긴다네.
곧은 마음이 곧 도량인지라
이를 행할 수 있으면 좋을 것이네.
곧은 마음이 일어나면
지옥의 방생(傍生)[216]은 자라나지 못하네.
대대로 인천(人天)은 길을 떠나니
이를 행할 수 있으면 좋을 것이네.
곧은 마음을 지닌 사람은 번뇌가 줄어드니
귀신도 그를 괴롭힐 수 없고
마음이 곧으면 아무것도 두렵지 않으니
그대가 이를 행할 수 있으면 좋을 것이네.
곧은 마음을 지닌 사람은 마음씨가 좋아서
부귀한 자와 친하지도 가난한 자를 비웃지도 않으며
교만하지도 잘난 체하지도 않으니
그대가 이를 행할 수 있으면 좋을 것이네.
곧은 마음을 지닌 사람은 간교함이 없어서
마음속에 원한을 간직하지 않고
악한 말을 그만두길 좋아하니
그대가 이를 행할 수 있으면 좋을 것이네.
곧은 마음을 지닌 사람은 불안해하지 않고
가는 곳마다 사람들을 즐겁게 하며
친한 자들만을 가까이 하지는 않기에

216 몸이 옆으로 되어 있는 생물. 벌레, 날짐승, 물고기 따위를 이른다.

그대가 이를 행할 수 있으면 좋을 것이네.
부드럽고 연약하고 올곧음은 무엇보다 오묘한 것이라
흉악하지도 거칠지도 꺾이지도 않네.
무익하다면 곧은 마음 지닐 필요 없을 것이니
그대가 이를 행할 수 있으면 좋을 것이네.
불법(佛法) 중의 핵심
모든 선(善)은 마음이 만들어낸 것이네.
당장 모든 걱정 근심을 없애야 할 것이니
머지않아 생사를 내던지게 될 것이기 때문이네.
곧은 마음을 지닌 사람은 공업(功業)이 작지 않고
모든 일을 행함에 반성할 줄 안다네.
광엄이 곧은 마음이라는 도량에 들어설 수 있다면
저절로 보리의 도를 얻게 되리라.
속히 수행을 이루고 싶다면
곧은 마음과 곧은 행동이 선행돼야 한다네.
차가운 날씨는 소나무의 기질을 바꾸지 못하고
자신을 돌아보아 흠이 없음은 마치 밝은 거울과 같네.
부단히 연마하여 진여를 구하고
아첨이 마음에 깃들지 않도록 할 일이다.
곧은 마음의 도량에서 어떤 과보가 있는가.
제불의 보리심이 이곳에서 생겨났다.
사심(四心)[217]의 청정한 도량을 얘기했는데
모든 것은 마음이 결정하는 것.
마음이 평화롭지 못하면 손해를 가져오고
마음이 평온하면 윤회를 면하게 된다.

217 앞서의 직심(直心), 발행(發行), 심심(深心), 보리심(菩提心)을 가리킨다.

광엄의 기쁨은 다함이 없는데
유마를 만나서 마음의 거울이 활짝 열렸네.
거사는 그가 아직도 이해하지 못했을까 싶어
다시 마음의 고요함을 설하는데 그 창이 곧 나온다.

經云:「布施是道場, 不望報故. 持戒是道場, 得願具足[218]故. 忍辱是道場, 於諸[219]衆生心無閡故. 精進是道場, 不懈退[220]故. 禪定是道場, 心調柔故. 智惠是道場, 見[221]諸法故. 慈是道場, 等衆生故, 悲是道場, …… 故我不任詣彼問疾.」云云

於是維摩居士, 爲光嚴童子, 指引多般之[222]道場云云.

[223]光嚴汝聽我宣揚, 萬行皆於心內藏.
光嚴若也專心聽, 一一方名眞道場.
長行布施莫希亡,[224] 無住心中誰短長,
一切處與人安樂著, 此個名爲眞道場.
一志任持爇戒香, 整齊三業保行藏,
心珠皎潔無瑕翳, 此個名爲眞道場.
又須忍辱離剛强, 怨境來時莫與忙,
觀行破除含忍卻, 此個名爲眞道場.

---

218 『維摩詰經』 경문 각 판본에는 '足'자가 없다.
219 原錄에서는 '諸'자를 실수로 빠트렸다. 여기서는 原卷에 의거하여 보충해 넣는다. 『新書』도 이와 같다.
220 '懈退'는 『維摩詰經』 房山 云居寺 石經本, 麗藏本은 이 글자로 되어 있고, 資福藏, 蹟砂藏, 普寧藏에서는 '懈怠'로 되어 있다.
221 『維摩詰經』 각 판본에서는 '見' 앞에 '現'자가 더 있다.
222 原錄에서는 '之'자를 실수로 빠트렸다. 여기서는 原卷에 의거하여 보충해 넣는다. 『新書』도 이와 같다.
223 原錄에서는 이 문구 맨 앞에 작은 글씨로 '平'(곡조 표시)이라 적혀 있는데, 原卷에는 없는 글자다. 여기서는 原卷에 의거하여 삭제한다.
224 '希亡'은 해독하기 어렵다. '亡'은 '望'으로 보아야 할 것 같다. 이 문구는 항시 보시를 행하되 그 보답을 기대해서는 안 됨을 말하고 있다.

摩練[225]身心似鏡光, 能行精進力堅剛,
睡眠懈怡(怠)[226]全除改, 此個名爲眞道場.
卓定深沈莫測量, 心猿意馬罷顚狂,
情同枯木除虛妄, 此個名爲眞道場.
智劍鋒寒比雪霜, 不交煩惱滿身藏,
六根門裏長尋捉, 此個名爲眞道場.
慈悲愍念受災殃, 六道三途往返忙,
拔濟總交登彼岸, 此個名爲眞道場.
歡喜逢人但讚揚, 莫生嗔怒縱心王,
若能滿面長含笑, 此個名爲眞道場.
觀察身心必意[227]亡, 少貪名利恣乖張,
但於分上能求得, 此個名爲眞道場.
一點無明火要防, 焚燒善法更難當,
滅除只在心池水, 此個名爲眞道場.
貢高我慢比天長, 折挫應交(敎)虛見傷,
耎[228]弱柔和如似水, 此個名爲眞道場.
且要身心不越常, 能於苦海作橋樑,
不論高下皆如一, 此個名爲眞道場.
隨處隨時有吉祥, 不言此界與他方,
擡[229]足舉頭皆利益, 此個名爲眞道場.

225 ‘摩練’은 ‘磨練’과 같다.

226 ‘怡’는 原校에서는 ‘怠’로 되어 있다. 【校注】 ‘怡’와 ‘怠’는 둘 다 ‘心’자가 있고 台聲으로, 고대에는 본래 한 글자였던 것 같다. 『易經』 雜卦 : “謙輕而豫怠也.” 陸德明 釋文 : “怠, 虞作怡.” 참고 바란다.

227 【潘重規】 ‘意’는 ‘竟’이 되어야 할 것 같다. 【校注】 ‘意’와 ‘竟’은 형와자이다. 반씨의 견해는 옳다. 앞의 ‘必’자는 ‘畢’로 보아야 한다. 音近假借字이다.

228 ‘耎’은 原卷에서는 ‘耎’으로 되어 있는데 이는 ‘耎’의 속와자이다. 原校에서는 ‘輭’으로 되어 있는데 이는 타당하지 못하다.

229 ‘擡’는 原卷에서는 ‘擡’로 되어 있는데 이는 ‘擡’의 속자이다. 原錄에서는 ‘儓’로 되어

交吾若是廣分張, 如似[230]微塵不可量,
略與光嚴說少許, 君須一一記持將.
我時聞語自暫(慚)惶, 方省從來錯道場,
今日再差交問疾, 尋思此事不相當.
道場之語讚揚開, 我卽懽忻幾萬伵(回),
只向心中有善業, 錯於城外禮花臺.
今朝更遣過方丈, 自揣荒虛[231]不是才.
持世上人多智惠, 好交問去唱將來.

경전에서 말하기를, "보시(布施)가 도량이니, 보답을 바라지 않기 때문입니다. 지계(持戒)가 도량이니, 바람(願)을 이룰 수 있기 때문입니다. 인욕(忍辱)이 도량이니, 모든 중생에 대하여 마음에 걸림이 없기 때문입니다. 정진(精進)이 도량이니, 게을러 물러서는 일이 없기 때문입니다. 선정(禪定)이 도량이니, 마음이 조화롭고 부드러워지기 때문입니다. 지혜(智慧)가 도량이니, 눈앞에 있는 제법을 환히 보기 때문입니다. 자(慈)가 도량이니, 모든 중생에게 평등하게 대하기 때문입니다. 비(悲)가 도량이니 …… 그러므로 제가 그를 찾아가 문병하는 일을 감당할 수가 없습니다."

이때 유마거사는 광엄동자에게 여러 도량에 대해 이야기하였다.

"광엄이여, 내가 하는 말을 잘 들어보시라.
만행(萬行)은 모두 마음속에 담겨 있나니
그대가 전심으로 들으면
그 하나하나가 참도량임을 알게 되리네.
항상 보시를 행하되 바라는 바가 있어서는 안 되며
한곳에 머물지 않는 마음이거늘 어디 좋고 나쁨이 있겠는가.

있는데 이는 사실과 다르다.

230 '似'는 原錄에서는 '此'로 오록되어 있다. 여기서는 原卷에 의거하여 바로잡는다.

231 原卷에서는 '虛'자 위에 초두가 있다. 이는 앞의 '荒'자와 관련하여 쓸데없이 편방을 덧붙여 類化시킨 것이리라.

모든 곳이 안락함을 가져다주니
이것을 일러 참도량이라 한다네.
온 마음으로 계율을 지켜 그 향기 널리 퍼지면
삼업(三業)[232]이 정돈되어 가지런해지고
마음의 진주는 밝고 깨끗하여 아무런 흠도 없으니
이것을 일러 참도량이라 한다네.
욕됨을 참아 억셈을 멀리하고
원수가 찾아와도 허둥대지 말 것이며
행동을 살펴 그를 물리치고 인내해야 할 것이니
이것을 일러 참도량이라 한다네.
거울처럼 심신을 갈고 닦으면
정진(精進)의 힘은 굳세져서
잠과 나태함이 모두 사라지게 되나니
이것을 일러 참도량이라 한다네.
마음이 하나의 경지에 정지하여 흐트러지지 않으면
마음속의 원숭이와 말은 날뛰기를 그만둘 것이며
마음은 고목이 되어 허망한 것들을 없애나니
이것을 일러 참도량이라 한다네.
지혜의 검을 서리(霜)나 눈(雪)보다 날카롭게 만들어
번뇌가 온몸을 가득 채우지 못하도록 하면
육근(六根)[233]을 제어할 수 있기에
이것을 일러 참도량이라 한다네.
자비는 [중생을] 불쌍히 여겨 괴로움을 견디니
육도(六道) 삼도(三途)를 바삐 오가며
구제의 손길로 중생을 피안에 오르게 하니

232 몸, 입, 뜻으로 짓는 세 가지 업. 신업(身業), 구업(口業), 의업(意業)이다.
233 육식(六識)을 낳는 눈, 귀, 코, 혀, 몸, 뜻의 여섯 가지 근원.

이것을 일러 참도량이라 한다네.
기쁘게 사람을 만나 상대를 칭찬하고
분노와 방종의 마음이 생기지 않게 하고
얼굴에 미소가 가득하게 되면
이것을 일러 참도량이라 한다네.
몸과 마음은 반드시 사라지게 됨을 깨달아
명리를 탐하지 않고 자만하지 않으며
분에 맞게 그것들을 추구한다면
이것을 일러 참도량이라 한다네.
한 점의 무명(無明)의 불씨도 조심해야 할 것이니
선법(善法)을 불사르게 되면 감당하기 어려워지는데
마음속 연못의 물로 그 불을 끌 수 있나니
이것을 일러 참도량이라 한다네.
교만하기가 하늘보다 더 높으면
좌절과 허망한 견해에 해를 당하여
물처럼 연약하고 부드러워지니
이것을 일러 참도량이라 한다네.
몸과 마음이 상도(常道)를 넘어서지 않으면
고통의 바다에서 다리가 될 수 있네.
신분의 고하를 막론하고 모두가 하나이니
이것을 일러 참도량이라 한다네.
언제 어디서나 길상함이 있으니
이곳과 저곳을 가리지 말 일이네.
발을 들어 올리나 머리를 쳐드나 모두가 이익 되니
이것을 일러 참도량이라 한다네.
나더러 더 넓게 [참도량을] 설하라면
미세한 먼지와 같아서 헤아릴 수 없다네.

광엄에게 그 대략을 설하였으니
그대는 하나하나 기억해두시기를."
이 말을 들었을 때 나는 몹시 부끄러웠고
도량에 대한 그간의 오해를 반성하였는데
오늘 다시 그에게 문병을 가라시니
생각해보건대 이 일은 감당할 수 없네.
도량을 찬양하는 말을 듣고서
나는 수만 번 기뻐하였네.
마음속에 선업(善業)만이 자리하여
성 밖 연화대(蓮花臺)에 예배 올릴 생각만 했었네.
오늘 방장으로 문병을 가라시니
스스로 생각해봐도 이 몸은 재목(材木)이 아니네.
지세상인(持世上人)이 지혜가 많거늘
그에게 묻는데 그 창이 곧 나오리라.

廣政十年八月九日在西川靜眞禪院寫此等廿卷文書, 恰遇抵黑, 書了. 不知如何得到鄉地去.

年至四十八歲, 於州中應[234]明寺開講, 極是溫熱.

광정(廣政) 10년 8월 9일 서천(西川) 정진선원(靜眞禪院)에서 이 제20권 문서를 베끼고 나니 날이 어두워졌다. 어떻게 마을로 가야할지 알 수가 없다.

나이 48세에 고을 안 응명사(應明寺)에서 강설을 열었는데 날이 매우 무더웠다.

234 '應'은 原卷에서는 '𢛳'으로 되어 있다. 【潘重規】 이 글자는 卷中의 "折挫應交虛見傷"의 초서체 '應'자와 매우 유사하다. 따라서 이 자를 '應'으로 여겨 '應明寺'로 보아야 할 것 같다.

유마힐경강경문 5(維摩詰經講經文五)[1]

持世菩薩第二

經云：時魔波旬從萬二千天女，狀[如][2]帝釋，鼓樂弦歌，來詣我所.

1 向達 【原校】 두 개의 권자 모두에 표제가 없다. P.2292에 의거하여 보충한다. 原卷은 北京 光字 94호이고, 갑권은 P.3079이다. 【校注】 P.2292 「維摩詰經講經文」의 표제는 편자가 임의로 붙인 것이다. P.2292에 의거하여 보충했다는 말은 이치에 맞지 않는다. 본편은 구마라집 역 『維摩詰所說經』을 연역한 것이기에 편명은 이에 의거하여 임의로 붙인다. 두 개의 권자 처음에 모두 "持世菩薩弟二"라는 제목이 붙어 있고, 북경도서관본에는 "持世菩薩第二卷"이라는 末題가 있다. P.3079에는 尾題는 없고 다만 뒷면에 이 제목이 붙어 있다. 문중에서 연역한 경문은 「菩薩品제4」 지세보살이 유마를 병문안하기를 사양하는 부분이다. 앞에는 경문 "佛告持世菩薩：汝行詣維摩詰問疾. 持世白佛言：世尊, 我不堪任詣彼問疾. 所以者何? 憶念我昔住於靜室"과 그에 대한 강설이 빠져 있고, 뒤에는 유마힐이 마녀를 교화하는 내용의 경문과 그 강설이 빠져 있다. 項楚는 寫卷의 原題 "第二卷"은 持世菩薩問疾故事의 차례를 나타내는 것이지 유마힐경강경문 전체의 차례가 아니라고 하였다. 그리고 전결 부분은 지세보살 제1권의 내용이고, 후결 부분은 지세보살 제3권의 내용이라고 하였다. 이 견해는 옳다. 이 두 개의 寫卷을 비교 연구해보면 북경도서관 판본은 P.3079를 원류로 하고 있음을 알 수 있다.(拙稿 「敦煌變文集底本選擇不當之一例」 『古籍整理出版情況簡報』

是時也，波旬設計，多排綵女嬪妃，欲惱[3]聖人．剩烈(列)[4]奢化(華)艷質．希奇魔女一萬二千，最異珍珠，千般結果．[5] 出塵菩薩，不易惱他，持世上人如何得退．莫不剩(盛)裝美貌，無非多著嬋娟．若見時交(教)出言詞，稅調[6]着[7]必生退敗．其魔女者，一個個如花菡萏，一人人似玉無殊．身柔軟兮新下巫山，貌娉停[8]兮纔離仙洞．盡帶桃花之臉，皆分柳葉之眉．徐行時若風颯[9]芙蓉，緩步處似水搖蓮亞．朱脣旖旎，能赤能紅；雪齒齊平，能白能淨．輕羅拭體，吐異種之馨香；薄縠[10]掛身，曳殊

第208期에 실려 있음), 그런데 『變文集』은 시기적으로 늦은 북경도서관 판본을 저본으로 삼음으로써 몇 가지 피할 수 없는 오류를 범하고 있다. 이제 여기서는 P.3079를 저본(갑권이라 칭함)으로 삼고 북경도서관 판본을 을권으로 삼아 교정한다.

2 原卷에서는 '如'자가 없다. 여기서는 『維摩詰經』에 의거하여 임의로 보충하였다. "狀如帝釋"은 아래 문장 "容貌恰如帝釋"과 같다. 『通釋』에서는 이 '狀'자를 '본뜨다', '모방하다'란 뜻으로 여겼는데 이는 정확하지 않은 것 같다.

3 '惱'는 '희롱하다', '집적대다', '교란하다'는 뜻이다. 아래 문장 "세속을 떠난 보살을 고뇌에 빠지게 하는 것은 쉽지 않거늘, 지세상인은 어떻게 물리칠 것인가?(出塵菩薩, 不易惱他, 持世上人如何得退?)"를 참고 바란다.

4 '剩烈'은 原校에서는 '盛裝'으로 되어 있는데 이는 옳지 않다. 『詩詞曲語辭匯釋』 권2 : "賸, 甚辭, 猶多也. 字亦作剩." '剩'은 '많다', '풍성하다'는 뜻이다. 따라서 글자를 수정할 필요는 없다. 본편 아래 문장 "莫不剩裝美貌" "呈珠顔而剩逞妖容" 이들 '剩'자를 原校에서는 '盛'으로 교정하였는데 이는 모두 똑같은 오류이다. '烈'자를 徐震堮은 '列'로 교정하였는데 이는 정확하다. 돈황사본에서는 흔히 '列'을 '烈'로 표기하곤 한다. '剩列'은 위 문장 '多排'와 대구를 이루며 이 둘은 같은 뜻이다.

5 '結果'를 項楚는 '結裹'로 보았다. '차려입다', '단장하다'는 뜻이다.

6 【蔣禮鴻】 '稅調'는 '유혹하다'는 뜻이다.

7 '着'은 原錄에서는 '者'로 오록되어 있다. 【校注】 갑・을권 모두는 '着'으로 되어 있다. 이에 의거하여 바로잡는다. 『新書』도 이와 같다.

8 '娉停'은 '娉婷'과 같다. 韻이 중첩되는 첩어이다. 原錄에서는 이를 직접 '娉婷'으로 수정하였는데 이는 옳지 못하다.

9 '颯'은 갑・을권 모두에서는 '颭'으로 되어 있는데 이는 '颯'의 이체자이다. 『篇海類編』 「天文類」 風部 : "颭, 與颯同." 【徐震堮】 '颯'은 '颭'으로 보아야 한다. 【校注】 『廣韻』 合韻 : "颯, 風聲." 元 楊桓 『六書統』 : "颯, 風微過也." P.2292 「維摩詰經講經文」 : "寶冠이 드리워지니 바람이 상서로운 조짐을 가져오고, 영락이 흔들리니 노을이 아름다운 나무 위에 내려앉는다(寶冠亞而風颭苻枝, 瓔珞搖而霞飛錦樹)." 이 '颭' 역시 '颯'자로, 본편의 용법과 똑같다. 서씨의 견해는 정확하지 않다.

10 '縠'은 原卷에서는 좌측 옆에 '糸' 편방이 붙어 있는데 이는 '縠'의 증방 속자일 것이다. '縠'자는 본래 '糸' 편방이 뜻을 나타냈는데, '縠'과 같이 좌측 아래 부분의 '糸'만으로는

常之翠[11]彩. 排於坐右, 立在宮中. 青天之五色雲舒, 碧沼之千般花發. 罕有罕有, 奇哉奇哉. 空將魔女嬈[12]他, 亦恐不動驚動. 更請分爲數隊, 各逞逶迤, 擎鮮花者慇勤獻上, 焚異香者倍[13]切虔心. 合玉指而禮拜重重, 出巧語[14]而詐言切切. 或擎樂器, 或卽吟哦, 或施窈窕, 或卽唱歌. 休誇越女, 莫說曹娥.[15] 任伊持世堅心, 見了也須退敗. 大好大好, 希哉希哉. 如此麗質嬋娟, 爭不妄[16]生動念. 自家見了, 尚自魂迷; 他人睹之, 定當亂意. 任伊修行緊切, 稅調着[17]必見迴頭; 任伊鐵作心肝, 見了也須粉碎. 魔王道: 我只沒[18]去, 定是菩薩識我. 不如作帝釋隊仗, 問誶[19]伊持[□](世)[20]菩薩. 於是魔王大作奢花, 欲出宮城, 從天降

그 의미가 드러나지 않아 '糸'편방을 덧붙여 그 뜻을 강조한 것이다. '然'을 '燃'으로 적고, '粱'을 '樑'으로 적는 등은 모두 같은 이치이다.

11 '翠'는 '선명하다'는 뜻이다.

12 '嬈'는 '惱'와 같으며 '어지럽히다'는 뜻이다. 『說文解字』: "嬈, 擾也." 玄應 『一切經音義』 卷8: "嬈, 惱也." 본편 아래 문장 "魔女魔王入室也, 作生(甚)嬈惱處唱將來." '嬈惱'는 같은 의미의 글자가 중첩된 것이다.

13 '倍'는 原錄에서는 '備'로 오록되어 있다. 여기서는 原卷에 의거하여 바로잡는다.

14 '語'는 原錄에서는 '言'으로 오록되어 있다. 여기서는 原卷에 의거하여 바로잡는다. 『新書』도 이와 같다.

15 '越女'는 '西施'를 가리킨다. '曹娥'는 東漢代의 저명한 孝女인데 아름다운 용모의 소유자로 알려져 있다. 오늘날의 浙江 上虞에 曹娥江이 있고, 그 강변에는 曹娥廟가 있다. 楊雄은 '曹娥'는 '姮娥'로 보아야 한다고 하였는데 정확하지 못하다.

16 '忘'은 갑·을권 둘 다 이 글자로 되어 있다. '妄'과 통한다. 原錄에서는 직접 '妄'으로 수정하였는데 이는 타당하지 못하다.

17 '着'을 劉凱鳴은 '者'로 교정하였는데 이는 잘못이다. '着'자는 오자가 아니다. 위 문장 "若見時交(教)出言詞, 稅調着必生退敗." 이 '着'자가 原錄에서는 '者'로 오록되어 있는데, 劉凱鳴의 교정 근거는 아마도 이 위 문장의 오자일 것이다.

18 '只沒'은 原卷에서는 '只沒'로 되어 있다. 徐震堮은 이를 '只沒'로 보아야 하고 이는 '這麽'와 같다고 했는데 이는 옳다. 여기서는 이를 따른다.

19 '問誶'는 갑·을권 모두에서 '問許'로 되어 있다. '許'는 '誶'의 형와자이고, '誶'은 '誶'의 속자이다. 아래 문장 "問誶莫教生驚覺." 이 '誶'자가 갑·을권 모두에서 '誶'으로 되어 있는데 이는 그 예이다. '問誶'는 '問訊'과 같다. '誶'와 '訊'은 음과 형태가 비슷하며 古書에서는 서로 통용되었다. 「維摩詰經講經文(4)」 주석 136)번을 참조 바란다.

20 '持'는 을권에서는 '時'로 되어 있는데 이는 형와자이다. '世'자는 갑·을권에는 없다. 여기서는 문맥에 의거하여 임의로 보충하였다.

下. 周迴捧擁, 百匝千遭,[21] 樂韻弦歌, 分爲二十四隊. 步步出天門之界, 遙遙別本住宮中. 波旬自乃前行, 魔女一時從後. 擎樂器者喧喧奏曲, 響聒淸霄; 爇香火者澹澹[22]煙飛, 氤氳碧落. 競[23]作奢花[24]美貌, 各申窈窕儀容. 擎鮮花者共花色無殊, 捧珠珍者共珠珍不異. 琵琶絃上, 韻合春鸚(鶯). 簫笛管中, 聲吟鳴鳳. 杖敲揭(羯)鼓, 如抛碎玉於[25]盤中; 手弄秦[26]箏, 似排雁行梒(於)弦上. 輕輕絲竹, 太常之美韻莫偕; 浩浩唱[27]歌, 胡部之豈能比對. 妖容轉盛, 艷質更豐. 一群群若四色花敷, 一隊隊似五雲秀麗. 盤旋碧落, 菀(宛)轉[28]淸霄. 遠看時意散心驚, 近睹者魂飛自斷. 從天降下, 若天花亂雨於乾坤; 初出魔宮, 似仙娥芬霏[29]

---

21 '遭'는 갑・을권에서는 모두 '連'으로 오록되어 있다. 여기서는 蔣禮鴻의 교주('遭'는 속자로 '遭'라 적는데 이는 '連'과 형태가 비슷하여 오류를 일으키기 쉽다. P.3697「捉季布傳文」: "九族潘遭違敕罪." 이 '遭'자가 S.2056에서는 '連'으로 오록되어 있다. 이는 그 예이다)에 의거하여 수정한다. "百匝千遭"는 唐代人의 상용어로서「漢將王陵變」과「廬山遠公話」에서도 그 예가 보인다.

22 '澹澹'은 原錄에서는 '灑灑'로 오록되어 있다. 潘校에서는 갑・을권 모두는 '澹澹'으로 되어 있다고 했는데 이는 옳다. 이에 의거하여 바로잡는다.

23 '競'은 原錄에서는 '竟'으로 되어 있다. 【徐震堮】'竟'은 '竸'이 되어야 하며 이는 '競'과 같다. 【校注】갑・을권 모두에서는 '竸'으로 되어 있는데 이는 '競'의 속자이다. 서씨의 견해는 옳다.

24 '花'는 '華'와 같다. '花'는 '華'의 후기 속자이다. 일반적으로 꽃이란 의미로만 사용된다. 그러나 돈황사본에서는 '榮華', '奢華'의 '華' 역시 '花'로 표기되는 경우도 많다. 적기 편리한 까닭일 것이다. 原錄에서는 이를 직접 '華'로 수정하였는데 이는 타당하지 못하다.

25 '於'는 갑・을권 모두에서는 '梒'으로 오록되어 있다. 아래 문장 "似排雁行於弦上"의 '於'자도 이와 같다. '於'자는 속자 '扵'의 와변일 것이다. 여기서는 문맥에 의거하여 바로잡는다.

26 '秦'은 原錄에서는 '奏'로 적고 '秦'으로 교정하였다. 【校注】갑권에서는 본래 '秦'으로 되어 있고, 을권에서는 '奏'로 오록되어 있다.

27 '唱'은 原錄에서는 '喝'로 오록되어 있다. 【校注】갑・을권에서는 모두 '唱'으로 되어 있다. 이에 의거하여 바로잡는다.『新書』도 이와 같다.

28 '宛轉'은 '빙글빙글 돌다'는 뜻으로, 앞 구 '盤旋'과 의미가 비슷하다. 敦煌本「搜神記」李純: "그 개는 물에 뛰어들어 이리저리 뒹굴며 몸을 적셨다. 그리고는 이순이 누워 있는 곳으로 달려와 그 주변의 풀들을 축축하게 만들었다(其犬乃入水中, 宛轉欲濕其體, 來向純臥處四邊草上, 周遍臥處令草濕)." '宛轉'이란 문구가 보인다.

29 '芬霏'는 '紛飛'와 같다. 아래 문장 "個個盡如花亂發, 人人皆似月娥飛." 이 두 문구와

於宇宙. 天女咸生喜躍, 魔王自已[30]欣歡. 此時計較得成, 持世修行必退. 容貌恰如帝釋, 威儀一似梵王. 聖人必定無疑, 持世多應不怪. 天女各施於六律, 人人調弄[於]五音.[31] 唱歌者詐作道心, 供養者假爲虔敬. 莫遣聖人省悟, 莫交菩薩覺知. 發言時直要停藤,[32] 稅調處直須[33]穩審.[34] 各請擎鮮花於掌內, 爲吾燒沉麝於爐中. 呈珠顔[35]而剩逞妖容, 展玉貌而更添艷麗. 浩浩簫[36]韶前引, 喧喧樂韻齊聲. 一時皆下於雲中, 盡入修禪之室內.

지세보살 제2권

경전에서 말하기를, "그 때 마왕 파순(波旬)이 1만 2천의 천녀를 거느리고 마치 제석천과 같이 꾸며서 북을 치며 음악을 연주하고 노래를 부르며 제가 있는 곳으로 왔습니다."

이때 파순은 수많은 마녀와 비빈들을 데리고 와서 성인(聖人)을 고뇌에 빠뜨릴 계획을 세웠다. 매우 화려하고 요염한 육체를 지닌, 보기 드문 마녀 1만 2천은 희귀한 보석으로 요란하게 단장하였다. 속세를 떠난 보살을 번뇌케 하는 것은 쉽지 않다지만, 지세상인이 어떻게 물리칠 것인가. 아름답게 차려입지 않은 자가 없고 얼굴이 곱지 않은 자가 없으

같은 뜻이다.

30 '已'는 原錄에서는 '己'로 되어 있다. [校注] 갑・을권 모두에서는 '已'로 되어 있다. 문맥으로 보아 '已'가 맞다. 이에 의거하여 바로잡는다. 徐震堮은 '自己'는 '已自'가 되어야 할 것 같다고 했는데 타당해 뵈지는 않는다.

31 '於'자는 앞 구에 비춰 임의로 보충한 것이다.

32 '停藤'을 蔣禮鴻은 "停當, 定當"이라고 하였고, 項楚는 '舒緩, 遲延'의 뜻이라 하였다. [校注] '藤'은 '騰'의 增旁 誤字이다. '停藤'은 '斟酌'의 뜻이다. 「妙法蓮華經講經文(2)」 주석 42)번을 참조하라.

33 '須'는 原錄에서는 '如'로 오록되어 있다. [校注] 갑・을권에서는 '須'로 되어 있다. 이에 의거하여 바로잡는다. 『新書』도 이와 같다.

34 '穩審'은 '仔細, 妥當'의 뜻이다. 『通釋』 해당 항목에 상설되어 있다.

35 '顔'은 原錄에서는 '艶'으로 오록되어 있다. [校注] 갑・을권에서는 모두 '顔'으로 되어 있다. 이에 의거하여 바로잡는다. 『新書』도 이와 같다.

36 '簫'는 原錄에서는 '蕭'로 되어 있다. 徐震堮은 이는 '簫'가 되어야 한다고 했다. [校注] 갑・을권에서는 모두 '簫'로 되어 있다. 이에 의거하여 바로잡는다.

니, 만일 교태를 부리며 유혹을 하면 반드시 무너지고 말 것이다. 이들 마녀 하나하나는 모두가 꽃이고 옥이다. 몸은 부드럽고 연하여 갓 무산(巫山)에서 내려온 듯하고, 모습은 아리따워 금방 선동(仙洞)을 나온 듯하다. 모두들 복사꽃 같은 얼굴에 버들잎 같은 눈썹을 지녔다. 천천히 걸으면 바람이 연꽃에 불어오는 듯하고, 서서히 걸어가면 물이 연잎을 흔든다. 붉은 입술은 보드라운데 주홍빛을 띠기도 선홍빛을 띠기도 하고, 눈(雪) 같은 치아는 매우 고른데 새하얗고도 정결하다. 가벼운 비단으로 몸을 닦고 몸에서는 특이한 향기가 풍긴다. 얇은 깁을 휘감은 몸에서는 기이하고도 선명한 광채가 어린다. 자리 오른쪽에 줄지어 섰는데, 푸른 하늘에는 오색구름이 떠 있고 푸른 연못에는 온갖 꽃들이 만발하였다. 드물고 드물며 기이하고 기이하도다. 그저 마녀를 시켜 그를 어지럽혀서는 그의 마음을 움직일 수 없다. 마녀 수 명을 연달아 그 앞에 나서게 하여, 은근하게 꽃을 바치고, 기이한 향을 사르며 경건한 태도로 보살을 시중들게 하자. 옥 같은 손가락을 모아 거듭 절을 올리며 아리따운 말과 교태 띤 말로 절절하게 속삭인다. 악기를 타고, 시를 낭송하고, 요조한 자태를 과시하고, 노래를 부르기도 한다. 월나라의 미녀를 칭찬 말고 조아(曹娥)를 얘기 말라. 지세보살은 신심이 두터워 그녀들을 보아도 물리치고 말 것이다. 훌륭하고도 훌륭하며 드물고도 드물도다. 이처럼 아름다운 육체에 어찌 마음이 움직이지 않을까. 내가 그녀들을 본다면 정신이 혼미해질 것이고 남들 역시 마음이 혼란해질 게 틀림없다. 그는 수행에 몰입해 있어 유혹해도 고개를 돌리고 말 것이고, 심간(心肝)이 쇠처럼 강인하여 보아도 물리치고 말 것이다. 마왕이 말하기를, "내가 이렇게 가면 보살은 분명 나를 알아볼 것이니 제석으로 분장하고 가는 게 낫겠다." 이리하여 마왕은 호화롭게 분장을 하고서 궁성을 나가 지상으로 향했다. 따르는 이들이 그 주위를 백 겹 천 겹으로 에워싼 채 악기를 연주하고 노래를 부르는데 그 대오가 스물넷이나 되었다. 걸어서 천문(天門)을 벗어나 아득히 궁성을 떠나는데, 파순이 무리의 앞에 섰고 마녀들이 그 뒤를 따랐다. 악기를 든 자는 요란하게 음악을 연주하니 푸른 하늘이 떠들썩하고, 향을 사르는 자는 연기가 자욱하게 피어오르도록 향을 피웠다. 꽃처럼 아름다운 미모를 서로 다투며 각자 요조한 용모를 과시한다. 꽃을 든 자들은 들고 있는 꽃 색과 다를 바 없고, 진주를 받든 자들은 진주와 다를 바 없이 아름답다. 비파 소리는 봄철의 앵무새와 서로 어울리고, 피리 소리는 봉황의 울음소리에 어우러진다. 갈고를 두드리는 소리는 쟁반 위에서 옥을 부수는 듯하고, 아쟁을 타는 소리는 기러기가 대열을 이루어 현 위를 날아다니는 듯하다. 현악기와 관악기의 어울림은 태상(太常)[37]의 아름다운 음악도 비길 수 없고, 우렁찬 노래 소리는 호부(胡部)[38]인들 대적할 수 있을까. 아리따운 모습 더욱 고와지고 요염한 육체 더욱 풍만해진다. 한 무리 한 무리는 사색(四色)의 꽃이 늘어선 듯하고, 한 대오 한 대오는 오색구름처럼 수려한데, 푸른 하늘을 빙그르르 선회하고 맑은 허공을 빙글빙글 돈다. 멀리서 이를 보면 깜짝 놀라고, 가까이서 보면 혼백이 달아나 정신을 잃고 만다. 이들이 하늘에서 내려오는데 마치 천화(天花)가 온 천지에 가득히 흩날리는 듯하고, 마왕의 궁전을 나서니 선녀가 우주를 어지러이 날아다니는 듯하다. 천녀들은 모두 기뻐 어쩔 줄 모르고, 마왕도 흐뭇해한다. 이 계략이 성공하게 되면 지세의 수행은 반드시 퇴락하고 말 것이다. 용모가 제석(帝釋)과 흡사하고 위의는 범왕(梵王)을 닮아 있어, 성인은 반드시 의심하지 않을 것이고 지세는 이상히 여기지 않을 것이다. 천녀들은 각자 육률(六律)[39]을 연주하고 모두들 오음(五音)[40]을 노래한다. 노래 부르는 자는 도심(道心)을 지닌 듯 위장하고, 공양하는 자는 경건한 척 꾸민다. 성인이 깨닫지 못하게 하고, 보살이 눈치 채지 못하게 하라. 말을 할 때는 그럴듯하

37 종묘 등의 제사를 맡은 벼슬.

38 당대 호악(胡樂)을 관리하던 기관.

39 십이율 가운데 양성(陽聲)에 속하는 여섯 가지 소리. 황종, 태주, 고선, 유빈, 이칙, 무역을 이른다.

40 궁(宮), 상(商), 각(角), 치(徵), 우(羽)의 다섯 음률.

게 하고, 유혹할 때는 적절히 하라. 각자는 손에 선화(鮮花)를 받쳐 들고, 나는 향로에 사향(麝香)을 피우겠다. 진주 같은 얼굴을 드러내고 아리따운 자태를 내보일 것이며, 옥 같은 모습을 드러내어 아름다움을 더하도록 하라. 요란한 피리소리 앞에서 인도하고 떠들썩한 음악소리 한데 어우러진다. 한순간에 구름에서 내려와 모두 선방 안으로 들어갔다.

吟[41] 魔王隊杖[42]利(離)天宮, 欲惱聖人來下界.
廣設香花申供養, 更將音樂及弦歌.
淸[43]冷空界韻嘈嘈, 影亂雲中聲響亮;
胡亂[44]莫能相比並, 龜慈(茲)不易對量他.
遙遙樂引出魔宮, 隱隱排於霄漢內;
香爇煙飛和湍(瑞)氣, 花擎寮(繚)亂動祥雲.
琵琶弦上弄春鶯, 簫笛管中鳴錦鳳;
揭[45]鼓杖頭敲碎玉, 秦箏絲上落珠珍.
各裝美貌逞逶迤, 盡出玉顔誇艷態;
個個盡如花亂發, 人人皆似月娥飛.

---

41 갑・을권에는 모두 '吟'자가 있다. 原錄에서는 누락된 글자를 보충하는 부호를 넣고 있는데 이는 타당하지 못하다.

42 '杖'은 原錄에서는 '仗'으로 되어 있다. [校注] 갑・을권에서는 모두 '杖'으로 되어 있다. '杖'은 '仗'과 통하지만 직접 '仗'으로 수정하는 것은 옳지 않다. '隊仗'은 변문에서 자주 보인다. 본편 위 문장 "不如作帝釋隊仗(引者按 : 이 '仗'자가 갑・을권 모두에서는 이처럼 되어 있다)"은 그 예이다.

43 '淸'은 갑권에서는 '請'으로 되어 있다. 여기서는 을권에 의거하여 수정한다.

44 [徐震堮] '亂'은 '部'로 보아야 할 것 같다. 위 문장 "胡部之豈能比對"는 그 증거이다. [校注] '亂'은 갑・을권 모두에서는 간체자 '亂'으로 되어 있는데, 이는 '部'의 형와자일 것이다. '胡部'는 '龜茲'와 대응되며, 西域樂曲을 가리킨다. 『隋書』「音樂志」에는 隋代의 '九部樂'을 언급하고 있는데 여기에는 淸樂, 西涼, 龜茲, 天竺, 康國, 疏勒, 安國, 高麗, 禮畢이 있다. '胡部'는 여기에서 나온 것이다.

45 '揭'는 原錄에서는 '楊'으로 되어 있다. 徐震堮은 이를 '羯'로 교정하였다. [校注] 갑권에서는 '揚'으로 되어 있는데 이는 '揭'의 형와자이다. '揭'는 '羯'과 통한다. 위 문장 "杖敲揭鼓" 原校에서는 '揭'를 '羯'로 교정하였는데 이는 그 예이다.

從天降下閉乾坤, 出彼宮中遮宇宙;
乍見人人魂膽碎, 初觀個個盡心驚.

韻 波旬是日出天來, 樂亂淸霄碧落排;
玉女貌如花艷圻(坼), 仙娥體似[46]月空開.
妖桃[47]强逞[48]魔菩薩, 美質徒誇惱聖懷.[49]
鼓樂弦歌千萬隊, 相隨捧擁競[50]徘徊.
誇艷質, 逞身才, 窈窕如花向日開.
十指纖纖如削玉, 雙[51]眉隱隱似刀裁.
擎樂器, 又吹嚾, 菀(宛)[52]轉雲頭漸下來;

---

46 '似'는 原錄에서는 '是'로 오록되어 있다. 【校注】 갑·을권에서는 모두 '似'로 되어 있다. 이에 의거하여 바로잡는다. 『新書』도 이와 같다.

47 '妖桃'를 徐震堮은 '妖嬈'라 교정하였는데 정확하지 못하다. 【蔣禮鴻】 '妖桃'는 얼굴이 요염한 복사꽃 같음을 얘기한 것이다. 【校注】 위 문장 "盡帶桃花之臉, 皆分柳葉之眉." 또 北京 河字 12호 「父母恩重經講經文」: "푸른 눈썹 복사꽃 얼굴은 어느새 바뀌어(翠眉桃臉潛移改)." 이들이 비유하는 바는 서로 비슷한데, 이는 그 증거가 된다.

48 '逞'은 갑·을권에서는 모두 '走' 편방으로 되어 있는데 이는 '逞'의 이체자이다. '辶' 편방과 '走' 편방은 의미가 비슷하여 俗書에서는 자주 혼용되곤 한다. 이를테면 '透'자를 '走' 편방으로 적기도 하고, '違'자를 '走' 편방으로 적기도 한다. 『通釋』 '妖桃' 항목에서는 '逞'자를 문구 맨 앞으로 옮겨야 한다고 했는데 정확하지 못하다. 다음 주석에서 상설한다.

49 이 문구가 갑권에서는 "羨質徒誇惱聖懷"로 되어 있고, '羨'자 우측 아래에 '美'자를 덧붙이고 있다. 이는 '羨'은 '美'자를 잘못 적은 것임을 가리키는 것이기에 마땅히 '美'자로 수정한다. "美質徒誇惱聖懷"는 앞 구 "妖桃强逞魔菩薩"과 대구가 되는데 '誇'와 '逞'은 같은 뜻이다. 이리 보면 문맥과도 부합된다. 을권의 필사자는 '美'자를 누락된 글자의 보완으로 잘못 판단하여 '羨'자 뒤에 '美'를 보충하여 "羨美質徒誇惱聖懷"라 적었다. 그런 뒤에 '誇'자에 삭제 표시를 하여 字數를 일곱 자로 짜 맞추었다. 原錄은 이를 따르고 있으니 큰 실수가 아닐 수 없다. 또 『通釋』에서는 '徒'를 '圖'로 교정하였는데 정확하지 못하다.

50 '競'은 原錄에서는 '竟'으로 오록되어 있다. 【校注】 갑·을권에서는 모두 '竸'으로 되어 있는데 이는 '竟'의 속자이다. 이에 의거하여 바로잡는다. 『新書』도 이와 같다.

51 '雙'은 갑·을권에서는 모두 '雙'으로 되어 있는데 이는 '雙'의 會意 俗字이다. 『龍龕手鏡』雨部: "䨹, 或作; 雙, 正: 所江反, 兩貌也. 今作雙, 同也." 돈황사본에서 '兩'자와 '雨'자는 혼용되어 쓰인다. 그러므로 '雙'은 兩隻(隻이 두 개)이다.

52 '菀'은 原錄에서는 '莞'으로 오록되어 있다. 【校注】 갑·을권에서는 모두 '菀'으로 되어 있다. 이에 의거하여 바로잡는다.

簫笛音中聲遠遠, 琵琶弦上韻哀哀.
歌瀝瀝, 笑咍咍, 圍遶波旬匼匝[53]排.
隊杖[54]恰如帝釋下, 威儀直似梵王來.
須穩審,[55] 莫教猜,[56] 詐作虔誠禮法臺;
問誶[57]莫教生驚覺, 慇懃勿遣有遺乖.[58]
沉與麝, 手中臺,[59] 供養權時盡意懷;
直待[60]聖人心錯亂, 隨伊動處嬈將來.
須記當, 領心懷, 莫遣修行法眼開;
持世若教成道後, 魔家眷屬定須摧.
巧稅調, 好安排, 强著言詞說意懷;
著相見時心墮落, 隨情順處誘將迴.
歌與樂, 競[61]吹嚾, 合雜喧譁溢路排.

---

53 ‘匼匝’은 原錄에서는 ‘迨迎’으로 되어 있다. [徐震堮] ‘迎’은 ‘迊’이며 이는 곧 ‘匝’자이다. ‘迨’은 ‘匼’과 같다. [校注] 갑・을권에서는 모두 ‘迨迊’으로 되어 있는데 이는 ‘匼匝’의 속체이다. 이에 의거하여 바로잡는다.

54 [徐震堮] ‘杖’은 ‘仗’으로 보아야 한다.

55 ‘穩審’은 을권에서는 ‘隱審’으로 되어 있다. [校注] ‘隱’과 ‘穩’은 古今字이다. 『方言』 권 8: “隱, 定也.” 『廣雅』 釋詁: “隱, 安也.” 清 潘奕雋 『說文解字通正』: “佛書安隱, 是今之穩字, 古亦作隱.” 돈황사본에서 ‘隱’과 ‘穩’은 둘 다 보인다.

56 ‘猜’는 原錄에서는 ‘積’으로 되어 있다. 徐震堮은 ‘猜’로 보아야 한다고 했다. [校注] ‘猜’와 ‘積’은 형태가 비슷하여 잘못 적기 십상이다. 여기서는 서씨의 견해에 따라 바로잡는다.

57 ‘誶’는 갑・을권에서는 모두 ‘誶’로 되어 있는데 이는 ‘誶’의 속체이다. ‘誶’와 ‘訊’은 고대에는 서로 통용되었다. 潘校는 ‘誶’은 ‘訊’이어야 한다고 했는데 정확하지 못하다.

58 [潘重規] ‘遺’는 ‘違’가 되어야 할 것 같다. [校注] ‘遺’는 ‘분실하다’, ‘잃어버리다’는 뜻으로, ‘乖’자와 비슷한 의미로써 連用되고 있다. ‘遺’자는 오류가 아니다.

59 [徐震堮] ‘臺’는 ‘擡’로 보아야 한다.

60 ‘直待’는 原錄에서는 ‘眞侍’로 되어 있다. 徐震堮은 이를 ‘直待’로 교정하였다. [校注] 갑권에서는 본래 ‘直待’로 되어 있다. ‘待’자 윗부분의 삐침(ノ)과 세로획(丨)이 ‘直’자 아래에 붙어 있다. 을권에서는 이를 ‘眞侍’로 오인한 것이고, 原錄은 그 잘못을 따르고 있다.

61 ‘競’은 原錄에서는 ‘竟’으로 오로되어 있다. [校注] 갑・을권에서는 모두 ‘竸’으로 되어 있는데 이는 ‘競’의 속자이다. 이에 의거하여 바로잡는다. 『新書』도 이와 같다.

魔女魔王入室也, 作生[62]嬈惱處唱將來.

음(吟) 마왕의 무리들 천궁을 떠나

성인을 번뇌케 하고자 세상으로 내려왔다.

향화(香花)를 마련하여 공양 올리고

음악을 연주하고 노래를 부른다.

맑고 차가운 허공에 그 소리 요란하고

어지러운 구름 속에 그 소리 떠들썩하다.

호부(胡部)도 이에는 비할 수 없고

구자(龜茲)도 그와는 대적하기 어렵다.

아득히 음악소리 마궁(魔宮)을 벗어나

은하수 안에 은은히 전해져 온다.

향을 사른 연기는 서기(瑞氣)와 뒤섞여 날고

손에 들린 꽃은 어지러이 상운(祥雲)을 뒤흔든다.

비파 소리는 봄날의 앵무새를 희롱하고

피리 소리에 비단 봉황이 울어댄다.

갈고의 북채는 옥을 때려 부수고

아쟁의 현 위로 진주가 떨어진다.

아름답게 꾸민 외모 끊임없이 계속되고

옥 같은 얼굴에 요염한 자태를 뽐낸다.

하나하나가 모두 만발한 꽃과 같고

한 사람 한 사람이 모두 달 속의 항아처럼 날아간다.

하늘에서 내려와 천지를 뒤덮고

마궁에서 나와 우주를 가로막는다.

---

62 '生'은 '甚'으로 보아야 한다. S.4571「維摩詰經講經文」: "이날 세존이 설법하고자 하는데, 또 어떤 이들이 와 있는지 곧 唱으로 나오리라(當日世尊欲說法, 因更有甚人來也唱將來)." 또 "마침내 암라원에 도착하여 다 같이 예불을 드리는데, 어떻게 예배하는지 唱으로 곧 나오리라(總到菴園齊禮佛, 作何禮敬也唱將來)." 이 문구들과 구조가 비슷한데 이는 참고할 필요가 있다.

이를 본 자들은 혼담(魂膽)이 부서지고
이를 본 사람들은 모두 가슴이 두근거린다.

운(韻) 파순이 이날 하늘에서 내려오는데
음악이 어지러이 푸른 하늘에 흩어지고
꽃처럼 아리따운 옥녀의 모습이 보이고
월궁(月宮)의 항아와 같은 천녀가 하늘을 난다.
복사꽃 같은 미모로 보살을 유혹하고
아름다운 육체로 성인(聖人)의 마음을 괴롭힌다.
북을 치고 아쟁을 타는 수천수만의 무리들
서로의 뒤를 따르며 악기를 품에 안고 배회한다.
아리따운 육체를 과시하고 몸의 재주를 내보이며
태양을 향해 피어나는 꽃처럼 요조하기만하다.
옥으로 깎은 듯한 섬섬옥수
칼로 재단한 것 같은 은은한 두 눈썹.
악기를 안고 연주를 하면서
구름 속을 선회하며 조금씩 내려온다.
피리 소리 멀리까지 들리고
비파 소리 애절하다.
노래를 부르고 웃음을 웃으며
파순 주위를 에워싼다.
의장(儀仗)은 제석(帝釋)과 같고
위의(威儀)는 범왕(梵王)을 닮았다.
의심하지 않게 조심해야 하고
법좌(法座)에 예배 올릴 때는 경건함을 꾸며야 한다.
질문할 때도 경각심이 생기지 않도록 해야 하고
은근한 태도를 보일 때도 의심이 들지 않도록 해야 한다.
사향(麝香)을 두 손으로 받들어

공양 올릴 때에도 온 마음을 다 해야 한다.
성인의 마음이 혼란스러워지면
그가 이르는 곳마다 그대들도 따라야 하리.
반드시 기억하고 마음에 새겨둬야 할 것이니
법안(法眼)이 열리게 내버려둬서는 안 된다.
지세보살이 도를 이루게 되면
마왕의 권속은 파멸되고 말리라.
교묘히 유혹하도록 잘 준비하여라.
마음을 꾸며서 말을 걸도록 하라.
그대들을 대하면 보살의 마음은 추락할 것이니
그 마음을 따라 유혹한 뒤 돌아오라.
앞 다투어 노래하고 연주하니
소란스러움이 길 위에 가득한데
마녀와 마왕은 방으로 들어가
아리따움으로 보살을 괴롭히는데 그 창이 곧 나온다.

經云: 與其眷屬啓首[63]我足, 合掌恭敬, 及[64]至而修堅法. 時波旬有偈:

詩 爲重修禪向此居, 我今時固[65]下雲衢;

---

63 '啓首'는 '稽首'가 되어야 한다. '啓'와 '稽'는 돈황사본에서 통용된다. 『維摩詰經』 경문에서는 '稽首'로 되어 있다.

64 '及'은 '乃'의 오자인 듯하다. P.3485 「大目乾連冥間救母變文」: "천당지옥은 만들어낸 말이 아니네(天堂地獄及非虛)." 이 '及' 역시 '乃'의 오자이다.(S.2614와 P.2319에서는 '乃'자로 되어 있다) '乃至'는 강경문에서 경문을 인용할 때 자주 쓰이는 문구이다.

65 『通釋』 '時固'는 '特意'이다. '特'은 舌頭音이고, '時'는 正齒音이다. 舌音과 齒音 두 음은 中古시대에는 엄격한 구분이 없었다. 그러므로 '時'는 '特'이다. [項楚] '時固'는 '特故'가 되어야 한다. '時'는 '特'의 형와자이고, '固'는 '故'의 음와자이다. 「佛報恩經講經文」: "特故朝參辭父王"과 같은 예가 그 증거이다. [校注] '時'자는 돈황사본에서 흔히 '䓃'으로 적는데 이는 '特'자와 형태가 비슷하여 오독되기 쉽다. 항씨의 견해가 비교적 합당하다.

欽依戒行如蟾淨, 憶想淸高似嶽孤.

入定不知功行久, 坐禪未委法何如;

今將眷屬來瞻禮, 不審師兄萬福無?

白 爾時波旬語持世曰 :「上人修行日久, 禪定時多. 勞[66]法德以抦[67]持, 繼心神如守志.[68] 茅堂閴[69]靜, 石室幽虛. 想知辰[70]夜寂寮(寥), 伏計日常勞倦. 禪門深遠, 空法難明. 不知所證淺深, 未委有何功行. 我辭空界, 來下天宮. 爲思德行無殊, 爲憶孤高有異. 今朝欣逢, 伏望大聖慈悲, 與我小談法味.」

魔王又偈 :

平詩暫抛五欲下天來, 要禮師兄禪坐臺;

鼓樂弦歌申供養, 香花珍[71]果表心懷.

欣瞻大士欣千度, 喜禮高人喜百迴;

伏望慈悲宣妙法, 我今總望滅塵埃.

爾時持世不識魔王, 將爲嬌尸迦, 錯認作帝釋, 所以經言 :「我言爲[72]是帝釋, 而語之言 : 善來, 嬌尸迦!」乃至「與[73]修堅法.」

白 當日持世菩薩告言帝釋曰 :「天宮壽福有期, 莫將富貴奢花(華), 便作長時久遠. 起坐有自然音樂, 順意笙歌. 所以多異種香花, 隨心自在. 天男天女, 捧擁無休; 寶樹寶林, 巡遊未歇. 隨心到處, 便是樓臺; 逐意行時, 自成寶香. 花開便爲白日, 花合卽是黃昏. 思衣卽羅綺千

66 '勞'는 '牢'로 보아야 한다. 이 두 글자는 돈황사본에서 통용되는 사례가 많다.

67 '抦'은 '집다'라는 뜻이다. 『玉篇』: "抦, 執持也." 『集韻』: "抦, 持也. 或作柄、棅, 通作秉." 原錄에서는 '柄'으로 되어 있는데 이는 原卷의 자형과는 일치하지 않는다.

68 蔣禮鴻은 '繼'를 '繫'로 보았고, '如'를 '而'로 보았는데 모두 옳다.

69 '閴'은 갑 · 을권에서는 모두 '閴'으로 되어 있는데 이는 '闃'의 속와자이다. 原錄에서는 '具'로 되어 있는데 정확하지 못하다.

70 【徐震堮】 '辰'은 '晨과 같다.

71 '珍'은 갑 · 을권에서는 모두 '沵'로 되어 있는데 이는 '沴'의 속체이다. 문중의 이 글자는 '珎'의 오자이고, '珎'는 '珍'의 속자이다.

72 '言爲'는 『維摩詰經』 경문에서는 '意謂'로 되어 있다.

73 '與'는 '而'로 보아야 한다. 『維摩詰經』 경문에서는 '而'자로 되어 있다.

重, 要飯卽珍羞百味.[74] 如斯富貴, 實卽奢花(華). 皆爲未久之因緣, 盡是不堅之福力. 帝釋, 帝釋, 要知, 要知. 休於五欲留心, 莫向天宮恣意. 雖卽壽年長遠, 還無究竟之多; 雖然富貴嬌[75]奢, 豈有堅牢之處. 壽夭力盡, 終歸地獄三途; 福德纔無, 卻入輪迴之路. 如火然盛, 木盡與[76]變作塵埃; 似煎(箭)射空, 勢盡而終歸墮地. 未逃生死, 不出無常. 速捐[77]內外之珍財, 證取無爲之妙果. 懃於佛法, 悟取眞如. 少戀榮華, 了知是患.[78] 深勞帝釋, 將謝道從. 與君略出甚深,[79] 悟取超於生死.」

경전에서 말하기를, "그 권속들과 함께 제 발에 머리를 숙여 예배하고 두 손을 합장하고 나서"에서부터 "견고하게 간직할 수 있는 수행(堅法)을 닦아야 할 것입니다"까지.

이때 파순의 게송이 있다.

시(詩) 선(禪)을 닦고자 이곳을 향하여

나는 오늘 일부러 구름을 타고 내려왔네.
계율을 지켜 행동이 달처럼 깨끗함을 부러워하고
생각이 높은 산처럼 맑고 고고함을 흠모하였네.
입정(入定)의 공덕이 얼마나 되었는지 알지 못하고
좌선의 법력이 어떠한지 알 수 없네.
지금 권속을 이끌고 예배 올리러 왔는데
사형(師兄)께선 복업이 어떠하십니까?

---

74 '味'는 갑권에서는 '未'로 되어 있다. 여기서는 을권을 따른다.

75 '嬌'는 原錄에서는 '驕'로 되어 있다. 【校注】 갑・을권에서는 모두 '嬌'로 되어 있다. '嬌' 자를 고칠 필요 없다. 아래 문장의 '嬌奢'를 原錄에서는 모두 '驕奢'로 수정하였는데 이는 옳지 못하다.

76 '與'는 '而'와 통한다. 아래 문장 "勢盡與終歸墮地"의 '與'자도 마찬가지다. 原錄에서는 모두 직접 '而'로 수정하였는데 이는 옳지 못하다.

77 '捐'은 갑・을권에서는 모두 '指'로 되어 있다. 徐震堮은 이를 '捐'으로 보았다. 여기서는 이를 따른다.

78 '患'은 갑권에서는 '悉'로 오록되어 있다. 여기서는 을권에 의거하여 수정한다.(을권에서도 처음에는 '悉'로 적었다가 나중에 '患'으로 고쳐 적었다)

79 '甚深'은 '매우 깊다'는 뜻이다. 문중에서는 심오한 佛法을 가리킨다.

백(白) 이때 파순이 지세에게 말하기를, "상인께서는 오랜 세월 수행을 하시어 선정에 드시는 시간이 많습니다. 불법(佛法)을 힘써 닦으시고 심신(心神)을 붙들어 매어 본지(本志)를 지키십니다. 모옥(茅屋)은 조용하고 석실(石室)은 외져서, 새벽부터 한밤중까지 적막 속에서 지내실 것이고, 일상이 힘들고 권태를 느끼실 것으로 생각합니다. 선문(禪門)은 심원하고 불법(佛法)은 이해하기 어려운데, 얼마나 깊이 그것을 이해하셨으며, 또 공덕은 어떠하신지 모르겠습니다. 제가 하늘을 떠나 천궁에서 내려온 것은, 덕행을 닦기 위해서지 고고함을 생각해서가 아닙니다. 오늘 기쁘게도 보살님을 뵈었으니, 부디 자비로이 제게 불법의 묘미를 좀 말씀해 주시오."

마왕의 게송이 다시 나온다.

평시(平詩) 잠시 오욕(五欲)을 버리고 하늘에서 내려와
사형(師兄)의 선좌대(禪座臺)에 절을 올리네.
북 치고 음악을 연주하여 공양 올리고
향화(香花)와 과일로 마음을 표하네.
대사(大士)를 흠앙하여 천 번을 기뻐하고
기꺼이 고사(高士)에 백 번 절 올리겠네.
부디 자비로이 묘법을 설해주시어
제가 지닌 진애(塵埃)를 말끔히 없애주소서.

이때 지세는 마왕임을 알아보지 못하고 그를 교시가(憍尸迦) 제석천으로 오인하였다. 그리하여 경전에서는 "저는 마음속으로 이들을 제석천이라고 생각하고 말했습니다. 잘 오시었소, 교시가(憍尸迦)여"부터 "견고하게 간직할 수 있는 수행을 닦아야만 합니다"까지를 말하였다.

백(白) 이날 지세보살이 제석[80]에게 말하였다. "천궁(天宮)의 복덕은 유한하니 부귀영화가 영원하리라고 생각해서는 안 됩니다. 움직일 때마다

80 마왕 파순을 가리킴. 이하 동일.

절로 음악이 들려오고 마음에 맞는 피리 소리가 들려옵니다. 수많은 향기로운 꽃이 마음을 여유롭게 합니다. 천남천녀가 항상 받들어 모시고, 보배로운 숲속을 쉴 새 없이 순유(巡遊)합니다. 이르는 곳마다 누대가 있고, 움직일 때마다 귀중한 향이 피어납니다. 꽃이 피어나면 밝은 낮이 되고, 꽃이 지면 황혼이 찾아옵니다. 옷을 생각하면 비단이 산처럼 쌓이고, 음식을 생각하면 백 가지 진수성찬이 나타납니다. 이 같은 부귀함은 오래 지속될 수 없는 것들이라서 모두 견고하지 못한 복덕일 뿐입니다. 제석이여, 이를 깨달아야 합니다. 오욕(五欲)에 얽매여 있는 마음을 쉬게 하고, 천궁에서의 방일함을 그만두어야 합니다. 수명 비록 길다 하나 무한한 것은 아니고, 부귀 비록 영화롭다지만 이것 역시 견고하지 않습니다. 수명이 다하고 힘이 사라지면 결국 삼악도 지옥으로 돌아가게 되고, 복덕이 사라지면 윤회의 길로 들어서게 됩니다. 불(火)길이 제아무리 거세도 나무가 다하고 나면 재로 변해버리는 것과 같고, 허공으로 쏜 화살이 그 힘이 다하면 땅으로 떨어지는 것과 같습니다. 생사에서 벗어날 수 없고 무상함에서 달아날 수 없습니다. 속히 안팎의 재물을 내버리고 무위(無爲)의 묘과(妙果)를 얻도록 하십시오. 불법(佛法)에 정진하시어 진여를 얻으십시오. 영화(榮華)에 얽매이지 마시고, 그것들이 곧 재앙임을 깨달으십시오. 그대에게 심오한 불법을 대략 얘기하였는데, 부디 생사에서 벗어나는 깨달음을 얻도록 하십시오."

古吟上下 天宮未免得無常, 福德纔微[81]卻墮落;
　富貴驕奢終不久, 笙歌恣意未爲堅.
　任誇玉女貌嬋娟, 任逞月娥多艷態;
　任你奢花(華)多自在, 終歸不免卻無常.
　任誇錦繡幾千重, 任你珍羞餐[82]百味;

81 '微'는 原錄에서는 '徽'로 되어 있다. 袁賓은 이를 '微'라 교정하였다. 【校注】 갑・을권에서는 모두 '微'로 되어 있다. 이에 의거하여 바로잡는다.

任是[83]所須皆總對,[84] 終歸難免卻無常.
任教福德相嚴身, 任你眷屬長圍遶;
任你隨情多快樂, 終歸難免卻無常.
任教清樂奏弦歌, 任使樓臺隨處有;
任遣[85]嬪妃[86]隨後擁, 終歸難免也無常.
任伊美貌最希奇, 任使天宮多富貴;
任有花開香滿路, 終歸難免卻無常.
莫於上界恣身心, 莫向天中五欲深;
莫把嬌奢爲究竟, 莫耽富貴不修行.
還知彼處有傾摧, 如剪(箭)射空隨志(至)[87]地.
多[88]命財中能之[89]了, 修行他不出無常.

---

82 '餐'은 原卷에서는 '飡'으로 되어 있는데 이는 '餐'의 속자이다.

83 '是'는 原錄에서는 '你'로 오록되어 있다. 【校注】 갑·을권에서는 모두 '是'로 되어 있다. 이에 의거하여 바로잡는다.

84 '對'는 原錄에서는 '到'로 되어 있다. 【校注】 을권에서는 '剄'로 되어 있고, 갑권에서는 왼쪽 상반부가 덧칠해져 있는데 마찬가지로 이 역시 '剄'자인 것 같다. '剄'는 '對'의 속자이다. 「長興四年中興殿應聖節講經文」: "밤에 별을 바라보며 보배로운 향을 사르네(夜對星辰焚寶香)." 原卷에서는 '對'가 '剄'로 되어 있다. 原卷에서는 '對'가 '剄'로 되어 있다. 이들은 모두 참고할 필요가 있다.

85 '遣'은 갑·을권에서는 모두 '遺'로 되어 있다. 여기서는 徐震堮의 견해를 좇아 수정한다.

86 '嬪妃'는 原錄에서는 '妃嬪'으로 오록되어 있다. 【校注】 갑·을권에서는 모두 '嬪妃'으로 되어 있다. 이에 의거하여 바로잡는다. 『新書』도 이와 같다.

87 '志'는 原校에서는 '墮'로 되어 있는데 정확하지 못하다. 郭在貽는 이를 '至'로 보았는데 이는 옳다. '至'와 '志'는 음이 비슷하며 서로 통용된다. 돈황사권에서 자주 보인다.

88 '多'는 '身'으로 보아야 한다. 이 두 자의 초서체는 비슷하다. 아래 문장 "身命財中能悟解" "身中始得堅牢藏" 이들 구문에서의 '身'자가 갑권에서는 모두 '多'로 오록되어 있고 그 우측 옆에 '身'자를 적어 바로잡고 있다. 이는 '身'과 '多' 두 글자가 오독되기 십상임을 보여준다. '身命財'는 人身, 壽命, 財寶를 가리킨다. 後秦 僧肇『注維摩詰經』 권4: "삼견법이란 신보·명보·재보를 말하는데, 만일 신체와 생명을 잊고 보배를 내던지고 누대의 봉록을 버리고서 수행을 쌓으면, 반드시 영원한 육신과 변함이 없는 생명과 다함이 없는 재물을 얻게 될 것이다(三堅法, 身命財寶也. 若忘身命、棄財寶、去封累而修道者, 必獲無極之身、無窮之命、無盡之財也)."

89 '之'는 原錄에서는 '知'로 되어 있다. 【校注】 갑권에서는 '⻌'로 되어 있는데 무슨 글자인

索[90]將勞帝釋下天來, 深謝弦歌鼓樂排;
玉女盡皆覺[91]悟取, 嬋娟[92]各要出塵埃.
天宮富貴何時了, 地獄煎遨[93]幾萬迴;
身命財中能悟解, 使能久遠出三災.
須記取, 領[94]心懷, 上界天宮卻請迴;
五欲業山隨日滅, 耽迷障嶽逐時摧.
身中[95]使[96]得堅牢藏, 心上還除染患胎;
帝釋敢(感)師兄說法力, 著何酬答唱將來.

고음상하(古吟上下)

천궁(天宮)도 무상함을 면할 수 없으니
복덕은 쇠하여 떨어지고 말 것이고
부귀영화도 오래가지 않으며
피리 소리도 견고하지 않네.
제아무리 옥녀의 아름다운 외모를 자랑하고
제아무리 항아(姮娥)의 아리따운 자태를 내보이고

지 알 수가 없다. 을권에서는 '之'로 되어 있다. '之'는 '知'와 통하지만 직접 '知'로 수정하는 것은 옳지 못하다.

90 '索'은 衍字로 보인다. 위 문장 "深勞帝釋, 將謝道從." '深勞'와 '將謝'가 대구가 되고 있음을 참고할 필요가 있다.

91 '覺'은 갑권에서는 '斊'으로, 을권에서는 '耷'으로 되어 있는데 이 모두는 '覺'의 속와자인 듯하다. 潘重規는 이를 '齊'자로 보았는데 여기서는 따르지 않는다. 「佛說阿彌陀經講經文(2)」주석 177)번을 참조 바란다.

92 '娟'은 原錄에서는 '媢'로 되어 있다. 徐震堮은 이를 '娟'으로 보았다. 【校注】 갑권에서는 마침 '娟'자로 되어 있다. 을권에서는 '媢'라 오록되어 있다. 原錄에서는 을권을 따르고 있는데 이는 옳지 못하다.

93 '遨'는 '熬'로 보아야 한다. 原錄에서는 직접 '熬'로 수정하였는데 이는 타당하지 않다.

94 '領'은 原錄에서는 '傾'으로 오록되어 있다. 【校注】 갑·을권에서는 모두 '領'으로 되어 있다. 이에 의거하여 바로잡는다.

95 '中'은 을권에서는 '終'으로 되어 있다. 原錄에서는 갑권에 의거하여 '中'으로 적으면서 아무런 설명도 붙이고 있지 않다. 이는 스스로 정한 體例에 어긋난다.

96 '使'는 原錄에서는 '始'로 오록되어 있다. 【校注】 갑·을권에서는 모두 '使'로 되어 있다. 이에 의거하여 바로잡는다. 『新書』도 이와 같다.

마음대로 호사를 누려도
끝내 무상(無常)함을 면할 수 없도다.
제아무리 천 겹의 비단을 자랑하고
제아무리 산해진미를 즐기고
마음대로 필요한 것은 다 얻을 수 있어도
끝내 무상(無常)함을 면할 수 없도다.
제아무리 복덕이 이 몸에 가득하고
제아무리 권속들이 주위를 에워싸고
마음대로 즐거움을 다 누려도
끝내 무상(無常)함을 면할 수 없도다.
제아무리 음악 소리 들려오고
제아무리 가는 곳마다 누대가 있고
제아무리 비빈이 그대 뒤를 따라도
끝내 무상(無常)함을 면할 수 없도다.
제아무리 미모가 뛰어나고
제아무리 천궁이 부귀하다하고
제아무리 만발한 꽃으로 거리를 메워도
끝내 무상(無常)함을 면할 수 없도다.
상계(上界)에서 심신을 제멋대로 하지 말고
천궁에서 오욕(五欲)이 깊어지지 않도록 할 것이고
멋대로 사치를 추구하지 말 것이며
부귀에 빠져 수행을 게을리 하지 말 것이다.
그곳도 무너지고 부서지리라는 사실을 알아야 하니
허공에 쏜 화살이 땅으로 떨어지는 것과 똑같다.
긴 목숨과 많은 재물 속에서도 깨달음을 얻어
무상함에서 벗어나야 할 것이다.
제석이 수고롭게도 하늘에서 내려와

북 치고 노래 부르며 줄지어 서 있다.
옥녀는 모두 깨달음을 얻고자 하고
아리따운 천녀들 진애(塵埃)에서 벗어나고자 한다.
천궁의 부귀가 끝이 나면
지옥의 뜨거움이 수만 번.
긴 목숨과 많은 재물 속에서도 깨달음을 얻어
삼재(三災)로부터 영원히 벗어나야 할 것이다.
잊지 말고 마음에 새겨둔 채
상계(上界) 천궁으로 돌아가소서.
오욕(五欲)의 업보는 날로 소멸되고
어리석음과 장애물은 즉시 무너지고 말리라.
육체는 견고한 창고를 얻게 되고
마음은 더러움과 근심의 뿌리를 제거하게 되리라.
제석은 사형(師兄)의 설법에 감화되어
무엇으로 보답하는지 그 창이 곧 나오리.

經[97] : 卽語我言, 正士受是萬二千天女, 可備掃洒.

白 爾時魔王告持世曰[98] :「我暫別欲界, 來下天宮, 喜瞻菩薩威儀, 得到修禪室內. 幸蒙慈念, 迴賜宣揚, 深知五欲不堅, 稍[99]會天中未

97 갑권에서는 '經'자가 있고, 을권에서는 없다. 原錄에서는 갑권에 의거하여 '經'자를 보충해 넣었으면서 아무런 설명도 되어 있지 않다. 이는 옳지 않다.

98 原錄에서는 '曰' 앞에 '因'자가 더 있다. 【校注】 갑권에서는 본래 '因'으로 되어 있고, 그 우측 아랫부분에 '曰'자가 방주로 덧붙어 있다. 이는 '因'은 '曰'의 오자임을 가리키는 것이라 마땅히 '曰'로 수정해야 한다. 을권에서는 '因'자만 있고 '曰'자는 없다. 이리 보면 의미가 통하지 않는다.

99 '稍'는 '頗', '甚'과 같다. 정도가 심함을 나타낸다. 「降魔變文」: "이것은 뉘 집이오? 수목이 울창하게 우거져 있고 집 앞에는 공훈을 알리는 두 개의 기둥이 서 있으며 문밖에는 긴 창과 극이 늘어서 있소이다. 또 아름다운 누각은 황궁과 다름없고 歌妓의 무대며 연못의 정자는 일반 백성의 집과는 사뭇 다릅니다(此是誰家屋宅? 林木森疏, 前安閥閱之門, 外列長戈之戟. 瓊樓寶閣, 菀似皇宮; 歌伎池臺, 稍異庶人之宅)."

久. 多[100]邊障染, 從今應是去除, 心上塵埃, 自此多應屛跡. 蒙沾法雨, 洗湯[101]塵勞; 得飮醍醐, 頓消熱惱. 以感千生之便, 得漸[102]萬善之恩. 我今無異寶珠珍,[103] 報答用酬尊德, 唯將天女, 一萬二千, 奉上師兄, 可酬說法. 幸望慈悲鑒納, 乞垂大士容留. 且令逐日袛供, 可備辰[104]昏驅使. 禪堂幽靜, 空室寂寥, 令伊旦夕添香, 日夜禪堂暖熱, 莫生憂慮, 不請[105]疑猜.[106] 師兄便望收留, 弟子今朝布施.」

　假帝釋有一偈告持世菩薩:

　　　爲欽德行利(離)天宮, 得禮慈悲大聖容;
　　　喜飮醍醐消熱惱, 傾沾法雨蕩塵濛.[107]
　　　來時不奉[108]諸珍寶, 報答何酬說法功;

---

100 '多'는 '身'으로 보아야 한다. '身邊'은 아래 문장 "心上"과 대구가 된다. 본편에서 '身'자는 매번 '多'로 오록되어 있다. 주석 83)번을 참조하라.

101 【徐震堮】 '洗湯'은 '洗蕩'으로 보아야 한다. 【校注】 아래 문장 "傾沾法雨蕩塵濛"의 그 증거이다.

102 '慚'은 原錄에서는 '漸'으로 오록되어 있다. 【校注】 갑·을권에서는 모두 '慙'으로 되어 있는데 이는 '慚'의 속자이다. '慚'과 '感'은 대구가 되고 있는데 모두 '감사하다'는 뜻이다.

103 '珠珍'은 갑권에서는 '洙沵'로 오록되어 있다. 여기서는 을권에 의거하여 바로잡는다.

104 '辰'은 原錄에서는 '晨'으로 되어 있다. 【校注】 갑·을권에서는 모두 '辰'으로 되어 있다. '辰'과 '晨'은 古今字로 서로 통용된다. 아래 문장 "辰昏須遣樂咍咍"의 '辰' 역시 '晨'과 통한다. 原錄에서는 모두 임의로 '晨'으로 수정하였는데 이는 옳지 않다.

105 '不請'은 原錄에서는 '我淸'으로 되어 있다. 徐震堮은 '我淸' 두 글자에는 오류가 있다고 했다. 項楚는 '我淸'은 '不請'이 되어야 하며, '不請'은 唐人의 속어로서 '不必'의 의미라고 하였다. 【校注】 항씨의 견해는 지극히 옳다. 갑권에서는 본래 '我請'으로 되어 있는데, '請'자의 좌측 편방이 간체자로 되어 있고, '我'자의 우측 옆에 '不'자 하나가 덧붙어 있다. 이는 '我'는 '不'의 오자임을 가리킨다. 따라서 '我'를 '不'로 수정해야 한다.(갑권에서 '不'자는 보통 '[illegible]'로 되어 있고, '我'자는 '[illegible]'로 되어 있는데, 그 형태가 비슷하여 오독되기 십상이다) 을권의 필사자는 이를 자세히 살펴보지 않고 '我淸'으로 오록하였고, 原錄은 이를 따르고 있으니, 문맥이 통하지 않는 것도 무리가 아니다. 潘校는 '不淸'은 '請不'이 되어야 한다고 했는데 아직은 조금 못 미친 감이 있다.

106 '猜'는 갑·을권에서는 모두 '積'으로 되어 있다. 여기서는 서진악의 견해를 좇아 바로잡는다.

107 '塵濛'은 '塵累', '塵網'과 같다. 세상사의 속박과 오염을 가리킨다. 본편 아래 문장 "垢染之纖瑕不汚, 塵濛之小許難沾." 여기서도 '塵濛'으로 되어 있다.

108 '奉'은 '捧'과 같다.('奉'과 '捧'은 古今字이다) 아래 문장 "來時不捧諸珍寶." 여기서는

一萬二千天上女，師兄留[109]取且祗恭.[110]

持世告假帝釋曰：「我是修行菩薩，我是出世高人. 一身尙自有餘，何要你許多天女!我以離於染欲，不住世情，知諠譁爲生死之因，悟艶質是[輪]洄(迴)[111]之本，況此之天女，盡是嬌奢恣意染欲之身，耽迷者定入死生,[112] 趣[113]向者必沉地獄. 我以修於佛果，證取眞乘，不居塵世之中，不尋世[114]情之內. 修禪觀行，宜合寂靜省緣，練意澄心,[115] 何要爾多人衆![116] 帝釋帝釋，要知要知，何將[117]艶麗之人，便向吾前布施，但望自家收耳!卻請迴歸，速還本住天宮，早利(離)修禪室內. 莫使凡情驚怪，莫教淺促疑猜，道吾禪定不堅，道我修行退敗. 林間寂靜，

'捧'으로 되어 있다.

109 '留'는 原錄에서는 '收'로 오록되어 있다. 【校注】 갑 · 을권에서는 모두 '留'로 되어 있다. 이에 의거하여 바로잡는다. '留取'는 '留着', '留得'과 같다. '取'는 어조사이다.

110 '恭'은 '供'으로 보아야 한다. '祗供'은 '侍奉', '供奉'의 뜻이다. 위 문장 "且令逐日袛供，可備辰昏驅使"에서는 마침 '祗供'으로 되어 있다.

111 갑 · 을권에서는 모두 '輪'자가 없다. 여기서는 문맥에 의거하여 임의로 보충하였다. 또 '洄'는 '迴'로 보아야 한다. 原錄에서는 '洄□'로 되어 있는데 정확하지 않다.

112 '死生'은 原錄에서는 '生死'로 되어 있다. 【校注】 갑 · 을권에서는 모두 '死生'으로 되어 있다. 이에 의거하여 바로잡는다.

113 '趣'는 原錄에서는 '趨'로 되어 있다. 【校注】 갑 · 을권에서는 모두 '趣'로 되어 있다. '趣'자는 오자가 아니다. 『集韻』 虞韻 : "趣，嚮也." 原錄에서는 임의로 수정하였는데 이는 타당하지 않다.

114 '世'는 原錄에서는 '事'로 오록되어 있다. 【校注】 갑 · 을권에서는 모두 '世'로 되어 있다. 이에 의거하여 바로잡는다. 위 문장 "我以離於染欲，不住世情"에서도 '世情'이란 단어가 쓰이고 있다.

115 '練'은 '斂'으로 보아야 한다. '練意澄心'은 '마음을 다잡아 잡념을 제거하다'는 뜻이다. P.2305 「解座文匯抄」 : "마음을 가다듬고 뜻을 깨끗이 하고서 생각해 보면(斂心淨意試思量)." 「廬山遠公話」 : "마음을 깨끗이 하고서 오로지 불도만을 생각한다(然淨意澄心，思唯佛道)." 이들 예문은 참고할 필요가 있다.

116 '人衆'은 原錄에서는 '衆人'으로 되어 있다. 【校注】 갑권에서 '衆'자는 '人'자 우측 아래에 旁註로 달려 있다. 이것은 '人'자 다음에 '衆'자를 보충할 것을 가리킨다. 을권에서는 '人'자 앞에 보충해 넣었는데, 原錄은 이를 따르고 있다. 이는 오류이다.

117 '將'은 갑권에서는 본래 '時'로 되어 있고 그 우측 옆에 旁註로 '將'자가 적혀 있다. 이는 '時'는 '將'의 오자임을 가리킨다. 따라서 '將'으로 수정해야 한다. 을권의 필사자는 이 점을 자세히 살피지 않고 '將'자를 누락된 글자로 여겨 '時'자 다음에 '將'자를 첨가하고 있다. 原錄은 이를 따르고 있어 문맥이 맞지 않는다.

早請迴還, 室內幽閑, 不宜久住. 我要修於佛果, 汝須速上天宮, 莫將諸女獻陳, 我家[118]當知不受. 持世有偈:

深勞帝釋下天涯, 侍從親來問我耶;
室內簫(蕭)疏談法久, 天宮遲滯路歧賒.
山間欲晚淸林[119]闇, 峰上光移紅月(日)斜;
帝釋此時莫久住, 領諸天女早歸家.

경전에서 말하기를, "곧 내게 말하였습니다. 보살이여, 이 1만 2천의 천녀를 받아 주셔서 씻고 닦는 일을 시켜 주십시오."

백(白) 이때 마왕이 지세에게 말하였다. "저는 잠시 욕계(欲界)를 떠나 천궁에서 내려왔는데, 기쁘게도 보살의 위의를 뵙고 또 선실(禪室)에 들어왔습니다. 운 좋게도 자비로운 설법을 들어 오욕의 견고하지 못함과 천계(天界)의 유한함을 깊이 깨닫게 되었습니다. 수많은 장애물이 오늘부로 모두 제거되었고, 마음속의 먼지가 이 순간 모두 사라졌습니다. 법우(法雨)를 입어 먼지를 씻어 내리고, 제호(醍醐)를 마셔 순식간에 번뇌가 사라졌습니다. 영원한 안락을 얻게 해주신 데 감사를 올리고자 합니다. 저는 지금 이 은덕에 보답할 진주보물을 갖고 있지 않습니다. 다만 천녀 1만 2천 명을 사형에게 바쳐 설법의 대가를 치르려 합니다. 부디 받아들이시어 대사님 곁에 머물도록 하십시오. 그리고 날마다 그들에게 공양 올리도록 하시고 아침저녁으로 심부름을 시키십시오. 고적한 선실(禪室)과 적막한 공실(空室)에 아침저녁으로 향을 피우게 하시고, 밤낮으로 선실에 따스함이 가득하도록 하십시오. 아무런 염려 마시고 의심하지 마십시오. 사형께서는 부디 받아주십시오. 제자 오늘 이렇게 보시 올립니다."

가짜 제석이 지세보살에게 알리는 게송이 있다.

---

118 '我家'는 '我'이다. '家'는 대명사 접미어이다. 「難陀出家緣起」: "그분은 삭발을 한 데다 몸에는 괴색 가사를 걸치셨네(他家剃頭落髮, 身被壞色袈裟)." 이들 '家'자도 같은 용법으로 쓰였다. 原錄에서는 '我家'를 앞 문구에 속하는 것으로 보았는데 이는 잘못이다.

119 '淸'은 '靑'으로 보아야 한다. '靑林'은 다음 구 '紅日'과 대구가 된다.

덕행을 흠모하여 천궁을 떠나
자비의 대성(大聖) 앞에 절을 올리네.
제호를 마시니 번뇌가 사라지고
법우에 몸 적시니 세속의 먼지가 사라지네.
떠나올 때 보배를 가지고 오지 않았으니
무엇으로 이 설법에 보답하리오.
1만 2천의 천녀를 바치오니
사형께서는 거두어 주시지요.

지세가 가짜 제석에게 말하였다. "저는 수행하는 보살이고 세속을 떠난 자입니다. 이 한 몸 스스로 여유로운데 그대는 어찌하여 그 많은 천녀를 바치려 하십니까? 저는 욕망을 떠나 세속의 감정에 머물지 않습니다. 떠들썩함이 생사의 원인임을 알고, 아름다운 육체가 윤회의 근본임을 알고 있습니다. 하물며 이 천녀들은 모두 화려하고 욕망에 물든 몸들입니다. 미혹에 빠진 자는 반드시 생사에 함몰될 것이고, 그것을 좇는 자는 반드시 지옥에 떨어질 것입니다. 저는 불과(佛果)를 수행하고 진여를 증득하여 속세에 머물지 않고 세상의 감정을 추구하지 않습니다. 참선을 행하고 진리를 실천하여 항상 해탈의 경지를 추구하고 청정한 마음을 유지하는데, 이 많은 사람들이 무슨 소용이 있겠습니까? 제석이여, 이 점을 아셔야 합니다. 어찌 이 요염한 자들을 내게 보시를 하십니까? 모두 다 거두어들여 본래 살던 천궁으로 속히 돌아가시고 이 선실(禪室)을 어서 떠나주십시오. 그래서 뭇 중생을 놀라게 하지 마시고, 수행이 얕은 자들에게 의혹이 생기지 않도록 해주십시오. 그들이 저의 선정이 견고하지 못하고, 또 나의 수행이 무너졌다고 말하지 않도록 말입니다. 숲은 조용해야 하니 일찌감치 돌아가시고, 방안은 조용해야 하니 오래 머물지 마십시오. 나는 불과를 수행하려 하니 그대는 속히 천궁으로 돌아가 주십시오. 이 천녀들을 보시할 필요는 없습니다. 저는 받지 않을 것입니다." 지세의 게송이 있다.

수고롭게도 제석이 하늘에서 내려와
시종들과 함께 나를 문안 오셨네.
방안에서 오랫동안 법을 설하고 나니
때가 늦어져 천궁으로 돌아갈 길이 아득하네.
산속은 저물어가고 숲은 어두워지려 하는데
산봉우리의 해는 기울어 붉은 빛을 띠네.
제석은 오래 머물지 마시고
모든 천녀들을 데리고 속히 돌아가시길.

魔王道云云：我聞修行之者，不逆人情；菩薩之人，巧隨根器. 欲發萌芽之種，須洒春膏；[120] 欲開蟄戶之門，應時[121]雷震. 我今發意，余定迴心，願酬說法之功，布施何當不要!況此天女一個個形如白玉，一個個貌似鮮花. 妖桃而乃越姮娥，艷質而休誇妲妃.[122] 能歌律呂，行雲而不竟(禁)低垂；解奏宮商，織女而忽然亭罷. 繡成盤鳳，對芙蓉而爭不[123]嚬羞；刺出鴛鴦，並芍藥而豈無慚恥. 鬢釵斜墜，[124] 須[125]鳳髻而如花倚藥欄；玉貌頻舒，索[126]娥眉而似風吹蓮葉. 亦能侍奉，偏解祇承，

120 '須洒春膏'는 原錄에서는 '須洒春雨膏'로 되어 있다. [徐震堮] 끝 세 글자 중에서 한 글자는 연자임에 틀림없다. [校注] 갑권에서는 본래 '須洒春雨膏'로 적었다가 '雨'자를 삭제하였다. 따라서 이를 기록하는 것은 옳지 않다. 그런데 을권은 있는 그대로 '雨'자를 적고 '洒'자에 덧칠을 해놓아 삭제할 것을 표시하고 있으니, 이는 크게 잘못된 것이다. '春膏'는 '春雨'이다.

121 '時'는 '待'로 보아야 할 것 같다. 형와자이다.

122 [徐震堮] '妃'는 '己'와 같다. [校注] '妃'는 '己'의 偏旁 類化字이다.

123 '不'은 原錄에서는 '承'으로 되어 있다. 袁賓은 이를 '不'로 교정하였다. [校注] 갑권에서는 '丆'로 되어 있는데 이는 '不'의 속체이다. 본권에서 '不'자는 흔히 이 형태로 되어 있다. 을권의 필사자는 이를 '承'으로 오독하였고 原錄도 이를 따르고 있어 그 의미가 통하지 않는다.

124 '墜'는 '綴'로 보아야 한다.

125 '須'를 潘重規는 '傾'으로 보아야 할 것 같다고 했는데 정확하지 못한 것 같다. 다음 주석을 참조 바란다.

126 '索'은 原錄에서는 '素'로 되어 있다. [校注] 갑・을권에서는 모두 '索'로 되어 있는데

低眉而便會人情, 動目而早知心事. 四時湯藥, 亦解調和, 逐日齋餐, 深知冷暖. 禪堂掃洒, 清風而不起埃塵; 幽室舖陳, 滿座而旋成瑞氣. 前件[127]天女, 粗知佛法, 深有道心, 他家願效慇懃, 亦望慈悲驅使. 菩薩菩薩, 師兄師兄!如今勿更遲疑, 此際望垂收取. 悶卽交伊合曲, 閑來卽遣唱歌. 禪堂裏莫使寂寥, 幽家[128]內莫交冷落. 我[129]居上界, 來下天宮, 深憂大德無人, 只恐師兄寂寞. 一萬二千天女, 人人盡有道心, 我今定以捨之, 天上不[130]能將去. 收取, 收取!莫疑, 莫疑!誓爲菩薩之門人, 願作師兄之弟子. 帝釋告曰:

側[131] 菩薩慈悲莫疑慮, 禪堂寂靜無依怙;
修行直感動天宮, 入定伏得龍兼虎.
我今來, 蒙法雨, 塵勞已滅心開悟;
報答何酬說法恩, 師兄收取天宮女.
出天門, 下雲路, 來時不捧諸[132]珍寶,[133]

이는 '索'자인 것 같다. '索'은 위 문장 '須'자와 대구가 되며 둘 다 동사로서 의미도 비슷하다. '素'자로 본다면 대구가 되지 않는다. 그러나 본 문구는 여전히 해독이 어렵다. 앞으로의 검토가 필요하다.

127 '前件'은 '앞에서 언급한 사물'이란 뜻이다.

128 [徐震堮] '家'는 '室'로 보아야 한다.

129 '我'는 原錄에서는 '棄'로 되어 있다. [校注] 갑권에서는 '[illegible]'로 되어 있는데 이는 '我'의 초서체이다. 을권에서는 '乗'으로 되어 있는데 이는 '乘'의 속체이다. '我'의 초서체와 '承'자는 형태가 비슷하여 오판을 일으키기 쉽다. 본편 위 문장 "我聞修行之者" "我今發意" 아래 문장 "我今定以捨之" "我今來" 여기서의 '我'자가 갑권에서는 모두 '[illegible]' 형태로 적고, 그 옆에 다시 '我'자를 방주로 달았다. 이는 오자의 수정을 표시한다. 그런데 이곳의 '[illegible]'자 옆에는 아무런 방주도 붙어 있지 않다. 을권의 필사자는 이를 살피지 않고 '承'자로 오록한 것이다. 原錄의 '棄'자는 아무런 근거도 없이 임의로 수정한 것이다.

130 '不'은 갑권에서는 '[illegible]'로 되어 있는데 이는 '不'의 속체이다. 을권의 필사자는 이를 '承'자로 오록하였고 原錄은 이를 따르고 있다. 이는 잘못이다.

131 갑권에는 '側'자가 있고, 을권에서는 이 글자를 실수로 빠트렸다.

132 '諸'는 갑·을권에서는 모두 '法'으로 되어 있다. 徐震堮은 이는 당연히 '諸'의 오자라고 하였는데 이는 지극히 옳다.('諸'자의 초서는 '[illegible]'으로, 돈황사본에서 자주 보이는데 그 형태가 '法'과 매우 닮아 있어 오판을 일으키기 쉽다) 이에 의거하여 바로잡는다.

133 [徐震堮] '寶'자는 운이 맞지 않는다. 오자로 생각된다.

得禮慈悲大法王, 師兄收取天宮女.
解歌音, 能律呂, 簫韶直[134]得陰雲布.
日夜交伊暖法堂, 師兄收取天宮女.
巧裁縫, 能繡補, 刺成盤鳳須甘雨;
個個能裝百納衣,[135] 師兄收取天宮女.
會人心, 巧言語, 爭忍空交卻迴去;
禪堂驅使好祗承, 師兄收取天宮女.
貌如花, 體如素, 似雪如花花又語;
堪作禪堂學法人, 師兄收取天宮女.
我今時固[136]下天來, 爲見師兄禪坐開,
得[137]禮高人忻百度, 喜瞻菩薩喜千迴.
蒙宣法味令齋解, 又沐[138]談揚決我[139]懷;
酬答並無諸[140]異物, 惟將天女作齋排.
與我[141]受, 莫疑猜, 上界從今不[142]願迴;

---

134 '直'을 蔣禮鴻은 '致'로 보았다.

135 '百納衣'는 '百衲衣'이다. '納'과 '衲'은 본래 한 글자였다. 『玉篇』糸部 : "納, 奴答切, 內也. 或作衲." 徐震堮은 '納'은 '衲'이 되어야 한다고 했는데 그럴 필요는 없다.

136 '時固'는 '特故'로 보아야 한다. 앞의 주석에서 상설한 바 있다.

137 '得'은 '忻'으로 보아야 할 것 같다. 위 문장 "欣瞻大士欣千度, 喜禮高人喜百迴"은 그 증거이다.

138 '沐'은 갑・을권에서는 모두 '休'로 되어 있다. 徐震堮은 '沐'으로 보아야 한다고 했다. 여기서는 이를 따른다.

139 '我'는 갑권에서는 '[illegible]'로 되어 있는데 이는 '我'의 초서체이다. 을권에서는 '[illegible]'로 잘못 적혀 있는데 이는 '乘'자이다. 原錄에서는 이를 따르고 있다. 『通釋』에서는 '乘'은 제1인칭 대명사로서 '我'와 똑같으며 '朕'의 假借라고 했는데 정확하지 않다. 陳治文과 項楚는 '乘'은 '我'의 오자라고 하였는데 이는 옳다.

140 '諸'는 갑・을권에서는 모두 '法'으로 되어 있다. 여기서는 서진악의 견해에 의거하여 바로잡는다.

141 '我'는 갑권에서는 '[illegible]'로 되어 있는데 이는 '我'의 초서체이다. 을권에서는 이를 '乘'으로 오판하였고, 原錄은 이를 다시 '棄'로 오인하였다. 蔣禮鴻은 여기에 의거하여 이 글자를 '垂'로 교정하여 本字를 잃어버렸다.

142 '不'은 原錄에서는 '承'으로 되어 있고, 蔣禮鴻은 이를 '不'로 교정하였다. [校注] 갑권

誓與師兄爲弟子, 永充菩薩遶花臺.

我[143]道力, 乞慈哀, 赴[144]我情成[145]察我懷.[146]

有願施時須與受, 無乖見處定無乖.

禪堂內, 沒支排,[147] 寂寞應知不[148]易偕.

日夜交(教)伊歌浩浩, 辰[149]昏須遣樂咍咍.

有斜指,[150] 巧難裁, 供養祗承順意懷;

不禪補坊[151]兼刺繡, 更能逐日辯(辦)看齋.

陳百種, 獻千迴, 爲感師兄說法開;

一萬二千天上女, 莫辭收取唱將來.

에서는 '丆'로 되어 있는데 이는 '不'자이다. 을권에서는 '承'으로 오판하였고 原錄은 그 오류를 따랐다.

143 '我'는 原錄에서는 '乘'으로 되어 있고, 蔣禮鴻은 이를 '垂'로 교정하였는데, 둘 다 정확하지 못하다. 【校注】 갑권에서는 본래 '戈'로 되어 있는데 이는 '我'자이다. 을권에서는 '乘'으로 오판하였고 原錄은 그 오류를 따랐다.

144 '赴'를 蔣禮鴻은 '副'로 보았는데 이는 정확하다.

145 '成'을 蔣禮鴻은 '誠'이라 보았는데 이는 지극히 옳다. '情誠'은 같은 의미의 글자가 결합된 첩어이다. '情'과 '誠'은 같다.

146 이 문구에 나오는 두 개의 '我'자는 原錄에서는 모두 '乘'으로 되어 있다. 【校注】 갑권에서는 모두 '戈'로 되어 있는데 이는 '我'의 초서체이다. 을권에서는 '乘'으로 오판하였고 原錄은 그 오류를 따랐다.

147 '沒'은 原錄에서는 '設'로 오록되어 있다. 【校注】 갑·을권에서는 모두 '沒'로 되어 있다. 이에 의거하여 바로잡는다. 『新書』도 이와 같다. '支排'는 '공급하다', '안배하다'는 뜻이다.

148 '不'은 原錄에서는 '承'으로 되어 있다. 【校注】 갑권에서는 '丆'로 되어 있는데 이는 '不'자이다. 을권에서는 '承'으로 오판하였고 原錄은 그 오류를 따랐다.

149 '辰'은 '晨'과 통한다. 原錄에서는 직접 '晨'으로 수정하였는데 이는 옳지 않다.

150 '斜'를 劉凱鳴은 '纖'으로 교정하였는데 정확하지 못하다. '斜'는 응당 '針'의 형와자이다. '針指'는 '針黹'과 같으며 '女功'이란 뜻이다. P.2418 「父母恩重經講經文」: "딸의 몸이라 더욱 쉽지 않으니 가장 먼저 할 것은 바느질 가르치는 것(爲女身, 更不易, 最先須且敎針指)." 여기서 '針指'란 용어가 보인다.

151 '不禪補坊'은 原錄에서는 '分禪補坊'으로 되어 있다. 【校注】 갑권의 '分'은 본래 '㐅'으로 되어 있는데 이는 '不'의 俗字 '丆'의 변체이다. P.3618 「秋吟」에서 '不'자는 모두 '㐅'로 되어 있는 것은 그 증거이다. 을권에서는 '分'으로 되어 있고 原錄은 이를 따르고 있는데 이는 옳지 않다. 또 '禪'은 '憚'으로 보아야 하고, '坊'은 '紡'으로 보아야 한다. '不憚補紡兼刺繡'은 위 문장 "巧裁縫, 能繡補"의 의미이다.

마왕이 말하였다. "제가 듣기에, 수행하는 자는 남의 마음을 거슬러서는 안 되고, 보살된 자는 근기(根器)에 따라야 한다고 했습니다. 싹이 트려면 봄비가 내려야 하고, 동면하는 땅굴이 열리려면 제때에 천둥번개가 쳐야 합니다. 나는 이제 보리심을 발하였고, 그 설법에 대한 보답으로 보시를 올리려는 것인데, 어찌 필요 없다 하십니까! 게다가 이 천녀들은 하나하나가 백옥 같고 고운 꽃과 같은 용모를 지녔습니다. 미색은 항아를 능가하고, 요염한 육체는 달기(妲己)에 대한 찬탄을 그만두게 합니다. 노래를 부르면 흘러가는 구름도 멈추어 서서 내려다보고, 음악을 연주하면 직녀(織女)도 베 짜기를 잠시 멈춥니다. 수를 놓아 봉황을 만들면 부용(芙蓉)을 대해도 부끄럽지 않고, 자수를 놓아 원앙을 만들면 작약(芍藥)인들 어찌 부끄럽지 않으리오. 비녀를 비스듬히 꽂아 장식하면 봉황의 귀밑머리는 울타리에 핀 꽃과 같고, 옥 같은 얼굴이 활짝 웃으면 아름다운 눈썹은 바람에 흩날리는 연꽃잎 같습니다. 또한 받들어 모실 줄도 공경할 줄도 알고, 눈썹을 낮추어 마음에 부합할 줄도 알며, 눈동자를 움직이기만 해도 그 뜻을 알아챕니다. 사시(四時)로 약을 제대로 달일 줄 알고, 날마다 재를 올려 공양할 줄 알며, 인간의 생활에 대해서도 잘 알고 있습니다. 선당(禪堂)을 청소하여 바람이 불어도 먼지가 일지 않게 할 수 있고, 선실(禪室)을 꾸며서 온 방에 상서로운 기운이 감돌게 할 수도 있습니다. 이들 천녀들은 불법(佛法)도 좀 알고 있고 도심(道心)도 제법 깊어 정성으로 남을 모실 줄 아니, 부디 잔심부름이나 하도록 해주십시오. 보살이시여, 사형(師兄)이시여, 머뭇거리지도 의심하지도 마시고 이들을 거두어 주시지요. 근심이 있으시면 그들더러 음악을 연주하라 하시고, 한가할 때면 노래를 부르라 하십시오. 선당 안을 적막하게 만들지 마시고, 그윽한 방안을 쓸쓸하게 만들지 마십시오. 상계(上界)에 사는 제가 이렇게 천궁에서 내려온 것은 대덕(大德)에게 사람이 없어 사형께서 혹시 적막하지 않을까 염려되어서였습니다. 1만 2천의 천녀들은 모두 도심(道心)이 있어 그들을 꼭 바치고자 합니다. 그러니 다시 천상으로 데리고 갈 수는 없습니다. 이들을 거두어주시고 저의 마음을 의심하지 마십시오! 보살의 문하생이 되고 사형의 제자가 되기를 서원합니다. 제석이 이르기를,

보살께서는 의심하지 마십시오.
선실은 적막하여 믿고 의지할 자 없는데
보살의 수행은 천궁을 감동시키고
선정에 들면 용과 호랑이를 굴복시키네.
제가 오늘 법우(法雨)를 입어
번뇌가 사라지고 마음은 깨달음을 얻었네.
설법의 은혜에 대한 보답이니
사형께서는 천녀들을 받아주시길.
천궁을 나서 구름을 타고 내려올 때
보물을 가지고 오지 않았는데
자비의 대법왕께 예배 올릴 수 있었으니
사형께서는 천녀들을 받아주시길.
노래도 알고 음악에도 능하여
피리를 불면 검은 구름이 낀다네.
그들을 시켜 주야로 법당을 따뜻하게 하고자 하니
사형께서는 천녀들을 받아주시길.
바느질도 잘하고 자수에도 능하여
봉황을 수놓으면 단비가 내리고
하나하나가 가사(袈裟)도 잘 지을 수 있으니
사형께서는 천녀들을 받아주시길.
남의 마음을 잘 알고 언사도 아름답거늘
어찌 차마 다시 돌아갈 수 있으리오.
선실에서 부리시면 시중을 잘 들 터이니
사형께서는 천녀들을 받아주시길.

꽃 같은 얼굴에 새하얀 피부
눈(雪)처럼 꽃처럼 생겼네.
선실에서 법문을 배울 수도 있으니
사형께서는 천녀들을 받아주시길.
내가 오늘 일부러 하늘에서 내려온 것은
사형의 선실을 구경하기 위함이었네.
고인(高人)을 뵙고 기꺼이 백 번 절을 올리고
보살을 우러르며 천 번 기뻐하였네.
불법(佛法)의 묘미를 깨달아
나의 [속된] 마음을 없앨 수 있었는데
달리 보답할 것은 없고
다만 천녀들이 있어 이들을 바치려 하네.
저의 보시를 받으시고 의심하지 마시길.
이들은 상계로 돌아가길 바라지 않으며
사형의 제자가 되어
영원히 보살의 연화대(蓮花臺)를 받들고자 하네.
부디 이 몸을 불쌍히 여기시어
저의 정성을 받아주시고 저의 마음을 굽어 살펴주시길.
보시하고 싶을 때 보시할 수 있어야
가르침에도 어긋나지 않을 수 있네.
선실(禪室) 안은 아무것도 없어
함께 하기 쉽지 않을 만큼 적막하니
밤낮으로 요란하게 노래 부르게 하시고
아침저녁으로 즐거운 음악 연주하게 하시기를.
길쌈질도 상상하기 어려울 만큼 능란하니
뜻에 맞게 공양 올리고 시중들 수 있을 것이네.
옷감 짜고 자수 놓는 일을 꺼리지 않고

매일 향 피우고 재 올릴 줄 아네.
백 가지를 올리고 천 번을 바쳐서
사형의 설법에 감사드리고자 하네.
1만 2천의 천녀를 바치는데
사양하여 받지 않겠다는 창이 곧 나오리.

經云 : 我言嬌尸迦, 無已(以)[152]此非法之物, 邀[153]我沙門釋子, 此非我宣.[154]

白語[155] 爾時持世菩薩語帝釋曰 :「我聞當空月闇,[156] 爲有浮雲; 寶鏡無光, 皆因塵坌.[157] 未成佛道, 爲有貪嗔; 不出輪迴, 盡因染欲. 況此天女, 盡是貪嗔之本, 地獄余(餘)殃, 未合菩薩之儀, 不是沙門見解. 夫修行者, 專心若行, 志意澄神, 念浮華爲石火[158]之光, 想入世似風中[□](之)[159]燭.」持世告假帝釋曰 :「我修行日久, 悟法分明, 不可取你人

152 '已'는 原校에서는 '以'로 되어 있는데 이는 옳다. 『維摩詰經』 경문에서는 '以'로 되어 있다.

153 '邀'는 『維摩詰經』 경문에서는 '要'로 되어 있다. '要'는 '要挾', '脅迫'을 가리키는데 의미가 문맥에 비교적 들어맞는다.(『廣韻』 宵韻 : "要, 俗言要勒, 於宵切.")

154 '宜'는 原錄에서는 '宣'으로 되어 있다. [校注] 갑권에서는 '宣'으로 되어 있는데 이는 필사체 '宜'의 訛變이다. 『維摩詰經』 경문에서는 '宜'로 되어 있는데 이는 그 증거이다. 을권에서는 '宣'으로 되어 있고, 原錄은 이를 따르고 있는데, 그 의미가 문맥에 맞지 않는다.

155 '白語' 두 자는 갑권에는 있고, 을권에는 누락되어 있다.

156 '我聞當空月闇'은 갑권에서는 '我空聞當月闇'으로 되어 있다. '空'자와 '聞'자 우측 옆에 갈고리 형태의 도치 부호가 붙어 있다. 이는 원문을 '我聞當空月闇'으로 수정할 것을 표시하는 것이다. 을권의 필사자는 이를 살피지 않고 '我空聞當月闇'으로 오록하여 문맥이 통하지 않게 되었다.

157 '坌'은 原校에서는 '埃'로 되어 있다. 徐震堮은 '坌'자는 오류가 아니라서 굳이 '埃'로 수정할 필요가 없다고 하였다. [校注] 『說文解字』 土部 : "坋, 塵也." '坌'은 '坋'의 별체자이다. 『廣韻』 慁韻 : "坌, 塵也, 亦作坋." 原校는 옳지 않다.

158 原錄에서는 '火' 뒤에 '令'자가 넣고 그 주석에서 "'令'자는 연문이다"고 하였다. [校注] 갑권에는 '令'자가 있지만 이미 덧칠을 해놓았기에 이를 기록하는 것은 옳지 않다. 을권의 필사자는 이를 살피지 않고 있는 그대로 '令'자를 기록하여 연문이 되고 말았다.

159 갑・을권에서는 모두 '之'자가 없다. 여기서는 서진악의 견해에 의거하여 보충해 넣

情,[160] 交(教)我再沉惡道. 況此之女等, 三從備體,[161] 五障纒[162]身. 他把身爲究竟身, 便把體爲究竟體. 我所以棄如灰土, 自力修行, 如今看卽證菩提,[163] 不可交(教)却[164]墮落.」持世不肯受天女, 有偈:

斷[165] 三從五障在身邊, 十惡縈仍被儌[166]纒;

佛姓[167]昏迷於此退, 眞我[168]差錯爲他牽.

修行菩薩心能捨, 出世高僧意不看,

는다.

160 '人情'은 '禮物'이다. 아래 문장 "그대의 마음을 받아들이면 추락하게 될 것이고, 그대의 천녀를 거두면 윤회에 들게 될 것이다(取受人情應墮落, 收君天女定輪迴)."

161 [徐震堮] '三從'은 이곳에서 아무런 의미도 가지고 있지 않다. '三徒'로 보아야 할 것 같다. '三徒'는 '三塗'의 同聲字이다. [校注] '三從'은 '三從四德'의 '三從'이다. 서씨의 견해는 옳지 않다. 晋 聶承遠 譯『起日明三昧經』卷下: "여인에게는 세 가지 일의 장벽[三事隔]과 다섯 가지 일의 장애[五事礙]가 있기 때문입니다. 무엇이 세 가지인가? 어릴 때는 부모가 주관하게 되고, 出嫁하면 남편이 주관하게 되어 자유가 없고, 늙으면 아들을 어렵게 여겨야 하는 것이니, 이것이 바로 세 가지입니다(女有三事隔五事礙. 何謂三? 少制父母, 出家制夫, 不得自由, 長大難子, 是謂三)." 晋 法炬 譯『法句譬喩經』卷2: "우리는 여자의 몸을 받고 태어나, 어려서부터 늙어 죽을 때까지 세 가지 일[三事]에 얽매여 자유를 얻지 못한다(我等稟形生爲女人, 從少至老爲三事所監, 不得自由)." '三事'는 '三從'을 가리킨다. 불교에서 말하는 '三從五障'('五障'이란 여인의 육신은 범천왕, 제석, 마왕, 전륜성왕, 부처가 될 수 없다는 다섯 가지 장애를 말한다)은 여인이 수행함에 있어서의 장애를 가리킨다. 아래 문장 "三從五障在身邊." 이 '三從'도 같은 뜻이다. 또 '備'자는 '被'로 보아야 한다. 돈황사본에서 '備'와 '被'는 통용된다.

162 '纒'은 原錄에서는 '經'으로 되어 있다. [校注] 갑권에서는 초서체 '緾'(이는 '纒'의 속자이다)으로 되어 있다. 을권에서는 '經'으로 오록되어 있고, 原錄은 이 오류를 그대로 따르고 있다.

163 '菩提'는 갑권에서는 '𦬆'로 되어 있는데 이는 '普濟'의 合文이다. 을권에서는 '卄'로 오록되어 있다. 原錄에서는 '𦬆'로 되어 있는데 이는 본래의 형태가 아니다.

164 [徐震堮] '交却' 두 글자는 도치되었다. [校注] '交'는 '教'와 같고, '却'은 '再'의 뜻이다. '不可交却墮落'은 곧 '不可使再墮落'이다. 위 문장 "不可取你人情, 交我再沉惡道"을 참고하라. 서씨의 견해는 정확하지 않은 것 같다. 또 '交'(教) 뒤에는 '我'자가 누락된 것 같다.

165 갑권에서는 '斷'자가 있고, 을권에서는 빠져 있다.

166 '儌'는 '繳'과 통한다.

167 '姓'은 '性'과 통한다. 原錄에서는 직접 '性'으로 수정하였는데 이는 타당하지 못하다.

168 '我'는 原錄에서는 '乘'으로 되어 있다. [校注] 갑권에서는 '㦱'로 되어 있는데 이는 초서체 '我'의 변체이다. 을권에서는 '乘'으로 오록되어 있고 原錄은 이를 따르고 있다.

多少往來沉溺者, 皆因染欲失根源.

白 爾時持世語帝釋曰[169]:「我三途不出, 皆因貪愛所迷; 佛果未成, 盡是欲之顚墜. 我以修於禪觀, 不染塵心, 願出世間, 希求利樂. 帝釋勿言惑[170]我, 憍尸迦不用惱人. 莫將天女[171]施沙門, 休把嬌姿與菩薩. 不是我之所愛, 非當持世戀之. 我今若受[172]時與, 必是曹(遭)人毀謗. 帝釋帝釋, 要知要知!眷屬便望卻收, 天女我當不要. 禪堂迮[173]隘, 實卽難留; 幽家[174]非寬, 無門受納. 況又修行之路, 不假人多; 出世之門, 宜須寂靜. 我以超於生死, 不住愛何(河); 向[175]出塵勞, 拋居障海. 垢染之纖瑕不汚,[176] 塵濛之小許難沾.[177] 智圓[178]與看澄(證)菩提,[179] 漏盡何

169 을권에서는 '帝釋' 두 글자가 도치되어 있고 '曰'자도 빠져 있다.

170 '惑'은 原錄에서는 '感'으로 되어 있다. [校注] 갑권에서는 '惑'으로 되어 있다. 을권에서는 '感'으로 오록되어 있고 原錄은 이를 따르고 있다. 『新書』도 이와 같다.

171 '女'는 原錄에서는 '人'으로 오록되어 있다. [校注] 갑・을권에서는 모두 '女'로 되어 있다. 이에 의거하여 바로잡는다. 『新書』도 이와 같다.

172 '受'는 原錄에서는 '愛'로 되어 있다. [校注] 갑권에서는 '受'로 되어 있다. 을권에서는 '愛'로 오록되어 있고 原錄은 이를 따르고 있다.

173 '迮'은 原校에서는 '窄'으로 되어 있다. 劉凱鳴은 '迮'과 '窄'은 형태는 다르나 같은 의미이기에 '迮'자를 수정할 필요가 없다고 했다. 이는 옳다. '迮'과 '窄'은 古今字이다.

174 [徐震堮] '幽家'는 '幽室'과 같다.

175 '向'은 '逈'(이는 '逈'의 속자로서, 『干祿字書』에 나와 있다)으로 보아야 한다. 돈황사본에서 '逈'자는 흔히 '逈'으로 되어 있는데, 그 편방이 누락되면 곧 '向'이 된다. 본편 위 문장 "必是曹人毁謗." 여기서 '遭'자가 '曹'로 되어 있음은 참고할 필요가 있다. 돈황사본 唐太宗 「大唐三藏聖敎序」: "超六塵而逈出" 이는 '逈出塵勞'라는 뜻이다. 『通釋』에서 '向'은 '헤어지다'는 뜻이라고 했는데 이는 정확하지 못하다.

176 이 문구는 原錄에서는 '垢染之穢, 纖暇(瑕)不巧'로 되어 있다. [校注] 갑권에서는 '穢'자 위에 검은 점이 찍혀 있다. 이는 삭제되었음을 말하는 것이라 이를 기록하는 것은 옳지 않다. 을권에서는 필사자가 이 점을 간과하고 있는 그대로 '穢'자를 기록하여 衍文이 되고 있다. 또 '暇'자가 갑・을권에서는 모두 '瑕'로 되어 있다. 이에 의거하여 바로잡는다. '巧'자를 徐震堮은 '汚'로 교정하였다. [校注] 갑권에서는 '汚'로 되어 있는데 이는 사실 '汚'자이다. 을권은 이를 '巧'로 오록하였고 原錄은 이를 따랐다.

177 이 문구가 原錄에서는 뒤의 '智'자를 여기에 붙여 "塵濛之小, 許難沾智"로 적고 있다. 徐震堮은 '智'는 '着'의 오자인 듯하다고 했는데 정확하지 못하다. 蔣禮鴻은 '智'자는 다음 구에 속하는 것으로 보아야 한다고 했는데 이는 지극히 옳다. 갑・을권에서는 '沾'자 뒤에 한 글자 정도의 공백이 있는데 이는 '沾'자 다음에서 끊어 읽어야 함을 표시한다. 장씨는 또 '之'자 뒤에 한 글자가 누락되었다고 했는데 이는 정확하지 못하

欲[180]明法眼. 此時若受, 如紅(鴻)雁再入於網羅; 今日若收, 似白鹿重遭於繼絆.[181] 不敢, 不敢, 何當, 何當!交(教)吾失卻兩[182]程, 令我修持退敗. 謝[183]來於小室, 勞君別卻天宮. 山林中無可支恭,[184] 幽室內慚虧看侍.[185] 天門極遠, 上界程遙, 白雲嶺上漸生, 紅日看將欲沒. 不情[186]室中久住, 速望迴歸; 莫於此處留心, 虛勞氣力. 千萬, 千萬, 速歸, 速歸!帝釋莫發狂言, 天女我今不受.」

경전에서 말하기를, "저는 교시가에게 말했습니다. 교시가여, 이는 법

다. '小許'는 '少許'로 보아야 한다.

178 '智圓'은 불교술어로서 '八圓'의 하나이다. 【蔣禮鴻】「八相變」: "여섯 해의 고행 동안 의지가 굳건하여 四智를 두루 갖춘 感覺身을 이루었네(六年苦行志慇懃, 四智俱圓感覺身)." 「破魔變文」: "6년간의 고행으로 四智를 얻었다(六載苦行, 四智周圓)." 「佛說阿彌陀經講經文」: "福智圓滿" 이 예문들은 모두 이곳의 '智圓'을 뜻한다.

179 이 문구가 原錄에서는 다음 구에 속하는 것으로 보아 "圓與看澄, 擿漏盡, 何欲明法眼"의로 되어 있다. 여기서는 蔣禮鴻의 견해에 의거하여 바로잡는다. '澄'자는 갑권에서는 '證'으로 되어 있는데 이는 '證'자일 것이다. '擿'는 갑권에서는 '艹'로 되어 있고, 을권에서는 '井'로 오록되어 있다. 그런데 原錄에서는 '擿'라 적고 있어 본래의 모습을 잃어버렸다. 또 '與'자는 '以'로 보아야 하고, '看'은 '將', '欲'의 뜻이다.

180 '何'자는 오류이다. '而'로 보아야 하며, 앞 구 '與(以)'와 대구가 되고 있다. 蔣禮鴻은 '欲'자는 오류라고 했는데 정확하지 않은 것 같다.('欲'은 앞 구 '看'과 같은 뜻으로 대구가 된다)

181 蔣禮鴻은 '繼絆'은 곧 '繫絆'이라고 하였다. 原校에서는 '繼'를 '羈'라 하였는데 정확하지 않다.

182 '兩'은 갑권에서는 '𠕒'으로 되어 있는데 이는 '兩'자이다. 을권에서는 '雨'로 되어 있고 原錄은 이를 따르고 있는데 이는 적절하지 않다.

183 '謝' 뒤에 '君'자가 누락된 것 같다.

184 '支恭'은 原錄에서는 '交恭'으로 되어 있다. 【校注】 갑・을권에서는 모두 '支恭'으로 되어 있다. 이에 의거하여 바로잡는다. 【潘重規】 '支恭'은 '支供'과 같다. 【校注】 본편 위 문장 "且令逐日衹供, 可備辰昏驅使." 또 "一萬二千天上女, 師兄留取且祗恭(供)." 이 예문으로 보아, '支恭'은 '衹供'으로 보아야 한다.

185 【潘重規】 '侍'는 '待'로 보아야 한다. 돈황사본에서 '彳'과 '亻'은 종종 구분 없이 사용된다. 【校注】 '侍'는 '시봉하다', '모시다'라는 뜻으로, 문맥에도 부합되는 까닭에 굳이 수정할 필요가 없다.

186 '不情'을 徐震堮은 '請勿'로 보아야 할 것 같다고 하였는데 이는 정확하지 못하다. 項楚는 이를 '不請'으로 교정하였는데 이는 옳다. '不請'은 '不必'의 뜻이다. 여기에 대해서는 앞에서 언급한 바 있다.

도에 맞지 않는 일이라 제게는 필요 없습니다. 저는 부처님의 제자인 사문으로 이는 저에게 바람직한 것도 아닙니다."

백어(白語) 이때 지세보살이 제석에게 말하였다. "내가 듣기에, 하늘에 달이 있는데도 어두운 것은 구름이 떠 있기 때문이고, 보배로운 거울에 광택이 없는 것은 먼지가 있기 때문입니다. 불도를 이루지 못하는 것은 탐욕의 마음이 있기 때문이고, 윤회를 벗어나지 못하는 것은 욕망에 물든 까닭입니다. 게다가 이 천녀들은 모두 탐욕의 뿌리이자 지옥의 재앙이라, 보살의 위의에는 어울리지 않고 사문이 바라는 것도 아닙니다. 무릇 수행하는 자는 전심으로 수행을 쌓고 지극한 마음으로 정신을 맑게 하여, 부귀영화가 석화(石火)처럼 한순간이고, 인간세상이 바람 앞의 등불과 같음을 명심해야 합니다." 지세가 가짜 제석에게 말하였다. "저는 오랫동안 수행하여 불법을 분명히 깨달았습니다. 따라서 그대의 예물을 받아 이 몸이 다시 악도(惡道)에 떨어질 수는 없습니다. 게다가 이 여인들은 삼종(三從)[187]을 지켜야 하고 육체는 오장(五障)[188]에 얽매여 있습니다. 그들은 육체를 궁극의 육체로 여기고 있고, 몸뚱이를 궁극의 몸뚱이로 여기고 있습니다. 저는 그것을 흙이나 재처럼 내버리고, 스스로의 힘으로 수행을 하여 이제 곧 보리를 증득하게 되었거늘, 저들로 인해 추락할 수는 없습니다." 지세는 천녀를 받으려 하지 않는데, 여기에 게송이 있다.

단(斷) 삼종(三從)과 오장(五障)을 지니고
십악(十惡)이 얽혀 있으니
불성(佛性)이 이들에 의해 흐려지고
진아(眞我)가 이들에 의해 어긋나게 된다.

---

187 예전에, 여자가 따라야 할 세 가지 도리를 이르던 말. 어려서는 아버지를, 결혼해서는 남편을, 남편이 죽은 후에는 자식을 따라야 하였다.

188 수행에 방해가 되는 다섯 가지 장애. 곧 번뇌장(煩惱障), 생장(生障), 법장(法障), 소지장(所知障), 업장(業障)을 이른다.

수행하는 보살은 그것을 내버릴 수 있으니
출세간한 고승은 그것을 바라보지 않는다.
그것들에 빠져버린 자들은
모두 욕망에 물들어 근원을 잃어버린다.

백(白) 이때 지세가 제석에게 말하였다. "내가 삼악도를 벗어나지 못한 것은 탐애에 빠져 있기 때문이었고, 불과(佛果)를 이루지 못한 것은 욕망에 사로잡혀 있었기 때문이었습니다. 나는 참선을 하여 이미 속세의 더러워진 마음에 물들지 않게 되었으며, 세속을 떠난 즐거움을 희구하고 있습니다. 그러니 제석은 나를 유혹하지 마시고, 교시가는 사람을 괴롭히지 마십시오. 천녀를 사문에게 보시하지 마시고, 아리따운 여인을 보살에게 주려하지 마십시오. 그것은 내가 사랑하는 바가 아니고, 지세가 사랑할 만한 것도 아닙니다. 내가 만일 그것을 받아들이면 반드시 수행에 방해가 될 것입니다. 제석이여, 이 점을 알아야 합니다! 권속들을 데리고 돌아가십시오, 나는 천녀가 필요 없습니다. 선당(禪堂)은 비좁아서 사실 머물기 어렵고, 그윽한 방은 넓지 않아 들어앉을 공간도 없습니다. 게다가 수행하는 데 많은 사람들은 필요치 않습니다. 출세간의 법문은 고요해야 합니다. 나는 생사를 초월하여 애욕의 강에 머물지 않고, 육진(六塵)에서 멀리 벗어나 생사의 바다에서 살기를 그만두었습니다. 티끌과 같은 흠도 나지 않고 진흙 속에 빠져도 조금도 더러워지지 않습니다. 지혜가 원만하여 보리를 증득하였고, 번뇌가 다하여 법안(法眼)이 밝아졌습니다. 지금 만일 받아들인다면 마치 기러기가 다시 그물 속으로 들어가는 것과 같고, 오늘 만일 거두어들인다면 마치 흰 사슴이 올가미에 다시 걸려드는 것과 같습니다. 절대로 그럴 수 없습니다. 어찌 가당키나 하겠습니까! 이는 나로 하여금 두 가지 길을 잃어버리게 하는 것이고, 나의 수행을 후퇴시키는 것입니다. 이 작은 집을 찾아 온 그대가 고맙긴 하지만 천궁으로 그만 돌아가십시오. 이 산속에는 대접할 만한 것도 없고, 이 방은 손님을 접대하기에는 부끄럽습니다. 천궁의 문은 지극히 멀고 천상(天上)은 아득한데, 흰 구름이 봉우리 위에 점차 생겨나고 붉은 태양은 막 지려고 하니, 방안에 오래 머물지 마시고 속히 돌아가십시오. 이곳에 마음 쓰시어 쓸데없이 기력을 낭비하지 마시고, 부디 속히 돌아가 주십시오! 제석은 경솔하게 말하지 마십시오. 나는 천녀를 받아들이지 않겠습니다."

吟上下[189] 莫將天女與沙門, 休把眷屬惱菩薩;
　　我以修行求出世, 不於染欲掛身心.
　　天宮去此路程賒, 上界卻迴歸又遠;
　　紅日看將山上沒, 白雲又向嶺頭生.
　　汝今帝釋早須歸, 領取眷屬卻迴去;
　　莫向室中爲久住, 休於林內發狂言.
　　修行之者不合疑, 菩薩之人總不要;
　　幽室豈堪留眷屬, 禪堂不假衆人多.
　　我聞貪愛走輪迴, 欲染眷屬沒生死;
　　我以修行成道果, 此諸天女卻將伽.[190]
平 室中不請[191]更遲疑, 上界程遙去是時;
　　天女奢華不是事, 笙歌音樂亦非宜.
　　白雲嶺上微微出, 紅日山頭漸漸垂;
　　不要此中爲久住, 領諸天女早須歸.

---

189 '吟上下' 세 글자가 을권에서는 빠져 있다.

190 '將伽'를 『通釋』은 「對質錄」에 넣고 있다. 項楚는 '却將伽'는 곧 아래 문장 "却將迴"라고 하였는데 이는 사실에 가깝다. 그러나 '伽'와 '迴'는 그 형태가 너무 다르다. 앞으로의 검토가 필요하다.

191 '不請'은 原錄에서는 '不淸'으로 되어 있다. 徐震堮은 '請勿'로 보아야 할 것 같다고 하였는데 이는 정확하지 못하다. 項楚는 이를 '不請'으로 교정하였는데 이는 옳다. 돈황 사본에서 '言' 편방은 흔히 간체자로 되어 있는데 이는 '氵' 편방의 초서체와 형태가 비슷하여 오독되기 쉽다. 여기서는 항씨의 견해에 의거하여 바로잡는다. 潘校는 '請不'로 보았는데 아직은 미진한 감이 있다.

我不要, 卻將迴, 不願笙歌亂意懷;
安坐只宜寂默默, 修禪須是沒人來.
謝布施, 感心懷, 幽室天人不易排;
掃洒盡應人定怪, 祇承必恐衆宜猜.[192]
立室內, 遶禪臺, 爲汝宣揚法義開;
莫把嬌姿染汚我, 休將天女惱人來.
修行久, 出塵埃, 已見眞如道路開;
取受人情應墮落, 收君天女定輪[193]迴.
莫久住, 速須迴, 千萬今朝察我懷;
天女當時不肯去, 阿誰與解救唱將來.

持世菩薩第二卷[194]

음상하(吟上下)

천녀를 사문에게 주지 말고
권속으로 보살을 번뇌케 하지 말지어다.
나는 수행하여 이미 세속을 떠났으니
더러움과 욕망이 심신(心身)에 남아 있지 않다.
천궁은 여기서 멀고
천상으로 돌아갈 길 아득하기만 한데
붉은 태양은 산 아래로 지려하고
흰 구름은 봉우리에 피어오르고 있다.
그대 제석은 일찌감치 돌아가야 하니
권속들을 데리고 돌아가기를.
방안에서 오래 머물지 말고
숲 안에서 경솔한 소리 그만하시길.

192 '宜猜'를 徐震堮은 '疑猜'로 보았는데 이는 옳다.
193 '輪'은 갑권에서는 '論'으로 되어 있다. 여기서는 을권에 의거하여 수정한다.
194 [原校] 갑권에는 이 尾題가 없다 [校注] 갑권의 뒷면에 이 제목이 있다.

수행하는 자는 의심할 수 없고
보살된 자는 그것을 필요로 하지 않는다.
그윽한 집에 어찌 그 권속들을 머물게 할 수 있으며
선당(禪堂)은 그 많은 사람들을 받아들일 수도 없다.
탐애로 인해 윤회를 하게 되고
욕망에 물든 권속들로 인해 생사에 빠진다.
나는 수행을 하여 불과(佛果)를 이루었으니
이 천녀들을 모두 데리고 돌아가시라.

평(平) 방안에 오래 머물지 마시라.
천상으로의 여정은 까마득하다.
천녀의 화려함은 불법(佛法)에 맞지 않고
생황의 노래 소리 역시 합당치 않도다.
흰 구름은 봉우리 위에서 조금씩 생겨나고
붉은 태양은 산 위에서 서서히 기울어가니
여기에서 오래 머물지 말고
천녀들을 데리고 빨리 돌아가기를.
나는 필요치 않으니 돌아가시라.
음악소리가 내 마음을 어지럽히는 걸 바라지 않으니.
좌선에는 고요함만이 필요하니
선실(禪室)에는 누구도 찾아와서는 안 되네.
보시하려는 그 마음이야 고맙지만
그윽한 선실에 천녀를 둘 수는 없다.
청소를 시키면 사람들은 이상하게 여길 것이고
중생들은 의아해 할 것이네.
방안에 서 있고 선대(禪臺)를 에워싸고 있는
그대를 위하여 법문을 설하였던 것이니
아리따운 여자들로 나를 더럽히지 말고

천녀들로 나를 괴롭히지 마시라.
오랫동안 수행하여 속세의 먼지에서 벗어나
이미 진여의 길이 열리는 것을 보았다.
그대의 마음을 받아들이면 추락하게 될 것이고
그대의 천녀를 거두면 윤회에 들게 될 것이다.
오래 머물지 말고 속히 돌아가시고
오늘 내 마음을 시험하려 하지 마시라.
천녀들은 돌아가려 하지 않는데
누가 이를 구해주는지 그 창이 곧 나오리라.

지세보살 제2권

유마힐경강경문 6(維摩詰經講經文六)[1]

(前缺)

經 : 佛告長者子善德, 汝行詣[2]維摩詰問疾.

世尊當爾之時, 乃告善德長者. 才呼名字, 鞠躬而俯近華臺; 仰望如來, 入(叉)手[3]而專聽處分. 吾爲維摩臥病, 我見居士纏痾.[4] 思問訊而

1 原卷의 편호는 러시아 소장 符盧格 編 252호이다. 『變文集』에는 수록되어 있지 않다. 여기서는 陳祚龍 『敦煌古抄文獻會最』의 영인본에 의거하여 교록한다. 『新書』에는 본편이 수록되어 있고, 『敦煌變文論文錄』에도 본편이 부록으로 실려 있는데 (이하에서는 趙匡華錄은 '趙錄', 周紹良校는 '周校'라 약칭한다) 여기서는 이들을 참조한다. 본편은 구마라집 역 『維摩詰所說經』 「菩薩品第四」에서 선덕장자가 유마힐을 병문안하기를 사양하는 내용을 연역하고 있는데 완질본은 아니다. 표제는 본래 빠져 있는데 『敦煌變文論文錄』에서는 「維摩經講經文」이라 의제를 달았고, 『新書』는 孟列夫 編 『蘇聯科學院亞洲民族硏究所藏敦煌漢文寫本注記目錄』에 의거하여 「維摩詰所說經講經文」이라 의제를 달았다. 여기서는 「維摩詰經講經文」이라 제목을 붙여 다른 편들과 제목을 일치시킨다.

2 '詣'는 原卷에서는 '諸'로 오록되어 있다. 여기서는 『維摩詰所說經』 경문에 의거하여 바로잡는다.

如渴待漿, 希傳言而如繻[5]索扣. 吾便從頭敕命, 從舍利弗等, 個個推詞(辭); 我遂次第親室(宣), 自彌勒位中, 人人謙退. 皆言少辯, 盡道虧才. 徵問[6]者各說本因, 祇[7]對者咸彰過咎, 比差詣彼, 總道不任. 佛使豈可暫停, 銜命須差俊彦. 今善德長者, 身超五百, 名列八千, 外雖同於俗流, 內已修於菩提.[8] 心源廣大, 智海無涯. 濟物而不擇富貧, 憐憫而靡輕貴賤. 高低盡普,[9] 上下均平. 聲聞而個個讚君, 菩薩而人人仰德, 才名久振, 惠解夙揚. 諸人之口辯難偕,[10] 大衆之見機不及. 毗耶使命, 此時之不委他人; 方丈傳言, 今日之宜憑善德, 汝依吾敕, 汝

---

3 '叉'는 原卷에서는 '𠀋'으로 오록되어 있다. 여기서는 周校에 의거하여 바로잡는다. '叉手'는 '拱手'이다. S.4511 「金剛醜女因緣」: "이리하여 貧士는 [대왕의] 부름을 받고 무릎을 꿇고서 대왕에게 절을 올린다. 손을 가슴 앞에 모으고 안부를 여쭙는데, 곧바로 사람들의 웃음을 자아낸다(於是貧士蒙詔, 跪拜大王已了. 叉手又說寒溫, 直下令人失笑)."

4 '痾'는 '疴'의 이체자이다. 『集韻』 歌韻에 보인다. 周校와 潘校 모두 '疴'로 교정하였는데 그럴 필요 없다.

5 '繻'는 '襦'의 換旁字이다. '衣' 편방과 '糸' 편방은 의미상 서로 통한다.

6 '徵'은 原卷에서는 '𢕟'으로 되어 있고, 아래 문장 "恐到維摩徵問頻"에서의 '徵'자는 原卷에서는 '𢕟'으로 되어 있는데, 이 모두는 '微'의 속체인 것 같다. '微'의 속자로 '𢕟'가 있는데 앞 예문에서의 字形은 이 속자의 변체이다. 그러나 '微問'은 아무런 의미도 가지고 있지 못한데 이는 '徵問'을 잘못 적은 것이다. '徵問'은 유사한 의미의 글자가 결합된 복합어이다. '徵'은 '의견을 널리 구하다', '따져 묻다'는 뜻으로, 문맥에 어울린다.

7 '祇'는 趙錄에서는 '應'으로 되어 있고, 潘錄에서는 '祗'로 되어 있다 . 【校注】 原卷은 글자의 오른쪽 절반이 잔결되어 있다. 남아 있는 자형으로 보건데 이는 '祏', 즉 '祇'의 속자로 보인다.

8 '菩提'는 原卷에서는 본래 '卄'로 되어 있는데 이는 '𦬇'의 잘못이다. '𦬇'은 '菩提'의 속체이다. 趙錄과 潘錄은 모두 '菩薩'로 적고 있는데, 문맥상 그다지 어울리지 않는다. 주석 13)번을 참조 바란다.

9 '普'는 趙錄에서는 '譜'로 되어 있고, 潘錄에서는 '善'으로 되어 있는데 둘 다 정확하지 않다. 原卷은 사실 '普'로 되어 있다. 『玉篇』 日部: "普, 徧也." 『易經』 乾: "見龍在田, 德施普也." '普'는 '보편적이다', '두루 미치다'는 뜻이다. 본편 아래 문장 "高與低, 普勻配, 平等施時無有罪." 이 '普'자도 같은 뜻이다.

10 '偕'는 周校에서는 '諧'로 되어 있다. 【潘重規】 '難偕'는 '비교하기 어렵다'는 뜻으로, 뒤의 '衆難偕'의 '偕'와 같은 뜻이다. 부록에서 '偕'를 '諧'로 교정한 것은 오류로 보인다. 【校注】 '偕'는 '비교하다'는 뜻이다. 『通釋』에서는 여러 증거들을 들고 있다. 이 글자는 오자가 아님이 확실하다.

稟我言, 速便排諧,[11] 速須往彼. 使人天之敬汝, 遣四衆之羡君. 容[12]能如此前行, 便證菩提[13]道果.」

世尊當日親室(宣)命, 善德虔恭入(叉)手聽.
吾今差汝入毗耶, 事須往彼遵余令.
汝名高, 有德行, 堪往毗耶爲使命.
吾今名[14]汝問維摩, 事須排比遵余命.
抱問才, 言低聖, 吾對人天三問請.
事須排比入毗耶, 慇懃致問維摩病.
衆談楊(揚), 皆讚詠, 會下諸人難比並.
堪往毗耶作使車, 爲吾去問維摩病.
辯如河,[15] 明似鏡, 不執相兮不著性.
傳達如來慰諭言, 差君堪問[維摩病].[16]
心本眞, 身又正, 狀似明珠表裏瑩.
稟依吾令且須行, 慇懃與問[維摩病].

---

11 '排諧'는 '排偕'로 보아야 할 것 같다. 이는 '순서대로 배열하다'는 뜻이다.「維摩詰經講經文(2)」 주석 140)번을 참조 바란다.

12 '容'은 趙錄과 潘錄에서는 '客'으로 되어 있다. 周校는 이를 '若'으로 의심하였고, 潘校도 이와 같다. 【校注】 '客'과 '若'은 음이나 형태가 너무 달라 오판될 여지가 없다. 따라서 周校는 따를 수 없다. 돈황사본에서 '容'과 '客'은 구분이 안 되는데, 여기서는 '容'자가 맞다. '容'은 '혹시', '어쩌면'의 뜻으로, 그 자체만으로 문맥이 잘 통한다.

13 '菩提'는 趙錄에서는 '菩薩'로 되어 있고, 潘錄에서는 '菩提'로 되어 있다. 【校注】 原卷에서는 본래 '井'로 되어 있는데, 그 자형으로 보면 '菩薩'이 맞고, 문맥으로 보면 '菩提'가 보다 더 합당하다. 여기서는 潘錄에 의거하여 '菩提'로 적는다.

14 '名'은 '命'이 되어야 한다. '名'과 '命'은 古今字로서 서로 통용된다. 아래 문장 "世尊名, 去卽是." 周校는 이 '名'을 '命'으로 교정하였는데, 이는 그 예이다.

15 '河'는 趙錄과 潘錄에서는 모두 '何'로 되어 있는데 이는 정확하지 못하다. 原卷에서는 사실 '河'로 되어 있다. 아래 문장 "辯似懸河偃不住." 여기서 '河'자로 되어 있음을 볼 수 있다.

16 原卷에서는 '堪問' 뒤에 '云云' 두 글자가 더 있는데, 이는 앞 구의 내용에 근거하여 '維摩病' 세 글자를 생략한 것을 가리키는 것 같다. 아래 문장 "慇懃與問" "這迴問卻" 뒤에는 어떠한 생략 부호도 없다. 周校는 위 문장에 의거하여 '維摩病' 세 글자를 보충하였는데 이는 옳다.

對人天, 選差[17]定, 善德此時去應聘.
能入毗耶作使車, 這迴問卻[維摩病].
告善德, 雅當才, 吾已今朝喜滿懷.
去入毗耶人盡仰, 到於方丈語無乖.
好使命, 衆難偕, 必道慈尊善選差.
此日會中歌的當, 此時筵內讚和諧.
千萬去, 莫辭推. 合是人天法眼開.
辯似懸河偃[18]不住, 言如劈竹抉無推.
爲一切, 震春雷, 容[19]見維摩與憫哀.
這日未知承命否, 經中道甚沒唱將來.

(앞부분 빠져있음)

경전에서 말하기를, "부처님께서 장자의 아들 선덕(善德)에게 말씀하셨다. 그대가 유마힐을 찾아가 문병을 하도록 하라."

세존께서 이때 선덕장자에게 말씀하셨다. 이름이 호명되자 선덕은 몸을 굽히며 연화대(蓮花臺) 가까이 다가왔다. 그러고는 두 손을 맞잡고서 여래를 우러러보며 말씀을 기다렸다. "지금 유마가 병이 들어 있다. 그래서 나는 그에게 병문안 보낼 사람 찾기를 마치 목마른 자가 물을 찾듯 하고 있고, 나의 전언(傳言)을 전할 사람 찾기를 마치 저고리가 단추를 찾듯 하고 있다. 나는 사리불 등에게 일일이 칙명을 내렸는데 모두

17 '差'는 趙錄과 潘錄에서는 모두 '善'으로 되어 있는데 이는 잘못이다. 原卷은 사실 '差'자로 되어 있다. 아래 문장 "好使命, 衆難偕, 必道慈尊善選差." 또 "善德當聞差選字, 告訴牟尼稱不易." 이는 그 증거이다.

18 '偃'은 原卷에서는 '偃'으로 되어 있는데 이는 '偃'의 속체이다.(『干祿字書』: "偃偃 : 上通下正.") 趙錄에서는 '摠'으로 되어 있고, 潘錄에서는 '假'으로 되어 있는데 모두 정확하지 못하다. '偃'은 '멈추다'는 뜻으로, 문맥에 잘 맞는다.

19 '容'은 原卷에서는 그 자형이 '容'과 '客'의 중간 형태로 되어 있는데, 여기서는 문맥에 의거하여 '容'으로 기록한다. '容'은 '혹시', '어쩌면'의 뜻이다. 趙錄과 潘錄에서는 모두 '客'으로 되어 있는데 이리 보면 의미가 잘 통하지 않는다. 潘校는 '客'을 '若'으로 의심하였는데 이 역시 오류이다. 주석 12)번을 참조 바란다.

사양을 하였고, 다음으로 미륵 등에게 얘기도 해봤지만 역시 모두 사절하였다. 언변이 부족하고 재주가 부족하다는 이유에서였다. 그 이유를 추궁하니 모두 지난날의 과오를 얘기하며 유마의 병문안을 감당할 수 없다는 것이었다. 그렇다고 문병 보내는 일을 그만둘 수는 없는 법, 이 일을 받아들일만한 인물을 보내야 할 것이다. 지금 선덕장자는 오백의 아라한을 넘어서고 팔천의 보살들과 이름을 같이 하고 있다. 겉보기에는 속인과 같지만, 안으로는 이미 보살의 수행을 이루었다. 마음이 광대하고 지혜가 끝이 없으며, 중생을 구제함에 빈부(貧富)를 가리지 않고, 중생을 불쌍히 여김에 귀천(貴賤)을 가리지 않는다. 지위의 높고 낮음에 관계없이 두루 미치고, 직위의 위아래에 관계없이 평등으로 대하니, 성문(聲聞)이 모두 그를 찬탄하고 보살이 모두 그의 덕을 우러러본다. 재주와 이름을 오래 전에 떨쳤고 지혜 역시 일찌감치 알려졌다. 어느 누구의 구변(口辯)도 그대와 견주기 어렵고, 대중의 사세(事勢) 인식도 그대에는 미치지 못한다. 비야리성으로의 심부름을 다른 이에게 맡기지 않겠다. 방장(方丈)으로의 전언(傳言)은 마땅히 선덕 그대가 맡아야 할 것이다. 그대는 나의 칙명을 받고, 그대는 나의 말을 받들어 속히 떠날 준비를 하고 속히 문안을 가도록 하여라. 인천(人天)이 그대를 공경할 것이고 사방의 중생이 그대를 흠모할 것이다. 만일 이처럼 행할 수 있다면 곧 보리(菩提)의 도과(道果)를 증득할 수 있을 것이다."

세존께서 이날 직접 분부를 내리시니
선덕은 경건히 합장을 한 채 경청한다.
나는 지금 그대를 비야리성으로 보내려 하니
그리로 가서 나의 말을 전하도록 하라.
그대의 명성은 높고 덕행도 갖추었으니
비야리성으로 심부름 갈 수 있으리.
나는 지금 그대를 유마에게 병문안 보내려 하니
나의 분부대로 떠날 채비를 하여라.

문난(問難)의 재능과 성인(聖人)의 언변
나는 인천(人天)에 대해서 세 차례 질문한 적이 있다.
채비를 갖추고 비야리성으로 들어가
은근한 태도로 유마를 병문안하라.
모두들 훌륭하다고 찬탄을 하는데
법회에 모인 어느 누구도 견주기 어렵다.
비야리성으로 심부름을 갈만하니
나를 위하여 유마의 병문안을 다녀오기를.
언변은 세차게 흐르는 물과 같고 그 밝기는 거울과 같으며
형상에 집착하지 않고 기질에 얽매이지 않는다.
여래의 위문을 전달하고자 하니
그대는 유마의 병문안을 다녀오기를.
마음은 참되고 육체는 올바르니
안팎이 마치 명주(明珠)처럼 밝게 빛난다.
나의 분부대로 길을 떠나
은근한 태도로 유마를 병문안하라.
인천(人天) 가운데서 선발하니
선덕은 이때 부름에 응한다.
비야리성에 심부름 갈 만하거늘
이번에 유마의 병문안을 다녀오라.
선덕의 재능은 감당할 만하니
나는 오늘 기쁨이 가슴에 가득하다.
비야리성으로 가게 되니 모든 사람들이 우러러보고
방장(方丈)에 도착해서도 언변에 어긋남이 없으리.
어느 누구보다도 제대로 임무를 수행할 것이니
자존(慈尊)은 제대로 인물을 선발했도다.
이날 법회에 모인 자들은 합당하다 가송하고

이때 법석(法席)에 자리한 자들은 잘 어울린다며 찬탄한다.
부디 사양 말고 떠나시라
모든 인천(人天)의 법안(法眼)이 열린다.
언변은 현하(懸河)[20]처럼 멈춤이 없고
구변(口辯)은 대나무를 자르듯 거침이 없다.
모두를 위하여 춘뢰(春雷)를 떨치고
유마에게 애통의 마음을 전하라.
이날 세존의 명령을 받을 것인지 아닌지
경전에서 뭐라고 말하는지 그 창이 곧 나오리라.

經 : 善德白佛言 :「世尊, 我不堪任詣彼問疾.」

善德蒙佛告命, 稽首而仰望花臺, 鄭重虔心, 慇懃合掌, 爲承宣旨, 三白世尊 : 世尊, 世尊, 世尊!適蒙慈父發言, 何銷[21]如來推奬. 懦質而幸居法會, 冗瑣而叨侍花臺. 處分令入毗耶, 敕命遣看居士. 便合副尊聖意, 其那自愧荒孱, 如善德者, 學昧雕龍, 智虧詴[22]馬. 對大辯而言難接續, 狀層梯構[23]空闊之雲; 問上人而語恨遲速,[24] 類短索探[深][25]

20 경사가 급하여 쏜살같이 흐르는 강. 전하여 말을 유창하게 잘함의 비유로 쓰임.

21 '銷'는 '消'와 같다. 慧琳 『一切經音義』 권11 인용 考聲 : "銷, 或作消." 문중에서는 '…… 할 만하다', '…… 할 자격이 있다'는 뜻이다.

22 『集韻』 薛韻 : "詴, 言析理也." 이는 '別'의 후기 분화자로 생각된다. '別馬'는 '相馬'(말의 우열을 관찰하다)와 같다.

23 '構'는 原卷에서는 '搆'로 되어 있는데 이는 그 속체이다. 『淮南子』 氾論 : "築土構木, 以爲宮室." 高誘 注 : "構, 架也." 문중의 '構' 역시 '架'의 뜻이다.

24 '速'은 趙錄과 潘錄에서는 모두 '辶' 편방 안의 '束'이 '東'으로 되어 있다. 周校는 이를 '連'으로 의심하였는데 정확하지 못하다. 原卷을 세밀히 관찰해보면 사실 '速'자로 되어 있음을 알 수 있다. 문맥에도 잘 부합된다.

25 '探'은 趙錄과 潘錄에서는 모두 '掬'으로 되어 있다. [潘重規] 돈황사본에서 '掬'과 '探'은 형태가 비슷한데 여기서는 '探'이 되어야 한다. 아래 문장 "似將短索探深泉"은 그 증거이다. [校注] 이곳의 '探'자는 原卷에서는 '掬'으로 되어 있다. 아래 문장 "似將短索探深泉"의 '探'자가 原卷에서는 '探'로 되어 있는데 이는 모두 '探'자의 속체이다. 돈황사본에서 '罙' 편방은 흔히 이 형태로 되어 있다. P.3418 王梵志 詩 : "聞苦卽深藏."

泉之水. 魚睛比暗, 燕石多瑕, 並驪珠而豈敢誇明, 對楚玉而虛稱價貴. 遣臨方丈, 有誤提攜; 交問淨名, 慮辱指使. 不敢不敢, 難任難任. 況維摩是獨步上人, 假作無垢居士. 名振於三千界外, 智超於百憶(億)世中. 惠海無涯, 詞山過日, 神通廣大, 辯口難窮. 芥子中藏得彌盧,[26] 毛孔中吸納巨浸. 言泉浩瀚, 似黃河傾出於龍門; 聖力威雄, 取他方如擎於雀卵. 菩薩尙皆辭退, 善德不易枝梧, 實愧非才, 深慚瑣屑. 爭敢爭敢, 甚難甚難!伏乞聖主哀矜,[27] 我今不敢詣彼.

善德當聞差選字, 告訴牟尼稱不易.
居士他緣大辯人, 我今難作如來使.
菩薩人, 宿出世, 金票(粟)如來假顯示.
將凡鬥聖固非宜, 我慚難作如來使.
世尊名(命), 去卽是, 爭那身中無大智.
恐到[28]維摩徵問頻, 言乖有辱[如來使].[29]
質[30]不慵, 性不恣,[31] 佐佛弘楊(揚)非是器.

이 '深'자가 原卷에서는 '罙'으로 되어 있는데 이는 그 증거이다. 『商君書』 禁使 : "探淵者知千仞之深." 이로 보아 '探'자가 옳음을 알 수 있다. 또 '深'자는 周校에 의거하여 임의로 보충해 넣는다.

26 '彌盧'는 불교 전설 속의 산 이름이다. 『大唐西域記』 卷1 : "蘇迷盧山, 唐言妙高山, 舊曰須彌, 又曰須彌婁, 皆訛略也." '彌盧'는 곧 '蘇迷盧'의 약칭이다. 겨자씨 안에 수미산이 들어간다는 말은 불전에서 자주 보이는 표현으로, 불가사의함을 비유한다. P.2122 「維摩詰經押座文」 : "겨자씨가 수미산을 받아들이고 거대한 바다를 집어삼키며, 萬門에 교화를 행함은 족히 위엄이 있으시네(芥納須彌呑巨海, 萬門化行足威儀)." 이는 그 예이다.

27 '矜'은 趙錄과 潘錄에서는 모두 '憐'으로 되어 있는데 이는 잘못이다. 原卷에서는 사실 '矜'으로 되어 있다.

28 '到'는 '對'로 보아야 할 것 같다. 돈황사본에서 '對'자는 '㓨'로 적기도 하는데 이는 '到'의 형와자이다.

29 原卷에서는 '有辱' 다음에 '云云'이 있다. 이는 '如來使' 세 글자를 생략한 것이다. 아래 문장 '無光恐辱', '急堪去作' 뒤에도 '云云'이 있는데 생략한바 역시 이와 똑같다.

30 '質'은 趙錄에서는 궐문으로 되어 있고, 潘錄에서는 '口'자로 되어 있다. 原卷을 세밀히 관찰해보면 '質'자로 되어 있음을 알 수 있다. '質'자가 문맥에도 잘 맞는다.

31 '恣'는 趙錄과 潘錄에서는 모두 '恕'로 되어 있는데 이는 오류이다. 原卷에서는 사실

若將魚眼鬥驪珠, 無光恐辱[如來使].
入毗耶, 方丈裏, 到便維摩詰道理.
我同寸草擬量天, 爭堪去作[如來使].
上上人, 大居士, 言似懸河諸[32]不滯.
泓澄豈敢對量他, 我今非是[如來使].
奉慈尊, 特差使, 自愧庸微非大器.
似將矩(短)索探深泉, 我今恐辱[如來使].
望慈憐, 且優庇, 小物不堪爲大器.
毗耶奉使實難當, 伏望如來別名[33]替.
善德當時向法臺, 擎奉三白告如來.
魚睛難鬥驪龍寶, 燕石徒誇楚玉[34]財.[35]
莫把澄泉衝大海, 休將布鼓敵春雷.[36]
毗耶方丈無心去, 恐被維摩居士摧.
啓告了, 衆疑猜, 善德如今又訴推.
可畏維摩大菩薩, 堪誇居士大英才.

'恣'로 되어 있다. '恣'와 '慵'은 대구가 되며 둘 다 폄하하는 말이다.

32 '諸'는 '堵'로 보아야 한다.

33 '名'은 '命'으로 보아야 한다. 본권의 필사자는 '命'자를 종종 '名'으로 적고 있다.

34 '玉'은 原卷에서는 '王'으로 되어 있다. 蔣禮鴻은 이를 '玉'으로 교정하였는데 이는 옳다. 위 문장 "魚睛比暗, 燕石多瑕, 並驪珠而豈敢誇明, 對楚玉而虛稱價貴." 이는 '玉'자가 옳음을 증명한다. 이에 바로잡아 기록한다.

35 '財'는 '材'와 통한다. '材質'을 말한다.

36 '鼓'는 原卷에서는 '敎'로 되어 있는데 이는 '鼓'의 형와자인 것 같다. 문맥에 의거하여 바로잡는다. 또 '敵'자의 좌측 편방이 原卷에서는 '啇'와 '啻'의 중간 형태로 되어 있는데 이는 '敵'의 속와자이다. 趙錄과 潘錄에서는 모두 '儆'으로 적고 '驚'으로 교정하였는데 이는 옳지 않다. "布鼓敵春雷"는 위 문장 "澄泉衝大海"와 대구를 이루고 있다. 『漢書』 권76 王尊傳: "毋持布鼓過雷門." 顏師古 注: "雷門, 會稽城門也. 有大鼓. 越擊此鼓, 聲聞洛陽. …… 布鼓, 謂以布爲鼓, 故無聲." 이후로 '布鼓'는 '雷門'과 함께 쓰여 高手 앞에서 재주 부림을 비유하게 되었다. 佛典에서는 '布鼓'와 '春雷'를 병용하는 것으로 변하였다. P.2292「維摩詰經講經文」: "아직도 북소리처럼 귓전에 울려대는데, 유마는 마치 봄철의 우레를 떨치는 듯하네(我卽還同鳴布鼓, 維摩直似振春雷)." 이는 참고할 필요가 있다.

不敢去, 怕難迴, 伏望慈悲賜憫哀.

是日世尊重詰問, 說何過處唱將來.

경전에서 말하기를, "선덕은 부처님께 말씀드렸다. 세존이시여, 저는 그를 찾아가 문병하는 일을 감당할 수가 없습니다."

선덕은 부처님의 분부를 받고 큰절을 올린 다음 연화대를 우러러보았다. 정중하고 경건한 마음으로 합장을 하고 세 차례 세존을 불렀다. "세존이시여, 세존이시여, 세존이시여! 어찌 여래의 칭찬을 감당하겠습니까. 나약한 품성을 지녔으면서도 운 좋게 법회에 오게 되었고, 보잘것없는 재주를 지녔으면서도 외람되이 연화대를 받들게 되었습니다. 비야리성으로 가서 거사의 병문안을 다녀오라는 분부를 내리시며 제가 여래의 뜻에 적합하다 하시는데, 저는 몹시 부끄러움을 느낍니다. 저 선덕은 문장(文章)에 어둡고 지혜도 부족하여 대변(大辯)을 상대로 대화를 계속해 나가기가 어려우니, 사다리를 타고 허공의 구름에 오르려는 형상입니다. 상인(上人)에게 질문하면 신속한 답변이 나오니, 짧은 끈으로 깊은 샘물을 가늠하는 것과 같습니다. 물고기의 눈알은 어둡고 연석(燕石)[37]에는 많은 흠이 있는데, 어찌 감히 여주(驪珠)[38]와 더불어 밝음을 자랑하고 초옥(楚玉)과 더불어 그 소중함을 논하겠습니까? 저를 방장으로 심부름 보내시는 것은 잘못 생각하신 것입니다. 제가 유마의 병문안을 가면 여래를 욕되게 할까 염려스럽습니다. 감당할 수 없습니다. 감당할 수 없습니다. 게다가 유마는 본래 뛰어난 상인(上人)으로 잠시 무구거사로 있는 것이며, 그 명성은 삼천세계 밖에까지 떨쳐지고 지혜는 백억의 세상을 초월해 있습니다. 지혜의 바다는 끝이 없고 언사(言辭)의 산은 태양을 지나며, 신통력은 광대하고 구변(口辯)은 다함이 없습니다. 지푸라기로 수미산을 가릴 수 있고, 털구멍으로 거대한 바닷물을 담을 수 있습니다. 언변은 광대하여 황하가 용문(龍門)을 쏟아져 나오는 것 같고, 능력은 웅대

37 연산(燕山)에서 나는 옥 비슷하면서도 옥이 아닌 돌.

38 검은 용의 턱 밑에 있는 귀중한 구슬.

하여 다른 이를 대하는 것이 마치 참새 알을 손에 들고 있듯 합니다. 보살도 모두 사퇴를 하였는데, 선덕 제가 응대하기는 쉽지 않습니다. 저의 비재(非才)가 참으로 부끄럽고도 수치스럽습니다. 감당할 수 없습니다, 감당할 수 없습니다! 성주(聖主)시여, 부디 저를 가엾게 여겨주시기 바랍니다. 저는 지금 그곳에 감히 갈 수 없습니다."

선덕은 병문안을 다녀오라는 말씀을 듣고
석존에게 감당할 수 없음을 아뢴다.
"거사는 변재(辯才)가 뛰어나서
저는 여래의 사자(使者)가 될 수 없네.
거사는 전생에 출가한 보살로서
금속여래(金粟如來)가 잠시 현시(顯示)한 것이네.
범인(凡人) 되어 성인(聖人)과 대결하는 것은 온당치 못하니
저는 여래의 사자가 되기 어렵네.
세존의 명에 따라야 옳거늘
이 몸에 지혜가 부족함을 어찌하리오.
유마의 질문에 대응하지 못하고
그 어눌함으로 인해 여래의 사절을 욕되게 할까 두렵네.
기질이 게으르고 천성이 방자하여
불법(佛法)을 알리는 데 그릇이 되지 못하네.
이는 물고기의 눈으로 여주(驪珠)와 겨루는 것이라
그 무광(無光)으로 인해 여래의 사절을 욕되게 할까 두렵네.
비야리성 방장에 도착하면
유마는 도의 이치를 묻게 될 것인데
이는 한 치의 잡초로써 하늘을 헤아리는 것과 같으니
어찌 감히 여래의 사절로 갈 수 있으리오.
상인(上人) 중의 존자이고 거사(居士) 중의 존자
언변은 현하(懸河)처럼 막힘이 없고

깊고 맑으니 어찌 감히 그를 헤아릴 수 있으리오.
나는 여래의 사절로 적합지 않네.
자존의 사절로 가라하시는데
그릇이 크지 않음이 부끄럽기만 하네.
이는 짧은 끈으로 깊은 샘을 재려하는 것과 같아
여래의 사절을 욕되게 할까 두렵네.
부디 불쌍히 여기시어 보살펴 주소서.
소인은 대기(大器)를 감당할 수 없다네.
비야리성으로의 심부름은 실로 감당하기 어렵나니
여래시여, 부디 다른 이를 보내십시오."
선덕은 이때 연화대를 향하여
삼백(三白)[39]을 바치며 여래께 고한다.
물고기 눈은 여룡(驪龍)의 보주(寶珠)와 겨룰 수 없고
연석(燕石)으로 헛되이 초옥(楚玉)이라 자랑하는 것이네.
작은 샘으로 대해(大海)와 맞부딪치게 하지 마시고
북소리로 춘뢰(春雷)를 대적하게 하지 마소서.
비야리성의 방장에 갈 마음이 없는 것은
유마거사의 비난을 듣게 될까 두려워서라네.
중생들은 어찌 될까 궁금해 하는데
선덕은 하소연하며 사양한다.
경외의 대상이신 유마대보살
감히 거사 중의 대재(大才)를 찬탄하네.
이날 세존께서는 거듭 묻고
[선덕은] 어떤 과오가 있었는지를 대답하는데 그 창이 곧 나온다.

39 우유[乳], 타락[酪], 쌀밥[米飯]을 가리킨다.

經 : 所以者何?憶念我昔, 自於父舍, 設大施會, 供養一切沙門婆羅門及諸外道貧窮下賤孤獨乞人, 期滿七日. ……

善德蒙佛再問, 遂陳昔日之因; 長者欲詣花臺, 啓白往時之事. 世尊, 世尊!我昔曾於父舍, 大開供養之門, 不論羅漢聖人, 兼及外宗乞者. 由是遍飛[40]白疏, 請命高僧; 普示紅箋, 告知[41]外道. 四城門上, 展開三尺之書; 諸坊口頭, 各放一道之牓. 不揀貧窮老弱, 不論城外城中, 願赴七日之筵, 依時各總齊到. 遂使廣嚴宅地, 大展花(華)筵, 幡幀挂[42]而爍日光, 高僧至而祥雲覆, 莫不亂堆金玉, 剩積綾[43]羅, 要者隨意令將, 乞者一任般[44]取. 所貴福嚴備足, 所希心願周圓. 布三種之良田, 開七朝之盛會. 或有飛空羅漢, 擲錫聖僧, 或有鍱腹婆羅, 戴火外道, 各將徒衆, 誇逞神通, 皆臨長者之筵, 盡赴善德之會. 更有城中乞士, 外處貧兒, 老弱者形貌尫羸, 孤獨者顔容憔悴, 或時作隊, 或即成群, 無目者以杖前行, 瘖瘂[45]者點頭似語. 聞有無遮之會, 遠近皆來, 纔[46]沾長者之恩, 聲[47]抱忻懽之意. 我卽隨情施物, 逐意令[48]將, 故無

40 '飛'는 趙錄과 潘錄에서는 모두 '懸'으로 되어 있는데 原卷의 글자와는 맞지 않는 것 같다.

41 '知'는 趙錄과 潘錄에서는 모두 '之'로 되어 있는데 이는 잘못이다. 原卷에서는 사실 '知'자로 되어 있다.

42 '挂'는 原卷에서는 좌측 편방이 '才'자 형태로 되어 있는데 이는 '挂'의 속체이다. 趙錄과 潘錄에서는 모두 '桂'로 되어 있다. 潘校는 다시 '桂'는 '挂'로 보아야 한다고 했는데 사족이 아닐 수 없다.

43 '綾'은 趙錄과 潘錄에서는 모두 '稜'으로 되어 있고 '綾'으로 교정하였다. 原卷에서는 본래 '綾'자로 되어 있다.

44 『玉篇』 舟部 : "般, 運也." 후에 이 의미는 '搬'으로 표기되었다. 周校와 潘校에서는 직접 '搬'으로 되어 있는데 이는 타당하지 않다.

45 '瘖瘂'는 周校와 潘校에서는 '喑啞'로 되어 있다. 劉凱鳴은 '瘖瘂'는 수정할 필요가 없다고 했는데 이는 옳다. 『說文解字』 : "瘖, 不能言也." 또 "宋齊謂兒泣不止曰喑." '벙어리'의미로 '喑'자를 사용하는 것은 '瘖'자를 가차한 것이다. '瘂'는 '啞'의 이체자이다.

46 '纔'는 '總'으로 보아야 할 것 같다. '纔'자는 속자로 '緿'로 적기도 하는데 그 형태가 '總'자와 비슷하여 오판되기 쉽다.

47 '聲'자를 蔣禮鴻은 '齊'라 교정하였는데 이는 옳다. '聲'과 '齊'의 속체는 형태가 비슷하여 오판되기 쉽다.

吝惜之心, 只有捨財之念. 七朝將滿, 一會欲終, 於是大聖維摩, 爲我當時有語.

我於父舍開施會, 七日未曾心懈怠.
不揀高低若乞來, 故無相吝生違礙.
或沙門, 持錫戒, 顯現神通來入會.
供養虔恭滿七朝, 不省心中生懈怠.
或婆羅, 希財賄, 不問金銀諸寶貝.
供養虔恭滿七朝, 未省心中[生懈怠].[49]
或孤獨, 或老邁, 或少年中或後輩.
我於父舍濟貧人, 未省心中[生懈怠].
出牌牓, 無邊(遮)會, 不管城中及城外.
七朝供養向家中, 未省心中[生懈怠].
或幢幡, 或傘蓋, 要者不論千萬對.
七朝父舍啓無遮, 未省心中[生懈怠].
要榮花(華), 捨資賄, 希望如來三三昧.
七朝父舍啓無遮, 未省心中[生懈怠].
高與低, 普匀配, 平等施時無有罪.
七朝父舍啓無遮, 未省心中[生懈怠].
或送情, 與領解, 當面來時我不退.
七朝父舍啓無遮, 未曾心中[生懈怠].
施衆生, 福廣大, 飮食衣服隨意受.[50]
七朝父舍啓無遮, 未省心中[生懈怠].

---

48 '令'은 趙錄과 潘錄에서는 모두 '命'으로 되어 있는데 이는 잘못이다. 原卷에서는 사실 '令'자로 되어 있다.

49 原卷에서는 '心中' 뒤에 '云云'자가 들어 있는데 이는 '生懈怠' 세 글자를 생략한 것이다. 原卷에서는 아래 문장 "未省心中" 뒤에 '云云'자가 들어 있기도 하고 없기도 한다. 여기서는 앞의 예문에 의거하여 임의로 '生懈怠'란 문구를 보충해 넣는다.

50 '受'자는 운이 맞지 않는데 '愛'의 형와자일 것 같다.

七朝供養並無乖, 歡喜千迴與萬迴.
已滿今生發底願, 並無魔難及諸災.
維摩策杖親來至, 問我因何捨外財.
未審淨名般(盤)詰語, 好生分析[51]唱將來.

경전에서 말하기를, "왜냐하면 생각해 보니, 예전에 저는 아버지의 집에서 성대한 보시 모임(大施會)을 열고, 모든 사문과 바라문, 그리고 수많은 외도와 가난한 사람, 비천한 사람, 의지할 데 없는 사람, 거지들에게 공양하였습니다. 그리고 마지막 7일째 되는 날이 되었습니다."

선덕은 부처님의 거듭된 질문을 받고 마침내 지난날에 있었던 원인을 이야기한다. 장자는 연화대로 다가와 지난 일을 아뢰었다. "세존이시여, 세존이시여! 제가 일찍이 아버지의 집에서 공양의 모임을 크게 열고서 아라한과 성인, 외도와 거지를 가리지 않고 공양한 적이 있었습니다. 당시 저는 이 사실을 널리 알리고자 고승께 부탁 올리고, 붉은 종이에 이 사실을 적어 외도에게 알렸습니다. 네 성문 위에 세 자(尺) 길이의 게시문을 적어 붙였고, 모든 골목 마다 방문(榜文)도 내걸었습니다. 가난한 자나 노약자를 가리지 않고, 또 성 안이나 성 밖을 막론하고 이레 동안의 잔치에 모두들 올 수 있기를 바랐습니다. 그리하여 넓은 마당에다 화려한 잔치를 벌였는데, 내걸린 깃발(幡)은 햇빛에 반짝거렸고, 고승이 이르니 상운(祥雲)이 그곳을 감쌌습니다. 금과 옥을 한데 모아두고 비단을 쌓아놓고서 필요한 자들은 마음대로 가져가게 하였고 거지도 원하는 만큼 가져가게 했습니다. 귀한 것들을 갖춰 놓고서 마음이 원하는 바를 두루 채울 수 있도록 했던 것입니다. 세 종류의 양전(良田)을 내놓고 이레 동안의 성대한 잔치를 여는 동안, 허공을 나는 아라한이며 지팡이를 짚은 고승(高僧), 엽복(鍱腹) 바라문, 머리에 불(火)을 이고 있는 외도 등이

51 '析'은 原卷에서는 본래 '圻'로 되어 있는데 이는 '析'의 오자이다.(속서에서 '手' 편방과 '土' 편방은 구분 없이 쓰이고, '手' 편방은 다시 '木' 편방과 혼용된다) 이에 문맥에 의거하여 바로잡는다. 趙錄과 潘錄에서는 '折'로 되어 있는데 이는 原卷에 맞지 않는다.

각각 자신의 무리들을 이끌고 신통력을 자랑하며 이 법연(法筵)을 찾았습니다. 또 성 안의 거지와 가난한 아이, 여위고 파리한 모습의 늙은이, 용모가 초췌한 외로운 자들이 찾아왔습니다. 어느 때는 대오를 이루기도 하고, 또 어느 때는 무리를 지어서 찾아왔습니다. 눈이 먼 자는 지팡이를 두드리며 걸어왔고, 벙어리는 머리를 끄덕이며 뜻을 표시했습니다. 무차대회(無遮大會)[52]가 있다는 얘기를 듣고 멀고 가까운 곳으로부터 모두 와서 장자(長者)의 은혜를 입고 기뻐하였습니다. 저는 마음 가는대로 재물을 보시하였고, 또 마음대로 그것을 가져가도록 하였습니다. 아무런 아끼는 마음도 없었고 단지 재물을 보시하려는 생각 밖에 없었습니다. 7일이 다 차서 막 법연이 끝나갈 무렵, 대성 유마가 찾아와 제게 이렇게 말을 하였습니다.

나는 부친의 집에서 보시의 법회를 연 적이 있는데
7일 동안 마음에 게으름이 생긴 적이 없었네.
지위의 높고 낮은 자를 막론하고 모두 찾아왔기에
마음에 인색함도 장애도 없었네.
어떤 때는 석장을 든 사문이
신통력을 내보이며 법회에 왔었네.
경건하게 7일 동안 공양을 하였는데
마음에 게으름이 생긴 적이 없었네.
어떤 때는 바라문이 재물을 희구하는데
금은보배를 묻지 않았었네.
경건하게 7일 동안 공양을 하였는데
마음에 게으름이 생긴 적이 없었네.
어떤 때는 고독한 자나 노약자가 오기도 하였고
어떤 때는 나이 어린 자가 오기도 하였네.

52 승려·속인을 가리지 않고 누구나 자유롭게 참여하여 법문을 듣는 법회의 하나.

나는 부친의 집에서 가난한 자를 구제하였는데
마음에 게으름이 생긴 적이 없었네.
방(榜)을 붙여 무차대회가 있음을 알리는데
성 안과 성 밖을 가리지 않았네.
7일 동안 집안에서 공양을 하는데
마음에 게으름이 생긴 적이 없었네.
당번(幢幡)이나 산개(傘蓋)도
필요하다면 수천수만 개도 아끼지 않았네.
7일 동안 부친 집에서 무차대회를 열었는데
마음에 게으름이 생긴 적이 없었네.
영화(榮華)를 원하면 재물을 희사(喜捨)하며
여래의 삼매를 희망하였네.
7일 동안 부친 집에서 무차대회를 열었는데
마음에 게으름이 생긴 적이 없었네.
[신분이] 높던 낮던 고르게 배분하며
죄가 되지 않도록 평등하게 보시하였네.
7일 동안 부친 집에서 무차대회를 열었는데
마음에 게으름이 생긴 적이 없었네.
마음에 들지 않는 이가 찾아와도
그를 대하며 물러서지 않았네.
7일 동안 부친 집에서 무차대회를 열었는데
마음에 게으름이 생긴 적이 없었네.
중생에 대한 보시는 그 복덕이 광대하니
음식과 의복을 원하는 만큼 내주었네.
7일 동안 부친 집에서 무차대회를 열었는데
마음에 게으름이 생긴 적이 없었네.
7일 동안의 공양에 어긋남이 없었으니

천 번 만 번의 환희가 찾아들었네.
이미 금생(今生)의 발원이 다 이루어졌고
모든 고난도 재앙도 없네.
유마가 지팡이를 짚으며 다가오더니
내게 재물보시를 하는 까닭을 물었네."
유마의 말을 이해할 수 없거늘
세밀히 분석하는 창이 곧 나온다.

經 : [時]維摩結(詰)來入會中, 謂我言 : 長者子!夫大施會不當 ……

於是維摩大士入於善德會中, 易[53]長者七日無遮, 實卽論情不易. 施卻多少金玉, 俵卻多少綾羅, 如斯捨與衆人, 實卽論情不易. 人間最重莫越珠珍, 施與沙門, 實卽論情不易. 濟得孤獨老弱, 救拔貧困之人, 如此捨施之時, 實卽論情不易. 國內人皆談說, 城中上下讚揚, 爲開七日無遮, 實卽[論情不易].[54] 見說人來求化, 長者隨意施之, 如斯濟物至心, 實卽[論情不易]. 要玉尋聲與玉, 求金便乃賜金, 如此運動之心, 實卽[55][論情不易]. 又聞心無分別, 一列[56]供養無偏, 如斯平等施爲, 實卽[論情不易]. 少少之筵[57]猶可, 況當許大因緣, 七朝人衆餠(駢)闐, 實卽[論情不易]. 我向街衢遊翫, 里衖巡行, 見貧者抱玉擎金, 睹老者儋[58]綾易[59]絹, 近前詢問, 皆言善德家來, 如斯濟救衆生, 實卽

53 '易'자는 의미가 통하지 않는다. 아마도 다음 구의 '易'자와 관련하여 실수로 덧붙인 것 같다. 삭제하는 게 합당하다.('曰'의 와자일 수도 있다)

54 '論情不易' 네 글자를 文例에 비춰 보충해 넣는다. 이하 동일하다.

55 '實卽'은 原卷에서는 도치되어 있다. 앞뒤 문구에 의거하여 바로잡는다.

56 '列'을 劉凱鳴은 '例'라 교정하였는데 이는 옳다.

57 '筵'은 原卷에서는 '[illegible]'으로 되어 있는데 이는 '筵'의 오자일 것이다. 趙錄과 潘錄에서는 모두 궐문으로 남겨 놓았다.

58 '儋'은 '擔'의 本字이다. '擔'은 후기 속자이다. 趙錄과 潘錄에서는 모두 직접 '擔'으로 수정하였는데 이는 옳지 않다.

59 '易'는 趙錄과 潘錄에서는 '背'로 되어 있다. **[校注]** 原卷에서는 '易'로 되어 있는데 이는 '易'의 속와자인 듯하다. '易'은 또 '舁'의 음와이기도 하다. '舁'은 '扛', '擧'로서 문맥

論情不易. 如斯設無遮大會, 論情是[60]沒量大因緣. 若求來世豐饒, 此事不妨好作.

善德希佛位, 心中捨寶財.
大開七日會, 此事沒人偕.
帖牓咸知道, 沙門總赴來.
爲開七日會, 此事[沒人偕].
時救無圖者,[61] 憐貧起愍[62]哀
從頭[63]與錢絹, 此事沒人偕.
一國人傳說, 七朝大會開.
諸僧蒙供養, 此事沒人偕.
善德將金施, 貧人喜滿懷.
高低生感愧,[64] 此事[沒人偕].
金玉高如垂(埵), 綾羅積似堆.
有人求與者, 此事[沒人偕].
滿國皆稱讚, 傾邦盡得財.
聲聞難似汝, 此事[沒人偕].
長者心能施, 維摩語解推.
無遮獨自作, 有力衆難偕.

에도 부합된다. 아래 문장 주석 68)번을 참조 바란다.

60 原卷에는 '是'자가 있는데, 趙錄과 潘錄에는 빠져 있다.

61 '無圖者'란 것은 '살아갈 방도가 없는 사람'이다.

62 '愍'은 原卷에서는 '慜'으로 되어 있는데 이는 '愍'의 속자이다. 周校와 潘校에서는 '憫'으로 되어 있는데 의미는 통할지 몰라도 본래의 글자는 아니다.

63 '頭'는 原卷에서는 덧칠이 가해져 무슨 글자인지 판독하기 어려운데 '頭'자처럼 보인다. 趙錄과 潘錄에서는 모두 '願'으로 되어 있는데 이는 오류인 것 같다. '從頭'는 '逐指'이다. 위 문장 "나는 사리불 등에게 일일이 칙명을 내렸는데 모두 사양을 하였다(吾便從頭敕命, 從舍利弗等, 個個推詞辭)." 「破魔變文」: "이제까지 알고 지내던 사람들, 하나하나 늙고 병들어 결국은 無常하게 되네(更有向前相識者, 從頭老病總無常)." 이들 예문에서의 '從頭'도 같은 뜻이다.

64 '感愧'는 '感謝'의 뜻이다. '感'과 '愧'는 동의의 글자가 결합된 복합어이다.

福報因金玉, 菩提仗法財.

不當如汝設, 說喻處唱將來.

경전에서 말하기를, "그때 마침 유마힐이 찾아와 저에게 말하였습니다. 장자의 아들이여, 이 같은 성대한 보시법회는 적당하지 않습니다."

이때 유마대사가 선덕의 법회에 왔다. "장자의 7일 동안의 무차대회는 사실 쉽지 않습니다. 수많은 금옥(金玉)을 보시하고 많은 비단을 중생들에게 베풀었는데, 사실 이것은 실행하기 쉽지 않습니다. 사람이 가장 중요시하는 것으로 진주보물보다 더 한 것은 없거늘, 그것들을 사문에게 보시하였으니 정말 이것은 쉽지 않습니다. 고독한 자와 노약자를 구제하고 빈궁한 자를 구제했으니 이와 같은 보시는 정말 쉽지 않은 일입니다. 나라 안 사람들의 이야깃거리가 되고, 성 안의 위아래 사람들이 모두 찬탄하는 7일 동안의 무차대회를 열었으니 이것은 정말 쉬운 일이 아닙니다. 사람들이 와서 원하면 장자는 얼마든지 베풀었으니, 이 같이 지극한 중생 구제는 정말 쉬운 일이 아닙니다. 옥을 구하는 자에게는 옥을 주고, 황금을 구하는 자에게는 황금을 주었으니, 이 같은 마음 씀씀이는 정말 쉬운 일이 아닙니다. 또 마음에 아무런 차별을 두지 않고 똑같이 공평하게 공양을 하였으니, 이 같은 평등보시는 정말 쉬운 일이 아닙니다. 조그마한 법연(法筵)도 될 터인데, 이렇게 큰 자리를 만들어 7일 동안 수많은 중생들이 잔치를 벌이도록 하였으니, 이는 정말 쉬운 일이 아닙니다. 이 몸은 거리며 골목길을 거닐다가 옥이며 금을 안고 있는 빈궁한 자를 보았고, 비단을 짊어지고 가는 늙은이를 보았는데, 가까이 다가가 [사연을] 물어보면 다들 선덕어른의 집에서 얻어왔다고 말하니, 이 같은 중생구제는 정말 쉬운 일이 아닙니다. 그런데 사실 이 같은 무차대회를 연다고 해서 커다란 인연을 얻게 되는 것은 아닙니다. 다만 내세의 풍요로움을 위해서라면 이 일은 해도 무방할 것입니다."

선덕은 불위(佛位)를 바라고

마음으로 재물을 내던졌다.

7일간의 대법회를 열었으니
이 일은 함께 할 자가 없다.
방을 붙여 모두에게 알리니
사문들이 모두 이르렀다.
7일간의 법회를 열었으니
이 일은 함께 할 자가 없다.
살 길이 없는 자를 구제하고
가난한 자에게 연민을 느껴
하나하나에게 돈과 비단을 주었으니
이 일은 함께 할 자가 없다.
온 나라 사람들이 말을 전하기를
7일 동안 대법회를 연다네.
모든 승려들이 공양을 입었으니
이 일은 함께 할 자가 없다.
선덕이 황금을 보시하니
가난한 자는 가슴속에 기쁨이 가득하다.
지위가 높고 낮은 자들이 모두 감사해하니
이 일은 함께 할 자가 없다.
금과 옥을 산처럼 쌓아두고
능라비단을 언덕처럼 쌓아두고
원하는 자가 있으면 내주었으니
이 일은 함께 할 자가 없다.
온 나라가 다 칭찬을 하고
온 백성이 다 재물을 얻었다.
성문(聲聞)도 그대 같을 수 없으니
이 일은 함께 할 자가 없다.
장자의 마음은 보시에 능하고

유마의 말은 분석에 능하다.
무차대회는 혼자만이 할 수 있으니
힘 있는 중생도 함께 하기 어렵다.
복덕의 업보는 금옥(金玉)에서 생겨나지만
보리(菩提)는 법재(法財)에 의지해야 하는 것.
그대가 하고 있는 [보시는] 적당하지 않은데
그에게 설하는 창이 곧 나온다.

經云 : [如]汝所設,[65] 當爲法施之會, 何用是[66]財施會……

維摩語善德曰 : 夫三生種福, 富貴爲末後之難. 汝今如此施爲, 長者行持錯也. 善德, 善德!莫將浮賄施爲, 非是菩薩行藏, 此是俗門作底. 汝不投於大覺, 往詣菴園, 精求出離之門, 證取菩薩之果. 然後嚴持[67]覺路, 度接衆生, 將三脫爲究竟之因,[68] 啓四智爲堅終之處. 長者, 長者!切須聽我修行. 若能不退指蹤, 勝將十劫財施. 若有衆生連(遭)苦, 常處淪(輪)迴, 興心往彼救時, 勝得十劫財施. 黑暗長燃大矩(火炬), 苦海身作舟航, 若能如斯施爲, 勝將千劫財施. 六道四生之類, 汝須往彼提攜, 若能如此施爲, 勝得十劫財施, 見苦交伊得樂, 逢貧與說宿因, 使生趣向菩提, 勝將十劫財施. 若值劫中有病, 現身交作醫王, 衆生病者令安, 勝將十劫財施. 若見衆生樂聽, 巧開吝[69]息之門, 交伊離遠

65 『維摩詰經』 경문에 의거하건대, "如汝所設"은 앞에서 인용한 경문과 붙여서 "夫大施會不當如汝所設"이 되어야 할 것이다. 原卷은 하나의 구문을 두 개로 나누고 있는데 이는 옳지 않다.

66 '是'는 原卷에서는 '施'로 되어 있는데 이는 다음의 '施'자와 관련하여 생긴 오류일 것이다. 구마라집 역 유마힐경에서는 '是'로 되어 있다. 이에 의거하여 바로잡는다. 玄奘 譯 『說無垢稱經』 「菩薩品」 : "무릇 보시회란 그대가 이곳에 벌인 것처럼 해서는 안됩니다. 그대는 이제 법의 보시회를 마련해야 합니다. 어찌해서 이 같은 재물을 보시하는 모임을 여는 것입니까?(夫祠會者, 不應如汝今此所設, 汝今應設法施祠會, 何用如是財施祠爲!)" 이를 참고할 필요가 있다.

67 '持'는 項楚는 唐 高宗의 휘를 피한 결과라며 '治'로 보아야 한다고 하였다.

68 原卷의 '因'자는 趙錄과 潘錄에서는 모두 '田'으로 오록되어 있다.

修行, 這箇名爲法施. 善德, 善德!不須此會爲憑, 取吾今日之言, 交汝速登聖位. 釋迦因地, 長行法施之門; 今登[70]百福之身, 德號千花聖主.

大聖維摩結(詰), 當開花種時.
入於善德舍, 方便接根機.
七日無遮會, 人天罄[71]德(得)知.
淨名臨滿日, 方便接根機.
長者爲何會, 速須與我披.[72]
沙門擎玉出, 外道易[73]金歸.
如此行擅施,[74] 諸人不易爲.
七朝開大會, 實是好因依.
未委求何福, 今須決衆疑.
如斯開大會, 長者錯行持.
不覓菩提果, 爲人作道師.[75]
暗中燃惠燭, 救拔向泥黎.[76]

---

69 '吝'은 原卷에서는 약간 변형(좌측 편방이 '扌'로 된 것 같다)된 '恡'자로 되어 있다. '恡'은 '吝'의 속자이다. 趙錄에서는 '攘'으로 되어 있고, 潘錄에서는 궐문으로 되어 있는데 둘 다 옳지 못하다. '吝息'은 '吝惜'으로 보아야 할 것 같다. 위 문장 "故無吝(原卷에서는 '恡'로 되어 있음)惜之心, 只有捨財之念." 마침 '吝惜'이란 단어가 쓰이고 있다.

70 '登'은 '영전하다', '높은 지위로 오르다'는 뜻이다. "今登百福之身"은 위 문장 "登聖位"를 가리켜 말한 것이다. 러시아 소장 符盧格 編 101호「維摩詰經講經文」: "佛登正覺, [□]賴菩薩以扶持." 이 '登'자도 같은 뜻이다. 周校와 潘校에서는 모두 '登'을 '證'으로 교정하였는데 옳지 않아 보인다.

71 『爾雅』 釋詁: "罄, 盡也." 周校와 潘校에서는 모두 '盡'으로 되어 있는데 그럴 필요가 없다.

72 '披'는 原卷의 자형이 다소 희미하다. 潘校는 이를 '披'자로 보았는데 이는 사실에 가깝다. 趙錄은 '根'으로 보았는데 이는 잘못이다.

73 '易'은 原卷에서는 '昜'으로 되어 있다. 趙錄과 潘錄에서는 모두 '易'으로 되어 있는데 이는 당연히 옳다. '易'은 '舁'로 보아야 한다. 앞에서 상설한 바 있다.

74 '檀'은 原卷에서는 '扌' 편방으로 되어 있다. [郭在貽] '擅'은 '檀'으로 보아야 한다. '檀施'는 佛典의 상용어이다. [校注] 돈황사본에서 '扌' 편방과 '木' 편방은 혼용되어 있는데, 여기서는 문맥에 의거하여 직접 '檀'으로 기록한다.

75 '道師'는 '導師'와 같다. 이하 동일하다.

不用將財施, 何須作相爲.
七朝開大會, 長者錯行持.
我佛因中日, 曾爲流水時.
五千魚欲死, 施法爲提持.
十劫將財施, 爭[77]如一法施.
施財招後[78]福, 聞法獲菩提.
苦海爲舟檝,[79] 三途作道師.
長持法敎化, 隨順與提持.
善德聞斯語, 虔恭唱善哉.
維摩告長者, 布施好梯媒.
法施希談說, 慈悲爲剸裁.
不知何爲法, 向[80]處品唱將來.[81]

경전에서 말하기를, "마땅히 법을 베푸는 법보시가 되어야지, 어찌하여 이같이 재물을 베푸는 재물보시를 열고 있는 것이오!"

유마가 선덕에게 말하였다. "삼생(三生)[82] 동안에 쌓는 복덕 중에서 부귀함은 제일 보잘것없는 것입니다. 그대의 이 같은 보시는 장자가 행할 바가 아닙니다. 선덕이여, 선덕이여! 허망한 재물로 보시하지 마십시오. 이것은 보살이 행할 바가 아니라 속인들이나 하는 짓입니다. 그대는 어찌 암라원으로 가서 출세간의 법문을 구하여 보살의 과위를 얻으려 하

76 '泥黎'는 '泥梨', '泥犂' 등으로 적기도 한다. 범어의 음역으로, '지옥'을 뜻한다. 周校와 潘校에서는 '黎'를 '犂'라 교정하고 있는데 그럴 필요가 없다.

77 '爭'은 原卷에서는 '箏'으로 되어 있는데 이는 잘못 기록한 것을 필사자가 미처 삭제하지 못한 것이다. 趙錄과 潘錄에서는 '箏'으로 되어 있는데 이는 잘못이다.

78 '後'는 原卷에서는 본래 '沒'로 되어 있는데 이는 형와자일 것이다. 여기서는 문맥에 의거하여 바로잡는다.

79 '檝'은 原卷에서는 '檝'으로 되어 있는데 이는 '檝'의 異體 俗字이다.(『集韻』에 보임)

80 '向'은 '何'로 보아야 할 것 같다. 어쩌면 '向' 다음에 '何'자가 누락되었는지도 모른다.

81 原卷은 여기까지이다. 끝에 '寫卷' 두 글자가 있는데 이는 후대 사람이 덧붙인 것이다.

82 전생(前生), 현생(現生), 내생(來生)인 과거세, 현재세, 미래세를 통틀어 이르는 말.

지 않습니까? 깨달음의 길을 굳건히 간직하고서 중생을 제도하시고, 삼해탈(三解脫)을 궁극의 인연으로 삼고, 사지(四智)를 귀의처로 삼으십시오. 장자여, 장자여! 내가 말하는 수행론을 잘 들어야 합니다. 만일 이 가르침에서 물러나지 않는다면 그것은 십겁 동안의 재물보시보다 낫습니다. 만일 고통을 겪고 윤회에 빠져 있는 중생을 가서 구제할 수 있다면, 이는 십겁 동안의 재물보시보다 낫습니다. 캄캄한 밤중에 횃불이 되고, 고통의 바다에서 돛단배가 되어 줄 수 있다면, 이 같은 보시는 십겁 동안의 재물보시보다 낫습니다. 육도(六道) 사생(四生)의 부류를 그대가 가서 이끌어 주어야 하거늘, 만일 그렇게 할 수 있다면 이것은 십겁 동안의 재물보시보다 낫습니다. 고통을 겪고 있는 자에게 즐거움을 주고, 가난한 자에게 숙세의 인연을 설하여 그 자로 하여금 깨달음의 길로 나아갈 수 있게 한다면, 이것은 십겁 동안의 재물보시보다 낫습니다. 병든 자를 만나거든 스스로 의왕(醫王)이 되어 병자에게 편안함을 준다면 이는 십겁 동안의 재물보시보다 낫습니다. 만일 중생이 법을 듣기를 원하면 교묘히 소중한 법문을 열어, 그로 하여금 속세를 멀리 벗어나는 수행을 하게끔 한다면 이것이 곧 법보시입니다. 선덕이여, 선덕이여! 이 법회에 의지해서는 안 됩니다. 나의 이 말을 받아들여 속히 성인의 과위를 얻으십시오. 석가께서는 오랫동안 법보시를 행하여 백복(百福)의 육신에 오르셨고 천화성주라는 칭호를 얻으신 것입니다."

대성(大聖) 유마힐
꽃이 필 무렵
선덕의 집에 와서
한 방편으로 근기(根機)[83]를 접했네.
7일간의 무차대회
인천(人天) 모두가 이를 알았네.

83 교법(敎法)을 받을 수 있는 중생의 능력.

유마가 마지막 날에 그곳에 이르러
한 방편으로 근기를 접했네.
"장자는 어찌하여 이 법회를 여시는가.
속히 내게도 나눠주시게.
사문은 옥을 들고 나가고
외도는 황금을 가지고 돌아가는데
이 같은 보시는
어느 누구도 쉽사리 행할 수 없네.
7일간의 무차대회
사실 훌륭한 방법이네.
어떤 복을 구하는지 알 수 없으니
지금 중생의 의혹을 풀어줘야 하리.
이 같은 무차대회는
장자가 행할 바가 아니라네.
보리(菩提)의 불과(佛果)를 얻어
중생의 도사(導師)가 되고자 하지 않는가.
어둠 속에서 지혜의 등불을 밝히고
지옥에 떨어진 자를 구제하시라.
재물보시는 필요치 않거늘
어찌 이를 이용하려드는가.
7일간의 무차대회는
장자가 행할 바가 아니라네.
부처님께서 불과(佛果)에 오르시기 전
흐르는 물이 되셨을 적에
5천의 물고기가 죽으려함에
법을 베풀어 그들을 구제하셨네.
십겁 동안의 재물보시

어찌 한 번의 법보시만 하리오.
재물보시는 내생의 복을 불러오고
법문을 들으면 보리를 얻게 되네.
고해(苦海)속의 돛단배 되고
삼악도 중의 도사(導師)되시라.
오랫동안 법으로 교화하는 데는
상대의 생각을 따르기도 거스르기도 해야 하네."
선덕은 이 말을 듣고
훌륭하도다, 공손히 찬탄한다.
유마가 장자에게 알리는데
보시는 훌륭한 방법이라네.
법보시에 대한
자비의 설법 듣고자 하는데
무엇을 법보시라 하는지
유마에게 묻는 창이 곧 나오리.

유마힐경강경문 7(維摩詰經講經文七)[1]

經云:「佛告文殊師利, 汝行詣維摩詰問疾.」

白言佛告者, 是佛相命之詞. 緣佛於會上, 告盡聖賢, 五百聲聞, 八千菩薩, 從頭遣問, 盡曰不任. 皆被責呵, 無人敢去. 酌量才辯, 須是文殊, 其他小小之徒, 實且故非難往, 失來妙德,[2] 亦是不堪. 今仗文

---

1 王慶菽 【原校】 본권은 본래 羅振玉 『敦煌零拾』에 수록되어 있었는데, 지금은 『西陲秘籍叢殘』 내에 본권의 영인본이 새롭게 교정되고 표점도 찍혀 실려 있다. 표제는 본래 존재한다. '文殊問疾第一卷'이란 문구는 본래 篇末에 있는데 이는 본권의 尾題이다. 그러나 본권은 앞서의 다른 권자들과 마찬가지로 『維摩詰經』을 연역한 것이기에 임의로 이렇게 제목을 붙인다. 【校注】 본편의 소의경전은 구마라집 역 『維摩詰所說經』 「文殊師利問疾品第五」 전반부의 일부이다. '文殊問疾第一卷'이라는 강경문의 尾題는 문수문질고사의 차례이지 유마힐경강경문 전체의 차례는 아니다. 이로 보아 본 강경문은 여러 권으로 이루어진 장편 거작임을 알 수 있다. 그런데 아쉽게도 필사본이 완전하지가 못하여 그 상세한 정황을 알 길이 없다.

2 이 문구는 해독하기 어렵다. '先來善德'의 오류로 생각된다. 부처가 여러 보살들에게 유마힐의 병문안을 다녀오라고 했지만 다들 자신들은 감당할 수 없다며 사양한다. 결국 문수보살이 문병을 가게 되는데 그에 바로 앞서 병문안 가기를 사양한 이는 善

殊, 便專問去. 於是有語告文殊曰:

斷詩 三千界內總聞名, 皆道文殊藝解[3]精,[4]

體似蓮花敷一朵, 心如明鏡照漂[5]淸.

常宣妙法邪山碎, 解演眞乘障海傾,

今日筵中須授敕,[6] 與吾爲使廣嚴城.

白於是菴園會上, 敕喚文殊: 勞君暫起於花臺, 聽我今朝敕命. 吾爲維摩大士, 染疾毗耶, 金粟上人, 見眠方丈. 會中有八千菩薩, 筵中見五百個聲聞, 從頭而告盡遍差, 至低[7]而無人敢去. 舍利子[8]聰明第一, 陳情而苦[9]不堪任. 迦葉是德行最尊, 推辭而爲年老邁. 十人告盡, 咸稱怕見維摩; 一會遍差, 差著者怕於居士. 吾又見告於彌勒, 兼及持世上人, 光嚴則辭退千般, 善德乃求哀萬種. 堪爲使命, 須是文殊. 敵論維摩, 難偕妙德.[10] 汝今與吾爲使, 親往毗耶, 詰病本之因由, 陳金

德이다. 그래서 문중에서 그렇게 말한 것이다. '妙德'은 문수사리의 역명이다. '失來妙德'은 문맥에 부합되지 않는다.

3 '藝解'는 '才能', '識見'이다. 아래 문장 "我今藝解實非堪" 이 '藝解'도 같은 뜻이다.

4 '精'은 '善', '好'이다. S.2614「大目乾連冥間救母變文」: "삶과 죽음은 본래 머물 데가 없으니, 서방의 불국토가 가장 훌륭한 곳이네(生死本來無住處, 西方佛國最爲精)." P.3833 王梵志 詩: "성냄의 뿌리를 없애고자 한다면 말을 적게 하는 것이 제일 좋다(欲覓無嗔根, 少語最爲精)."

5 '漂'자는 '潭'의 오자로 생각된다. 러시아 소장 符盧格 編 101호「維摩詰經講經文」: "心如明鏡照潭淸." '潭'으로 되어 있음을 볼 수 있다.

6 '授'는 '受'이어야 한다. 아래 문장 "領師主之言, 便須受敕." '受'자로 되어 있음을 볼 수 있다.

7 '低'는 原錄에서는 '仾'로 되어 있다. 【潘重規】 原卷은 '仾'로 되어 있는데 이는 '低'자이며 '低'는 '底'와 통한다. '至底'는 '到底'와 같다. 【校注】 반씨의 견해는 옳다. 原卷의 '仾'은 '仾'의 변체이고, '仾'은 곧 '低'의 속자이다. P.3079「維摩詰經講經文」: "能歌律呂, 行雲而不竟(禁)仾垂." 이 '仾' 역시 '低'자이다.

8 '舍利子'는 原錄에서는 '舍利弗'로 되어 있다. 【校注】 原卷에서는 '舍利弗'로 되어 있는데 '弗'자 왼쪽 옆에 삭제할 것을 표시하는 점 두 개가 찍혀 있고, 그 오른쪽에 '子'자가 旁註되어 있다. 이에 의거하여 바로잡는다. 『新書』도 이와 같다.

9 '苦'는 原錄에서는 '若'으로 되어 있다. 潘校는 돈황사본에서 '若'과 '苦'는 종종 구분이 안 된다고 하였다. 이에 의거하여 바로잡는다.

10 '妙德'은 文殊師利의 譯名이다. 原錄에서는 고유명사 부호가 빠트려 있다. 이하 동일

偲之懇[11]意. 汝看吾之面, 勿更推詞,[12] 領師主之言, 便須受敕. 況乃汝久成證覺,[13] 果滿三祇, 爲七佛之祖師, 作四生之慈父, 來辭妙喜, 助我化緣. 下降娑婆, 示現[14]於菩薩之相. 你且身嚴瓔珞, 光明而似月舒空, 頂覆金冠, 清淨而如蓮映水. 一名超[15]於法會, 衆聖[16]難偕; 詞弁(辯)迴播於筵中, 五天讚說. 慈悲之行廣布, 該三途六道之中; 救苦之心遍施, 散三千界之刹內. 當生之日, 瑞相十般, 表菩薩之最尊, 彰大士之無比. 而又眉彎春柳, 舒揚而菀轉[17]芬芳; 面若秋蟾, 皎潔而光明晃曜. 有如斯之德行, 好對維摩; 具爾許之[18]威名, 堪過丈室. 況以居士, 見染纏痾,[19] 久語而上算不任, 對論多應虧汝. 勿生辭退, 便仰

하다.

11 '懇'은 原錄에서는 '墾'으로 오록되어 있다. 潘校는 原卷에서는 '懇'으로 되어 있다고 했는데 이는 옳다. 이에 의거하여 바로잡는다.

12 '詞'는 原錄에서는 '辭'로 되어 있다. 【校注】 原卷에서는 본래 '詞'로 되어 있다. '詞'와 '辭'는 돈황사본에서 통용되는 까닭에 직접 '辭'로 수정할 필요가 없다. 아래 문장에서의 '推詞'자가 原錄에서는 모두 '推辭'로 수정되어 있는데 여기서는 原卷에 의거하여 바로잡는다.

13 '證覺'은 '正覺'이 되어야 한다. 불교에서는 成佛하는 것을 '正覺을 이룬다'고 한다.

14 '示'는 原錄에서는 '爾'로 되어 있다. 【校注】 原卷에서는 '爾'로 되어 있는데 이는 '示'의 오자이다. '示現'은 불교술어로서, 부처나 보살이 중생을 교화하기 위하여 여러 가지 모습으로 몸을 변화하여 나타내는 것을 말한다. 아래 문장 "金粟尊, 號調御, 示現白衣毗耶住." '示現'이란 단어가 쓰이고 있음을 볼 수 있다. 또 "實希有, 法中王, 示跡權爲妙吉祥." 이 '示跡' 역시 같은 뜻이다.

15 【徐震堮】 '超' 앞에 한 글자가 빠진 것 같다. 【校注】 빠진 글자는 '獨'자로 생각된다. S.4571 『維摩詰經講經文』: "부처의 광휘는 가장 뛰어나니 뭇 노을을 보이지 않게 하고, 聖力은 홀로 뛰어나니 온 우주를 덮어 가린다(佛光取勝, 掩耀群霞. 聖力獨超, 遮闌宇宙)." '獨超'가 붙여 쓰이고 있음을 볼 수 있다.

16 '聖'은 原錄에서는 '望'으로 오록되어 있다. 『敦煌零拾』에서도 '望'으로 오록되어 있다. 여기서는 原卷에 의거하여 바로잡는다.

17 '菀轉'은 '宛轉'과 같다. 原錄에서는 직접 '宛轉'으로 수정하였는데 이는 타당하지 못하다.

18 '之'는 原卷에서는 '多'로 되어 있다. 徐震堮은 이를 '之'로 보았는데 이는 지극히 옳다. "具爾許之威名"은 위 문장 "有如斯之德行"과 대구가 되며, '爾許'는 '如斯'와 같다. 原卷에서는 '爾許多'로 되어 있는데, 이는 '許多'가 상용어로 자주 쓰이다보니 필사자가 '許'자와 관련하여 잘못 기록한 것 같다.

19 '纏痾'는 '纏綿'의 '痾'를 가리킨다. 돈황사본에서 '纏綿'은 병세의 위중함을 비유하곤

前行. 領大衆而速別菴園, 逞威儀而早過方丈. 龍神盡交[20]引路, 一伴[21]同行; 人天總去相隨, 兩邊圍繞. 到彼見於居士, 申達慈父之言, 道吾憂念情深, 故遣我來相問.」

경전에서 말하기를, "부처님께서 문수사리(文殊師利)에게 말씀하셨다. 그대가 유마힐을 찾아가 문병을 하도록 하라."

백(白) '불고(佛告)'는 부처님께서 명하였다는 말이다. 부처님께서 법회에서 모든 성현과 5백의 성문, 그리고 8천의 보살들에게 차례차례 문병을 다녀오라고 하셨지만 모두 감당할 수 없다고 하였다. 모두 [유마거사에게] 꾸짖음을 들었기에 감히 갈 수 없다는 것이었다. 변재(辯才)로 헤아려보건대 문수는 할 수 있으리. 다른 여러 문도들은 사실 일부러 가기 어렵다고 말한 것은 아니었다. 앞서의 선덕 역시 감히 갈 수가 없었다. 이번에는 문수에게 갈 것인지를 묻게 된다. 여기에 문수에게 알리는 말이 있다.

단시(斷詩)

삼천세계(三千世界)에 그의 명성 떨쳤으니
다들 문수의 식견이 뛰어나다고 말한다.
몸은 한 송이 활짝 핀 연꽃 같고
마음은 맑게 비추는 명경(明鏡) 같네.
묘법을 설하면 사산(邪山)이 부서지고
진승(眞乘)[22]을 설하면 업해(業海)[23]가 기운다.

한다. S.4571, P.2293『維摩詰經講經文』에도 이 사례가 있다. 劉凱鳴은 '纏痾'는 '沉痾'라고 교정하였는데 이는 잘못이다. 또 '痾'자는 '疴'와 같다. 『廣雅』釋詁: "痾, 病也." 王念孫 疏證: "痾與疴同." 原錄에서는 직접 '疴'로 수정하였는데 그럴 필요 없다.

20 '交'는 '敎'와 통한다. 돈황사본에서 '敎'자는 흔히 이와 음이 비슷하며 간단한 '交'자로 대신해 적곤 한다. 原錄에서는 이를 직접 '敎'라 고쳐 적었는데 이는 스스로가 정한 체례에 맞지 않는다.

21 '伴'은 '畔'으로 보아야 한다.

22 방편으로 말한 교법(敎法)이 아닌 진실한 교법.

23 갖가지 업보의 원인을 대해(大海)에 비유하여 이르는 말.

오늘 법연(法筵)에서 칙명을 받게 되리니
나의 사절이 되어 엄성(嚴城)[24]을 열도록 하라.

백(白) 이에 암라원의 법회에서 문수를 불러 이렇게 말씀하셨다. "그대는 잠시 연화좌에서 일어나 오늘 나의 말을 들어보라. 지금 금속상인(金粟上人) 유마대사가 병이 들어 비야리성에 있는 방장에 머물고 있다. 법회에 나온 8천의 보살과 5백의 성문에게 차례차례 심부름을 다녀오라고 하였는데 아무도 감히 다녀오겠다는 자가 없었다. 사리불은 총명제일이나 마음의 고통을 표하며 감당할 수 없다고 했고, 가섭은 덕행제일인데 나이가 너무 들었다며 사양을 하였다. 10대 제자 모두가 유마를 대하기 두렵다고 하였다. 한 차례의 실수로 거사를 두려워하고 있는 것이다. 나는 또 미륵과 지세상인과 광엄에게도 말을 했지만 모두 이러저러한 이유로 사양을 하였고, 선덕은 동정을 구하였다. 임무를 감당할만한 자는 분명 문수이다. 유마와 대론(對論)할 수 있는 자로 묘덕(妙德)[25]과 비견될 자 없다. 그대는 나의 사절이 되어 직접 비야리성으로 가서 병이 온 원인을 묻고 금선(金仙)[26]의 간절한 마음을 전하도록 하라. 그대는 나의 얼굴을 봐서라도 거절하지 말고 이 스승의 말을 받아들여 분부를 받도록 하라. 게다가 그대는 오래전에 이미 정각(正覺)을 이루었고 삼기(三祇)에 과(果)가 가득하며, 칠불(七佛)의 조사(祖師)이고 사생(四生)의 자부(慈父)이다. 묘희(妙喜)세계를 떠나와 나의 중생 교화를 도왔고, 보살의 모습으로 사바세계로 내려왔다. 영락(瓔珞)으로 몸을 장식하였는데 마치 허공에 떠 있는 달처럼 반짝이고, 머리에 쓴 금관은 물 위에 떠 있는 연꽃처럼 맑고 깨끗하다. 홀로 법회에서 뛰어나 뭇 성인들이 함께 할 수 없고, 법연에서 변설을 내보이면 오천축(五天竺)이 찬탄한다. 삼악도와 육도(六道)에까지 널리 자비를 베풀고, 고통에서 구하려는 마음을 삼천세계의 사찰

24 '경비가 삼엄한 성곽'을 뜻하는데, 여기서는 유마가 머물고 있는 비야리성을 가리킴.
25 문수보살을 가리킴.
26 부처를 가리킴.

에 두루 베푼다. 살아 있는 동안 서상(瑞相)을 두루 갖추었으니, 이는 보살 중의 존자임을 말해주고 그대의 뛰어남을 보여주는 것이다. 또 눈썹은 봄버들처럼 부드럽게 굽어있고, 서서히 움직이면 은은한 방향(芳香)이 풍겨 나오며, 얼굴은 가을 달처럼 밝고 맑아 휘황하게 빛난다. 이 같은 덕행이 있으니 유마에 잘 대응할 것이고, 이 같은 위명(威名)을 지녔으니 방장(方丈)에 다녀올만하다. 더군다나 거사는 지금 병이 들어 오래 말을 할 수도 없을 것이니 대론(對論)은 그대가 유리할 것이다. 사양하려 말고 다녀오라. 무리를 이끌고 속히 떠나라. 위의(威儀)를 갖추고서 암라원 방장으로 일찌감치 다녀라. 용신(龍神)이 길을 인도하며 동행하고, 인천(人天)이 모두 그대를 따르며 주위를 에워쌀 것이다. 그곳에 이르러 거사를 보게 되면 내가 매우 걱정하더란 말과, 그리하여 그대로 하여금 문병을 오게 했다는 나의 뜻을 전하라."

佛有偈告讚[27]文殊:

牟尼會上再[28]宣陳, 問疾毗耶要顯眞,
受敕且希離法會, 依言勿得有辭辛.
維摩丈室思吾切, 臥病呻吟已半旬,
望汝今朝知我意, 權時作個慰安人.

又有偈告文殊曰:

斷 八千菩薩衆難偕, 盡道文殊足弁[29]才,
身作七仙[30]師主久, 名標三世號如來.

27 '讚'은 原卷에서는 '嚽'으로 되어 있는데 이는 '嚽'의 속체이다. 또 '嚽'은 문중에서 '讚'의 별체자로 쓰이고 있다. 본권에서 '讚'자는 '嚽'으로 표기되는 경우가 많다. 이에 문맥에 의거하여 바로잡는다.

28 '再'는 原卷에서는 '𠕅'로 되어 있는데 이는 '再'의 속체이다. 原錄에서는 '稱'으로 되어 있는데 이는 잘못이다. 『新書』도 이와 같다.

29 '弁'은 '辯'과 통한다. 原卷에서 '辯'자는 '弁'으로 표기되고 있다. 原錄에서는 이를 직접 '辯'으로 고쳐 적고 있는데 이는 타당하지 못하다. 여기서는 原卷을 따른다.

30 '七'은 原錄에서는 '大'로 오록되어 있다. 여기서는 原卷에 의거하여 바로잡는다. 또

神通[31]解滅邪山碎, 智慧能銷障海摧,
　　爲使與吾過丈室, 便須速去別花臺.
平側世尊會上告文殊, 爲使今朝過丈室,
　　傳吾意旨維摩處, 申問慇懃勿得遲.
　　前來會裏衆聲聞, 個個推辭言不去,
　　皆陳大士維摩詰, 盡道毗耶我不任.
　　衆中彌勒又推辭, 筵內光嚴申懇款,
　　八千大士無人去, 五百聲聞[32]沒一個過.
　　汝今便請速排諧,[33] 萬一與吾爲使去,
　　威儀一隊相隨逐, 銜敕毗耶問淨名.
　　菩薩身爲七佛師, 久證功圓三世佛,
　　親辭淨土來凡世, 助我宣揚轉法輪.
　　巍巍身若一金山, 蕩蕩衆中無比對,
　　眉分皎潔三秋月, 臉寫[34]芬芳九夏蓮.
　　堪爲丈室慰安人, 堪共維摩相對論,
　　堪將大衆菴園去, 堪作毗耶一使人.
　　便依吾敕赴前程, 便請如今別法會,
　　若逢大士維摩詰, 問取根由病所因.

'仙'자는 '佛'로 보아야 할 것 같다. '佛'자는 돈황사본에서 '仏'로 되어 있는 경우가 많은데 그 형태가 '仙'자와 비슷하다. 「解座文匯抄」: "鎭聞妙法, 常歷耳根, 到彼永超生死, 因玆漸得仏身." 이 '仏'은 곧 '佛'자이다. 『變文集』에서는 이를 '仙'자로 오록하고 있다. '七佛'은 불교술어로서, 석가모니 및 그에 앞서 세상에 나오신 六佛을 가리킨다. 본편에 자주 보이는 "七佛之祖師" "七佛師"라는 문구를 참고할 필요가 있다.

31 '通'은 原錄에서는 '道'로 되어 있다. 徐震堮은 '通'으로 보아야 한다고 했는데 이는 지극히 옳다. [校注] 原卷에서는 '通'자로 되어 있다. 이에 의거하여 바로잡는다.

32 '聲聞'은 原錄에서는 '聞聲'으로 오록되어 있다. 潘重規는 原卷에서는 '聲聞'으로 되어 있다고 하였는데 이는 옳다. 이에 의거하여 바로잡는다.

33 '排諧'는 '排偕'로 보아야 한다('諧'와 '偕'는 음과 형태가 비슷하다) '순서대로 배열하다', '정비하다'는 뜻이다. 『維摩詰經講經文(2)』 주석 140)번을 참조 바란다.

34 '寫'는 '肖', '似'이다.

文殊[35]德行十方聞, 妙德神通百億說,
能摧外道皆歸正, 能遣魔軍盡隱藏.
依吾告命速前行, 依我指蹤過丈室,
慇懃慰問維摩去, 巧著言詞問淨名.

經 主振春雷, 萬億龍神四面排,
見道文殊親問病, 人天會上喜咍咍.
此時便起當筵立, 合掌顒然近寶臺,
由讚淨名名稱煭,[36] 如何白佛也唱將來.

문수에게 알리는 부처님의 게송이 있다.
석가모니는 법회에서 거듭 말하노니
비야리성으로 병문안 가서 나의 뜻을 전해야 한다.
분부를 받고서 법회를 떠나야 할 것이니
구실을 찾아 사양하지 말라.
유마는 방장에서 간절히 나를 생각하며
병으로 누워 신음한지 닷새가 지났다.
부디 그대는 나의 뜻을 헤아려
잠시 병문안을 다녀오라.

또 문수에게 알리는 게송이 있다.
단(斷) 8천의 보살들이 [유마와] 함께 하기 어렵다지만
문수의 변재(辯才)라면 충분하다 말한다.
오래도록 칠불(七佛)의 스승이었고

35 '文殊'는 原卷에서는 '聞殊'로 오록되어 있다. 뒤의 '聞'자와 관련하여 생긴 오류로 보인다. 여기서는 문맥에 의거하여 바로잡는다.

36 '煭'은 原錄에서는 '煞'로 되어 있다. [校注] 原卷에서는 '煭'로 되어 있는데 이는 '㸃'의 별체자이다. 문중에서 '煭'은 '煞'과 쓰임이 같지만 직접 '煞'로 고쳐 적는 것은 옳지 않다. 아래 문장 "盡道神通大煭生"의 '煭'자도 原錄에서는 '煞'로 되어 있는데 여기서는 原卷에 의거하여 바로잡는다. 경문에서 문수는 부처에게 淨名(유마힐의 義譯)의 재능을 찬탄하고 있다. 그러므로 여기서 "由讚淨名名稱煭"이라고 한 것이다. '煭'은 '매우'이다.

삼세(三世)에서 여래라 불렀다.
신통력은 사산(邪山)을 무너뜨리고
지혜는 업해(業海)를 없앨 수 있다.
나의 사절되어 방장으로 향할 일이니
속히 연화좌를 떠나도록 하라.

평측(平側)

세존께서 법회에서 문수에게 말씀하시길
사절되어 오늘 방장으로 나아가
유마에게 나의 뜻을 전하고
정성껏 안부를 물음에 지체하지 말기를.
법회에 참석한 뭇 성문들
하나같이 사양하며 갈 수 없다고 한다.
대사 유마힐에게 당한 고충 얘기하며
비야리성에 갈 수 없다 말한다.
무리 중의 미륵도 사양을 하고
법연(法筵) 중의 광엄도 간곡히 사양한다.
8천의 대사 중에서 갈 사람 없고
5백의 성문 중에도 갈 만한 자 없다.
이제 그대는 속히 떠날 준비를 하고
부디 나의 사절이 되어 떠나라.
위엄을 갖춘 무리가 그대를 따를 것이니
분부를 받들어 비야리성으로 가서 정명(淨名)에게 안부를 전하라.
보살은 칠불(七佛)의 스승이고
오래전에 공덕을 갖추어 삼세(三世)의 부처가 되었는데
정토를 떠나 사바세계로 내려와
나의 전법륜(轉法輪)을 돕고 있다.
황금 산과 같이 높고 높은 육신은

수많은 무리 중에서 비견될 자 없으며
눈썹은 가을 달처럼 밝고 깨끗하고
얼굴은 여름철의 연꽃처럼 향기롭다.
방장으로 가서 병문안할 만하고
유마를 상대로 대론을 펼칠 만하며
대중을 이끌고 암라원으로 갈 만하고
비야리성으로 가는 사절이 될 만하다.
나의 분부대로 길을 나서고
지금 당장 법회를 떠나라.
대사 유마힐을 만나게 되거든
병이 든 이유를 물어 보시라.
문수의 덕행은 십방에 알려지고
묘덕의 신통력은 백억 중생이 전한다.
외도를 물리쳐 정도(正道)로 돌아오게 하고
마군(魔軍)을 모두 숨게 할 수 있다.
나의 분부대로 속히 떠나고
나의 지시대로 방장으로 향하여
정성껏 유마를 병문안하고
오묘한 언사로 정명(淨名)에게 안부전하라.

경(經) 이때 성주(聖主)께서 춘뢰를 떨치시는데
수억의 용신(龍神)이 주위에 늘어서있다.
문수에게 문병을 다녀오라 말하니
법회의 인천(人天)이 모두 기뻐한다.
[문수는] 이때 자리에서 일어나
공손히 합장하고 보대(寶臺)로 다가와
정명의 이름을 극찬하는데
어떻게 부처님께 아뢰는지 그 창이 곧 나온다.

經云:「文殊師利」乃至「詣彼問疾」.[37]

此唱經文分之爲三:一、文殊謙讓白佛; 二、讚居士. 經云道:「彼上人者」, 至「皆以[38]得度」. 三、託佛神力, 敢往問疾. 經云:雖然, [□](當)[39]承佛聖旨,[40] 且第一文殊蒙佛告敕, 起立筵中, 欲申師資之恩, 謙讓自己之事, 合十指掌, 立在筵中, 啓三界慈尊向於[41]會上.

文殊有偈白佛

斷 特蒙慈父會中宣, 感激牟尼爭不專,

自揣荒虛無弁(辯)海, 度量智惠[42]未周圓.

金仁[43]旣遣過方丈, 妙德須遵大覺傳,

去卽不辭爲使去, 幸憑聖力賜恩憐.

又有偈讚維摩

斷 方丈維摩足辯才, 詞江浩浩泉[44]難偕,

---

37 경문 원문은 "문수사리가 부처님께 말씀드렸다. '세존이시여, 저 웃어른을 저는 상대하기가 어렵습니다. 그는 實相에 깊이 통달하고, 진리의 요지를 훌륭하게 설하며, 변재에 걸림이 없고, 지혜는 막힘이 없습니다. 모든 보살에게 필요한 法式을 모두 알고 있으며, 모든 부처님의 비밀스러운 공덕을 모두 다 간직하고 있으며, 온갖 마군을 항복시키고 신통력을 마음대로 부리며, 그 지혜와 방편을 모두 원만히 이루었습니다. 그렇지만 부처님의 거룩한 뜻을 받들어 그를 찾아가 문병하겠습니다.'(文殊師利白佛言:世尊, 彼上人者難爲詶對. 深達實相, 善說法要, 辯才無滯, 智慧無礙, 一切菩薩法式悉知, 諸佛祕藏無不得入, 降伏衆魔, 遊戲神通, 其慧方便, 皆已得度. 雖然, 當承佛聖旨, 詣彼問疾)"이다.

38 '以'는 '已'와 같다. 『維摩詰經』 경문에서는 '已'로 되어 있다.

39 原卷에서는 '當'자가 없다. 『維摩詰經』에 의거하여 보충해 넣는다.

40 문맥으로 보자면, 이 뒤에는 『維摩詰經』 경문에 의거하여 "詣彼問疾" 네 글자를 넣어야 한다.

41 '向於'는 동의의 글자가 결합된 복합어이다. '向'은 '於'와 같다. '向'에는 '於'의 의미가 있다. 여기에 대해서는 앞에서 누차 설명한 바 있다. 「難陀出家緣起」: "(부처의 아우인 난타는) 불교를 간구하지 않고 육신에 연연하니 이 뜨거운 가마솥에 넣고 삶아죽이기 딱 알맞다오((佛弟難陀)不求佛敎, 戀著色身, 合向於此鑊湯煎煮)." 이 '向於' 역시 동의의 글자가 결합된 복합어이다. 원교에서는 '向'을 '問'으로 교정하였는데 이는 잘못이다.

42 '惠'는 '慧'와 통한다. 原錄에서는 직접 '慧'라 수정하였는데 이는 타당하지 못하다.

43 【徐震堮】 '金仁'은 '金人'과 같다. 【校注】 '金人'은 황금빛 사람, 즉 부처를 이른다.

能談妙法邪山碎, 解講眞經障海隈.[45]

六道[46]每朝興敎網,[47] 三途長日救輪迴,

雖爲居士同凡輩, 心似秋蟾霧裏開.

白陳情謙讓, 多爲使於毗耶, 讚彼淨名, 表上人之難對. 聲聞五百, 證八智於身中, 菩薩三千, 超十地於會上. 文殊雖承聖旨, 當日思寸[48]千般, 只擬辭退於筵中, 又怕逆如來之語; 只欲便[49]於方丈, 有[50]恥衆內之高人, 世尊若差我去時, 今日定當過丈室.

時文殊有偈

斷 旣蒙聖主遣慇懃, 不敢推辭向會陳,

銜敕定過方丈室, 宣恩要見淨名尊.

金冠動處祥光現, 月面舒時瑞色新,

此日聖賢皆總去, 吾爲首領盡陪輪.

---

44 '泉'을 蔣禮鴻은 '衆'이라 교정하였는데 이는 사실에 가깝다.

45 徐復은 '隈'자는 '淣'로 보아야 하고, 이는 唐代에 '沈沒'을 뜻했다고 했다. 蔣禮鴻은 '隈'는 '敗壞'의 의미라며, '隈'와 '壞' 두 글자의 古韻은 모두 脂部에 속하는 까닭에 '隈'가 '壞'의 의미로 쓰인 것이라 하였다. [校注] 본편 위 문장 "神通解滅邪山碎, 智慧能銷障海摧"는 이 문구와 비슷하다. 이로 보아 '隈'는 '摧'의 가차자이다.('隈'와 '摧'는 모두 『廣韻』 灰韻字이다) 『全唐詩外編』 王無競 「咏漢武帝」 詩 : "好僊復寵戰, 莫救茂陵隈." 끝 글자를 王重民은 '隈'로 보았다. [校注] 왕씨의 시가 돈황사본 S.2717에서는 '隈'('畏' 편방 좌측 아래에 삐침 한 획이 더 있음)로 되어 있는데, 이는 '隈'의 속체이다. 이 '隈'자의 용법이 본편과 똑같다.

46 '道'는 原錄에서는 '通'으로 되어 있다. 여기서는 문맥에 의거하여 바로잡는다. '六道'는 중생이 선악의 원인에 의하여 윤회하는 여섯 가지의 세계로, 天道・人道・阿修羅道・餓鬼道・畜生道・地獄道가 있다.

47 '網'은 原卷에서는 '納'으로 되어 있다. 潘校는 이를 '網'자로 보았는데 정확하다. 原錄에서는 '綱'으로 되어 있는데 이는 잘못이다.

48 '寸'은 '忖'과 같다.('寸'은 본래 길이의 단위인데, '헤아리다', '추측하다'란 뜻으로 의미가 파생되었다. '忖'은 '寸'의 후기 분화자이다) 『詩經』 「小雅」 巧言 "予忖度之" 釋文 : "忖, 本又作寸, 同." 原錄에서는 이를 직접 '忖'으로 수정하였는데 이는 옳지 않다.

49 [潘重規] '便'은 '使'로 보아야 할 듯하다. [校注] '便'은 오류가 아니다. 이 뒤에 '過'자가 하나 누락된 것 같다.(본편에서는 '過方丈', '過丈室'과 같은 문구가 자주 보인다) "只欲便於方丈"과 위 문장 "只擬辭退於筵中"은 모두 칠언구로서 서로 대구가 되고 있다.

50 '有'는 '又'와 통한다.

경전에서 말하기를, "문수사리"에서 "그에게 병문안을 가겠습니다"까지.

이 경문은 세 부분으로 나뉜다. 첫째는 문수가 부처님께 겸손을 표하는 장면이고, 둘째는 문수가 거사를 찬탄하는 장면으로, 경문의 "그 상인(上人)은"에서 "모두 원만히 이루었습니다"까지가 이에 해당한다. 셋째는 부처님의 거룩한 뜻을 받들어 병문안을 가겠다는 장면이다. 경전에서는, 비록 그러하나 부처님의 성지를 받들겠다고 말하고 있다. 문수는 부처님의 부름을 받자 자리에서 일어나, 부처님의 은덕을 기리고 자신에 관한 찬탄을 겸양하기 위해, 합장을 하고 자리에서 일어나 법회에 계신 삼계(三界)의 자존께 다음과 같이 말씀 올린다.

부처님께 아뢰는 문수의 게송이 있다.

단(斷) 자부(慈父)의 호명을 받음에
감격하거늘 어찌 딴 뜻을 품으리오.
스스로 생각하기에 저는 언변이 부족하고
지혜도 아직 원만하지 못하네.
금인(金人)께서 저를 방장으로 가라 하셨으니
묘덕(妙德)은 대각(大覺)의 말씀에 따라야 하리.
사양하지 않고 병문안을 갈 것이니
성력(聖力)의 은혜를 입고자 하네.

또 유마를 찬탄하는 게송이 있다.

단(斷) 방장의 유마는 변재(辯才)가 뛰어나고
언사는 강물처럼 넓어 뭇 사람들이 견주기 힘드네.
묘법을 말하면 사산(邪山)이 부서지고
진경(眞經)을 설하면 업해(業海)가 사라진다.
날마다 육도(六道)[51]에서 가르침을 펴시고
오랫동안 삼도(三途)에서 윤회에 빠진 중생을 구제하신다.

---

51 삼악도와 삼선도(三善道)를 통틀어 이르는 말. 중생이 선악의 원인에 의하여 윤회하는 여섯 가지의 세계이다.

비록 거사와 비교할 수 있을지는 몰라도
마음만은 안개 속에 떠 있는 가을 달 같네.

백(白) 겸사(謙辭)를 표하고서 정명을 찬탄하며 상인(上人)을 응대하는 어려움을 말한다. 5백의 성문은 팔지(八智)를 증득하였고, 3천의 보살은 십지(十地)를 뛰어넘었네. 문수는 성지(聖旨)를 받고서 이런저런 생각들을 하면서 사양하고 싶은 마음뿐이었지만, 여래의 말을 거역할 수 없어 부득불 방장에 다녀오기로 한 것이네. 여러 고인(高人)들께 죄송한 마음뿐이네. 세존께서 저를 보내려 하신다면 오늘 방장에 다녀오지요.

이때 문수의 게송이 있다.

단(斷) 성주(聖主)께서 간곡히 부탁하시거늘
감히 사양할 수가 없네.
분부를 받들고 방장으로 나아가
정명존자를 뵙고 세존의 은덕을 얘기하리라.
황금 관(冠)이 움직이니 서광(瑞光)이 비치고
만월(滿月)의 얼굴에는 서색(瑞色)이 어린다.
오늘 성현들 모두가 함께 가는데
이 몸이 우두머리 되어 윤왕(輪王)을 모시리라.

白文殊受佛告敕, 起立花臺, 整百寶之頭冠, 動八珍之瓔珞. 香風颯颯, 搖玉佩以珊珊; 瑞色氤氳, 惹珠衣而瀝瀝. 適蒙慈悲聖主, 會上宣陽(揚);[52] 大覺牟尼, 筵中告語. 千般讚嘆, 何以勝當, 百種談論, 實斯悚惕. 世尊遣敎爲使, 往問維摩, 彼上之人,[53] 難爲酬對. 況文殊雖居菩薩之位, 理未通和,[54] 於佛會之中, 言出非衆. 世尊敕交爲使, 不

52 '陽'은 '揚'과 통한다. 原錄에서는 이를 직접 '揚'으로 수정하였는데 이는 옳지 않다.

53 '上之' 두 글자는 실수로 도치된 것 같다. '上人'은 지혜와 덕이 높은 사람을 가리킨다. 『釋氏要覽』「稱謂」引用 古師 : "內有德智, 外有勝行, 在人之上, 名上人." 『維摩詰經』 경문 "文殊師利白佛言 : 世尊, 彼上人者難爲詶對." 본문은 여기에 의거하고 있다.

54 '和'는 '知'의 오자로 생각된다. 아래 문장 "總持秘密, 無不通和." 徐震堮은 이 '和'를

敢退辭.[55] 銜佛命而多恐不任, 仗聖力而必應去得. 伏以維摩居士, 具四般之才辯, 告以難偕; 現廣大之神通, 鹵莽不易. 深達實相, 善契諸佛之心; 無滯詞峰,[56] 法式菩薩之語. 總持祕密, 無不通和,[57] 上中下類之音, 悉皆盡會. 今我若自往問, 實愧不任, 須仗聖威, 然乃去得. 由是文殊受敕, 大衆忻然. 菴園草草盡商量, 隨從文殊過丈室.

側 文殊啓白慈悲主, 蒙佛會中盡告語,
敎往毗耶問淨名, 自慚詞淺如何去.
世尊處分苦丁寧, 不敢筵中陳懇素,
若遣毗耶問淨名, 遙憑大聖垂加護.
維摩詰, 金粟主, 四智三身功久具,
若遣須交(敎)問淨名, 遙憑大聖垂加護.
弁(辯)才無礙是維摩, 深入諸佛之意趣,
問疾毗耶恐不任, 遙憑大聖垂加護.
世尊會上特申宣, 遣往毗耶方丈去,
對敵維摩恐不任, 須憑大聖垂加護.
我今藝解實非堪, 狂(枉)受如來垂蔭覆,
問疾毗耶恐不任, 遙憑大聖垂加護.
金粟尊, 號調御, 示現白衣毗耶住,
旣沐如來敎問時, 遙憑大聖垂加護.
往毗耶, 辭化主, 逡巡卽是登途去,
今朝銜敕問維摩, 遙憑大聖垂加護.
斷 旣蒙聖主遣慇懃, 今日當爲問疾人,
銜敕定應離法會, 捧恩往是往宣陳.

'知'로 교정한 바 있다.

55 '退辭'는 原錄에서는 '推辭'로 되어 있다. 여기서는 原卷에 의거하여 바로잡는다. 위 문장 "當日思寸千般, 只擬辭退於筵中." '退辭'는 '辭退'와 같은 뜻이다.

56 '詞峰'은 '詞鋒'으로 보아야 한다.

57 [徐震堮] '和'는 '知'로 보아야 한다.

此時對論除迷執, 這遍談揚顯正眞,
必使天龍開道眼, 教伊八部悟深因.

經 文殊會上啓情懷, 遙贊[58]維摩足弁(辯)才,
此卽定應銜敕去, 全須仗託我如來.
聲聞會裏喧喧鬧, 菩薩筵中浩浩催,
雖乃未離於聖主, 何人論說唱將來.

백(白) 문수는 부처님의 분부를 받자 보관(寶冠)을 단정히 하고 자리에서 일어나는데, 팔진(八珍)의 영락(瓔珞)이 흔들거리고, 향기로운 바람이 솔솔 불어오고, 옥패(玉佩)가 잘그락거린다. 상서로운 빛이 문수를 비추는데 진주 옷이 살그락거린다. 자비롭게도 성주께서는 법회에서 이 몸을 칭찬하셨고, 대각 석가모니께서 법석에서 내게 말씀하셨네. 천 마디 찬탄인들 어찌 보답할 수 있을 것이며, 백 가지 말을 해도 당황스럽기만 하네. 세존께서 나를 사절로 보내시어 유마를 문병하라 하시는데, 저 상인(上人)은 응대하기 어렵네. 문수는 비록 보살의 위치에 있지만, 이치를 아직 훤히 깨닫지 못하고 법회 중에서도 뛰어나다고 말할 수 없건만, 세존께서 이 몸을 사절로 보내려 하시니 감히 사양할 수 없네. 부처님의 명을 제대로 감당하지 못할까 몹시 두렵지만 성력(聖力)에 의지하여 반드시 가야만 하리. 생각해보건대, 유마거사는 여러 변재를 두루 갖추어 대적하기 어렵고, 광대한 신통력을 지녔으니 함부로 대할 수 없다. [유마는] 실상(實相)을 깊이 인식하고 제불의 의지를 잘 인지하고 있으며 언변에도 막힘이 없다. 총지(總持)[59]가 뛰어나 알지 못하는 바가 없고, 상중하 모든 부류의 소리를 모두 이해하고 있다. 오늘 나 혼자 병문안을 간다는 것은 도저히 감당할 수 없으니, 반드시 성주(聖主)의 위덕에 기대어 가야만 하리라. 이에 문수가 분부를 받들자 다들 기뻐하며 바삐 서

58 '贊'은 原卷에서는 '賛'으로 되어 있는데 이는 '贊'의 속체이다. 『新書』에서는 '讚'으로 되어 있는데 이는 원 모습이 아니다.
59 다라니(陀羅尼). 하나를 기억함으로써 다른 것까지 연상하며 다 기억한다는 의미.

둘러 문수를 따라 방장에 갈 준비를 한다.

측(側) 문수가 자비로운 성주(聖主)께 아뢰는데
법회에서 부처님의 분부를 받들어
비야리성으로 가서 정명(淨名)을 병문안하라 하시는데
부끄럽게도 언사(言辭)가 보잘것없으니 어떻게 가야 하나.
세존은 분부는 간곡하기만 하니
법연에서 감히 사양할 수 없네.
비야리성으로 문병을 가야 한다면
대성(大聖)의 보살핌에 의지해야만 하리.
유마힐, 금속여래(金粟如來)[60]
사지(四智)와 삼신(三身)[61]의 공덕을 두루 갖추었거늘
비야리성으로 문병을 가야 한다면
대성(大聖)의 보살핌에 의지해야만 하리.
유마는 언변에 막힘이 없고
제불의 의취를 깊이 이해하고 있어
비야리성으로의 병문안을 감당하지 못할까 두려우니
대성(大聖)의 보살핌에 의지해야만 하리.
세존께서 법회에서 특별히 호명하시어
비야리성 방장으로 심부름 보내려 하시는데
상대가 유마인지라 감당하지 못할까 두려우니
대성(大聖)의 보살핌에 의지해야만 하리.
어울리지 않는 찬탄을 받고
외람되이 여래의 가호를 입었지만
비야리성으로의 병문안은 감당하지 못할까 두려우니
대성(大聖)의 보살핌에 의지해야만 하리.

60 유마힐의 전신(前身).
61 성질에 따라 나눈 부처의 세 가지 몸. 법신 · 보신 · 응신이 있다.

금속(金粟)존자는 조어(調御)[62]라 불리는데
흰옷을 입은 모습으로 비야리성에 머무네.
병문안 다녀오라는 여래의 분부를 받았는데
대성(大聖)의 보살핌에 의지해야만 하리.
비야리성으로 가기 위해 화주(化主)에 작별 올리고
즉시 길을 떠나네.
오늘 유마를 병문안하라는 분부를 받았는데
대성(大聖)의 보살핌에 의지해야만 하리.

단(斷) 성주(聖主)의 은근한 분부 받았으니
오늘 병문안을 다녀와야 하리.
분부를 받들어 법회를 떠나고
그 은덕 받들어 불(佛)의 말씀 전해야만 하리.
이때의 대론(對論)으로 미혹과 아집이 제거될 것이고
이 담론으로 올바른 진여가 현양(顯揚)될 것이며
천룡은 도안(道眼)이 열리고
팔부(八部)[63]는 심오한 업인(業因)을 깨닫게 될 것이네.

경(經) 문수가 법회에서 품고 있던 생각을 아뢰며
유마의 변재(辯才)를 높이 기린다.
분부를 받들어 [병문안을] 가야 하는데
우리 여래에 의탁할 수밖에 없다.
법회 속의 성문들은 요란스레 떠들어대고
법연 속의 보살들은 웅성대며 재촉한다.
아직 성주(聖主)와 작별하지 않았는데

62 여래 십호(如來十號)의 하나인 조어장부(調御丈夫)를 가리킴. 중생을 잘 이끌어 가르치는 사람이라는 뜻으로, '부처'를 달리 이르는 말이다.

63 사천왕에 딸린 여덟 귀신. 건달바(乾闥婆), 비사사(毘舍闍), 구반다(鳩槃茶), 아귀, 제용중, 부단나(富單那), 야차(夜叉), 나찰(羅刹)이다.

누가 말을 하는 지 그 창이 곧 나온다.

經云:「於是衆中」乃至「皆欲隨從」.[64]

由是文殊受敕, 爲使毗耶, 將傳聖主之言, 垂問維摩大士. 會上有八千個菩薩, 筵中五百個聲聞, 見文殊問疾毗耶, 盡願相命爲伴. 三三五五, 皆願隨車. 不論天衆夜叉, 咸道陪充傳(侍)從. 於是人天浩浩, 龍衆喧喧, 空中散百種之花, 地上排七珍之寶. 帝釋梵王之衆, 捧玉幢於師子座前, 龍王夜叉之徒, 執寶幢[65]於菩薩四面. 雖卽未離於佛會, 威儀已出於菴園. 螺鈸繫(擊)琤摐[66]之聲, 音樂奏嘈囋[67]之曲. 阿修羅等, 調𩙪[68]玲玲之琵琶; 緊那羅王, 敲駮犖犖之羯鼓. 乾闥婆衆, 吹妙曲於雲中; 迦樓羅王, 奏簫韶於空裏. 是時菴園會上, 聖衆無邊, 文殊將別於世尊, 大衆咸言於傳(侍)從. 比丘尼等, 爭爇栴檀[69]之香; 優婆夷徒, 各競焚於龍腦. 盡乞隨於大士, 齊聲同白世尊, 願佛聽許從文

64 경문 원문은 다음과 같다. "이에 모인 많은 보살과 대제자들・제석천・범천・사천왕들은 모두 마음속으로 생각하였다. '이제 두 보살이신 문수사리와 유마힐이 함께 이야기하면 반드시 묘법을 설할 것이다.' 이때 8천의 보살들과 5백의 성문들, 백천의 천인들 모두가 뒤따라가고자 원하였다(於是衆中諸菩薩大弟子釋梵四天王等咸作是念:今二大士文殊師利、維摩詰共談, 必說妙法. 卽時八千菩薩、五百聲聞、百千天人皆欲隨從)."

65 '寶幢'은 '寶幡'으로 보아야 한다. '幢'은 위 문장 '玉幢'의 '幢'과 관련하여 생긴 오류일 것이다.

66 原卷의 '摐'자가 原錄에서는 '樅'으로 되어 있다. '琤摐'은 의성어로서 '崢摐'이라 적기도 한다. 元稹「泛江翫月」:"飮荒情爛熳, 風棹樂崢摐." 이는 또 '琤瑽', '琤琮' 등으로 적기도 한다. 의성어는 글자를 빌어 소리를 표시하는 것이라 자형에 구애되지 않는 경우가 많다.

67 '囋'은 原錄에서는 '讚'으로 되어 있다. 徐震堮은 '讚'은 '囋'과 같다고 하였다. [校注] 原卷에서는 본래 '囋'으로 되어 있다. '嘈囋'은 소리가 번잡한 모습이다. 原錄은 옳지 않다.

68 '𩙪'은 문중에서는 '瑟'의 增旁字로 쓰였다. S.4571『維摩詰經講經文』:"또 가루라의 무리는 맑은 소리로 악기를 연주하고, 긴나라왕은 아름다운 음악을 노래한다(更有迦羅樓羅衆, 奏瑟瑟清音; 緊那羅王, 調鈴鈴[之]雅樂)." 이를 참고하기 바란다.

69 '栴檀'은 原卷에서는 '檀栴'으로 되어 있는데 이는 실수로 글자가 도치된 것 같다. 이에 바로잡는다. 原錄에서는 '栴'이 '旃'으로 되어 있는데 이는 옳지 않다.

殊, 往問維摩居士去. 慈尊聽許, 大衆歡忻. 圍七佛之祖師, 過一丈之石室.

側吟 維摩臥疾於方丈, 佛敕文殊專問當,
宣與天龍及鬼神, 滿空滿路人無量.
佛敕下, 排儀仗, 帝釋梵王亦令往,
不揀迦樓乾闥婆, 鼓樂淸歌任吹唱.
緊那羅, 藥叉將, 要去如來不藺[70]障,
讚法摧[71]邪左右排, 浩浩喧喧皆悅暢.
烈[72]英雄, 皆拒抗, 卓犖神姿魔膽喪,
外振威楞[73]蘊內慈, 當時總願趨方丈.
萬萬千千[74]皆倜儻(儻), 勢似滄溟排巨浪,
雜踏[75]奔騰盡願行, 隊隊叢叢皆別樣.
菩薩僧, 小或長, 盡白慈尊願隨往,
善男善女亦陪行, 一一如來無吝[76]障.
排批[77]了, 甚爽朗, 簫瑟箜篌箏留[78]響,

70 '藺'은 '攔'과 통한다. 原錄에서는 직접 '攔'으로 수정하였는데 이는 옳지 않다.

71 '摧'는 原錄에서는 '催'로 오록되어 있다. 潘重規는 原卷에서는 '摧'로 되어 있다고 했는데 이는 옳다. 이에 의거하여 바로잡는다.

72 '烈'은 '列'로 보아야 한다.

73 '楞'은 原卷에서는 '㮨'으로 되어 있는데 이는 '楞'의 속와자로 보인다. '楞'은 '棱'과 같다. 原錄에서는 우측 편방이 '勇'으로 되어 있고 '勇'이라 교정하였는데, 정확한 것 같지 않다. '威棱'은 '威力'이다.

74 '萬萬千千'은 原錄에서는 '萬千萬千'으로 되어 있다. [校注] 原卷에서는 '萬千 : '으로 되어 있는데 '萬'자 뒤에 반복부호가 빠진 것 같다. '萬萬千千'으로 보아야 한다. 아래 문장 "萬萬千千皆合掌" "萬萬千千"이 原卷에서는 '萬千'의 '萬' 다음과 '千' 다음에 각각 반복부호가 들어가 있음을 염두에 둘 필요가 있다.

75 '雜踏'은 '雜沓'과 같다. 原錄에서는 직접 '踏'을 '沓'으로 수정하였는데 이는 스스로 정한 체례에 맞지 않는다.

76 '吝'은 原卷에서는 '悋'으로 되어 있는데 이는 '悋'자이다. '悋'은 '吝'의 속자이다. 原錄에서는 '怪'로 되어 있는데 이는 잘못이다.

77 '排批'는 '排比'이다. '比'자는 '排'자와 관련하여 편방이 類化된 것이다. 아래 문장 "如何排批也唱將來"의 '批' 역시 '比'의 偏旁 類化字이다. 原錄에서는 모두 '排枇'로 되어

爐焚沉檀雜寶香, 萬萬千千皆合掌.
文殊謙, 世尊獎, 菩薩聲聞小爲長,
便須部領衆人行, 不要遲疑住時餉.
文殊辭, 盡瞻仰, 銜命毗耶論義廣,
爲看維摩說法功, 一齊禮別黃金相.
到彼中, 見法匠, 切磋琢磨要爽朗,
普使人天悟正眞, 一齊禮謝黃金相.
沐慈尊, 總容放, 去入毗耶宿因曩,
得遇論空二上人, 一齊禮謝黃金相.
散香花, 乘寶象, 師子[79]金毛最爲上,
去送文殊問疾源, 一齊暫別黃金相.
語喧喧, 樂嚮亮, 妙德威風上中上,
八千菩薩與聲聞, 一齊暫別黃金相.

經平 大人[80]菩薩此時排, 圍繞文殊百萬垓,
或執寶花空裏散, 或呈妙曲響[81]徘徊.
龍神走霧於前引, 鬼卒飛雲從後摧(催),
旣別世尊說法會, 不知威儀何似唱將來.

경전에서 말하기를, "이리하여 많은"에서부터 "모두가 뒤따라가고자 원하였다"까지.

이리하여 문수가 칙명을 받고 비야리성으로 문병을 가서 유마대사의 안부를 묻는 성주의 말씀을 전하게 될 것이다. 법회에 모인 8천의 보살

있는데 이는 잘못이다.

78 '留'를 蔣禮鴻은 '笛'으로 교정하였는데 사실에 가깝다.

79 '師子'는 '獅子'이다. '獅'는 '師'의 後起字이다. 아래 문장 "師子骨崙前後引"의 '師子'도 같은 뜻이다. 原錄에서는 직접 '獅子'로 수정하였는데 이는 옳지 않다.

80 '大'는 '天'이 되어야 한다. '天人'은 강경문에서 자주 쓰인다.

81 '響'은 原錄에서는 '嚮'으로 되어 있다. 여기서는 原卷에 의거하여 바로잡는다.(돈황사본에서 '響'은 '嚮'으로 적기도 하는데 이는 그 속자이다) 아래 문장 "幡花霧裏響玲瓏"의 '響'자 역시 原錄에서는 '嚮'으로 되어 있는데 이는 잘못이다.

과 법연(法筵)에 있던 5백의 성문은 문수가 비야리성으로 병문안가려는 것을 보고 모두 함께 따라가기를 원했다. 삼삼오오 모두 그의 수레를 따랐다. 천인과 야차(夜叉)를 가리지 않고 모두가 그를 따랐다. 이때 인천(人天)은 웅성대고 천룡의 무리는 요란한데, 허공에서는 백 가지 꽃이 흩날리고 땅에서는 칠보(七寶)가 깔려 있다. 제석과 범왕의 무리는 사자좌 앞에서 옥당(玉幢)[82]을 받쳐 들고, 용왕과 야차의 무리는 보살의 주위에서 보번(寶幡)[83]을 들고 있다. 아직 법회를 떠나지 않았음에도 그 위의는 이미 암라원으로 향하고 있었다. 나발은 부우부우 소리를 내고, 음악은 여러 가지 노래를 연주한다. 아수라는 띵띵띵 비파를 타고, 긴나라왕은 둥둥둥 갈고(羯鼓)를 두드린다. 건달파 무리는 구름 속에서 묘곡(妙曲)을 부르고, 가루라왕은 허공에서 피리를 분다. 이때 암라원의 법회에는 무수한 성현들이 자리하고 있었는데, 그들은 문수가 곧 세존과 작별하고 유마의 병문안을 가려함에 다들 같이 따라가겠다고 하였다. 비구니 무리는 앞 다투어 전단향(旃檀香)을 사르고, 우바리 무리들은 앞 다투어 용뇌향(龍腦香)을 태웠다. 모두가 한 목소리로 세존께 아뢰며 문수를 따라 유마거사의 병문안을 다녀와도 좋다는 허락이 내리기를 고대하였다. 자존께서 허락하심에 대중들은 모두 기뻐하며 칠불(七佛)의 조사(祖師)를 에워싸며 유마의 방장으로 향하였다.

측음(側吟)

유마가 병이 들어 방장에 누워 있거늘
부처님께서 문수에게 병문안을 보내니
천룡과 귀신들이 허공을 가득 메우고
거리에는 사람들이 무수히 모여들었다.

---

82 옥으로 만든 당(幢). '당'은 법회 따위의 의식이 있을 때에, 절의 문 앞에 세우는 기. 장대 끝에 용 머리를 만들고, 깃발에 불화(佛畫)를 그려 불보살의 위엄을 나타내는 장식 도구이다.

83 보배로운 번(幡). '번'은 부처와 보살의 성덕(盛德)을 나타내는 깃발이다.

부처님이 칙명을 내려 의장(儀仗)을 준비케 하니
제석과 범왕도 함께 가게 되었다.
가루라와 건달파는
마음껏 북을 두드리며 노래를 부르고
긴나라와 야차도
여래의 승낙을 얻었다.
불법(佛法)을 기려 주위의 사산(邪山)을 무너뜨리고
시끌벅적 요란스럽게 모두가 즐거워한다.
영웅들이 떡 버티고 서 있는데
그 뛰어난 자태에 마왕의 간담이 서늘해진다.
겉으로는 위용을 떨치고 안으로는 자비로운데
이때 모두들 방장에 따라가고자 한다.
수천수만 모두가 헌걸찬 모습들인데
마치 대해 속에 거대한 파도가 늘어서 있는 듯하다.
소란스럽게 날뛰며 다들 가기를 원하는데
그 뛰어난 자태에 마왕의 간담이 서늘해진다.
늙거나 젊은 보살승들
함께 갈 수 있기를 모두 자존께 아뢴다.
선남선녀 역시 동행하고자 하는데
여래는 일일이 허락하신다.

채비를 마치고 활기가 넘치는데
통소, 비파, 공후, 아쟁, 피리 소리 들린다.
향로에는 침향(沈香) 단향(檀香) 등 명향(名香)이 피어 있는데
수천수만이 다 같이 합장을 한다.
문수는 겸양하고 세존은 찬탄하는데
보살과 성문은 부장(副長)이 되어
무리들을 통솔해야 할 것이며

잠시도 머뭇거리지 말라 하시네.
문수는 작별을 고하며 세존을 우러러보는데
분부를 받들어 비야리성으로 가서 광대히 논의할 것이네.
유마의 설법을 듣기 위해
일제히 황금빛 부처님께 작별인사 올린다.
그곳에 도착하여 법장(法匠)[84]을 뵙고 나면
부지런히 수행을 닦게 되리니
인천(人天)은 참된 진여를 깨닫고자
일제히 황금빛 부처님께 작별인사 올린다.
자존의 은덕을 입어 모두 허락 받았으니
비야리성으로 들어가
공(空)을 논하는 두 상인(上人)을 만나고자
일제히 황금빛 부처님께 작별인사 올린다.
향화(香花)를 뿌리고 보배로운 코끼리에 올랐는데
황금빛 사자(獅子)[85]가 가장 어른이네.
병문안 가는 문수를 따라 나서며
일제히 황금빛 부처님께 작별인사 올린다.
말소리 시끄럽고 음악소리 요란한데
묘덕(妙德)의 위풍은 당당하기 그지없네.
8천의 보살과 성문들
일제히 황금빛 부처님께 작별인사 올린다.

경평(經平)

천인(天人)과 보살이 줄지어 서서
문수를 에워쌌는데 그 수가 백만 해(垓).
어떤 이는 보화(寶花)를 들어 허공에 뿌리기도 하고

84 불법을 가르치는 스승.
85 문수보살은 금색 털의 사자를 타고 다닌다고 함.

어떤 이는 묘곡(妙曲)을 연주하며 왔다 갔다 한다.
용신(龍神)은 앞에서 안개를 날리며 인도하고
귀졸(鬼卒)은 구름을 타고 뒤를 따라온다.
이미 세존의 설법회(說法會)를 떠났는데
그 위의가 어떠한지 그 창이 곧 나온다.

經云:「於是文殊」乃至「入城」.[86]

白[87] 文殊受敕, 領衆前行, 聲聞五百同隨, 菩薩八千爲伴. 於是菴園會上, 聽衆無邊, 陪大士盡往於毗耶, 從文殊同過於方丈. 時當春景, 千花競笑於園林; 節屆青陽, 萬木皆榮於山野. 由是文殊師利, 親往方丈之中, 遂設威儀, 排批[88]行李. 於是寶冠覆頂, 瓔珞嚴身, 辭千花臺上世尊, 問一丈室中居士. 龍神引路, 菩薩前迎, 瑞氣盈空, 天花映日. 幢幡乃雙雙排路, 龍節而隊隊前行, 毫光與晃日爭光,[89] 雅樂與梵音合雜. 菩薩八千侍從, 聲聞五百同行, 一時禮別慈尊, 盡赴維摩問疾. 是時也, 人浩浩, 語喧喧, 雜沓雲中, 歡呼日下. 遏翠微之瑞氣, 散遼繞之祥霞. 肉髮[90]峨峨, 珠衣灼灼, 曳六銖之妙服, 戴七寶之頭冠, 蹙金縷以疊重, 動香氣而邐迤, 領雄雄之師子, 擧步可以延風, 座[91]千

---

86 경문 원문은 "문수사리는 수많은 보살과 대제자와 천인들이 공경하게 둘러싼 가운데 비야리 대성으로 들어갔다(於是文殊師利與諸菩薩大弟子衆及諸天人, 恭敬圍繞, 入毘耶離大城)"이다.

87 原錄에서는 '白'자가 빠져 있다. 潘重規는 原卷에는 '白'자가 있다고 했는데 이는 옳다. 이에 의거하여 바로잡는다.

88 '排批'는 '排比'와 같다. 原錄에서는 직접 '批'를 '比'로 수정하였는데 이는 옳지 않다.

89 '光'은 '輝'의 오자로 보인다. 『敦煌零拾』에서는 직접 '輝'로 수정하였고, 原錄도 이를 따르고 있는데 이는 온당치 못하다.

90 [徐震堮] '肉髮'은 '肉髻'로 보아야 한다. [校注] '肉髻'는 부처의 정수리에 있는 살이 솟아 저절로 상투 모양이 된 것을 말하는데. 부처의 三十二相 중의 하나이다. P.3093 「佛說觀彌勒菩薩上生兜率天經講經文」: "푸른 소라와 같은 肉髻가 정수리에 솟아 있고, 자마황금의 용모가 모습을 드러낸다(青螺肉髻頂中生, 紫磨金容身上現)."

91 '座'는 '坐'로 보아야 한다.

葉之蓮花, 含水煙之翠色. 領天徒之衆類, 離佛會之菴園. 天女天男, 前迎後遶, 空中化物, 雲裏遙瞻. 整肅威儀, 指揮徒衆, 毗耶城裏人皆見, 盡道神通大煞生.[92]

文殊隊仗實堪誇, 暫別牟尼聖主家,
迎引仙童千萬隊, 相隨菩薩數河沙.
金冠玉佩輝青目, 雲服珠瓔惹翠霞,
師子骨崙[93]前後引, 翻身卻坐寶蓮花.

斷 隊仗高低滿路排, 層層節節映金臺,
金爐玉案空中現, 龍節幢幡霧裏開.
菩薩相隨皆躍躍, 聲聞從後樂咳咳,
未容開眼分明見, 早到維摩會裏來.
實希有, 法中王, 示跡權爲妙吉祥,
金紫曜明衣內寶, 眉間時放白毫光.
花臺瑞相時時現, 蓮座希奇別有名,
傾(頃)剋(刻)[94]便過方丈室, 爭趨願禮法中王.

斷 聲聞浩浩滿虛空, 菩薩喧喧入室中,
傘蓋雲頭盈路下, 幡花霧裏[95]響玲瓏.
龍神駮砻砻(犖犖)皆彈指, 讚歎文殊紫麽容.[96]
遍滿維摩方丈室, 若凡若聖萬千重.

---

92 '大煞生'은 '지극히 크다'는 뜻이다. '煞'은 '매우', '대단히'란 뜻이고, '生'은 형용사 어미이다. 『通釋』 해당 항목에 상설되어 있다.

93 陳寅恪은 '骨崙'은 '崑崙'의 異譯으로, '崑崙奴'를 말한다고 하였다. 【校注】『舊唐書』 권197 「林邑國傳」: "自林邑以南, 皆卷髮黑身, 通號爲崑崙." 唐代 富戶들은 南海國 사람을 노비로 삼았는데, 그 노비들을 곤륜노라 부른다.

94 '剋'은 原卷에서는 '尅'으로 되어 있는데 이는 '剋'의 이체자이다. '剋'은 '刻'과 통한다. 原錄에서는 직접 '刻'으로 수정하였는데 이는 옳지 못하다.

95 '裏'는 原錄에서는 '應'으로 오록되어 있다. 潘校는 原卷에서는 '裏'로 되어 있다고 했는데 이는 옳다. 이에 의거하여 바로잡는다.

96 '麽'는 '磨'로 보아야 한다. 황금 중에서 최상의 것은 紫磨金이다. '紫磨容'은 문수의 황금빛 몸을 비유한다. 주석 38)번을 참조 바란다.

斷 相隨聽衆數無邊, 盡立文殊寶座前,
八部罷吟魚梵曲, 四王隊仗遶金蓮.
空中只見天花墜, 雲裏惟聞龍腦煙,
萬憶[97]聽徒由浩浩, 千群聖衆鬧喧喧.

經 文殊隊仗實奇哉, 凡聖相隨百萬垓,
菩薩兩邊違(圍)寶座, 聲聞四面遶花臺.
菴園會上遙瞻禮, 方仗[98]筵中瑞彩開,
居士見文殊入室內, 如何排批(比)也唱將來.

文殊問疾第一卷

경전에서 말하기를, “이리하여 문수는”에서 “비야리성에 들어갔다”까지.

백(白) 문수는 분부를 받들어 무리를 이끌고 나아가는데 5백의 성문이 뒤따르고 8천의 보살이 동행하였다. 당시 암라원 법회에는 무수한 청중이 있었는데 모두 문수를 모시고 비야리성 방장으로 향했다. 때는 바야흐로 봄철이라 원림(園林)에는 온갖 꽃들이 앞 다투어 피어났고, 산과 들에는 온갖 나무들이 무성했다. 이때 문수사리는 방장에 다녀오기 위해 위의를 갖추고 떠날 채비를 꾸렸다. 보관을 머리에 쓰고 영락으로 몸을 장식한 다음, 연화대의 세존께 작별인사 올리고 나서 방장 안의 거사에게 병문안을 떠났다. 용신이 길을 인도하고 보살이 앞에서 환송하는데 상서로운 기운이 허공에 가득하고 천화(天花)가 태양빛을 받아 반짝거린다. 당번(幢幡)은 길을 따라 늘어서 있고, 용 모양의 부절(符節)을 든 사절이 앞을 향해 나아간다. 백호(白毫)의 광명과 태양이 밝음을 다투고, 아악(雅樂)과 범음(梵音)이 한데 어우러진다. 8천의 보살이 뒤따르고 5백의 성문이 동행하는데, 일제히 자존께 작별인사 올리고 유마의 병문안을 나섰다. 이때 다들 시끌벅적 소란스레 얘기하며 구름 속에서 떠들고 태양 아래서 함성을 지르니, 산기슭의 상서로운 기운이 멈춰서고, 멀리서

97 ‘憶’은 ‘億’과 통한다. 原錄에서는 직접 ‘億’으로 수정하였는데 이는 옳지 않다.
98 ‘仗’은 ‘丈’과 통하다. 原錄에서는 직접 ‘丈’으로 수정하였는데 이는 옳지 않다.

감돌던 상서로운 노을이 흩어진다. 육계(肉髻)는 우뚝하고 진주 옷은 반짝거리고 육수의(六銖衣)를 입고 머리에는 칠보관을 썼다. 금실로 수놓인 옷을 첩첩이 입었는데 향기로운 바람이 솔솔 불어온다. 사나운 사자를 타고서 발걸음을 옮기니 바람이 인다. 무성하게 자란, 물안개 속의 연꽃잎은 비취빛을 띠고 있는데, [문수는] 천상의 무리를 이끌고 법회가 열린 암라원을 떠난다. 천남천녀(天男天女)들 앞뒤에서 에워싸고, 감화 받은 천인들 구름 속에서 아득히 내려다본다. 위엄 있는 엄숙한 차림새로 대중을 이끄는데, 비야리성의 사람들이 이 모습을 보고는 모두들 신통함이 대단하다고 말한다.

문수가 이끄는 대오는 실로 찬탄할 만한데
잠시 성주(聖主) 석가모니를 떠났네.
길은 안내하는 선동(仙童)이 수천수만이고
뒤따르는 보살은 부지기수이다.
금관과 옥패는 푸른빛으로 반짝이는데
구름의 옷과 영락은 푸르스름한 안개를 일으킨다.
사자(獅子)와 곤륜(崑崙)들이 앞뒤를 에워쌌는데
[문수는] 몸을 돌려 연화대에 앉는다.

단(斷) [수행이] 높고 낮은 무리들이 대오를 이루어 거리를 가득 메웠는데
하나하나 황금 누대를 비춘다.
금로(金爐)와 옥안(玉案)이 허공에 나타나고
용절(龍節)과 당번(幢幡)이 안개 속에서 나타난다.
보살들은 이를 따르며 기뻐하고
성문들은 뒤를 따르며 즐거워한다.
눈 깜짝할 사이에 나타나더니
어느새 유마의 방장에 도착하였다.
참으로 드물도다, 교법의 왕이시여.
묘길상(妙吉祥)[99]을 위해 잠시 현시하셨다.

금인자수(金印紫綬)[100]는 옷 안의 보물을 높이 드러내고
양 미간에서는 백호(白毫)가 빛을 발한다.
연화대에는 서상(瑞相)이 자주 나타나고
연화좌는 드물고도 기이하다.
잠깐 사이에 방장에 도착하여
앞 다투어 교법의 왕에게 절을 올리려 한다.
단(斷) 성문은 웅성거리며 허공을 가득 메우고
보살은 소란스럽게 방안으로 들어온다.
산개(傘蓋)는 구름 속에서 거리를 덮어 가리고
당번(幢幡) 안개 속에서 펄럭거린다.
용신(龍神)은 흥분하여 우르릉 소리를 내며
문수의 황금빛 모습을 찬탄한다.
유마의 방장을 가득 메웠는데
범인과 성인이 수천수만 겹겹이 앉았다.
단(斷) 수를 알 수 없는 청중들이 따라와
모두 문수의 보좌(寶座) 앞에 섰다.
팔부(八部)는 어범곡(魚梵曲)을 멈추고
사천왕의 무리는 연화좌를 에워쌌다.
허공에서는 천화(天花)가 흩날리고
구름 속에서는 용뇌(龍腦)의 향기가 풍겨온다.
수만수억의 청중들은 웅성거리고
수천의 성인들은 소란스럽다.
경(經) 문수가 이끄는 대오는 실로 기이한데
따르는 범인과 성인이 백만 해(垓)에 달한다.
보살이 보좌(寶座) 양측을 둘러싸고

99 문수보살을 가리킴.
100 황금 도장과 거기에 묶여 있는 자줏빛 술. 고관(高官) 현작(顯爵)을 가리킴.

성문이 연화대 주위를 에워싼다.
암라원의 법회에서 멀리 예배를 올리는데
방장의 법연(法筵)에 상서로운 빛이 피어오른다.
거사는 문수가 방에 들어오는 것을 보고
어떻게 응대하는지 그 창이 곧 나온다.

문수문질(文殊問疾) 제1권

쌍은기(雙恩記)[1]

雙[2]恩記 第三 (쌍은기 제3)

1 原卷 編號는 러시아과학원 동방연구소 상트페테르부르크 분소 소장 플루크(Флук) 96호인데 『돈황변문집』에는 수록되어 있지 않다. 이 책에서는 陳祚龍 『敦煌古抄文獻會最』 영인본에 의거하여 교정 수록하였다. 任半塘 교록본이 1980년 揚州師院學報 제2기와 제3기에 수록되어 있고(이하 【任錄】 【任校】로 약칭), 『돈황변문집신서』에 본편이 수록되어 있으며, 『돈황변문집논문록』에도 부록(白化文과 趙匡華가 교록한 것. 이하 【白錄】 【白校】로 약칭)으로 들어가 있다. 여기서는 이러한 자료들을 모두 참고하여 교정 수록하였다. 사본 앞머리에 『雙恩記第三』이란 제목이 달려 있고, 문장 중간에 『雙恩記弟七』, 『佛報恩經弟七』, 『報恩經弟十一』 등의 제목이 순차적으로 붙어 있다. 두루마리 마지막에는 『佛報恩經弟十一』이란 제목이 달려 있다. 내용은 『대방편불보은경』을 부연 혹은 생략하면서 서술한 강경문이다. 『대방편불보은경』은 본래 총 9품인데, 이 텍스트의 앞부분(즉 卷三)은 『序品第一』, 후반 부분(卷七과 卷十一 포함)은 『惡友品第六』을 연역한 것이다. 【白錄】에서는 『佛報恩經講經文』이라 임의로 제목을 달았는데, 여기서는 원권 앞머리 제목에 따라 『雙恩記』라 하였다.

2 雙 : 原卷 상반부에는 '雨'자로, 하반부에는 '隻'[즉 '雙'의 會意 俗字]로 되어 있다.(王仁昫 『刊謬補缺切韻 · 江韻』 참조. 사본 속에서는 '兩', '雨' 두 글자를 구분하지 않고 '兩'을 쓰기도 하고 '雨'를 쓰기도 하였다) 아스타나 42호 묘에서 나온 吐魯番出土文書 第6冊 『唐缺名隨葬衣物疏』에는 "鷄鳴審[枕] 1枚, 玉團 한 쌍(鷄鳴審[枕]一枚, 玉團一

經 : 如是我聞, 一時佛在王舍城耆闍屈(崛)山中.

〈經〉 나는 이와 같이 들었다. 한번은 부처님께서 왕사성 기도굴산에 계셨다.

六種成就「如是」兩字, 信成就; 「我聞」兩字, 聞成就; 「一時」兩字, 時成就; 「佛」之一字, 教主成就; 「在山中」已下, 處所成就. 如是者, 爲如是之法, 我從佛聞; 或云, 我於佛邊聞如是法, 皆指法之詞也. 智度論云 : 生信也. 信爲能入,[3] 智爲能度, 信爲入法之初基,[4] 在[5]爲究竟之[6]玄述(術).[7] 又云 : 佛滅度時, 阿難等問四事, 佛令依四念住. 如何? 觀身不淨, 觀受是苦, 觀心無常, 觀法無我. 佛在之日, 以佛爲師; 佛滅度後, 宜憑此戒文.[8] 還更有何教法?答 : 有舍利弗及諸大羅漢等向

雙)"이라고 되어 있다. 原卷의 '雙'자는 이 글자의 모양을 따른 것이다.

3 入 : 원권에는 '人'자로 되어 있다. 사본에서 '入'자와 '人'자를 구분하지 않고 쓴 경우를 종종 볼 수 있다. [任錄]에는 '入'자로 되어 있는데 옳다. "信爲能入, 智爲能度"라는 말은 『大智度論』 卷一에 보인다.

4 初 : 원권에는 '物'로 되어 있는데, 글자 모양이 비슷하여 잘못 쓴 것이다. 여기서는 [潘校]에 의거하여 수정하였다.

5 在 : [潘校] '智'로 써야 한다. 王文才는 '在'자는 경전 문구를 인용하여 서술한 것과 관계가 있으므로 응당 인용 부호를 붙여야 한다고 주장했다. [校注] '在'자는 '知'자의 초서체와 비슷하여 잘못 쓴 것 같다. '知'와 '智'는 통용되는 글자이다.' P.2133 『金剛般若波羅蜜經講經文』에 "何以得知世界不實耶?"라는 구절이 있는데 원권에 '知'자가 초서체 '[illegible]'로 되어 있다. 『돈황변문집』에서 '在'자로 잘못 판별했다. 『長興四年中興殿應聖節講經文』에서는 "信爲入法之初機(基), 智爲究竟之玄術"로 기록하여 '智'자로 정확히 쓰고 있다.

6 之 : 원권에서는 '云'자로 되어 있는데 오자이다. [王校] '之'로 써야 한다. 여기서는 [王校]에 의거하여 수정하였다. 앞부분의 교정 참조.

7 述 : [潘校] '術'자로 써야 맞다. 玄術은 방술이나 환술을 말한다. 『晉書 · 佛圖澄傳』에 "인도 사람이다. 성은 본래 백씨였고, 젊어서 도술을 배워 환술에 능통했다(天竺人也, 本姓帛氏, 少學道, 妙通玄術)"는 기록이 있다. 앞부분의 교정을 참조.

8 '文'자는 원권에 '父'자처럼 쓰여 있다. [白錄]에는 '又'자로 되어 있고, [任錄]에는 '文'자로 기록되어 있다. [校注] 원권에는 구절과 구절 사이에 간격이 많이 벌어져 있다. 또 원권 '戒'자 뒤에 붙어 있는데 다음 구와 간격이 벌어져 있다. 따라서 이 책에서는 [任錄]이 옳다고 판단하여 그를 따랐다.

耆闍屈山畢撥羅巖間, 結集三藏教法. 是時會中千個羅漢數內, 只有佛弟子阿難未證果位. 會中維那白其上座, 遣出阿難, 不令在會. 阿難旣被遣出, 不那(奈)之何, 遂合掌望空, 哀苦[9]世尊:「我佛在日, 偏休(沐)佛恩; 佛隱雙林, 我偏失所. 伏願慈尊, 遙垂覆護, 小(少)賜威光. 却得會中, 同集教法.」旣啓告世尊了, 遙禮佛三拜. 合掌泣淚, 告於世尊. 世尊以一道光照其阿難. 光纔照身, 尋[10]便自在. 湧身虛空, 高七方羅樹, 身上出水, 身下出火, 東湧西沒, 西湧東沒, 或現大身, 遍滿虛空, 或現小身. 我旣得此神通, 卻往畢撥羅巖間, 石門已閉, 便卽打門. 問「阿誰」? 卻舊處座(坐), 排比結集, 如是一代時教. 會中維那便乃從頭禮請. 如是次第, 並推年老, 無一受者. 直至阿難, 再三商量, 堅請阿難昇座說法. 未說間, 大衆有疑, 忽然間[11]道「如是我聞」, 大衆方知是阿難. 所以經頭上先置「如是」. 信如師子乳、皮. 乳一滴入於衆獸血中, 盡變爲水; 皮若作絃, 一彈衆絃皆斷也.

성취에는 여섯 종류가 있다. '이와 같이(如是)' 두 글자는 믿음(信) 성취를 말한다. '나는 들었다(我聞)' 두 글자는 들음(聞) 성취를 말한다. '한번은(一時)' 두 글자는 시간 성취를 말한다. '부처님(佛)'한 글자는 교주(教主) 성취를 말한다. '…… 산에(……山中)' 이하는 처소 성취를 말한다. '이와 같이(如是)'는 이와 같은 법도를 내가 부처님으로부터 들었음 혹은 내가 부처님 곁에서 이와 같은 법도를 들었음을 말하는 것으로 모두 법(法)을 가리키는 단어이다. 『지도론』에 "믿음이 생겨야 한다. 믿어야 들어갈 수 있고, 지혜로와야 헤아릴 수 있다. 믿음은 불법에 들어가는 기초이고,

9 '苦'자는 '告'자를 잘못 쓴 것으로 보인다. 뒤부분에 "旣啓告世尊了"라는 구절이 있으므로 '告'자로 바로잡는다.

10 尋 : 아주 빨리, 갑자기의 뜻이다. 清代 劉淇의 著作『助字辨略·卷二』에 "'尋'字는 '연달아', '계속해서'의 의미이다. 대저 서로 잇닿는 것을 '尋'이라 한다. 오늘날 '마음대로 한들 어떠하랴?'라는 말과도 통한다.(尋, 旋也, 隨也. 凡相因而及曰尋, 猶今云隨卽如何也)"라고 풀이하고 있다.

11 원본에는 '間'자로 되어 있다. 여러 전문가들의 교록본에 '聞'자로 되어 있는데 근거없이 고친 것이라 생각된다.

지혜는 끝에 도달할 수 있는 방법이다"라고 했다. 또 "부처께서 열반하실 때 제자 아난 등이 네 가지 사안에 대하여 질문했다. 부처께서는 네 가지 생각에 유의하라고 하셨다. 무엇을 말씀하셨을까? 자신의 몸이 깨끗하지 아니한지 봐야 하고, 삶에서 얻는 것은 일체가 고통임을 봐야 하고, 마음은 무상한 것임을 봐야 하고, 불법은 무아의 경지임을 봐야 한다. 부처께서 계실 적에는 부처님을 스승으로 삼아야 하지만 부처님이 열반하신 후에는 이 계문에 의거해야 한다. 이외에 어떤 가르침이 있는지요? 답하길, 사리불과 여러 대나한 등이 기도굴산 필발라암에 모여서 삼장(경장, 율장, 논장)을 익히고 있었다. 이때 모였던 천 명의 나한 가운데 부처 제자 아난만이 과위(果位 : 수행한 공덕으로 깨달음을 얻는 지위)에 이르지 못했다. 법회를 이끌던 유나가 윗자리 앉아서 아난을 법회에서 내쫓으라고 명했다. 아난은 어디로 갈 줄 몰라 그저 합장하고 하늘만 바라보며 애닯게 석가모니에게 고한다. "평일에 부처님께서 계실 때는 부처님의 은덕을 과중하게 입었으나 부처님께서 쌍림에 은거하시면서는 자리조차 얻지 못하는 처지가 되었사옵니다. 자비로우신 부처님, 엎드려 비옵나이다. 멀리서 저를 보호해 주시는 은덕을 내리시고 조금만 위엄을 보여주시어 제가 다시금 법회에 들어가 불법의 가르침에 동참하게 해주시옵소서" 이렇게 부처님께 아뢰고 나서는 멀리 세 번 절하여 예의를 표한다. 또한 연신 합장하여 눈물을 흘리며 부처님께 부탁드린다. 이에 부처님께서는 한 줄기 빛을 아난에게 보냈으니 아난의 온몸은 광채로 빛나면서 대번에 자유자재로 몸을 놀릴 수 있게 되었다. 허공으로 몸을 솟구치니 칠 척 높이의 나무를 뛰어 넘고 몸 위로는 물이 솟아나고 몸 아래로는 불이 퍼져 나온다. 동에 번쩍 서에 번쩍 이동하고 몸의 덩치를 크게 부풀려 허공을 가득 채웠다가 어느새 자그마한 몸체로 변한다. 신통력을 터득한 아난은 필발라암에 돌아온다. 돌문이 굳게 잠겨 있어 문을 두드리니 안에서 묻는다. "뉘시요?" 옛 법회 장소에서는 줄지어 늘어서서 예전처럼 불법을 가르치고 있었다. 법회 도중 유나는 예전 방식대로 첫 번째 사람부터 시켜 본다. 이렇게 순서대로 시켜 가는데 나이 많이 든 사람에 이르기까지 아무도 제대로 답변을 못한다. 드디어 아난의 순서가 되었다. 두세 번 사양하다가 아난을 청하여 법좌에 올라 설법하게 하였다. 설법하기 전 대중들이 의심을 품을 즈음 갑자기 "이와 같이 들었노라"를 말하자 바로 아난임을 알아차린다. 이 때문에 불경 앞머리에 '이와 같이'를 배치한 것이다. 믿음이란 스승의 젖과 같고 가죽과 같은 것이다. 젖 한 방울이 뭇 짐승의 피 속에 들어가면 모두 물로 변하고, 가죽을 가지고 악기 줄을 만들어 악기를 탄다면 모두 끊어져 버릴 것이다.

韻.
牛羊蘇乳能奇異, 變造多般諸巧伎.
點作樓臺織綺羅, 臥成[12]漿酪能香美.
若遇西天師子脂, 不銷[13]一滴皆成水.
妄緣情, 也如是, 念念與人爲感魅.[14]
境勝難爲別是非, 心頭豈解分眞爲(僞).
旋旋牽將不覺知, 頭頭感卻如沈醉.
忽爾纔生一信心, 前來妄念皆除棄.
大慈悲父演雷音, 法調喩和理極深.
師子乳能除假乳, 信誠心解遣邪心.
乳無純正醍醐亂, 信不堅牢妄念侵.
若解信心堅固得, 大難苦海錯漂沈.

12 [王文才校] '臥成'은 '和成'으로 써야 할 듯하다. [校注] '臥'자는 착오가 아니다. 육조시대 무렵에는 술이나 식초 등을 빚는 것을 '臥'라고 했다.
13 '不銷'는 '不消'와 같은 뜻으로 '필요 없다'라는 말이다.
14 魅 : [任錄]과 [白錄]에 '魅'로 되어 있고, [潘錄]에는 '魃'로 씌여 있다. [校注] 원권에 '魅'로 씌여 있으므로 당연히 '魅'자로 해야 한다.

음송.

소와 양의 신선한 젖은 기이함을 창조할 수 있고,
여러 가지 절묘한 기예도 만들어낼 수 있다.
누대를 화려한 비단으로 장식하고,
향기롭고 좋은 술을 빚는다네.
만약 서천 사자의 기름을 만난다면,
한 방울 남김 없이 모두 물이 되리.
멋대로 정에 따르다보니 이와 같을 수밖에,
늘 사람에게 매혹되는구나.
마음 상태가 지나치면 시비를 분별하기 어려우니,
어찌 진위를 구분할 수 있으리오?
이리저리 혼란스러워 깨닫기 어렵고
머리 속도 취한 듯 어지럽다네
홀연히 한 가지 믿음이 생겨나
이전의 잘못된 생각들이 사라지네.
대자대비한 부처님의 뇌성 같은 말씀
불교 법언은 온화하게 깨우쳐주면서 이치가 깊다오.
사자의 젖은 가짜 우유를 제거할 수 있고
참다운 믿음은 사악한 마음을 멀리하게 한다오.
젖이 정순하지 않으면 우락(牛酪, 버터)이 좋지 않은 법이고
믿음이 굳세지 않으면 잡념이 침범한다오.
만약 이해하고 믿는 마음만 견고하다면
고난의 바다에서 표류하는 것을 멈출 수 있으리.

「一時」者, 師子合會, 說聽究竟, 總言一時, 揀異餘時. 又諸方延俱[15]空, 故言一時. 「佛」者覺也. 自覺覺他, 覺行圓滿, 稱之爲佛. 「王舍」者, 梵言曷羅闍姞利呬城, 唐言王舍. 初, 頻婆娑羅王都在上茅宮,[16] 編戶之家[17]頻遭火害. 有敕立令.更有火者罪. 後王宮自失火, 王遂自遷寒林, 又無城壘.[18] 後舍𩰲(鬮)君欲興甲馬討於頻婆娑羅王, 王遂築戰城, 因此呼爲王舍城.

'한번은(一時)'이란 부처님이 회의에서 최고 경계에 대하여 말씀하시면서 항시 '한번은'이라고 언급하시면서 다른 때와 구별하시었음을 가리킨다. 또 모든 방도는 연기되기 마련이고 헛되므로 '일시'라고 한 것이다. '부처(佛)'란 깨달음을 말하는데, 스스로 깨닫고 다른 사람을 깨우쳐 줌을 말하는 것이다. 깨달음을 원만히 수행하는 자를 '부처(佛)'라 한다. '왕사(王舍)'는 梵語로 갈라도길리사성을 말하는데 당나라 때 '왕사'라 했다. 애당초 빈파사라왕이 상모궁에 있을 때 백성들 집에 화재가 잦았다. 이에 칙령을 내려 방화하는 자를 죄로 다스렸다. 후에 왕궁에도 화재가 나자 한림(寒林)으로 옮겼고 성 보루도 없애버렸다. 후에 사리 군왕이 군사를 일으켜 빈파사라왕을 토벌했는데 성을 쌓는 전쟁이 벌어져 왕사성이라는 말이 생겼다.

他方比是屬村野, 國法遷流[□][19]災者.

---

15 俱 : 원본 오른쪽에 '且'로 되어 있다. 이는 '俱'자의 당시 俗字로 誤字이다.

16 茅 : 원본에는 '第'로 되어 있다. 【王文才校】 '茅'로 쓰는 것이 맞다. '上茅宮'은 '上茅宮城'을 말한다. 【반록】에서는 '宮'자를 다음 구절에 붙여 놓았는데 맞다고 할 수 없다.

17 '褊'자는 '編'자로 봐야 타당하다. 또 '之'자는 (원본에서 글자 중복 부호인데 '之'자로 틀리게 쓴 것이다. 사본에서 '之'자는 글자 중복을 나타내는 부호와 모양이 비슷하여 오류가 많이 보인다. '編戶'란 호적에 편입된 평민을 말하고, '編戶之家'는 평민의 가호를 말한다. 『大唐西域記』 卷9에 "예전에 빈비사라왕의 도읍은 상모궁성에 있었는데, 평민 가호에서 자주 화재가 발생하였다(初, 頻毗娑羅王都在上茅宮城也. 編戶之家頻遭火害)"라고 기술되어 있는 것을 그 증거로 삼을 수 있다.

18 壘 : 원본에서는 '手' 변에 '畾'자를 붙인 글자로 되어 있다. 아마 당시에 '壨'자를 잘못 쓴 듯하다. 사본 중에는 '手'와 '土'를 혼동한 경우가 있으니 '手'자를 '土'자로 보아야 맞다. '壨'자는 '壘'자의 異字인데 『龍龕手鏡 · 土部』에 보인다.

19 【任校】 '流'자 다음에 한 글자가 빠졌다. 【潘校】 빠진 글자는 '罪'자인 듯하다. 【校注】 『大唐西域記』 卷9에 "(罰其首惡, 遷之寒林)"이란 구절이 있으니 빠진 글자는 '罪'자일 가능성이 있다.

黎庶遭殃旣佝形,[20] 帝宮若罪須依化.
吠[□](舍)鳌君聞位罷,[21] 探候[22]欲專興甲馬.
備急尋時[23]築戰城, 因茲立號稱王舍.
國名王舍爲頻婆, 別上茅[24]都自據科.
睿招[25]垂條無彼此, 英[26]明立敕揀偏頗.
天聽感化人何倦, 聖德陪[27]從日更多.
吠舍鳌君聞者[28]事, 當時不敢擧干戈.

다른 지방은 이전에 촌구석에 속했는데
나라 법이 표류하니 화재가 [ ]
힘없는 백성들 재앙 만나고 문책 당하고

20 佝形 : [白錄]에는 '佝影'이라 되어 있고, [潘錄]에는 '伯形'으로 씌여 있고, 또 '怕刑'이라고 교열해 놓았다. [校注] 원본에는 '佝井彡'이라 씌여 있는데 두 번째 글자인 '井彡'은 俗字이며, '形'의 異字이다. '佝形'은 응당 '拘刑'으로 써야 될 듯하다.(『集韻』에 "'拘'자는 간혹 '佝'자로 쓴다(拘, 或作佝)"라고 되어 있다) 체포하여 죄를 묻는다는 뜻이다.

21 '吠'자 다음에 '舍'자를 빼야 맞다. [任錄]과 [白錄] 모두 두 세 글자로 써놓고 있는데 정확치 않은 듯하다.

22 候 : 원본에는 '喉'자로 되어 있는데 음 때문에 생긴 誤字이다. 여기서는 [任錄]에 의거하여 수정하였다. 이하도 동일하다. '探候'란 탐문하는 사람 즉 오늘날의 정탐꾼을 가리킨다.

23 [潘校] '尋時'는 '隋時'를 말한다. [校注] 앞의 주 10번을 참조할 것.

24 원본의 '茅'자가 [任錄]과 [白錄]에서 모두 '第'자로 잘못 기록되어 있다.

25 '睿'자는 원본에 '?자로 되어 있다. [潘校] '睿'자가 맞다고 본다. 唐 等慈寺碑에 '睿'자를 ' '자로 쓰고 있음을 참조. 또 [潘校]에 "'招'자는 응당 '詔'자로 써야 한다"고 했는데 타당한 지적이다.

26 英 : 원본에는 '?로 되어 있는데 '英'의 俗字이다. [任錄]과 [白錄] 그리고 [潘錄]에 모두 '莫'자로 되어 있는데 틀렸다.

27 陪 : 원권에는 '□'로 씌여 있고, [任錄]에는 '隨'자로 되어 있으며 [白校]에서는 [任錄]을 따랐다. 郭在貽는 '陪'의 字形이 비슷하여 야기된 오류라고 보았다. [校注] 곽재이의 교정이 맞다. 『維摩碎金』: "幾多聖賢盡陪隨." '陪'자는 원권에 '□'자로 씌여 있는 것을 비교 검토해볼만 하다.

28 者 : 원권에는 '走' 변으로 되어 있는데 아마 '者'에 변을 붙인 俗字인 듯하다. 뒷부분에 "是以世尊憐者事"라는 구절이 있는데, 역시 원권에 '走' 변으로 되어 있다. '者'는 지시대명사로 오늘날의 '這(이것)'에 해당한다. [白校] 와 [潘校] 모두 '這'자로 고쳐놓았는데 지나치게 古語를 현대어로 바꾸어 놓은 감이 있다.

제왕 궁전에 죄가 있다면 모름지기 교화로 다스려야 하리.
사리 군왕은 죄인을 파면하라고 명했으나
정탐꾼은 오히려 전쟁을 일으키려고만 하네.
위급함에 대비하여 성을 쌓는 전쟁 벌이니
이로 인해 왕사라 했다네.
나라 이름 왕사라고 했는데 범어로는 '빈파'라오
상모궁 떠나서는 모두들 법률을 지키네
임금님의 조칙 너와 나 차별 없고
훌륭하고도 분명한 국법 편파를 가려내네.
제왕에게 감화되니 백성들이 어찌 피곤하겠으며
성스러운 품덕을 따르는 백성들 날로 늘어나네
폐사리 군왕 이 일을 듣고는
감히 당시에 전쟁을 일으키지 못했네

「耆闍屈(崛)山者」, 梵語姞栗陀羅矩氐, 唐言就(鷲)峰, 又云鷙臺,[29] 在上茅東北十五里, 接北山之陽, 孤

標[30]時特[31]起. 旣栖鷲鳥, 又類[32]高臺, 空翠相明,[33] 濃淡分色. 佛得

29 鷙(맹금 지) : 당연히 '鷲(독수리 취)'자로 써야 한다. 玄應『一切經音義』卷21 : "취봉은 범어로 길률타라구타산이라 하는데, 이곳에서는 취봉 혹은 취대라고 부른다(鷲峰, 梵言姞栗陀羅矩吒山, 此云鷲峰, 或鷲臺)." [潘校]도 동일.

30 標 : 원권에는 '摽'로 되어 있다. 사본에는 '木' 변과 '手' 변을 서로 혼동한 경우가 있는데 여기서 '手' 변은 실제로는 '木' 변이다. '孤標'라는 말은 '孤高하다'는 뜻이다. 戴叔倫의 시 『遊清溶蘭若』 "(西看疊嶂幾千重, 秀色孤標此一峰)."

31 特 : 원권의 글자는 '時' 아니면 '特'이다. [任錄]과 [白錄]에는 '時'로 되어 있고, [潘錄]에는 '時'으로 하였다가 '特'으로 교정하였다. 여기서는 문장의 의미를 고려하려 '特'으로 쓴다. 『大唐西域記』卷9에 "[鷲峰]은 北山의 북쪽에 접하여 고고하게 솟았네(接北山之陽, 孤標特起)"라는 기록이 있다. 여기서는 이를 근거로 교주한다.

32 又類 : 원권에는 '父頻'으로 되어 있다. 王文才는 '又類'로 교정하였는데 정확하다고 본다. 『大唐西域記』卷9에 "[鷲峰]은 독수리 서식처요, 높은 누대를 닮았네(旣棲鷲鳥, 又類高臺)"라는 기록이 있다. 여기서는 이에 근거하여 교정한다.

33 相明 : 『大唐西域記』卷9에 '相映'이라 되어 있다.

道後, 十五年[34]間, 多居此山, 廣說妙法, 思益楞伽[35]等山. 此乃孤高迥聳, 香麗偏奇. 分明之銀漢通鄰, 皎潔之星宮接里. 淸風飂飂, 流桂香於洞前; 碧霧霏霏, 送楡陰於座側. 而又只栖瑞高(鳥), 不宿凡禽. 草敷[□□]之苗, 僧宴三生之定. 雲騰渌沼, 聽龍子以呻吟; 鶴過深於,[36] 覺神仙而引笑. 分殿之河珠入牖, 欄之斗色流光.[37] 仙樂不斷於晴虛,[38] 瑞彩長飛[於]碧落. 子時送曉, 伏日生寒. 是身卽[39]之奇居, 乃中天之勝地.

기도굴산은 범어로는 길률타라규타인데 당나라 때는 '취(경)봉' 혹은 '지대'라고 했다. 상모산 동북쪽 15리에 있는데 북산 북쪽과 맞닿아 뾰족하게 솟아있네. 이 산에는 매가 서식하고 높은 누대마냥 생겼고 밝은 달이 훤히 허공을 비추고 산색의 짙고 옅음이 분명하다. 15년 동안이나 이 산에 거주하면서 오묘한 불법을 널리 알려 능가산 등 다른 지역까지 전파했다. 이 산은 고고하게 높이 솟아 있고 화려하고 기이하기 그지

34 十五年 : '五十年'의 오류인 듯하다. 『大唐西域記』 卷9의 "여래가 세상을 다스린 50년 동안 대부분 이 산에 거주하며 널리 절묘한 방도를 말씀하셨네(如來御世, 垂五十年, 多居此山, 廣說妙法)"라는 기록이 그 증거이다.

35 楞(모 릉) : 原卷에는 '摱'으로 되어 있으니 '楞'자를 잘못 쓴 듯하다. [역주] 불교에서는 "棱" 자를 쓰지 아니하고 '楞'자만을 쓴다. 慧琳 『一切經音義』 卷31에 다음과 같은 기록이 있다. "능가의 '릉'은 '륵'과 '등'의 반절로 속자이다. '棱'자가 올바른 글자인데 '木'변에 발음은 '릉'이며, 간혹 '𣘚'으로도 쓴다…… 산 이름인데…… 남해 바다 사자국 서남 모퉁이에 있다(楞伽, 上勒登反, 俗字也. 正作棱, 從木夌聲, 或作𣘚 …… 山名也 …… 在南海中師子國西南隅)."

36 於 : [潘校] '松'으로 써야 한다. 劉凱鳴은 '於'와 '沼'는 댓구를 이루는 글자인데 '於'는 '淵'의 착오로 보인다. [校注] '於'는 간혹 '淤'의 줄임 글자로 차용된다.

37 이 구절은 한 글자가 빠져 있는 듯하니 앞에 '枕' 한 글자를 보충해야 타당한 듯하다. 뒷부분에 "月色添光斗枕欄"이란 구절이 있는 것이 그 증거이다. [潘校]에서는 '欄' 다음에 '杆'자를 보충하였는데 정확하지 않은 듯하다.

38 虛 : 원권에는 '雲'인 듯하다. [任錄]과 [白錄]에는 '虛'로 되어 있는데 타당하다. 돈황사본들에서는 '虛'자와 '靈'자의 모양이 유사한데 여기서는 당연히 '虛'로 보아야 한다. [潘錄]에는 '靈'으로 했다가 '空'으로 교정하였는데 정확치 못한 듯하다. 『管子』 「心術上」에 "하늘을 일컬어 '허'라 한다(天曰虛)"고 했으니 '晴虛'는 곧 '晴空'을 말한다. 唐 陸龜蒙의 시 『石窗』에 "(石窗何處見, 萬仞倚晴虛)"라는 구절이 있다.

39 [王文才校] '身卽'은 '身毒' 즉 天竺인 듯하다.

없는데 밝디 밝은 은하수 별들이 인근에 널려 있고, 맑은 바람 쓸쓸하게 불어 계수나무 향기 동굴 주위에 퍼뜨리며, 푸른 안개 은은히 오르고 느릅나무 그림자 좌석 옆에 비껴 있다. 또 이 산에는 상서로운 새들이 서식하고 일반 새들은 살지 않는다. 초목 [ ]의 싹처럼 승려의 전생과 현세 그리고 내세 인연 정해져 있다네. 구름이 연못 위에 솟아 오르고 용이 울부짖는 소리가 들리는 듯하네. 학이 깊은 삼각주를 지나며 산신령을 깨워 미소 짓게 하네. 은하수 별빛 궁전 창문으로 스며 들고, 흐르는 달빛 난간에 흐르네. 신선이 타는 듯한 음악 소리 맑은 허공에 계속 울려 퍼지고 상서로운 무지재는 푸른 하늘에 길게 늘어 있네. 야밤(밤 11시부터 1시)이 새벽 같고, 복날에 한기가 도는 이곳은 천축의 기이한 거처요 하늘 아래 아름다운 곳이라.

韻.
通霄接漢獨奇秀, 蕩旋迴遮[40]宇廟(宙).
桂畔應難離野禽,[41] 松間只是栖靈鷲.
壯千峰, 光萬岫, 不以炎涼分節候.
正夏風生送臘寒, 子時雉叫交(教)星晝.[42]
澄潭隱隱聽龍吟, 古洞深深聞虎驟.
落砌楡陰瑞鶴飛, 佛(拂)簾雲過仙歌奏.
截銀河, 侵北斗, 抦押[43]欄(杆)光冷透

40 遮 : 원권에는 '走' 변 안에 '鹿'자를 써놓았으니 이는 '遮'의 속자이다. 『龍龕手鏡』을 볼 것.

41 [王文才校] 앞부분의 문장 "只栖瑞鳥不宿凡禽"을 근거로 볼 때 이곳의 '離'는 '宿'의 오류인 듯하다.

42 晝 : 원권에는 '盡'으로 씌여 있는데 字形이 비슷하여 착각한 듯하다. [任錄]에 의거하여 교정하였다.

43 『集韻』「梗韻」: "抦은 持로 秉과 통한다(抦, 持也. 通作秉)." [任錄], [白校], [潘校] 모두 '柄'으로 써놓았는데 정확한지 어떤지 모르겠다. 또 '押'은 응당 '壓'으로 보아야 한다. 돈황사본에서 '押'과 '壓'은 통용된다.

磬盡鐘殘飯亡[44]餘, 尙聞王舍移更漏.
休誇出水妙高山, 並比耆闍又卽難.
隊隊香風生桂畔, 群群鷲鳥宿松間.
露珠入牖[45]阿分殿, 月色添光斗枕欄.
若要上方膳帝釋, 出門輕把白楡攀.
음송.

온 하늘에 펴져있는 기이하고 수려한 은하수
우주 전체에 선회하며 흐르네
계수나무 주변 호반은 적응키 어려워 들새들은 떠나고
소나무 주변에는 오직 신령스런 猛禽만이 사네
웅장하고 화려한 수천 수만 산봉우리가 있는 이곳
더위와 추위로는 계절을 구분하기 어렵구나
바야흐로 여름 바람이 한겨울에 불고
한밤중에 꿩이 울고 별빛은 대낮 같네
은은한 연못에는 용 울음 소리 들리고
깊디 깊은 동굴에서는 호랑이 소리 들리는구나
느릅나무 그림자 섬돌에 비껴 있고 상서로운 학도 날아다니네
주렴을 치켜 올리니 구름 지나고 신선 노래 울려 퍼지는구나
은하수를 가로 막고 북두칠성에 다가간 난간에 차가운 별빛 스며드네
경쇠 소리와 종소리 점점 멈추니 밥시간 끝나는구나
하지만 왕사성에서는 물시계 소리 돌아가는 소리 들리네

---

44 亡 : 원권에는 '巨'로 되어 있는데 '亡'자의 당시 속자인 듯하다. '亡餘'은 '無餘'와 같은 듯이다. [白錄]과 [潘錄]에는 모두 '已'라고 되어 있는데 뜻이 통하지 않는다.

45 牖(평상널 편) : [任錄]에는 이 글자가 빠져 있다. [白錄]과 [潘錄]에는 '儈(거간, 중개인 쾌)'로, [潘校]에는 '繪'로 되어 있어 정확한 파악이 어렵다. 앞부분의 문구 "分殿之河珠入牖, [枕]欄之斗色流光"를 봐서는 이 문장도 이에 근거하여 교정하는 것이 맞는 듯하다. 따라서 '入' 다음의 글자는 '牖'으로 봐야 타당하다. 원권을 조사하여 본 결과, '人' 변 오른쪽의 글자가 불분명하고 앞 문장 '牖'자의 오른쪽 부분과 유사하므로 '牖'자을 잘못 쓴 것이 아닌가 한다. 여기서는 문장의 의미에 따라 교정하였다.

묘고산 안에서 물 나온다고 자랑하지 말라
기도산에 비해서는 훨씬 어렵다오.
향기로운 바람 계수나무 물가에서 일어나고
맹금은 무리지어 소나무 사이에서 사는구나
이슬은 궁전 창가에 스며들고
달빛은 침실 난간을 덮는구나
만약 천상에 오르고자 한다면 제석천에 제물을 드려야 할 것이니
문을 나서 가볍게 하얀 느릅나무를 잡고 올라야 할 것이라.

問 : 佛何故不於諸國諸山說經, 偏於王舍鷲峰說經?答 : 緣國勝餘國, 山勝餘山, 所以世尊說經此處. 如何知?所以法華[46]疏云 : 王都旣是王舍, 佛住鷲峰, 山都兩處雙彰, 自他二化俱說. 護云 : 序分圓就者, 此法門示現有二種義 : 一者, 一切法門中最勝故. 如王舍勝一切諸國. 國乃摩竭之正中, 仁王所都處, 表一乘乃三乘之道法也. 所信境國勝餘國, 經勝餘經也. 二者, 示現自在切(功)德圓就也. 如耆闍崛山, 山勝餘山, 顯此法勝, 此山獨勝, 高而復顯, 出過二乘, 自在巍巍,[47] 功德滿故. 又云 : 國勝餘國, 無麗物而不出; 法勝餘法, 無嘉德而不(具). 山勝餘山, 謂瑞鳥之所栖止. 法勝餘法, 謂上人之所遊護.[48] 還有甚人?莫不是諸方菩薩各門舍利弗等遊此會中.

질문 : 부처께서는 다른 여러 나라와 다른 여러 산에서는 설법하지 않으시고 왜 왕사성과 지봉에서만 설법하시는지요? 답변.이 나라가 다른 나라들보다 빼어나고 이 산이 다른 산들보다 빼어나므로 세존께서 이곳

46 華 : 원권에는 '𠦒'으로 씌여 있는데 이 글자는 '華'의 속자인 '䒛'에서 부수를 생략한 것이다.

47 魏(높을 위) : 원권에는 이 글자의 좌측이 '禾'로 되어 있는데 아마 '委'자를 잘못 줄여 쓴 듯하다. '魏魏'는 '巍(높을 외)巍'이다. 고대에는 '魏'와 '巍'가 통용되었다.

48 護 : 원권에는 '亻' 변으로 되어 있다. 아마 '言' 변을 간체로 쓰다 생긴 오류인 것 같으므로 수정한다.

에서 설법하시는 것이지요. 어떻게 알 수 있을까요? 『법화경소』에 이르기를 "왕의 도읍이 왕사성이고, 부처님은 지봉에 거주한다. 산과 도읍이 모두 빼어나다고 자타가 모두 인정한다"라고 했지요. 또 『호』에 이르기를 "서분(경전의 서론 부분)은 완전하다. 이 법문은 두 가지 의의가 있다. 일체 법문(부처의 교법) 중에 가장 훌륭한 내용(事理)이다"라고 했지요. 예컨대, 왕사성은 일체의 모든 나라보다 빼어나다. 마갈의 한 가운데 위치해 있고, 어진 왕이 도읍으로 정한 곳이며 일승(모든 중생이 부처와 함께 성불한다는 석가모니의 교법. 일체(一切) 것이 모두 부처가 된다는 법문)이 곧 삼승(중생을 열반에 이르게 하는 세 가지 교법. 성문승, 연각승, 보살승)으로 가는 길임을 나타냅니다. 믿는 그 나라가 다른 나라보다 빼어나고 경전 또한 다른 경전보다 빼어나답니다. 둘째는 자유자재로 공덕이 성취됨을 나타냅니다. 예컨대, 기도굴산은 다른 여러 산보다 빼어나 불법을 알리는데 유리합니다. 이 산만이 유독 빼어나 높고도 빛나 이승(二乘, 이승과 저승)을 넘나들 수 있어 높디 높은 공덕이 본시 그 안에 가득합니다"라고 했습니다. 또 이르기를 "나라가 다른 여러 나라보다 훌륭하여 아름다운 물건이 여기서 나지 않는 것이 없고, 설법 또한 다른 설법보다 훌륭하여 아름다운 덕이 갖추어지지 않음이 없습니다. 산은 여타 산보다 훌륭하여 상서로운 새가 살고 설법은 여타 설법보다 훌륭하여 군주같이 고매한 사람만이 와서 머문다"고 했습니다. 이외에 어떤 사람이 있을까요? 여러 지역의 보살들과 각 문파의 사리불 등도 이 법회에 오지 않을 리 없을 듯한데요?

韻.
鷲峰王舍兩俱美, 餘國餘山難可比.
莫說人皆智惠慧人, 兼緣地總賢靈地.
足珠珍, 多錦綺, 軟草祥花咸[□]備.[49]

49 이 구절은 한 자가 빠져 있다. [任錄]에는 '咸'자 다음에 '具'자를 보충하였는데 맞는 듯하다.

九夏無勞遠遠敷, 三秋鎮有長長媚.
大乘經, 也如是, 諸教諸經難可比.
菩薩無非現化身, 聲聞各總居權地.
遣彼邊, 明不二, 接物投機皆得備.
浼[50]有還逢破有居, 談空或說非空義.
鷲峰山勝法會殊, 王舍國强經不異.
所以如來向此中, 長時說據三抿(根)記.
國强山勝地英靈,[51] [□□□□□□□].
武魯[52]人人皆節相, 文儒個個是公卿.
八方禮義曾無亂, 四海風儀別有情.
是以世尊憐者事, 長於此處說眞經.
山又好, 法能嘉, 山法無偏聖所誇.
法貫深根生道種, 山栖就(鷲)鳥拆[53]祥花.
要來王舍程非遠, 擬往香峰[54]路不賖.
說報恩經於此處, 有幾多羅漢唱將來.
음송.

---

50 [王文才校] '浼有'는 응당 '說有'로 고쳐야 다음 구절의 '談空'과 짝이 맞는다. 이 구절의 '破有', '非空'은 두 양 극단에서 벗어난다는 뜻으로 곧 앞 문장에서 말한 "有彼邊"의 의미이다. [校注] 다음 구의 '談'자는 원래 같은 구의 '說'자와 짝이 되는 글자로 '浼'자와는 연관이 없는 듯하다. '浼'자는 원명 이후 '간청하다', '바꾸어 가지다'의 뜻을 가지고 있다. 여기서는 이러한 의미를 보인 조기 사례라 하겠다.

51 [任錄]에 이 구절 다음에 일곱 글자의 빈칸을 만들어 놓았는데 맞는 듯하여 그대로 따랐다.

52 [王文才] '武魯'에서 魯는 '무늬가 없다(無文)'는 의미인데 『論語』에 "증삼은 노둔하다(參也魯)"는 말이 나오는데, 이 말은 質로서 勝하다는 것을 말한다. 郭在貽은 蔣禮鴻校를 인용하여 "武魯는 곧 虎旅.를 말한다. 虎자는 곧 唐의 피휘자를 피하기 위해서 '武'자로 바꾼 것이다. 魯자는 旅자와 음이 비슷하며, 고대에는 魯자로 '旅'자로 삼았다"라 하고 있다. [校注] 蔣씨가 '旅'字로 교정한 것은 옳다. '武'자는 곧 번거롭게 교정할 필요가 없다. '武旅'와 '文儒'는 서로 對偶를 이룬다.

53 拆(터질 탁) : '拆'자는 '坼'자와 같으며, '갈라지다 · 터지다'의 의미이다.

54 峰 : 潘씨는 이 글자를 '風'자로 잘못 기록하고 있다.

지봉과 왕사성은 둘 다 모두 훌륭하여,
다른 여러 나라와 산들도 여기에는 견주기 어렵답니다.
사람들이 모두 지혜로운 자들이라고 할 수 없듯이,
곳곳마다 모두 훌륭하다고는 말할 수 없는 법.
진주와 비단 가득하고 부드러운 풀과 상서로운 꽃이 모두 구비되어 있네.
온 천하에 멀리멀리 불법을 전해도 고달프지 않고,
긴 세월 길이길이 오랫동안 아름답다네.
대승경이 이와 같으니 다른 여러 교법과 경전은 여기에 비할 수 없네.
보살은 변화신[성육신]으로 바뀌지 않음이 없고,
나한은 각각 늘 권위있는 곳에 머문다네.
저 곳으로 옮겨 거주하면 지각이 분명하여져,
만사를 접할 때 큰 깨달음을 얻을 수 있다네.
유(有)의 세계를 접하기도 하고 비유(非有)의 세계를 만나기도 하네.
공(空)의 의미를 말하기도 하고 비공(非空)의 의미를 말하기도 하네.
지봉산은 빼어나 법회의 주옥이라 할 수 있고,
왕사국은 부강하고 다스림에도 차이가 없네.
이 때문에 여래가 이곳을 향하고,
장시간 삼근기(三根記)를 강설한다네.
나라는 부강하고 산은 아름답고 땅은 신령스럽고,
무인은 올곧아서 사람마다 절개 있는 재상
문인은 박식하여 개개인이 공경 재목이라.
사방팔방 백성들이 예의가 있어 혼란스러움이 없고
사해가 풍도와 위의가 있고 인정도 유별하네.
이 때문에 세존께서 이 곳 일을 애련히 여기사
이 곳에 장기간 머무시며 진경을 설법하셨네
산이 좋고 법이 아름답고
산과 법이 편파적이지 않으니 성스러운 장소인 것이라.

법은 깊은 뿌리를 관통하여 도리를 깨우치게 하고
산에 맹금이 살고 성스러운 꽃을 피우네.
왕사성에 오고자 한다면 길 멀지 않고
향기로운 봉우리에 도착하면 길 험하지 않네
보은경을 이곳에서 강설함에
여러 나한들이 가창으로 맞이하네.

經與大比丘…… 已辦, 梵行已立, 不受後有. 如摩訶那伽, 心得自在. 摩訶迦葉.[55]

경전: "대비구와 더불어 …… 이미 갖추었고, 욕망을 제거하여 마음을 깨끗하게 하는 수행이 이미 이루어졌고, 쾌락을 향유하지 않는 마음 또한 후에 생겼도다. 이는 마가나가가 불심을 얻어 자유자재로운 것과 같다."

與者, 兼共菩薩. 龍樹云: 一處一時, 一心一戒, 道同一解脫, 是名共. 大比丘者, 一云怖魔. 比丘若行, 一切魔怖, 皆當禮敬. 緣有五種德: 一者, 發心出家, 懷佩道故; 二者, 毁其形好, 應法服故; 三者, 永割親愛, 無的(適)莫[56]故; 四者, 委棄身命, 遵崇道故; 五者, 至求大乘,

55 경전 본문은 "대비구니들과 28,000인의 중생들이 모여들자 모두 자신의 수행 결과에 대해서 변별해 주었다. 불도 수행이 이미 확립되고 후생의 미혹된 삶을 다시는 받지 않아도 되는 이들 예들 들면 마하가나들은 마음에 걸림이 없이 자재한 경지에 얻었기에 그 이름을 摩訶伽葉, 須菩提, 憍陳如 …… 阿難, 羅睺羅 等으로 지어 주었다(與大比丘衆二萬八千人俱, 皆所作已辦, 梵行已立, 不受後有, 如摩訶那伽, 心得自在, 其名曰摩訶伽葉, 須菩提, 憍陳如 …… 阿難, 羅睺羅等)"로 되어 있은 것에 근거할 때 본편에 인용하고 있는 문구는 생략하고 절록한 것이다.

56 的: [潘校]에서는 '適'자로 교정했는데 옳다. '適莫'은 '親疏(친하고 소원함)'과 같다. 『論語 · 里仁』에 보면 "군자는 세상에서 처신함에 있어 적대시하는 것도 없으며, 지나치게 편애하거나 박대하는 바도 없다(君子之於天下也, 無適也, 無莫也)"라는 말이 보이는데, 皇侃義疏에서는 范寧의 "適莫은 厚薄과 같다. …… 군자는 사람들과 교유함에 있어, 사람을 편파적으로 편애하거나 박대하는 일이 없다(適莫, 猶厚薄也. …… 君子與人, 無有偏頗厚薄)"라는 말을 인용하고 있다.

救度人故. 創發此心, 令魔恐怖, 故云魔怖.

'더불어(與)'는 보살과 함께 함을 말한다. 용수보살은 말씀하시기를 "한 곳 한 때 한 마음 한 가지 계율 모두 해탈에 이르는 길로 이를 '함께(共)'라고 칭한다. '대비구'는 일명 포마(怖魔)라고 한다. 비구의 수행은 일체가 포마로 응당 예의를 표하고 공경해야 한다. 연(緣)에는 다섯 가지 덕이 있다. 첫째는 출가를 결심하여 불도를 공경하는 것이다. 둘째는 외형의 아름다움을 없애고 불법의 옷을 입는 것이다. 셋째는 영원히 편파적으로 친애하는 마음을 잘라 후대하는 생각을 없애는 것이다. 넷째는 자신을 포기하고 불도를 숭상하는 마음을 갖는 것이다. 다섯째는 지극히 대승의 법도를 찾아 사람을 인도하고 구제하는 것이다. 이러한 마음을 일으켜 마귀에게 공포심을 주기 때문에 '마포(魔怖)'라고 한 것이다.

韻
剃[57]除髮鬢[58]堅持戒, 妄念邪情專破懷(壞).
意地非論毁相儀, 心中兼已離恩愛.
取菩提, 心不背, 誓與有情塡苦海.
爲有如斯德在身, 魔怨所以長驚退.
淸高節操伏王侯, 三事田衣[59]信脚遊.

---

57 剃(깍을 체) : 原卷의 경우 왼쪽 절반부분에다 초두 밑에 石字를 쓴 글자를 적어놓고 있는데, 이런 글자는 없다. 이는 아마도 '剃'字의 잘못 기록한 것 같으며, 여기서는 【任錄】 을 따라 '剃'자로 했다.

58 鬢 : 各家에서는 '鬚'자로 기록하고 있다. 내 생각으로 原卷의 '䶊'자는 아마도 '鬢'자의 俗字의 오기인 듯하다. '鬢'의 俗字는 '𪖐'로 쓰는데(이 글자는 『龍龕手鏡』의 長部에 보이며, 敦煌寫本에서도 많이 보인다), 윗부분은 아마도 그 變體인 듯하다.

59 田衣 : 原卷에서는 '由衣'로 되어 있다. 潘校에서는 '由'를 '田'으로 교정하고 있는데 이는 옳다. 任錄에서는 '由伊'로 하고 있으나, 이는 억지로 교정한 것으로 따르기 힘들다. '田衣'는 袈裟의 이칭이다. '三事田衣'는 곧 '三事衲'이며 또한 '三衣'라고도 하는데, 僧伽梨, 多羅僧, 安陀會의 세 가지 승복을 지칭하며 세 가지 서로 다른 상황 하에서 구별해서 입는 옷이기 때문에 '三事'라고 칭한다. 후대에도 역시 승복의 일반적 명칭으로 사용되었다. 明 葉盛의 『水東日記衣和庵主』에 보면 "삼사납의 몸에 입는 부분

恩愛豈曾關[60]口腹, 形儀未省學粧修.
有栖心處生穿鑿, 無益門中不囑求.
長遣魔怨懷怕懼, 方得名爲大比丘.
음송.
머리 깎아 계율을 굳게 지키고
망상과 삿된 마음은 바로 깨뜨린다네
뜻은 겉모습의 훼손을 논하지 않고
마음속은 이미 은애(恩愛)를 떠났네
보리를 취하고 배반하지 않는 마음을 가져
유정(有情)한 이들과 고해를 메울 것을 기원하네
이처럼 덕이 몸에 있으니
악귀의 원한이 놀래 물러난다네
청고한 절조는 왕후를 엎드리게 하고
삼사납(三事衲)은 발을 믿고 떠도는구나
은애로 어찌 일찍이 입과 배를 채운 적 있던가
겉모습은 치장할 줄도 모른다네
마음 깃드는 곳이 있으면 천착하게 되니
무익한 문에서는 부탁하지 않는다네
악귀의 원한으로 하여금 오래도록 두려움을 품게 하니
바야흐로 대비구라 이름할 수 있겠구나

을 기워 입고, 몸에는 여장나무 지팡이 하나 들고 있네(三事衲衣穿處補, 一枝藜杖伴身)"라는 말이 보이는데 여기서의 '三事衲衣'의 의미도 동일하다.

60 關(관문 관): 原卷의 경우에는 '門'자의 중간에다 두 개의 짧은 가로획을 그려놓고 있으며, 任錄에서는 '關'으로 되어 있으며 潘校 역시 동일하다. 반면에 白錄에서는 '開'로 되어 있다. 【校注】 敦煌寫本에서는 '關'字가 '門'자에다 획을 덧붙여 '關'자나 '天' 等의 자형으로 되어 있는 경우가 많은데, 윗부분의 자형은 아마도 그것을 생략하여 쓰다가 생긴 오자인 듯하다. 그러므로 白錄은 옳지 않다.

二者名乞士, 出家之人虛心求道, 無所貯[61]畜, 外乞衣食, 以資色身. 內之[62]門法,[63] 度之(諸)[64]人衆, 故云乞士. 두 번째는 걸사(乞士)라 한다. 출가한 사람은 마음을 비워 도를 구하고, 쌓아두는 바가 없이 밖에서 의식을 구걸하여 색신(色身)의 밑천을 삼으며, 안으로는 법문을 알아 많은 대중들을 제도하는 고로 걸사라 하는 것이다.

韻.
持盂聚落求齋飯, 濟給身軀摧我慢.
物外之言不挂心, 情中境像專除散.
伏利名, 閉松院,[65] 長使俗塵生仰羡.

---

61 貯(쌓을 저) : 原卷의 경우는 月旁으로 되어 있는 글자를 따르고 있는데 이는 아마도 편방자를 바꾼 俗字인 듯하다. 여기서는 任錄을 따라 교정하였다.

62 [潘校] 敦煌變文寫本에서는 종종 '之'자를 '知'자의 의미로 사용하는데, 여기서의 '之'자도 응당 '知'자로 해야 할 듯하다. [校注] 여기서의 '之'자는 아마도 그 다음에 나오는 '之'字와 연관되어 생겨난 오기인 듯 하며, 응당 '乞'자로 해야 하는 것 같다. P.2931 『佛說阿彌陀經講經文』에 보면 "무엇을 乞事(士)라고 부르는가? 최상의 사람들로는 여러 부처들을 좇아다니며 불법을 구하는 사람들도 있으며, 최하급으로는 檀越이나 좇아다니면 음식을 구걸하는 것도 있다(祭壇(何名乞事(士)?上從諸佛乞法, 下從檀越乞食)"이라는 말이 보인다. 또한 隋 胡吉藏 『妙法蓮花經義疏』 卷一에 보면 "비구들을 乞事라고도 부르는데, 최상급의 인물은 如來를 따르며 불법을 구하지만, 최하급의 인물은 俗人을 좇아다니며 음식을 구걸하여 자신의 몸을 배불리는 사람도 있는데 그래서 乞士라고 부른다(比丘名爲乞士, 上從如來乞法以練神, 下就俗人乞食以資身, 故名乞士)"라는 말이 보인다. 이 모두는 방증으로 삼을 수 있다.

63 法門 : 原卷에서는 '門法'으로 되어 있는데 아마도 도치하면서 생긴 오기인 듯하다. 여기서는 壬錄乙을 따라 교정하였다.

64 [潘校] 敦煌寫本에서는 종종 '之'자로 '諸'자를 대신 쓰기도 하는데, 여기서의 '之'자는 응당 '諸'자로 해야 할 듯하다.

65 院 : 原卷에서는 오른쪽 절반이 '宛'으로 되어 있다. [潘校] '淣'자는 곧 '院'자의 俗寫이다. 『龍龕手鏡』에 "涴자는 간혹 浣으로 쓰기도 한다(涴或作浣)"라고 설명하고 있는데, 이는 '淣'字가 곧 '院'字라는 것의 방증이 될 수 있다. [校注] 그 다음에 나오는 "身無拘繫院淸幽"라는 구절의 '院'字 역시 原卷에서는 오른쪽 절반이 '宛'으로 되어 있으므로 상호 교감할 수 있다. [潘校] 이 '院'字는 앞 구절인 '物外之言' 앞에 잘못 쓰여져 있는데, 응당 이 부분으로 옮겨와 써야 한다. '閉松院'은 세속을 멀리 벗어나 幽居하는 것을 말한다. [校注] '淣'자는 응당 이곳으로 옮겨놓아야 하며, 任校에서 이미 이

討究眞經度脫人, 方契當時出家願.
身無拘繫院淸幽, 大似平江不繫舟.
旣解情中無境像, 應難閑事挂心頭.
盂中香飯時聞化, 架[66]上田衣不亂求.
長使俗家生仰羡, 方得名爲大比丘.

운(韻):

발우를 들고 촌락에서 밥을 구걸하여
몸을 구제함으로써 나의 오만함을 꺾고
물외(物外)의 말은 마음에 두지 않고
마음속 모습은 버리고 흩뜨리는 것에 전념하네
이로운 이름을 숨기고 송원(松院)을 닫고 사니
속세에서는 오래도록 추앙하고 흠모한다네
참된 경문을 찾아 연구하여 사람들을 제도하니
당시 출가할 때의 바람과 딱 맞게 된다네
몸이 구속되는 바 없이 맑고 그윽한 곳에 사니
너른 강의 밧줄 풀린 배와 똑같구나
마음속에 형상을 두지 않는 법 이미 깨달아
한사(閑事)를 마음에 두는 것도 응당 어려워라
발우 속의 향기로운 밥에서 때때로 교화를 듣고
선반 위의 가사는 어지러이 구하지 않는다네
오래도록 속세에서 추앙하고 흠모하니
바야흐로 대비구라 이름할 수 있겠구나

점을 발견하였었다. 하지만 다만 '任校'는 억지로 이 글자를 '苑'자로 교정하고 있는데, 이는 옳지 않다.

66 架: 原卷의 경우 이 글자의 좌측에 單人 편방이 있다. 아마도 앞에 나오는 '化'字와 어울리게 하기 위해서 편방을 증가시켜 놓은 듯하다.

上來比丘竟.

此經比丘是大阿羅漢.「梵語[67]已立, 不受後有」已下, 毗婆沙九十四云 : 何故名阿羅漢?答 : 應受世間勝供養故, 名阿羅漢. 復次, 阿羅[□](漢)[68]者, 謂煩惱名能害,[69] 用利惠刀, 害煩惱賊. 令無餘, 故若[70]阿羅漢, 又羅漢[71]名生. 阿是無義, 以[72]無生故[73]名阿羅漢. 彼於諸界趣生死法中, 不復更生也. 又漢者名一切惡不善法,[74] 阿羅者, 卽遠離生義. 遠離諸惡不善法者, 名阿羅漢. 此忈[75]心惡者, 理[76]不善業; 不善

67 語 : 潘校에서는 이 글자는 '行'字의 오기인 듯하다고 했는데, 옳은 견해 같다. "梵行已立; 不受後有"는 곧 앞 구절에서 인용한 經文의 말이다.

68 '漢'자는 王文才校에 근거하여 보충한 것이다.『大智度論』卷三에 보면 "무엇을 아라한이라고 말하는가? 阿羅는 도적을 말하며, 漢은 깨뜨린다는 의미이다. 일체의 번뇌 도적을 깨뜨린다는 의미에서 아라한이라 부른다(云何名阿羅漢?[阿羅]名賊, [漢]名破, 一切煩惱賊破, 是名阿羅漢)"라는 말이 나오는데 참고할 만하다.

69 害 : '살해하다'는 의미이다. 아래에 나오는 경우도 동일하다.

70 '若'字의 의미는 확정하기가 어려운데, 아마도 '名'字의 오기가 아니듯 싶다.

71 羅漢이라는 말 앞에 原卷의 경우 '阿'字가 있는데, 王文才는 '阿'字는 衍文이라고 했는데 이는 옳다.『大智度論』卷三에 보면 "阿자는 '不'자의 의미이며, 羅漢은 '태어나다'는 뜻이다. 후세에 다시 태어나지 않은 것, 이를 '아라한'이라고 부른다(阿名不, 羅漢名生, 後世中更不生, 是名阿羅漢)"라는 말이 보이는데 방증으로 삼을 만 하다.

72 以 : 原卷에서는 '以'字를 俗寫해 놓고 있는데 그 자형이 '次'와 유사하다. 任錄과 白錄에서는 '次'자로 기록해 놓고 있으나, 이는 오류이다. 王文才는 任錄에 의거하여 '次'자는 응당 '戶'자로 해야 한다고 했지만 역시 잘못된 견해이다.

73 原卷의 경우 '生故'가 중복되어 있는데, 潘校에서는 그 중 하나는 衍文이라고 했다. 여기서는 그에 근거하여 산거하였다.

74 善法 : 任錄에서는 '善淸'으로 되어 있으며, 白錄에서는 '莞淸'으로 되어 있으며 潘錄에서는 '善濟'로 되어 있다. 原卷에 근거할 때 본래는 '善淸'으로 되어 있는 듯 하며, '淸'字를 王文才는 '法'자로 교정하였는데 이는 지극히 옳다. 여기서는 이에 근거하여 교정하였다. 그 다음 구절에 나오는 "還離諸惡不善法者, 名阿羅漢"라는 말의 '諸惡不善法'이 곧 '漢'字에 대한 해설이 되는데 이는 글자를 교감하는 방증으로 삼을 수 있다. 또한 原卷에서는 '害煩惱賊' 구절 아래 '此羅漢等'에서 '新伏無明'까지의 몇 구절이 이어지고 있으며 그런 다음 두 줄의 작은 글씨로 '令無餘'부터 이 부분까지의 일단을 이어서 쓰고 있는데, 이는 아마도 베껴 쓰는 과정에서 생겨난 오류인 듯 하며, 여기서는 문장의 의미 맥락에 근거하여 교정하였다.

75 原卷의 '忈'字는 상반부가 잔결되어 있는데, 潘錄에서는 '口心'의 두 글자로 풀어쓰고 있으나 이는 옳지 않다. 반면에 原錄에서는 '忠'으로 되어 있으며 白錄에서 이를 따르고 있다. 반면에 王文才는 任錄에 근거하여 '患'으로 교정하고 있으나, 옳은 것인지

者, 理一切煩惱障善法, 故[77]說爲不是違義, 如有頌言, 遠離惡不善, 安住勝義中, 應受世供養. 故名阿羅漢,[78] 此羅漢等, 或是久成正覺, 權作聲聞, 新伏無明, 纔昇果位. 計數卽塵沙莫及, 都標卽二萬八千. 同於佛會之中, 聽說報恩經典.

지금까지 비구에 관한 것이다.

이 경문에서 비구는 대아라한(大阿羅漢)으로 "범행(梵行)이 이미 세워져 뒤에 있는 것은 받지 않는다" 이하이다. 『비파사(毗婆沙)』 94에서 이렇게 말했다. 무슨 까닭에 아라한이라 이름하는가? 그 답은 세간의 모든 공양을 받아야 하므로 아라한이라 이름한다는 것이다. 또 아라한이라는 건 번뇌의 이름을 능히 없앰을 말한다. 날카로운 은혜의 칼로 번뇌의 적을 남김없이 없애는 고로 아라한이라 이름한다. 또 나한의 이름은 생(生)이고 아(阿)는 무(無)의 의미이며, 무생(無生)인 까닭에 아라한이라 이름한다. 저 모든 계취(界趣)의 생사의 법 속에서 다시 태어나지 않는다는 말이다. 또 '한(漢)'은 악하고 불선한 일체의 법을 말하고 '아라'는 멀리 떨어져 태어난다는 의미이므로, 모든 악하고 불선한 법을 멀리하는 자를 아라한이라 이름한다. 여기서 악한 자는 불선한 업을 다스리고, 불선한 자는 일체의 번뇌를 다스려 선법을 가로막는 고로 의리를 어김이 아니라고 말한다. 이런 송언(頌言)이 있다. 악하고 불선한 것과 멀리 떨어

틀린 것인지 잘 알지 못하겠다.

76 理 : 潘校에서는 이 글자를 '謂'자로 교정하고 있으며 그 아래 부분도 마찬가지이다. 옳은 것인지 잘 알지 못하겠다.

77 "阿羅者, 卽還離生義"부터 이 부분까지를 原卷에서는 雙行으로 된 작은 글자로 그 다음 구절인 "都標卽二萬八千"의 다음에다 적어놓고 있으나, 여기서는 문장의 의미맥락에 근거하여 이곳에 옮겨 놓았다.

78 '故名阿羅漢'의 다섯 글자는 白錄 및 潘錄에서는 누락되어 있다. 여기서는 原卷 및 任錄에 근거하여 보충하였다. 또한 '說爲不是違義'에서 이 부분까지를 原卷에서는 雙行으로 된 작은 글자로 그 다음 구절인 '聽說報恩經典'의 뒤에다 기록해 놓고 있으나, 여기서는 문장의 의미 맥락에 근거하여 이곳에다 옮겨 놓았다. 이상에서 서술한 몇 구절은 의미가 이해하기가 비교적 어려운데, 이는 아마도 빠진 글자나 오자가 있기 때문이 아닌가 싶다.

져, 모든 의리 속에 안주하며, 응당 세상의 공양을 받는 고로 아라한이라 이름한다네. 이 나한들 중에 혹자는 오래도록 정각(正覺)을 이룬 다음 잠시 성문(聲聞)이 되어 무명(無明)을 새로이 숨김으로써 비로소 과위(果位)에 오르게 된다. 그 수는 먼지모래로도 미치지 못하는데 모두 표시하면 2만 8천이며, 마찬가지로 불회(不會)에서 보은(報恩)의 경전을 듣는다.

貪嗔皆[□]斷,[79] 盡是阿羅漢.
來(往)[80]得逍遙, 生死難縈絆.
惠劍鎭鋒鋩, 智月長圓滿.
龍天釋梵人, 見者皆稱讚.
會中羅(漢)好儀形, 月面長眉眼紺青.
身掛紬袍雲片片,[81] 手搖[82]金錫響玲玲.
行時每遣香明[83]起, 定裏長裁[84]覺樹榮.

79 原卷에서는 '貪嗔皆斷'의 네 글자로 되어 있으며, 潘校에서는 '皆' 아래 한 글자가 빠져있는 듯하다고 했는데 이는 옳은 견해인 듯하다. 여기서는 그의 견해를 따랐다.

80 來 : 原卷에서는 '朿'자로 되어 있는 듯한데 아마도 字形이 유사하기 때문에 잘못 쓴 글자인 듯 하며 여기서는 任校를 따라 교정하였다. 往 : 原卷에서는 이 글자의 오른쪽 절반이 '圭'자로 되어 있는데, 原卷의 이 글자는 아마도 '往'의 異體인 듯하다. 敦煌寫本에서도 자주 보이며, 淸 顧藹吉의 「隷辨」에서 인용하고 있는 「祝睦碑」에도 역시 이 글자가 있다. 白錄에서는 '桂'자로 되어 있으나, 이는 잘못이다.

81 納 : 白錄、潘錄에서는 모두 '紬'자로 되어 있는데, 이는 잘못된 글자이다. 『玉篇』에 보면 "納자는 奴와 荅의 반절음으로, '內'의 뜻이다. 간혹 衲으로 쓰기도 한다.(納, 奴荅切, 內也. 或作衲)"라고 풀이하고 있다. '納袍'는 곧 '衲袍'로 百衲衣를 지칭한다. 그러므로 문중에서 '雲片片'이라는 말로 비유하고 있는 것이다. 그 다음 구절인 '或有身披百納, 袈裟上點點雲生'에서도 동일한 비유를 활용하고 있다. 또한 '貪嗔皆斷'에서 이 부분까지를 任校에서는 「無牽絆」 雜曲子 兩首라 단정하고 辭句를 나누고 분리하고 있는데, 白化文과 程毅中이 이미 그 오류를 지적하였으므로(「對雙恩記講經文的一些推斷」라는 논문에 보인다), 여기서는 번거롭게 다시 말하지 않겠다.

82 搖 : 原卷의 경우에는 본 글자의 오른쪽 부분이 '垂'자로 되어 있는 듯한데, 이는 자형이 비슷한 데서 생겨난 오기이다. 여기서는 蔣禮鴻校를 따라서 교정 기록하였다.

83 香明 : 응당 '明香'으로 도치시켜야 하며, '明'자는 '冥' 혹은 '名'자와 통한다.

84 裁 : 응당 '差'로 읽어야 한다. '差', '遣'자는 對文을 이루는 동의어들이다. 任錄에서는 '栽'자로 되어 있는데, 이는 아마도 주관적 억측에 의해 교정한 듯 하며 옳은 것 같지

總與如來爲弟子, 顯名故入大乘經.

一隊隊, 遶金臺, 還列高低次第排.

願聽三祇除見執, 希聞一法得心迴.

伏緣自到居巖谷, 誓與群生滅障災. 不可交(敎)聲聞空在會, 合應有菩薩也唱將來.

탐욕과 성냄을 단번에 다 끊으니
모두가 아라한이로다
오고감에 소요(逍遙)함을 얻고
삶과 죽음에 얽매이지 않으며
은혜의 칼은 언제나 날카롭고
지혜의 달은 항상 원만하니
용천(龍天)이든 석범(釋梵)이든 사람이든
보는 자는 모두가 칭찬한다네
법회에서 나한은 용모와 의표가 좋아
달 같은 긴 눈썹에 눈은 감청색이라네
몸에 걸친 가사에는 조각조각 구름이요
손에 든 금석(金錫)에선 방울 소리가 맑구나
걸을 때는 항상 그윽한 향기가 일고
머무는 곳에는 항상 보리수가 활짝 핀다네
모두가 여래의 제자가 되어
이름을 드러낸 까닭에 대승경으로 들어간다네
한 무리 한 무리씩 금대(金臺)를 둘러싸
높고 낮음의 순서에 따라 늘어선다네
삼기(三祇) 동안 들어 견(見)의 집착을 없애길 바라고
하나의 법을 들어 마음이 돌아오길 희망한다네

는 않다(潘씨의 책에서도 곧 '裁'자를 '栽'자로 교정하고 있다).

인연을 숨기고 스스로 바위골짜기로 와서 살며
여러 중생들과 더불어 번뇌를 없애길 기원하네
성문들께서 법회에 헛되이 있게 할 순 없어
모든 보살들이 함께 하리니, 이제 창이 나오겠습니다

經 : 菩薩摩訶薩三萬八千人俱,[85] 此諸菩薩, 久植德本. 於無[86]量百千萬億諸佛所, 常修梵行, 圓滿大願.[87] 其名曰等等.[88]

〈經〉 보살마가살(菩薩摩訶薩) 3만8천인이 함께 하였다. 이 모든 보살들은 오래도록 공덕의 근본을 심어 한량없는 백천만억의 부처가 있는 곳에서 항상 범행(梵行)을 닦고 큰 서원(誓願)을 원만히 하였다.

菩者[菩][89]提, 此云覺, 卽所求佛果. 薩者[薩][90]埵, 此諸[91]有情, 卽

---

85 俱 : 原卷의 경우 본 글자의 오른쪽 부분이 '且'字形으로 되어 있는데, 이는 곧 '俱'字의 속자 겸 약자이다. 『大方便佛報恩經』 經文에서는 정자인 '俱'字로 되어 있다. 任錄과 白錄에서는 모두 '但'字로 해놓고 그 아래 부분과 연결시켜 읽고 있으나, 이는 잘못이다.

86 '於無' 두 글자는 原卷에서는 잘못 도치시켜 놓고 있으나, 여기서는 經本에 근거하여 乙正하였다.

87 圓滿 : 經本에서는 '成滿'으로 되어 있다.

88 等等 : 原卷에서는 '寺寺'으로 되어 있는데, 이는 곧 '等等' 두 글자를 俗寫한 것인 듯하다. 任錄에서는 '等等'으로 되어 있는데 여기서는 이를 따랐다. 『改併四聲篇海寸部』에서 『俗字背篇』을 인용하여 "寸자는 그 음이 等이며 세속에서 사용하는 글자이다(寸, 音等, 俗用字)"라고 하고 있으며, 『齊張龍伯造象記』에서도 '等'자를 '寺'자로 하고 있는데, 이 모두는 참고할 만하다. 白錄과 潘錄에서는 모두 '菩薩菩薩'로 되어 있으나, 옳은 것 같지는 않다. '其名曰等等'은 바로 經文에 나오는 말인 "其名曰摩訶迦葉, 須菩提, 陳如 ……" 등등의 말을 지칭하는 것이 분명하다. 앞의 校注 55를 참조하기 바란다.

89 '菩'字는 潘校에 근거하여 보충한 것이다. 任校는 주관적 억측으로 '菩者提'를 '菩提者'로 교정하였는데, 이는 취할 만한 견해가 못된다. 이 단락은 앞에서 인용한 경문의 '菩薩摩訶薩'라는 다섯 글자의 의미를 풀이하고 있는 부분이다. '菩薩'은 범어인 '菩提薩埵'의 약칭이며 그 의미는 '깨달은 중생(覺有情)' 등으로 번역된다. 慧琳의 『一切經音義』 卷二七에 "보리라는 것은 깨달음이요 지혜를 뜻한다. 薩埵는 有情, 勇健, 方便의 뜻이다. 깨달음이 그들의 지혜로서 구하려는 열매가 되며, 중생은 그들의 자비로

所化衆生. 摩訶薩, 大也. 謂此有情信大法, 解大義, 發大心, 趣大果, 修大行, 證大道故, 故云菩薩摩訶薩. 若據梵語全呼, 唐言好略. 今此經更着摩訶薩, 具大菩薩. 又菩薩, 所求義, 薩埵,[92] 勇猛義, 不憚辛苦, 求大菩薩. 有者[93]有能, 故名菩薩. 相者也, 等[94]時也. 梵行已下直(兼)在家.[95]

'보(菩)'란 곧 '보제(菩提)'로 이는 깨달음을 말한다. '살(薩)'은 '살타(薩埵)'로 이는 유정(有情)한 것들 즉 화한 바의 중생을 말한다. '마가살(摩訶薩)'은 '크다'라는 의미로 이 유정한 존재들이 큰 법을 믿고, 큰 뜻을 깨닫고, 큰 마음을 발하고, 큰 열매로 나아가고, 큰 행실을 닦고, 큰 도를 증험하는 고로 '보살마가살'이라 일컫는 것이다. 만약 범어에 근거한다면 전체 이름을 불러야 할 것이나 당나라 말은 간략한 것을 좋아한다. 지금 이 경문에서는 마가살을 다시 덧붙여 대보살을 갖추었다. 또 보살은 '구하

서 구제하려는 대상이 되며, 이를 실천하고 넓힐 것을 맹세하는 사람들이기 때문에 보살이라고 부른다(菩提, 覺也, 慧也; 薩埵, 有情也, 勇健也, 方便也; 覺爲智所求果, 有情悲所度生, 依弘誓語, 故名菩薩)"라고 설명하고 있다.

90 '薩'字는 潘校을 따라서 보충한 것이다. 任校에서는 억측에 의해 '薩埵者'로 교정해 놓고 있으나, 이는 옳지 않다.

91 諸 : 응당 '云'자로 해야 하는 것 같다. 아마도 '云'字와 가깝기 때문에 '之'자로 오인하고 다시 그 음이 가깝기 때문에 '諸'자로 오인한 듯하다. 玄應의 『一切經音義』 卷二三에 보면 "有情은 범어로는 薩埵라고 하는데, 薩은 중국에서는 '有'라고 하며, 埵자는 중국에서는 '情'이라 말하기 때문에 有情이라고 한다(有情, 梵言薩埵, 薩此云有, 埵此言情, 故云有情"이라는 말이 보이는데 참고할 만하다.

92 埵자 다음에 原卷에서는 '義'자가 더 있는데, 여기서는 문맥에 의거하여 산거하였다. 『佛地論』 卷二에 보면 "살타라는 것은 '용맹'의 뜻으로 큰 깨달음을 위해 용맹정진하기 때문에 보살이라고 부른다(薩埵者是勇猛義, 精進勇猛求大菩提, 故名菩薩)"라는 말이 보이는데, 방증으로 삼을 만하다.

93 者 : 이 글자는 글자의 의미가 정확치 않으며, 응당 '智'자로 해야 할 듯하다.

94 等 : 原卷에서는 이 글자가 '寸'자로 되어 있으나, 任錄에서는 '等'으로 되어 있는데 이것이 옳다. 白錄에서는 '其'자로, 潘錄에서는 '菩薩;'로 되어 있으나 여기서는 취하지 않았다. 앞의 校注를 참조하기 바란다.

95 '梵行' 이하의 부분은 아마도 앞에서 인용한 '常修梵行' 이하의 經文을 지칭하는 것 같다. 潘校에서는 '直'을 '兼'자로 교열하였는데 이는 옳다. '在家'는 출가하지 않고 집에서 수행하는 보살을 말한다.

는 바'라는 뜻이고, 살타는 '용맹'의 의미이며, 고생과 괴로움을 마다하지 않고 대보살을 구해 지혜를 갖추고 능력을 갖추는 고로 보살이라 이름한 것이다.

雖居塵俗情高豁, 恤物憂貧無暫歇.
見苦長聞起對治, 於人未省生怨結.
保行藏, 持不煞, 念念中間專省察.
堅固身心雖在家, 此人也得名菩薩.
雖居俗舍渾客塵, 別有陰功伏鬼神.
無恨怨酬(仇)[96]無愛眷,[97] 不憐毫(豪)富不斯(欺)貧.
破除己物如他物, 保惜他身似己身.
堅固徹頭行這行, 也得名爲菩薩人.
비록 속세에 살지만 마음은 높고도 넓어
만물을 구휼하고 빈자를 근심함에 잠시도 쉬지 않네
오래도록 고통을 당하여도 대치(對治)를 일으키고
남에게 원망하는 마음 가진 적 없다네
경전을 보관해 다니며 불살(不殺)의 계를 지키고
생각하고 생각하는 중간에도 성찰에 전념하네
굳세고 곧은 몸과 마음이 비록 집에 있으나
이런 사람은 보살이라 이름할 수 있다네
비록 속세에 거하며 번뇌에 빠져 있어도
따로 음공(陰功)을 갖춰 귀신을 굴복시키네
원수를 한스러워 않고 가족에 연연하지 않으며

96 酬: 任錄에서는 '仇'자로 되어 있는데, 이는 문장의 의미에 따라 고친 것이며 여기서는 이에 근거하여 읽었다.

97 眷: 原卷에서는 본래 '春'자로 되어 있는 듯한데, 이는 아마도 자형이 비슷해서 글자를 혼용한 듯하다. 여기서는 任錄에를 따라 '眷'자로 썼다.

부자들을 사랑하지 않고 가난한 이 속이지 않는다네
자기 물건 부수기를 남의 물건처럼 하며
남의 몸 아끼기를 자기 몸처럼 한다네
굳세고 곧게 끝까지 이런 행실을 행하니
역시 보살인(菩薩人)이라 이름할 수 있다네

經中菩薩者, 不同此輩, 本是位趨十地, 果滿三祇. 垂恐[98]願而往覆[99]閻浮,[100] 現神光如[101]周遊淨土. 世無二佛, 國無二王, 是以權菩薩之形儀, 功[102]在助釋迦而宣聞.[103] 萬八千之名號, 以(似)有差殊; 四廣大之堅心, 略無高下. 倶[104]持瓔珞, 各掛天衣. 禮巍峨調御之法王, 聽浩(浩)瀚幽深之妙典.

경문에 나온 보살은 우리 무리와는 다르다. 본래 그 자리는 십지(十地)를 향하고, 열매는 삼기(三祇)에 가득하며, 넓은 서원을 드리워 염부제를

98 '恐'字는 오기인 듯하다. 王文才校에서는 '弘'자로 고친 다음 '菩薩에게는 四弘頭가 있다고 하였다. 반면 潘校에서는 '悲'자로 교정하였는데, 의미들은 다 통한다.

99 '覆'자는 '뒤덮다, 덮어서 보호해주다'는 의미로서, 原文의 뜻이 안정적이다. 白校에서는 '復'자로 되어 있는데, 이는 옳지 않다.

100 閻浮 : 이 두 글자는 潘錄을 따른 것이다. 任錄에서는 '開混'으로, 白錄에서는 '湯浮'로 되어 있으나 모두 옳은 것이 아니다.

101 【潘校】 敦煌寫本에서는 '如'자를 종종 '而'자로 쓰고 있다. 【校注】『玉篇·女部』에 "如자는 而자와 같다(如, 而也)"라는 설명이 있는데, 이 '如'자는 '而'자로 쓰거나 혹은 의미가 동일하므로 본문에서의 '而'와 '如'자는 變文에서 중복을 피하므로, '如'字는 번거롭게 교정해서 독해할 필요는 없다.

102 功 : 原卷에서는 본 글자의 왼쪽 편방이 '十'자로 되어 있는데 아마도 '功'의 속자를 오기한 듯하다. 앞에 나오는 "示現自在功德圓就也"라는 구절에서의 '功'字도 原卷에서는 역시 이러한 자형으로 되어 있다. 各家들은 '切'자로 기록하고 있으나, 그러면 의미가 이해하기 어렵게 된다.

103 原卷에서는 '聞'字가 草書로 되어 있으며, 白錄에서는 '湯'자로 적어놓고 '揚'으로 교열하고 있으나 이는 옳지 않다. 任錄에서는 '宣'자 다음에 '敎'자를 보충해놓고 있으며, 이 '聞'字를 아래 구와 연결시켜 독해하고 있지만 이는 억측으로 따를 만한 것이 못된다.

104 倶 : 原卷에서는 오른쪽 절반부분이 '且'字 자형으로 되어 있는데, 이는 바로 '倶'자의 생략형 속자이다. 任錄과 白錄에서는 모두 '但'자로 되어 있으나 옳지 못하다.

뒤덮고, 신광(神光)을 보이며 정토를 주유한다. 세상에는 두 부처가 없고 나라에는 두 왕이 없으니, 잠시 보살의 형의(形儀)로써 석가를 도와 널리 베풀고 알리는 일을 하는 것이다. 1만8천의 명호는 차이가 있는 듯해도, 네 가지의 광대한 견심(堅心)은 높고 낮음이 거의 없다. 함께 영락(瓔珞)을 지니고 각자 천의(天衣)를 걸치고는 높디높은 조어(調御)의 법왕에게 예를 올리고 넓고도 오묘한 묘전(妙典)을 듣는다.

韻.
三僧祇劫除煩障, 百億分身曾供養.
釋梵諸天起敬心, 龍神鬼趣生迴向.
爲衆生, 心願廣, 誓把塵勞與掃蕩.
見道如來說此經, 所以權爲菩薩相.
修城(成)果滿覺圓明, 不異從頭遍禮名.
旋遶寶花舒王(玉)腕, 發揚金口整珠瓔.
多興利便緣含識, 廣起慈悲爲有情.
知道釋迦宣此教, 故來同聽大乘經.
悲願切, 救輪迴, 見者須交(教)業障摧.
現頂寶冠申請益, 隱眉毫相侍蓮臺.
隨天衣動香風起, 逐足旋行瑞葉開.
嚴飾得道場只首[105]好, 更應有天衆也唱將來.
운(韻):
삼승기겁(三僧祇劫)의 세월에 번뇌를 없애고
백억 개로 몸을 나눠 공양을 하시네
석범(釋梵)은 모든 하늘에서 존경심을 일으키고

105 首: 任錄과 白錄에서는 '百'자로 되어 있으며, 潘錄에서는 '皆'로 되어 있으나 모두 오류이다. 原卷에서는 실제로는 '首'자로 되어 있다. '只首'는 '사실을 말하다'는 의미로 唐·宋시기의 속어이다. 718쪽 注 66을 참고하기 바란다.

용신(龍神)은 귀취(鬼趣)에서 회향의 마음을 일으키네
중생을 위해 널리 심원(心願)하며
속세의 노고를 쓸어 없애주길 바라시네
여래가 이 경문을 설하는 모습이 보여
그래서 잠시 보살의 상이 되시네
수행으로 이룬 열매 가득하고 깨달음은 원만하고 밝으니
처음부터 예의 이름이 가득함과 다름이 없네
보배로운 꽃을 돌며 옥팔뚝을 펼치시고
금구(金口)를 널리 베풀고 옥구슬을 가지런히 하시네
이익을 많이 일으켜 중생들과 인연을 맺고
유정(有情)한 존재들에게 널리 자비심을 일으키시네
석가모니께서 이 가르침 베푼다는 것 알고는
일부러 와서 함께 대승경(大乘經)을 함께 듣는다네
절실한 비원(悲願)으로 윤회에서 구원해주시니
보는 자는 모름지기 업장(業障)이 꺾이게 되리라
정수리의 보관(寶冠)을 드러내 청익(請益)을 펼치고
눈썹의 호상(毫相)을 숨기며 연대(蓮臺)에 기대시네
천의가 움직임에 따라 향기로운 바람 일어나고
발걸음 옮겨짐에 따라 상서로운 낙엽이 열리누나
도량의 엄숙한 장식 참으로 훌륭하여
또 수많은 천인(天人)들이 있어야 할지니, 이제 창이 나오겠습니다

經:復有無量百千欲界諸天子等, 各與眷屬, 齎諸天上微妙香花, 作天伎樂, 住虛空中.

〈經〉 또 한량없는 백천 욕계(欲界)의 모든 천자들이 각자 권속들과 함께 모든 천상의 미묘한 향화(香花)를 가져다 하늘의 음악을 만들고 허공에 머문다.

欲界[106]並有身光閃爍, [□]晚日之無[□]; 體相莊嚴, 共諸而有異. 纔言正座, 寶殿盤旋; 擬道閑遊, 彩雲捧擁. 身披妙服, 輕可三銖六銖; 頂戴星冠, 花有百朵千朵. 眷屬也無非玉女, 待(侍)從也莫不天男. 似闇室內一盞明燈, 如衆星中一輪朗月. 知佛欲說大報恩經, 與天衆俱, 咸離上界. 雨名花於空裏, 奏仙樂於雲中. 只逾[□]剋中門,[107] 總到耆闍法會.

욕계에서는 또 신광(身光)이 찬란하게 빛나 밤이든 낮이든 [구별이 없고], 체상(體相)의 장엄은 모든 하늘과도 다르다. 정좌(正座)를 말하자마자 보배로운 전각이 맴돌고, 한유(閑遊)를 말하려 하자 오색구름이 받들어 안아준다. 몸에 걸친 묘복(妙服)은 삼수(銖) 육수만큼 가볍고, 머리에 쓴 성관(星冠)에는 백 송이 천 송이의 꽃이 있다. 권속들 역시 옥녀 아닌 이 없고, 시종들도 천남(天男) 아닌 이 없다. 어두운 방안의 밝은 등불과 같고, 수많은 별들 중에서도 맑고 밝은 보름달 같다. 부처님게서 『대보은경(大報恩經)』을 설하신다는 말을 듣고 천중(天衆)들과 더불어 모두 천상계를 떠난다. 하늘에서 명화(名花)를 비처럼 내리고, 구름 속에서 선악(仙樂)을 연주하더니, 순식간에 모두들 기도(耆闍)의 법회로 간다.

欲界諸天無量, 聞道報恩演暢.
他也整頓威儀, 各乃排比隊仗.

---

106 白綠과 潘綠에서는 모두 '欲界' 두 글자를 經文으로 간주하여, 앞 구절인 '住虛空中欲界'와 연결시켜 독해하고 있다. 經文을 살펴보면 경문 자체에는 이 두 글자는 없다. 여기서는 이곳으로 옮겨놓고, 아래 구절과 연결시켜 독해하였다.

107 이 구절은 응당 六字 句가 되어야 하는데, 任校에서는 '逾'가 다음에 글자가 빠져있다고 판단했는데 이는 매우 옳다. 탈락된 문자는 아마도 '頃'字 인 듯하다. '頃剋'은 '頃刻'으로 變文에서는 상용되는 말이다. 潘校에서는 탈락된 글자를 '克'다음에 놓아야 한다고 했으나, 이는 옳지 않다. 또한 '逾'자는 응당 '喩'자로 읽어야 하며, '-와 같다'·'-인 듯하다'의 뜻이다. '門'자는 응당 '間'자로 해야 한다. S.4327 「不知名變文」에 보면 "잠깐 사이에 紙錢을 태워 死者에게 보낸다(傾(頃)剋中間, 燒錢斷送)"는 말이 나오는데 참고할 만하다.

披妙服以忻歡, 躡彩雲兮陽御.[108]
日月(豈)敢爭光, 天地不能攔障.
花亂雨以繽紛, 樂同音兮響亮.[109]
麥(驀)[110]地空中頓下雲, 各自持花申供養.
當時欲界及諸天, 聞道眞經我佛宣.
各整威儀離寶殿, 俱來[111]眷屬下人間.
鼓神仙樂勝(騰)三界, 雨妙香花遍大千.
只似如今彈指頃, 一時已到法王前.
한량없는 욕계의 모든 하늘이
『보은(報恩)』을 연설한다는 소식을 듣고는
다들 위의(威儀)를 갖추고
각자 의장대를 마련하네
묘복을 입고는 기쁘고 즐거워하며
오색구름을 밟아 햇볕을 다스리네
해와 달이라고 어찌 감히 빛을 다투겠으며
하늘과 땅이라도 가로막을 수가 없구나
꽃은 비처럼 어지러이 내리고
음악은 소리와 어우러져 밝게 울리네
쏜살같이 하늘에서 구름을 내려 보내

108 【郭在貽校】'陽禦'은 바로 '禦陽'이 잘못 도치된 글자이다. 陽字는 앞 문장의 '暢', '仗', '光', '障', '高', '養' 등과 운을 맞춘 것이다. 『楚辭 · 九歌 · 大司命』에 보면 "높이 비상하여 평온하게 날며, 맑은 기운을 타고서 陰陽의 두 기운을 부리네(高飛兮安翔, 乘淸氣兮禦陰陽)"라는 말이 나오는데 "躡彩雲兮禦陽" 구절은 바로 초사의 구절로부터 나온 것인 듯하다.

109 亮 : 原卷에서는 '亳'자로 되어 있는데, 이는 아마도 자형상의 誤字인 듯하다. 任錄에서는 '亮'으로 되어 있으며, 여기서는 이에 근거하여 교정하였다. 白錄에서는 '亳響'으로 되어 있으나, 따를 만한 것이 못된다.

110 麥字는 任校를 따라 교정한 것이다.

111 來 : 이 글자는 응당 '將' 혹은 '與'字로 해야 할 듯하다.

각자 꽃을 가지고 공양을 펼치네
그때 욕계와 모든 하늘이
우리 부처님께서 진실한 경문을 베푸신다는 소식을 듣고
각자 위의를 정돈하고 보전을 떠나
권속들을 모두 거느리고 인간세상으로 내려오네
신선의 음악을 울리며 삼계(三界)에 오르니
오묘한 향화가 비처럼 내려 대천세계에 펼쳐지네
그저 손가락 한 번 퉁길 짧은 시간이나
순식간에 이미 법왕(法王) 앞에 이르렀네

經 : 「諸天龍夜叉」至退座(坐)[□](一)[112]面.[113]
〈經〉 "모든 천룡과 야차"부터 "자리로 물러나 마주본다"까지.

若論大衆, 不異[114](易)側(測)量, 或是聖賢, 或是龍鬼. 個個執持幡蓋, 人人整頓威儀. 以(似)星蔟高天, 如雁奔陽浦. 或有小小個勤策,[115] 威卽降龍; 也有老老大沙門, 力能伏虎. 或有能楊(揚)邪辯, 擊論鼓[116]而魔黨頃(傾)心; 也有妙運法音, 說志理[117]而天花落座, 或有身披百納,[118]

112 '一'字는 經文 자체에 의거하여 보충한 것이다.

113 經文의 原文은 "諸天龍, 夜叉, 乾闥婆, 阿修羅, 迦樓羅, 緊那羅, 摩睺羅伽, 人非人 등의 사람들이 각자 약 100에서 1000에 이르는 친척들과 함께 와서 부처의 발에다 예를 갖춘 다음, 뒤로 물러나 각자의 자리를 차지하고 앉았다(諸天龍, 夜叉, 乾闥婆, 阿修羅, 迦樓羅, 緊那羅, 摩睺羅伽, 人非人等, 各與若干百千眷屬俱, 各禮佛足, 退坐一面)"로 되어 있다.

114 異 : 王文才는 이 글자는 응당 '易'자로 해야 하는 것 같다고 했는데, 이는 옳은 견해이다.

115 勤策 : 곧 沙彌의 別稱이며 白校에서는 '擒縱'으로 되어 있으나, 이는 잘못이다.

116 論鼓 : 토론장의 큰 북을 말하며, 논쟁을 하고 싶은 사람은 이 북을 두드리며 관중을 모은다고 한다. 隋 吉藏의 『三論玄義』 卷下에 "提婆 보살이 왕의 궁정에서 큰 북을 울리자, 96師들이 일시에 구름처럼 모여 들었다(提婆菩薩震論鼓於王庭, 九十六師一時雲集)"는 말이 보이는데 여기서의 '論鼓'도 동일한 의미를 지칭한다. 王文才는 '論鼓'는 응당 '法鼓'로 해야 한다고 했으나, 이는 옳지 않다.

袈裟上點點雲生; 也有意博[119]三乘, 口海內滔滔義泛. 或有長者居士, 抱(拋)[120]榮貴而出家; 也有帝主后妃, 募(慕)高閑而求道. 阿修[羅]卽攝諸法曲, 乾闥婆卽呈妙淸歌. 乃如斯便數若何(河)[121]沙衆, 圍遶釋迦化主.

만약 대중을 이야기한다면 헤아리기 쉽지 않으니 혹은 성현이기도 하고 혹은 용귀(龍鬼)이기도 하다. 모두가 번(幡)과 천개(天蓋)를 들고 각자 위의를 갖춘 모습이 마치 높은 하늘에 별들이 모여 있는 듯하고 기러기가 양지바른 포구를 뛰어다니는 듯하다. 개중엔 젊은 사미도 있어 그 위엄이 용을 굴복시킬 만하고, 또 나이 든 대사문도 있어 그 힘이 호랑이를 복종시킬 만하다. 혹은 사악한 변론을 베풀 줄 아는 자가 있어 논장(論場)의 북을 치니 마귀의 무리가 마음을 기울이고, 또 법음(法音)을 기막히게 다루는 이가 있어 지극한 이치를 말하자 천화(天花)가 자리로 떨어진다. 혹은 몸에 백 개의 납의(衲衣)를 두른 이가 있어 가사 위에는 점점이 구름이 일어나고, 또 삼승(三乘)의 가르침을 넓히려는 이가 있어 입에서 의리가 철철 넘친다. 혹은 장자거사(長者居士)가 있어 부귀영화를 버리고 출가하고, 또 제왕과 후비가 있어 고상하고 한적한 삶 사모하여 도를 구한다. 아수라는 모든 법곡(法曲)을 다스리고 건달파는 오묘하고 맑은 노래를 바친다. 이렇듯 항하의 모래처럼 많은 대중들이 석가모니 화주(化主)를 둘러싼다.

---

117 志理 : 곧 '至理'로 최고의 근본적인 도리를 의미한다. 敦煌寫本에서는 '志'자와 '至'자를 종종 통용했다.

118 百納 : 즉 '百衲'을 말한다. 潘校에서는 '納'자를 '衲'로 교정하였는데, 그럴 필요는 없다. 이에 관해서는 앞에서 상세히 설명하였다.

119 愽 : 原卷에서는 '愽'으로 되어 있는데, 이 글자는 '博'자의 俗字이다. 『干錄字書』에 보면 "愽博 : 의 두 글자 중에서 앞 글자는 통속자이며 뒤의 글자는 정자이다(愽博 : 上通下正)"라고 설명하고 있다. 宋 孫奕의 『履劉示兒編』 卷二二에 "博과 協자는 모두 十자를 따르는 글자이지만, 속자에서는 모두 '忄'자를 따른다(博協皆從十, 俗皆從忄)"는 말이 보인다. 白校에서는 '傳'으로 되어 있은데, 이는 옳지 않다.

120 抱 : 王文才에는 응당 '拋'로 해야 할 듯하다고 했는데, 매우 옳다. '抱'자와 '拋'자는 고대에는 통용되었다.

121 王文才는 '河'자 앞에 아마도 '恒'字가 누락된 듯하다고 했는데, 옳은 듯하다.

聲聞菩薩兼龍鬼, 浩浩如砂難總記.
風之旋來海角淸, 神仙亂下祥花墜.
滿虛空, 遍天地, 垓羅未省纖[□]起.[122]
성문 보살들과 용귀들은
모래처럼 넓고 넓어 다 기억하기도 어렵네
바람이 선회하니 해각(海角)이 맑아지고
신선이 어지러이 내려오니 상서로운 꽃이 떨어지네
하늘 가득, 천지 가득
수없는 그물은 미세한 먼지 일어남을 알지 못하네

雙恩記第七 (쌍은기 제7)

經 : 爾時太子聞是語已, 悲淚滿目. 世間衆生造諸惡本, 衆苦不息, 憂愁不悅. 卽迴[123]車還宮.

〈經〉 이때 태자는 그 말을 다 듣고 두 눈 가득 슬픔의 눈물을 흘렸다. 세상의 중생들이 여러 뿌리깊은 악행을 일삼기에 여러 괴로움이 끊이지 않고 있었다. (태자는) 우울하여 바로 수레를 돌려 환궁하였다.

太子比意出遊, 翻招苦惱. 爲睹前耕織等, 不免淚流盈目, 塵坌[124]

122 垓 : 原卷의 경우 이 글자의 오른쪽 편방이 '亥'으로 되어 있는데, 이는 곧 흔히 보이는 '亥'자의 俗寫이다. 白錄과 任錄에서는 '彦'으로 되어 있은데, 이는 옳지 않다. 垓는 수량사로서, 十京을 垓로 삼으며 그 수량이 많음을 말한다. '纖'자 다음에는 '塵'字가 누락된 듯하다. 潘校도 동일하다.

123 迴 : 원문에는 '迴'자 다음에 '卽'자가 있는데 아마도 앞부분과 연관시켜 부연한 듯하나 『大方便佛報恩經 · 善友品』 經文에 의거하여 삭제한다. 【蔣禮鴻】 '卽'은 '却'으로 해야 할 듯한데 확실치는 않다.

124 坌(티끌 분) : 原卷의 경우 이 글자의 하반부가 '云'으로 되어 있는데, 글자 모양이 비슷하여 잘못 쓴 듯하므로 임록에 의거하여 수정한다. 『集韻 · 慁韻』에는 "坌은 塵이다(坌, 塵也)"라고 되어 있다. 白校에서는 '氛'으로 고쳤는데 오류이다.

滿身. 嗟衆業之極多, 愍二苦之太甚. 强欺弱[125]者, 幾時解息於冤家; 富役貧人, 何日破除於辛苦. 是以迴車上路, 整隊還宮, 音樂聞如不聞, 舞袖見如不見. 驚訝滿堤之嬪婇, 五五三三; 恒惶闔國之生靈, 千千萬萬. 如雲急過, 似鳥奔飛, 正在商量, 已卻歸殿.

태자는 방금 전에 밖에 나가 노닐었으나 오히려 고뇌가 찾아들었다. 밭을 갈고 길쌈질 등을 하는 사람들이 (일이 힘들어) 눈물이 흐르는 것과 온몸 가득 먼지를 뒤집어쓰는 것을 피할 수 없는 것을 보았다. 業이 너무 많음을 한탄하고 二苦가 너무 심함을 근심하였다. 강한 자는 약한 자를 기만하니 언제서야 원수 사이가 풀어질 수 있을 것인가? 부자는 가난한 자를 부리니, 어느 날에야 괴로움을 깨뜨릴 수 있을 것인가? 이에 수레를 돌리고 대오를 정렬하여 궁전으로 돌아왔다. (이로부터) 음악을 들어도 귀에 안 들어오고, 무희의 소매 자락을 보아도 눈에 들어오지 않았다. 삼삼오오 둑 가득히 모여 있던 소실과 궁녀들이 의아해하고, 온 나라의 수많은 백성들이 황공해 하였다. 구름이 급히 지나가듯, 새들이 바삐 나는 듯 (신하들이 왜 그런지) 의논을 하는 중에 이미 궁전에 도착을 하였다.

偈曰:

憫念衆生業所爲, 袖淹[126]雙淚旋[127]還垂.
行行舞伎似無見, 接接笙歌如不知.
揭地鼓聲曠[128]綠野, 帳[129]天塵土絞[130]紅旗.

125 欺弱 : 이 두 글자는 原卷의 경우에는 도치되어 있는데, 任校에 의거하여 수정하였다.

126 淹 : 응당 '掩'자로 읽어야 한다. 任錄에서는 '掩'字로 교정해 놓고 있다.

127 旋 : 原卷에서는 '旋'의 俗字로 되어 있는데, 이는 起筆이 서로 같기 때문에 생겨난 오류인 듯하다. 여기서는 潘校에 근거하여 수정 기록하였다. 白校에서는 '屢'자로 되어 있으나, 옳은 것 같지는 않다. 任錄에서는 궐문으로 되어 있다.

128 潘校에서는 『龍龕手鏡』을 인용하여 말하길 "曠자는 虎와 範의 반절음이며, 쇠북종 소리를 의미한다(曠, 虎範反, 鐘鼓聲也)"라고 설명하고 있다. 『廣韻』의 「庚韻」과 音 및 의미가 동일하다. 任錄과 白錄에서는 모두 '曠'자로 되어 있는데, 오류인 듯하다.

滿城驚訝出門看, 人鬧馬斯(嘶)皆總歸.

偈에서 다음과 같이 읊고 있다:

중생이 지은 업을 슬퍼하여, 두 눈에 흐르는 눈물을 소매로 닦아내나 계속해서 흘러내리네.

줄지어 선 무희들의 기교도 눈에 안 보이는 듯 하고, 박자감 있는 笙簧 반주에 맞추어 부르는 노래도 모르는 듯하다.

대지를 진동하는 전쟁을 알리는 북소리, 푸른 들을 진동시키고, 하늘 가득한 먼지, 붉은 깃발을 휘말아 올리네.

성안의 모든 사람들 깜짝 놀라 나와보니, (궁중에서 온) 사람들은 떠들썩하고, 말들은 울부짖으며 모두들 돌아가고 있다네.

旣迴不樂. 王問曰:「汝比出遊行, 今何故不樂?」太子曰:「父王! 我比出遊看園苑, 不知人世有此辛.[131] 爲骨肉之營摸(謀),[132] 致衣食之傷害. 耕者出蟲而鳥啄,[133] 織婦紡縷以子勞. 屠宰煞戮於牛羊, 捕獵羅

129 帳(휘장 장): 原卷의 경우 豎心旁으로 된 글자를 따르고 있는데, 이는 俗寫이다. 『說文』에 보면 "賬자는 펼치다는 의미이다(賬, 張也)"라고 설명하고 있다. 본 변문에서는 '두루 가득 펼치다 · 충만하다'는 의미로 사용되고 있으며 '張'자를 쓰는 경우와 동일하다.

130 『玉篇 · 糸部』에 보면 "絞자는 繞 자와 같다(絞, 繞也)"라고 설명하고 있는데 곧 '두루 묶다, 매듭을 매다'는 의미이다. 任錄에서는 '繞'자로 되어 있는데, 이는 억측에 의해 교정한 것으로 근거가 부족하다.

131 潘校에서는 '辛'자 다음에 '苦'字를 보충하고 있으나, 그럴 필요는 없는 듯하다.

132 模: 응당 '謀'자로 읽어야 한다. 本卷에서는 '謀'字가 '摸'자로 쓰여 있는 경우가 많은데, 아마도 음이 유사하기 때문에 통용한 것 같다. 任校에서는 또한 이 글자를 '謀'字로 교열해 놓고 있다.

133 鳥: 任錄 및 白錄과 潘錄에서는 모두 '鳥'자로 되어 있으나 이는 오류이다. 原卷에서는 '烏'로 되어 있은데, 이 글자는 실제로는 '烏'의 俗字이다. 그 다음에 나오는 구절인 "老烏犁過旋銜蟲"에서의 '烏'字도 原卷에서는 같은 자형으로 되어 있으며, 白錄과 潘錄에서도 모두 '烏'로 되어 있는데 이는 옳다. 『大方便佛報恩經經文雲』에 보면 "善友太子가 성밖으로 나와 관찰하다가 한 농부가 땅을 개간하니 벌레가 나왔는데 까마귀가 나올 때마다 부리로 쪼아 삼키는 것을 보았다(善友太子出城觀看, 見有耕者墾土出蟲, 烏隨啄吞)"라는 말이 보이는데 이것이 본 變文 구절의 출처가 된다.

鈎(釣)於魚雀. 互興損害, 終結冤家. 苟事謾心, 以强欺弱. 所以不忍睹見, 車馬卻迴. 衆人旣迫於煎熬, 獨自何須於快樂.

궁전에 돌아와서도 계속 우울하였다. 왕이 물었다: "너는 조금 전에 놀러나갔다 왔는데, 지금 어찌하여 우울해 있느냐?" 태자가 말했다: "부왕이시여! 제가 방금 전 정원에 나가 노닐다 왔는데, 이러한 괴로움이 있는지 알지 못하였습니다. 육체를 유지하기 위해 의복과 음식을 만듦에 있어 다른 생명을 해치게 됩니다. 밭을 가는 자는 벌레를 땅 밖으로 내보내 새가 쪼아먹게 하고, 길쌈을 하는 아낙들은 실을 뽑아내기 위해 누에를 삶습니다. 소와 양을 살육하고, 어망으로 고기를 잡고, 그물로 새를 잡습니다. 서로 해를 입혀 마침내는 원수 사이가 됩니다. 다만 마음을 속이는 것에만 신경을 쓰고, 강함으로써 약한 자를 기만합니다. (이러한 것을) 차마 보지 못하겠기에 수레를 돌려 돌아온 것입니다. 많은 백성들이 고통을 겪고 있는데 저 혼자 어찌 쾌락에 빠져 있을 수 있겠습니까?

偈曰:

只管尊高處帝宮, 未知門外苦千重.

烹㷟唱叫恨屠子, 網捕喑嗟傷釣翁.

少婦車前長[134]然縷,[135] 老烏犁過旋[136]銜蟲.

---

134 長: 原卷에서는 '乇'자로 되어 있는데(乇——屯), 이 글자는 아마도 '長'자의 俗體인 '長'자가 와변된 것인 듯 하며, 任錄에서는 '長'으로 교정해 놓고 있는데 여기서는 이를 따른다. 潘錄에서는 '屯'으로 되어 있으나, 의미가 본문과 합치되지 않는다.

135 然: 任校에서는 '撚'자로 되어 있는데, 이는 옳다. 玄應의 『一切經音義』 卷一四에서 『通俗文』을 인용하여 "손으로 반죽하는 것을 撚이라 한다(手捏曰撚)"라 말하고 있다. '撚縷'은 곧 '撚錢'과 같다. 潘校에서는 '然'자를 '絲'자로 劉凱鳴은 '紡'자로 교정하고 있는데 모두 옳은 것이 아니다.

136 旋: 原卷의 경우 이 글자의 字形이 '旅'와 '旋'자의 사이에 있는데, 任錄에서는 '旋'으로 하고 있어 여기서는 이를 따랐다. 白錄에서는 '旅'으로 기록하고 '屢'자로 교정하고 있는데, 오류인 듯하다.

都由煞害兼衣食, 所以歸來不願逢.

偈에서 다음과 같이 읊고 있다:

"단지 존귀하고 높은 자리를 관장하고 황궁에 살면서, 문 밖 천 겹의 고통은 알지 못하네.

삶기어서 털이 뽑히는 것들은 꽥꽥 소리 지르며 백정을 원망하고, 그물에 잡히는 것들은 말은 못하지만 낚시꾼을 욕하네.

젊은 아낙은 베틀 앞에서 오랫동안 솜을 비벼 꼬아 실을 만들고, 늙은 까마귀는 쟁기가 지나가자 빙그르르 돌다가 벌레를 물어가네.

모두들 죽이고 해를 끼쳐서 의식을 채우니, 되돌아와서 마주치고 싶지 않네."

王曰: 汝極錯吳(誤). 人之世間, 貧富隨業, 皆須衣而裹體, 復籍(藉)食以養身. 不紡而何致衣裳, 不種而何求粟麥. 至如飛禽走獸, 大體亦然. 隨果報而雖[137]別形儀, 配業緣而互相食敢(噉). 鼠爲貓之煞害, 匪自人敎; 蝶遭蛛之網並[138](罟), 盡隨天使. 汝莫傷嘆, 此蓋常規. 若勞我之精神, 又何名爲孝道.

왕이 말하였다: "너는 매우 잘못 알고 있구나. 인간의 세상에서 빈부는 업에 따르는 것이란다. 누구나 옷을 입어서 육체를 덮어야 하고, 또 음식으로 육신을 봉양해야 한다. 실을 잣지 않고서 어떻게 저고리와 치마를 만들 수 있으며, 씨 뿌리지 않고서 어떻게 조와 보리를 구할 수 있겠느냐. 날아다니는 새와 달리는 짐승도 대체로 그러하다. 果業에 따라 형상을 달리하고, 業緣에 따라 서로 먹고 먹히는 것이다. 쥐가 고양이에게 죽음을 당하는 것은 사람이 가르쳐 준 것이 아니고, 나비가 거미

137 '雖'字가 그 의미가 확실하며, 潘校에서는 '難'으로 교열하고 있는데 이는 큰 오류이다. 이 두 구절은 날짐승과 들짐승 등이 서로 생긴 것이 다르고 서로 잡아먹고 먹히고 하는 것은 모두 인과응보에 의해 초래되는 것임을 말하고 있다.

138 '並'자는 '겸병하다'의 의미를 갖는 것 같다. 潘校에서는 '罟'자로 교정하고 있는데, 그럴 필요는 없는 것 같다.

의 거미줄을 만나는 것도 모두 하늘이 그렇게 시키는 것이다. 너는 가슴 아파 하거나 탄식하지 말거라. 이것은 모두 일상적인 법칙인 것이다. 이 아비가 (너 때문에) 신경을 쓰게 된다면 어찌 효도라 말할 수 있겠느냐."

詩曰:
天配人生豈自由, 有親有愛有冤酬(仇).
福深盡爲多曾種, 分薄都緣不廣修.
貧女製衣功[139]紡識(織), 耕夫種植仕(事)[140]田疇.
思量總是尋常法, 何必歸來獨致憂.
詩에서 다음과 같이 읊고 있다:
"하늘이 배정해 준 인생 어디 자유가 있으리요? 부모도 있고, 사랑하는 이도 있으며, 원수도 있게 된다네.
복이 많은 것은 모두 과거의 여러 생애 동안에 일찍이 씨 뿌려 놓은 때문이고, 운명이 박복한 것도 널리 복을 닦지 않은 까닭이라네.
가난한 여자는 옷을 만듦에 있어 옷감 짜는 일에 공을 들이고, 밭 가는 사내는 작물을 기르는 데 있어 밭일에 신경을 쓴다네.
생각해 보면 모두 변함없는 법에 따르거늘, 어찌 되돌아와 혼자 근심에 빠져있느뇨?"

太子曰:「然卽如此, 不敢違王. 欲擬上聞, 請乞一願.」王曰:「汝但取吾意, 音樂自娛, 凡有所須, 我皆隨汝.」
태자가 말하였다: "본디 그와 같다면 외람되이 왕의 뜻을 거스르지

139 功: 蔣禮鴻校에서는 이 글자를 '攻'자의 의미로 독해하고 있는데, 이 견해는 따를 만하다. 『釋名・釋言語』에 보면 "功자는 攻자와 같은데, 다스림에 있어 성공을 거두는 것을 말한다(功, 攻也. 攻治之乃成也)"라고 설명하고 있다. '功'자와 '攻'자는 古字가 서로 通用되었다.

140 仕: 任校에서는 '事'자로 되어 있는데, 이는 옳다. '仕'와 '事'자는 寫本에서는 通用되었다. 劉凱鳴校에서는 '耜'자로 되어 있는데, 이는 옳지 않다.

않겠습니다. 왕께 아뢰옵건대, 부디 소망 한 가지만 들어주시기 바랍니다." 왕이 말하였다: "네가 내 뜻에 따르기만 하면 음악은 저절로 즐거워 질 것이며, 네가 바라는 모든 것들은 네가 하자는 대로 따르겠노라."

吾唯有汝偏憐惜, 滿國黃金未爲直.
豈獨憂愁世苦辛, 何偏傷愍人驅役.
閻浮提, 隨業力, 但自安和莫煎[141]逼.
又說別懷弘願心, 一依所要無違逆.
初聞見汝載愁歸, 未測因由極貯疑.
貴賤豈關今世作, 矩(短)長皆自宿緣隨.
何消撓思[142]加憂恨, 但自寬懷好保持.
若有願心隨速說, 一看所要必無違.
龍顏頻視事難裁, 子未披甲永繫懷.
寸步含疑何日了, 雙眉族[143]恨幾時開.
臣寮惕惕隨班望, 嬪採兢兢出殿排.
只候諸官言奏對, 大家安樂唱將來.

"내가 아끼고 사랑하는 이는 오직 너만이 있을 뿐, 온 나라에 가득한 황금도 너와 견줄 수가 없다네.

어찌 홀로 세상의 괴로움을 근심하며, 어찌 유독 사람들이 고된 일을

141 煎: 原卷에서는 본래 走의 편방자 안에 '前'자를 쓰고 있는데, 이는 아마도 '逼'字類化偏旁과 연관되기 때문에 그 글자의 오른쪽 편방에다 세 點을 注하고 오른쪽에는 또한 '煎'字를 써서 원래의 글자는 오자이므로 응당 '煎'자로 교정해야 함을 표시하고 있다. 白씨는 원래의 글자를 기록하고는 다시 괄호 안에다 '煎'字를 주하고 있는데 실제로 이러한 경우가 많다.

142 撓思: 생각을 어지럽히고 혼란스럽게 하다. 『廣雅・釋詁』에 보면 "撓자는 亂자의 의미이다(撓, 亂也)"라는 설명이 보인다. 본 篇의 그 다음 구절인 "免招惡逆撓王情"에서의 '撓'字도 같은 의미이다.

143 族: 各家의 교주에서는 '簇'자로 교정하고 있다. 『廣雅・釋詁』에 "族자는 聚와 같다(族, 聚也)"라는 말에 근거할 때 여기서의 '族'자는 곧 '모으다'의 의미를 지니고 있으므로, 글자를 번거롭게 교정할 필요는 없다.

하는 것에 마음 상해하는가?

인간 세상은 業緣의 힘을 따르고 있으니, 스스로 편안해 하면 될 뿐 애달파할 이유 없다네.

또한 말하나니 (중생을 구하려는) 큰 바램을 품지 않는다면, 원하는 것은 모두 응해 (네 뜻에) 거스르지 않도록 하리.

처음에 愁心에 차 돌아온 너를 보고, 이유를 알길 없어 무척 걱정을 하였다네.

貴賤이 어찌 지금 세상의 일과 관계 있으리요? 잘되고 못되는 것은 모두 전생의 業緣을 따르는 것인 것을.

어찌 꼭 초췌한 모습으로 근심을 더해 가야만 하리요? 다만 스스로 편안히 하며 몸조심하기만 하면 되는 것을.

만약 원하는 것이 있다면 빨리 말을 꺼내기만 하기를, 필요로 하는 것은 모두 들어주어 거스름이 없을 것이라네."

왕께선 여러 번 살피시나 사정을 헤아리기 어렵고, 태자는 (마음 속 생각을) 꺼내 밝히지 않고 가슴 속에 계속 매어두고 있네.

걸음마다 머금은 懷疑 어느 날 끝나고, 양 눈썹에 모인 한 어느 때 펴지리?

신하들은 근심스레 줄을 서서 바라보고, 궁녀들은 전전긍긍하며 어전에 나와 늘어섰네.

다만 여러 벼슬아치들이 奏를 올려, 모두들 편안하고 즐겁기를 기다리는 것은 장차 唱에 나오리라.

經 : 太子白言 : 「願欲得父王一切庫藏所有財寶飮食, 用施一切.」

〈經〉 태자는 다음과 같이 아뢰었다: "바라옵건대 부왕의 창고에 보관되어 있는 재화와 보물, 음식 모두를 백성들에게 나누어주었으면 합니다."

太子曰 : 「王是我之父, 我是王之兒, 旣有私願心[144]合細其敷奏. 願得王之飮食, 濟接飢人; 願得王之珠金, 布施貧士. 使織婦不勞於機杼, 耕夫罷役於犁牛, 漁翁斷釣於江河, 獵士解[145]於林野, 屠宰放豬羊之命, 不結冤酬(仇); 採捕捨鸞雀之生, 斷除驚怕. 咸令充足, 普使安寧. 伏乞聖慈, 許令開庫.」

태자가 말하였다: "왕께선 저의 아버지요 저는 왕의 아들로 사사로이 바라는 것이 있는데, 상세하게 제 뜻을 모두 밝히겠습니다. 원컨대 왕의 음식을 얻어 굶주린 사람을 구제하고, 왕의 珠玉과 금을 얻어 가난한 자에게 베풀어주기를 바라옵니다. (그리하여) 베 짜는 여인으로 하여금 베틀에서 힘겹게 일하지 않게 하고, 농부로 하여금 소를 부려(밭갈이하는 것을) 멈추게 하며, 어부로 하여금 江河에서 낚시질을 그만두게 하고, 사냥꾼으로 하여금 숲과 들에서 (사용하던) 활시위를 풀어놓게 하며, 白丁으로 하여금 돼지나 양의 생명을 해치지 않게 한다면 원한을 맺지 않을 것입니다. 포수가 참새의 생명을 노리는 일을 그만두면 (만물을) 놀래는 일이 사라져서, 모두 만족스러워 하고 두루 편안하게 될 것입니다. 성스런 자비를 내려주시길 엎드려 비오니, 창고 문을 열도록 허락해 주십시오."

偈曰:
我爲生靈苦惱拘, 並緣衣食作崎嶇.
耕桑處處忙三際, 營宦門門役九衢.
願使煞傷皆總免, 欲令疲弊盡昭蘇.

---

144 心 : 潘校에서는 '必'자로 되어 있으나, 아래 구절과 연관시켜 읽어야 하므로 그럴 필요는 없는 듯하다.

145 '解'자 다음에 原卷에서는 한 글자가 공란으로 되어 있는데, 王文才는 응당 '羅'자로 보충해야 한다고 했으며 潘校은 아마도 '弓'字인 듯하다고 했으며, 劉凱鳴는 '網'字로 해야 할 것 같다고 하였다. 【校注】 '解網'은 사냥하는 도구들을 치워 없애다는 것을 지칭한다. 沈約의 「漢東流」 詩에 "지극한 인은 그물을 없애는 일이며, 그러면 궁지에 몰린 새가 품속으로 날아든다(至仁解網, 窮鳥入懷)"는 말이 나오는데 이는 劉校가 가장 옳다는 것의 방증이 될 만하다.

乞王庫藏將[146]充施, 未委天心捨得無?[147]

偈에서 다음과 같이 읊고 있다:

"내 고난에 사로잡힌 백성들을 보니, 모두 입고 먹을거리로 인해 아등바등거리는구나.

밭 가는 농부와 뽕 따는 아낙은 곳곳에서 일 년 내내 바삐 움직이고, 관리들은 저마다 길거리에서 맡은 일을 하느라 고생하네.

원컨대 죽거나 다친 사람은 모두 사면해 주기를 바라오며, 피곤하고 지친 사람들로 하여금 다시 삶의 희망을 갖게 하길 바란다네.

왕께 바라옵건대 창고의 보물들을 모두 베풀어주시기를, 없는 이를 헤아리지 않는 천심(天心)을 알지 못하겠네?"

王曰:「隨汝所要, 不逆汝意.」太子遂喜, 選日開庫般[148]物. 以五百大象載出四城外, 宣令國土, 凡有所要, 不逆其意, ----具在經文.

왕이 말했다: "너의 요청대로 하여 네 뜻을 거스르지 않겠노라." 태자는 매우 기뻐하며, 날을 선택해 창고 문을 열고는 물건을 옮겼다. 오백 마리의 큰 코끼리에 (물건들을) 싣고 성 밖으로 나가 온 나라에 선포했다. 무릇 요청한 것에 대해 그 뜻을 거스르지 않은 것은 모두 經文에 나와 있다.

於是鎖鑰齊開, 封題並坼. 珠珍卸褈,[149] 寶具分摟,[150] 併工搬運於

---

146 將: 潘씨는 '皆'자로 기록하고 있으나, 이는 오류이다.

147 [郭在貽校] '無'자는 '麼'자와 동일하며, 疑問을 표시하는 語氣詞로서 오늘날 상용하는 '嗎'자에 해당한다. P.2305『妙法蓮花經講經文』에 보면 "수행에는 순서가 있는 법이니 기다리시라. 그대에게 설법하기에는 아직 이르다(直待修行有次第, 爲汝宣揚得也無)"라는 말이 보이는데 여기서의 '無'字 역시 그 의미가 동일하다. 潘校에서는 이 구절의 끝에 句號를 표시하였는데, 이는 옳지 않다.

148 般: 후대에 생겨난 글자로는 '搬'으로 쓴다. 各家들의 校注에서는 '搬'자로 고쳐놓고 있는데, 굳이 그럴 필요는 없다.

149 褈: 이 글자는 해당 글자를 수록하고 있는 字書를 찾아볼 수 없는데 아마도 '埵'字의 오기인 듯하다. 潘校에서는 '補'자로 하고 있는데, 이는 옳은 것 같지는 않다.

150 具: 原卷에서는 이 글자의 윗부분에 가로선이 하나 모자라긴 하지만, 이 글자가 '具'

天庭, 簇手騰移於御庫. 差[151]羅異纁, 盡雄藩朝貢之儀; 瑞錦香綾,[152] 皆大郡謝恩之禮. 玉帶盤鞓而積屋, 金瓶束楑[153]以排山. 鏤花之疊擽[154]何窮, 起突[155]之舡[156]連莫數. 見錢等般[157]尖可算, 雜綵並海水方齊. 五百象馱而以夜繼明, 四城門(垛)而自高及下. 降敕召衮孤之者, 道路如流; 聖鍾[158]集耕稼之民, 村園競集. 逐所要而一任般(搬)取, 隨希求

字임은 분명하다. 『十吉祥』에 "값비싼 도구들이 아주 많이 진열되어 있었다(排寶具之甚多)"는 말이 보이는데, 참조할 만하다. 白錄 및 潘錄에서는 '貝'자로 하고 있으나, 오류인 듯하다. 또한 '摟'字는 任錄과 潘錄에서는 모두 '樓'자로 되어 있으나, 여기서는 原卷에 근거하여 교정하였다. '摟'자에는 '모으다'는 의미가 있으므로 原文의 文意도 통할 수 있다.

151 '差'는 '기이하다'의 의미이다. 【任錄】은 '美'로 썼으나 이는 근거가 없다.

152 '香'이 原卷에는 '音'으로 되어 있다. 이는 모양이 비슷해 잘못 쓴 경우이다. 여기서는 【任錄】의 교정에 근거하여 고쳤다. 【白錄】은 '綾'을 '後'로 잘못 보았다. 【任錄】은 '綾'으로 옳게 썼다. 劉凱鳴은 '音後'를 '章服'으로 교정했는데 확실치 않다.

153 楑: 『爾雅』에 '楑榿'이라는 말이 있으나 이는 나무 이름이라 문맥에 맞지 않는다. 【潘校】는 '揆'로 고친 다음 『龍龕手鏡』의 "揆는 胡와 佳의 반절음으로 물건을 끼다(揆, 胡佳反, 挾物也)"라는 말을 인용하였다. '束楑'는 바로 앞의 '盤鞓'와 짝을 이루므로 어떤 물건의 이름이 되어야 할 것이다. 『集韻』「霽韻」의 "褋, 帶也"라는 기록을 볼 때 '楑'는 혹시 '褋'로 고쳐야 하지 않을까 생각된다.

154 '擽'는 '攂'의 별칭(『集韻隊韻』 참조)으로 오늘날의 '擂'자이다. 文句 속에 '纍'자가 덧붙어 있으니 퇴적의 의미이다. 또 '疊'는 '碟'과 같다.

155 '突'을 【任錄】은 缺文으로 처리했으며, 【白錄】은 '竈'으로 쓰고 【潘校】는 '突'로 보았다. 사실 原卷 '宊'의 글자는 '突'의 俗書이다. P.2962 「張義潮變文」: "토혼왕은 급한 나머지 포위를 뚫고 도망갔다(其吐渾王怕急, 突圍便走)"에서의 '突'도 俗書로 쓰여 있다. '起突'은 '툭 튀어나오다'의 의미이다. 『維摩碎金』: "其寶蓋者. 千珍合就, 萬寶鬪成…… 織毫之卯串枝柯, 細旎之起突花樣"에도 '起突'이라는 단어가 있다.

156 '舡'은 '缸'이나 '瓶'의 종류인 '瓨'으로 읽어야 한다. P.2748 「茶酒論」에 "三文一瓨, 何年得富"라는 문구가 있다.

157 原卷을 보면 '般'의 오른쪽 편방이 '文'으로 되어 있다. 이는 '攴'의 변체이며 고문 '般'자는 『說文』 「舟部」에 보인다. 【潘校】는 『廣益玉篇』을 인용하여 "般, 大船也"라고 했다.

158 '聲'은 原卷에 '齊'로 되어 있는데, 본래 '齊'의 俗字다.(앞 문장 "雜綵並海水方齊"의 '齊'도 原卷에 이러한 글자 형태로 되어 있다) 文句 속에 '聲'(속자로는 '耆'로 쓰여 있다.)은 속자의 오류로 봐야 한다. '聲鐘'은 종소리가 울림을 말한다. 북경도서관 소장본 雲字 24號 「八相變」에 "樓頭纔打三更鼓, 寺裏初聲半夜鐘"로 되어 있고, 宋 岳柯 桯史 卷三에 "人生歌於海雲, 令聲鐘而轉鼓"라 되어 있다. 【任錄】과 【潘錄】에는 '聞'으로 되어 있고, 【白錄】에는 '齊'로 되어 있는데 모두 확실치 않다.

而不障往來. 何言於大有之年, 遠謝於無虞之歲.

이에 자물쇠를 다 열고, 봉함한 것도 다 떼었다. 쌓여있던 진주들도 흩어 나눠주고, 진귀한 조개껍데기 무더기들도 나누어주었다. 궁정의 (물건들을) 옮겨 나르는데 힘쓰고, 여러 사람들이 御庫에서 물건들을 옮겨냈다. 기이한 무늬의 비단은 모두 강대한 藩鎭들이 조공한 물건들이고, 좋은 비단(瑞錦)과 향기로운 무늬 비단(香綾)은 모두 大郡에서 사은의 선물로 보낸 것이다. 옥대와 가죽 요대는 집안에 가득하고, 金瓶과 束楪는 산처럼 늘어서 있다. 무늬가 조각된 疊은 겹겹이 놓여 있어 끝을 모르고, 오돌도돌 무늬 새겨진 舡은 끝없이 이어져 수를 헤아릴 수 없다. 현금이 큰 배의 돛대같이 쌓여있어 이루 헤아릴 수가 없고, 雜綵는 하도 많아 바다와만 비교를 할 수 있다. 오백 마리의 코끼리와 낙타가 밤새 날라 네 곳의 성문에 쌓으니 (물건들이 너무 많아 성의) 위로부터 아래에까지 이르렀다. 칙령을 내려 사람들을 소집하니 사람들이 도로에 넘쳐흘렀다. 종을 울려 농사짓는 백성들을 모으니 村園에서 다투어 모여들었다. 필요한 것을 마음대로 옮겨가게 하고, 원하는 바에 따라 가져가는 것을 막지 않았다. 풍년든 해를 말해 무엇하리요. 태평성대를 깊이 감사하네.

君王爲子傾諸庫, 五百象馱排四路.
錢絹綾羅泛指埠,[159] 金銀珠玉何窮數.
詔殊藩, 宣近輔, 綸指(旨)普天廣流布.
但是貧寒速遍尋, 無論好醜須濟赴.[160]
國王應願念生靈, 太子施財興濟度.

---

159 原卷의 '埠'자를 【任錄】은 '堆'로 썼다. 【潘校】도 【任錄】의 의견을 따랐으나 확신할 수는 없는 의견이다.

160 '赴'는 '覆'으로 읽어야 할 것 같다. 사본에서 '赴'와 '覆'은 통용된다. '濟覆'는 구제하고 덮어준다는 의미이다. 【任錄】은 '濟赴'를 '齊赴'로 고치고 【潘校】도 이 의견을 따랐으나 옳지 않은 것 같다.

一取來求不障蘭(攔), 任隨所要無遮護.
衆皆知, 悉奔聚, 狀星簇兮如澮注.[161]
換年少孤寒闕人,[162] 總敎滿足無貪妒.
象馱出國並流傳, 聖主搜尋有敕宣.
一表帝王修淨施, 二彰太子結良緣.
依時集士如雲赴, 繼日般(搬)財似蟻旋.
應是人家皆快活, 排門比戶散馱(堆)錢.
州州縣縣足[163]珍財, 只管笙歌醉玉盃.
頓棄耕桑忙歲月, 永拋經紀走塵埃.
愧慚[164]天子恩波及, 感荷王孫庫藏開.
正是國人般(搬)取次, 阿誰諫諜[165]唱將來.

군왕은 아들을 위해 여러 창고의 물건을 방출하니, 오백 마리의 코끼리와 낙타가 사방으로 줄지어 가네.

돈·명주·비단 무더기로 쌓여있고, 금은과 주옥은 어떻게 다 셀 수 있겠는가.

큰 번진에 조칙을 내리고 근교에 선포하니. 군왕의 뜻이 세상에 널리

161 '狀'은 原卷에는 '牀'으로 되어 있다. 【任錄】은 '狀'으로 보았는데 옳다. '狀'은 비슷하다는 뜻으로 문구의 의미와도 적절히 들어맞는다. 【白錄】에는 '牀'으로 적었는데 맞지 않다. 또 '澮'자는 原卷에서 판별하기 쉽지 않다. 【任錄】은 '澮'로 적었는데 맞는 듯하다. 【白錄】에는 '海'로 되어 있는데 옳지 않은 듯하다.

162 '換年'은 해석이 안 된다. 【任錄】은 이 구를 "年少孤寒喚闕人"으로 고쳤으나 이는 근거가 없다. 아무래도 '換'은 모양이 비슷한 '摸'를 잘못 쓰고 또 그 전에 '摸'는 음이 비슷한 '暮'를 잘못 쓴 것 같다. "暮年少孤寒闕人"은 늙을 때나 젊을 때나 고독하고 빈궁한 사람을 말한다.

163 '足'이 原卷에는 '是'로 쓰여 있다. 여기서는 문맥에 맞게 고쳤다.

164 原卷에서 '愧'자는 오른편 '田'자의 가운데 획이 없는데, 초사자가 잘못 쓴 것 같다. 【白錄】은 오른쪽 편방을 '見'으로 봤으나 이는 잘못이다. '愧慚'은 아래의 '感荷'와 같은 의미로 짝을 이룬다.

165 原卷을 보면 '諜'의 오른 편방이 희미하게 쓰여 있는데 【潘校】는 이를 '諜'으로 옳게 보았다. 『集韻』「帖韻」悉協切: "諜, 言相次也." 【白錄】은 '諜'을 '勸'으로 보았으나 글자의 모양이 비슷하지 않다. 【任錄】은 '議'로 보았으나 역시 옳지 않다.

퍼졌네.

다만 가난한 자를 급히 널리 구하나니, 좋고 나쁘고를 가리지 않고 모두들 달려가야 하리.

국왕은 응당 백성을 생각해야 하나니, 태자는 재물을 베풀어 濟度를 하네.

한번 와서 달라고 하여도 말리지 않고, (달라고) 원하는 것은 무엇도 막지 않네.

백성들이 알고 모두들 달려와 모이는데, 이 모습이 별들의 무리 같고, 물이 끊임없이 흐르는 듯하네.

나이 어린 고아이거나 부족함이 있는 사람들을, 모두 만족하게 하여 탐하고 질투하는 것을 없게 하였네.

코끼리, 낙타가 나라를 떠나 돌아다니니, 군왕은 찾으려 칙령을 선포하네.

첫째는 제왕의 아무 조건 없는 보시를 드러낸 것이고, 둘째는 태자가 좋은 인연을 맺은 것을 나타낸 것이라네.

그때 선비들은 구름처럼 모이고, 연일 재물을 옮겨가는 것이 개미와 같네.

모든 사람들이 즐거워하고, 문에 기대서서 쌓인 돈을 뿌리네.

주, 현마다 진기한 재물이 충분하니, 다만 笙 연주와 노래, 옥잔에 술 마시는 것만 신경 쓰네.

갑자기 밭갈이와 누에치기 등의 바쁜 세월을 접어두고, 영원히 상업 활동을 하며 속세에서 뒹구는 일을 던져 버리네.

천자의 은택이 미침을 송구스럽게 여기고, 王孫의 창고가 열림에 감격을 하네.

바로 백성들이 차례로 날라가고 있는데, 누가 간언할 지는 장차 唱에 나오리라.

經: 時庫藏臣卽入白王:「所有庫藏, 太子今已三分用一, 王宜思之.」

〈經〉 이때 창고를 관리하는 신하가 들어와 왕께 아뢰었다: "창고에 있는 물건들을 태자께서 이미 삼분의 일을 쓰셨습니다. 왕께서는 의당 (이에 대해) 생각해 보셔야 합니다."

此臣正直爲心, 忠孝成節, 非關惜寶, 卻爲勤王, 憂國庫之空虛, 必朝綱之散亂, 遂啓白王曰:「太子取寶布施貧窮, 自數月來, 三分已一, 不敢遮障, 合具奏聞. 請王誡之, 勿令分外.」

이 신하는 마음씀이 정직하고, 충효롭고 절개가 있었는데, 보물들이 아까워서가 아니라 왕의 일에 충실하기 위해서였다. 국고가 텅 비게 되면 반드시 조정의 법도가 문란하게 될 것을 염려하였던 것이다. 마침내 왕께 아뢰었다: "태자께서는 보물을 가져다가 가난한 자들에게 보시를 한지 수개월이 되셨는데, (창고 물건의) 삼분의 일을 사용하였지만 감히 막지 못하겠기에 (예의를) 갖추어 천자께 아뢰옵니다. 청컨대 왕께서는 (태자를) 훈계하시어 본분에서 벗어나는 일을 하지 않게 해 주십시오."

臣主珍財合盡忠, 隄防急疾要須供.
保持鎖鑰費身力, 較察奸邪無少容.
府縣凋殘塡納庫, 生靈指(脂)血進王官(宮).
數旬太子般馱施, 已是三分減一空.

진귀한 재물을 주관하는 신하는 응당 충성을 다해야 하고, 시급한 어려움을 막으려면 반드시 공급을 하여야 하네.

자물쇠를 보관하면서 몸의 기력 써버리고, 간사함 살펴 조금도 용납 않네.

府縣이 쇠잔해져 창고를 채우려 한다면, 백성들의 살과 피를 왕궁으로 진상해야 하리.

수십 일 동안 태자가 낙타에 실어 날라 베풀었더니, 이미 (창고의) 삼분의 일이 없어지게 되었도다.

王曰:「我子, 不欲違拒.」又經旬日, 轉取多. 逡[166]諸[167]王臣衆議憂煩, 曰:「凡是國城, 須憑庫藏, 財寶既竭, 國力如何. 不可掩惜人情, 更須奏聞天聽.」主藏大臣又再奏.

왕이 말하였다: "내 아들의 뜻을 거스르고 싶지 않도다." 또 열흘이 지나자 실어 나르는 것이 점점 많아졌다. 왕의 여러 신하들은 함께 의논하며 근심하여 말하였다: "대저 나라라는 것은 국고에 있는 물건들에 의지해야 하거늘, 재물과 보물들이 바닥이 난다면 국력이 어떻게 되겠소? 인정에 가려 애석히 여겨서는 아니되오. 상소를 올려 천자께 아뢰어야만 합니다."

偈曰:

謬忝爲王主藏臣, 佩魚衣紫入朝門.
惜言卻是不忠孝, 有事直言先奏聞.
賜罪任隨刀[168]下喪, 誅家何懼失(火)中焚.
適來點拾諸珍寶, 太子三分竭二分.

偈에서 다음과 같이 읊었다:

(자격 없는 내가) 왕을 위해 창고를 주관하는 신하로 잘못 임명되어, 물고기 형상의 부절을 허리에 차고 자줏빛 옷을 입고 조정으로 들어간다네.
(할 말이 있는데도) 말을 아끼는 것은 도리어 충효가 아니니, 일이 있으면 직언 하여 먼저 (천자께) 아뢰어야 하리.

---

166 【潘校】는 '逡'를 위로 붙여 읽어 '多'자와 자리를 바꾸었으나 이는 확실치 않은 의견이다.

167 原卷에는 '諸'자의 왼쪽 편방이 '耳'로 되어 있다. 여기서는【白錄】의 교록을 따라 고쳤다.【任錄】은 이를 '堵'로 쓰고 아래의 '臣'자도 '城'자로 고쳤으나 이는 근거가 없다.

168 '刀'가 原卷에는 '刅'으로 되어 있다. 돈황 사본에서는 '刀'자를 대부분 '刅'자로 쓰고 있다. 여기서는 문맥에 근거하여 바르게 고쳤다.

(천자께서) 죄를 내리시면 칼에 휘둘려 목숨을 잃고, 집안을 주멸하신다면 불 속에서 태워짐을 어찌 두려워하랴.

이때 여러 진귀한 보물들을 점검해 보니, 태자께서는 이미 삼분의 이를 써버리셨다네.

王聞臣奏, 又敕云:「吾子不欲違拒, 然卿小出稽遲, 莫稱其心, 所貴,[169] 挍卻時光,[170] 不取之矣.」[171] 之主藏臣雖[172]依王敕暫出, 太子依日時節開庫不遇, 遂怒曰:「此小人, 爭敢逆我心意, 多必是父王教矣.」太子遂少復思量, 曰:「夫爲孝子, 不逆君心. 未可自要結緣, 傾竭父母庫藏, 須是別求財寶, 救接貧窮, 若不設計營摸(謀), 何名施主. 我今誓不取庫內諸珍財, 願集多智人商量別營運.

왕은 신하들이 上奏한 내용을 듣고 또 칙령을 내려 말하였다: "내 아들의 뜻을 거스르고 싶지 않구려. 그러나 경께서 잠시 (다른 곳으로) 가서 시간을 보내, (태자의) 그 마음이 원하는 것을 만족시키지 못하게 하고, 고의로 시간을 지체시켜 가져가지 못하게 해 보시오." 여러 창고를 관리하는 신하들이 왕의 칙령에 의거해 잠시 (다른 곳으로) 나갔으나, 태자는 시간에 맞추어 창고가 안 열리자 마침내 노해서 말하였다: "이 같은 소인들이 어찌 감히 내 뜻을 거역하겠는가? 분명 父王께서 시키신 것이리라!" 태자는 잠시 생각에 잠겼다 이야기하였다: "무릇 효자된 자는 어버이의 마음을 거스르면 안 되는 것이다. 스스로 불도에 귀의하고자 하여

169 '貴'는 '欲'과 같고 '所貴'는 '所欲'과 같다.【任錄】과【潘校】와【白錄】은 모두 '所貴'를 아래 구에 넣어 읽고 왕문재는 또 이에 근거하여 '貴'를 '費'로 고쳤으나, 모두 옳지 않은 것 같다.

170 '挍'가 原卷에는 俗寫인 '扌' 편방으로 되어 있다. '挍'는 '차이가 나다'의 의미이며 '挍卻時光'은 일부러 시간을 놓친다는 말이다. 經文에서 "善友太子欲開庫藏, 時守藏臣緣行不在, 鄭重追逐, 差互不遇"이 바로 '挍卻時光'을 말한다.

171 '之矣'가 原卷에는 '矣之'로 되어 있다. 여기서는 문맥에 맞게 고쳤다.【任錄】은 이를 '足之'로 고쳤으나, 이는 따를 만한 의견이 못 된다.

172 '雖'는 '遂'로 읽어야 할 것 같다.【任錄】은 '隨'로 고쳤으나, 이는 근거가 없다.

어버이의 창고에 있는 물건들을 다 써버릴 수는 없는 것이다. 달리 재물을 구해 빈궁한 자들을 구제해야지, 만일 (재물을 구할) 방도를 생각하지 않는다면 어찌 施主라 이름할 수 있을 것인가? 나는 지금 맹세하나니 창고 안의 여러 진귀한 보물들을 취하지 않을 것이다. 원컨대 여러 지혜 있는 사람들을 모아 상의하여 달리 (재물을 구할) 방도를 찾아보겠노라."

忠孝仕[173]君親, 不合逆王意.
忝作丈夫兒, 爭合爲[174]天地.
若有悲心愍憔悴, 直須別有天生智.
免有[175]君王心撓煩, 謾[176]教臣下言騰沸.
唯財唯力要親招, 唯福唯緣不相庇.
願集城中衆老人, 別摸(謀)營修[□]壇施.[177]
免招惡逆撓王情, 又得依(衣)錢(前)[178]庫藏盈.
立使臣寮咸滿願, 永除主掌別流名.
深知自過爲人錯, 莫泥[179]他冤出令行.

---

173 '仕'는 '事'와 통한다. 【任錄】은 바로 '事'로 고쳤다.

174 '爲'는 '違'로 읽어야 할 것 같다.

175 '有'자는 의미가 잘 통하지 않는다. 아무래도 바로 위에 나온 '有'자를 보고 잘못 쓴 것 같다. 【任錄】은 '使'로 고쳤는데 일리가 있는 의견이다.

176 '謾'은 '~하지 말라'의 의미로서 앞 구의 '免'과 비슷한 의미로 짝을 이룬다. 白居易 시 「送河南尹馮學士赴任」: "謾誇河北操旄鉞, 莫羨江西擁旆旌." 여기서 '謾'과 '莫'은 같은 의미로 짝을 이룬다.

177 '別' 아래에 '計'자가 빠진 것 같다. 위에 나온 "須是別求財寶, 救接貧窮, 若不設計營摸(謀), 何名施主!"를 참고할 만하다. 【任錄】은 '營' 아래에 '運'자를 집어넣고, 【白錄】과 【潘校】는 결문을 '修'자로 보았으나 모두 확실치 않은 것 같다. 또 原卷에는 '檀'자가 '壇'으로 잘못 쓰여 있어 여기서는 【任錄】의 교정을 따라 옳게 고쳤다. '檀施'는 범어 '檀那'와 한문 번역인 '布施'의 합칭으로 불경에 흔히 나오는 말이다.

178 【任錄】은 '依錢'을 '依前'으로 고쳤다. 【潘校】는 '衣前'으로 보았으나 이 말이 무슨 의미인지 모르겠다.

179 '泥'는 '조르다'의 의미이다. 明 胡震亨『唐音癸籤』卷二四「泥」: "俗謂柔言索物曰泥, 乃計切, 諺所謂軟纏也." 唐 元稹「遣悲懷三首」之一: "顧 我無衣搜書篋, 泥他沽酒拔金釵."

何似集賢商議取，共施智計與營生.

濟人須是自豐財，多才臨時耳(?)意懷.[180]

多卽我能施滿足，少時他不爲添陪.

嗔嫌豈可因緣就，歡喜方能智惠開.

敢問在朝卿相等，阿那邊足利唱將來.

충효란 임금과 어버이를 섬기는 것이니, 왕의 뜻을 거슬러서는 안 된다네.

황공하게도 대장부로 태어나, 어찌 天地(즉, 어버이)를 거역할 수 있겠는가!

만약 슬퍼하는 마음이 있어 (왕께서) 애태우는 것을 우려한다면, 분명 하늘이 내리신 (재물을 구하는) 지혜가 따로 있으리.

군왕의 마음을 괴롭히지 않게 하려고, 자유로이 신하들에게 분분한 (의견을) 말하게 하네.

재력은 스스로 끌어들이려 하고, 복과 인연은 서로 헐뜯지 않는다네.

성 안의 여러 원로들을 모아, 달리 방도를 강구해 보시 행하길 원한다네.

나쁜 것을 끌어들여 왕의 마음을 어지럽히는 것을 피하고, 또 이전과 같이 창고도 가득 차게 하여야 한다네.

즉시 관리들로 하여금 모두 (국고가 탕진되지 않게 하려는) 願을 이루게 하고, 영원히 (창고를) 주관하는 관리를 임명하여 달리 이름을 남기게 하리.

스스로 잘못하여 사람들에게 (창고 문을 열라는) 잘못을 저지르게 한 것을 깊이 깨달아, (창고를 주관하는 신하인) 그가 억울하게 잡혀가는 것을 막으려 하네.

어찌 현명한 이들을 모아 상의하여 (좋은 의견을) 취하고, 함께 지혜를 내어 (재물을) 얻어들이는 것만 하리요?

180 이 구는 해석이 안 된다. '才'는 '財'로 보고 '耳'는 '自'가 되어야 할 것 같다. 【任錄】은 "多少臨時自意懷"로 고쳤는데 일리가 있는 의견이다.

사람을 구제하려면 필히 자신이 넉넉하여야 하고, 때에 따라 스스로 하고자 하는 대로 베풀어야 하리.

(재물이) 많은 즉 내가 충분히 보시할 수 있고, (재물이) 적더라도 남이 보태게 해서는 안 되리.

성내고 꺼려하면 어찌 좋은 인연 이룰 수 있겠는가? 기뻐하고 좋아해야만 지혜가 열린다네.

감히 조정에 있는 卿相들에게 묻나니, 어디에서 이익을 많이 구할 수 있는지는 장차 唱에 나오리라.

經：爾時善友太子卽集諸臣百寮共論議言：「夫求財於[181]何業最勝?」

〈經〉 이때 선우태자가 여러 신하들과 관리들을 모아 함께 의논하면서 말하였다: "어떤 일을 해서 재물을 구하는 것이 가장 나은가?"

太子前作念, 遂選日詣諸大臣問：
輔弼朝臣世共歌, 名聞諸國計難過.
匡扶社稷咸忠政(正), 陶鑄生靈盡協和.
理亂境兵[182]傷衆暴, 稅田民不怨煩笴(苛).[183]
筭應也會求財路, 那箇門中利最多?

태자가 미리 생각해 두었다가 마침내 날을 가려 여러 대신들에게 가서 물었다:

"보필하는 신하들이여 세상에서 모두 (그대들의 덕을) 칭송하고, 여러 나라에 명성이 퍼지니 (그대들의) 계책은 따라잡기 힘드네.

181 '於'가 경본에는 '利'로 되어 있다.

182 原卷의 초서 '無'자가 '兵'과 흡사하게 쓰여 있어 【白錄】과 【潘校】가 '兵'으로 판독했으나, 이는 옳지 않다.

183 原卷을 보면 '苛'자가 '竹' 편방으로 쓰여 있다. 俗書에서 '竹'과 '艹' 편방은 섞어 쓰는 경우가 많다. 여기서는 【任錄】의 교기에 따라 고쳤다.

사직을 바로잡는데 충정을 다하고, 백성을 길러 화합하는 데 힘쓴다네.

난을 평정하여 변경에는 폭동으로 고생하는 이 없고, 조세를 거둠에 백성들은 까다롭다고 원망하지 않네.

재물을 구할 방법을 생각하는데, 어느 것이 이익이 가장 많겠는가?"

太子纔問了, 中有第一大臣白太子, 曰:「吾聞財廣莫若營農. 今年本種五升, 來歲利收於十斛, 不費人之遠計, 只煩牛以開耕. 太子(半)[184]出自於天時, 太半兼歸於地閏(潤).[185]

태자가 묻자 그 중에서 가장 높은 대신이 태자에게 아뢰었다: "제가 듣건대 재물을 늘리는데는 영농이 제일이라 합니다. 금년에 五升을 심으면 내년에는 이득으로 十斛을 얻습니다. 사람이 깊이 생각하는 수고를 하지 않고도 소만 수고롭게 해 밭을 갑니다. 반은 계절에 따라 절로 나오고 반은 기름진 땅에서 나옵니다."

潤息村田更不過, 無論夏麥與秋禾.

三升今歲壟三畝, 一粒來年收一科.[186]

種日役牛雖困惓(倦), 熟時排穗莫當何.

旣蒙太子垂言問, 只有耕農利最多.

"이윤을 얻는 것으로 밭 가는 것보다 더 뛰어난 것은 없으니, 여름 보리와 가을 벼는 논할 필요도 없네.

三升을 금년에 三畝의 밭에 심으면, 내년에는 한 알에서 한 포기를 거두네.

씨뿌릴 때 소를 부리는 것 비록 피곤하지만, 익으면 늘어선 이삭 무

184 【潘校】 아래 구에 근거하면 '子'는 '半'이 되어야 한다.

185 【任錄】은 '閏'을 '潤'으로 옳게 보았다. 劉凱鳴은 '閏'이 유사한 음인 '運'자를 가차한 것이라 했으나, 이는 확실치 않다.

186 『廣雅釋言』: "科, 蘗也." 【任錄】은 '斛'으로 고쳤으나, 이는 옳지 않다.

엇이 당해내리요.

태자의 물음을 받아 (이에 대답하면), 오직 농사가 이득이 제일 많습니다."

善友卻答, 偈曰:

深謝强撲(謀)計出先, 思量未甚是佳言.

儻蒙熟去[187]誰慚[188]地, 忽若旱來須恨天.

朝日尙難期晩日, 今年早晩[189]到明年.

比來怕見民辛苦, 特地敎人卻種田.

선우가 대답을 물리치고 偈를 읊어 말한다:

"억지로 꾀를 내어 먼저 대답한 것은 고마우나, 생각건대 아주 좋은 말은 아닌 듯하네.

만약 (곡식이) 익어 거둔다면 누가 땅에 감사나 하겠는가. (그러나) 만약 가뭄이 들면 반드시 하늘을 한스러워 할 것이네.

아침이면 오히려 날 저물기를 기다리기 어려운데, 금년이면 언제나 내년 되려나?

본디 백성들이 고생하는 것을 보기 두려워하는데, 하필 사람들에게 농사를 짓게 하다니."

別有一大臣曰:「不欲種田, 無過養畜, 或牛羊駝馬, 或鵝鴨雞豬, 隨水草以滋生, 逐放牧而肥盛. 牛卽以馱車般(搬)載, 馬卽以涉路乘騎, 豬羊而祭[□□□](祀神祇),[190] 鵝鴨以供承卿相. 要者必買, 無日暫停. 方表

187 '去'는 조사로서 아래 구의 '來'와 같은 의미로 짝을 이룬다. 白居易「鹽商婦」: "綠鬖鬢富去金釵多, 皓腕肥來銀釧窄"에서 '去'와 '來'도 마찬가지다.

188 '慚'은 '감사하다'의 의미이며, 아래 구의 '恨'과 반대 의미로 짝을 이룬다.

189 '早晩'는 '어느 때'의 의미이다. 북경도서관 河字 12호「父母恩重經講經文」: "從此撲入坑中, 常有鐵輪在頂. 動經千劫萬劫, 不知早晩復人身."「季布時詠」: "千萬之座何處徹, 雁足之書早晩回?"

190 王文才는 아래 구에 근거하여 '祭' 밑에 세 글자가 빠져 있으며, 이는 아래의 "鵝鴨烹炮供輔相, 猪羊宰煞祭神祇" 빠진 글자는 '祀神祇' 세 글자로 보아야 할 것이다.

利多, 更難過此.」

또 한 대신이 다음과 같이 아뢰었다: "밭에 씨 뿌리기를 원하지 않으신다면 가축 기르는 것 보다 좋은 것은 없습니다. 어떤 경우에는 소나 양, 낙타, 말을, 어떤 경우에는 거위나 오리, 닭, 돼지를 물과 풀을 먹여 번식시키고, 방목을 하여 살찌우곤 합니다. 소는 수레를 몰고 짐을 운반하며, 말은 길을 건네주고 기병을 태워주며, 돼지나 양으로는 천지신명께 제사를 지내고, 거위나 오리는 卿이나 相에게 제공합니다. 필요한 사람은 반드시 사야 하므로, 한시라도 (가축을 사는 사람이) 멈추는 날이 없습니다. 바야흐로 많은 이익을 얻으려면 이 일 보다 더 좋은 것은 없습니다."

偈曰:
養育全因水草肥, 深宮太子也應知.
牛於要路公私載, 馬向門出入朝騎.[191]
鵝鴨烹炮供輔相, 豬羊宰煞祭神祇.
是人家要須教買, 得利偏多更莫疑.
太[192]子聞之, 又卻答:
此計思量更不名, 大能邪見濫朝庭.
發言爭使我重問, 塞耳轉教人嬾聽.
束髮堪嗟虛受[193]祿, 佩魚可惜亂公卿.
比來怕業慊(嫌)怨債, 特地如今卻煞生.

偈로 읊었다:

"가축을 기를 적에 오로지 물과 풀로 인해 살찌우는 것은, 깊은 궁궐에 있는 태자도 당연히 아시리라.

191 이 구가 原卷에는 "馬向門出入朝騎"로 되어 있다. 여기서는 【任錄】의 교정을 따랐다.
192 原卷에는 '太'자 위에 '疋'자가 있는데, 이는 연문으로 봐야 한다. 【白錄】은 '疋'을 '爾'로 보고 또 그 아래에 '時'자까지 채워 넣었으나, 이는 확실치 않은 의견인 것 같다.
193 原卷에서 '受'는 판독이 어렵게 쓰여 있으며, 여기서는 【潘校】의 의견을 따라 '受'로 썼다. 【任錄】은 '守'로 보고 【白錄】은 '爵'으로 썼는데, 둘 다 참고할 만하다.

소는 중요한 길목에서 조정과 민간으로 짐을 운반하고, 말은 조정 문으로 기병을 들고나게 하는구나.

거위와 오리는 삶거나 구워 재상에게 바쳐지고, 돼지와 양은 희생을 만들어 神明에 제사 지내는구나.

모든 사람들 집안에서 필요하면 사야 하니, 얻는 이익 지나치게 많음은 의심할 여지없구나."

이때 태자는 그 말을 듣고서 또 반대하였다.

"이 계획은 더욱 명분에 맞지 않는다고 생각되니, 크게 사악한 견해가 조정에 만연하구나.

의견을 낸 것이 (시원치 않아) 어찌 나로 하여금 다시 묻게 만들고, 귀를 막고 도리어 남에게 듣기 싫게 만드는 구나.

머리를 묶고서(성인이 되어) 헛되이 봉록을 받는 것을 한탄하며, 魚를 차고 (관리가 되어) 公卿을 어지럽히는 것을 애석해 하노라.

본래 業은 원한을 맺는 것을 꺼리는데, 오히려 지금 살생을 하려 하다니."

此既不稱太子意. 最後有一大臣, 精神爽明(朗),[194] 詞辨分明. 曲身而走出班行, 仰目而直言啓白 :「太子!我見太子, 非是凡人. 有怨(慈)[195]有悲, 有智有惠(慧), 嫌煞生怨債, 不欲煞生; 知營種辛苦, 不欲營種. 意今普令含織(識),[196] 無事安寧, 著自然之衣, 食天賜之飯. 破貪嗔癡

194 '明'은 아래의 '明'을 보고 잘못 쓴 것 같다.【任錄】은 '郎'으로 보았는데, 일리가 있는 의견이다.

195【潘校】'怨'은 '慈'의 오자로 보아야 한다. 아래의 "廣連怨悲"과 "且怨悲" 역시 마찬가지다.【校注】왜 '慈悲'를 그렇게 자주 '怨悲'로 잘못 쓰는지 이해할 수 없다. 아무래도 '怨'자는 틀리지 않은 것 같다.『呂氏春秋』「侈樂」: "樂不落者, 其民必怨, 其生必傷"에 대해 高誘는 "怨, 悲"라는 주석을 달았다. 즉 '怨悲'는 같은 의미를 병렬시킨 것으로 '怨'은 곧 '悲'와 같다.

196【郭在貽】'織'은 소리 혹은 모양이 비슷하여 '識'을 잘못 쓴 것이다. '含識'은 곧 '含識'의 무리로서 수많은 중생들을 가리킨다.【校注】'含識'은 불경에서 자주 쓰는 말이다.

之窟宅, 出離塵勞; 重戒定惠之身軀, 圓通法行. 莫若入大海內, 拜謁龍王, 求摩尼寶珠, 與衆生利益, 要飯卽雨飯, 要衣卽雨衣, 要金銀卽雨金銀, 要珠玉卽雨珠玉. 不傷物命, 不使心機, 除非菩薩以能行, 難可凡夫之去得.」

이것은 태자의 뜻과 맞지 않았다. 마지막 남은 한 대신은 정신이 맑고 말의 조리가 분명하였다. 몸을 굽히고 班列에서 나와서 우러르며 直言으로 아뢰었다: "태자시여! 제가 보기에 태자께서는 평범한 인물이 아니며, 자비가 있고 지혜가 있습니다. 살생으로 원한의 빚을 맺을까 싫어하시어 살생을 원하지 않으셨고, 농사일로 고생하는 것을 아시는지라 농사짓는 일을 원하지 않으셨습니다. 지금 살아 있는 모든 중생이 하는 일없이 편안하게 지내며 자연의 옷을 입고 하늘이 내려준 음식을 먹게 하려 합니다. 탐욕과 분노, 어리석음 같은 생각을 깨뜨리고 번뇌에서 벗어나고, 계율, 禪定, 지혜를 겸비한 몸을 중시하여 두루 이치에 통하여 불법대로 행하게 하려면 바다 속으로 들어가 용왕을 알현하고 여의주를 얻어서 중생과 이익을 함께 하는 일만한 게 없습니다. (여의주를 얻게 된 경우) 밥을 필요로 하면 밥이 비오듯 생기고, 옷을 필요로 하면 옷이 비오듯 생기며, 금은을 필요로 하면 금은이 비오듯 생기고, 珠玉을 필요로 하면 주옥이 비오듯 생겨날 것이니, 만물의 타고난 생명을 손상시키지도 않고 계략을 부리지 않아도 됩니다. 이는 보살이 아니면 능히 행할 수 없으며, 평범한 사람이 가서 얻을 수 있기는 어렵습니다.

我知太子嗟生老, 廣運怨(慈)悲大能好.
豈是凡人見解功, 直爲菩薩修行道.
在[197]遲遲, 功草草, 必與有情除熱惱.[198]

S.4571「維摩詰經講經文」: "愍含識而意似親生, 憐凡夫而愛如赤子"에 바로 '含識'이라는 말이 있다. 【任錄】은 이를 '捨織'으로 고쳤으나, 이는 옳지 않다.

197 【任錄】은 '在'를 '怪'로 고쳤다. 아래의 "雖切切, 在遲遲"에서 '在'자 역시 【任錄】은 '怪'

若欲皆令免苦辛, 無過求得摩尼寶.
海龍珠寶號摩尼, 求者千人得者希.
要飯便教傾美飯, 須衣立使雨名衣.
般般羅綺皆能出, 種種金銀一切隨.
必若辨心[199]親去得, 是名太子不思議.
菩薩行, 且怨(慈)悲, 凡小人民莫可知.
太子往來無障難, 功能轉更不思議.
雖切切, 在遲遲, 善事多摩(磨)[200]花俑(偏)移.[201]
卻怕衆生薄福德, 不逢太子卻迴歸.
臣雖設計盡卑懷, 去住臨時好剸裁.
比要身安希償祿, 莫教王怪卻成災.
傍徨失次唯憂恥, 戰汗交幷未敢迴.
太子當初聞此語, 恆意不愜意唱將來.

"나는 아노라. 삶의 고통과 늙어 가는 고통을 한탄하며, 널리 자비를 베풀면 크게 좋아질 수 있다고 여기는 태자의 뜻을.

로 고쳤다. '怪'자는 속서에서 오른쪽 편방을 '在'로 쓴다. 그리고 여기서 편방을 없애 '在'로 간단히 쓴 것 같다.

198 '惱'가 原卷에는 '惚'로 쓰여 있으며 【任錄】은 이를 '惱'로 옳게 보았다. 『龍龕手鏡』「心部」에서는 "惚, 俗; 惱, 正"라 하고 또 "惚, 音忽, 恍惚, 失志貌; 又俗音惱"라고 했다. 이렇듯 '惚'자는 '恍惚'에도 쓰이고 '惱'의 속자로도 쓰이는 것이다. 본 사권에서 '惱'자는 대부분 '惚'로 쓰여 있다. 劉凱鳴은 '惚'이 '惱'를 잘못 쓴 것이라 했으나, 꼭 그렇다고 할 수는 없다.

199 【王文才】'辨心'은 宋元대에 흔히 쓰던 말인 "辦着志誠心"이며 '辦'은 '辨'으로도 쓴다. 【校注】'辨'은 '辦'과 같으며 '있다, 갖추다'의 의미이다. S.328「伍子胥變文」: "各辦殺心, 終無退意"에서 '辦' 역시 '있다, 갖추다'의 의미이다.

200 '摩'를 【任錄】은 '磨'로 고쳤다. '摩'는 '磨'와 비슷한 음으로 뜻이 통하므로 굳이 고칠 필요가 없다. 劉凱鳴은 '摩'가 '魔의 동음가차자라 했으나, 확실치 않은 의견이다.

201 【任錄】은 '花俑移'을 '花筒移'으로 고쳤으나, 이는 근거 없는 의견이다. 【潘校】는 '花偏移'로 고쳤는데 역시 옳지 않은 것 같다. 또 劉凱鳴은 '花俑移'가 '話容易'라는 말을 옮겨 적은 듯하다고 했으나, 이는 더욱 억측에 가깝다. 변문에서 '踊移'와 '勇伊'는 '머뭇거리다, 주저하다'의 의미인데 '俑移'이 '踊移'와 '勇伊'의 또 다른 기록방식이 아닐까 생각된다. '花'자에 대해서는 좀 더 살펴보아야 한다.

어찌 평범한 사람이 깨달을 수 있는 공적이랴. 다만 보살된 자만이 수행할 수 있는 이치로다.

침착하게 수행하여 공적이 어느새 쌓이나니, 반드시 중생과 더불어 번뇌를 제거하리라.

만약 모두 고통에서 벗어나게 하려면, 여의주 구해 얻는 것보다 나은 게 없노라.

바다 용왕의 구슬을 여의주라고 부르는데, 구하는 사람은 천명이지만 얻는 이는 드물다네.

밥을 원하면 맛있는 밥이 쏟아져 내리게 하고, 의복을 원하면 즉각 이름 있는 옷들을 비오듯 쏟아지게 하리라.

알록달록한 비단 옷감 모두 쏟아져 나오게 할 수 있고, 각양각색의 금은 보석 모두 따르리라.

반드시 (꼭 얻겠다는) 결심을 하고 친히 가야 얻을 수 있나니, 이 이름난 태자는 (공덕이 무척 뛰어나) 불가사의할 정도로다.

보살이 행차하여 자비 베푸는데, 보잘것없는 백성들 아무도 알지 못하는구나.

태자의 왕래에 장애나 어려움 없으며, (쌓은) 功德 더더욱 헤아릴 수 없을 만큼 많기도 하구나.

비록 절실한 일이지만 미루고만 있구나. 좋은 일은 시련이 많은 법, 주저하지 말지어다.

걱정하는 것은 중생들이 박복하여, 태자를 만나지 못하고 돌아갈까 하는 것이라네.

신하들이 비록 의견을 내었지만 모두 수준 낮은 것들이라네. 떠나고 머무는 것은 때에 따라 잘 판단해야 하리.

본래 몸의 안락을 추구하는 자는 賞祿이 드문 것이니, 왕이 의심을 하여 재앙을 불러일으키게 하지 마시길.

방황하여 기회를 놓칠까 하는 것만이 걱정하는 것일 뿐, 두려워 식은 땀 흘리면서 교대로 나아가 아뢸 뿐 감히 돌아가지 못하는구나."

태자께서 당시 이 말을 들으시고, 태자의 뜻에 맞는지 맞지 않는지는 장차 唱에 나오리라.

經: 善友太子言:「善哉!善哉!唯此快耳.」卽入王宮, 上白父王. 太子今欲大海採取好寶.[202]

〈經〉 善友太子가 말하였다. "훌륭하도다, 훌륭해! 이 말만이 내 귀를 즐겁게 하는 도다." 왕궁으로 바로 들어가 부왕께 고하였다: "태자인 저는 지금 큰 바다로 나아가 좋은 보물을 찾아오려 합니다."

善友聞此臣說, 忻喜異常. 移時激讚於善哉, 累顧稱揚於快耳. 再三感謝, 實是智人. 不覺擧身, 合掌偈讚:

선우태자는 이 신하의 말을 듣고 무척 기뻐하였다. 돌아갈 때 훌륭하다고 칭찬을 하고, 귀를 즐겁게 해주었다고 거듭 칭찬을 하였다. 거듭 감사를 하며 실로 지혜로운 사람이라 하였다. 자신도 모르게 몸을 일으켜 합장을 하며 偈讚을 읊었다.

方信朝庭有智人, 此之高計[203]未曾聞.
菩提路上逢良友, 熱惱城中睹惠雲.[204]
實爲共心修利濟, 眞名同力救沈淪.
願吾來往無摩(磨)難, 分一半功能奉獻君.

"이제야 조정에 지혜로운 사람 있음을 알았으니, 이러한 고명한 계책

---

202 『大方便佛報恩經』 경문에는 '太子'자 '子' 한 글자로 되어 있고 '欲'자 아래에 '入'자가 있다. 또 '好寶'는 '妙寶'로 되어 있다.

203 原卷에서는 '計'자를 '糸' 편방으로 썼다. 이는 초사자의 실수인 듯하다. 여기서는 【任錄】의 교기를 따랐다.

204 '熱惱'는 原卷에 '[illegible]'로 되어 있는데, 또 다른 俗書(俗字, 당시 세속에서 사용하던 글자)인 듯하다.

은 여태껏 들어본 적 없네.

깨달음의 길에서 좋은 친구를 만나고, 번뇌의 성에서 지혜의 구름 보았네.

실로 마음을 같이하며 수양하여 중생을 이롭게 하고, 진실로 힘을 합쳐 중생들을 윤회의 苦海에서 건지려는데 목표를 두네.

원컨대 내가 오고 가는데 어려움이 없기를 바라나니, (보물을 찾는 공덕이 이루어지면) 공덕을 반으로 나누어 군왕께 바친다네."

善友太子說偈纘(讚)已, 卽入王宮, 白父王, 曰:「我爲濟貧, 開王庫藏; 又恐虛竭, 不欲破除.[205] 旣乏力而無門, 願入海而求寶. 請王教去, 不要憂煩. 遠至半年, 便卽朝覲.」

선우태자는 偈讚을 마치고 왕궁으로 들어가 부왕께 고하였다:"저는 가난한 이를 구제하기 위해 부왕의 창고를 열었는데, 창고가 텅텅 빌까 두렵습니다. (창고의 물건을) 다 쓰지 않으려 하나 힘도 모자라고 방법도 없기에 바다로 들어가 보물을 구하길 원합니다. 청컨대 왕께서는 (저를) 보내 주시고, 걱정하지 마시기 바랍니다. 길어야 반년이면 조정에서 뵈올 것입니다.

我今入海求珠寶, 普向閻游濟孤老.
大把憂煎與改移, 廣將貧困令除掃.
日不遙, 人滿道, 除分[206]行裝便應到.
特故朝參辭父王, 願王令去無憂惚(惱),
坦然平道並無山, 商侶[207]稠盈不至難.

205 '破除'는 '낭비하다'의 의미이다.『敦煌社會經濟文獻眞跡釋錄』第一輯「戊辰年正月卄四日旌坊巷女人社社條」:"全不來者, 罰酒半瓮, 衆團破除." 또「乙卯年四月一日佛堂修圓衆社破除名目」:"乙卯年四月一日, 佛堂修圓衆社破除名目如後:平章疆地破粟五斗, 截堤破麥陸斗…….."

206 【潘校】는 '隨'를 '除'로 잘못 보았다. '隨分'은 '마음대로, 건성건성'의 의미이다.

去約數旬摸(謀)採訪, 來朝半歲便歸還.

何消驛遞排家饌, 自有程糧逐意餐.

只願父王深體察, 莫將憂惚(惱)作遮攔.

保持平善卻歸迴, 必沒龍神與作災.

損物人心終致患, 利生天眼筭應開.[208]

稍寬日月時通信, 暫假恩情莫縈懷.

想得父王聞者語, 大應不樂也唱將來.

"나는 지금 바다로 들어가 보물을 구하네. 널리 인간세계를 향해 고아와 노인을 구제하네.

크게 번뇌를 잡아 없애고, 널리 빈곤을 제거하네.

날이 멀지 않았네, 사람들이 道의 길에 가득할 날이. 대충 행장을 꾸려도 (大海에) 곧 닿을 것이네.

특별히 조정에 참석해 부왕께 아뢰는 것이니, 원컨대 왕께서는 보내주시고 걱정하지 마시길.

평탄한 길만 있고, (험난한) 산은 없네. 상인 동료가 많아 어려움에 처하지 않네.

떠나서 수십일 정도면 도모하여 찾아 구하고, 조정에는 반년이면 돌아오네.

어찌 역참에 왕궁의 盛饌을 차려 놓을 필요가 있으리요? 스스로 여행 식량을 지녀 배고프면 먹는다네.

다만 부왕께서 깊이 굽어 살피셔서, 걱정 끝에 막지만 않기를 바랄 뿐.

평소의 훌륭함을 보존하여 (아무 일 없이) 돌아오려니, 분명 龍神과 재난을 만드는 일은 없을 것이라네.

재물을 잃으면 인심은 끝내 환난에 이르고, 중생을 위해 이익을 구하면 응당 天眼이 열리리라 여겨지네.

---

207 '商侶'는 '商旅'로 읽어야 한다. 아래도 마찬가지다.

208 原卷의 '開'자를 【白錄】과 【任錄】은 '閑'자로 고쳤으나, 이는 분명치 않은 의견이다.

세월이 조금 지나면 소식이 있을 테니, 잠시 恩情을 바라나니 부디 가슴에 매어두지 마시길.

(설창자인 내가) 생각건대 부왕께서 이러한 말들을 들으시면, 분명 즐거워하지 않으실 텐데 (그에 대해서는) 장차 창에 나오리라.

經: 王聞此[語],[209] 譬如人噎,[210] 亦不得咽, 又不得吐. 語太子言: 「國是汝有, 庫藏珍寶, 隨意取用. 何爲方便,[211] 自入大海. 汝爲吾子, 生長深宮, 臥則帷帳, 食則恣口. 言今者遠涉途路, 饑渴寒暑毒, 誰得知者! 又復大海之中, 衆[難][212]非一. 或有惡[鬼][213]毒龍, 湍浪猛[214]風, 迴波涌復,[215] 水泡之山, 摩竭大魚, 往者千萬, 達者一二. 汝今云何欲入大海, 吾不聽汝.」

〈經〉 왕은 이 말을 듣고 (괴로워) 마치 목이 메어 삼키지도 뱉지도 못하는 것 같았다. (그래서) 태자에게 다음과 같이 말하였다: "이 나라는 너의 것으로 국고의 진귀한 보물도 네 마음대로 쓰게 하였다. (그런데) 어이하여 큰 바다로 뛰어들 생각을 한다는 말이냐? 너는 내 자식이 되어

209 '語'자는 『大方便佛報恩經』의 경문에 근거하여 채워 넣었다.

210 '噎'의 오른쪽 편방이 原卷에는 '靑'자처럼 쓰여 있다. 첫 획이 비슷해 잘못 써버린 것 같다. 【潘校】는 이를 '噎'로 정확하게 보았으며 『大方便佛報恩經』 경문도 바로 '噎'자로 되어 있다. 【任錄】과 【白錄】은 '喑'자로 보았으나, 이는 옳지 않다.

211 '方便'은 형용사 상황어로서 '방법을 생각해내다'의 의미이다. 「韓擒虎話本」: "單于亦見, 忽然大怒, 處分左右, 把下王子, 便擗腹取心. …… 天使亦見, 仿(方)便來救"의 '方便'도 같은 의미이다.

212 '難'자는 『大方便佛報恩經』의 경문에 근거하여 채워 넣었다. 이 구를 【任錄】은 '□衆非一'이라 쓰고, 【白錄】은 '衆非' 두 글자로 써서 모두 위 구에 붙여서 읽었으며, 유개명은 다시 '衆非'를 '濈水'의 오자로 보았으나, 모두 확실치 않은 의견들이다.

213 '鬼'자는 『大方便佛報恩經』의 경문에 근거하여 채워 넣었다.

214 '猛'자는 原卷에 글자 오른쪽 부분이 '孟'로 되어 있다. 이 역시 俗字인 듯한데, 【任錄】에 의거하여 수정하였다.

215 '復'은 '澓'으로 읽어야 한다. 『大方便佛報恩經』 경문에는 바로 '澓'자로 쓰여 있다. '澓'은 '돌아 흐르다'의 뜻이다. 【任錄】은 '復'을 '覆'으로 고치고 【白錄】도 이를 따랐으나, 이는 옳지 않다.

깊은 궁궐에서 나고 자라 잠은 비단 장막에서 자고 음식은 입에 맞는 것만 먹었다. 지금 먼길을 떠난다 하는데 배고픔과 목마름, 추위와 더위를 그 누가 아리! 또한 大海로 가는 데는 어려움이 한두 가지가 아니다. 혹 악귀와 독용이 있어 狂風을 일으켜 파도치게 하고 거센 소용돌이를 일으킬 수 있다. 또 그 높은 물거품 속에 摩竭大魚가 있을 수도 있다. 떠난 자는 많으나 도달한 자는 한둘이다. 너는 지금 어떤 목적을 위해 대해에 간다 하지만 나는 허락하지 않겠다."

佛報恩經第七 (『불보은경』 제7)

報恩經第十一 (『보은경』 제10)

經 : 得到此岸, 見弟惡友, 問言 :「汝徒儻(黨)[216]伴侶今何所在?」
〈經〉 이쪽 언덕에 다다라 동생 惡友를 보고 (다음과 같이) 물었다 : "너희 일행들은 지금 어디 있느냐?"

善友旣蒙龍王差鬼兵送出海岸, 送已卻迴. 見弟惡反, 問 :「五百商人, 今在何處?」
下經答云 :「善友! 船舫沈[沒],[217] 一切死盡, 唯弟一身牽持死屍得全濟, 衆伴財貨一切已盡.」
善友는 이미 용왕이 보낸 鬼兵의 (도움으로) 해안으로 나올 수 있었고, (선우태자가 바다에서) 나오자 (귀병들은) 돌아갔다. 동생 악우를 보고 (다음과 같이) 물었다 : "오백 명의 상인은 지금 어디에 있느냐?"
다음 경에서 (다음과 같이) 답하였다. "선우 형님! 배가 침몰하여 모두 죽었는데 오직 저 한 몸만이 시체에 의지해 온전할 수 있었고, 동료들

216 【任錄】은 '儻'을 '黨'으로 옳게 보았다. 『大方便佛報恩經』에도 '黨'자로 쓰여 있다.
217 『大方便佛報恩經』 경본에는 '沈'자 아래에 '沒'자가 있다.

의 재물은 (물에 빠져) 모두 없어져 버렸습니다.

偈云:

短壽長年莫定論, 煙濛咫尺豈能分.

久諳[218]舡舫由(猶)爲可, 乍見波濤必喪魂.

翻覆任言天上寶, 傾危何管國中尊.

諸多商侶皆沈沒, 唯我修心偶得在(存).

偈에서 (다음과 같이) 읊고 있다.

"목숨이 길고 짧음에 대해 확정적으로 이야기하지 말기를. 안개가 자욱하니 지척인들 어찌 분간할 수 있으랴.

한참 동안 배에 별 문제 없다고 알고 있었는데, 잠깐 파도를 만나 모두 죽은 혼 되었구나.

(배가) 뒤집어짐에 어찌 하늘의 보물을 말할 것이며, 위험에 빠지니 어찌 나라의 보물을 신경쓸 수 있겠는가?

여러 상인 동료들은 모두 물에 빠졌고, 오직 나만이 마음을 다스려 우연히 살게 되었네.

善友聞已曰:「深喜深喜, 財寶閑事. 天下所重, 莫若己身, 但得身安, 何愁珠玉.」惡友曰:「我卽不爾, 今願富死, 不貧而生. 何以得知? 我曾至塚間, 聞諸屍鬼, 作如是論, 我所重寶, 不能重身.」云云

經意元是誘兄珠之去處矣.

선우가 (이를) 듣고 말하였다: "기쁘구나, 매우 기뻐. 보물은 중요하지 않은 것[219]이란다. 하늘 아래 귀한 것으로 자기 몸만한 것이 없는 법이란다. 몸이 무사하기만 하면 됐지 어찌 珠玉을 걱정하느냐." 악우가 말하였다: "나는 당신(형님)과 다르오. 지금 부자로 죽기를 바라지 가난한

218 '諳'자가 原卷에는 '涪'으로 쓰여 있다. 여기서는 【任錄】의 교기를 따라 옳게 고쳤다.

219 閑事: 대수롭지 않은 일.

채 살기를 바라지는 않아요. (이 사실을) 어디서 알았는지 (아세요)? 내가 이전에 무덤들 있는 곳에 가서 여러 귀신들이 하는 이야기를 들었는데 이와 같이(나처럼) 이야기합디다.[220] 내가 중히 여기는 것은 보물이지 몸이 아니에요."

경의 의미는 원래 (악우가) 형을 유혹하여 구슬의 행방을 알려는 것이다.

偈告兄曰:

兄見珠金實等閑, 我於此捨最爲難.

有財到國意方滿, 空手卻歸心總闌.

是事不知長似鈍, 見人少語也成煩.

爭如富貴身終歿, 大勝貧窮住世間.

偈에서 형(선우)에게 알린다:

"형은 구슬과 금 보기를 실로 하찮게 여기나, 나는 이번의 버림(물에 보물을 빠뜨린 것)을 가장 힘들게 여기네.

재물을 가지고 나라에 도착하여야 (내) 마음이 만족할 텐데, 빈손으로 돌아간다면 마음은 끝내 낙담을 할 것이라네.[221]

(형은) 모든 일을[222] 모르고 둔한 듯한데, 사람들을 만나도 말을 적게 하는 것 역시 번거롭다네.

부귀한 몸으로 세상을 마치는 것이, 가난하게 세상에 머무르는 것보

220 이 이야기는 『大般涅槃經』 卷31에 나온다: 비유건대 어떤 사람이 빈궁하여 고생이 되기에 무덤에 이르러 죽은 시체의 손을 잡고 말하였다: "당신이 지금 나에게 죽음이라는 즐거움을 준다면 나는 당신이 비록 가난하지만 살아갈 수 있도록 해주겠소." 이때 시체가 바로 일어나며 가난한 자에게 말하였다: "착한이여, 빈궁한 삶은 당신이나 가지시오. 나는 지금 매우 안락하오. 이와 같은 죽음의 안락을 원하지 당신처럼 빈궁하게 살고 싶지는 않소."(譬如有人, 貧窮困苦, 至塚墓間, 手捉死屍, 而作是言: "願汝今者施我死樂, 我當施汝貧窮壽命." 爾時死屍便卽起坐, 語貧人言: "善男子, 貧窮壽命, 汝自受之. 我今甚樂, 如是死樂, 實不欲汝貧窮而生.")

221 闌(난): '다하다(盡)'의 의미로 여기서 나오는 '心闌'은 실망, 낙담의 뜻이다.

222 是事: 凡事, 모든 일.

다 훨씬 좋다네."[223]

善友心信質直, 所貴安在[224]弟意. 恐海中沈卻珍寶, 倍生惆悵. 尋與弟曰:「汝不要惆悵, 沈沒舡舫, 極是閑耳. 吾已得龍王如意寶珠.」惡友尋問兄曰:「珠今在何處?」答曰:「吾得寶珠, 見在髻內. 朝昏守護, 動止隄[225]防. 貴滿父母之憂憐, 兼救生靈之貧困. 助弟喜慶, 莫至勞心. 雨得寶時, 大家富貴.」

선우는 마음이 신의가 있고 바탕이 곧아 동생의 마음을 위로하는[226] 것을 귀히 여겼다. (선우가 생각하기에 동생의 마음은) 바다에 빠진 것이 (동생 자신이 아니라) 보물이어서 슬픔이 두 배가되는 것이 아닌가 하였다. (이에) 동생에게 물었다: "슬퍼할 필요가 없어. 배가 가라앉은 것은 아주 사소한 일일뿐이야. 내가 이미 용왕의 如意珠를 얻었어." 악우는 형에게 물었다: "여의주는 지금 어디 있어요?" 답해 말했다: "나는 여의주를 얻어 상투 안에 두었다. 아침 저녁으로 지키고, 자나 깨나 조심하자. 부모님의 걱정을 덜어드리고 백성들의 빈곤을 구제하는데 힘쓰도록 하자. 너에게 기쁜 일이 생긴 것을 축하하니[227] 걱정하지 말거라. 보배가 비오듯할 때면 모두 부유해 질 것이다.

寶珠常在我頭髻, 今日分明言告弟.
暮去朝來受苦辛, 勞心在意須藏閉.

---

223 大勝~: 비교급으로 쓰여 '~'보다 훨씬 좋다는 의미.

224 【潘校】는 '在'를 '存'으로 고치고 "所貴安存弟意" 여섯 자를 붙여서 읽었다. 여기서는 이 교기를 따랐다. '所貴'는 '所欲'이고 '安存'은 '安撫'이다. 「捉季布傳文」: "若有片雲遮頂上, 楚將上來總安存."

225 『廣語』「齊韻」: "隄, 防也." 【任錄】은 '隄'를 '提'로 바꾸고 【潘校】는 이를 따랐으나, 옳지 않은 교기이다.

226 安存: 위로하다.

227 助: '축하'의 의미. 즉 악우가 재물을 잃긴 하였으나 여의주를 얻은 것을 축하한다는 의미.

雨珠金, 弘救濟, 平等利生除困弊.

莽鹵[228]人來莫遣知, 免遭劫奪違言誓.

此來已是有前期, 蔟蔟行程必不遲.

每憶當初辭國出, 豈望今際得珠歸.

傾心大作弘慈憫, 雨寶偏能救困[229]危.

除卻路途分付弟, 別人借問莫教知.

謂(爲)之悲喜兩盈懷, 大願今朝已允諧.

旣有難思珠內寶, 何須戀著海中財.

希求分外深爲錯, 散失尋常不足哀.」

惡友聞兄如此說, 等應設計也唱將來.

"여의주는 항상 내 상투에 있다고, 오늘 분명히 동생에게 말해주네.

저녁이 가고 아침이 오면서(세월이 지나면서) 고생하였지만, 마음에 있던 걱정은 없애야 하리.

보물이 비오듯하여 널리 (백성을) 구제하고, 이득을 똑같이 하여 가난을 없애리.

사람들이 오더라도 아무 것도 아닌 것처럼[230] 알려주지 않아야, (여의주를) 빼앗겨 맹세를 어기는 것을 피할 수 있으리라.

여기까지 온 것은 이미 기한보다 빠른 것이니, 빽빽한[231] 여정(이 남았지만) 분명 늦진 않으리.

매번 처음에 나라를 떠나올 때를 생각해보면, 어찌 지금 여의주를 구해 돌아가는 것을 바랄 수 있었던가!

---

228 原卷에서는 '莽'이 '艹' 아래 '奔'자를 쓴 모양이다. 이는 '莽'의 속자이다(『干祿字書』 참고). 또 原卷에서는 '鹵'자 위에 '艹'를 붙였는데, 이는 '莽'자를 보고 편방을 덧붙인 것이다. 【白錄】은 이를 '蓊'으로 잘못 보았다. '莽鹵'는 조악하고 거칠다는 의미이다.

229 原卷의 '困'자를 【潘校】는 '國'으로 잘못 보았다.

230 莽(원래 글자는 '莽'字 중간에 '十'이 있음) : '莽'의 속자로 '莽魯'는 '건성건성 하다, 소홀하다'의 의미.

231 簇簇(족족) : '빽빽하게 많이 모인 모양'을 형용하는 것인데, 여기서는 '여정이 아직도 많이 남아있다'는 의미로 쓰였다.

마음을 기울여 넓은 자비를 베풀고, 보물 비를 내려 곤궁함을 두루 구제할 수 있네.

길가다 생길 어려움 제거하고자 동생에게 분부하건대, 다른 사람이 묻거든 알려주지 말기를.

희비가 모두 가슴에 가득하였는데, 큰 소원이 오늘 이미 이루어졌네.

대단한[232] 보물을 이미 얻었는데, 어찌 바다에 빠진 재물에 연연해하는가.

자신의 몸 이외의 것을 바라는 것은 아주 잘못된 것으로, 평범한 것을 잃은 것은 슬퍼할만한 것이 못되는 것이네."

악우는 형이 이렇게 말하는 것 듣고, 음모를 꾸며내는데 (이에 대해서는) 장차 창에 나오리라.

經: 弟聞是語, 心生嫉妬, 憂恚懊惱. 作是念言: 父母而[□](常)偏心愛念, 今復更得摩尼珠寶.[233] 我身今者父母惡賤, 甚於瓦礫.

〈經〉 동생은 이 말을 듣고 마음 속에 질투심이 생겨났고 근심에 잠기게 되었다. 속으로 다음과 같이 생각을 하였다: '부모님께서는 항상 형을 편애하셨는데, (형은) 지금 또 여의주를 구했다. 이 내 몸이 지금 부모께 천대받는 것은 기왓장이나 조약돌의 처지보다 심하다.'

惡友因此念云云,[234] 遂重起念偈:

善友承恩衆具瞻, 頭頭[235]憐惜認憎添.[236]

232 難思: 不可思議와 같은 용법으로 여기서는 '대단한'의 의미로 쓰였다. 佛經에서 極贊할 때 쓰는 단어이다.

233 '常'자는 『大方便佛報恩經』의 경문에 근거하여 채워 넣었다. 또 경문에서 '更'자는 '如'로 '珠寶'는 '寶珠'로 되어 있다.

234 原卷에는 '念'자 아래에 생략부호가 있다. 이는 '云云'이라는 말을 생략한 것이다. 본 사권에서는 말이 아직 다 끝나지 않았음을 대부분 생략부호로 표시하고 있다. 【白錄】과 【潘校】는 '念念'으로 썼으나, 이는 확실치 않다.

235 '頭頭'의 '豆' 편방이 原卷에는 '巨'자 모양으로 되어 있다(俗書에서 '豆' 편방은 '巨' 편

行時嬪採千花從, 臥則帲帷百寶嚴.[237]

未到先排珂貝倚,[238] 遙來已卷水精簾.

此時更得朱(珠)歸去, 看我如冤轉被嫌.

惡友는 이로 인하여 거듭 고심하다가 마침내 (한 가지 묘안을) 생각해냈다. (이에) 偈로 (다음과 같이) 읊었다:

"善友가 은혜를 베푸니 모두들 그를 우러러보며, 사람들은 제각기 그를 아끼며 더더욱 인정을 하는구나.

나다닐 때에는 온갖 꽃으로 장식한 궁녀들이 뒤따르고, 누워있을 때에는 보석을 드리운 병풍이 겹겹이 에워싸네.

(외출하여) 도착하기 전에 미리 소라로 장식한 의자[239]를 배열해 놓으며, 노닐다 돌아오면 이미 수정의 주렴을 걷어올려 놓았네.

이때에 다시 구슬을 얻어 돌아간다면, 나를 보기를 원수같이 하여 더욱 미움을 받으리라."

纔自語心偈已, 尋起合掌白兄曰:「快善![240] 甚善! 得此寶珠. 今此險路, 宜加守護.」云云. 善友直心, 語惡友曰:「外(收)[241]取此珠, 勤加保護. 我若歇息, 汝宜看之; 汝若睡眠, 我自看守.」如是數日相隨, 皆

방과 섞여 쓰인다).【任錄】과【白錄】은 이를 '頤頤'로 잘못 보았다. '頭頭'는 '事事, 時時, 處處'와 같은 말이다. 아래의 "事事憎嫌非此世, 頭頭毀罵出多生"에서 '頭頭'와 '事事'는 같은 의미로 짝을 이루고 있다.

236 【王文才】'認憎添'는 '恁增添'이 되어야 할 것 같다.

237 '嚴'자가 原卷에는 알아보기 힘들게 쓰여 있다. 여기서는【任錄】의 교록을 따랐다.【白錄】은 '廚'로 쓰고 유개명은 이를 다시 '簟'로 고쳤으나 옳지 않은 것 같다.【潘校】는 '兼'으로 보았는데 역시 옳지 않은 것 같다.

238 【潘校】는 '倚'를 '椅'로 고쳤다. 宋 黃朝英『靖康緗素雜記』卷3의 "今人用倚卓字, 多從木旁. …… 倚卓之字, 雖不經見, 以鄙意測之, 蓋人所倚者爲倚, 卓之在前者曰卓"라는 기록을 볼 때 위의 '倚'자는 굳이 고칠 필요가 없다.

239 珂貝倚(가패의): 소라 장식으로 만든 의자. '倚'는 '椅'의 本字이다.

240 '快善'이『大方便佛報恩經』경본에는 '快哉'로 되어 있다. 또 '善'자는 아래의 '善'자를 보고 잘못 쓴 듯하다.

241 【任錄】은 '外'를 '收'자로 옳게 보았다. '外'의 속자가 '收'가 비슷해 잘못 쓰기 쉽다.

如前說.

스스로 마음 속의 생각을 偈로 다 말하고 나서 형을 찾아 합장하고 다음과 같이 말하였다: "좋은 생각이에요! 아주 좋은 생각이에요! 이 여의주를 얻었는데 지금처럼 험한 길에서는 응당 이 구슬을 잘 지키고 보관해야 하죠." 善友는 곧은 마음으로 惡友에게 말했다. "이 구슬을 얻었으니 잘 지키고 보관해야 한다. 내가 쉴 때에는 네가 마땅히 그것을 지키고, 네가 잠을 잘 때에는 내가 돌보겠다." 이와 같이 여러 날을 함께 동행하면서 전에 얘기했던 것처럼 구슬을 교대로 보관하였다.

寶珠解下汝收取, 在意著心勤守護.
行座(坐)專專共保持, 睡眠好好相分付.
防惡人, 看險路, 見聞覺知必嫉妬.
忽然參差失墜他, 擬於何法申論訴.[242]
此珠希有實[243]難求, 不是龍王不易留.
汝睡必兄專意護, 我眠託弟著心收.[244]
惡人奸巧爭無計, 嶮路[245]崎嶇未免憂.
必若因循[246]遭失墜, 檀陂(波)羅蜜大難修.
莫眠莫慢莫遲迴, 莫信因循莫妄推.

242 原卷에서 '訴'는 '言' 편방이 '片'으로 되어 있다. 이는 '訴'의 속자이다. 「魏孝文帝吊比干文」에도 '訴'자가 이런 모양이다.

243 '實'이 原卷에는 편방을 생략한 '貫'자로 되어 있다. 여기서는 장예홍의 교기를 따라 '實'로 썼다. 【白錄】은 '貫'을 '慣'으로 고치고 【任錄】은 '世'로 고쳤으나 모두 옳지 않은 것 같다.

244 '收'는 原卷에 '収'로 되어 있는데, 아마도 '收'자의 착오인 듯하다. 여기서는 【任錄】에 따라 '收'로 고쳤다. 【劉凱鳴】에 따르면, '守'로 써야 하는데 확실하지 않다.

245 【任錄】은 '嶮路'를 결문으로 처리했다. 왕문재는 위의 "今此險路宜加守護"에 근거하여 결문이 '險路'인 것 같다고 했다. 이는 정확한 의견이다. 原卷에서 '險'자는 왼쪽 편방이 '山'으로 되어 있고 오른편은 대단히 알아보기 힘들다. '路'자는 오른편이 초서로 쓰여 있는데 위에 나온 '險路'의 '路'자와 같은 모양이다.

246 '循'이 原卷에는 '修'로 되어 있고, 왕문재는 이를 '循'자로 정확하게 고쳤다.

莫遣違心於[247]弟誤，莫教失事把兄猜.[248]

幾多孤老希今力，無限貧窮望此財.

如是相隨經數日，到[249]阿誰看守也唱將來.

"보배로운 구슬을 (내가) 풀어놓으면 네가 거두어 보관하며, 온 마음을 다해 잘 지키고 보관한다네.

길 나서 앉아 쉴 적에는 전심전력으로 함께 보호하고, 잠을 잘 적에는 애지중지 서로 교대하며 지키네.

악한 사람을 막아내고 험한 길에 잘 간수하니, 보고 들었거나 아는 사람은 반드시 질투하리라.

뜻밖에 실수하여 그것을 떨어뜨린다면, 어느 법에 의지해 의논하고 하소연 하리요.

이 구슬은 희귀하여 실로 구하기 어려운지라, 용왕이 아니었다면 쉽사리 얻지 못했으리라.

네가 잠들면 반드시 형인 내가 정성껏 보호하고, 내가 잠들면 동생에게 맡겨 잘 간수하게 하네.

악한 사람 간악한 기교로 어찌 빼앗을 궁리하지 않으랴. 가파른 길 험난하니 안심할 수 없구나.

만약[250] 소홀히[251] 하여 떨어뜨리는 날이면, (널리 대중을 구하려는) 보시의 수행은[252] 아주 어렵게 되리라.

---

247 '於'는 原卷에 '扵'로 되어 있는데, '將'자의 착오로 의심된다. '將'과 '把'는 짝을 이루며 의미가 동일하다. 앞 문장에 "大把憂煎與改移, 廣將貧困令除掃"라는 구절이 있고 여기서도 '將'과 '把'가 짝을 이루고 있는 것이 그 증거이다.

248 '猜'가 原卷에는 '猴'처럼 쓰여 있는데 아무래도 편방이 같아서 잘못 써버린 것 같다. 여기서는【任錄】의 교기를 따라 '猜'로 고쳤다.【白錄】은 '候'로【潘校】는 '挨'로 보았으나 모두 옳지 않은 것 같다.

249 原卷에서 '到'자는 위의 '日'자에 바로 붙어 초사되어 있다. 여기서는【潘校】의 교기를 따라 아래에 붙여 읽었다.

250 必若 : 만약.

251 因循 : '건성건성, 대강대강'의 의미.

252 檀波羅蜜(단바라밀) : 布施를 뜻한다. '檀'은 '檀那'의 줄임으로 보시의 音譯이다. 보시

졸지 말고 경솔[253]하지 말며 지체하지 말라, (남을) 함부로 믿지 말고 망령되이 (서로에게) 미루지 말라.

마음이 맞지 않다고 동생에게 실수를 범하게 하지 말며, 일을 그르친 것을 형에게 미루지 말라.

많은 고아와 노인은 지금 (이 구슬의) 도움을 희망하며, 수많은 가난한 사람들도 이 재물을 바라고 있다네."

이와 같이 동행한 지 여러 날이 지났는데, 언덕에 이르러 누가 지키는지는 장차 唱에 나오리라.

經 : 爾時惡友次應守珠, 其兄眠臥, 卽起求[254]二乾竹刺兄兩目, 奪珠而去.

〈經〉 이때 惡友는 순서에 따라 여의주를 지켜야 했는데, 그의 형이 잠들어 눕자 곧 일어나 두개의 마른 대나무를 구해 형의 두 눈을 찌르고는 여의주를 빼앗아 갔다.

惡友設計, 算兄睡著, 次當守珠. 求二乾竹片.[255]

악우는 음모를 꾸며 형이 잠들 때를 계산하고, 여의주를 지킬 순서가 되자 두개의 마른 대나무를 구했다.

偈曰 :

道途辛苦睡深更, 善友沈然夢寐成.

는 '六波羅蜜(生死의 바다에서 涅槃의 彼岸으로 도달하는 여섯 종류의 수행방법)' 중의 하나로, 이에 檀波羅蜜(보시를 통해 해탈을 하는 방법)이라 한 것이다.

253 慢 : 懶怠, 輕率의 의미.

254 【劉凱鳴】 '求'는 음이 비슷한 '取'를 잘못 쓴 것으로 봐야 한다. 아래의 "取二竹枝簽眼損" 구를 보면 알 수 있다. 【校注】 '求'자는 틀리지 않다. 『大方便佛報恩經』에는 '求'자로 되어 있으며 아래의 "求二乾竹片"도 '求'자로 되어 있다.

255 原卷에는 '片'자가 초서로 쓰여 있는데 【白錄】은 이를 '行'자로 잘못 보았다.

上士[256]保持雖意在，惡人計校已心生.
酌量地里[257]應難趁，顧望天何(河)必未明.
取二竹枝簽[258]眼損，偸珠連夜發先行.
偈에서 다음과 같이 읊고 있다:
여정이 힘들면 잠은 더욱 깊이 드는 법, 선우태자는 깊은 잠에 빠져 들었네.
보살(선우태자)[259]이 비록 지키려 마음먹었으나, 악인의 計謀는 이미 마음 속에서 생겨났네.
지리 헤아려 보니 쫓아가기 어렵고, 天河 올려다보니 분명 날은 밝지 않았네.
두개의 날카로운 대가지로 눈을 상하게 하고,[260] 여의주를 훔쳐 밤새 도망을 가네.

善友旣被簽目損，連喚惡友名字:「惡友! 惡友! 此有大賊，損我兩目.」不知已先去矣. 旣喚不應，又更大聲唱叫:「惡人! 惡人! 我目已損，若要珠，任將去. 莫損我弟，我弟癡幼.」望空叫喚，語賊曰:
선우태자는 눈을 찔리고 나자 계속하여 악우의 이름을 불렀다: "악우야! 악우야! 여기에 도적놈이 있어 내 두 눈을 상하게 했구나." (악우가) 이미 떠난 것을 알지 못했다. 불러도 대답이 없자, 또 더욱 큰 소리로 불러댔다. "惡人이시여! 악인이시여! 내 눈은 이미 상했으니, 만약 여의주를 원한다면 마음대로 가지고 가고, (다만) 내 동생만은 상하게 하지

256 '士'가 原卷에는 '土'로 쓰여 있다. 여기서는【任錄】의 교기를 따라 옳게 고쳤다. 돈황 사본에서는 '土'자를 대부분 '圡'자로 써서(본 편도 마찬가지다) '士'자와 구분하고 있다. 그러나 위의 '土'자는 '圡'로 쓰여 있지 않다. 아무래도 초사자가 '士'자를 잘못 쓴 것 같다. '上士'는 불경에서 보살을 칭할 때 쓰는 말이다.
257 '地里'는 '地理'가 되어야 한다.
258 『正字通』: "簽, 同籤." 아래의 "乾竹籤刺, 無人爲拔"에는 '籤'자로 되어 있다.
259 上士: 菩薩의 별칭으로 여기서는 선우태자를 가리킨다.
260 簽(첨): '날카로운 물건으로 사람을 찌르는 것'을 의미함.

말아주시오. 내 동생은 (아직) 어리고 세상물정을 모른 다오." 허공에 대고 불러대며 도적에게 말하였다:

海寶摩尼一任將, 自緣不解別收[261]藏.
卻憂我弟年癡騃, 伏願慈悲莫損傷.
"바다 보물 여의주는 마음대로 가져가시오. 내 緣이 닿지 않아 (여의주를) 지닐 수 없나 보오.
걱정하는 것은 내 동생이 어려서 세상물정을 모르니, 엎드려 바라건대 자비를 베풀어 해치지 말아 주시길."

如是叫喚求囑, 亦無人應, 逡咸(感)樹神云云.[262]
故下經云: 如是高唱, 聲動神祇, 經久不應. 爾時樹神卽發聲言:「汝弟惡友是汝惡賊, 刺汝兩目, 持珠而去, 汝今喚惡友[□](何)[263]爲?」
이와 같이 불러대며 부탁하였으나 역시 아무도 대답을 안하였다. 마침내 樹神과 감응을 하였는데, 아래의 경에 다음과 같이 이야기하고 있다.
이와 같이 큰 소리로 불러대자, 소리가 神明[264]을 움직였으나 오래도록 응답이 없었다. 이때 樹神이 소리를 내어 말하였다: "당신의 아우가 바로 당신의 惡賊으로, 당신의 두 눈을 찌르고는 여의주를 가지고 가버렸소. 당신은 지금 악우의 이름을 불러 무엇 하자는 것이요?"

以偈告曰:

261 '收'는 原卷에 '**权**'로 되어 있는데, '收'자의 俗字이다.【白錄】은 '權'으로 적었는데 오류다.
262 原卷을 보면 '樹神' 아래에 점이 세 개 있는데 이는 '云云'은 간략히 쓴 것이다.【白錄】은 이를 '樹神'의 중복부호로 잘못 보았다. 위의 "次當守珠云云"에서 '云云'도 생략부호로 쓰여 있다.
263 '何'자는 『大方便佛報恩經』의 경문에 근거하여 채워 넣었다.
264 神祇(신지): '神'은 天神이고, '祇'는 地神이다.

不在高聲唱叫頻, 更深空使動龍神.

偸珠將去非珠願, 損汝眼傷是汝親.

休費語言求彼命, 謾[□]恩愛惜他身.[265]

要知賢弟今消息, 便是將筌(簽)下手人.

偈로 다음과 같이 고하였다:

"(악우가) 없는데도 큰 소리로 자주 불러대어, (악우는 안 나타나고) 헛되이 龍神을 움직이게 하였네.

여의주를 훔쳐 간 것은 여의주를 원해서가 아니고, 당신의 눈을 상하게 한 것은 바로 당신의 혈육이라오.

그의 목숨을 구해달라고 헛되이 말하지 마시길, 恩愛를 배반하였는데 (오히려) 그의 몸을 걱정한다네.

만약 동생의 지금 소식을 알고자 한다면, 바로 대나무 가지로[266] 일을 벌인 사람이라오."

善友曰:「苦哉! 苦哉! 何知此事!」

선우가 말하였다: "괴롭도다! 괴로워! 어찌 이런 일이 있을 줄 알았겠는가!"

仰天深夜倍號哭, 雙眼痛兮痛難觸.

不易知他嫉妒情, 如何拔得乾枯竹.

何怨酬(仇), 何骨肉, 合面草頭[267]血流漉.

比者將爲眞弟兄, 誰知有此心中毒.

265 原卷의 '身'자는 알아보기가 힘들다.【白錄】은 이를 '人身' 두 글자로 보고 전체 구를 "謾恩愛惜他人身"이라 했으나 이는 옳지 않은 것 같다.

266 簽(첨): 여기서는 '簽'이 명사로 쓰여 '대나무 가지'를 의미한다.

267 原卷의 '頭'자는 왼편이 '巨' 모양으로 되어 있다. 이는 '頭'의 속서이다.【白錄】을 이를 '頤'자로 잘못 봤다. '草頭'는 곧 '풀 위'의 의미이다. 아래 "血隨乾竹草頭霖(淋)"에서 '草頭'도 같은 의미이다.

錯疑錯爲賊來侵, 此行乖差嘆古今.
珠逐惡人星夜去, 血隨乾竹草頭霖(淋).
語多種種傷無盡, 哭斷聲聲痛轉深.
將爲慈悲眞我弟, 誰知懷此毒身心.
和身合面嫩(嬾)能迴, 石作心肝見也摧.
走獸曲蹄咸悵望, 飛禽斂翅盡悲哀.
不唯永夜無辜逝, 兼向長途詑[268]主埋.
惡友旣將珠走去, 還到[269]何國土也唱將來.

하늘을 바라보며 한 밤중에 두 배로 울어대네. 두 눈은 아파 그 아픔 건드리기 힘들 정도라네.

그가 질투하는 것을 쉽게 알 수 없었는데, 어찌하여 마른 대나무 가지를 꺼내들었단 말인가.

무엇이 원수이고, 무엇이 골육인지, 풀 속에서 (사이좋게) 얼굴을 맞대고 있었는데, (어느새 그에게 두 눈을 찔려) 피가 흘러내리네.

본래 진정한 형제가 되려 하였는데, 누가 알았으랴, 그의 마음 속에 독을 품고 있었을 줄을.

도적이 공격을 한 것으로 착각을 하였는데, 이 행동의 어긋남은 古今에 한탄할 만한 일이네.

여의주는 악인이 밤을 틈타 가지고 가고, 피는 마른 대나무를 타고 흘러 풀들을 적시네.

(악우를 찾느라) 말을 많이 했더니 상처가 심해졌고, 통곡 소리 끊어지자 통증 더욱 심해지네.

장차 자비를 행하여 진정한 내 동생으로 삼으려 하였는데, 누가 마음

268 '詑'은 原卷에 '**詑**'로 되어 있는데, '詑'자로 써야 한다. '詑'은 『龍龕手鏡』에는 '說'과 같다고 했는데 잘 모르겠다. 【白錄】은 우측 부분을 '包'로 쓰면서 '絶'자로 교정했는데 불확실하다.

269 原卷의 '到'자를 【潘校】는 '向'으로 잘못 보았다.

속에 이러한 독기를 품고 있을 줄 알았으랴.

몸을 옆에 두고 얼굴을 맞대었을 때는 부드럽기가 이루 말할 수 없었는데, 돌로 만든 심장은 보기만 하여도 부숴지려 하네.

뛰어다니는 짐승도 발굽을 굽히고 모두 슬피 바라보고, 날아가는 새들은 날개를 움츠리고 모두 슬퍼하네.

(악우는) 밤새 아무 일없이 도망갔을 뿐 아니라, 먼 길을 가서는 (여의주를) 땅을 파서 묻어버리기까지 하였다네.

악우가 여의주를 가지고 도망을 갔는데, 어느 나라로 갔을까. 장차 창이 나오리라.

經: 爾時惡友齎持珠寶,[270] 還歸本國, 與父母相見. 白[271]言父母:「我身福得(德), 而得全濟. 善友太子與諸從伴薄福德故, 沒水死盡.」

〈經〉 이때 악우는 여의주를 가지고 本國으로 돌아가 부모님을 뵈었다. 부모님께 다음과 같이 아뢰었다: "제가 복이 있어 온전할 수 있었습니다. 선우태자와 그를 따르던 무리들은 薄福하여 물에 빠져 모두 죽고 말았습니다."

此卽惡友太子偸珠先去, 歸到本國, 白父母:

善友前生業所爲, 泛滄波裏獨身危.

幾多珠玉被風陷, 無限經商遭水吹.

未發楫排由(猶)可愼, 上舡悔恨已難追.

人間分命[272]將知[273]定, 只我安寧卻得歸.

이때 악우태자는 여의주를 훔쳐 먼저 본국으로 돌아가 부모님께 아

270 『大方便佛報恩經』 경문에는 '珠寶'가 '寶珠'로 되어 있다.

271 原卷에서는 '白'이 '曰'로 잘못 쓰여 있다. 여기서는 『大方便佛報恩經』에 근거하여 옳게 고쳤다.

272 【白錄】은 '分'을 '身'으로 보았으나 옳지 않은 것 같다. '分命'은 '天命'과 같다.

273 '將知'를 【白錄】은 '知將'으로 잘못 보았다.

되었다:

선우는 전생에 쌓은 업으로 인해, 물결 속 떠다니며 육신이 위태로웠습니다.

수많은 보물·구슬들이 바람에 가라앉아버리고, 끝없이 많은 상인들이 파도가 치는 것을 만나야 했습니다.

행장을 꾸리기[274] 전에는 그래도 조심할 수 있었지만, 배를 탄 후에는 후회해도 소용이 없었습니다.

인간의 운명은 이미 정해져 있는지,[275] 저만 무사히 돌아올 수 있었습니다.

問:父母聞此如何?

下經云:父母聞是語已, 擧聲大哭, 悶絶躄地, 以冷水灑面, 良久乃蘇. 語惡友言:「汝云何乃能持是而來?」

問:부모들이 이 말을 듣고 어떠하였는가?

다음의 經에서 말하였다:부모들은 이 말을 듣고 대성통곡하다가 혼절하여 넘어졌다. (이에) 냉수를 얼굴에 뿌리니 한참이 지난 후에야 깨어나 악우에게 말하였다:"너는 어떻게 이 것을 가져올 수 있었느냐?"

一過啼多血滿腮, 肝腸寸斷幾千迴.
翻使惡人延命祿, 卻教善友掩泉臺.
不曾傷物物[276]何怒, 無事負天天送災.
水漂便合相隨去, 更趁今朝作甚來?

한꺼번에 너무 많이 울어 피가 뺨에 가득하고, 애간장이 마디마디 수

274 원문의 '擠'는 '齋'로 하여야 한다. '齋排'는 행장, 보따리 등을 가리킨다.

275 分命:운명, 天命. '將知'는 '當知'와 같은 말로 '응당 알 수 있다'는 의미이다.

276 原卷을 보면 두 번째 '物'이 '之'자 모양으로 쓰여 있는데 이는 '物'을 중복하라는 표시이다. 장예홍은 '之'를 '云'으로 보았으나 이는 옳지 않다.

천 번이 끊어졌네.

거꾸로 악인은 목숨과 祿을 연장하게 하고, 선우는 오히려 땅 속에[277] 묻히게 하는구나.

일찍이 만물에 해 끼침이 없었는데 자연은 어찌 노했으며, 하늘을 거스르는 일이 없었는데 하늘은 재앙을 내리셨도다.

파도 따라 (선우와) 함께 떠다니다 없어질 것이지, 오늘 아침 무엇 하러 나타났느냐?

惡友遭父母嫌棄, 心轉懊惱. 比擬將珠出去(云)[278]我得, 後聞此語, 遂埋土中.

악우는 부모님이 싫어하시는 것을 보고 원통한 마음이 들었다. 본래[279] 여의주를 내 보이며 내가 얻은 것이라 하려 하였으나, 나중에 이 말을 듣고 결국 땅 속에 파묻고 말았다.

既遭父母相嫌虐, 轉轉思量[280]生毒惡.
門外雖行[281]强破除, 宮中住總無依託.
倍悲嗟, 暗斟酌, 已是隔生[282]曾淡薄.
莫謾[283]將珠送與他, 不如掘地深埋卻.
如今設使取珠呈, 難免悲啼只憶兄.

277 泉臺 : 묘지, 저승.

278 【潘校】 '去'는 '云'의 오자인 것 같다.

279 比擬 : 원래 ~하려 하다.

280 原卷을 보면 '量' 아래에 '惟'자를 쓰고 지운 흔적이 있다. 여기서는 【任錄】의 교기를 따라 삭제했다. 【白錄】은 '惟'자를 그대로 써서 전체 구가 한 글자 더 많아졌다.

281 原卷에는 '雖行'이 '行雖'로 쓰여 있다. 여기서는 아래의 구를 참고하여 자리를 바꾸었다.

282 '隔生'은 '隔世'이다. P.2418 「父母恩重經講經文」 : "抄手有時望(忘)却, 萬福故是隔生." 「歡喜國王緣」 : "自別夫人已隔生, 何期再到余家弟."

283 '謾'은 '漫'으로 읽어야 한다. 고대에 '謾'과 '漫'은 통용되었으며 '헛되이'의 의미이다.

事事憎嫌非此世, 頭頭毀罵出多生.

欲摸(謀)計策辭宮內, 又恐傳揚哭國城.

直得珠奇千萬種, 思量也是不垂情.

爭如深掘土中埋, 斷卻多生以命摧.

向我垂情非世願, 與他爲子是天差.

半年出國憂千種, 一日歸宮罵百迴.

這箇也爲閑處事, 問善友到何安泊也唱將來.

부모님께서 싫어하시니, 이리저리 생각하다 악독한 마음이 생기네.

궁문 밖을 거닐며 억지로 (악독함을) 없애 버려도, 궁중에서는 이제까지 기댈 곳이 없다네.

비탄에 빠져 남몰래 생각해보니, (부모와 자신은) 이미 전생에 (관계가) 소원했었다네.

'공연히[284] 여의주를 남에게 보내느니, 땅을 파서 깊이 묻어 버리느니만 못하리.

설사 지금 여의주를 바치더라도, (부모님은) 슬피 울며 그저 형만을 그리워하게 됨을 면할 수 없으리.'

매사에 있어 (악우를) 증오하고 싫어하는 것은 今生의 일 때문이 아니고, 모든 일마다 헐뜯고 욕하는 것은 (이미) 여러 생애 전에 (그 원인이) 있다네.

(악우는) 계책 세워 궁을 떠나려 하지만, 또 이 사실 알려져 온 나라가 통곡할까 걱정된다네.

'설령[285] 천만 종류의 여의주를 얻어 바칠지라도, 생각건대 (부모님은) 정을 드리우지 않을 것이라네.

어찌 깊이 땅을 파고 땅 속에 묻어, 여러 생에 걸친 命을 없애는 것만 하겠는가!

---

284 謾 : '漫'과 통하는 글자로 '헛되이, 공연히'라는 의미를 가진다.

285 直 : 설령, 가령.

내게 정을 드리우는 것은 세상이 바라는 것이 아니고, 그(선우)와 함께 (부모님의) 자식이 되었다는 것은 하늘의 실수이리라.

(선우가) 반년 동안 나라를 떠나 있는 동안 (부모님은) 수도 없이 근심을 하시고, (악우인 내가) 어느 날 궁궐로 돌아오니 (부모님께서) 백가지 욕설을 해댄다네.'

이 것 역시 중요한 것은 아니고, 선우태자가 어디에 가 머무는지 묻나니, 장차 다음 창에 나오리라.

經 : 爾時善友太子被刺兩目, 乾竹籤刺, 無人爲拔. 徘徊婉轉, 靡知所趣. 當時苦惱, 大患飢渴, 求生不得, 求死不得. 漸漸前行, 到利師跋王國界.

〈經〉 이때 善友태자는 두 눈이 찔려 마른 대나무 가지가 꽂혀 있었으나 뽑아 줄 사람이 없었다. 여기저기 배회하면서 (어디로) 가야할지를 알지 못했다.[286] (그는) 그 당시 괴로웠으며 배고픔으로 고생하고 있어 살지도 죽지도 못하는 지경이었다. 조금씩 앞으로 나가다 利師跋 왕국의 국경에 이르렀다.

惡友將珠到宮, 遭父母嫌汚. 其珠已埋卻.
兄在後扶身漸行.

惡友는 如意珠를 가지고 궁에 돌아왔으나 (자신을) 혐오하는 부모를 만났을 뿐이다. (이에 그는) 그 如意珠를 이미 묻어 없애버렸다.
(한편) 형은 뒤에서 몸을 이끌고 조금씩 나아갔다.

草中抬得身, 捫摸覓途路.
迷悶雖半醒, 疼痛何申訴.

286 趣 : '趨(추, 가다)'와 같은 뜻으로 쓰였음.

徘徊自慰心, 疲困誰相顧.

便是盲乞人, 無物堪防護.

嬌癡惡友何生毒, 忽起此心刺兄目.

我卽雖然行步遲, 憂伊算得程途速.

於我無情卻是閑, 將我寶珠恐傷觸.

騃小都由神鬼迷, 仰天不覺連聲哭.

一聲斷兮哭一聲, 念伊癡騃嘆伊名.

我心終不見伊過, 願得身安歸帝京.

聖賢保護令無難, 父母見歸思念生.

到年長大解思寸, 長短卻來尋覓兄.

"풀숲에서 몸을 세워, 길을 더듬어[287] 찾았다네.

혼란하고 괴로운 중에 반쯤 정신이 들었으나, 아픔은 어디에 하소연하리.

배회하며 스스로 위로해보나, 피로는 누가 돌보아주리.

더욱이 눈먼 걸인이라, (몸을) 보호할 만한 물건도 없네.

어리석은 惡友는 어쩌다 나쁜 마음이 일어나, 갑자기 형인 나의 눈을 찔렀다네.

나는 비록 걸음이 느리지만, 너를 걱정하는 마음에 여정을 빨리 하려 한다네.

내게 무정한 것은 중요한 일이 아니고, 내 寶珠를 상하게 할까 걱정이라네.

어리석고 사소한 것으로 인해 정신이 미혹되었으니, 하늘을 우러러봄에 나도 모르게 계속하여 통곡을 하네.

한 번의 (울음) 소리가 끊기면 (또) 한 번 哭을 하고, 너의 어리석음을 생각하고 너의 이름을 (부르며) 한탄한다네.

---

287 捫摸(문모) : 더듬어 찾음.

내 마음은 끝내 너의 허물을 보지 않으니, 무사히 수도로 돌아가길 바라노라.

성현이 보살펴 지키사 어려움 없도록 하시며, 부모님은 돌아온 (너를) 보고 측은한 마음[288] 생기시길.

나이가 들어 생각이 커지면, 어찌되었든[289] 형을 찾으리라."

如是啼哭, 伴行數日, 到利師跋王國界內. 其善友太子未入海時, 父王許利師王女結親姻, 後知入海溺水. 太子欲到國數十里, 於路上詐爲盲乞人座(坐). 恰遇牧牛監官, 爲王放五百牛. 其牛王遂以四足騎太子身, 放諸牛過. 以舌舐眼, 拔出竹刺. 良久, 牛王遂去. 後牧牛人顧視知異云云.

이처럼 울면서 며칠을 가다 利師跋 왕국에 도달했다. 善友태자가 아직 바다 속으로 들어가지 않았을 때, 부왕은 利師跋 왕녀와의 결혼을 허락하였었는데, 이후 (선우태자가) 바다에 들어가 그 속에 잠겨버렸다는 것을 알았다. 태자가 수십 리만 가면 그 나라에 도착하게 되었을 때 길가에 눈먼 걸인인양 앉아있었다. 마침 소 치는 것을 감독하는 관리(牧牛監官)를 만났는데 왕을 위해 오백 마리의 소를 방목하고 있었다. (그 중) 牛王은 네 다리로 태자를 태워 소들이 다니는 곳에 놓아두었다. (소들은) 혀로 (태자의) 눈을 핥아서 대나무 꼬챙이를 뽑아내었다. 한참 후에 牛王은 가버렸다. 소 치는 사람이 (이를) 보고 있다가 이상한 일이라 여겼다.

偈問:
觀汝雖然兩目盲, 感招牛拔竹籤行.[290]
已前祥瑞雖閑事, 此日希奇爭不驚.

---

288 思念: 측은한 마음.
289 長短: '어찌되었든'의 의미.
290 原卷의 '行'자는 '片'을 잘못 쓴 것 같다.

莫是中私藏幻術? 爲曾上世奉神靈?
免吾種種疑心起, 幸望通傳何姓名.
偈로 물었다:
“당신을 보니 두 눈은 멀었지만, 소를 感應시켜[291] 대나무 가지를 뽑아내게 하였다네.
이전의 상서로운 조짐은 대수롭지 않은 것으로, 오늘 이 희한한 일에 어찌 놀라지 않을 수 있겠는가.
(혹시) 암암리에 幻術을 사용한 것이 아니면, 일찍이 前生에 신령을 받들었으리라![292]
내게 갖가지 의심이 생기지 않게, 이름이 무엇인지 알려주기 바라오.”

善友蒙問, 尋自思惟, 我若實說, 其惡友必遭損害. 緣利師王是外舅矣. 遂只答言, 我是盲乞人矣.

善友가 질문을 받고 생각하였다: “내가 만일 사실을 말하면 惡友가 반드시 상처를 입을 것이다.” 利師跋國의 왕은 (그의) 장인이기[293] 때문이었다. 이에 다음과 같이만 대답하였다: “나는 눈먼 거지일 뿐입니다.”

深慚陋賤無名字, 乞食偶然行至此.
幻術都來莫會他, 神靈也不曾相仕(事).[294]
蒙牛王, 與拔刺, 應是殘身未當死.
人(仁)者今朝何必疑, 我身只是孤貧子.

---

291 感招: 感應의 의미로 어떤 業을 행하여 果報를 招致하는 것을 의미한다.

292 爲: 선택의문문의 접속사로 쓰이고 있는데, 위 구의 ‘莫’과 相應하여 ‘…… 가 아니면 …… 이다’의 의미가 된다.

293 外舅(구): 장인.

294 【任錄】은 ‘仕’를 ‘事’로 정확히 판단했다. 위에서 “爲曾上世奉神靈?”라고 물어 여기서 “神靈也不曾相事”라 답한 것이다. ‘事’는 곧 ‘奉’의 의미이다(『玉篇』「史部」: “事, 奉也”). 韓愈 「論佛骨表」: “事佛求福, 乃更得禍”에서 ‘事’자도 같은 의미이다. 【白錄】은 ‘仕’를 ‘識’으로 보았으나 이는 옳지 않다.

我無家住復無歸, 乞食求天信脚爲.
此世孤寒甘賤陋, 前生飢薄致窮危.
非關竹刺藏深術, 都是牛王具大悲.
見[295]是形容皆總見, 忽然何得又相疑.
莫於姓氏亂疑猜, 我此形軀必不材.
託母未知何相貌, 生身終日走塵埃.
遭逢竹刺緣償業, 值遇牛王爲息災.
爭那牧牛人不信, 再三慇念也唱將來.

"몹시 부끄럽게도 비천하여 이름조차 없고, 걸식하다 우연히 여기에 이르렀을 뿐이라네.

幻術로는 그 소들을 완전히[296] 모을 수 없으며, 신령 또한 일찍이 모시지 않았네.

牛王이 대나무 가지를 뽑아 준 것은, 쇠잔한 이 몸 아직 죽을 때가 되지 않았기 때문이라네.

당신께서는[297] 이 아침 무엇 때문에 의심을 하시는지. 나는 단지 외롭고 가난한 자 일뿐.

나는 머무를 집도 없고 다시 돌아갈 곳도 없어, 하늘에 구하며(내키는 대로) 걸식을 하고 발길 이르는 대로 간다네.

今生에서 외롭고 빈한하게 (살며) 가난하고 비천함을 감내하니, 전생에 기근이 퍼졌을 때 굶어 죽은 듯.

댓가지에 관한 것은 어떤 술수를 쓴 것이 아니라, 모두 牛王이 불쌍히 여긴 탓이라네.

(당신이) 보는 모습이 나의 전부인데, 갑자기 어찌하여 의심을 하시는지?

(내) 성씨에 대해 마음대로 추측하지 말아주오. 내 이러한 몰골은 분

295 '見'은 아래의 '見'자를 보고 잘못 쓴 것 같다. 이 글자는 '旣' 정도가 되어야 할 것이다.
296 都來 : 모두, 완전히.
297 仁者 : 불교 용어로 상대방에 대한 존칭.

명 재목감은 아니라오.

유모가 어찌 생겼는지도 모르고, 태어난 후로 계속하여 먼지 구덩이 속만 떠돌아 다녔다네. 댓가지에 찔린 것은 전생의 업을 씻으려 당한 것으로,[298] 牛王을 만나 재앙이 없어지게 된 것이라네."

소 치는 사람이 믿으려 하지 않는 것을 어찌하랴?[299] 재삼 근심하는 것은 장차 창에 나오리라.

經 : 時牧牛人遍體觀望, 人相有異. 卽語言 :「我家在近, 當供養汝.」 時牧牛人卽將善友還歸其家, 與重重(種種)[300]飮食, 誡敕家中男女大小 :「汝等供侍此人, 如我不異.」

〈經〉 이 소치는 사람이 (선우태자의) 몸을 두루 살펴보니 인상이 남다른 데가 있었다. 이에 말하였다 : "저희 집이 여기서 가까우니 당신께 식사대접을 해 드려야겠습니다." 이 소치는 사람은 즉시 선우태자를 데리고 자신의 집으로 돌아가 갖가지 음식을 주고, (집안의) 남녀노소에게 알렸다 : "너희들은 이 분을 모시는데 있어 나와 다름이 없게 하라."

善友雖如此分疏, 牧人終不信云云. 遂將歸.

선우태자는 비록 이와 같이 변명하였지만,[301] 소치는 사람은 끝내 믿지를 않고 마침내 (함께) 집으로 돌아갔다.

偈語曰 :

眼目雖盲託賤身, 那何[302]不稱受飢貧.

---

298 償業 : 전생에 지은 악업의 죄를 돌려받다.

299 爭那 : 怎奈, 즉 '어찌하랴'의 의미.

300 【任錄】은 '重重'을 '種種'으로 옳게 고쳤다. 『大方便佛報恩經』 경문에는 '種種'으로 되어 있다.

301 分疏 : 변명하다, 해명하다.

302 '那何'는 '奈何'와 같다. 『經傳釋詞』 卷六 : "那者, 奈之轉也." 【潘校】는 '那'를 '奈'로 고

雙眉鬱鬱入敷鬢,[303] 兩耳梭梭垂埵輪.

平正人中高鳳觜, 分明指上旋螺文.

莫嫌我向村園住, 盡此身來養育君.

偈에서 다음과 같이 읊었다.

“비록 눈은 멀고 비천한 몸에 의탁하고 있지만, 어찌하여 굶주림과 가난에 부합하지 않는 것일까?[304]

청록색의[305] 두 눈썹은 귀밑머리까지[306] 뻗쳐 있고, 두 귀는 베틀의 북처럼 크고 길게 늘어져 있다네.[307]

평평하고 똑바른 人中은 높아 봉황의 부리 같고, 손에는 나선형 무늬가 또렷하다네.

내가 가난한 집에 산다고 꺼리지 마시길, 이 몸 다 바쳐 그대에게 供養하리라.”

盲人遂肯去, 牧牛人將歸家養, 語其大小, 令勿輕慢. 引前文云云.[308] 如是經一月, 其家厭患有語.[309] 善友聞聲不樂, 卽自思惟. 明日早辭欲去. 牧牛人曰:「莫是我家小幼!」[310] 答曰:「不然, 非汝家大小不垂

쳤으나 굳이 그럴 필요는 없다.

303 【潘校】는 原卷의 ‘鬢’자를 ‘鬚’로 잘못 보았다.

304 不稱 : 부합하지 않다.

305 鬱鬱 : 청록색.

306 入敷鬢(부빈) : 눈썹이 곧장 귀밑머리의 아래 부분으로 들어 간 것을 말하는 것으로 이런 相은 富貴한 相에 속한다고 한다.

307 埵輪(타륜) : 귓불을 ‘耳埵’라 하고, 귓바퀴를 ‘耳輪’이라 하는데 이를 하나로 합쳐 ‘타륜’이라 한 것이다.

308 【王校】에서는 “‘引前文’ 역시 생략한 말로서 앞에 나온 경문 ‘供侍此人, 如我不異’를 가리킨다”고 했다. 【校注】이는 초사자가 글을 생략할 때 쓰는 표시이다. 王文才의 주장이 옳다.

309 『大方便佛報恩經』의 경문 “如是經一月餘日, 其家厭患, 而作是言 : 家計不豐, 云何能常供是盲人?”이 참고가 된다. 【白錄】은 “引前文云云如是, 經 : 一日”를 위 구와 이어서 읽으면서 ‘經’자를 경문을 인용하는 말로 보았으나, 이는 옳지 않다.

310 ‘幼’는 原卷에는 ‘**幼**’로 쓰여 있는데, ‘幼’자의 俗字가 변이된 것으로 보인다. 【白錄】은

情, 自爲無分矣. 故不宜久住也.」

맹인은 마침내 (그 집에) 가기로 하였다. 소 치는 사람은 집으로 돌아와 (선우태자를) 공양하려 함에, (그 집안의) 남녀노소에게 (그를 모심에) 태만하여서는 안 된다고 말을 하였다. 앞 문장을 인용하시오.[311] 이렇게 한 달이 지나자 그 집에서는 (선우태자를 모시는 것에) 싫증이 나 말들이 나오게 되었다. 선우는 달가워하지 않는 소리를 듣고 스스로 생각하더니 다음 날 아침 떠나려 한다고 말하였다. 소 치는 사람이 말하였다: "(떠나는 이유가) 저희 집이 작아서는 아닙니까?" 답해 말했다: "아닙니다. 당신 집의 어른과 애들이 정을 주지 않아서가 아니라 연분이 없기[312] 때문에 오래 머물 수가 없는 것입니다."

偈辭:

揣度飢貧每自謙, 眼盲遠物總難捻.

臥身席是汝妻送, 洗面水令賢子添.

嘿嘿怨嗟緣我乞, 明明看侍[313]爲[□](君)[314]嚴.

今朝所以相辭別, 不可直須教到嫌.

偈에서 다음과 같이 읊었다:

"빈곤한 것을 생각하면 매번 저절로 겸손해지니, 눈이 멀어 먼 곳의 사물은 끝내 잡기 힘드네.

이를 '勿'로 썼다가 '却'으로 고쳤으나, 이는 옳지 않다.

311 引前文: 앞에 나온 문장을 인용하라는 표시로 그 문장을 생략하여 다시 쓰지는 않는다는 의미이다. 여기서 인용할 문장은 응당 앞의 經文에 나오는 "너희들은 이 사람을 모시는데 있어 나와 다름이 없게 하라(汝等供養此人, 如我不異)"가 될 것이다.

312 無分: 연분이 없다.

313 '看侍'는 동의의 연문이다. 【潘校】는 '侍'를 '待'로 고쳤으나, 그럴 필요는 없다. 돈황본 句道興 「搜神記」 李信: "但信母年老孤獨, 信今來後, 更無人看侍"에서도 '看侍'를 이어서 썼다.

314 【任錄】은 '爲' 아래에 한 글자가 빠졌다고 했으며 【潘校】는 이를 '君'자로 보았다. '君' 외에 '汝'자도 가능할 것이다.

잠자리는 그대 처가 보살펴 주고, 세숫물은 그대 아들로 하여금 채우게 하네.

(그대 가족들이) 마음 속으로[315] 원망을 품는 것은 나의 구걸 행위 때문이고, 드러난 곳에서 나를 돌보는 것은[316] 그대의 엄한 당부 때문이라.

오늘 아침 이별하려는 것은, 그대가 나를 혐오하는 지경에 이르지 않게 함이려네."

牧牛人曰:「不可去矣!」云云 善友曰:「不然, 須去矣!」 如是再三, 留不得. 遂問:「去要何物?」云云 盲人曰:「汝若憐念[317]我者, 爲我作一面瑟(箏),[318] 送我著州城多人之處安置, 我自彈曲乞食矣!」 牧者遂求得一瑟(箏)贈之, 送在利師王國市內.

소 치는 사람이 말했다: "떠나서는 안 됩니다!" 善友가 말했다: "그렇지 않아요. 떠나야 합니다!" 이와 같이 두서너 번 반복하였지만 머물게 할 수가 없었다. 마침내 물었다: "떠나신다면 무슨 물건이 필요하신 가요?" 맹인이 다음과 같이 대답하였다. "당신이 만약 저를 가엾게 여기신다면 저를 위해 거문고 한 대를 마련해 주시고, 州城의 사람들이 많은 곳으로 저를 보내 주시죠. (그러면) 저는 곡조를 타는 것으로 음식을 구걸하겠습니다!" 소 치는 사람은 마침내 거문고 한 대를 구해서 그에게 주고, 利師王國의 市內로 그를 보내주었다.

留連雖切無心住, 懇至拜辭須欲去.

---

315 嘿嘿(묵묵): '默默(말이 없는 모양)'과 같은 의미이다.

316 看侍: '돌보아 시중드는 것'을 뜻한다.

317 '憐念'은 '憐愛'의 의미이며 '憐'은 곧 '愛'이기도 하다. 『大方便佛報恩經』 경문의 '愛念'도 같은 의미이다.

318 '面瑟'이 『大方便佛報恩經』 경본에는 '鳴箏'으로 되어 있다. 아래의 "善友巧善彈瑟"도 경본에는 '瑟'이 '箏'으로 쓰여 있다. 따라서 '箏'자가 옳다. 그리고 아래에 나오는 "送路聊申一面瑟"에서 '瑟'도 위아래의 明, 情, 盈, 城과 운이 맞지 않으므로 당연히 '箏'자가 되어야 한다.

盲士然知[319]說擾煩, 牧人未免生疑慮.
我貧居, 況村墅, 難辦珠金相借助.
奉獻家中一面瑟(箏), 送君安置多人處.
主人垂念客分明, 難似今朝主客情.
客感叨煩言切切, 主慚寂寞淚盈盈.
居家極闕三時飯, 送路聊申一面瑟(箏).
彼此禮儀皆總足, 相隨直到利師城.
憑肩入國座(坐)長街, 別牧牛人請卻迴.
倚託故難嫌浩鬧, 經過信任撲塵埃.
摩抄(挲)頭面情私喜, 調弄瑟(箏)絃曲暗排.
多少人民皆總看, 何似生音[320]指也唱將來.

머무르기를 간청했지만 살 마음이 없는지라, 간곡히 이별 인사를 하고 굳이 떠나려 하였네.

盲人은 누를 끼쳤다고 말하지만,[321] 牧人은 ('잘못 보살펴드렸나'라는) 의구심을 떨쳐버릴 수 없다네.

"저는 누추한 집에 살고, 더군다나 (그 집은) 시골에 있기에, 珠玉이나 金을 마련해 당신께 도움 드리기가 어렵습니다.

(당신이 그렇게 떠나고자 하신다면 바라는 대로) 집안에 있는 거문고 한 대를 드리고, 당신을 사람 많은 곳으로 보내 드리지요."

주인이 배려해 준 뜻을 客은 분명하게 알고 있으니, 오늘 아침처럼 主客의 情이 (대단하기란) 어려우리라.

객은 누를 끼친 것에[322] 감사하며 하는 말이 절실하고, 주인은 집이

---

319 '然知'는 '雖然(~에도 불구하고)'의 의미이다. 『詩詞曲語辭匯釋』 卷一에 "然은 雖와 같다(然, 猶雖也)"고 되어 있다. 여기서 '知'는 어조사로서 의미가 없다.

320 原卷의 '生音'을 【潘校】는 '音生'으로 【任錄】은 '聲音'으로 고쳤으나 모두 근거 없는 주장이다. '何似生'은 '어떻게, 어찌'의 의미로 '生'은 어조사이다.

321 然知: 現代白話의 纔, 就와 같은 성격으로, '知'는 어조사로 의미가 없다. '然'은 현대 백화의 乃, 纔의 의미를 가진다.

가난한 것을 부끄러워하며 눈물이 그렁그렁하네.

집안사람들 거의 세 끼 식사를 거르는데, 떠나보내는 길에 거문고 한 대를 주는구나.

서로가 모두 예의가 넘쳐나니, 서로 함께 곧장 利師城에 도착하였네.

어깨에 기대어 도성 안으로 들어와 길가에 자리를 정하자, 소 치는 사람과 이별을 고하며 돌아갈 것을 청하네.

길가에 의탁한 처지인지라 떠들썩한 곳에서, 지나가는 사람들이 걸핏하면 먼지를 일으키는 것을 꺼리기란 어렵구나.

(악기의) 머리 부분을 문지르니 마음 속에 기쁨이 생겨나고, 거문고 현 줄을 퉁기며 은은한 곡조를 이어가네.

많은 사람들 몰려들어 구경하는데, 맹인이 악기를 연주하는 취지가[323] 어떤지는 장차 唱에 나오리라.[324]

經 : 善友巧善[325]彈瑟(箏), 其音和雅, 悅可衆心. 一切大衆皆共供給飮食, 乃至充足, 利師跋王國內伍百乞人皆得飽滿.

〈經〉 선우태자는 거문고를 아주 잘 탔는데, 그 소리가 조화롭고 우아하여 백성들의 마음을 기쁘게 할 수 있었다. 모든 중생들이 음식을 제공하였는데, 음식이 충분하여 利師跋 왕국 안에 있는 오백 걸인들을 모두 배부르게 할 수 있었다.

旣到國內, 遂彈瑟(箏), 一切人皆看云云. 兼五百貧人.

나라 안에 들어와 마침내 거문고를 연주하였는데, 모든 사람들이 보았고 오백 명의 가난한 자들도 함께 하였다.

322 叨煩(도번) : 귀찮게 하다.

323 音指 : '音旨', 즉 '음악의 취지'란 의미이다.

324 何似生 : '何似'는 白話의 '怎麽樣'과 같고, '生'은 어조사로 쓰여 의미가 없다.

325 '巧善'이 『大方便佛報恩經』에는 '善巧'로 되어 있다.

倍加彈得感人情, 終不分疏出姓名.
曲上早能分節拍, 絃中更巧貼音聲.
非唯探候聞宮內, 兼又傳揚動國城.
應是街坊相屈喚, 無論高下總來聽.

점점 더 사람을 감동시키는 연주를 하였지만, 끝내 이름을 밝히지는 않았네.

곡에 있어 원래[326] 박자 감각 뛰어났고, 현을 연주함에 있어서는 노래 반주[327] 더욱 잘하였네.

단지 궁 안에서만 (그의 실력이 뛰어나다는) 소식을 듣고[328] 청해 듣는 것이 아니라, 나라 전체를 뒤흔들어 놓는다네.

모든[329] 거리에서 서로 요청을 하며, (지위의) 높고 낮음을 가리지 않고 모두들 와서 듣네.

因此街坊人衆, 遞互相傳, 裝裹衣裳, 供給茶飯. 豈空飽一身盲士, 兼普濟五百貧人. 皆蒙曲調之因依,[330] 盡自賢歌之庇廕.

이에 거리의 사람들이 서로 이야기를 전하며, 옷을 가져다주고 차와 밥을 공급하였다. 어찌 한 명의 맹인(선우태자)만을 배불리겠는가! 오백 명의 가난한 자들을 널리 구제하였다. 모두들 곡조에 의지하였고,[331] 이 모든 것이 賢歌의 음덕에서 나온 것이었다.

街坊每日彈歌曲, 到處看人千萬蔟(簇).

326 早 : 원래, 이미.
327 貼音聲 : 노래 반주.
328 探候 : 소식을 알아보다. '소식을 알아보는 사람'이란 뜻도 있다.
329 應是 : 모든, 전부.
330 '因依'는 '依托'과 같다. 魏 阮籍 「咏懷」 제8수에 "회오리바람이 사방 벽에 불어치니, 겨울 철새들이 서로 의지하네(迴風吹四壁, 寒鳥相因依)"라는 구절이 있다.
331 因依 : 의지하다.

總道多應別有家, 盡言可惜教無目.

飯盈盤, 衣滿複,[332] 無問高低垂顧錄.[333]

莫說豐饒一箇身, 兼供五百貧兒[334]足.

朝朝座(坐)市弄絃歌, 婦女雲奔不那何.

雅調又高兼又穩, 淸音能美復能和.

非空[335]飯味人人足, 兼得衣裳日日多.

五百貧夫皆飽暖, 阿誰福力敢如他.

自懽自悅暢情懷, 每日人聽滿六街.

儀貌頓蒙拋瘦悴, 衣裝都總換塵埃.

終無姓字傳人耳, 只以歌詞渾[336]世財.

正是逍遙安樂次, 被阿誰借請也唱將來.

거리에서 매일 노래 연주하니, 도처에서 보러오는 사람들 천만을 헤아리네.

모두들 응당 (선우가) 특별한 사람일 것이라 이야기하고, 모두들 눈이 없는 것이 안타깝다고 이야기하네.

밥은 밥그릇에 가득하고, 옷은 보자기에[337] 가득하며, (지위의) 높고 낮음을 가리지 않고 그를 돌본다네.

자신 한 몸을 배부르게 하려 한다 말하지 말게. 오백 명의 가난한 자

332 '複'자를 【任錄】은 '復'으로 【白錄】은 '腹'으로 보았으나 모두 옳지 않은 것 같다. '襆'(지금의 '袱')으로 본 蔣禮鴻의 주장이 옳다.

333 『集韻』「燭韻」: "錄, 采也." '顧錄'은 비슷한 의미의 연문으로 '보살피다'의 의미이다. 『大方便佛報恩經』「序品」: "吾唯惟汝一子, 云何捨我入於深山? 汝師瞿曇不知恩分, 而不顧錄, 遂前而去, 是故當知是不孝人."

334 '貧兒'를 위에서는 모두 '貧人'이라 썼다. '貧兒'는 곧 '貧人'이다. 『大方便佛報恩經』「惡友品」 "利師跋王道上五百乞兒皆得飽滿"의 '乞兒'를 본 편에서는 '乞人'으로 인용하였다. '乞兒'는 곧 '乞人'이다.

335 '空'은 '다만'의 의미로서 범위를 나타내는 부사이다. 『齊民要術』「作醬等法」: "取石首魚 …… 腸、肚、胞, 齊淨洗, 空著白鹽, 令小倍鹹."

336 '渾'은 '混'과 같으며(『集韻』「混韻」: "混, 或作渾.") '구차히 취하다'의 의미이다.

337 複 : 보자기.

가 배부르도록 음식을 공급한다네.

아침마다 저잣거리에 앉아 현에 맞추어 노래를 하면, 부녀자들이 구름같이 달려오는 것을 어찌할 수 없다네.

우아한 음조는 높았다 또 잦아들고, 맑은 소리는 아름답게, 또 조화롭게 만들 수 있다네.

반찬까지 곁들인 밥이 사람들마다 충분하고, 얻어 들이는 옷들은 나날이 늘어나네.

오백 명의 가난한 이들이 모두 배부르고 등 따시니, 어떤 이의 福德이 감히 그와 견줄 수 있으리요?

스스로 기뻐하여 마음이 다 상쾌하고, 매일 사람들이 음악 들으러 와 번화한 길에[338] 가득하네.

외모는 갑자기 초췌함을 벗어 던지고, 의상은 모두들 때 묻은 옷을 (새옷으로) 바꿔 입네.

끝내 (선우의) 이름 다른 사람 귀에 안 들어갔고, (선우는) 단지 노래로만 돈을[339] 끌어들이네.

바로 떠돌아다니며 안락에 잠겨 있는 때, 누구에게 요청을 받는지는 다음 창에 나오리라.

經 : 時王有一果園, 其園茂盛, 常患鳥雀. 時守園監語善友言 :「汝當爲我阿護鳥雀, 我當[340]相供給」[341]

---

338 六街 : 번화한 곳. '육가'는 본래 唐代 長安城에 있던 여섯 개의 큰 거리를 말한다.

339 世財 : 佛法을 의미하는 '法財'와 상대적으로 쓰인 것으로 세속적인 재물을 '세재'라고 한다.

340 【潘校】는 '當'자 아래에 '好'자를 채워 넣은 다음 "경문에는 '當' 아래에 '好'자가 있다"고 교기하였다. 『佛報恩經』의 麗藏 본과 資福藏 본 등에는 '當' 아래에 '好'자가 있다. 그러나 金藏 廣勝寺 본 등에는 본 편과 마찬가지로 '好'자가 없다. 따라서 꼭 '好'자를 넣을 필요는 없다.

341 『大方便佛報恩經』 경본에는 '供給' 아래에 "善友言 : 我無兩目, 云何能爲汝駈驅鳥雀耶?" 운운하는 말이 있다. 原卷을 보면 '供給' 아래에 '願'자가 있으나 경문의 말이 아

〈經〉 그 왕에게는 과수원이 하나 있었다. 그 과수원은 (열매가) 무성하였으나 항상 새떼가 (열매를 쪼아먹는 것이) 걱정이었다. 그 당시 과수원지기가 선우에게 이야기하였다: "당신이 나를 위해 새를 막아 주면 내가 잘 대해주겠소. 원컨대 ……[342]

佛報恩經第十一(불보은경 제11)[343]

니므로 여기서는 삭제했다.

342 原卷은 여기서 끝난다.

343 原卷의 正文은 여기까지이고 끝까지 초사하지는 않은 상태이다.

불설관미륵보살상생도솔천경강경문

(佛說觀彌勒菩薩上生兜率天經講經文)[1]

上來別解彌勒二字已竟. 從此別解'菩薩'二字. 菩薩者不足, 梵語應云菩提薩埵, 唐言好略,[2] 菩下去提, 薩下去埵, 故名菩薩. 此云覺有情. 故疏云 : 梵云菩提薩埵, 此略[3]云菩薩. 菩提覺義[4], 智所求果; 薩埵有情義, 悲所度生; 依弘誓[5]語, 故云菩薩. 卽是依二利以立其名. 上求[6]菩提是自利, 下度有情是利他. 何名自利? 喩如進士, 爲見宰相

1 [原校] 두루마리 번호는 P.3093이다. 首尾가 잔결되어 있으며 제목은 내용에 따라 임시로 지었다. 이 강경문이 근거한 經本은 宋 沮渠京聲의 역본인 것으로 보인다.

2 이상 35자가 原錄에는 없는데 여기서는 原卷에 근거하여 채워 넣었다. 첫 문단의 내용으로 볼 때 앞에 '佛說觀彌勒' 다섯 글자를 풀어놓은 강경문이 빠진 것으로 보인다.

3 '略'이 原卷에는 초서로 쓰여 있고 原錄에는 누락되어 있다.

4 原卷에는 '義'가 초서인 '𢁺'로 쓰여 있으며 原錄에서는 이를 '處'로 잘못 썼다. 아래 '菩薩有情義'의 '義'도 原錄에서는 '處'로 잘못 썼다. 慧琳『一切經音義』 권27의 "菩提, 覺也, 慧也. 薩埵有情義, 勇健也, 方便也, 覺爲智所求果, 有情悲所度生, 依弘誓語, 故云菩薩"이 위의 풀이와 대동소이하다.

5 [譯注] 弘誓 : 불교용어로서 널리 중생을 구제하길 바란다는 의미이다.

6 原卷을 보면 '求'자 위에 '來'자가 더 들어가 있다. 아무래도 '求'자와 모양이 비슷해서

身坐廟堂, 日食萬錢, 遂苦心爲詩作賦. 爲此, 菩薩要證菩提, 三十二相, 八十種好,[7] 永受法樂, 不屬生死, 遂卽修行, 勇猛精進.

앞에서 '미륵(彌勒)' 두 글자에 대해 따로 풀이를 다 했으니, 이제부터는 '보살(菩薩)' 두 글자에 대해 별도로 풀이를 해보지요. '보살'은 다 갖추어진 말이 아니고 범어에서는 원래 '보리살타(菩提薩埵)'라고 합니다. 당(唐)나라에서는 축약하는 걸 좋아해 '보(菩)' 아래의 '리(提)'를 없애고 '살(薩)' 아래의 '타(埵)'를 없애서 '보살(菩薩)'이라고 한 것입니다. 이는 깨달은 사람을 말하지요. 그래서 소(疏)에서 말하기를 "범어에서는 '보리살타'라고 하는데 이를 간단히 '보살'이라고 한다. 보리는 '깨달음'이란 뜻으로 지혜가 구한 성과이고, 살타는 '유정'이란 뜻으로, 자비로써 중생을 제도하리라는 큰 서원을 세운 까닭에 보살이라 이름한 것이다"라고 했지요. 즉 이것은 두 가지 이로움을 따라 그 이름을 지은 것입니다. 위로는 깨달음을 추구하는 것(상구보리)은 '자리'이고, 아래로는 중생을 제도하는 것은 '이타'이지요. '자리'란 무엇을 말할까요? 예를 들어 진사(進士)는 재상이 묘당에 앉아 하루에 만(萬) 전을 삼키는 걸 보고서 고심하며 시를 짓고 부를 짓지요. 이를 위해 보살은 깨달음을 증명하려고 32가지 대인(大人)의 상(相)을 갖추고 80가지의 좋은 형상을 따라 영원히 법락(法樂)을 받고 생사에 구속되지 않은 채 곧 수행에 들어가 용맹정진하지요.

擬覓朝廷一品榮, 讀書進業莫敎[8]停.
長薺[9]冷飯充朝夕, 縵絹麤絁蓋裸形.

잘못 썼다가 지우지 않은 것 같다. 여기서는 삭제했다.

7 【譯注】'三十二相'은 본래 '三十二大人相'이다. 이 상을 갖춘 사람은 속세에서는 '輪王'이 되고 출가해서는 無上의 깨달음을 얻는다고 한다. '八十種好'는 '八十隨形好'라고도 하며, '三十二相'을 다시 세분하면 팔십 가지의 좋은 형상이 된다. '隨形好'는 곧 '三十二相'의 훌륭함을 따른다는 의미이다.

8 '敎'가 原卷에는 초서로 쓰여 있고 이를 原錄에서는 '敢'으로 썼으며, 潘重規는 '敎'로 고쳤다. 原卷에 따르면 潘重規의 의견이 가장 타당한 것으로 보인다.

9 '薺'를 原校에서는 '齊'로 고쳤다. 【項楚】 이 부분은 세속의 진사가 고심하며 학문하는

五月吟詩嫌日短, 三冬爲賦恨天明.
如斯辛苦無勞倦, 必得人間第一名.
擬覓身爲三界王, 精勤勇猛要驅忙.
四弘誓願專相續, 六種波羅莫改張.
外遇違緣[10]終不退, 內修觀行又時長.
如斯多劫心無倦, 必得金軀坐道場.
조정의 일품(一品)의 영화를 찾으려
독서와 학문의 정진에 멈춤이 없구나.
찬밥에 무침으로 아침저녁을 버티고
거친 명주옷은 안 입은 것이나 마찬가지네.
오월에 시를 읊으며 해가 짧음을 원망하고
삼동(三冬)에 부를 지으며 하늘이 밝아 옴을 한스러워하네.
이토록 고생하는데도 힘들어하지 않으니
반드시 인간세상의 첫 번째 이름이 되리라.
삼계왕(三界王)의 몸이 되려고
쉼 없이 바쁘게 용맹정진하는구나.
네 가지 큰 서원(誓願)[11]을 서로 잇고
여섯 가지 바라(波羅)[12]가 바뀌어 펼쳐지지 않도록 하네.

것으로 보살이 고심하며 깨달음을 구하는 것에 비유하고 있다. 따라서 세속의 사람에 대한 언급이므로 '薺'를 '齋'로 고칠 필요는 없다. 여기서 '薺'는 '齏'와 통하며 '長齏'는 가난한 서생의 힘든 생활을 형용하는 말이다. 「伍子胥變文」의 "곧 조롱박에 밥을 담아 씀바귀와 상추를 버무려(遂取葫蘆盛飯, 並將苦苣爲薺)"의 '薺' 역시 '齏'와 통하며 위의 쓰임과 완전히 같다.

10 '緣'이 原卷에는 '[illegible]'로 쓰여 있는데 潘重規(潘重規)가 이를 '緣'의 초서로 정확하게 판독했다.

11 [譯注] '四弘誓願'(네 가지 큰 서원)은 줄여서 '四弘誓'라고도 한다. 모든 부처에게는 總願과 別願이 있는데, '사홍서원'은 곧 총원이 된다. 일체의 보살들은 초발심 때 반드시 이 서원을 발해야 한다. 네 가지 서원은 '無邊의 중생을 구제하고', '무수한 번뇌를 끊고', '끝없는 법문을 배우고', '無上의 불도를 이루는' 것이다.

12 [譯注] '波羅'는 '波羅密' 혹은 '波羅密多'의 약칭이며, '彼岸에 이르다'의 의미이다. 『大

밖으로는 위연(違緣)[13]을 만나도 결국 물러서지 않고
안으로는 또 오래도록 관행(觀行)[14]을 닦는구나.
이처럼 많은 세월에도 마음은 피로함이 없으니
반드시 금구(金軀)[15]를 얻어 도량에 앉으리라.

上來道理, 自利行也. 從此利他行者, 下度有情者. 亦如進士在學堂中, 見天下不平之事, 遂擬發意平治, 條流[16]天下, 廣致太平. 菩薩亦然. 修行之次, 見於六道受苦衆生, 欲併除[17]地獄, 不要畜生, 咸使出離.

위에서 말한 도리가 자리행(自利行)입니다. 이제부터는 이타행(利他行)인데, 이것은 아래로 중생을 제도하는 것입니다. 역시 예를 들어 진사는 학당에 있다가 천하의 평안치 못한 일을 보고서 이를 평안히 다스리겠다는 의지가 생기고 천하를 조리 있게 하고 태평함이 널리 이르도록 하려 하지요. 보살 역시 마찬가지입니다. 수행을 할 때 육도(六道)[18]에서 고통 받는 중생들을 보고는 지옥을 없애고 축생도를 제거하여 모든 중생

智度論』 권12 : "이 여섯 바라밀은 사람이 인색과 탐욕 등의 번뇌가 섞인 바다를 건너 피안에 이를 수 있게 해 주므로 '바라밀'이라 이름 지은 것이다(此六波羅蜜, 能令人渡慳貪等煩惱雜著大海, 到於彼岸, 以是故名波羅蜜)." 아울러 보살의 大行을 '바라밀'이라고 하는데 이 바라밀의 行法에는 여섯 가지가 있다. 첫 번째가 '布施', 두 번째가 '持戒', 세 번째가 '忍辱', 네 번째가 '精進', 다섯 번째가 '禪定', 여섯 번째가 '智慧'이다.

13 【譯注】 違緣 : 불교용어로서 도적이나 수재, 화재 등 내 마음과 어긋나는 사연들을 말한다.

14 【譯注】 觀行 : 마음으로 이치를 보고 몸으로는 그 이치를 행하는 것이다. '觀心之行法'이라고도 한다.

15 【譯注】 金軀 : 금색의 몸으로, 곧 佛身을 말한다.

16 '條流'는 '條理'와 같다. 唐 杜佑『通典』「職官二二」: "주대에는 육관을 만들어 각자의 부속기관을 갖도록 했다. 비록 무늬만 숭상하고 바탕은 버리고 아전은 많고 일은 번잡했지만, 조리 있고 문란하지 않았으며 관직을 중복해서 세우지도 않았다(周建六官各有徒屬, 雖尙文去質, 吏衆事繁, 然而條流不紊, 職非重設)." 劉凱鳴은 '條流'를 '調理'로 보았으나 옳지 않은 듯하다.

17 併除 : 버리다, 폐기하다. '併'은 '屛'과 통한다.

18 【譯注】 六道 : 일체 중생이 선악의 業因에 의해 윤회하는 여섯 가지의 세계로서 지옥, 아귀, 축생, 수라, 인간, 천상을 말한다. '六界'라고도 한다.

이 그곳에서 벗어날 수 있도록 하지요.

進士書堂學業時, 天涯有意擬平治.
人人長遣如魚水, 戶戶咸令識禮儀.
凡遇善流皆獎賞, 但逢惡事不容伊.
若令四海全無事, 進士心中願滿時.
菩薩修行[19]十地中, 善觀三界起愁容.
人人總勸修慈定, 個個咸令起惠風.
地獄興心全併當,[20] 畜生有意總教空.
若令我等皆成佛, 菩薩心中願始終.
若說慈尊憫念情, 尋常六道救衆生.
長教抛[21]却娑婆界, 咸使親登解脫城.
若見惡人常引接, 忽逢善者遣修行.
都緣有此慈悲願, 所以呼爲菩薩名.
진사는 서당에서 공부를 할 때
이 세상을 평안히 다스리리라 다짐하네.
사람들이 오래도록 물과 물고기처럼 지내도록 하고
집집마다 예의를 알도록 한다네.
선한 이들을 만나면 모두에게 상을 내리나
악한 이들을 보면 조금도 용납하지 않네.
만약 사해가 아무런 일도 없게 된다면

19 '修行'이 原錄에는 '修時'로 되어 있다. 袁賓은 이를 '修持'로 고쳤으나 확실치 않으며 原卷이 본래 '修行'으로 되어 있어서 여기서는 옳게 고쳤다. 潘重規 역시 '修行'으로 보았다.

20 '併當'은 곧 '屛當'이며, 여기서 '當'은 어조사로서 의미가 없다. 原校에서는 이를 '摒擋'으로 고쳤으나 굳이 그럴 필요는 없다. 『廣雅』「釋詁」: "摒, 除也." 王念孫疏證: "摒, 字通作屛." 그리고 '擋'은 '當'자를 '摒'의 편방과 같이 써버린 결과로 보인다.

21 原卷에는 '抛'로 되어 있는데 原錄에서는 우편방을 '勉'으로 잘못 보았다.

진사의 마음속 바람이 모두 이루어진 때이지.
보살은 십지(十地)[22]에서 수행하는 중에
삼계(三界)에 근심스런 모습이 일어남을 보고는
사람들에게 모두 자비로운 마음을 닦도록 권하고
각자에게 모두 지혜의 바람이 일도록 한다네.
지옥을 모두 없애리라는 마음을 갖고
축생도를 모두 비우겠다는 다짐을 하네.
우리 모두가 성불하게 되면
보살의 마음속 염원은 비로소 끝이 난다네.
만약 자비로운 존자의 근심을 말하면
육도(六道)를 찾아 중생을 구하네.
오래도록 사바세계는 버리도록 하고
모두에게 친히 해탈의 성으로 오르도록 한다네.
악인(惡人)을 보면 늘 이끌어주고,
선인(善人)을 만나면 수행하게 한다네
이렇듯 자비의 염원이 있는 고로
그를 일러 보살이라 하지.

然彌勒實已成佛, 今在因中, 蓋示迹爾. 故下疏云: 道圓上果,[23] 迹履下因, 祈覺運生, 假稱菩薩.

미륵은 사실 이미 성불을 했으나 지금은 인연 중에 있으므로 자취를 드러내는 것뿐입니다. 그래서 하소(下疏)에서 '원만한 불과(佛果)를 얻었지만 아래로의 인연을 밟아 중생의 깨달음을 기원하는 까닭에 임시로 보

22 【譯注】 十地 : 범어 'Daśabhūmi'의 음역으로 '十住'라고도 한다. 불가에서 보살이 수행을 하면서 지나게 되는 열 가지 경계를 말한다.

23 【譯注】 圓果 : '涅槃'의 의미이다. 인연을 원만히 수행하면 원만한 果德을 얻게 되므로 '圓果'라 한 것이다.

살이라 부른다'고 한 것입니다.

上來解菩薩二字已竟, 從此解上生二字者. 疏云 : 上生卽往昇, 卽彌勒菩薩當日之時, 於人間般涅盤後, 上生兜率也. 問 : 上生來多少時節? 答 : 說[24]此經後十二年. 所以知者, 下內果[25]經佛答云 : "却後十二年" 等至 "身紫金色, 光明艶赫, 如百千日, 上至兜率陀天"[26] 是也. 於是彌勒旣辭人世, 欲往天宮, 乃現神通,[27] 便昇空裏. 雲生足下, 霧擁身邊, 風遙(搖)七寶之冠, 香惹六銖之服. 見月輪之咫尺, 睹世界而微忙(茫). 仙樂隱隱以引前,[28] 天女依依而後送, 一道光明可畏.

지금까지 '보살' 두 글자에 대해 풀이를 했으니 이제부터는 '상생(上生)' 두 글자에 대해 풀이해 보지요. 소(疏)에서는 '상생(上生)은 곧 높이 올라간다는 뜻으로, 즉 미륵은 해당일이 되면 인간 세상에서 열반한 후 도솔천으로 상생한다.'고 했습니다. 묻기를 "상생하는데 얼마나 시간이 걸립니까?" 답하기를 "그로부터 12년이 지나서입니다." 그래서 지자(知者)는 아래 경문의 불답(佛答)에서 "12년 후" 등[의 구절]부터 "자금색 몸에서는 고운 빛이 나며 수백 수천 날이 지나 도솔타천(兜率陀天)으로 오른다"까지 말을 했는데, 이것이 바로 그 말입니다. 이에 미륵은 이미 인간세상과 작별을 하고 천궁으로 가고자 신통(神通)을 보이며 하늘로 오른답니다. 구름이 발아래에서 일고 안개가 몸을 감싸며 바람은 칠보관(七寶冠)

24 原卷을 보면 '[illegible]'로 쓰여 있는데, 이는 '說'의 초서이다. 본권의 '說'자는 대부분 이 모양을 하고 있다. 原錄에서는 이를 '從'으로 썼으나 옳지 않은 의견이다. [譯注] '說'로 썼을 경우 의미가 불명확해지므로 실제 原卷이 '說'자가 아니거나 '說'로 잘못 썼을 가능성도 배제할 수 없다. 여기서는 '說'로 쓰되 해석은 原錄대로 '從'자를 따랐다.

25 [原校] '內果' 두 글자는 잘못 쓰인 듯하다. 아래의 경문과 이어보면 그 의미는 '아래의 경문에서(下面的經內)'가 된다.

26 [譯注] 이 경문은 「彌勒上生經」의 일부로서 중간에 생략된 부분을 보충하면 "劫後十二年二月十五日, 還家本生處結跏趺坐, 如入滅定. 身紫金色, 光明艶赫, 如百千日, 上至兜率陀天"이 된다.

27 原錄에서는 '通'을 '色'으로 잘못 판독했다.

28 '引前'은 아래의 '後送'과 대구가 되도록 '前引'으로 바꾸어야 할 듯하다.

을 흔들고 향기가 육수(六銖)[29]의 옷을 당긴답니다. 월륜(月輪)이 지척임을 보면서 세상이 작고 아득해짐을 목도하지요. 신선의 음악이 은은하게 앞을 이끌어주고 천녀(天女)는 이끌리듯 뒤에서 전송해주며 한 줄기 광명은 가히 두렵답니다.

彌勒當時旣現通,[30] 一彈指傾(頃)便昇空.
祥雲似箭橫銀漢, 瑞氣如星度月宮.
仙女千群乘綵霧, 龍神萬隊散香風.
未容本國商量次, 便到天邊內院中.
미륵이 때가 되어 신통을 보이니
손가락 한 번 튕겨 하늘로 오르는구나.
상서로운 구름은 화살처럼 은하를 가르고
상서로운 기운은 별처럼 월궁을 건너네.
천군(千群)의 선녀가 오색구름으로 오르고
만대(萬隊)의 용신(龍神)이 향기로운 바람을 흩뜨리누나.
아직 본국으로 들지 않고 생각하던 차에
어느새 하늘가의 내원(內院)에 이르렀네.

經云: "其身舍利, 如鑄金像, 不動不搖. 身圓光中, 有首楞嚴三昧般若波羅蜜, 字義炳然. 時諸天人, 尋卽爲起衆寶妙塔,[31] 供養舍利."

경문에서 이르기를 "그 몸의 사리는 쇠를 녹여 만든 형상처럼 움직이지도 흔들리지도 않으며 몸의 둥근 광명에는 수능엄삼매(首楞嚴三昧)[32]와 반야바라밀(般若波羅蜜)[33]이 있어 그 자의(字義)가 밝다. 이때 모든 천인(天

29 【譯注】'銖'는 24분의 1兩에 해당하는 무게의 단위로서 대단히 적은 양을 말하기도 한다.
30 原卷을 보면 '通'이 초서로 쓰여 있는데 原錄에서는 이를 '色'으로 잘못 판독했다.
31 原卷에서는 '寶妙塔'을 '妙寶塔'이라고 썼는데 여기서는 原卷에 따라 옳게 고쳤다. 『佛說觀彌勒菩薩上生兜率天經』의 경문에도 '寶妙塔'으로 되어 있다.
32 【譯注】首楞嚴三昧 : 가장 견고하여 무엇으로도 깨뜨릴 수 없는 삼매.

人)이 곧 보배의 묘한 탑들을 일으켜 사리를 공양하리라"고 하였습니다.

慚愧慈尊戒定身, 修心練行出埃塵.
堅貞豈算千千劫, 不壞[34]何論萬萬春.
寶塔年多猶尙滅, 眞身歲久色唯新.
自從一鎭閻浮界, 度却[35]河沙[36]多少人.
[죄과를] 부끄러워하신 자존(慈尊)께서 몸을 삼가 바로 하시고
마음을 닦고 행법을 수련하려 속세를 나오셨네.
굳센 의지를 어찌 수천의 겁으로 셈할 것이고
법신[37]을 어찌 수만의 봄(春)으로 논할 것인가.
보탑은 무수한 세월에 닳고 닳았으나
진신(眞身)은 오랜 세월에도 색이 오히려 새롭구나.
염부계(閻浮界)[38]를 안정시킨 이래로
얼마나 많은 사람들을 구제하셨던가.

問: 彼時天人, 爭解造塔? 答: 亦是佛曾有敎, 意要利益未來. 末世衆生不信佛法者, 忽因塔及見舍利, 便發信心, 願求佛果, 所以造塔, 令人禮敬.

묻기를 "이때 천인이 다투어 그 뜻을 깨닫고 탑을 짓는 것입니까?" 답

---

33 [譯注] '般若'는 지혜를 가리키고 '波羅蜜'은 이미 이루어진, 도달한 상태를 의미하므로 '반야바라밀'은 '완성된 지혜'를 가리킨다.

34 '壞'를 原錄에서는 '懷'로 썼다가 '壞'로 고쳤으나 潘重規는 본래 原卷이 '壞'로 되어 있다고 했다. 그런데 실제 原卷을 보면 편방이 '忄'으로 되어 있으며 사본에서 '壞'와 '懷'는 편방을 모두 '忄'으로 쓰고 있다('土' 편방을 俗書에서 '忄'으로 쓰는 경우가 많다). 여기서는 당연히 '壞'자가 맞으므로 곧바로 고쳤다.

35 '却'을 原錄에서는 '劫'으로 썼다. 여기서는 袁賓의 교록에 근거하여 고쳤다.

36 [譯注] '河沙'는 '恒河沙'(항하의 모래)의 약칭으로서 수가 대단히 많음을 비유한다.

37 [譯注] 불교용어에서 '不壞身'은 제보살의 無生無滅의 법신을 말한다.

38 [譯注] 閻浮界: '閻浮提' 곧 인간세상을 가리킨다. '閻浮'는 범어 'Jambu'의 음역으로 본래는 큰 나무의 이름이며 흔히 '더럽다(穢)'의 의미로 해석된다.

하기를 "이 역시 가르침을 받은 불승이 미래에 이익을 주려 하는 뜻이지요. 말세의 중생들 중 불법을 믿지 않는 자도 문득 이 탑에서 사리를 보고는 신심이 발해 불과(佛果)를 구하고자 한답니다. 그래서 탑을 지어 사람들이 공경토록 하는 것이지요."

佛道我滅度後, 衆生漸多過咎.
終朝逐色貪聲, 每日追歡戀醉.[39]
師僧不易勸他, 經教大難化誘.
直須得見遺形, 方解發心信受.
後代之中有惡流, 忽因閑暇寺中遊,
擧頭乍見眞身塔, 迴目還瞻舍利樓.
或卽散花施供養, 或時旋遶小(少)低頭.
佛緣[40]知有如斯福, 普勸人天[41]切要修.
불도에 따라 내가 입적한 후
중생들은 과실과 허물이 갈수록 많아지누나.
아침부터 색을 좇고 소리만 탐하며
매일 즐거움을 좇고 취하려고만 하네.
사승(師僧)도 그를 권면하기 쉽지 않고
경전의 가르침으로도 인도하기가 참으로 어렵구나.
모름지기 유형(遺形)[42]을 직접 보아야만
깨달음을 얻어 발심(發心)하고 믿고 받아들이네.
후대에 악한 무리가 있어
문득 한가한 틈에 사찰을 거닐다가

39 【徐震堮】'醉'는 '酒'가 되어야 운이 맞는다.
40 '緣'이 原卷에는 초서로 쓰여 있으며 原錄에서는 이를 '解'로 잘못 판독했다.
41 【譯注】人天: 불교 용어로서 六道輪回 속의 人道와 天道를 가리키나 흔히 諸世와 중생들을 범칭하기도 한다.
42 【譯注】遺形: 사리의 다른 이름이다.

머리를 들어 진신(眞身)의 탑을 얼핏 보고는
눈을 돌려 사리루(舍利樓)까지 바라보네.
혹은 꽃을 뿌려 공양을 베풀기도 하고
어떤 때는 주위를 돌다 살짝 고개를 숙이네.
불연(佛緣)에 이처럼 큰 복이 있음을 알고는
중생들에게 꼭 수양하도록 널리 권면한다네.

由此天人尋卽爲起衆寶妙塔, 供養舍利. 所造之塔還何如? 其塔用黃金作柱, 白玉爲基, 琉璃椽架起七重, 瑪瑙[43]枋蔟成八面. 摩尼枓栱, 琥珀斜梁, 瓦斵珊瑚, 簾彫玳瑁. 眞珠[44]羅網交加, 聞處處之音聲; 寶鐸瓊幡響亮, 拂層層之煙靄. 梵王稱歎, 帝釋觀瞻, 竭天上之珍奇, 爲人間之寶塔, 可謂巍巍屹屹侵雲漢, 盡眼方能見相輪.

이렇게 해서 천인이 곧 보배의 묘한 탑들을 일으켜 사리를 공양한답니다. 탑은 또 어떻게 만들까요? 그 탑은 황금으로 기둥을 만들고 백옥으로 기초를 삼으며, 유리 서까래가 일곱 겹으로 세워지고 마노 도리로 팔면을 조밀하게 만들지요. 마니 두공(枓栱)[45]에 호박 들보, 기와는 산호로 아로새기고 주렴은 대모(玳瑁)를 새겨 넣지요. 진주 그물이 서로 섞이며 곳곳에서 소리가 들리고, 보석 방울의 옥 번기(幡旗)가 밝게 울리며 층층의 아지랑이를 피워 올립니다. 범왕(梵王)이 찬탄을 하고 제석이 굽어보니 천상의 진기(珍奇)를 다해 인간의 보배로운 탑을 만든 것입니다. 우뚝 솟은 모습은 하늘을 침범한다 할 만하니 눈을 모두 떠야 상륜(相輪)[46]을 볼 수 있답니다.

---

43 原卷을 보면 '[illegible]'로, '瑙'가 속자로 쓰여 있다. 原錄에서는 이를 '璃'로 잘못 해독했다.

44 原校에서는 '眞珠'를 '珍珠'로 고쳤으나 徐震堮은 굳이 고칠 필요가 없다고 했다. 서씨의 주장이 옳다. '眞珠'는 곧 '珍珠'로서 돈황사본에서는 자주 이렇게 쓰이고 있다. S.4571 「維摩詰經講經文」의 "瑪瑙盃中琥珀傾, 象牙盤裏眞珠撤." "眞珠網, 白雲濛." 등이 그 예이다.

45 [譯注] 枓栱 : 기둥 위에서 대들보를 받쳐주는 方形의 나무이다.

天人造塔有何難, 傾克(頃刻)莊嚴幾萬般.
百寶合成深可羨, 千花間錯更堪觀.
塵砂賢聖周迴遶, 無限龍神左右旋.
音樂幡花[47]與螺鈸, 迎將舍利此中安.
천인이 탑을 만듦에 무슨 어려움이 있으리,
순식간에 수 만 번을 장엄하네.
백 가지 보석을 합쳐 만들어 참으로 부러워할만 하고
천 가지 꽃이 어우러져 더욱 볼 만 하구나.
모래알처럼 많은 현성(賢聖)들이 주위를 두르고
무한한 용신(龍神)들이 좌우를 돈다네.
당기, 번기, 아름다운 꽃들과 나발로
사리를 영접하여 이 안에 안치한다네.

經云: "時兜率陀天, 七寶臺內, 摩尼殿上, 師子床座, 忽然化生." 至 "以嚴天冠" 等者.[48]

說彌勒菩薩當在內宮, 所現形儀,[49] 甚生端正. 莫不眉勻綠柳, 目淨青蓮, 耳稱垂璫, 鼻眞(直)截竹. 如雪如珂之齒, 一口分明; 似花似玉之容, 兩臉齊美. 匈[50]題萬字, 足蹈千文, 十指纖長之網縵,[51] 雙臂修直

---

46 【譯注】 相輪: 불탑 꼭대기 水煙 바로 밑에 있는 청동으로 만든 아홉 층의 圓輪으로 '輪相'이라고도 한다.

47 【譯注】 幡花: '幡華'라고도 하며, 부처님께 공양하는 당기, 번기와 아름다운 꽃들을 의미한다. 唐 康駢 『劇談錄』 「眞身」: "저자에서는 명주비단을 엮어 용, 봉황, 코끼리, 말의 모양을 만들고 종이와 대나무로는 승려와 부처와 귀신의 형상에 번기와 꽃과 당기와 일산 등을 만든다(坊市以繒綵結爲龍鳳象馬之形, 紙竹作僧佛鬼神之狀, 幡花幢蓋之屬)."

48 原卷을 보면 '者'가 모두 초서인 '[illegible]'로 쓰여 있다. 아래의 "乃至 '五十六億萬歲' 等者"에서의 '者'역시 마찬가지다. 원록에서는 이 글자를 모두 '云'으로 잘못 판독했다.

49 原卷을 보면 '儀'가 모두 '[illegible]'로 쓰여 있다. 이는 '儀'로서 '儀'의 속자이다. 原錄에서는 이를 '後'로 잘못 판독했다.

50 原卷에는 '匈'이 '匈'으로 쓰여 있는데 이 글자는 '匈'의 속자이다. 『說文』에서는 '匈'

而綿覆. 白毫照處, 一輪之秋月當天, 紺髮旋時, 數[52]片之春雲在岳. 相好巍巍看不盡, 十由旬更六由旬.

경문에서 이르기를 "이때 도솔타천 칠보대 안 마니전 위의 사자상좌(師子床座)에 홀연히 화생(化生)하여"부터 "하늘 갓을 장엄하리라"고 운운하였습니다.

미륵보살이 내궁에서 있으면서 보여주는 모습은 참으로 단정하지요. 눈썹은 녹색 버들처럼 가지런하고 눈은 푸른 연밥처럼 깨끗하며 귀에는 옥 귀고리를 드리웠다 하고 코는 대나무를 쪼개놓은 듯 곧답니다. 눈 같고 새하얀 옥돌 같은 치아는 한 번 입을 열면 훤히 드러나고, 꽃 같고 옥 같은 얼굴에 두 뺨은 가지런히 아름답지요. 가슴에는 만(卍)자가 적혀 있고 발은 천문(千文)을 밟고 있으며, 열 손가락은 가늘고 긴데다 그물 같은 막이 있고 두 팔은 곧게 뻗어 무릎을 덮습니다. 백호(白毫)[53]가 비치는 곳에는 둥근 가을달이 하늘을 막고 검푸른 머리칼이 말린 때에는 몇 조각 봄구름이 산에 있답니다. 그 상호(相好)[54]가 높고도 커서 다 보지 못하니 10유순(由旬)[55]에 다시 6유순이나 되지요.

이 '凶'에서 소리를 얻었고 '凶'은 속자로 '匈'로 쓴다고 했다.(『篇海類編』: "匈音凶, 俗字") 따라서 '匈'은 '匈'의 속자가 되는 것이다. 본 편의 아래에 나오는 '一場人我壯匈襟'의 '匈'자도 原卷에는 속자로 쓰여 있다. '匈'은 곧 '胸'의 古字이며 '胸'은 나중에 편방이 더해진 글자이다. 原錄에서는 이를 모두 '胸'으로 고쳤는데 굳이 그럴 필요는 없다.

51 이 구는 불교의 32상 중 '手足網縵相'을 말하며, 위에서 '之'는 '而'와 같다.

52 原錄에서는 '數'를 '如'로 잘못 썼다. 原卷이 '數'의 초서로 쓰여 있다는 潘重規의 의견을 따라 옳게 고쳤다.

53 **[譯注]** 白毫: 부처나 대인의 32相의 하나로서 두 눈썹 사이에 희고 빛나는 가는 터럭이 난 상을 말한다. 불교에서 말하는 32상은 경전별로 약간의 차이가 나는데, 『無量義經』에 의하면 여기서 언급한 '가슴에 卍자가 드러나는(胸表卍字) 상'은 제28상에, '검푸른 머리칼이 말린 상(旋髮紺靑)'은 제17상에 해당한다.

54 **[譯注]** 相好: 불교용어. 불경에 따르면 석가모니불은 32가지 相에 82가지 好가 있으며, 無量壽佛은 8만 4천 가지 상을 갖고 있는데 하나하나의 상마다 8만 4천 가지의 호가 있고 하나하나의 호마다 다시 8만 4천 가지의 광명이 있다고 한다. 즉 '호'는 大相을 다시 장엄하는 小相이 되는 것이다. 여기서는 미륵보살의 전체적인 모습을 나타내는 말로 쓰였다.

青螺肉髻頂中生，紫磨金容身上現.
萬種端嚴纔化出，十方世界盡傾搖.
諸天競泛綵雲來，仙衆爭持花果獻.
帝釋宮前排隊仗，梵王天上集笙歌.
幢幡寶蓋滿虛空，[56] 玉鐸金鈴振寰宇.
四個善神持杵引，十垓鬼將躡雲隨.
飛砂不用喚風師，降雨豈勞追電母.
把戟夜叉肥夢㲲，[57] 持鏘(鎗)羅刹瘦筋吒.[58]
龍王迴出鬼神前，師子散隨音樂後.
齊到內宮菩薩處，百匝千重禮拜來.
푸른 소라의 살상투[59]가 정수리에서 나오고
자마금(紫磨金)[60]의 얼굴이 몸 위로 드러나네.

---

55 [譯注] 由旬 : 고대 인도에서 쓰던 거리의 단위로서 1유순은 대략 40리에 해당한다. 범어로는 Yojana라고 한다.

56 原卷의 '霊'는 '虛'로 보아야 한다. 原錄에서는 '靈'으로 보았으나 '靈空'은 말이 안 된다. 돈황변문에서 '虛空'이라는 단어는 흔히 쓰이는데, 예를 들어 S.4571 「維摩詰經講經文」의 "闐塞虛空烈(列)鼓旗.", S.3872 『維摩詰經講經文』의 "忠不施, 孝不展, 神道虛空皆總見.", 羅振玉 소장본 『維摩詰經講經文』의 "聲聞浩浩滿虛空." 등이 그러하다. 돈황사본에서는 '靈'자와 '虛'자가 모두 '霊'모양으로 쓰여 있으므로 교감을 할 때 글의 맥락에 따라 판단할 수밖에 없다.

57 '夢㲲'는 몸이 뚱뚱하고 느릿느릿 움직이는 모습이다.

58 [蔣禮鴻] '筋吒'는 주술구조일 수도 있다. 『史記』 「李斯列傳」의 "十公主矺死於杜"에서 '矺'을 索隱에서는 '吒'로 쓰면서 "吒音宅, 與磔同"이라고 했다. 玄應의 『一切經音義』 권14, 四分律 第3卷 音義에서는 『通俗文』을 인용하여 "張伸曰磔"이라고 했다. '筋吒'는 몸이 날씬해서 근육과 핏줄이 훤히 드러나 뻗어있는 것을 말하는 듯하다. [校注] 中華書局 표점본 『史記』의 색은에서는 이 글자를 '矺'로 쓴 다음 "矺音宅, 與'磔'同, 古今字異耳"라고 풀이했다. 그런데 『集韻』 「陌韻」의 "磔, 通作矺"이라는 풀이를 볼 때, 색은에서 '磔'과 고금자의 관계에 있다고 한 글자는 '吒'가 아닌 '矺'이 되어야 할 것이다. 따라서 蔣禮鴻의 교석은 확실치 않다. 陳治文은 '吒'는 '斗'자의 形訛이고 '斗'는 '陡'와 통한다고 보면서 玄應의 『一切經音義』 권19의 "筋陡, 謂便捷輕健也"라는 풀이를 인용하고 있다. 陳氏의 설이 타당한 듯하다.

59 [譯注] '살상투'는 부처의 정수리에 있는 둥근 살을 말하며 그 모습이 상투와 비슷해서 살상투 곧 '肉髻'라 한다. 32상 중 '無見頂相'이 바로 이것이다.

만 가지 단엄함이 비로소 화하여 나오니
시방의 세계가 모두 기울고 흔들리네.
제천(諸天)은 앞서거니 뒤서거니 오색구름을 띄워 오고
신선들은 다투어 꽃 열매를 바치네.
제석궁(帝釋宮) 앞에는 호위대가 늘어서고
범왕천(梵王天) 위에는 생황의 노랫소리 모이네.
당기, 번기와 보배로운 일산이 하늘에 가득하고
옥경쇠와 금방울이 천지를 진동하는구나.
네 선신(善神)이 지팡이를 쥐고 이끌고
십 해(垓)의 귀장(鬼將)이 구름을 밟고 따르네.
날리는 모래바람은 풍사(風師)를 부를 필요가 없고
내리는 비에 어찌 수고로이 전모(電母)[61]를 좇겠는가.
극(戟)을 쥔 야차는 살이 쪄 느릿느릿하고
창을 쥔 나찰은 날씬하여 날렵하네.
용왕은 귀신 앞으로 우뚝 나서고
사자는 음악의 뒤를 어지러이 따르는구나.
내궁의 보살처(菩薩處)로 모두 이르니
백 겹 천 겹으로 배례를 오네.

經云: "其天寶冠有百萬億色, 一一色中, 有無量[62]化佛. 諸化菩薩,

60 【譯注】 紫磨金 : 상등의 금.

61 【譯注】 電母 : 고대의 신화에 전하는 번개를 담당하는 신이다.

62 原錄에서는 '無量' 아래에 '百千' 두 글자를 넣으면서 "'百千' 두 글자는 經本에 근거하여 채워 넣었다"라고 교기하였다. 그러나 강경문이 근거로 하는 經本이 꼭 지금의 經本과 같지는 않으며 혹은 의도적으로 경문을 바꿀 가능성도 부인할 수 없다. 따라서 이곳의 '無量化佛' 자체가 이미 뜻이 통하므로 굳이 '百千' 두 글자를 넣을 필요는 없겠다. 다음에 나오는 경문 "恒說不退轉地法輪之行"에서 '恒'이 금본 「佛說觀彌勒菩薩上生兜率天經」에는 '常'으로 되어 있다. 그런데 原校에서는 이 사실을 밝혔으면서도 글자를 고치진 않았다.

以爲侍者” 等.

紺摩尼殿內宮開, 彌勒初生坐寶臺,
頂上光冠光繚繞, 身邊瓔珞響俳佪.
祇承天女千千隊, 侍從天男萬萬垓,
應是他方佛盡喜, 各將菩薩相看來.

경에서는 이르기를 “그 하늘 보배갓에는 백만 억의 빛이 있으며 낱낱의 빛 가운데 무량의 화신 부처님이 여러 화신 보살들을 시자로 삼으시고” 운운하였습니다.

감마니 전의 내궁이 열리자
미륵이 갓 태어나 보배의 대 위에 앉네.
정수리의 꽃갓에는 광명이 감싸고
몸에 걸친 옥구슬 소리가 주위를 맴도네.
천천 대(隊)의 천녀가 공경하며 받들고
만만 해(垓)의 천남이 모시어 따르는구나.
타방의 모든 부처들도 다들 기뻐하며
제각기 보살을 이끌고 서로 보러 오는구나.

經 : “與諸天子, 各坐花座, 晝夜六時, 恒[63]說不退轉地法輪之行.”

若說內宮天子, 個個盡皆堅志.
朝朝樂聽深經, 日日忻聞妙理.[64]
旣解如說修行, 又不思唯世事.
從此彌勒慈尊, 旦夕爲傳法義.
彌勒天宮好願生, 花間經得六時聽.
免如此世爲人苦, 暫入寺來心不寧.

---

63 【原校】 經本에는 ‘恒’이 ‘常’으로 되어 있다.

64 ‘理’를 原錄에서는 ‘法’으로 잘못 썼다. 여기서는 原卷에 근거하여 옳게 고쳤다. ‘理’는 위아래의 ‘志’, ‘事’ 등과 압운된다.

경에서는 “여러 천자들과 더불어 각기 꽃자리에 앉아 육시(六時)[65] 밤낮으로 항상 퇴전하지 않는 법륜의 행을 설하여”라고 했습니다.

만약 내궁의 천자를 말한다면
각기 모두가 견고한 뜻을 가졌지.
날마다 깊은 경문의 소리를 즐겨 듣고
매일매일 묘한 이치 듣기를 좋아하네.
이미 수행을 풀이해 말하였으니
다시 세상사는 생각지 않는다네.
이로부터 미륵 자존께서는
조석으로 법의(法義)를 전하신다네.
미륵 천궁에서 태어나길 발원하는 것은
꽃 속에서 육시로 경문을 들을 수 있어서라네
이 세상의 사람됨의 고통을 없애려
잠시 절에 들어와 불안한 마음 없애기를.

經云: “如是處兜率陀天” 乃至 “五十六億萬歲” 等者.
若說天男天女, 壽量大難算數.
全勝往日痲仙, 也越當時[66]彭祖.
人人咸盡天年, 個個延經劫數.
朝朝長處花臺, 日日不離寶樹.
天人個個壽難思, 長鎭花臺沒歇時.
王母全成小女子, 老君渾是阿孩兒.
又無疲倦妨聞法, 只是歡忻遶本師.
蓋爲曾持不煞戒, 今朝果報得如斯.

65 【譯注】 六時 : 불교에서는 하루 밤낮을 晨朝, 日中, 日沒, 初夜, 中夜, 後夜의 여섯 시로 나눈다.
66 當時 : 昔時. ‘當時’는 앞의 ‘往日’과 같은 의미로 대구를 이룬다.

경에서는 이르기를 "이처럼 도솔타천에 있으면서"부터 "56억만 세" 운운하였습니다.

만약 천남(天男)과 천녀(天女)를 말한다면
수명이 하도 길어 셈하기가 힘들다네.
지난날의 마선(麻仙)보다도 앞서고
옛날의 팽조(彭祖)까지 뛰어넘는다네.
저마다 모두 천수를 다하고도
각자가 겁수(劫數)까지 이어진다네.
날마다 꽃대에 오래도록 앉아있고
매일매일 보배의 나무를 떠나지 않는다네.
천인은 저마다의 수명을 생각하기 힘들고
꽃대에 오래 앉아 쉬지도 않는다네.
서왕모는 그저 작은 여자애이고
노자도 어린 남자애일 뿐이지.
피곤해서 법을 듣지 못하는 경우도 없고
다만 본사(本師) 주위를 기쁘게 둘러싸고 있다네.
아마도 일찍이 불살계(不殺戒)를 지녀서
오늘의 인과응보를 이처럼 얻었으리라.

上來解'上生'二字已竟, 從此解'兜率'者. 具足梵語應云兜率陀, 或云睹史多, 唐言知足. 知欲樂足. 故疏云:"兜率, 此云知足." 問:何以此天偏於五欲境而知足? 答:內宮天男天女, 先爲人時, 曾持佛戒, 互相觀察, 知非究竟, 遂猒欲也. 且辯天男觀女生猒.

앞에서 '상생(上生)' 두 글자에 대한 풀이를 마쳤으니, 지금부터는 '도솔(兜率)'을 풀이해 보겠습니다. 범어로 갖추어 말하면 '도솔타(兜率陀)'가 되어야 하고 혹은 '도사다(睹史多)'라고도 하며 당(唐)에서는 '지족(知足)'이라고 말합니다. 욕망과 즐거움을 만족할 줄 알기 때문에 소(疏)에서 "도솔은 지족을 말한다"고 이른 것이지요. 묻노니 "어떻게 이 하늘이 오욕(五欲)의 경계에 치우쳐 있으면서도 만족할 줄 아는 것입니까?" 답하기를 "내궁의 천남과 천녀는 이전에 사람이었을 때 일찍이 불계를 지니고 서로를 관찰하다가 지극한 경계가 아님을 알고서 결국 욕망을 꺼리게 되었지요." 우선 천남이 여자를 보고서 꺼리게 됨을 이야기하지요.

誰家麗質[67]好姿容, 南國西施貌不及.
拽紫拖緋當二八, 雲鬟鳳髻勝三千.
綠窗[68]絃上撥伊州, 紅錦筵中歌越調.
皓齒似開花競笑, 翠娥纔轉柳爭春.
心貞不共楚王言, 眉淡每教張敞畫.
端正豈能長占得, 逡巡又被歲年侵.
魚釵强揷數行絲, 鸞鏡動拋多少劫.
方響罷敲長恨曲, 琵琶休撥想夫憐.
漸成衰朽漸尫羸, 忘却向前[69]歌舞處.
次第只應如此也, 爭似修行得久長.
뉘 집 아름다운 여인의 고운 자태인지
남국의 서시(西施)도 못 따라올 용모로다.
자주색 옷을 끌고 붉은색 옷을 당기는 16인에
구름처럼 쪽진 머리와 봉황의 상투가 3천을 넘는구나.
녹색 창 거문고줄 위에서 이주(伊州)를 튕기고
붉은 비단 자리 가운데서 월(越)의 곡조를 노래하네.
새하얀 치아는 활짝 핀 꽃이 다투어 웃는 듯하고

67 【譯注】 麗質 : 아름다운 자질이나 품성을 말하기도 하고 미인을 직접 가리키기도 한다. 여기서는 미인의 의미로 보는 것이 타당하겠다.

68 '綠窗'을 楊雄은 '綠綺'로 고쳤다. 하지만 '窗'과 '綺'는 形音 모두에서 차이가 커서 잘못 쓰인 것으로 볼 근거가 없다. 따라서 양씨의 의견은 확실치 않은 듯하다.

69 向前 : 이전, 옛날.

비취색 눈썹은 새싹의 버들이 봄을 다투는 격이네.
심지가 곧아 초왕(楚王)과는 말을 함께 하지 않고
눈썹은 담박하여 늘 장창(張敞)이 그리도록 한다네.
단정함을 어찌 능히 오래 가질 수 있으리
공순한 모습도 세월에 따라 깎여지나니.
물고기 비녀를 몇 가닥 머리칼에 억지로 끼워도 보고
난새의 거울[70]은 얼마나 많은 세월을 내던졌던가.
방향(方響)[71]은 「장한곡(長恨曲)」 치기를 그만두고
비파는 「상부련(想夫憐)」 튕기기를 멈추었네.
점차 약해지고 늙어가고 점점 야위어
이전에 노래하고 춤추던 곳도 잊어버리지.
그 다음에는 이와 같이 할 수 밖에
열심히 수행하여 오래도록 장수하는 것.

次辯天女當在人間, 觀其男子而生猒離云.
堂堂[72]好個丈夫兒, 頭面身才皆稱斷.[73]

---

70 【譯注】 '난새의 거울'(鸞鏡)은 화장 거울을 말한다. 옛날에 罽賓王이 준기산에서 난새를 하나 잡아왔는데 어떤 방법을 써도 도무지 울지 않았다. 그런데 새는 자기 무리를 보아야 운다는 부인의 말을 듣고 난새에게 거울을 비춰주자 난새는 슬프게 울기 시작했다고 한다. 이후로 鸞鏡은 곧 화장 거울의 의미로 쓰이게 되었다. 이 이야기는 『太平廣記』 권916에 인용한 南朝 때 宋 范泰의 「鸞鳥詩」 序에 보인다.

71 【譯注】 方響 : 경쇠류 타악기의 일종이다. 크기와 두께가 다른 16개의 장방형 철편을 양쪽의 시렁에 걸어서 만들며, 작은 쇠막대로 치면 소리의 청탁이 저마다 다르다. 南朝의 梁에서 처음 사용되어 隋唐의 燕樂에서 흔히 사용되는 악기가 되었다.

72 原卷을 보면 앞의 '堂'은 '常'처럼 쓰여 있다. 아무래도 이 글자는 오자인데도 지우지 않은 듯하다. 또 '堂' 아래에 중복부호(〃)도 들어가 있지 않다. 여기서는 문맥에 맞게 고쳤다.

73 稱斷 : 마땅하다, 가지런하다. 『爾雅』 「釋言」 : "稱, 好也." 邢昺 疏 : "稱謂美好." 『漢書』 「刑法志」 : "하나의 사물이 마땅함을 잃는 것이 어지러움의 끝이다(一物失稱, 亂之端也)." 顔師古 注 : "稱, 宜也." 『論衡』 「逢遇」 : "적유는 효혜제에게 총애를 받고 등통이 효문제에게 아낌을 받았는데, 작은 재주도 없고 얄팍한 능력도 없으나 어쩌다가 생김

二十三十幷四十, 英雄總擬占春光.

京羅縵裹[74]合今時, 麗句高吟抛古調.

詩賦却嫌劉禹錫, 令章[75]爭笑李稍雲.[76]

새가 어여쁘고 뼈가 연약하고 피부는 곱고 얼굴색이 그럴듯해서 그리된 것이다(籍孺幸於孝惠, 鄧通愛於孝文, 無細簡之才, 微薄之能, 偶以形佳骨嫺, 皮媚色稱).” 『廣雅』「釋詁」: “斷, 齊也.” 王念孫 疏證: “‘斷’과 ‘剬’은 소리가 비슷하고 뜻은 같은 글자이다. 지금 사람들은 사물이 가지런한 모습을 ‘斬齊’라고 묘사하는데 이것이 바로 그 뜻이다(斷與剬聲近義同, 今人狀物之齊曰斬齊, 是其義也).” 이에 따르면 ‘稱斷’은 곧 비슷한 의미의 복합어가 된다. 袁賓은 ‘斷’을 ‘絶’의 오자로 보아야 한다고 했으니 타당치 않은 의견인 듯하다.

74 ‘縵裹’를 原錄에서는 ‘縵裹’로 쓰고 ‘今’은 原校에서 ‘衾’으로 고쳤다. 【徐震堮】 ‘今’은 ‘衾’으로 고치고 ‘縵’은 ‘縵’으로 본다 해도 ‘合衾時’는 여전히 해석이 안 된다. 다음 구절 ‘麗句高吟抛古調’를 보면 아무래도 ‘今’은 오자가 아닌 듯하다. 그래서 ‘今’은 글자 그대로 보고 ‘縵裹’는 ‘慢理’가 아닌가 생각되기도 하지만 ‘京羅’는 어떻게 풀이해야 할지 모르겠다. 【校注】 ‘今’이 오자가 아니라는 서씨의 주장은 매우 타당하다. 그러나 ‘縵裹’를 ‘慢理’로 보는 건 말이 안 된다. 原卷의 ‘縵’은 ‘縵’의 속자인데 여기서는 ‘漫’으로 읽어서 ‘마음대로, 어지럽게’정도의 의미로 보아야 할 것이다. ‘裏’는 모양이 비슷해서 ‘裹’를 잘못 본 것이다. ‘裹’는 본래 ‘싸다, 감다’의 뜻이며 ‘치장하다, 꾸미다’로 의미가 확장된다. 『景德傳燈錄』 권30 「一鉢歌」의 “趁時結裹”에서 ‘裹’ 역시 같은 의미이다. ‘京羅’는 당시 유행하던 고급 옷감을 가리키는 것으로 보인다. P.2838 「內家嬌」 詞의 “풍류 제일의 가인이라 때에 맞춰 옷을 입고 유행에 맞게 머리를 빗네(風流第一佳人, 及時衣着, 梳頭京樣)”에서 ‘京樣’은 유행하는 머리모양을 말한다. 明 楊愼 『升庵太史全集』 권78: “여유롭고 우아한 모습이 나오면 요즘은 시쳇말로 ‘京樣’이라 하니 이는 곧 옛날에 ‘都’라고 한 것과 같다. …… 촌스럽고 천한 모습이 나오면 시쳇말로 ‘野樣’이라 하는데 이는 옛날에 ‘鄙’라고 했던 것과 같다(閑雅之態生, 今諺云京樣, 卽古之所謂都 …… 村陋之狀出, 今諺云野樣, 卽古之所謂鄙).” ‘京’이 ‘美’의 뜻이 되고 ‘都’ 역시 ‘美’의 의미가 된 것은 모두 ‘京都’에서 뜻이 파생되었기 때문이다. ‘時’는 앞에서 언급한 「內家嬌」의 ‘及時’, 「一鉢歌」 ‘趁時’의 ‘時’와 마찬가지로 ‘유행’을 의미한다. ‘京羅縵裹合今時’는 다음 구 ‘麗句高吟抛古調’와 대구를 이루면서 뜻도 딱 들어맞으므로 더 의심할 필요가 없다.

75 令章: 酒令을 가리킨다. 韓愈, 「祭河南張員外文」: “형양에서 술을 놓으니 곰은 포효하고 범은 울었으며, 주령을 따르지 않으면 고슴도치 털로 벌을 셈했다(衡陽放酒, 雄咆虎嗥, 不存令章, 罰籌蝟毛).” 朱熹 注: “令章은 酒令을 말하며 주령을 어길 시에는 그 벌을 셈해 기록해두었다.” S.4571 「維摩詰經講經文」: “진주 주렴 밖에서는 악기 소리 멈추고, 대모 자리 안에서는 주령이 파했다(眞珠簾外停絲竹, 玳瑁筵中罷令章)”에서 ‘令章’ 역시 같은 의미이다. 周一良은 ‘令章’이 ‘文章’의 잘못이 아닐까 의심했지만 분명치 않은 의견이다. 아래의 주석을 참고하기 바란다.

76 周一良은 “여기서 劉禹錫과 함께 언급된 李稍雲이라는 사람이 대체 누굴까? 만약 자

나 호가 아닌 이름이라면 『唐五代人物傳記資料綜合索引』에서는 그를 찾을 수 없다" 라고 했다. 曲金良은 李翺(772~841)일 수도 있다고 했으나 확실치 않다. 唐 李肇 『國史補』 卷下에 이런 기록이 있다. "옛날에 술을 마실 때는 술잔과 쟁반을 낭자해서 잔을 날리고 갓끈을 끊었다고들 하는데 심하긴 심하나 그 법식이 어땠는지를 말한 것은 아직 없었다. 그러다가 국조 인덕 연간에 벽주자사 등굉경이 처음으로 '평색간정' 4자령을 지었고 이초운에 이르러 크게 완비되어 윗사람에서 아랫사람까지 모두 마땅하게 여겼다고 한다. 대체로 律令과 頭盤과 抛打를 갖추었는데 그것이 과거시험장보다도 정교하고 절도사의 관서보다도 성대했다. 의관을 보면 남녀가 신발을 섞기도 하고 어른과 아이가 등촉을 함께 하기도 했으며 外府에 장교를 세우고 부인을 앉게 했으니 그 폐단이 이와 같았다(古之飮酒, 有杯盤狼籍, 揚觶絶纓之說, 甚則甚矣, 然未有言其法者. 國朝麟德中, 壁州刺史鄧宏慶, 始創'平索看精'四字令, 至李梢雲而大備, 自上及下, 以爲宜然. 大抵有律令, 有頭盤, 有抛打, 蓋工於擧場, 而盛於使幕. 衣冠有男女雜履潟者, 有長幼同燈燭者, 外府則立將校而坐婦人, 其弊如此)." 또 『太平廣記』 권 279 '李捎雲' 條(『廣異記』에서 출전)에는 이런 기록이 있다. "농서의 이소운은 범양 노약허의 사위이다. 방탕하고 거칠고 경박한 성품에 사람들과 모여 닥치는 대로 술 마시기를 좋아했다. 그러던 어느 날 밤 그의 아내가 꿈을 꾸었는데, 소운을 비롯한 무리들 10여 명이 기생들과 섞여 머리는 풀어헤치고 웃통은 벗겨진 채 긴 밧줄에 묶여 어디론가 줄줄이 잡혀가는 것이었다. 남편은 큰 소리로 울며 아내를 돌아보고 헤어졌다. 놀라서 잠을 깨보니 베갯맡에 눈물이 흥건했다. 그런데 남편에게 꿈 이야기를 하고보니 소운 역시 똑 같은 꿈을 꾼 것이다. 소운은 너무나 두려워 그길로 고기 음식을 끊고 금강경을 지니고 수차례 승려를 청하여 재계를 했다. 그렇게 3년 동안 아무 탈이 없어 이후에도 더 이상 꿈이 효험이 없으리라 생각하고는 점점 방종하고 태만해지게 되었다. 그러던 중 모임에서 친구가 강권하는 바람에 술과 고기를 먹고 말았다. 소운은 본래 스스로를 단속할 줄 모르는 사람이라 곧 예전처럼 술과 고기에 빠져들고 말았다. 다음해 상사절에 이몽, 배사남, 양포 등 10여 인과 더불어 곡강에 배를 띄우고 장안의 명기들과 잘 노는 가기들까지 가득 실었다. 술자리가 한창 무르익을 무렵 배가 뒤집혀 모두 익사하고 말았다(隴西李捎雲, 范陽盧若虛女婿也. 性誕率輕肆, 好縱酒聚飮. 其妻一夜夢捕捎雲等輩十數人, 雜以娼妓, 悉被髮肉袒, 以長索繫之, 連驅而去. 號泣顧其妻別. 驚覺, 淚沾枕席. 因爲說之. 而捎雲亦夢之, 正相符會. 因大畏惡. 遂棄斷葷血, 持金剛經, 數請僧齋. 三年無他. 後以夢滋不驗, 稍自縱怠. 因會中友人, 逼以酒炙. 捎雲素無檢, 遂縱酒肉如初. 明年上巳, 與李蒙, 裴士南, 梁褒等十餘人, 泛舟曲江中, 盛選長安名倡, 大縱歌妓. 酒正酣, 舟覆, 盡皆溺死)." 李稍雲과 李梢雲, 李捎雲은 분명히 동일한 인물이다(稍, 梢, 捎은 모양과 소리가 가깝고 의미 또한 비슷하다). 또 『獨異志』, 『定命錄』 등을 보면 이몽은 개원 5년에 진사가 되어 그 해 봄에 명사 30여 명과 곡강에서 익사되었다는 기록이 있어 『廣異記』에서 이야기한 내용과 거의 일치된다. 위의 근거들을 통해 李稍雲은 농서 사람으로 范陽 盧若虛의 사위이며(노약허는 盧藏用의 동생으로 『新唐書』에 傳이 있다) 주령에 뛰어나 이름을 날렸고 개원 5년(717년)에 죽었음을 알 수 있다. 문장으로 유명한 이고와는 전혀 다른 사람인 것이다.

一場人我壯胸襟, 一個無常專伺候.
五十六十兼七十, 骨枯皮皺更何爲?
眼中冷淚耳中聾, 口裏强誇心裏劣.
富貴兒孫爭奉侍, 貧窮朝夕自營謀.
千辛萬苦爲誰人, 十短九長緣[77]甚事?
泉下不怜多伎倆,[78] 松間終[79]是作塵埃.
以此思量這丈夫, 何必將心生愛戀.
不如斷欲修行去, 願見天宮補處尊.

다음으로는 천녀가 인간 세상에 있을 때 남자를 보고 꺼리고 멀리하게 됨을 이야기하지요.

당당하고 훌륭한 대장부
얼굴과 몸 모두가 의젓하구나.
스물, 서른, 마흔에
영웅은 늘 봄빛을 차지하려 하지.
고급 옷감으로 마음껏 치장한 모습은 유행에 딱 들어맞고
아름다운 구절 높이 읊으며 옛 곡조는 버리네.
시부(詩賦)는 유우석(劉禹錫)이 맞갖잖고
문장(文章)은 이초운(李稍雲)을 비웃는다네.
남과 나 모두가 굳센 기상을 갖고 있어
누구 하나 부질없이 기다리고만 있지 않지.
쉰, 예순, 일흔이 되면
뼈가 마르고 피부는 주름져 다시 무엇을 하리?
눈 속의 눈물은 차갑고 귀는 어두워지며

77 '緣'을 原錄에서는 '解'로 잘못 썼다. 潘重規는 原卷의 글자를 '緣'으로 옳게 보아 이 의견을 따랐다.

78 伎倆: 기능, 재주. 唐貫休의 시 「戰城南」: "한단의 젊은이들은 저마다 재주가 있다네(邯鄲少年輩, 個個有伎倆)."

79 原卷은 '終'자가 맞으나 原錄에서는 이를 '總'으로 잘못 판독했다.

입으로는 억지 자랑만 늘어놓고 마음은 졸렬해지지.
부귀하면 자손들이 다투어 시봉하나
빈궁하면 아침저녁으로 살 길을 찾아야 하네.
천신만고(千辛萬苦)는 누구를 위함이었나?
십단구장(十短九長)은 무엇 때문이었나?
황천 아래에서 재주 많음은 안타깝지 않으니
소나무 사이에서 결국은 먼지가 되는 것.
이처럼 대장부를 생각해보면
꼭 사랑하는 마음을 가질 필요가 있겠는가
차라리 욕심을 끊고 수행에 나서
천궁에 보처(補處)[80]하시는 존자 뵙기를 바라지.

既行此願, 便得升天. 故經云:"於蓮花上, 結加(跏)趺坐."
得生兜率大奇哉, 傾剋(頃刻)香蓮葉自開.
幡蓋影中聞磬鈸, 香花雲裏見樓臺.
此時喜悅應難似, 這日容儀不可倍.[81]
便是舊諸天子見, 一齊讚歎近前來.
이미 이 서원을 행했으니 하늘로 오를 수 있답니다. 그래서 경에서 이르기를 "연꽃 위에서 결가부좌한다"고 했지요.
도솔천에 왕생하는 큰 기이함을 얻게 되니
순식간에 향련(香蓮)의 잎들이 입을 벌리네.
번기와 일산의 그림자 속에서 경쇠와 방울소리 들리고
향기로운 꽃구름 속 누대가 보이는구나.

---

80 【譯注】 補處 : 불교 용어. 부처가 입멸한 후 보살이 성불하여 그 자리를 채우는 것을 말한다. 부처를 이어 성불하는 보살을 가리키기도 한다.

81 『集韻』 '隊'韻에서 "倍, 加也"라고 했다. 原校에서 '倍'를 '陪'로 고쳤는데 굳이 그럴 필요는 없다.

이때의 기쁨과 즐거움이란 이루 헤아릴 수 없고
이날의 용모와 의표는 더할 나위 없지.
곧바로 옛 천자들을 뵙고자
일제히 찬탄하며 앞으로 나온다네.

以此今日, 並得生天, 承前所修, 於欲不染, 相見猶如兄弟姊妹無異也.

此時天上解修行, 蓋爲從前習性成.
男見女時如見妹, 女逢男處似逢兄.
免於花下生他意, 唯向雲間暢道情.
欲樂旣能無所染, 自然知足得其名.

이렇게 하여 오늘 하늘에 왕생함을 얻고 이전에 닦은 바를 이으며 욕심으로 물들지 않은 채 서로를 보기를 형제자매나 다름없이 한답니다.

이때 하늘에서 수행한 바를 알게 되나니
대개가 종전의 습성이 이루어진 것이지.
남자는 여자를 볼 때 누이처럼 보고
여자는 남자 만나기를 오빠처럼 한다네.
꽃 아래에서 다른 마음 들지 않고
오로지 구름 사이를 향해 도의 정만 펼치는구나.
오욕(五欲)의 쾌락에 물드는 바 없게 되어
'지족(知足)'이라는 그 이름을 절로 얻게 된다네.

上來別解'兜率'二字已竟.[82] 從此別解'天'之一字者. 疏云: 自在、光潔、神用名天, 卽有三義也. 且弟一自在義名天者, 蓋爲天人凡所施爲, 皆得自在也. 且無庫藏, 又沒庖廚, 猒棄綺羅衣裳, 常喫蘇陀品味.

82 原卷에는 '竟'이 '意'로 잘못 쓰여 있는데 여기서는 문맥에 근거하여 옳게 고쳤다.

行處五雲從後, 坐時七寶隨身, 不曾一日憂煎, 只是長時快樂.

위에서 '도솔' 두 글자에 대해 풀이해봤습니다. 이제부터는 '천(天)' 한 글자에 대해 따로 알아보도록 하지요. 소(疏)에서는 이렇게 일렀습니다. "자재(自在), 광결(光潔), 신용(神用)을 '천(天)'이라 이름하나니, 곧 세 가지 뜻이 있는 것이다." 첫 번째 '자재'[83]라는 뜻을 '천'으로 이름한 것은 대개 천인이 베풀어 행하는 바가 모두 자재함을 얻기 때문입니다. 창고도 없고 요리사도 없으며 비단옷은 싫어서 버리고 항상 소타(蘇陀)[84]를 먹고 맛을 본답니다. 걸을 때는 오운(五雲)이 뒤를 따르고 앉을 때는 칠보(七寶)가 몸에 붙어있지요. 하루라도 근심하거나 마음 졸이지 않고 오랜 기간 유쾌하고 즐거워만 한답니다.

可中修善到諸天, 居處生涯[85]一切全.
要飯未曾燒火燭, 須衣何省用金錢.
花開花合分朝暮, 龍起龍眠辯(辨)歲年.
忽若共君生那裏, 尋常自在免憂煎.
만약 선을 닦아 제천(諸天)에 이르면
거처와 생필품은 모두가 갖춰져 있다네.
밥이 필요해도 일찍이 불을 피워본 적 없고
옷이 필요해도 어찌 돈 쓸 일을 생각하겠는가?
꽃이 피고 꽃이 오므려지는 것으로 아침저녁을 분간하고
용이 일어나고 용이 잠드는 것으로 한 해를 나눈다네.
문득 그대와 함께 그곳에 왕생하면
항상 자재하며 근심걱정은 없으리.

83 【譯注】 불교에서 '自在'는 나아감과 물러남에 장애가 없는 상태이며 마음이 번뇌의 속박을 벗어난 상태를 말하기도 한다.

84 【譯注】 蘇陀 : 범어 'Suta', 'Sudhā'의 음역으로 '須陀'라고도 한다. 천상의 음식으로서 보통 '甘露'로 번역한다.

85 '生涯'는 생활용품을 가리킨다.

弟二光潔名天者, 諸天人等[86]各有身光, 以相照耀.[87]

두 번째 '광결'을 '천'으로 이름한 것은 여러 천인들이 각자 몸에 광명이 있어 서로를 비추기 때문입니다.

86 原卷을 보면 '等'자의 왼쪽 반이 지워져 있다. 여기서는 남아있는 자체와 문맥을 보고 '等'자를 채워 넣었다. 潘重規 역시 '等'자를 넣었으며 原錄에서는 결문으로 처리했다.

87 이하는 잔결되어 있다. 마지막 행에 '藉光'이라는 두 글자가 있는데, 이에 대해서는 아직 확실히 알기 힘들다.

부모은중경강경문 1(父母恩重經講經文一)[1]

經 : [2]"佛告阿難, 我觀衆生, 雖沾[3]人品, 心行愚懞,[4] 不思耶娘,[5] 有

1 【原校】原卷의 번호는 P.2418이다. 표제는 없으며 여기서는 내용을 보고 제목을 채워 넣었다. 북경도서관 소장 河字 12호 1권 역시 「父母恩重經」 고사를 부연한 것이나, 이 파리 소장본과는 다른 작품이라 따로 기록하였다. 본권 권말의 '誘俗弟六'이라는 표제를 통해 변문의 형식을 볼 수 있다. 즉 작품 한 편을 몇 부분으로 나누어 각 부분마다 소제목을 다는 것이다. 【校注】『大藏經』에 수록된 後漢 승려 安世高 譯 「佛說父母恩難報經」은 본편 및 북경도서관 12호에서 인용한 경문과 다르다. 돈황사본 P.3919에 「佛說父母恩重經」 1종이 실려 있는데, 이 경문이 앞의 두 강경문에서 인용한 경문과 일치하는 것으로 보아 두 강경문은 이 경문에 근거한 것으로 보인다. 또 敦煌曲 「十恩德」, 「十種緣」, 「孝順樂」 역시 이 경문을 풀어놓은 것으로 보아, 이 경문이 당시 널리 유행했던 것으로 판단된다. 그러나 이 경문은 『대장경』에 수록되지 않은 관계로 후대에는 널리 퍼지지 못했다.

2 P.3919 「佛說父母恩重經」(이하 經本으로 간칭)을 보면 이 부분 앞에 경문의 단락이 더 있다. 따라서 본편은 이 경문에 해당하는 강경문이 잔결된 것으로 보인다. 바로 아래의 '前來父母有十種恩德'이 바로 앞에서 열 가지 은덕에 대해 이야기를 했음을 보여주고 있다.

3 '沾'이 經本에는 '居'로 되어 있다.

4 '懞'이 經本에는 '蒙'으로 되어 있다. '懞'은 '蒙'에 편방을 더한 속자라고 할 수 있다.

大恩德, 不生恭敬,[6] 无有人(仁)慈."[7]

此唱經文, 是世尊呵責也. 前來[8]父母有十種恩德,[9] 皆父母之養育, 是二親之劬勞云云.[10] 世尊道 : 阿難, 我觀娑婆世界一切衆生, 雖具人相, 不知耶娘有大恩德, 不生酬答, 不解報恩. 命終必墮三塗, 永劫不逢出離云云.

경문(經文) : "부처님께서 아난에게 말씀하셨다. 내 중생들을 보건대 몸

---

5 【潘重規】 '耶'자가 原卷에는 '耶'로 되어 있다. 아래도 마찬가지다. 【校注】 실제 原卷에는 '耶'으로 되어 있으며 이는 '耶'의 속자이다. 『字彙補』「耳部」: "耶, 音義闕. 出「釋藏」. 恐是耶字之訛." 돈황사본에서 '耶'는 대부분 '耶'로 쓰여 있다. 그리고 '娘'자가 經本에는 '孃'으로 쓰여 있으며 아래도 마찬가지다. 段玉裁는 『說文』의 '孃'자에 대한 주석에서 이렇게 말했다. "『廣韻』에서는 孃이 女良切에 어머니를 칭한다고 했으며, '娘' 역시 女良切이나 이는 젊은 여자에 대한 호칭이라 했다. 唐代 사람들은 이 두 글자를 확실히 구분해서 썼으므로 '耶孃'자에 '娘'을 쓴 경우는 전혀 없다. 그런데도 지금 사람들 중에 이를 아는 자는 드물다(按廣韻, 孃, 女良切, 母稱. 娘, 亦女良切, 少女之號. 唐人此二字分用畫然, 故耶孃字斷无有作娘者, 今人乃罕知矣)." 하지만 돈황사본에서는 '孃'과 '娘'이 이미 혼용되고 있다. 즉 晩唐五代에 이르러서는 두 글자를 모두 '娘'으로 쓸 수 있게 되었다는 것이다.

6 經本에는 이 구 아래에 '棄恩背恩'(여기서 앞의 '恩'은 '德'을 잘못 쓴 듯하다)의 네 글자가 있다. 아래에서 '棄德背恩'이라고 따로 경문을 인용하고 있어서 여기서는 이 네 글자를 뺀 것이 아닌가 한다. 북경도서관 12호 사본에서 인용한 경문에는 이 네 글자가 있다.

7 經本에도 '人慈'로 되어 있으며 이는 '仁慈'와 같다. 고대에 '人'과 '仁'은 통용되었다. 그리고 經本에는 이 구 아래에 '不孝不義' 네 글자가 더 있다.

8 前來 : 前面, 上面. 아래에 "前來經文說父母種種養育, 千辛萬苦"라는 구절이 나온다.

9 여기서 말하는 앞부분의 經本은 이렇다. "부모의 은덕은 열 가지가 있는데 어떤 것들로 열 가지가 되는가? 하나는 잉태하여 수호해주신 은혜요, 둘은 낳으실 때 고통 받으신 은혜요, 셋은 자식을 낳고서 근심을 잊으신 은혜요, 넷은 쓴 것은 삼키고 단 것은 뱉으신(뱉어 먹이신) 은혜요, 다섯은 마른자리는 (자식에게) 돌리고 진자리로 나아가신 은혜요, 여섯은 더러움을 씻어주신 은혜요, 일곱은 젖을 먹여 길러주신 은혜요, 여덟은 먼 길 떠나는 자식 염려해주신 은혜요, 아홉은 (자식을 위해) 악업을 지으신 은혜요, 열은 끝없이 사랑해주신 은혜이다(父母恩德有其十種. 何等爲十? 一者懷擔守護恩, 二者臨産受苦恩, 三者生子妄(忘)憂恩, 四者咽苦吐甘恩, 五者迴乾就濕恩, 六者洗濯不淨恩, 七者乳哺養育恩, 八者遠行憶念恩, 九者爲造惡業恩, 十者究鏡(竟)憐愍恩)." 敦煌曲「十恩德」,「十種緣」,「孝順樂」에서 묘사하는 열 가지 은덕 역시 經本과 대체로 일치한다.

10 '云云'이 原卷에는 '厶〃'으로 되어 있다. 이는 곧 '云云'을 줄여 쓴 것이다. 原卷에서 '云云' 두 글자는 모두 이 모양으로 쓰여 있으나 原錄에서는 잘못해서 대부분 빼버렸다.

은 비록 사람의 모습을 하고 있으나 마음과 행실이 어리석고 어두워 부모님께 큰 은덕이 있음을 생각지 아니하며 공경하는 마음을 내지 않고 누구 하나 자비로운 마음을 갖지 않느니라."

이 경문(經文)은 세존께서 꾸짖는 말씀입니다. 앞에서는 부모님께 열 가지 은덕이 있으니 이 모두가 부모님의 길러주심이며 두 부모님의 수고로움과 힘씀이라 하였습니다……. 세존께서는 아난에게 말씀하시기를, 내가 사바세계의 일체 중생들을 보니 비록 사람의 형상을 갖추고는 있으나 부모님의 큰 은덕을 몰라 보답하는 마음도 내지 않고 보은할 줄도 모른다. 명이 끝나면 반드시 삼도(三塗)[11]에 떨어져 영원히 빠져나오지 못하리라 하셨습니다…….

傷嗟世上人男女, 成長了不能返[12]思慮.
未省修治孝順心, 空將習學无憑據.
縱愚癡, 多抵拒, 父母試嗔[13]撲[14]匙筋.

11 【譯注】 '三塗'는 '三途', '三道'라고도 하며 三惡道의 준말이다. 악인이 죽어서 간다는 세 가지의 괴로운 세계로서 地獄道, 畜生道, 餓鬼道를 말한다. 각각 火途, 血途, 刀途라고도 한다.

12 '返'이 原卷에는 '[illegible]'로 되어 있다. 아래의 '容易抛離不肯皈'에서 '皈'가 原卷에는 '[illegible]'로 되어 있으므로 둘을 서로 校勘할 수 있다. 潘重規 역시 같은 의견이다. 楊雄은 이를 '遠'으로 보았으나 확실치 않다.

13 '嗔'을 原錄에서는 '眞'으로 썼고 袁賓은 '嗔'으로 교기하였다. 실제 原卷을 보면 '嗔'자인 '[illegible]'으로 되어 있다. 原卷에서는 '口' 편방을 대부분 '[illegible]'로 썼는데 초사체인 관계로 교감하는 사람들이 매번 잘못 기록하곤 한다. 그리고 潘重規는 '試'자가 原卷에 '[illegible]'로 쓰여 있다고 보면서 이를 '誡'로 교록하였다. 하지만 실제 原卷을 보면 '試'로 쓰여 있는데 이는 '試'로 보아야 할 것이다(俗寫에서는 '弋' 편방을 '戈'로 쓰는 경우가 많다. 예를 들어 '代'자를 돈황사본에서는 '伐'로 많이 쓰고 있다). 아래에 나오는 "擬交招便氣築天, 試佯約束懷嗔怒"에서 '試'자가 原卷에 바로 이 모양으로 쓰여 있음을 통해 반증할 수 있다. '試'는 '혹시, 간혹'의 의미이다. 『故圓鑒大師二十四孝押座文』에는 "試出去遙和夢逐, 稍歸來晚立門傍"과 "試乖斟酌虧恩義, 稍錯停騰失紀綱"이라는 구절이 나오는데, 여기서도 '試'자가 S.3728 등의 사본에는 모두 '試'로 되어 있으며 마찬가지로 '혹시'라는 의미로 쓰였다. 이 예들을 통해서도 증명할 수 있다.

14 '撲'이 原卷에는 俗寫인 '撲'로 쓰여 있다. '撲'은 '내던지다'의 의미이다. 慧琳『一切經

只管於家弄性靈,[15] 爭知門外傳聲譽.
熱時太熱爲恩憐, 寒卽盡寒爲臺擧.[16]
兒喜渾家始得安, 兒嗔一舍无情緖.
盡驅馳, 受煎煮, 豈解酌量些子許.
容易抛離不肯皈, 等閑棄背他鄕土.
不曾結識好知聞,[17] 空是剜荆[18]惡伴侶.
家內長慊[19]父母言, 外頭却信他人語.
大愚癡, 不覺悟, 恣縱身心起辜負.
佛道如斯五逆人, 莫覓託生好去處.
重重地獄有何因, 只爲閻浮五逆人.
莫問歲寒煎煮罪, 不論年月擣磨身.
自知无理從搥斷, 伏請哀兢(矜)任苦辛.
縱爾却來人世內,[20] 從生至老是寒貧.
슬프도다, 세상의 아들딸들이여

音義』: "撲, 『考聲』云, 投於地也." S.2564 「齖䶗新婦文」: "부엌에 들어오니 악이 받쳐 죽을 뒤엎고 국을 내던졌다(入廚惡發, 翻粥撲羹)."

15 性靈 : 성정, 성질.

16 '臺擧'는 '擡擧'와 같으며 '보살피다, 부양하다'의 의미이다

17 '知聞'은 '朋友'라는 말과 같다. S.4511 「金剛醜女因緣」: "이리하여 가난한 사내는 부마가 되어 높은 품계의 친구들과 서신을 교환하기도 하고 모임에 초청되기도 하였다(於是貧仕旣蒙駙馬, 與高品知聞, 書題往來, 已相邀會)."

18 [蔣禮鴻] '剜荆'는 '結識'와 대구가 이루어지므로 당연히 '짝하다, 따르다' 정도의 의미가 되어야 할 것이다. 이 단어는 '伴換'을 거꾸로 쓴 것이 아닐까 한다. 지금도 吳語에는 친구들이 모여서 헤어지기 싫어한다는 의미로 '般桓'이라는 말이 있는데 이는 '伴換'과 같은 어원에서 나온 말일 것이다. [校注] 蔣禮鴻의 의견은 타당하다. 서복은 '剜荆'를 '怨悱'의 음차자로 보고 마음속에 원한이 있으면서도 말하지 못한다는 의미로 풀이했으나, 이는 타당치 않은 듯하다.

19 [徐震堮] '慊'은 '嫌'이 되어야 한다. [校注] 『玉篇』 '心'部 : "慊은 이를 갈며 한스러워하는 것이다(慊, 切齒恨也)." 『禮記』 「坊記」 鄭玄 注 : "慊은 불만이 가득한 모습을 말한다. 慊은 嫌으로도 쓴다(慊, 恨不滿之貌也. 慊或爲嫌)." 『集韻』 「沾韻」: "慊, 通作嫌." 이처럼 '慊'과 '嫌'은 음도 같고 의미도 서로 통하므로 '慊'자를 굳이 고칠 필요는 없다.

20 原錄에서는 '世內'를 '間世'로 잘못 썼다. 여기서는 原卷에 근거하여 옳게 고쳤다.

다 자라고 나니 되돌아볼 줄 모르는구나.
효도의 마음 닦을 줄을 모른 채
근거 없이 헛된 것만 배우고 익히려 한다네.
제 맘대로 어리석게 굴고 틈만 나면 거슬러
부모가 어쩌다가 화라도 내면 수저를 던져버리네.
줄곧 집에서는 멋대로 성질을 부리면서
문밖에서는 다투어 이름만 날리려 하네.
더울 때는 [스스로를] 가장 덥게 하셔서 은혜와 사랑을 주시고
추우면 [스스로를] 가장 춥게 하셔서 보살펴 주신다네.
아이가 기뻐야 온가족이 비로소 안심이 되고
아이가 화가 나면 누구 하나 기분 좋은 이 없네.
갖은 고생 다하며 마음 졸이고 애태우나
어찌 조금이라도 그 마음 헤아릴 줄 알까.
쉽게 버리고 떠나 돌아올 생각 않고
걸핏하면 타향 땅으로 훌쩍 등지고 간다네.
좋은 친구와는 사귈 줄 모르고
공연히 나쁜 무리들만 따라 다닌다네.
집안에서는 부모님 말씀 듣기 싫어하면서도
밖에서는 다른 사람 말을 잘도 듣지.
참으로 어리석고 깨닫지도 못해
몸과 마음 멋대로 놀리며 은혜를 저버리네.
불도(佛道)에서 이런 오역(五逆)[21]의 죄인들은
좋은 곳에 다시 태어날 생각을 말아야지.
겹겹의 지옥은 무엇 때문인가,
염부(閻浮)[22]의 오역 죄인들을 위함일 뿐.

21 【譯注】 五逆 : 무간지옥에 떨어질 다섯 가지 큰 죄. 즉, 아버지를 살해하고, 어머니를 살해하고, 아라한을 살해하고, 부처님 몸에 피를 내고, 승단의 화합을 깨뜨리는 죄.

늙은 사람도 달이고 삶아지는 죄를 받고
세월에 상관없이 몸을 찧고 간다네.
도저히 버리고 끊을 수 없음을 스스로 알고서
불쌍히 여겨주길 애원하며 고통을 받는다네.
설사 인간세상으로 간다 하더라도
태어나서 늙을 때까지 춥고 가난한 삶일 뿐.

佛言 : 阿難, 若行五逆之人, 命終必墮惡道. 縱生人世, 疾病貧窮, 凡是所爲, 不得稱遂. 此者皆因云云. 若欲得來生生[23]相周圓, 有財多福, 有衣有食, 須於今生, 行其孝養云云.

부처님께서 아난에게 말씀하셨다. "아난아, 오역의 죄를 저지른 사람은 죽어서 반드시 악도(惡道)에 떨어지게 된다. 행여 인간 세상에 태어난다 하더라도 병들고 가난하며 무슨 일을 해도 이룰 수 없다. 이는 모두 이유가 있어서이다. …… 만약 내생을 얻어서 삶이 원만한 모습을 갖춰 다재다복(多財多福)하고 입을 것과 먹을 것을 가지려면 바로 지금의 생에서 효로써 봉양해야 한다 …… ."

若徒[24]感果周圓相, 多福多財多義讓.
擧措長交(教)遇吉祥, 施爲不遣逢災障.
入爲侯, 出爲將, 土地保持[25]人敬仰.

22 [譯注] 閻浮 : 범어 'Jambu'의 음역으로 南贍部洲를 말한다. 인도인의 세계관에 의하면, 이 세계는 수미산을 중심으로 형성되어 있고 수미산 주변으로는 아홉 산과 여덟 바다가 있으며 이 중 일곱 번째 산 주위에는 바다로 둘러싸인 네 개의 섬(四大洲)이 있다고 한다. 이 네 개의 섬 중 남쪽의 것이 남섬부주이며, 이 섬이 바로 우리가 살고 있는 인간세상이라고 한다. 閻浮提, 閻浮世, 閻浮界라고도 한다.

23 [潘重規] '來生' 아래에 '〃' 표점이 빠져 있다. 여기서 '生'자는 중복되는 것이 마땅하다. [校注] 原錄에서는 '生'자를 중복하지 않았는데 여기서는 潘重規의 의견을 따라 채워 넣었다.

24 袁賓은 '徒'를 '圖'의 의미로 옳게 보았다.

別處門中可惜心, 捷徑[26]无過行孝養.
若於父母解周旋, 土地神龍盡喜歡.
災障年年无一點, 吉祥日日有多般.
行藏逐意皆能遂, 出入隨[27]心到處安.
設使命終皈大夜, 三途還是不相忓.[28]
만약, 업을 지은 성과가 원만한 모습을 띠어
다복하고 다재하고 의롭고 겸손하며
행동거지는 오래도록 길함과 상서로움을 얻고
베풀어 행하는 일에 재난과 장애가 없으며
들어서는 제후가 되고 나가서는 장수가 되며
토지신이 감싸주고 사람들이 공경하고 우러러보길 바란다면
다른 곳 문중(門中)에서 마음을 쓸 것이 아니라
효도하며 봉양하는 것보다 더 나은 첩경은 없다네.
만약 부모님을 두루 보살펴드리면
토지의 신룡(神龍)들이 모두 기뻐하고
재난과 장애는 해마다 한 차례도 없을 것이고
길함과 상서로움은 매일매일의 다반사가 되며
하는 일마다 뜻에 따라 모두 이루어지고
나가서도 들어서도 마음에 맞게 어디서나 편안해지리라.

25 保持 : 보호하다, 간직하다. '土地'는 토지신을 가리킨다. P.2292「維摩詰經講經文」: "이리하여 제불이 수기를 내리고, 뭇 성문들은 그것을 간직하여 미래세에 성불하고 龍華三會에서 해탈하게 된다(是以諸佛與記, 衆聖保持, 成佛向未來世中, 度脫於龍花會裏)."

26 '捷徑'을 原錄에서는 '摝經'으로 썼다. 하지만 原卷의 '挟侄'은 사실 '捷徑'이 된다. '捷'은 속서로 '挟'(『改併四聲篇海』 '手'部에서는 "挟, 疾叶切"라 했고, 康熙字典에서는 '挟'이 '捷'과 같다고 했다) 혹은 '摝'라고도 쓴다. P.2187「破魔變文」: "첩질야차를 선봉대장으로 삼고(挟疾夜叉保作先鋒大將)"의 '挟' 역시 '捷'자이다. 아래의 '侄'은 '徑'과 같다.

27 '隨'를 原錄에서는 '遂'로 잘못 썼다. 여기서는 原卷에 근거하여 고친다.

28 【徐震堮】 '忓'은 '干'과 같다.

설사 명이 다해 깊은 밤으로 돌아간다 해도
삼도(三途)가 침범하는 일은 없으리.

佛言 : 阿難, 爲人若解行孝, 見世得人敬奉, 命終又不入三途. 大凡世上不孝人, 多在家費父母心神, 出入又不依時節. 致使父心愁戚, 母意憂惶, 終日倚門, 空垂血淚云云.

書云 : "積穀防饑, 養子備老." 縱年成長, 識會東西, 抛却耶娘, 向南向北. 男女雖然不孝, 父母未省增(憎)慊.[29] 如斯恩念[30]最多, 爭忍抛離出外. 父母在, 勸君莫向他鄕住.

부처님께서 말씀하셨다. "아난아, 사람으로서 효를 행할 줄 알면 현세에서는 사람들의 공경을 받고 죽어서는 삼도에 들어가지 않는다. 불효하는 세상의 모든 이들은 집에서는 부모의 마음을 졸이고 들고 나감도 제때에 하지 않는다. 이렇게 해서 아버지는 근심스럽고 어머니는 걱정스러워 종일토록 문에 기대 공연히 피눈물만 흘린다……."

책에서는 "곡식을 쌓아 배고픔을 대비하고 자식을 키워 노후를 준비한다"고 했으나, 성인이 되어 철이 들면 어머니 아버지를 버리고 남쪽으로 향하고 북쪽으로 향한답니다. 아들과 딸이 불효해도 부모님은 미워

29 [徐震堮] '增慊'은 '憎嫌'이 되어야 한다. [校注] '增'자에 대한 徐震堮의 의견은 옳으나 '慊'과 '嫌'은 같은 음에 뜻도 통하는 글자이므로 '慊'을 굳이 고칠 필요는 없다.

30 '念'을 原錄에서는 '會'로 보았고 徐震堮은 '惠'로 고쳤으며, 『通釋』에서는 '會'를 '愛'로 해석해서 '會'자를 굳이 고쳐 읽을 필요가 없다고 했으나, 이 의견들 모두가 분명치 않다. 실제 原卷을 보면 '念'자의 초서인 '[illegible]' 모양으로 쓰여 있으며 본권의 '念'자는 대부분 이렇게 쓰여 있다. 교록자들이 '會'의 간체자로 잘못 판단하여 다시 번체 '會'로 고친 것이다. 사실 돈황사본에서는 '會'를 간체 '会'로 쓰지 않는데도 교록자들이 지금의 것으로 옛것을 판단하는 우를 범하였다. 潘重規 역시 '念'으로 보았다. '恩念'은 '恩愛'와 같다. 『詩詞曲語辭匯釋』 卷5 : "念, 猶憐也, 愛也." 『大唐三藏取經詩話』 卷中 : "僧行七人, 深謝國王恩念, 多感再三." 元曲 「虎頭牌」 一 : "你如今崢嶸發達呵, 你可休忘俺兩口的恩念." 여기서 '恩念'은 모두 같은 뜻이다. 또 변문에는 '恩憐'이라는 단어가 자주 보이는데 이는 '恩念'과 같은 뜻이다. 예를 들어 본편의 앞쪽에 나왔던 "熱時太熱爲恩憐"이나 뒤에 나올 "慈母意, 總恩憐" "說恩憐兮幾度" 등이 그러하다.

할 줄도 모르십니다. 이처럼 많은 은혜를 받고도 어찌 차마 부모님을 버리고 바깥으로 떠난단 말입니까. 부모님께서 살아 계신다면 당신은 부디 타향에 가서 살진 마십시오.

世人不孝堪傷嘆, 於父娘邊起輕慢.
不念[31]懷躭[32]煞苦辛, 豈知乳哺[33]多疲倦.[34]
恣爲非, 隨惡伴, 輕罵尊親毁良善.
佛道如斯一類人, 生生[35]不易見如來面.
佛言濁世一般人, 恣意爲非不可論.
縱見惡人心裏喜, 亦[36]逢善者却生嗔.[37]
親情勸着何曾聽, 父母教招似不聞.

---

31 '念'을 原錄에서는 '會'로 잘못 썼다. 潘重規는 原卷이 '念'으로 되어 있다고 했으며 여기서는 이 의견을 따랐다.

32 '躭'이 原卷에는 '躭'으로 되어 있으나 原校에서는 이를 '胎'로 고쳤다. 아래의 '懷耽'을 原錄에서는 바로 '懷胎'로 고쳤다. 그러나 '躭'은 '耽'의 俗寫이며, 돈황사본에서 '耽'자는 모두 이렇게 쓰여 있다. '躭'은 본래 '耽'의 속자이며(『玉篇』 '身'部: "躭, 丁含切, 俗耽字.") 본문에서는 '擔'과 같은 뜻으로 쓰였다. '躭'자는 '艪'으로도 쓰였다(『龍龕手鏡』 '身'部 참조). 이 글자는 '身' 부수에 '詹'음을 따라 '手'를 따른 '擔'보다 아이를 가졌다는 의미가 더 분명하다. 經文에서 말한 부모의 10가지 은덕 중 첫 번째 '잉태하여 수호해 주신 은혜(懷擔守護恩)'와 P.2044 「勸善文」의 "부모님의 오랜 만복을 바라나니, 10개월의 잉태로 갖은 고생을 다하시고 3년 동안 젖을 먹여 길러주셨네(發願耶孃長萬福, 懷擔十月受辛苦, 乳哺三年相鞠育)"의 예문을 통해 '懷耽'이 곧 '懷擔'임을 알 수 있다. 또 元曲 「爭報恩」 二의 "저 계집은 3년 동안 젖 먹여 키운 은혜도 모르는데 어찌 10개월의 잉태를 알 수 있으리오?(那妮子又不知三年乳哺恩, 那裏曉懷耽十月胎?)"에서 '懷耽' 역시 '懷擔'이 된다. 原校에서 '躭'를 '胎'로 고친 것은 완전히 틀렸다.

33 '哺'를 原錄에서는 '甫'로 잘못 썼으며, 여기서는 原卷에 근거하여 고쳤다.

34 '倦'이 原卷에는 이체자인 '惓'으로 되어 있다. 『集韻』 「綫韻」: "倦, 說文, 罷也. 或作惓."

35 原卷에는 두 번째 '生'자가 중복부호로 표시되어 있으나 原錄에서는 이를 잘못 빼버렸다. 그리고 原錄에서는 '不' 위에 '大'자를 넣었으나 原卷에 보이는 'ㅈ' 모양은 사실 '不'를 잘못 썼다가 미처 지우지 않은 것이므로 쓰지 않는 것이 옳다.

36 '亦'은 '一'로 읽어야 한다. 돈황사본에서 '亦'과 '一'은 통용된다.

37 原卷을 보면 '嗔'자의 '口' 편방이 초서로 쓰여 있는데 原錄에서는 이를 '眞'으로 잘못 보았다. 潘重規 역시 '嗔'으로 보았다.

仕宦經營全不肯, 長時[38]閑散恣因循.
父母終朝只是憂, 見兒愛伴惡時流.
貪歡逐樂无時歇, 打論[39]樗蒲更不休.
日日倚門垂血淚, 朝朝煩惱向心頭.
佛言此輩非人子, 死入三途堪嘆愁.
始從懷妊至嬰孩,[40] 長得身軀六尺才.
棄德背恩行不孝, 貪聲逐色縱心懷.
三年浮(乳)哺誠堪嘆, 十月懷躭[41]足可哀.
不念二親恩養力, 辜僥[42]棄背[43]也唱將來.

---

38 '時'를 原錄에서는 '期'로 잘못 썼다. 原卷이 '時'로 되어 있다는 潘重規의 의견을 따라 옳게 고쳤다.

39 蔣禮鴻은 '打論'이 공차기를 가리킨다고 했는데 이는 대단히 타당한 의견이다.

40 原卷에는 '嬰'이 나중에 나온 俗字인 '孆'으로 되어 있다. 『玉篇』 '子'部: "孆, 音纓, 孩也."

41 原錄에서는 '躭'를 '胎'로 잘못 썼다. 여기서는 原卷에 근거하여 고쳤다.

42 原錄에서는 '辜僥'를 '辜繞'로 잘못 썼으며 여기서는 原卷에 근거하여 고쳤다. 아래의 "皆因不孝於慈父, 盡爲辜僥向母親." 구에서도 '辜僥'라는 단어가 나온다. **[蔣禮鴻]** 이 단어는 '불효'와 같은 뜻으로서 '저버리다'의 의미로 볼 수 있다. ……'僥'는 곧 '饒'자가 아닐까 한다. 즉 「左街僧錄大師壓座文」에 나오는 "준수한 이도 반드시 이름을 바꾸어야 하고, 간사한 이도 결국은 모습이 변하게 된다네(饒俊須遭更姓字, 任姦終被變形儀)"의 '饒'와 같다. **[校注]** '饒俊'과 '任姦'은 서로 짝이 되며, 여기서 '饒'는 '任'과 마찬가지로 양보를 나타내는 접속사이므로 '辜僥'의 '僥'와 함께 논할 이유가 없다. 「廬山遠公話」에 "내세에 원수가 없고자 한다면 금생에 수행을 하여야 할 것이니, 그리하면 원수와 영원히 멀어져 마음이 괴롭지 않으리라(欲得後世无寃, 不如今生修於淨行, 寃家永隔, 不遶心腸)"고 했는데, '辜僥'의 '僥'가 곧 이곳의 '遶'와 같은 의미이며 이 '遶'의 本字는 '嬈'가 되어야 마땅하다. 玄應 『一切經音義』 卷4: "嬈, 謂煩擾也." 『廣韻』 「小韻」: "嬈, 亂也." 慧琳 『一切經音義』 卷47: "嬈, 惱也." P.3079 「維摩詰經講經文」: "마녀와 마왕이 방으로 들어와 괴로움과 번뇌를 일으키나니, 이제 창이 나오겠습니다(魔女魔王入室也, 作生嬈惱唱將來)"에서 '嬈惱'는 同義連文이다. 따라서 '辜僥'는 곧 '辜嬈'이고 '辜'는 '저버리다'의 의미이며 '嬈'는 괴로움을 말하는 것으로 봐야 글의 맥락이 서로 부합된다.

43 原錄에서는 '棄背'를 '棄育'으로 쓰고 거기다가 '棄'자도 '養'으로 고쳐다. 그러나 실제 原卷은 '棄背'로 되어 있고, 이는 바로 아래의 本經을 인용한 말인 '棄德背恩'을 가리킨다. 原錄에서는 두 글자 모두 잘못 교정한 것이다.

세상 사람들의 불효는 참으로 한탄스러워
부모님 곁에서 오만한 모습만 보이는구나.
죽을듯한 임신의 고통은 생각지도 않고
젖 먹여 키우는 수고로움을 어찌 알겠는가.
마음대로 잘못을 저지르고 나쁜 짝을 따르며
높으신 어버이를 함부로 욕해 선한 이에게 상처를 준다네.
불도(佛道)에서 이런 자들은
태어나고 태어나도 여래의 얼굴 뵙기가 쉽지 않지.
부처께서 말씀하시길, 탁한 세상의 이런 사람들은
마음대로 악행을 저지르는 건 말할 것도 없어,
악한 사람을 만나면 기쁜 마음이 되고
선한 사람을 만나면 도리어 성을 낸다네.
친척들이 권면해도 들을 생각을 않고
부모의 가르침은 듣는 둥 마는 둥이네.
벼슬이든 장사든 도무지 하려 하지 않고
긴 세월 한가히 보내며 멋대로 떠돈다네.
부모는 하루 종일 걱정만 하며
나쁜 시류를 좋아하는 아들을 본다네.
쉼 없이 기쁨을 탐하고 즐거움을 좇으며
공차기와 도박은 더욱이 그칠 줄을 모르는구나.
매일매일 문에 기대 피눈물을 떨어뜨리고
번뇌는 날마다 마음속으로 들어온다네.
부처께서 말씀하시기를, 사람의 자식도 아닌 이런 자들은
죽어서 삼도(三途)에 들어 한숨과 근심을 감내해야지.
처음에 회임한 이래 어린 아이가 되고
6척의 몸을 가진 인재로 자라나서는,
은혜를 버리고 덕을 잊어 불효를 행하고

성색(聲色)만을 탐하고 좇아 마음속에 품는다네.
젖을 먹인 3년의 세월 참으로 한탄스럽고
아기 품은 열 달이 슬프기도 하구나.
두 어버이의 은혜로 길러준 힘 생각지도 않고
괴로움 저버리고 배은망덕하니, 이제 창(唱)이 나오겠습니다.

經云: "棄德背恩."

此唱經文, 是我佛世尊述五逆衆生棄背恩德也. 不孝父母, 走在他鄕, 拋棄尊親, 不皈於舍,[44] 命終惡道, 受大苦辛, 只爲前生不孝父母云云.[45] 經說: 過去世中, 有一罪人, 頂上長被熱鐵輪旋遶. 問目連言云云. 只爲前生不孝父母.

경문: "덕을 버리고 은혜를 저버리느니라."

이 경문은 우리 부처 세존께서 오역죄의 중생들이 부모의 은덕을 저버리는 일을 말씀하신 것입니다. 부모에게 불효하여 타향으로 가서는 높으신 어버이를 버리고 집으로 돌아오지 않는다면 죽어서 악도에 떨어져 엄청난 고통을 받을 것이니, 이는 바로 전생에 부모님께 불효했기 때문이라고 하셨습니다……. 경에서는 이야기하기를, 과거세에 죄를 지은 한 사람이 있는데 머리 꼭대기에서 빙빙 도는 뜨거운 철륜(鐵輪)을 오래도록 뒤집어쓴 채 목련(目連)에게 묻는다고 했습니다……. 이는 바로 전생에 부모님께 불효했기 때문이지요.

44 '於'자가 原錄에는 쓰여 있지 않다. [潘重規] 原卷을 보면 '皈舍' 옆에 붉은 글씨로 'ㅎ'라고 쓰여 있는데 이는 '於'자이다. [校注] '於'자가 마이크로필름에는 보이지 않는다. 여기서는 潘重規의 의견을 따라 채워 넣었다.

45 '云云'이 原卷에는 'ㅿ一'으로 쓰여 있는데 이는 '云云'을 간단히 쓴 것이다. 原錄에서는 '△一'로 표시하여 아래에 붙여 읽고 있으나, 이는 틀렸다. 아래에 나오는 '云云'들 대부분을 原錄에서는 같은 표시로 아래에 붙여 읽고 있다. 여기서는 옳게 고쳤으며 아래에서는 따로 주석을 달지 않겠다.

出來形狀堪驚恐, 見者皆言業障重.
熱鐵輪於頂上旋, 不論時節常疼痛.
未審緣何受此殃, 盡因前世親修種.
爲伯叔處无心起敬崇, 二親邊不省生虔奉.
佛言此鬼業難論, 頭上長旋熱鐵輪.
日日每遭諸苦惱, 朝朝不歇受艱辛.
皆因不孝於慈父, 盡爲辜僥向母親.
普勸今朝聞法者, 速須孝順莫因循.
나오는 모습이 참으로 놀랍고 두려워
보는 사람은 하나같이 업장(業障)이 무겁다 말하네.
뜨거운 철륜은 머리 위에서 빙빙 돌아
어느 때를 막론하고 항상 고통을 준다네.
어찌하여 이런 재앙을 받는지는 모르나
모두가 전생에 스스로 씨앗을 키워서겠지.
백부와 숙부가 계신 곳에서는 존경하는 마음을 갖지 않고
두 부모님 곁에서는 공경하고 받들 생각을 않았다네.
부처께서 말씀하시기를, 이런 귀신의 죄업은 논하기도 힘들어
머리 위에서 오래도록 뜨거운 철륜이 도는 것이지.
매일매일 모든 고통과 번뇌를 당하고
날마다 쉬지 않고 괴로움을 받는다네.
이 모두가 자애로운 아버지께 불효하고
고생하신 어머니를 저버린 때문이지.
널리 권하노니, 오늘 법문을 들은 자는
어서 빨리 효도하고 마음대로 떠돌지 말기를.

且如侍奉父母, 憐念弟兄, 見必喜懽, 逢之賞嘆. 二時問訊, 晝夜恭承, 扇枕溫床, 須知時節. 此卽是眞孝子. 若是必[46]生不孝, 拋棄父娘,在外經年, 无心皈舍, 此卽非是孝子也. 更有父母約束, 都不信言, 應對高聲, 所作違背, 甘辛美味, 妻子長餐,[47] 苦澀[48]飮[49]食, 與父喫者. 此孝子非也.[50] 書云曾參云云.[51]

만약 부모님을 받들고 봉양하며 형제를 사랑하고 그리면 반드시 기쁨과 즐거움을 보고 칭찬과 감탄을 받게 될 것입니다. 하루 두 번 안부를 묻고 주야로 공손히 받들며 베개에 부채질을 하고 침상을 따뜻이 해드리며 모름지기 때와 절기를 잘 알고 있어야 합니다. 이것이 진정한 효자입니다. 만약 불효의 마음이 생겨 부모님을 팽개치고 밖에서 세월을 보내면서 집에 돌아올 생각도 않는다면 이것은 효자가 아니지요. 더구나 부모님께서 하지 말라는 것이 있는데도 그 말은 도무지 믿지 않고 큰 소리로 대꾸하며 거역하는 짓만을 하고, 달고 맵고 좋은 음식은 처자식에게 오래도록 먹이면서도 쓰고 떫은 음식은 아버지와 함께 먹는답니다. 이는 효자가 아닙니다. 책에서는 증삼에 대한 이야기를 했지요…….

佛交(敎)濁世男兼女, 成長了直[52]須孝父母.

---

46 '必'은 '心'의 오자가 아닐까 한다.

47 '餐'이 原卷에는 속자인 '喰'으로 되어 있다. 『龍龕手鏡』「口部」: "喰, 俗餐孫二音." 음이 '餐'이라는 것은 '喰'이 '餐'의 속자임을 가리키며, 음이 '孫'이라고 한 것은 '喰'이 '飧'의 속자라는 의미로 보아야 할 것이다. 속자는 흔히 한 몸으로 두 가지 역할을 하곤 한다.

48 '澀'이 原卷에는 '澁'으로 되어 있다. 이 글자는 '澀'의 속자인 '澁'의 變體이다(『玉篇』 참조).

49 原錄에서는 '飮'을 '飯'으로 잘못 썼다. 原卷이 '飮'으로 되어 있다는 潘重規의 의견을 따랐다.

50 [徐震堮] '非'는 '此' 아래로 와야 할 것이다.

51 '云云'이 原錄에는 빠져 있으며 여기서는 原卷에 근거하여 채워 넣었다. '云云'은 생략을 표시한다. 『孟子』「離婁上」 편에서 "증자는 증석을 봉양하며 꼭 술과 고기를 올렸으며, 상을 물릴 때에는 (남은 음식을) 누구에게 줄 것인지 반드시 물었고 아직 남은 것이 있느냐고 물으면 꼭 있다고 대답했다. …… 부모 섬기기는 증자처럼 하면 된다(曾子養曾晳, 必有酒肉, 將徹, 必請所與, 問有餘, 必曰有 …… 事親若曾子者, 可也)"라고 했는데, 혹시 생략된 말이 이것이 아닐까 한다.

暮省朝參莫但(憚)勞, 溫床扇枕[53]无辭苦.

莫遣耶娘怨恨生, 承旨候[54]顏交(敎)得所.

不但人皆讚嘆君, 兼交賢聖垂加護.

恭承侍養返心安, 孝順名應世上傳.

書內曾參人盡說, 經中羅卜廣弘宣.

皆慚乳哺多恩德, 盡感懷躭[55]足愍[56]憐.

佛道若能行孝養, 見生來世沒迍邅.

不孝人, 難說喻, 返倒二親非母曾.[57]

家內喧諍拗父娘, 門前相罵牽宗祖.

纔[58]擬交招[59]便氣築天, 試佯約束懷嗔[60]怒.

佛道如斯五逆人, 命終大不易拋辛苦.[61]

---

52 '直'을 原錄에서는 '眞'으로 잘못 썼다. 原卷이 '直'으로 되어 있다는 潘重規의 주장을 옳다고 보고 이를 따랐다.

53 '扇枕'이 原卷에는 '枕扇'으로 되어 있다. 여기서는 徐震堮의 교정을 따라 글자의 자리를 바꾸었다.

54 '候'를 原錄에서는 '侯'로 잘못 썼다. 原卷이 '候'로 되어 있다는 潘重規의 주장을 타당하게 보고 이를 따랐다.

55 '躭'이 原錄에는 '胎'로 되어 있다. 여기서는 原卷에 근거하여 옳게 고쳤다.

56 原卷에는 '愍'이 이체자인 '慜'으로 되어 있다. 原錄에서 이를 '敏'으로 보고 '憫'으로 교기한 것은 잘못이다.

57 【徐震堮】 '母曾'은 '曾母'가 되어야 하며, '反倒'는 두 부모님을 증자의 어머님처럼 하지 않음을 말한다. 【校注】 蔣禮鴻은 '返倒'를 '反倒'로 읽고서 '거역하다, 반항하다'의 의미로 보았는데, 이는 타당한 의견이다. '母曾'을 '曾母'로 본 徐震堮의 의견 역시 타당한 듯하나, 여기서 '曾母'는 증자의 어머니가 아닌 증조모들로 보아야 할 것이다. 따라서 '反倒二親非曾母'는 부모와 그 위의 조상들을 거역했다는 의미이며, 이는 바로 아래의 '家內喧諍拗父娘, 門前相罵牽宗祖'의 뜻과 맞아떨어진다. 潘重規는 '母曾'이 原卷에는 '母魯'로 되어 있고 '母魯'는 곧 '莽鹵'라고 했는데, 둘 다 자세히 살핀 의견은 아닌 듯하다.

58 '纔'가 原卷에는 이 글자의 俗寫인 '纔'로 쓰여 있다. 아래에 나오는 '纔見女男身病患'과 '纔始安排交仕宦'의 '纔'도 原卷에는 이렇게 쓰여 있다.

59 【徐震堮】 '交招'는 '教詔'와 같다.

60 '嗔'의 '口' 편방이 原卷에 초서로 쓰여 있어 原錄에서는 이를 '眞'으로 잘못 판독했다.

61 '辛苦'를 原錄에서는 '苦辛'으로 잘못 썼다. 여기서는 原卷에 근거하여 고쳤다.

佛言五逆惡衆生, 業報當來實不輕.
於六道中來又去, 向三途內死還生.
直緣不感懷躭[62]德, 蓋爲全无養育情.
所以向三途惡道裏, 長時受苦不休停.
堪愍念, 又堪哀, 望[63]却深恩大苦栽(哉).
禽獸上由(尙猶)行孝義, 爲人爭合縱心懷.
三年乳哺由(猶)爲可, 十月懷躭[64]苦莫裁.[65]
佛向經中親自說, 道如何擎重擔也唱將來.
부처님의 가르침에서 속세의 아들딸들은
자라서 꼭 부모님께 효도하라 하셨네.
저녁에 살피고 아침에 문안드림을 꺼리거나 힘들어하지 말고
침상을 데우고 베개에 부채질하며 괴로움을 사양치 말아야지.
부모님께서 원망의 마음 갖지 않으시도록 하고
뜻을 받들고 얼굴을 살펴 편히 계실 곳을 마련해드리면,
비단 사람들이 모두 그를 칭찬할 뿐 아니라
현자와 성인들이 가호(加護)를 베풀게 된다네.
공경으로 받들고 봉양하며 마음을 편히 해드리면
효성의 이름이 세상에 전해지겠지.
책 속의 증삼(曾參)을 사람들은 모두 말하고
경전 속 나복(羅卜)은 널리 알려져 있다네.
모두가 젖 먹여 키우신 큰 은덕에 몸 둘 바를 몰라 하고
걱정스럽고 가엾이 회임하심에 모두 감사를 드렸다네.
불도에서는 만약 효도로써 봉양할 줄 안다면

62 '躭'이 原錄에는 '胎'로 되어 있다. 여기서는 原卷에 근거하여 옳게 고쳤다.
63 [徐震堮] '望'은 '忘'으로 되는 것이 옳다.
64 '躭'이 原錄에는 '胎'로 되어 있다. 여기서는 原卷에 근거하여 옳게 고쳤다.
65 [楊雄] '裁'는 '猜'가 아닐까 한다. 아래에 나오는 '苦惱千般不可裁'도 같은 경우로 보아야 할 것이다.

내세에 태어남에 어려움은 없다네.
불효하는 사람은 달래서 깨우치기가 어려우며
부모님께 거역하고 조상들을 조상으로 여기지 않네.
집안에서 시끄럽게 다투며 부모님께 대들고
문 앞에서 서로 욕하며 조상을 끌어들이네.
겨우 가르쳐보려 하면 바로 불같이 화를 내고
구속되기라도 한 것처럼 노한 마음을 갖는다네.
불도에서 이런 오역의 죄인들은
죽은 뒤에도 괴로움을 버리기가 결코 쉽지 않다네.
부처님께서 말씀하시길, 오역죄의 나쁜 중생들은
참으로 가볍지 않은 업보를 맞게 된다네.
육도(六道) 가운데에서 왔다 갔다 하고
삼도(三途)로 가서 죽었다 살아났다 한다네.
이는 곧 잉태해주신 은덕을 느끼지 못하고
길러주신 은정을 전혀 갖고 있지 않아서라네.
그러니 삼악도로 가서
오래도록 끊임없는 고통을 받는 것이지.
참으로 불쌍히 여기고 걱정하고 또한 슬퍼해야 하는데도
깊은 은혜와 큰 괴로움을 잊어버리네.
짐승들도 오히려 효도를 행하거늘
사람 된 자가 어찌 마음을 제멋대로 하는 것인가?
삼년 동안 젖 먹이신 은혜는 오히려 괜찮으나
열 달의 잉태하신 괴로움은 이루 말할 수가 없다네.
부처님께서는 경문에서 친히 말씀하시어
무거운 짐을 지는 것이 어떠한지 깨우쳐주셨으니, 이제 창이 나오겠습니다.

經云:“阿娘懷子, 十月之中, 起座[66]不安, 如擎重擔, 飮食不下, 如長病人.”

此唱經文, 是世尊重明懷任[67]艱難也. 前來十恩中第一懷躭[68]守護恩準『花嚴經』說, 我等身攬父母赤白二物, 成此身形. 此有五色,[69] 初生羯邏藍云云. 三十八七日方知我等於母腹內, 受多少苦辛. 阿娘形貌汪[70]羸云云.

경문 “어머니가 아이를 잉태한 열 달 동안은 일어서고 앉는 것이 편치 않아 마치 무거운 짐을 진 듯하고 음식을 잘 내리지 못하여 마치 묵은 병이 든 사람과 같으니라.”

이 경문은 세존께서 회임의 힘들고 어려움을 거듭 밝히신 것입니다. 앞에 나온 열 가지 은혜 중 첫 번째가 잉태하여 보호해주신 은혜입니다. 『화엄경(華嚴經)』에 따르면, 우리의 몸은 부모님의 적색과 백색 두 가지 물질을 잡고서 이 몸의 모양이 형성되며, 여기에는 다섯 가지 색상이 나타나는데 가장 먼저 생기는 것이 갈라람(羯邏藍)[71]이라 합니다…….

---

66 ‘座’가 經本에는 ‘坐’로 되어 있다. ‘坐’자가 옳다.

67 原校에서는 ‘任’을 ‘姙’으로 고쳤다. 아래의 ‘懷任’에서 ‘任’자 역시 마찬가지다. 그러나 『正字通』「人部」에서 “任, 與妊、姙同”이라 했고, 『漢書』「敍傳」의 “유온은 고조를 임신하여 꿈에 귀신과 만났다(劉媼任高祖而夢與神遇)”에 대한 顔師古 注에서 “任謂懷任也”라고 했다. ‘妊’과 ‘姙’은 ‘任’의 뜻이 나뉘면서 나중에 생긴 글자인 것이다. 따라서 ‘任’은 굳이 고칠 필요가 없다.

68 ‘躭’이 原錄에는 ‘胎’로 되어 있으며 여기서는 原卷에 근거하여 옳게 고쳤다. 經本에는 ‘擔’으로 되어 있다. ‘躭’은 ‘擔’의 俗寫이다.

69 [楊雄] ‘五色’은 글의 맥락과 무관하다. ‘五位’의 잘못으로 보아야 한다. 불경에서는 태내에서의 발육을 다섯 자리로 나누는데 그 첫 번째가 ‘羯邏藍’ 자리이다. [校注] ‘色’과 ‘位’는 모양과 소리 모두가 다르므로 楊雄의 의견은 확실치 않다. 아래에 “思想身生十月間, 五般色相互推遷”이라는 구절이 나온다. ‘五色’은 바로 이 ‘五般色相’을 가리킨다고 보는 것이 옳다. 불교에서는 몸의 모습이 밖으로 드러나 볼 수 있는 것을 ‘色相’이라 한다. 불교에서는 태내에서의 생장과 발육을 ‘羯邏藍’ 등의 다섯 자리로 나누는데 이 역시 다섯 가지 색상이 된다. ‘五般色相互推遷’은 태내에서의 다섯 자리가 차례대로 변하는 것을 말한다.

70 [徐震堮] ‘汪’은 ‘尫’과 같다.

71 [譯注] 羯邏藍 : 범어 Kalala의 음역으로 부모의 두 정기가 처음으로 합해져 맺어진 것

삼십칠팔일이면 어머니의 태내에 우리가 있음을 비로소 알게 되며 많은 고통을 받으셔서 어머니는 무척이나 여윈 모습이 된다고 하지요…….

十月懷躭[72]諸弟子, 萬苦千辛逐日是.
起坐朝朝體似山, 施爲日日心如醉.[73]
鳳釵鸞鏡不曾捻,[74] 玉貌花容轉枯悴.
念佛求神卽有心, 看花逐樂都无意.
十月懷躭[75]弟子身, 如擎重擔苦難論.
翠眉桃臉潛消瘦, 玉貌花容[76]頓改春.
雲髻不梳經累月, 鏡臺一任有埃塵.
緣貪保借[77]懷中子, 長皺雙眉有淚痕.
行嘆恨, 座[78]悲愁, 懷躭[79]十月抵千秋.
心中不醉長如醉, 意內[80]无憂恰似憂.

을 말한다. 태내의 五位 중 하나이다.

72 '躭'이 原錄에는 '胎'로 되어 있다. 여기서는 原卷에 근거하여 옳게 고쳤다.

73 '心如醉'를 原錄에서는 '如心醉'로 잘못 썼다. 여기서는 原卷에 따라 자리를 바꾸었다.

74 '捻'을 原錄에서는 '檢'으로 잘못 썼다. 原卷의 글자가 '捻'이라 한 潘重規의 의견을 따라 고쳤다.

75 '躭'이 原錄에는 '胎'로 되어 있다. 여기서는 原卷에 근거하여 옳게 고쳤다.

76 '容'을 原錄에서는 '顔'으로 잘못 썼다. 原卷의 글자는 '容'이라는 潘重規의 의견이 옳으므로 이를 따랐다.

77 原校에서는 '借'를 '惜'으로 보았다. 아래의 '保借', '護借'의 '借' 역시 原錄에서는 모두 '惜'으로 고쳤다. 하지만 '借'자에 본래 보호하고 아낀다는 의미가 있으므로 '借'자를 굳이 고칠 필요는 없다. 唐 薛用弱『集異記』「王維」: "왕유는 과거에 응시하려 하면서 그 일을 岐王에게 갖추어 말씀드려 자기를 잘 봐줄 것을 청하였다(維方將應擧, 具其事言於岐王, 乃求庇借)"와 陸游의 시 「書驛壁」: "여자의 박명은 하늘이 아끼지 않음이라 푸른 등불로 강변의 집에서 홀로 묵네(女兒薄命天不借, 靑燈獨宿江邊舍)"에서 '借'는 모두 보호하고 아낀다는 의미로 쓰였다.

78 '座'는 '坐'가 되는 것이 맞다. 그러나 原錄에서 곧바로 '坐'로 써버린 것은 타당하지 않다.

79 '躭'이 原錄에는 '胎'로 되어 있으며 여기서는 原卷에 근거하여 옳게 고쳤다.

80 '意內'를 原錄에서는 '竟似'로 잘못 썼다. 여기서는 原卷에 따라 옳게 고쳤다. 潘重規 역시 '意內'로 보았다.

聞語笑時无意聽, 見歌歡處不臺[81]頭.
專希母子身安樂, 念佛焚香百種求.
열 달 동안 제자들을 잉태하심에
하루하루가 바로 천신만고였네.
매일 일어나고 앉을 때 몸은 마치 산처럼 무겁고
날마다 베풀고 행하심에 정신은 마치 취한 듯하지.
봉황 비녀와 난새 거울은 잡아보지 못하고
옥 같고 꽃 같던 얼굴은 마르고 야위어가네.
염불하고 신을 찾는 것에 마음을 쓸 뿐
꽃을 보고 즐거움을 좇는 데는 뜻을 두지 않으시네.
열 달 동안 제자들의 몸을 잉태하실 때
무거운 짐을 지는 듯한 괴로움 이루 말할 수가 없었네.
비취 눈썹과 복숭아 빰이 갈수록 수척해져
옥 같고 꽃 같은 얼굴은 금세 봄이 지나가버리네.
구름처럼 틀어 올린 머리 빗지 않은지 몇 달이고
경대는 한 번 쓰고 먼지만 쌓였네.
뱃속의 자식 보살필 생각에
길게 주름진 두 눈썹은 눈물 흔적이로다.
걸을 때는 한탄하고 앉아서는 슬프게 근심하니
아이 가진 열 달이 천추(千秋)나 다름없네.
가슴속은 취하지 않았으나 오래도록 취한 듯하고
마음속은 근심이 없으면서도 흡사 근심하는 듯하네.
우스갯소리 들려도 들을 생각을 않고
즐거이 노래 부르는 곳 보고도 고개 들지 않는다네.
어머니와 자식의 몸이 편안하기만을 바라며

81 '臺'는 '擡'로 읽는 것이 옳다.

염불하고 분향하며 백방으로 청한다네.

慈母自從懷任(妊), 憂惱[82]千般, 或坐或行, 如擎重擔. 所喫飲食, 滋[83]味都无. 只憂身命[84]片時, 阿那裏[85]有心語話.

어머니는 회임을 할 때부터 천 가지로 근심하여 앉을 때나 걸을 때나 무거운 짐을 드는 듯합니다. 먹는 음식은 좋은 맛은 하나도 없지요. 다만 생명이 금방 끊어질까만 걱정하니 어디 말할 마음이 들겠습니까.

思量慈母生身日, 苦惱千般難可述.
淚落都緣惜此身, 愁生只爲憂形質.
忽然是孝順女兼男, 一旦生來極峻疾.[86]
若是冤家託蔭來, 阿娘身命逡巡失.
如此思量, 一場苦事.
萬劫千生, 酬塡不異(易).
只須受戒聞經, 此外難申孝義.
今日座中人, 分明須總記.
思量慈母養君時, 萬苦千辛總不辭.
消瘦容顔爲醜差,[87] 改張花貌[88]作汪[89]羸.
抵(低)頭不語長如病, 抵頰无言恰似癡.

82 '惱'가 原卷에는 속자인 '悩'자로 되어 있다(『集韻』「晧韻」 참고). 原錄에서는 이를 '忷'로 잘못 보았다.
83 原卷에서는 '滋'가 아래 '味'자의 영향으로 '口' 편방으로 되어 있다.
84 劉堅은 '身命'을 '生命'으로 고쳤으나 굳이 그럴 필요는 없다.
85 '阿那裏'는 곧 '那裏'이다. '阿'는 의미가 없는 접두사이다. 原錄에서는 '阿那裏'를 '片時'에 붙여 읽었으나 이는 잘못이다. 여기서는 劉堅의 교정에 근거하여 바르게 고쳤다.
86 [蔣禮鴻] '峻疾'은 '빠르다'의 의미로 '峻'은 '迅', '駿'과 통한다.
87 [蔣禮鴻] '醜差'는 용모가 추하다는 의미이다. '差' 역시 '醜'의 뜻이다.
88 '貌'가 原卷에는 '皃'자로 되어 있다. '皃'는 '貌'의 篆文이다.
89 郭在貽는 '汪'을 '尫'으로 보았다.

日夜專憂分娩苦, 等閑惆悵淚雙垂.
懷躭[90]十月事堪哀, 苦惱千般不可裁.
念佛求神希救護, 焚香發願乞无災.
專憂煞鬼相追捉, 怕被无常一念[91]催.
經說母親臨產月, 受沒量[92]多苦惱也唱將來.
어머니께서 내 몸 낳으신 날을 생각해보면
그 천 가지 고통은 가히 말하기조차 힘들다네.
흘리신 눈물은 모두가 내 몸을 아끼심이고
근심은 오로지 이 몸에 대한 근심뿐이네.
문득 효성스런 딸과 아들을 만나면
일단 낳는 것이 참으로 빠르지만,
만약 원수가 몰래 붙은 것이라면
어머니께서는 금방 목숨을 잃고 마신다네.
이렇게 생각하면,
이 한 바탕 고통스런 일은
만겁(萬劫)과 천생(千生)에 걸쳐도
빚을 갚고 채우기가 쉽지 않다네.
오로지 계(戒)를 받고 경(經)을 들어야지
이 외에는 효의 뜻을 펼치기가 힘들다네.
오늘 오신 여러분들은
반드시 이를 명심해두시길,

90 ‘躭’이 原錄에는 ‘胎’로 되어 있다. 여기서는 原卷에 근거하여 옳게 고쳤다.

91 [譯注] ‘一念’은 한 번 생각할 만큼의 시간으로, 불교에서는 아주 짧은 시간을 가리킬 때 쓰인다. [校注] 原錄에서는 ‘念’을 ‘會’로 보았고 袁賓은 이를 다시 ‘念’으로 고쳤다. 하지만 原卷 자체가 본래 ‘念’으로 되어 있다. 北京圖書館 河字12호 「父母恩重經講經文」의 “將臨十月怯身災, 秖怕无常一念催”에도 ‘念’으로 되어 있다.

92 ‘沒量’은 ‘无量’과 같다. 아래의 “十月之內, 受无限難辛, 三年之中, 飮沒量多血乳”에 나오는 ‘沒量’과 같은 의미이다(여기서 ‘沒量’은 ‘无限’과 같은 의미로 짝을 이룬다).

어머니께서는 당신을 기르심에
천신만고도 사양치 않으셨네.
얼굴은 여위어 추한 모습이 되고
꽃 같던 용모는 마르고 파리해졌네.
머리 숙인 채 아무 말 않으니 항상 병든 듯하고
뺨을 만지며 아무 말 없으니 흡사 바보와 같다네.
밤낮으로 분만의 고통만 걱정하고
항상 슬퍼하며 두 눈에 눈물만 흘리는구나.
열 달의 잉태는 참으로 가련한 일이라
천 가지 괴로움을 이루 헤아릴 수가 없다네.
염불하고 신을 찾으며 보살펴주길 바라고
분향하고 발원하며 재앙 없기를 빈다네.
오로지 살귀(殺鬼)가 쫓아와 잡을까 근심하고
무상(無常)[93]의 귀신이 금세 닥쳐올까 걱정한다네.
경에서 이르기를, 어머니는 산달이 되면
끝없는 고통을 받는다 했으니, 이제 창이 나오겠습니다.

經:“月滿生時, 受諸痛苦, 須臾好惡, 只恐[94]无常, 如煞猪羊, 血流洒[95]地.”

此唱經文, 明產相貌也. 孩子未降, 母憂性命逡巡; 及至生來, 血流

93 【譯注】‘無常’은 불교용어로서 ‘덧없음’을 의미하며, 여기서 파생되어 혼을 채가는 귀신의 의미로도 쓰인다. 이 부분은 덧없음이 금세 닥쳐옴 즉 허망하게 죽는 것을 걱정한다는 의미로 볼 수 있으나, 바로 앞의 ‘살귀’와 짝을 이루게 하기 위해 ‘무상의 귀신’이라 해석하였다.

94 原卷을 보면 ‘恐’이 ‘怒’로 잘못 쓰여 있으며 원빈은 이를 ‘恐’으로 고쳤다. 北京圖書館 河字12호 「父母恩重經講經文」에서 인용한 경문에는 ‘恐’으로 쓰여 있다. 또 P.3919 經本에서는 ‘只怒’가 ‘恐畏’로 되어 있다. 이 역시 ‘恐’이 옳음을 증명하는 것이다.

95 ‘洒’가 經本에는 ‘遍’으로 되어 있으며 北京圖書館 河字12호 「父母恩重經講經文」에 인용된 경문에도 ‘遍’으로 되어 있다. ‘洒’보다는 ‘遍’의 뜻이 더 낫다.

洒地. 渾家大小, 各自忙然,[96] 只怕身命參差, 急手[97]看其好惡. 經[98]: 月滿生時, 受諸痛苦[99]至徹.

경문: "달이 차서 아기를 낳을 때는 온갖 고통을 받으며, 잠깐 사이에 좋았다가 싫어져 오로지 덧없이 죽을까만 걱정되며, 돼지와 양을 죽인 듯 피가 흘러 땅에 뿌려지느니라."

이 경문은 아이를 낳을 때의 모습을 말한 것입니다. 아이가 아직 내려오지 않으면 어머니는 숨이 금방 다할까 두려워하다가 아이가 나오면 피가 흘러 땅에 흩뿌려집니다. 대소를 막론하고 집안사람들 모두가 각기 바빠지며, 목숨이 잘못될까 두려워 급히 좋은지 나쁜지를 살피지요. 경에서는 달이 차서 아이를 낳을 때 온갖 고통을 받게 된다고 했습니다.

月滿初生下, 慈母懷驚怕.
只恐命无常, 赤血滂沱洒.
苦惱莫能言, 是事都來罷.
保惜若違和, 便是身乖差.
生時百骨自開張, 諕得渾家手脚忙.
未降孩兒慈母怕, 及乎生了似屠羊.
千憂万慮由(猶)堪忍, 十月三年苦更長.
既得這身成長了, 大須孝順阿耶[100]娘.
달이 차서 처음 아이를 낳을 때
어머니는 놀라고 두려운 마음을 가지네.

---

96 忙然: 바쁜 모습. 아래에 나오는 '諕得渾家手脚忙'의 의미이다. 楊雄은 이를 '茫然'으로 보았으나 옳지 않다.

97 原錄에서는 '手'를 '乎'로 잘못 보았다. 여기서는 原卷에 근거하여 옳게 고쳤다. '急手'는 '急速'과 같다.

98 '經'을 原錄에서는 '孩'라 하였다. 原卷의 초서가 '經'자라는 潘重規의 의견을 따랐다.

99 '痛苦'를 原錄에서는 '苦痛'으로 썼다. 潘重規는 原卷의 '苦痛' 옆에 '乙' 부호가 있다고 교기했으며, 여기서는 이를 따랐다.

100 '耶'가 原錄에는 '娾'로 되어 있다. 아래의 '娘'자 때문에 같은 편방을 쓰게 된 것이다.

그저 명이 덧없어질까 두려워하다가
붉은 피가 철철 흘러 뿌려진다네.
그 괴로움 이루 말할 수 없으니
모두가 이 일에 신경을 쏟는다네.
행여 제대로 보살피지 않으면
몸은 금방 잘못되고 만다네.
아이를 낳을 때 백골이 저절로 열리고 펴져
온 가족은 깜짝 놀라 손발이 바빠진다네.
아이가 아직 내려오지 않음을 어머니는 두려워하다가
막상 아이를 낳으면 마치 양을 도살한 듯하다네.
천 가지 걱정과 만 가지 근심은 오히려 참을 만하나
열 달, 삼 년의 고통은 더욱 길다네.
이제 이 몸은 이미 다 컸으니
모름지기 부모님께 효도를 해야지.

所以書云：曾子曰："百行之先, 无以加於孝矣. 夫孝者, 是天之經[101] 地之義. 孝感於天地也, 通於神明. 孝至於天, 則風雨順序, 孝至於地, 則百穀成熟, 孝至於人, 則重譯來貢,[102] 孝至於神, 則冥靈祐助." 又太公家教："孝子事親, 晨省暮省,[103] 知飢知渴, 知暖知寒. 憂則共戚, 樂

101 原卷을 보면 '經'자가 '女' 편방으로 되어 있는데 아무래도 모양이 비슷해서 잘못 쓴 듯하다.

102 原卷을 보면 '則重譯來貢'에서 '譯'의 편방이 '言'의 간체인 '讠'로 되어 있다. 原錄에서는 '則重則來'라고 썼으나 이렇게 하면 의미가 통하지 않는다. '重譯'은 거듭해서 말을 통역한다는 의미이다. 『史記』「太史公自序」："해외는 풍속이 달라 거듭 말을 통역하여 변방의 문을 두드리며 공물을 바치고 뵙기를 청하는 자가 이루 말할 수 없다(海外殊俗, 重譯款塞, 請來獻見者, 不可勝道)." 張守節正義："重譯, 更譯其言也."

103 '晨省暮省'은 '晨省暮參'의 잘못인 듯하다. 羅振玉 소장 돈황본 『太公家教』에는 '晨省暮參'으로 되어 있다. P.3764 『太公家教』에는 '晨省暮餐'으로 되어 있는데, 여기서 '餐'은 '參'과 음이 같아 잘못 쓴 글자이다. 본편의 아래에 나오는 "暮省朝參勤奉侍"에서도 '省'과 '參'은 서로 바뀌어 쓰이고 있다.

卽同歡. 父母有病, 甘美[104]不餐. 食无求飽, 居无求安, 聞樂不樂, 見戲不看. 不修身體, 不整衣冠, 待至疾愈, 整亦[105]不難." 又經云: "天地世界之大者, 不過父母之恩." 經書之內, 皆說父母之恩, 奉勸門徒, 大須行孝.

그래서 책에서는 증자가 이렇게 말했다고 했습니다. "백가지 행실 중에 효도보다 더 앞서는 것은 없다. 무릇 효란 하늘의 이치요 땅의 도의이다. 효는 천지에 감응하고 신명에 통한다. 효가 하늘에 이르면 바람과 비가 차례를 따르고, 효가 땅에 이르면 백곡이 무르익으며, 효가 사람에게 이르면 말을 거듭 바꾸어서라도 조공을 오고, 효가 귀신에게 이르면 저승의 영혼이 도움을 준다." 또 『태공가교(太公家教)』[106]에서는 "효자는 부모님을 섬김에 새벽에 살피고 저녁에 살핀다. 배고픔을 알고 목마름을 알며, 따뜻함을 알고 차가움을 알며, 근심이 있으면 함께 슬퍼하고 즐거운 일은 함께 기뻐한다. 부모님께서 병환이 있으면 달고 좋은 음식을 먹지 않고, 먹어도 배부름을 구하지 않으며, 거함에 편안함을 구하지 않으며, 즐거운 것을 들어도 즐거워하지 않고, 재밌는 것이 보여도 보지 않는다. 몸을 닦지 않고 의관을 정제하지 않으며, 병이 나을 때까지 기다렸다가 정돈해도 어렵지 않다"고 했습니다. 또 경에서는 이르기를 "천지 세계가 아무리 크다 해도 부모의 은혜보다 더하지는 않다"고 했지요. 경서에서는 모두 부모님의 은혜를 말하면서 문도(門徒)들에게 반드시 크

---

104 '美'가 原卷에는 '美'자로 되어 있는데, 이는 '美'의 속서인 '羑'를 손으로 쓰면서 모양이 조금 바뀐 것이다. 慧琳의 『一切經音義』 권10에서는 "美, 說文從羊從大 經從父作羑, 非也"라고 했다. 돈황사본에서 '羑'는 자주 보이는 글자이다. P.3764, P.2564 『太公家教』에는 이 구가 '甘羑不飡'으로 되어 있는데, 여기서 '羑'는 곧 '美'자이다. 原校에서는 이를 '羹'으로 잘못 교기하였다.

105 '亦'을 原錄에서는 '易'이라 했으나 原卷의 글자는 '亦'일 것이다. 潘重規 역시 '亦'자로 보인다고 했다. 나진옥 소장본과 P.2564, 2738, 3599, 3764 등의 『太公家教』 사본에는 모두 '亦'으로 되어 있다.

106 『太公家教』는 唐宋 때에 유행했던 아동 교육용 도서이다. 돈황사본 중에는 이 책과 관련된 두루마리가 약 30여건 있다. 원록에서는 서명 부호를 표시하지 않았다.

게 효를 행할 것을 권면하고 있습니다.

經書各有多般理, 皆勸門徒行孝義.
只怕因循不報恩, 故於經上明宣示.
勸門徒, 諸弟子, 暮省朝參勤奉侍.
永永交(教)君播好名, 長長不見逢災累.
思想身生十月間, 五般色相互推遷.
細觀不但堪愁嘆, 款話[107]須知苦百般.
草上落時風觸體, 尖聲號叫不能言.
血流洒地如屠宰, 母命逡巡喪百年.
旣今成長爲人子, 凡事掙揔[108]十相全.
相勸事須行孝順, 莫將恩德看爲閑.
慈母德, 實堪哀, 十月三年受苦災.
冒熱衝寒勞氣力, 迴乾就濕費心懷.
憂憐不啻千千度, 養育寧論萬萬迴.
旣有爾[109]多恩德事, 爭合孤負也唱將來.
경서에서는 각자 여러 가지의 이치로
모두가 문도에게 효를 행할 것을 권면하네.
제멋대로 은혜를 갚지 않을까 걱정되어
경문에 분명하게 밝힌 것이지.
문도와 여러 제자들에게 권하노니,
저녁에 살펴드리고 아침에 돌봐드리며 부지런히 모신다면

107 '款話'를 原錄에서는 '疑諾'으로 잘못 보았다. 原卷의 글자가 '款話'라고 한 潘重規의 의견이 옳다고 보고 이를 따랐다.

108 '掙揔'은 '遵從'이 되어야 할 듯하다. 項楚는 '掙揔'을 원명 잡극과 통속소설에 흔히 보이는 '掙閩', '鬦閩'로 보고 '분발하다, 다투어 하다'라고 해석했으나 이는 분명치 않은 의견인 것 같다.

109 '爾'자는 原卷에 '尔'로 되어 있다. 原錄에서는 '計'로 잘못 보았다.

그대는 영원히 좋은 이름을 날릴 것이요,
오래도록 재난을 만나지도 않을 것이네.
몸이 태어나는 열 달 동안을 생각해보면
다섯 가지 색상이 서로 밀며 자리를 바꾸지.
자세히 보며 근심스레 탄식할 뿐 아니라
정성스레 말하며 모름지기 온갖 고통을 알아야지.
풀 위에 떨어질 때 바람이 몸에 닥쳐
날카로운 소리로 울부짖으며 말도 하지 못한다네.
흐르는 피가 땅에 뿌려져 짐승을 도살한 듯하니
어머니의 생명은 순식간에 백년을 잃는다네.
이제 성장하여 자식 된 자가 되었으니
모든 일에 순순히 따르고 용모도 온전히 해야지.
권하노니 일을 함에 반드시 효도를 행하며
은덕을 등한히 여기지 말기를.
자애로운 어머니의 덕은 참으로 슬퍼
열 달 삼 년 동안 갖은 고통 받으시네.
더위를 무릅쓰고 추위를 버티며 힘을 쓰시고
마른자리 돌리고 젖은 자리로 나아가 마음을 쓰신다네.
걱정과 사랑은 천천 번에 그치지 않고
기르고 키워주심은 어찌 만만 번으로 논하랴.
이처럼 많은 은혜가 있는데
어찌 감히 저버릴 수 있겠습니까, 이제 창이 나오겠습니다.

經: "受如是苦, 生我[110]此身, 咽苦吐甘,[111] 抱持養育. 洗濯不淨, 无

110 經本에는 '我'가 '得'으로 되어 있다. 북경도서관 河字 12호에 인용된 경문에도 '得'으로 되어 있다.

111 '吐甘'을 原錄에서는 '咁吐'라 쓰고 '吐甘'으로 고쳤다. 潘重規는 原卷의 '咁吐' 옆에 자

憚劬勞. 忍熱受寒, 不辭辛苦. 乾處兒臥, 濕處母眠. 三年之中, 飮母白血."[112]

此唱經文, 分之爲二. 初解辛勤保護, 次釋[113]迴乾就濕. 兩段不同. 且是弟一辛勤[114]保護. 經道如是辛苦, 生我此身, 至不辭辛苦. 此是世尊告阿難道.[115] 娑婆濁世, 一切衆生, 皆因父母所生, 咽苦吐甘, 專心保護, 抱持養育, 不離懷中. 洗濁(濯)之時, 豈辭寒熱. 若是家翁在上, 伯叔性難.[116] 晝夜不憚劬勞, 旦夕常懷憂懼. 衝寒受熱, 蓋是尋常, 臺擧女男,[117] 不辭辛苦. 顏容顦顇, 形貌汪[118]羸. 爭忍長成, 不生酬答.

경문: "이런 고통을 겪고 나의 이 몸을 낳으면, 쓴 것은 삼키고 단 것은 뱉어서 먹이며 품안에 안아 기른다. 깨끗하지 못한 것은 씻어내고 아무리 힘들어도 싫어하지 않는다. 더위를 참고 추위를 감내하며 갖은 고통을 마다하지 않는다. 마른자리에는 아이를 뉘이고 젖은 자리에서는 어머니가 잠을 잔다. 삼년 동안 어머니의 흰 피를 먹게 된다."

이 경문은 둘로 나눠서, 먼저 고생하며 부지런히 보살핀다는 것을 풀이하고 다음으로 마른자리는 돌리고 젖은 자리로 나아간다는 것에 대해 풀이해보지요. 두 단락은 서로 다릅니다. 첫 번째는 고생하며 부지런하게 보살피는 것입니다. 경문의 말은 "이런 고통을 겪고 나의 이 몸을 낳으면"에서부터 "갖은 고통 마다하지 않는다"까지가 되겠습니다. 이는 세존께서 아난에게 하신 말씀입니다. 사바세계의 일체 중생은 모두 부모

리바꿈 부호인 '乙'이 있다고 했다. '咁'은 '甘'에 '吐'와 같은 편방이 붙은 글자이다. 經本에도 '吐甘'으로 되어 있으므로 교정이 틀리지 않았다고 할 수 있다.

112 經本에는 '白血'이 '白乳'로 되어 있다.

113 原錄에서는 '釋'을 '解'로 잘못 썼다. 여기서는 原卷에 근거하여 옳게 고쳤다. 潘重規 역시 '釋'으로 보았다.

114 原錄에서는 '勤'을 '苦'로 잘못 썼다. 여기서는 原卷에 근거하여 옳게 고쳤다.

115 **[譯注]** 이 『校注』 본에서는 '道'가 다음 구절에 붙는 것으로 보았으나 潘重規는 앞 구에 붙는 것으로 보았다. 의미상 潘重規의 의견이 더 타당하다고 보고 이를 따랐다.

116 '性'은 '生'으로 보아야 할 듯하다. '生難'은 '作難'과 같다.

117 '女男'은 자식을 가리킨다. 아래도 마찬가지다.

118 '汪'은 '尫'으로 읽는 것이 옳다.

에게서 나오고 [어머니는] 쓴 것은 삼키고 단 것은 뱉어 아이에게 먹이며 지극정성으로 보살펴 잠시라도 품을 떠나지 않은 채 안아 기릅니다. 씻을 때에 어찌 추위와 더위를 따지겠습니까? 만약 집안어른이 위에 계시고 백부와 숙부가 장난이라도 치면 주야로 고생을 마다 않고 아침저녁으로 항상 가슴에 품은 채 걱정하지요. 추위도 무릅쓰고 더위도 감내하며 항상 자식을 보살피면서 그 괴로움을 사양하지 않는답니다. 얼굴은 초췌하고 파리한 모습이 되니 어찌 차마 장성하여 보답할 마음이 생기지 않겠습니까?

若是嚴天月, 苦惱難申說.
手冷徹心酸, 十指從頭烈(裂).
一伴[119]餵孩兒, 伏仕又[120]依時節.
伯叔及翁婆, 由(猶)更嫌癡拙.[121]
往往淚如婆,[122] 時時心似割.
无處說心誠, 苦惱如何徹.
只爲小嬰孩, 洗濁(濯)无時節.
更深上(尙)未眠, 顚墜身羸劣.[123]
就中苦是阿娘身, 臺擧孩兒豈但[124]頻.

119 【徐震堮】'一伴'은 '一畔'과 같으며 '一邊'(한편으로)의 의미이다.
120 徐震堮은 '伏仕'를 '服事'로 보았으며 이는 타당한 의견이다. 그리고 '又'가 衍文이라고 했는데 이는 확실치 않은 듯하다.
121 '拙'을 原錄에서는 '腦'로 잘못 썼다.('惱'의 속자가 '拙'자와 흡사하다) 여기서는 原卷에 근거하여 옳게 고쳤다. 潘重規 역시 '拙'로 보았다.
122 潘重規는 '婆'가 '波'일 것이라고 했다. 여기서 '婆'자는 오른편 구의 '婆'를 보고 잘못 쓴 것인 듯하며 꼭 '波'자와 모양과 뜻이 비슷해서 잘못 쓴 것으로 볼 수는 없다. 아래에 나오는 '往往啼如雨' 구를 볼 때 혹시 '婆' 자리에 원래 '雨'자가 들어가야 했던 것은 아닌가 싶다.
123 '劣'을 原錄에서는 '勞'로 잘못 썼다. 여기서는 原卷에 근거하여 고쳤다. 潘重規 역시 '劣'로 보았다.
124 蔣禮鴻은 '但'을 '憚'으로 읽었는데, 이는 옳은 의견이다.

洗浣寧辭寒與熱, 抱持不倦苦兼辛.
時時愛[125]被翁婆怪, 往往頻遭伯叔嗔.[126]
只爲這嬰孩相繫絆, 致令日夜費心神.
이런 엄동설한에는
그 고통 말로 하기 힘들지.
손은 차가워 가슴까지 시릿하고
열 손가락이 끝에서부터 갈라진다네.
아이에게 밥을 먹이면서도
일 하는 건 때를 거르지 않지만,
백부, 숙부와 시부모님은
어리석고 서투르다고 도리어 미워하지.
때때로 눈물은 파도와 같고
찢어지는 가슴 한두 번이 아니라네.
터놓고 이야기할 곳도 없으니
그 고통 어떻게 거두어내리.
다만 어린 아이 위해서는
시도 때도 없이 씻겨줘야지.
깊은 밤 되도록 잠도 못 자
몸은 야위고 약해져 버리네.
설사 어머니의 몸 고생스러워도
아이 보살피는 일 어찌 몇 번인들 싫어하리.
씻겨줌에 어찌 추위와 더위를 따지겠나,
쉬지 않고 안아주니 괴롭고도 힘들겠지.

125 【劉堅】'愛'는 '憂'가 되어야 한다. 【校注】 여기서 '愛'는 '쉽게, 자주'의 의미로서 고칠 필요가 없다. 「王昭君變文」: "양지바른 언덕에는 석기초가 무성하고 그늘진 골짜기에는 몰돌혼 풀이 많이 자라네(陰坡愛長席箕掇, 陽谷多生沒咄渾)"에서 '愛'가 바로 이 의미이다.

126 '嗔'을 原錄에서는 '眞'으로 잘못 썼다. 여기서는 原卷에 근거하여 옳게 고쳤다.

걸핏하면 시부모의 꾸지람을 듣고
백부와 숙부는 노여움도 잦아라.
다만 이 아이와 서로 떨어지지 않으려
밤낮으로 온 마음을 쓴다네.

所以經云, 受如是苦, 咽苦吐甘,[127] 抱持養育云云, 至不辭辛苦. 上說第一辛懃[128]保護也. 第二, 迴乾就濕者. 經道 : 乾處兒臥, 濕處母眠, 三年之中, 飲母白血. 若是九夏洗浣, 稍似不難, 最是三冬, 異常辛苦. 有人使喚, 由(猶)可[129]辛懃, 若是旡(无)人, 皆須自去. 堂前翁婆伯叔, 日日祗承; 懷抱吱騃[130]小孩兒, 又朝朝臺擧, 一頭[131]洗濁(濯)穢汚, 一件[132]又餵飼女男. 濕處母眠, 乾處兒臥. 十月之內, 受无限難辛; 三年之中, 飲[133]沒量多血乳. 致使娘娘[134]形貌, 日日汪羸;[135] 慈母顏容, 朝朝瘦悴.

그래서 경문에서, 이런 고통을 겪으며 쓴 것은 삼키고 단 것은 뱉어 먹이며 품안에 안아 기르며 …… 갖은 고통을 마다하지 않는다고 한 것이지요. 위에서는 첫 번째로 고생하며 부지런히 보살핀다는 것을 말했

127 原錄에는 '甘'이 '咁'으로 되어 있다. '吐'를 보고 편방을 더해 버린 듯하다.

128 '懃'은 '勤'과 같다. 原錄에서는 '苦'로 잘못 보았다.

129 袁賓은 '可'를 '不'로 고쳤으나 확실치 않은 의견이다. 朱駿聲은 『說文通訓定聲』에서 "可와 堪은 같은 소리가 轉化된 것이다(可堪一聲之轉)"이라고 했다. '猶可'는 '猶堪'(오히려 감당할 수 있음)의 의미인 듯하다.

130 '吱'는 뜻을 취해 쓴 것이 아니며 '癡'로 읽어야 할 것이다. '癡騃'는 同義連文이다. S.4571 「維摩詰經講經文」 : "세탁할 때 어리석은 사람이 색깔을 빼버릴까 걱정하다(洗浣濯時, 怕癡騃之等閑失色)."

131 '一頭'를 原錄에서는 '二頭'라고 했으며 蔣禮鴻은 이를 '一頭'로 고쳤다. 潘重規는 原卷은 '一'로 되어 있으며 위 구에 붉은 점이 찍혀 있어서 原錄에서 '二'자로 잘못 썼다고 밝혔다.

132 蔣禮鴻은 '件'을 '畔'으로 보았다.

133 原錄에서는 '飲'을 '飢'로 잘못 보았다. 여기서는 原卷에 근거하여 고쳤다.

134 '娘娘'은 '孃孃'과 같으며 어머니를 가리킨다.

135 蔣禮鴻은 '汪羸'을 '尫羸'으로 보았다. 아래도 마찬가지다.

습니다. 두 번째는 마른자리는 피하고 젖은 자리로 나아감입니다. 경문에서는 "마른자리에는 아이를 뉘이고 젖은 자리에서는 어머니가 잠을 자며 삼년 동안 어머니의 흰 피를 먹느니라"고 했지요. 여름철에 씻는다면 그다지 어려울 것도 없겠으나, 가장 심할 때는 삼동(三冬)이라 유난히도 힘들고 괴롭지요. 부리는 사람이라도 있으면 그나마 견딜 만 할 텐데 아무도 없으면 전부 다 자기가 해야 한답니다. 당 앞의 시부모님과 백부, 숙부를 매일같이 공경하고 받들며, 철없고 어린 아이 품에 안고 또 매일같이 보살피지요. 한 편으로는 더러운 것을 씻으면서 한 편으로는 또 자식들에게 밥을 먹인답니다. 젖은 곳에서는 어머니가 자고 마른 곳에는 아이를 뉘이지요. 열 달 동안 한없는 고통을 받고 삼 년 동안 헤아릴 수 없이 많은 피젖을 마신답니다. 결국 어머니의 모습은 매일같이 야위어가고 어머니의 얼굴은 하루가 다르게 초췌해지지요.

迴乾就濕爲常事, 三載辛勤情不已.
辛苦朝朝有淚垂, 煎熬夜夜无眠睡.
貌汪羸, 形瘦悴, 鸞鏡鳳釵皆猒棄.
往往人前恰似癡, 時時座內[136]由(猶)如醉.
只爲長時, 驅馳辛苦,
形貌精神, 都來失緒.
一頭承仕[137]翁婆, [138] 一件(畔)又剸縛[139]男女.

136 '座內'가 原錄에는 '座地'로 되어 있다. 蔣禮鴻은 이를 '坐地'로 고친 다음 '地'를 자동사 끝에 붙는 어조사로 보았으나 확실치 않은 의견이다. 潘重規는 原卷이 '座內'로 되어 있다고 지적했으며, 여기서는 이 의견을 따랐다. '座內'는 좌중의 손님들 안쪽이라는 의미이며, 그래서 뒤의 '醉'자와 호응을 이룬다.

137 [徐震堮] '承仕'는 '承事'와 같다.

138 原錄에서는 '翁婆'를 '翁仕□'로 표시했으며, 徐震堮은 '仕'자는 연문이고 빈칸은 '姑'가 들어가는 것이 타당하다고 했으나 꼭 그렇게 볼 수는 없다. 사실 原卷을 보면 '翁婆'로 되어 있으며 潘重規 역시 그렇게 보았다.

139 '剸縛'은 '관리하다, 구속하다'의 뜻이다. 성어 '剸繁治劇'에서 '剸'은 '처리하다, 관리하

日夜不曾閑, 往往啼如雨.
迴乾就濕最艱難, 終日驅驅[140]更不閑.
洗浣豈[141]論朝與暮, 驅馳何憚熱兼寒.
每將乾暖交兒臥, 濕處尋常母自眠.
三載長來[142]長若此, 不報深恩爭得安.
마른자리 피하고 젖은 자리로 나아감은 늘 있는 일이라
삼년의 수고로움에 모정은 끝이 없네.
괴롭고 힘들어 아침마다 눈물 떨구고
마음 졸이며 밤마다 잠 못 이루지.
얼굴은 야위고 모습은 초췌해져
난새 거울과 봉황 비녀 모두 싫어 내버렸네.
사람들 앞에서 멍하니 있을 때 흔하고
때때로 좌중의 손님들 사이에서 취한 듯 있기도 하네.
다만 자라나는 때를 위해
바삐 일하며 힘들고 괴로워할 뿐이니
용모와 정신 모두
처음의 모습 잃어버리지.
한 편으로는 시부모님 받들어 모시며
한편으로는 자식을 돌본다네.
밤낮으로 쉬지도 않으니
시도 때도 없이 눈물이 비 오듯 하지.

다'의 의미이다. 劉凱鳴은 '剸縛'을 '縛縛'으로 고쳤으나 옳지 않다.

140 '驅驅'가 原卷에는 '駈駈'로 되어 있으며, '駈'는 '驅'의 속자이다. 『干祿字書』: "駈驅, 上通下正." 『集韻』「虞韻」: "驅, 俗作駈." '驅驅'는 힘들고 바쁜 모습이며, 『通釋』에 상세한 설명이 있다. 原校에는 '駈駈'를 '驅馳'로 고쳤으나 이는 옳지 않다.

141 原錄에서는 '豈'를 '无'로 잘못 보았다. 여기서는 原卷에 근거하여 옳게 고쳤다.

142 '三載長來'는 의미가 잘 통하지 않는다. '長'은 아래에 '長'이 있어 잘못 쓴 듯하고 대신 '已'가 들어가야 옳을 것 같다. '已來'는 대략적인 시간을 나타내는 말로 변문에서 흔히 볼 수 있다.

마른자리 피하고 젖은 자리 나아가기 가장 힘들고
종일토록 바삐 움직이며 쉴 틈도 없다네.
씻는 일에 어찌 아침저녁을 논하며
분주히 일함에 어찌 덥고 춥고를 따지리.
마르고 따뜻한 자리에는 꼭 아이를 뉘이고
습한 곳에서는 언제나 어머니 자신이 잔다네.
삼년 정도를 이렇게 자라게 되니
깊은 은혜 갚지 않고 어찌 편할 수 있으리.

所以經云, 乾處兒臥, 濕處母眠. 三年之中, 飮母白血. 孩子始從生下, 直至三年, 飮母胷(胸)前白乳. 漸漸離於懷抱, 身作童兒, 轉繫母心百般憂念. 臨[143]河傍[144]井, 常憂漂溺之虞; 弄[145]狗捻[146]刀, 每慮嚙傷之苦云云.

그래서 경문에서는, 마른자리에 아이를 뉘이고 젖은 곳은 어머니가 자며 삼년 동안 어머니의 흰 피를 마신다고 했습니다. 아이는 태어난 다음 3년 동안 어머니 가슴의 흰 젖을 마시다는 것이지요. 점차 어머니 품에서 떨어져 아이의 몸이 되면 이제 어머니의 마음은 온갖 근심으로 가득하게 됩니다. 물가로 가거나 우물가로 가면 휩쓸리거나 빠지지는 않을지 늘 걱정하고, 개와 장난치거나 칼이라도 쥐고 있으면 물리거나 상처가 나 아파할까 항상 근심한다 했지요…….

143 原錄에서는 '臨'자 앞에 '念'자를 잘못 넣었다. 여기서는 原卷에 근거하여 삭제했다.
144 原卷에는 '傍'이 '滂'으로 잘못 쓰여 있는데, 아무래도 위의 '河'자를 보고 같은 편방을 써버린 듯하다. 여기서는 徐震堮의 교정을 따라 옳게 고쳤다. 潘重規는 原卷이 '傍'으로 되어 있다고 했으나 이는 확실치 않은 의견이다. 原卷을 보면 '河'와 '滂'의 편방이 둘 다 '氵'의 초서인 '氵'로 되어 있기 때문이다.
145 原卷에는 '弄'이 '弃'로 잘못 쓰여 있는데, 모양이 비슷해서 그랬을 것이다. 여기서는 徐震堮의 의견을 따라 고쳤다.
146 原錄에서는 '捻'을 '檢'으로 잘못 보았으며, 劉凱鳴이 이를 '捻'으로 옳게 고쳤다. 실제 原卷에도 '捻'으로 되어 있다.

孩兒漸長成童子, 慈母憂心不捨離;
近火專憂紅焰燒, 臨河恐墜淸波死.
捉蝴蝶, 趁猧子, 弄土擁泥向街裏.
蓋爲嬌癡正是時, 直緣騃小方如此.
漸離懷抱作嬰孩, 葡萄(匍匐)初行傍砌階.
語似嬌鶯初囀舌, 笑如春樹野花開.
渾家愛惜心无足, 眷屬嬌憐意莫裁.
門外忽聞啼哭也, 慈母奔波早到來.
嬰孩漸長作童兒, 兩頰桃花色整輝.[147]
五五相隨騎竹馬, 三三結伴趁猧兒.
貪逐胡蝶抛家遠,[148] 爲釣靑苔忘却歸.[149]
慈母引頭千度覓, 心心只怕被人欺.
故知慈母惜嬰孩, 憐念交招[150]役意懷.
日月遷移年漸長, 仕農工巧各躋排.
一頭訓誨交(敎)仁義, 一件[151]求婚囑[152]咋(作)媒.
佛向經中說着裏, 依文便請唱將來.
아기가 점점 자라 아이가 되면
어머니의 근심 떠날 줄을 모른다네.
불에 가까우면 붉은 화염에 휩싸이지나 않을까 걱정하고
물가에 가면 허연 파도에 떨어져 죽지나 않을지 근심하지.

147 '整'은 단정함을 가리킨다. 『世說新語』「容止」: "왕이보는 용모가 단정하고 아름다웠으며 현담을 기막히게 잘했다(王夷甫容貌整麗, 妙於談玄)." 整輝와 整麗는 같은 의미로 볼 수 있다. 楊雄은 '整'을 '成'으로 고쳤으나 취할만한 의견이 아니다.

148 原卷에는 '遠'이 '遞'로 쓰여 있는 듯하다. 아마 글자체가 비슷해서 잘못 썼을 것이다. 여기서는 原錄의 교정에 근거하여 '遠'으로 고쳤다.

149 原卷에는 '歸'가 속자인 '皈'로 쓰여 있다. 原錄에서는 이를 '取'로 잘못 썼다.

150 '交招'는 '敎招', '敎詔'와 같다.

151 '件'은 '畔'과 통한다.

152 '囑'을 原錄에서는 '爲'로 잘못 썼다. 여기서는 原卷에 따라 고쳤다.

나비 잡고 발바리 좇고
흙장난에 진흙 끌어안고 거리로 달려가니,
귀여우면서도 철없을 때가 바로 이때며
말 안 듣고 어리기가 이와 같다네.
점차 엄마 품을 떠나 어린애가 되면
엉금엉금 처음으로 섬돌 옆까지 기어가지.
말은 귀여운 앵무새처럼 혀를 굴리기 시작하고
웃음은 봄철 나무에서 들꽃이 핀 듯하다네.
온 집안의 사랑하고 아끼는 마음 끝이 없고
가족들 귀여워하고 예뻐하는 정 헤아릴 수 없다네.
문밖에서 문득 울음소리라도 들리면
어머니는 급히 뛰어 어느새 가 있다네.
아기가 점점 자라 어린 아이가 되면
두 볼의 복사꽃 빛 단정하고도 밝아라.
삼삼오오 서로 어울려 죽마를 타고
줄지어 짝을 짓고는 발바리를 좇는다네.
나비 쫓느라 정신 팔려 집 먼 곳까지 가고.
갈파래 따느라 돌아올 줄도 모른다네.
어머니는 고개 뽑아 천 번을 바라보니
누구한테 속지나 않을까 애타는 마음 뿐.
그래서 지혜로운 어머니는 아이를 아껴
가르침에 신경을 쓰며 마음을 쏟지.
세월이 흘러 나이가 점점 들면
사농공(仕農工)에 따라 각자가 나뉜다네.
한 편으로는 깨우쳐 인의를 가르치며
한 편으로는 혼인을 하려 중매를 부탁하네.
부처께서 일찍이 경문에서 말씀하셨으니

경문에 따라 창을 한 번 청해 보지요.

經: "嬰孩童子, 乃至盛年, 奬教禮議(儀),[153] 婚嫁宦學. 爲求財産, 擕荷艱辛, 勤苦至終, 不言恩德."

此唱經文, 分之爲二. 初明成長教示, 後說母不說恩. 成長教示中又分爲二, 初明奬教禮儀, 後說婚嫁宦學. 成長教示. 經道嬰孩童子, 乃至盛年, 奬教禮儀. 人家男女, 從小至大, 須交(教)禮儀. 是男卽七歲十歲以來, 便交(教)入學云云. 經明宜入學,[154] 青子[155]須努力. 『論語』云: 耕也, 餧在其中矣.[156] 學也云云.[157] 「曲禮」云: 君子如欲化民成俗, 其必由乎矣.[158] 又書云: 玉不琢云云,[159] 功高由至云云, 有好男女有弱[160]男女 人家女亦復如是云云.

경문: "아기와 아이에서 점차 나이가 들면 예의를 가르쳐 장가를 들이고 시집을 보내고 벼슬을 하고 공부를 하도록 하느니라. 재산을 찾기

153 '議'는 '儀'로 읽어야 한다. 經本에는 '儀'로 되어 있다.

154 '經'을 原錄에서는 '孔'으로 쓴 다음 '孔明'을 인명으로 보았으나, 潘重規는 실제 原卷에는 '經'자의 초서가 쓰여 있다고 했다. 여기서는 潘重規의 의견을 따랐다.

155 '青子'를 原錄에서는 '曾子'로 잘못 썼다. 潘重規는 原卷에는 '青子'로 되어 있다고 했으며, 여기서는 이 의견을 따랐다. '青子'는 국자감의 학생을 범칭하는 말이다.

156 [徐震堮] '餧'는 '餒'로 써야 한다.

157 '云云'은 생략 표시이다. 여기서는 '祿在其中矣' 다섯 글자를 생략한 것이다.

158 [徐震堮] 「學記」에서 나온 말이지 「曲禮」의 말이 아니다. '乎矣'는 '學乎'가 되어야 한다. [校注] 강경문은 민간에서 기원한 것이라 강창자가 마음대로 만들어낸 요소들이 많다. 따라서 인용한 글도 맞지 않는 바가 많으므로 여기에 얽매일 필요는 없다.

159 『禮記』「學記」의 "옥은 다듬지 않으면 그릇으로 만들 수 없고, 사람은 배우지 않으면 도를 알 수 없다(玉不琢, 不成器, 人不學, 不知道)"라는 말을 하고 있다. '玉不琢' 아래에 아홉 글자가 생략된 것이다. [譯注] '云云'은 글자가 생략되었다기보다는 말이 생략되었다고 보는 것이 옳을 듯하다. 즉 강창자가 정확한 구절이 생각나지 않거나 혹은 그 구절을 다 말할 필요가 없다고 느껴 '뭐라 뭐라 했지요'라는 정도로 말하고 있는 것이다. 이는 구술 연행에서 쉽게 쓸 수 있는 수법이다.

160 '弱'은 '나쁘다, 좋지 않다'의 의미이다. S.4511 「金剛醜女因緣」: "오늘 이 자리에서 이런 좋지 못한 일을 보니 이제 부귀도 필요 없게 되었고 당신께 관직을 빌지도 않겠습니다(今日目前, 見這個弱事, 乃可不要富貴, 亦不藉你官職)."

위해 고생을 짊어지고 죽을 때까지 힘들게 보내는데도 은덕에 대해서는 말하지 않느니라"고 했습니다.

이 경문은 둘로 나뉘는데요, 먼저 성장하여 가르치는 것에 대해 말하고 다음으로 어머니는 은덕을 말하지 않는다는 것에 대해 말하지요. 성장하여 가르치는 것은 다시 두 가지로 나뉘는데요, 먼저 예의를 가르치는 것에 대해 말한 다음 혼인과 벼슬과 학문에 대해 말씀드리지요. 나이가 들면 가르침을 받습니다. 경문에서는 아기와 아이가 점차 나이가 들어가면 예의를 가르친다고 했습니다. 모름지기 사람이라면 아들이든 딸이든 어렸을 때부터 클 때까지 예의를 가르쳐야지요. 남자는 일곱에서 열 살 정도에 곧 학문에 들어서게 한다고 했습니다……. 경서에 밝으려면 마땅히 학문에 들어서야 하고, 주자(冑子)가 되어서는 노력을 아끼지 않아야지요. 『논어』에서는 "농사를 지어도 그 가운데 굶주림이 있고, 배우면……" 했지요.[161] 『곡례(曲禮)』에서는 "군자가 만약 백성을 교화하여 풍속을 이루려 하면 반드시 여기(학문)로부터 시작해야 한다"고 했습니다. 또 이 책에서는 "옥은 다듬지 않으면……"라 했고, 이로 말미암아 공이 높아진다고 했지요……. 훌륭한 아들딸도 있고 그렇지 못한 아들딸도 있으니, 딸도 마찬가지로 이렇게 해야 한답니다…….

女男漸長成人子, 一一父娘親訓示.
臺擧還徒[162]立得身, 招交[163]只要修仁義.
囑仙(先)生, 交(教)文字, 孝養禮儀須具備.
未待教招一二年, 等閑讀盡諸書史.
高低盡道好兒郎, 遠近皆言骨氣異.

161 【譯注】『論語』「衛靈公」의 "농사를 지어도 항상 굶주림이 있고, 배우면 늘 급료를 받을 수 있다. 그러나 군자는 도를 걱정하지 가난을 걱정하진 않는다(耕也, 餒在其中矣. 學也, 祿在其中矣)"라는 말을 언급하고 있다.

162 【徐震堮】 '徒'는 '圖'와 같다.

163 '招交'는 '招教' 즉 '教招', '教詔'와 같다.

成長了身爲大丈夫, 風流儒雅眞公子.
堂堂六尺丈夫身, 雪色衣裳稱擧人.
霄漢會當承雨露, 高科登第出風塵.
多應不久[164]逢新喜, 何異成龍脫故鱗;
酒熟花開三月裏, 但知排打曲江春.[165]
아들딸이 점점 자라 자식노릇을 하면
부모님은 몸소 하나하나 가르쳐 주신다네.
보살펴주심은 몸을 일으킬 수 있도록 함이요
가르쳐주심은 인의를 닦게 하기 위함이라네.
선생에게 부탁하여 글자를 가르치니
효양(孝養)과 예의를 모두 갖추어야지.

---

164 ‘久’를 原錄에서는 ‘允’으로 잘못 보았다. 潘重規는 原卷이 ‘久’로 되어 있다고 했으며, 여기서는 이 의견을 따랐다.

165 【蔣禮鴻】 ‘排打曲江春’은 급제한 이후 曲江의 경치를 감상한다는 의미로, 唐代의 풍속이 이러했다는 말이다. 『詩詞曲語辭匯釋』 권5에서는 ‘判斷’을 ‘감상하다’의 의미로 풀었다. …… 그리고 변문의 ‘排打’는 ‘判斷’과 雙聲을 이룬다. 따라서 이 두 단어는 본래 하나의 단어였으며, 다만 소리가 약간 변했을 뿐이다. 【校注】 ‘排打’가 ‘감상하다, 즐기다’의 의미가 되는 경우는 많지 않으므로 蔣禮鴻의 주장은 의심할 필요가 있다. 여기서 말하는 ‘曲江春’은 혹시 술이름이 아닐까 한다. 『正字通』 「日部」 : “唐代 사람들은 술에 ‘春’이라는 이름을 붙였다(春, 唐人名酒爲春).” 唐 李肇 『國史補』 卷下 : “술에는 영주의 부수, 오정의 약하, 형양의 토굴춘, 부평의 석동춘, 검남의 소춘이 있다(酒則有郢州之富水, 烏程之若下, 滎陽之土窟春, 富平之石凍春, 劍南之燒春).” S.1156 「季布詩詠」 : “천금으로도 노두춘 술을 바꾸지 않고 섬돌 앞에 취해 누워 가난을 잊는다네(千金不博老頭春, 醉臥階前忘却貧).” 여기서 노두춘 역시 술이름이다. 이 밖에도 金陵春, 洞庭春, 抛青春, 松醪春, 竹葉春, 梨花春 등 대단히 많다. ‘곡강춘’을 술이름으로 보는 것이 근거가 없지 않다는 말이다. 또 ‘排打’에서 ‘排’는 ‘갖추다, 차리다’의 의미이고 ‘打’는 ‘마시다’의 의미이다. P.2718 「茶酒論」 : “술 때문에 패가망신할 수 있고 널리 사악하고 음탕한 짓을 저지르게 되니, 석 잔을 들이킨 다음에는 사람으로 하여금 죄만 더 깊어지게 만든다(酒能破家散宅, 廣作邪淫, 打却三盞已後, 令人只是罪深)”와 “차를 마시면 바로 허리가 아파오고, 많이 마시면 배가 아프며, 하루에 열 잔을 들이키면 배가 불룩해져 관아의 북이나 마찬가지가 된다(茶吃只是腰疼, 多吃令人患肚, 一日打却十盃, 腹脹又同衙鼓).” S.3418 王梵志 詩 : “항상 술을 마시고 취해 매일 짝을 좇아 나서네(尋常打酒醉, 每日出逐伴).” 위 예들에서 ‘打’는 모두 ‘마시다’의 의미로 쓰였다. 종합하면 ‘排打曲江春’은 곧 술자리를 마련해서 술을 마신다는 의미이다.

가르친 지 1~2년도 되지 않아
여러 경서들을 어렵지 않게 독파한다네.
높은 이든 낮은 사람이든 모두들 훌륭한 아들이라 칭찬하고
멀고 가까운 곳에서 다들 골기가 남다르다고 말하네.
성장하여 대장부가 되고
풍류는 부드럽고도 우아하니 참 공자로다.
당당한 6척 장부의 몸에
눈 같이 하얀 옷 입고 거인(擧人)이라 부른다네.
높은 자리 오르려면 비와 이슬을 맞아야 하고
고과(高科)에 급제하려니 바람먼지 일게 되겠지.
몇 번 응시하여 얼마 되지 않아 새로운 기쁨을 만나니
용이 되어 낡은 비늘 벗는 것과 무엇이 다르리.
술은 익고 꽃은 피는 3월에
다만 곡강춘(曲江春) 술 가져다 마실 생각만 할 뿐.

上來說獎[166]教禮儀也. 所以經云, 嬰孩童子, 乃至盛年, 獎教禮儀. 何名婚嫁宦學? 婚姻又別, 宦學又別. 宦爲士(仕)宦,[167] 學爲學業. 今言婚姻者. 書云: 男旣壯而有室,[168] 女初笄年而從人.[169] 男旣長成,[170]

---

166 原錄에서는 '獎'자를 빠뜨렸는데 여기서는 原卷에 근거하여 채워 넣었다.

167 **[項楚]** 원문의 '士'는 '仕'가 되어야 한다. '爲'는 '謂'와 통하며 아래 '學爲學業'의 '爲' 역시 '謂'와 통한다.

168 **[項楚]** 남자 나이 서른을 '壯'이라 하고, '有室'은 아내를 갖는다는 말이다. 『禮記』「曲禮上」: "人生十年曰幼學, 二十曰弱冠, 三十曰壯, 有室." 鄭玄 注: "'有室'은 아내를 갖는다는 말이다. 처를 '室'이라 칭한다(有室, 有妻也, 妻稱室)."

169 **[項楚]** 여자 나이 15세를 '笄年'이라 하며 '從人'은 시집간다는 말이다. 옛 예절에 따르면 여자는 열다섯에 혼인을 허락받고 스무 살에 시집을 간다. 『禮記』「內則」: "十有五年而笄, 二十而嫁." 鄭玄 注: "그 해가 되면 결혼을 허락한다는 말이다. 여자는 결혼을 허락받으면 비녀를 꽂고 정혼한다. 혼인허락을 받지 못한 사람은 스무 살에 비녀를 꽂는다(謂應年許嫁者. 女子許嫁, 笄而字之. 其未許嫁, 二十則笄)."

170 原錄에서는 '成'자를 빠뜨렸는데 여기서는 原卷에 근거하여 채워 넣었다.

須求婚處云云. 若是好男女云云. 有一類人家兒子, 不行孝養, 不會禮儀云云. 縱婚姻時云云.

위에서 예의를 권면하고 가르치는 것에 대해 이야기하였습니다. 그래서 경에서는 아기와 아이가 점차 나이가 들면 예의를 권하여 가르친다고 했지요. 혼인(婚姻)과 환학(宦學)은 또 무엇을 말할까요? 혼과 인은 또 다르고, 환과 학은 또 다릅니다. 환은 벼슬살이를 한다는 것이요, 학은 곧 학업에 종사한다는 말이지요. 지금은 혼인에 대해 말해봅시다. 책에서 남자는 기력이 왕성해지면 처를 갖고 여자는 처음 비녀를 꽂아 남을 따른다고 했습니다. 남자가 장성하면 혼처를 찾아야 하지요……. 이래야 훌륭한 남녀랍니다……. 어떤 이들의 아들은 효도를 행하지 않고 예의를 알지도 못한답니다……. 혼인을 멋대로 할 때는…….

有一類門徒弟子, 爲人去就[171]乖疏.
不修仁義五常, 不管溫良恭儉.[172]
抄手[173]有時望[174]却, 萬福故是隔生.[175]
齋場上謝座早從, 弔孝有時失笑.
阿娘幾度與君婚,[176] 說着人皆不欲聞.
纔始安排交(教)仕宦, 等閑早被使頭[177]嗔.

---

171 [譯注] 여기서 '去就'는 행동거지를 의미한다.

172 [譯注] 『論語』「學而」 편의 "선생께선 온화하고 어질고 공손하고 검소하고 겸손하셔서 그렇게 될 수 있었습니다(夫子溫良恭儉讓以得之)"에서 나온 말이다.

173 '抄手'는 곧 '叉手'로서 두 손바닥을 가슴 앞에서 합장하는 동작이다. 불교에서 예를 표하는 방식의 하나이다. [項楚] 돈황본 「舜子變」을 보면 "순자는 두 손을 모아 아버지께 아뢰었다(舜子抄手啓阿耶)"와 "순자는 두 손을 모아 어머니께 아뢰었다(舜子叉手啓阿㜸)"라는 말이 모두 나온다. '抄手'는 곧 '叉手'로서 두 손을 모으는 동작인 것이다.

174 [徐震堮] '望'은 '忘'과 같다.

175 [項楚] '萬福'은 안부를 묻는 말이다. '故是'는 '본디'의 의미로서 '故'가 바로 '본래, 원래'의 의미이다. '隔生'은 '거리가 있다, 생소하다'는 말이다.

176 [項楚] 여기서 '婚'은 '혼사를 의논하다'의 의미이다.

不然與本教經紀,[178] 媿[179]在徒[180]兒立得身.

産業莊園折損盡, 慵嚵惡紹[181]豈成人.

어떤 문도와 제자들은

사람됨과 행동거지가 어그러져 거칠다네.

인의(仁義)와 오상(五常)을 닦지 않고

따뜻하고 선량하고 공손하고 검소함은 신경 쓰지 않지.

합장하는 것도 잊어버리곤 하니

만복을 기원함은 본디 생소하기만 하고,

---

177 '使頭'는 주인이나 상관을 말한다. 여기서는 후자의 의미이다.

178 **[項楚]** '本'은 밑천이다. 王梵志 시 : "생업을 일으켜 앞으로 나아감은 오로지 많은 이득을 내보려함이지. 본전은 깎여 마음은 미치고 두렵도록 번뇌만 인다네(興生向前走, 唯求多出利. 折本卽心狂, 惶惶煩惱起)." 『龐居士語錄』 卷中 : "세상의 어리석은 자들은 만났다하면 돈 얘기만 하니, 장삼은 5백 관을 이사는 몇 천관을 갖고 있다 하고, 조대는 밑천이 깎이고 왕륙은 크게 낭패를 보았다 하네(世上蠢蠢者, 相見只論錢. 張三五百貫, 李四有幾千, 趙大折却本, 王六大迍邅)." '經紀'는 '경영하여 이익을 내다'의 의미이다.

179 袁賓은 '媿'를 '貴'로 읽고 '欲'으로 해석했는데 대단히 타당한 의견이다. P.2653 「燕子賦」의 "참새는 수심에 가득 찬 체 시간을 끌어 보려 하고, 이리저리 꾸물대며 곤경에서 벗어날 궁리를 한다(雀兒已愁, 貴在淹流, 千延不去, 望得脫頭)"와 러시아 소장 Φ 252호 「維摩詰經講經文」의 "바라는 바를 갖춰 놓고 마음이 원하는 바를 두루 채우다(所貴福嚴備足, 所希心願周圓)"에서 '貴'는 모두 '欲'의 의미이며, 후자에서 '貴'는 '希'와 같은 의미로 대를 이루고 있다.

180 徐震堮은 '徒'를 '圖'로 보아야 할 것이라 했는데 이는 타당한 의견이다.

181 **[項楚]** '慵嚵'은 먹기 좋아하고 일하기는 싫어한다는 말이다. '嚵'은 '饞'과 같으며 음식을 탐한다는 의미이다. '惡紹'는 품행이 바르지 못하다는 말이다. 돈황본 「維摩詰經講經文」 : "연장자도 연하자도 없어 따르거나 공경하지 않으며 스스로 교만을 부린다. 흉악하고 못된 짓을 따라 배우며 예악과 겸공으로 돌아가지 않는다(沒尊卑, 少遵敬, 我慢貢高今古映. 倣習兇麁(兇粗)惡紹名, 不歸禮樂謙恭令)." 친구인 劉長東은 현재 四川 三臺縣의 방언에서는 아직도 행실이 단정치 못한 것을 '惡紹'라 한다고 알려주었다. 唐五代의 俗語가 지금도 남아있는 것이다. **[校注]** 蔣禮鴻은 '惡紹'가 조상의 가업을 제대로 잇지 못함을 말한다고 했는데 옳은 의견인 듯하다. **[譯注]** 사천은 당오대 때 설창 예술이 성행하던 곳이자 설창 형식의 전파에 있어서 그 중요성을 인정받은 지역이다. 또 돈황이 소재한 감숙성과 인접한 곳이라 해당 지역의 방언이 쓰였을 가능성은 충분하다. 그리고 글자 그대로를 푼 蔣禮鴻의 의견 역시 일리가 있다. 여기서는 일단 項楚의 의견을 따라 번역하였다.

재회(齋會)에서는 일찌감치 자리를 물리고 떠나며
조상(弔喪)하고 효도할 때 저도 모르게 웃어버리곤 한다네.
어머니는 몇 번이나 아버지와 혼사를 논하면서
사람들이 모두 들으려 하지 않는다 하네.
겨우 벼슬자리 하나 마련해주면
소홀히 임하다 금방 상관에게 욕만 얻어먹지.
그렇지 않으면 밑천을 주며 이득을 내보게 하니
아이가 입신(立身)하길 바라는 마음이지.
장원(莊園)을 운영하며 온통 손해만 보고
게을리 먹기만 하고 행실은 못됐으니 어찌 사람이 되리.

上來說男旣成長, 須爲婚姻了. 從此女從幻(幼)小交(教)示成長了, 須囑娉[182]他門.

위에서는 아들이 성장하면 모름지기 혼인을 해야 함을 말했습니다. 여기부터는 딸을 어려서부터 가르쳐 성장하면 모름지기 다른 집안으로 시집보내야 한다는 내용입니다.

爲女身, 更不異, 最先須且教針指.
呈線呈針鬬意長, 對鵶對鳳[183]誇心智.

182 ‘囑’을 原錄에서는 ‘爲’로 잘못 써서 여기서는 原卷에 근거하여 고쳤다. 潘重規 역시 ‘囑’으로 보았다. ‘囑娉’은 ‘屬娉’과 같다. ‘屬’은 ‘맡기다’의 의미이다. 『廣韻』 ‘燭’韻: “屬, 付也.” 「秋胡變文」: “여자는 태어나면서 바깥사람을 향하는 마음이 있어 천리라도 남편을 따라가는 것이니 이제 당신에게 모두 맡겨 좋든 싫든 당신 뜻을 따르겠어요(女生外向, 千里隨夫, 今日屬配郎君, 好惡聽從處分).” ‘娉’은 ‘시집가다’의 의미이다. 일본 中村不折 소장 돈황사본 『搜神記』 王道憑 條: “문유의 부모는 빙이 돌아오지 않자 유원상에게 시집보내 처로 삼으려 했다(文榆父母, 見憑不還, 欲娉與劉元祥爲妻).”

183 [項楚] ‘對鵶對鳳’은 수를 놓아 짝은 이룬 까마귀와 봉황을 말한다. ‘對’는 ‘짝을 이루다’의 의미이다. 짝을 이룬 까마귀와 봉황의 자수 그림은 대칭의 아름다움 뿐 아니라 상서로움이 가득하다는 의미까지 가지고 있다.

學音聲, 屈傅士,[184] 弄鉢[185]調弦渾舍喜.

長大了擇時娉[186]與人, 六親九族皆歡美.

天生惠性[187]異常人, 疑是巫山降段雲.

鬢似寒蟬展雙翼,[188] 面如蟾月滿秋輪.[189]

眉懸柳葉和煙翠, 臉奪桃花帶雨新.

娉與他門榮九族, 一場喜慶卒難論.

若是爲人智惠微, 從初至大異常癡.

逢人未省知良善, 共語何曾識禮儀.

刺繡裁縫无意學, 調脂弄麵[190]不曾爲.

自家縫綻由(猶)嫌拙, 阿那個門蘭[191]肯索伊.

---

184 '傅士'를 原錄에서는 '博士'로 썼다. 실제 原卷에는 '傅士'로 되어 있는데 이는 '가르쳐 주는 스승'의 의미이다. '傅'자는 틀렸다고 볼 수 없을 듯하다.

185 【蔣禮鴻】 '鉢'은 비파의 '撥'을 말한다. 『敦煌曲子詞集』 波羅門詞에 나오는 "錫杖鉢天門"에서 '鉢'이 바로 '撥'이다.

186 '娉'을 原錄에서는 '聘'으로 썼으나 여기서는 原卷에 근거하여 바로잡았다. 『說文』에서는 '娉'은 '問'이고 '聘'은 '訪'이라 했다.

187 【譯注】 여기서 '惠'는 '慧'의 의미로 보아야 할 것이다.

188 原卷에는 '展雙' 두 글자의 위치가 바뀌어있다. 여기서는 문맥에 맞춰 고쳤다. 그리고 '翼'자를 原錄에서는 '翅'로 썼는데 潘重規는 原卷이 '翼'으로 되어 있다고 했다. 위에서는 潘重規의 의견을 따라 고쳤다. '展雙翼'과 '滿秋輪'은 서로 대구를 이룬다.

189 【項楚】 '蟾月'은 달을 말한다. 옛날에는 달에 두꺼비(蟾)가 산다고 여겼다. 『太平御覽』 권4에 인용된 張衡의 「靈寶」: 예가 서왕모에게 불사의 약을 달라고 하여 예의 아내 항아가 그것을 훔쳐 달로 달아나서 달에 몸을 맡겼고 이것이 두꺼비가 되었다(羿請不死藥於西王母, 羿妻姮娥竊以奔月, 託身於月, 是爲蟾蜍)." '秋輪'은 보름달이다. '輪'은 곧 보름달이고 달은 가을에 가장 밝으므로 '秋輪'이라 하는 것이다.

190 原卷을 보면 '脂'자의 '月'이 '日'인 듯 '月'인 듯 보이기도 한다. 돈황사본에서는 '月' 편방과 '日' 편방을 섞어 쓰는 경우가 많다. 여기서는 문맥에 따라 '脂'로 썼다. 【項楚】 '調脂弄麵'은 연지를 바르고 분을 칠하는 것이다. '脂'와 '麵'은 연지와 분으로 여러 가지 화장품을 가리킨다. 돈황본 「維摩詰經講經文」: "항상 규방 밖으로 못 나가게 하며 연지나 바르고 분만 칠하게 하다(每交不出閨闈, 長使調脂弄麵)." 【譯注】 "調脂弄麵"은 陳治文의 주장에 따라 '요리하고 밥 짓는 것'으로 해석하였다. 「維摩詰經講經文」(1) 주석 257번 참고.

191 【徐震堮】 '蘭'은 '闌'이 되어야 한다. 【項楚】 '阿那個'는 곧 '哪個'이다. '門闌'은 가정, 가족을 가리킨다. 杜甫 「李監宅」: "가족들 희색이 만발하니, 참으로 훌륭한 사위로구나

慈母意, 總恩憐, 護惜都來一例看.
是女纒盤求囑娉, 是男婚娶致歌懽.
男須文墨兼仁義, 女要裁縫及管絃,
一個個總交(敎)成立後, 阿娘方始可憂煩.[192]
딸의 몸이라 더욱 쉽지 않으니
가장 먼저 할 것은 바느질 가르치는 것.
실과 바늘 힘차게 움직이니 투지가 더하고
까마귀와 봉황 짝으로 수놓아 지혜를 뽐내네.
음악을 배우려 스승을 초빙해
발(撥)[193]을 놀리고 현을 고르니 온 집안이 즐겁고,
장성하면 날 잡아 다른 이에게 시집보내니
육친구족(六親九族) 모두가 기뻐하네.
하늘이 내린 총명한 성품은 보통사람과 달라
무산(巫山)에 내린 조각구름인 듯.
귀밑머리는 쓰르라미처럼 두 날개를 펴고
얼굴은 꽉 찬 보름달 같구나.
버들잎 늘어진 눈썹은 구름 섞여 어슴푸레하고
복사꽃 빛나는 얼굴은 비를 맞아 새롭네.
다른 집안에 시집보내 구족(九族)이 영화로우니
한바탕 기쁜 경사 이루 말로 하기 힘들지.
만약 사람됨이 지혜가 적으면

(門闌多喜色, 女婿近乘龍).”

192 【潘重規】‘可’는 ‘不’이 되어야 할 것이다. 【校注】‘可’에 병을 낫게 한다는 의미가 있다. P.2292 「維摩詰經講經文」 “유마를 만나게 되거든 병을 고칠 수 있는지를 물어 보거라(若與維摩相見時, 慰問所疾痊可否)”에서 ‘痊可’는 ‘낫다’라는 의미의 두 글자를 함께 쓴 것이다. 위에서 ‘可憂煩’은 ‘근심을 덜다’의 의미로 볼 수 있으므로 ‘可’자를 굳이 고칠 필요가 없다.

193 【譯注】‘撥’은 비파 등 현악기의 줄을 뜯어 소리를 내는 薄片을 말한다.

어려서부터 클 때까지 어리석기만 하네.
사람을 만나도 어질고 착함을 깨닫지 못하니
함께 애기한들 어찌 예의를 알겠는가?
자수와 재봉질은 배울 뜻이 없고
요리를 해 본 적도 밥을 지어 본 적도 없지.
자기 옷 꿰매는 것도 싫어하고 서투른데
어느 집에서 그를 찾겠는가?
어머니의 뜻은 모두가 은혜와 사랑이라
보살피고 아끼며 똑같이 돌본다네.
딸이라면 이리저리 시집갈 자리를 알아보고
아들이라면 장가들게 하여 기쁨의 노래를 바치지.
아들이라면 모름지기 문묵(文墨)과 인의(仁義)를 겸비하고
딸이라면 바느질에 악기도 다룰 줄 알아야지.
하나하나 모두 이루어 놓은 후에야
어머니는 비로소 근심이 사라진다네.

上來總是第一, 明成長教示了也. 從此第二, 母不說恩. 經道 : 勤苦至終, 不言恩德. 此之經意只是說慈母十月懷耽, 三年乳哺, 迴乾就濕, 咽苦吐甘, 乃至男女成長了. 千般怜惜, 萬種教招, 女娉男婚, 總皆周備. 受如此苦辛, 不曾於一個人前, 說養育恩德云云. 似世尊怜念法界內一切衆生, 飛者、走者、无足、二足、四足、多足、三塗六道、五趣四生, 天上人間, 是貴是賤, 是高是下, 師僧尼衆, 善女善男, 一個個交(教)出離苦源, 人人盡登常樂[194]了, 我佛无心說少許恩德, 說少許辛苦.[195] 似人家[196]慈母, 養育一切衆生女男, 不言恩德无二.

194 [項楚] '常樂'은 불교의 淨土를 말하며 '극락세계'라고도 한다.
195 '辛苦'를 原錄에서는 거꾸로 썼다. 여기서는 原卷에 근거하여 고쳤다.
196 原卷을 보면 '人家'가 '家人'으로 쓰인 상태에서 옆에 '乙' 부호가 더해져 있다. 原錄에

지금까지가 첫 번째로, 성장하고 가르치는 것에 대해 밝혔습니다. 지금부터는 두 번째로, 어머니는 은덕을 말하지 않는다는 것입니다. 경문에서는 말하기를 "죽을 때까지 고생만 하면서도 은덕을 말하지 않는다"고 했습니다. 이 경문의 뜻은 어머니가 10개월을 잉태하고, 3년 동안 젖을 먹이며, (아이는) 마른자리로 돌리고 (자신은) 젖은 자리로 가며, 쓴 것은 삼키고 단 것은 뱉어서 먹이며, 아들딸이 다 자라면 천 가지로 아끼고 만 가지로 가르쳐, 딸은 시집보내고 아들은 장가보냄에 만반의 준비를 하는데, 이렇게 고생을 하면서 어느 누구에게도 기른 은덕에 대해서 얘기하지 않는다는 것이지요. 품안에 안아 기르며, 깨끗하지 못한 것은 씻어내고 아무리 힘들어도 싫어하지 않지요. 더위를 참고 추위를 감내하며 갖은 고통을 마다하지 않습니다. 마른자리에는 아이를 뉘이고 젖은 자리에서는 어머니가 잠을 잡니다. 삼년 동안 어머니의 흰 피를 먹습니다. 세존께서 법계(法界) 안의 모든 중생, 즉 나는 것, 걷는 것, 다리 없는 것, 다리 둘인 것, 다리 넷인 것, 삼도(三途)와 육도(六道), 오취(五趣)와 사생(四生)[197]을 아끼고 생각하는 것과 마찬가지지요. 천상과 인간세상, 귀한 이와 천한 이, 높은 이와 낮은 이, 승려와 비구니, 선녀(善女)와 선남(善男)을 하나하나 고통의 근원에서 벗어나게 하고 사람들 모두가 극락으로 올라가게 하면서도 우리 부처께서는 은덕이나 고통은 조금도 말하려 하지 않습니다. 집안의 어머니가 일체 중생의 아들딸을 키우면서도 은덕을 말하지 않는 것과 다름이 없지요.

釋迦聖主慈悲力, 但是[198]衆生總怜惜.

서는 이를 '家人'으로 잘못 썼다.

197 [項楚] '오취'는 地獄趣, 餓鬼趣, 畜生趣, 人趣, 天趣로서 중생들이 윤회하며 살고 죽는 곳이다. '阿修羅趣'를 더해 흔히 '六趣'라고도 한다. '사생'은 胎生, 卵生, 濕生, 化生으로 모든 중생들을 개괄한 말이다.

198 [項楚] '但是'는 '모두, ~이기만 하면'의 의미이다. 白居易 「李白墓」: "시인들은 죄다 박명하나니, 죽음이 당신도 지나치진 않았군요(但是詩人多薄命, 就中淪落不過君)."

個個提携證涅盤(槃), 不曾有意言恩德.
慈母心, 无順逆, 但是女男皆護惜.
个个教招立得身, 不曾有意言恩德.
佛惜衆生, 母怜男女.
一例垂情, 從頭愛護.
佛如母意无殊, 母似佛心堪諭.
今日座中人, 分明須會取.[199]
三千國土釋迦尊, 怜念衆生不可論.
處處提拔交(教)出離,[200] 頭頭[201]接引越迷津.
不於愚智生偏曲, 不向怨親作等倫.[202]
一个个總交(教)成佛了, 未曾有意略言恩.
慈母德, 卒難陳, 養育門徒弟子身.
十月懷耽遭苦惱, 三年乳哺受艱辛.
不於女處生嫌猒, 不向兒邊起愛親.
一個個教招兼保惜, 未曾有意略言恩.[203]
慈母德, 卒難裁,[204] 万論千經贊莫偕.[205]

---

199 [項楚] '會取'는 '깨닫다'의 의미이며, '取'는 동사 뒤에 오는 어조사이다.

200 [項楚] 出離 : 생사의 고통스런 바다에서 벗어나 열반의 경계에 다다르다. 『楞嚴經』 卷一 : "시방의 여래께서 하나의 도로써 삶과 죽음에서 벗어나셨으니, 이는 모두 곧은 마음 때문이니라(十方如來, 同一道故, 出離生死, 皆以直心)."

201 '頭頭'는 '一一', '個個'와 같다. 위의 '個個提携證涅盤'와 '頭頭接引越迷津' 구가 흡사하다는 점에서 '頭頭'가 '個個'와 같음을 알 수 있다.

202 [項楚] 이 구는 원한이 있거나 친하다는 이유로 서로 차별을 두지 않고 모두 동등하게 대한다는 의미이다. '等倫'은 '동등'의 의미이다.

203 原錄에서는 '恩'을 '見'으로 썼으며 徐震堮은 이를 '恩'으로 고쳤다. 사실 原卷 자체가 '恩'으로 되어 있다.

204 '裁'는 '헤아리다', '말하다'의 의미이다. 위의 '慈母德, 卒難陳'에서 '卒難陳'은 곧 '卒難裁'이다. '裁'는 '陳'과 같다. 楊雄은 '裁'가 '猜'가 되어야 할 것이라고 했지만 이는 분명치 않은 의견이다.

205 [項楚] '萬論千經'으로도 충분히 찬미할 수가 없다는 의미이다. 불교 전적에서는 부처가 말한 불법의 가르침을 '經'이라 하고 불교도가 불법을 풀이한 것을 '論'이라 한다.

自是女男多五逆，等閑逃走不皈迴.
眷屬日日懸心望，慈母朝朝膽欲摧.
兒向外邊行万里，母心隨後去也唱將來.
석가 성주(聖主)의 자비의 힘은
중생이라면 모두 사랑하고 아낀다네.
하나하나 끌어주어 열반을 깨닫게 하지만
일찍이 은덕을 말하려 한 적은 없지.
어머니의 마음은 순함과 거스름을 따지지 않고
아들딸이면 모두가 살펴주고 아껴준다네.
하나하나 가르쳐 입신(立身)토록 하면서도
일찍이 은덕을 말하려 한 적은 없지.
부처는 중생을 아끼고 어머니는 아들딸을 사랑하며
똑같이 정을 베풀고 처음부터 아끼고 사랑해주시지.
부처는 어머니의 마음처럼 차별이 없고
어머니는 부처의 마음처럼 견디고 깨우쳐주지.
오늘 이 자리의 사람들은
분명히 깨우쳐야 하리라.
삼천국토(三千國土)의 석가세존이
중생을 사랑함은 논할 바가 아니니,
곳곳에서 일으켜 세워 (고통에서) 벗어나게 해주고
하나하나 맞아 끌어주어 미망(迷妄)의 언덕을 넘게 해주지.
어리석든 지혜롭든 편애함이 없고
원망스럽든 친하든 똑같이 대한다네.
하나하나 가르쳐 성불(成佛)하게 하지만
은혜를 말할 생각은 해본 적이 없으시지.
어머니의 덕은 결국 말로 하기 힘드니
문도(門徒)와 제자(弟子)들의 몸을 키워 주셨다네.

딸이라고 싫어하는 일 없고
아들이라며 아끼는 법 없이,
하나하나 가르쳐 보살피고 아껴주면서도
은혜를 말할 생각은 해본 적이 없으시지.
어머니의 덕은 헤아리기 힘든 것이라
무수한 경전과 논소(論疏)로도 이루 다 찬미할 수가 없다네.
그런데도 자식들은 틈만 나면 오역(五逆)을 저지르고
멋대로 집을 나가 돌아오지 않는다네.
가족들은 매일같이 마음 졸이고
어머니는 아침마다 간장이 끊어지지.
자식이 만 리 밖으로 떠나
어머니의 마음도 그를 따라가니,
이제 창이 나오겠습니다.

經 : "兒行千里, 母行千里, 兒行万里, 母行萬里.[206] 男女有病, 父母亦病, 子若病除, 父母方差."

此唱經文. 科[207]之爲二. 一, 母心不忘, 二, 子病懷憂. 兩段不同, 且說母心不忘. 經道兒行千里, 母行千云云. 男女成長已後, 各須仕宦經營, 纔出他州, 母心相逐. 朔方征戍, 三年而[208]目斷[209]長城, 劍嶺興生,[210] 半歲而魂隨錦水. 書云 : "父母之年不可不知."

---

206 이상의 네 구는 經本에 없다.

207 [項楚] 科 : 단락을 나누다. 돈황본 「長興四年中興殿應聖節講經文」: "이제 이 경문을 풀이하여 크게 세 단락으로 나누면, 첫 번째는 序分, 두 번째는 正宗, 세 번째는 流通分입니다(將釋此經, 大科三段. 第一序分, 第二正宗, 第三流通)."

208 原卷에는 '而'자가 '三年' 앞에 있다. 자리가 잘못 바뀐 듯하여 여기서는 옳게 고쳤다. '三年而目斷長城'은 아래의 '半歲而魂隨錦水'와 짝을 이룬다.

209 [譯注] '目斷'은 원래 보이지 않을 때까지 쭉 바라본다는 의미이다. 여기서는 어머니가 아들이 수자리 떠난 장성 쪽을 계속 바라본다는 의미이다.

210 [項楚] '劍嶺'은 곧 '劍閣'을 가리키며 陝西에서 四川으로 들어가는 경계에 있다. 蔣禮

경문: "자식이 천 리를 가면 어머니도 천 리를 가고, 자식이 만 리를 가면 어머니도 만 리를 가느니라. 아들딸에게 병이 생기면 부모님도 병이 생기고, 자식이 병이 없어지면 부모님도 바야흐로 병이 낫느니라."

이 경문은 두 단락으로 나뉩니다. 하나는 어머니의 마음은 잊지 않는다는 것, 다른 하나는 자식이 병이 나면 근심한다는 것이지요. 두 단락은 서로 다르니 먼저 어머니의 마음은 잊지 않는다는 것부터 말씀드리지요. 경에서는 자식이 천 리를 가면 어머니도 천 리를 간다고 운운했습니다. 자식들이 성장한 이후에 각자 벼슬길에 나서고 돈벌이를 위해 다른 지방으로 나가면 어머니의 마음도 그를 쫓아간답니다. 삭방에 수자리 나가면 3년 동안 장성(長城)만 바라보고, 검령(劍嶺)에 장사하러 가면 반 년 동안 혼은 금수(錦水)를 따라다닌답니다. 책에서는 "부모님의 나이를 몰라서는 안 된다"라고 했지요.[211]

思量我等生身母, 終日憂怜男與女.
爲兒子抛[212]出外邊, 阿娘悲泣无情緖.
或仕宦, 居職務, 離別耶娘經歲數.
見四時八節未皈來, 阿娘悲泣[无情緖].[213]
或經營, 求[214]利去, 或住他鄉或道路.

鴻은 '興生'을 '생산을 일으켜 관리하다'라고 하였는데 여기서의 의미는 '장사하다'로 보면 되겠다.

211 [譯注] 『論語』「里仁」 편에 나오는 말이다. "어버이의 나이는 몰라서는 안 된다.(오래 사시니) 한 편으론 기쁘고 (연세 많으심이) 한 편으로는 두렵기 때문이다(父母之年, 不可不知也 一則以喜 一則以懼)."

212 [項楚] 원문에서 '抛' 아래에 '家'나 '舍' 같은 글자 하나가 빠진 듯하다.

213 原卷을 보면 '阿娘悲泣' 아래가 공백으로 남아 있는데 여기서는 위의 '阿娘悲泣无情緖' 구에 근거하여 '无情緖' 세 글자를 채워 넣었다. '緖'자는 압운이다. 돈황사본의 창사에는 중복되는 구가 많아 초사자들이 흔히 그 부분을 생략하곤 하는데 위의 경우가 바로 그 예이다. 原錄에서는 '泣'자 아래에서 구를 끊고 任半塘은 '泣'을 '注'로 고쳤으나 모두 옳지 못하다.

214 原卷을 보면 '求'가 '去'로 쓰여 있는데 아무래도 아래에 '去'자가 있어 잘못 쓴 듯하다.

兒子雖然向外安, 阿娘悲泣[无情緒].
或在都, 差鎮戍,[215] 三載防邊受辛苦.
信息希疏道路遙, 阿娘悲泣[无情緒].
兒於萬里母先於,[216] 終日憂愁淚如雨.
念佛求神百種爲, 只希闇裏垂加護.
損形容, 各腸[217]肚, 乞待兒皈再團聚.
思想慈親這個恩, 門徒爭忍生孤負.
經求[218]仕宦住他鄕, 或在軍中鎮外方.
兒向他州雖吉健, 母於家內每憂惶.
心隨千里消容貌, 意恨三年哭斷腸.
直待皈來相見了, 阿娘方始有精光.
慈母德, 大難酬, 憶念之心更不休.
奉勸門徒諸弟子, 莫抛父母住他州.
우리를 낳아주신 어머니를 생각하면

蔣禮鴻은 이를 '求'로 옳게 고쳤다. 아래의 '經求仕宦住他鄕'에서 '求'가 바로 '求利'를 가리킨다. 「目連緣起」의 "아들은 바깥 고을에서 장사로 재물을 얻어 부모님을 봉양하려 한다(兒擬外州經營求財, 侍奉尊親)"과 『宋書』「吳喜傳」의 "관리의 직분을 침범하여 백성에게 해를 끼치고 장사로 이익을 구하다(侵官害民, 興生求利)."를 보면 '求'자가 맞음을 알 수 있다.

215 [項楚] '都'는 수도를 가리키고 '鎮戍'는 사방을 지키는 것이다. 唐代에 府兵들은 수도를 숙위하거나 사방으로 수자리를 나가야 했다.

216 이 구는 '兒行萬里母於先'이 되어야 할 것이다. 앞의 '於'자는 뒤의 '於'를 보고 잘못 쓴 듯하며 '先於' 역시 '於先' 두 글자의 자리가 바뀐 듯하다. S.2204「父母恩重讚」의 "아들이 천 리를 가면 어머니도 천 리를 가고, 아들이 만 리를 가면 어머니는 그보다 먼저 가 있다네(而[兒]行千里母行千, 而[兒]行萬里母於先)"이 그 증거이다. [項楚]『敦煌歌辭總編』卷三「十種緣」에 "兒行千里母行千, 兒行萬里母於先"이라는 구가 있다. 즉 위의 구는 '兒行萬里母於先'으로 보는 것이 옳다는 말이다. 이는 어머니의 걱정하는 마음이 만 리 먼 곳으로 떠나는 아들을 따라가 심지어는 아들보다 먼저 가 있다는 말이다.

217 [徐震堮] '各'은 '割'이 되어야 할 것이다.

218 '經求'는 곧 '經營求利'(장사해서 이익을 구하다)이다. S.778 王梵志 시: "나는 장사로 이득을 내러 갈 테니, 내가 길에 오르도록 해 주오(吾出經求去, 送吾卽上道)."

종일토록 아들딸을 걱정하고 사랑하시지.
아들이 (집을) 버리고 밖으로 나가면
어머니는 슬피 울며 애만 태우시지.
혹은 벼슬길에 나가고 관직에 있느라
어버이를 떠나 몇 년을 보내곤 하지.
사시사철 돌아오지 않으면
어머니는 슬피 울며 애만 태운다네.
혹은 장사하고 이문을 구하러 떠나
타향이나 길가에 머물곤 하네.
아들이 비록 밖으로 나가 편안하다 해도
어머니는 슬피 울며 애만 태운다네.
혹은 도시에 있거나 사방으로 수자리 떠나
3년 동안 변방을 막으며 갖은 고생을 하지.
소식은 드물고 길은 머니
어머니는 슬피 울며 애만 태운다네.
아들이 만 리 밖으로 가면 어머니는 그보다 먼저 가 있어
종일토록 근심하며 비 오듯 눈물 흘리네.
염불도 하고 신에게도 빌며 온갖 일들을 하니
오로지 어둠 속에서도 가호가 있기를 바랄 뿐.
얼굴은 상하고 창자는 끊어지고
자식이 돌아와 온 가족 다시 합치기만을 바라네.
자애로운 부모님의 이 은혜를 생각하여
문도들은 부모님 뜻 어기는 짓 꼭 참아야 하리.
장사하고 벼슬길 올라 타향에 살거나
혹은 군중에 있어 외지를 지키기도 하지.
자식이 다른 지방에서 건강히 잘 있다 해도
어머니는 집안에서 근심하고 걱정만 하지.

마음이 천 리를 따라가니 얼굴은 수척해지고
3년을 한스러워하며 창자 끊기도록 통곡하네.
돌아오기를 기다리다 서로 만나게 되면
그제야 어머니는 빛이 돌지.
어머니의 은덕은 결코 갚기 힘들고
걱정하는 마음은 더욱 그칠 수가 없지.
문도와 제자들에게 삼가 권하노니
부모를 버리고 타향에 살지 말기를.

此是第一母心不忘也. 第二, 子病懷憂者. 經道男女有病, 父母亦病, 子若病除, 父母方差. 人家男女, 父母憍怜,[219] 忽失保持, 身染疾患, 便使父心切切, 母意惶惶. 罷寢停餐, 休生忘活. 煎羹煮粥, 无辭曉夜之勞, 拜鬼看書, 豈憚往來之惓. 男女稍若病差, 父母頓解愁心.

여기까지가 첫 번째, 어머니의 마음은 잊지 않는다는 것입니다. 두 번째는 자식이 병이 나면 근심한다는 것이지요. 경문에서는 자식이 병이 나면 부모님도 병이 나고 자식이 병이 나으면 부모님도 낫는다고 했지요. 집안의 자식을 부모님은 아끼고 사랑하시는데, 잠시 보살핌을 소홀히 했다가 몸에 병이 생기면 곧 아버지의 마음은 찢어지고 어머니의 가슴속은 걱정만 쌓이지요. 잠자는 것도 그만두고 먹는 것도 멈추어 사는 일을 잊어버리십니다. 국을 끓이고 죽을 쑴에 새벽이든 한밤중이든 수고를 아끼지 않고, 귀신에게 빌고 책을 찾아봄에 어찌 오가는 피곤함을 마다하겠습니까. 자식이 조금 차도가 있으면 부모님은 그제야 근심을 덜지요.

219 '憍'를 原錄에서는 '嬌'로 고쳤다. 그런데 『廣雅』「宵韻」을 보면 "憍, 憐也, 恣也. 本亦作驕"라고 되어 있다. 즉 '憍怜'이 같은 의미의 복합사이므로 '憍'자는 굳이 고칠 필요가 없는 것이다.('憍'와 '嬌'는 모두 '驕'가 나중에 분화된 글자이다)

人家父母恩偏煞,[220] 於女男邊倍怜愛.
日日交(敎)招意不移, 朝朝護惜心无退.
忽然男女病纒身, 父母憂煎心欲碎.
念佛求神乞護持, 尋醫卜問[221]希痊瘥.
无睡眠, 沒光彩, 煎炒心神形貌改.
直待兒身四體安, 阿娘方覺心寬泰.
女男得病阿娘憂, 未敎[222]終須血淚流.
茶飯不曾着次第,[223] 罷施紅粉懶梳頭.
尋醫卜問无時歇, 拜鬼求神更不休.
直待女男安健了, 阿娘方始不憂愁.
思量人世事難裁, 父母恩深不可背.[224]
纔見女男身病患, 早憂性命掩泉臺.[225]

---

220 【譯注】'煞'은 정도의 심함을 나타내는 말로서 '極', '甚', '很', '非常', '太' 등에 상당하며, 상황어로도 보어로도 쓰일 수 있다. 당송 때 '煞'자는 이 의미로 쓰일 경우 去聲으로 읽었으며 '殺'로 쓰기도 했다. 劉堅, 江藍生 주편 『唐五代語言詞典』(上海敎育出版社, 1997)을 참고.

221 '卜問'은 '問卜'이 되어야 할 것이다.

222 【項楚】'敎'는 '병이 낫다'의 의미이다. 돈황본 「維摩詰經講經文」: "거사님의 건강을 기원하오니, 병환이 깊어지도록 내버려두지 마시기를. 죽음을 피할 자 아무도 없다지만, 건강을 되찾게 되면 중생을 널리 제도하실 것이네(且希居士好調和, 不得因循縱病夛[多], 驀被命終難脫免, 息然(忽)身敎大婁羅)." 「韓擒虎話本」: "수주의 사군에게 가셔서 이 고약을 발라주면 반드시 차도가 있을 것입니다. 만약 효과를 보면 꼭 이렇게 당부를 하십시오(有一合龍膏, 度与和尙, 若到隨州使君面前, 以膏便塗, 必得痊差. 若也得敎, 事須委囑)."

223 【項楚】'次第'는 순서나 규칙을 말하며, 위의 '茶飯不曾着次第'는 한 끼는 배불리 먹고 한 끼는 굶는 식으로 밥 먹는 규칙이 없다는 말이다.

224 '背'를 原錄에서는 '皆'로 썼으나 실제 原卷은 '背'자인 듯하여 고쳐 썼다. 【項楚】원문의 '皆'는 '偕'로 써야 할 것이다. '不可偕'는 '不可比'의 의미이다. 『太平廣記』 권53 「金可記」(『續仙傳』에서 출전): "힘써 음덕을 행하여 사람들이 바라는 바가 있으면 처음부터 거부하지 않고 정성스럽고 부지런히 해주었으니, 다른 사람은 비할 바가 못 되었다(務行陰德, 人有所求, 初無阻拒, 精勤爲事, 人不可偕也)."

225 【項楚】'泉臺'는 저승 혹은 묘를 뜻한다. '九泉'의 '泉'과 '夜臺(무덤)'의 '臺'를 합쳐 '泉臺'라 하는 것이다.

一頭出藥交(教)醫療，一件[226]邀僧爲滅災.
病交[227]了便合行孝順，却生五逆也唱將來.
집안에서 부모님의 은혜는 치우침이 심하여
자식들에게는 사랑이 배가 된다네.
매일 가르쳐주며 그 뜻을 바꾸지 않고
아침마다 사랑해주며 그 마음 물러남이 없네.
문득 자식 몸에 병이라도 닥치면
부모님은 근심으로 가슴이 부서지는 듯.
염불하고 신에게 빌며 보살펴 달라 애원하고
의원을 찾고 점을 쳐 낫기만을 바라지.
잠도 자지 않아 얼굴빛은 말이 아니고
마음속 애가 끓으니 용모까지 변하네.
자식 몸이 편안해진 다음에야
어머니도 비로소 마음이 편해지지.
자식이 병들면 어머니는 근심만 하다
낫지 않으면 결국 피눈물만 흘린다네.
음식도 제 때에 들지 않으며
화장도 그만두고 빗질할 마음도 없어지지.
의원 찾고 점치는 일 쉬지 않고
귀신에게 절하고 비는 일은 더욱 그침이 없네.
자식이 편안하고 건강해지고 나서야
비로소 어머니는 근심을 않게 되지.
세상사 생각하면 헤아리기 어려우나
부모님의 깊은 은혜에 비할 바가 못 되지.

226 '件'은 '畔'과 통한다.

227 '交'는 '校'나 '較'와 같으며 '병이 낫다'의 의미이다. 위에 나온 "女男得病阿娘憂，未敎終須血淚流"의 '敎'도 같은 의미이다.

자식들 몸에 병이라도 나면
금세 목숨 걱정하며 저승길을 막으려
한 편으론 약을 내어 의사에게 치료토록 하고
한 편으론 승려를 불러다 재앙을 없애게 하네.
병이 나으면 곧 효도를 행해야 하나
도리어 오역을 저지르니,
이제 창이 나오겠습니다.

經: "如斯養育, 願早成人, 及其長大, 翻爲不孝. 尊親共語, 應對違情. 拗眼列(裂)[228]睛, 不知恩義."[229]

此唱經文分二: 一、不念[230]重德, 二、背恩違情, 兩段云云. 不念[231]重德者, 經道如斯養育, 願早成人, 及其長大, 翻爲不孝. 前來經文說父母種種養育, 千辛万苦, 不憚寒喧(暄), 乞求[232]長大成人, 且要紹繼宗祖. 及其長大, 无孝順心, 不報恩德, 由(遊)閑逐日, 更返倒父母云云.

경문: "이렇게 양육하여 어서 어른이 되기를 바라지만 막상 장성하고 나면 오히려 효도하지 않느니라. 존친(尊親)들과 얘기할 때 말대답하며 그 뜻을 저버리느니라. 눈을 흘기고 눈동자를 찢으며 그 은의(恩義)를 알지도 못하느니라."

이 경문은 둘로 나뉩니다. 하나는 무거운 은덕을 생각지 않음이고, 다른 하나는 은혜를 저버리고 그 정을 어김인데, 두 단락은……. 무거운 덕을 생각지 않는다는 것을 경문에서는 이렇게 양육하여 어서 어른

228 經本에는 '列(裂)'이 아닌 '路'로 되어 있다. 이때의 '路'는 '露'의 생략형이다.
229 經本에는 '不知恩義'라는 구가 없다. 초사의 과정에서 누락된 듯하다.
230 '念'을 原錄에서는 '會'로 잘못 썼다. 여기서는 原卷에 근거하여 고쳤다.
231 마찬가지로 '念'을 原錄에서는 '會'로 잘못 썼으며, 여기서는 原卷에 근거하여 고쳤다.
232 蔣禮鴻은 '乞求'가 '巴不得'(간절히 바라다)와 같은 말이라고 했다. P.2054 「十二時」: "또 부부의 기운이 화합하지 않는다면, 병이 나도 누구에게 돌봐주길 바라겠는가(更若夫妻氣不和, 乞求得病誰相救)"에서의 '乞求'도 같은 의미이다.

이 되기를 바라지만 막상 크고 나서는 도리어 효도하지 않는다고 말했지요. 앞의 경문에서 부모님은 갖은 방법으로 길러주시고, 천신만고를 겪으시고, 차가운 것 더운 것 꺼리지 않으시고, 가문을 잇도록 어서 자라 어른이 되기를 간절히 바란다고 했지요. 막상 어른이 되어서는 효심도 없고 은덕에 보답하지도 않으며 한가로이 노닐며 날만 축내다가 부모님께 대들기나 한답니다…….

人家父母多恩育, 憂念女男心不足.
乞求長大得成人, 紹繼門風榮爵祿.
誰知漸識會東西, 時把父娘生毁辱.
佛道婆婆[233]這個人, 命終必墮阿毗獄.
爲人不孝負於天, 輕慢耶娘似等閑.
侍奉終朝无一點, 返張[234]逐日有千般.
等閑屋裏高聲喊, 影向[235]人前亂登[236]言.
佛道此人纔命榭,[237] 必沈惡道出无年.

---

233 [潘重規] '婆婆'는 '裟婆'가 되어야 할 것이다.

234 [項楚] '返張'은 앞에 나온 '返倒'와 같으며, 그 의미는 '대들다, 저항하다'라는 뜻의 '返' 자에 들어있다. 아래에 나오는 "사람이 어찌 그리 생각이 없어 부모에게 대들려고만 한단 말인가(爲人爭不審思量, 豈合將心返父娘)"에서 '返'자가 바로 그 의미이다. 그리고 '張'자는 동사 뒤에 쓰이는 보어이다. '改張'이 곧 '改變'이고 '分張'이 곧 '分開'이고 '施張'이 곧 '施展'의 의미인 것과 같은 사례이다.

235 江藍生은 '影向'을 '影響'으로 보았다. 北京 河字12「父母恩重經講經文」: "삼삼오오 멋대로 떠나서는, 내키는 대로 열흘이 지나도록 돌아오지도 않지(三三五五等閑去, 影嚮經旬捨不歸)"에서 '影嚮'은 곧 '影響'이다.(俗書에서 '響'자는 항상 '嚮'으로 쓴다) '影響'은 본래 그림자와 소리를 가리키며 그 특징은 빠르고 자유롭다는 것이다. 그래서 '순식간에, 경솔하게, 제멋대로'의 뜻이 파생된 것이다. 본문과 이 인용문의 '影響'이 모두 '等閑'과 짝이 되고 있다는 점에서 '影響'이 곧 '等閑'의 의미임을 알 수 있다. 또 앞에 나온 "그런데도 자식들은 틈만 나면 오역을 저지르고, 멋대로 집을 나가 돌아오지 않는다네(自是女男多五逆, 等閑逃走不皈迴)"의 뒤 구와 앞에서 인용한 "影嚮經旬捨不歸"가 서로 흡사하다는 점도 '影響'이 '等閑'과 같은 의미임을 말해준다.

236 '登'은 '發'로 보아야 한다는 徐震堮의 의견이 타당하다. 첫 부분의 획순이 같아서 잘못 쓴 듯하다.

집안의 부모님은 많은 은혜로 길러주시면서도
자식들 마음 채워지지 않을까 걱정하시지.
어서 자라 어른이 되어
문풍(門風) 잇고 작록(爵祿) 빛내주길 간절히 바라시네.
누가 알리요, 점차 철이 들면서
부모님께 해 끼치고 욕만 보일 줄을.
불도에서 이런 사바세계 사람은
죽고 나면 반드시 아비지옥으로 떨어진다네.
불효한 사람됨으로 하늘을 저버리고
부모님 업신여기길 제멋대로 한다네.
한시도 시봉한 적이 없으면서
대들며 날만 축내기는 천 가지로 하지.
제멋대로 집안에서 고래고래 소리 지르고
마음대로 사람들 앞에서 허튼소리만 지껄이지.
불도에서 이런 사람은 명이 다하자마자
꼭 악도(惡道)에 떨어져 나올 수가 없다네.

所以經云如斯養育, 願早成人, 及其長成, 翻爲不孝. 上來第一說不念[238]重德了也. 從此第二, 背恩違情. 經道尊親共語, 應對違情, 拗眼烈(裂)睛, 不知恩義. 此者並是辜恩負德, 五逆之人. 不思養育深恩, 不念劬勞大德. 自小阿娘臺擧, 長成嚴父教招, 誰知近來稍似成人, 却學棄背恩德. 逐日則長隨惡伴, 終朝則不近好[人]. 時時兩手不抄, 往往[239]便三言不遜. 父母喚來約束, 肬脣[240]不語生嗔. 有時拗眼烈(裂)睛,

237 '榭'는 '謝'와 통한다. S.3728 「左街僧錄大師壓座文」: "어찌 배꼽 파상풍으로 명 다하는 일 없으리, 은혜가 입 줄어드는 병으로 떠나기도 하느니(寧無命向臍風榭, 也有恩從撮口離)"에서 '榭' 역시 '謝'와 통한다. 原錄에서는 곧바로 '謝'로 고쳐버렸는데 이는 옳지 않다.

238 '念'이 原錄에는 '會'로 잘못 쓰여 있다. 여기서는 原卷에 근거하여 옳게 고쳤다.

或卽高聲應對.

그래서 경에서는, 이렇게 양육하며 어서 성인이 되기를 바라지만, 막상 장성하고 나면 도리어 효도하지 않는다고 한 것입니다. 위에서는 첫 번째 무거운 은덕을 생각지 않는 것에 대해 얘기했습니다. 이제부터는 두 번째로, 은혜를 저버리고 그 뜻을 어기는 것입니다. 경에서는 존친들과 얘기할 때 말대답하며 그 뜻을 저버리고 눈을 흘기고 눈동자를 찢으며 그 은의를 알지도 못한다고 했지요. 이런 자가 바로 은덕을 저버리고 오역을 저지르는 사람이지요. 길러주신 깊은 은혜 생각지 않고 수고하신 큰 덕도 가슴에 두지 않지요. 어려서부터 어머니가 보살피고 커가면서는 엄하신 아버지가 가르치시는데, 이제 다 컸다 싶으니 도리어 배은망덕한 짓만 배울 줄 누가 알았겠습니까. 날마다 나쁜 무리들만 줄곧 쫓아다니고 좋은 사람은 한시도 가까이 하지 않지요. 항상 두 손은 모을 줄 모르고, 말만 했다하면 불손한 말이지요. 부모가 불러다 하지 말라 하면 삐죽거리며 말도 않고 성질만 낸답니다. 어떤 때는 눈을 흘기고 눈동자를 찢거나 큰소리로 말대답이나 하지요.

爲人不解思恩德, 返倒父娘生五逆.
共語高聲應對人, 擬嗔嗔[241]眼如相喫.
伴惡人, 爲惡跡, 飮酒樗蒲難勸激.

239 原錄에서는 '住住'로 쓴 다음 '往往'으로 고쳤다. 하지만 실제 原卷에는 '往往'으로 쓰여 있다.

240 [項楚] '肬脣'은 기분이 좋지 않아 입을 삐죽 내미는 동작이다. '肬'는 혹이다. 『釋名』「釋疾病」: "肬, 丘也, 出皮上, 聚高如地之有丘也." 여기서는 '肬脣'으로 입술을 삐죽 내미는 모습을 형용하고 있다.

241 原卷을 보면 '嗔'의 '口' 편방이 초서로 쓰여 있어서 原錄에서는 이를 '眞'으로 잘못 보았다. 또 '嗔'자를 原錄에서는 '嗔'으로 잘못 써서 여기서는 原卷에 근거하여 옳게 고쳤다. 아래에 나오는 "應對高聲猶可恕, 嗔眉努眼更堪傷"과 "交招則亂發言千種, 約束早嗔眉努兩題"의 '嗔'자도 原錄에서 모두 '嗔'으로 썼는데, 이는 근거 없이 억지로 고친 듯하다. '嗔'자는 字書에 나와 있지 않으며 돈황사본에서 같은 용법의 글자는 '槙'과 '搷'으로 쓰여 있다.

長遣慈親血淚垂, 每令骨肉懷愁戚.
釋迦尊, 留教敕, 看取經文須審的.[242]
若是長行五逆支人,[243] 這身万計應難覓.[244]
爲人爭不審思量, 豈合將心返父娘.
應對高聲由(猶)可怒(恕), 嗔眉努眼更堪傷.
不思十月懷耽苦, 不念三年乳哺忙.
佛道如斯五逆者, 无因得見法輪王.
사람이 은덕은 생각할 줄도 모르고
부모님께 대들며 오역의 짓이나 저지르네.
함께 이야기할 때는 큰 소리로 남에게 대꾸하고
금방이라도 화를 내려 잡아먹을 듯 눈을 부라리네.
나쁜 사람과 짝하고 나쁜 행동만 하며
술 먹고 노름하니 격려해주기도 어렵지.

---

242 [楊雄] '審的'은 해석이 안 된다. '的'은 '酌'을 잘못 쓴 것인 듯하다. [校注] '審的'은 '상세하고 확실하다'라는 뜻이며 '的'은 잘못 쓴 글자가 아니다. 宋代『釋常談』卷上: "후한의 范式은 자가 臣卿으로 張元伯과 친구 사이였는데, 봄에 수도를 떠나면서 늦가을을 돌아올 시기로 삼았다. 원백은 9월 15일에 닭을 잡고 밥을 지어 그를 기다렸다. 어머니가 말했다. '천리나 떨어져 있으면서 어찌 그리 잘 알 수가 있느냐?' 원백이 말했다. '신경은 믿을만한 사람이니 절대 기한을 늦추지 않을 것입니다. 말을 마치자 신경이 정말로 왔다(後漢范式, 字臣卿, 與張元伯爲友. 春別京師, 暮秋爲期. 元伯至九月十五日殺鷄炊黍以待之. 母曰: 相去千里, 何以審的? 元伯曰: 巨卿信士, 必不衍期. 言訖, 巨卿果至)." 이 예문의 '審的'이 바로 같은 의미로 쓰였다. 또 '的'자는 위아래의 '逆, 喫, 激, 戚, 覓' 등과 대체로 압운이 되나 '酌'은 운이 맞지 않는다.

243 '支'를 原錄에서는 '歹'로 썼으며 潘重規는 原卷이 '吱'로 되어 있다고 했다. 그러나 '吱'자는 의미상 취할 수가 없으며 原卷을 자세히 살펴보면 '支'로 쓰인 듯하다. '支'는 '之'와 통한다. S.328「伍子胥變文」: "곧 돈을 벌라며 저를 멀리 떠나보내셨습니다(遂使金牙採寶, 支子遠行)"에서 '支子'는 곧 '梔子'이고 이는 '之子'와 諧音이 된다. 이를 통해 '支'와 '之'가 비슷한 음으로 통용됨을 알 수 있다. 게다가 앞쪽의 "此者並是辜恩負德, 五逆之人"에서 '五逆之人'이라는 말이 이미 나왔다. [項楚] 原卷은 '女'자처럼 보이는데 아무래도 이는 衍文이고 이 구는 '若是長行五逆人'의 칠언인 듯하다.

244 [項楚] 여기서 '身'은 '人身'을 가리키며 이 구는 사후에 다시 사람의 몸으로 태어나기 힘들고 三塗 속으로 떨어질 것이라는 의미이다.

오래도록 부모님 피눈물 흐르게 하고
항상 골육들 근심만 품게 하네.
석가세존께서 가르침을 남기셨으니
경문을 보고 가져가 확실히 깨우쳐야 하리라.
이처럼 오래도록 오역을 행한 자는
아무리 해도 그 몸을 찾기 어렵다는 것을.
사람이 어찌 그리 생각이 없어
부모에게 대들려고만 한단 말인가.
높은 소리로 말대답하는 건 그래도 봐줄 만하나
눈썹 찡그리며 눈을 부라리는 건 더 상처가 되지.
열 달 동안 잉태하신 고통 생각지 않고
삼 년 동안 쉼 없이 젖을 먹인 것 생각지도 않지.
불도에서 이렇게 오역을 저지른 자는
법륜왕(法輪王)을 만나볼 수 없다네.

奉勸門徒云云. 慈烏返哺之報,[245] 爲人爭合云云.

삼가 문도들에게 권합니다……. 까마귀의 반포지효(反哺之孝)를 사람 된 자가 어찌…….

幸因講說諸佛[246]語, 輒勸門徒孝父母.
禽獸由(猶)知養育恩, 爲人爭合相辜負.
十月懷耽, 三年乳哺.[247]
論苦惱兮多般, 說恩怜兮幾度.

245 【譯注】 '慈烏'는 까마귀의 일종으로 몸이 쇠약해지는 어미에게 먹이를 물어다주는 새로 알려져 있다. '反哺之孝'가 여기서 나온 말이다.

246 '諸佛'을 原錄에서는 '佛經'으로 잘못 썼다. 여기서는 原卷에 근거하여 고쳤다.

247 '乳哺'를 原錄에서는 '哺乳'로 썼다. 여기서는 原卷에 근거하여 고쳤다.

今旣成人, 還須報賽.[248]

莫學愚人, 返生逆害.

約束時直要諦聽, 嗔罵則莫生衹對.[249]

何假覓西方, 自生極樂界.

爲人何處是聰明, 莫若酬塡[250]養育情.

不但長時逢吉慶, 兼交(敎)永不見刀兵.

施爲一切皆和合, 所作多應總得成.

命謝了永辭濁惡世, 蓮花朶裏託身生.[251]

須取勸, 莫疑猜, 聞了還須改性懷.

莫學愚人生拗拒, 不行孝養恣情乖.

交(敎)招則亂發言千種, 約束早嗔眉努兩顋.[252]

應是眷屬兼骨肉, 總遭毁罵也唱將來.

다행히도 제불(諸佛)의 말씀을 강설하여

문득 문도들에게 부모님께 효도하라 권면하네.

금수도 오히려 양육의 은혜를 아는데

사람으로서 어찌 저버린단 말인가.

열 달 잉태하시고

삼 년 동안 젖을 먹이시네.

그 고통 이야기한 것이 몇 번이고

그 은혜 말한 것이 몇 차례인가.

---

248 '報賽'는 곧 '報塞'으로서 '보답하다'의 의미이다.

249 **[項楚]** '衹對'는 여기서 '應對' 즉 '말대꾸하다'의 의미이다.

250 '塡'을 原錄에서는 '愼'으로 썼으며 袁枚는 이를 '塡'으로 고쳤다. 하지만 실제 原卷이 '塡'으로 되어 있다. '酬塡'은 '보답하다, 갚다'의 의미이다. 앞에 나온 "萬劫千生, 酬塡不異(易)"의 '酬塡'과 같은 의미이다. '西方'은 서방정토, 즉 아미타불정토이다. 불교에서 말하는 천상의 극락세계이다.

251 **[項楚]** '蓮花朶裏託身生'은 아미타불정토에 왕생한다는 의미이다. 미타정토에 왕생하는 자는 연꽃송이 안에서 태어나며 이를 '蓮胎'라 한다.

252 '顋'를 原錄에서는 '頭'로 잘못 썼으며 여기서는 原卷에 근거하여 고쳤다.

이제 이미 성인이 되었으니
마땅히 보답을 해드려야지.
어리석은 사람을 배워
도리어 거역하고 해 되는 짓 하지 말기를.
하지 말라 할 때 귀 기울여 듣고
화내고 욕을 해도 말대꾸하지 않으면,
어찌 서방정토를 구하는가,
저절로 극락세계에 태어난다네.
사람됨이 아무리 총명하다 해도
길러주신 정에 보답하는 것만 못하니,
오래도록 경사스러운 일만 있을뿐더러
영원토록 칼 든 군대를 보는 일은 없을 것이며,
하는 일마다 모두 순조롭고
무슨 일이든 모두 이루어지리라.
목숨이 다해 혼탁한 이 세상과 영원히 이별하면
연꽃송이 안에서 사람의 몸으로 태어나리라.
부디 권면하는 바를 따르고 의심하진 말기를
들었으니 모름지기 성정(性情)을 바꿔야지.
어리석은 사람을 배워 비뚤어지고 거역하거나
효도를 행하지 않고 제멋대로 굴지 않기를.
가르치려 하면 천 가지 말을 어지러이 지껄이고
하지 말라 하면 금방 눈썹을 찡그리고 두 뺨을 씰룩거리니,
모든 가족과 골육들이
항상 헐뜯기고 욕을 듣는다네.
이제 창이 나오겠습니다.

經云: "欺淩伯叔, 打罵弟兄, 毁辱尊親, 无有禮義, 不遵(尊)師長."[253]

경문: "백부와 숙부를 속이고 깔보며 형제간에 때리고 욕하며 존친들을 헐뜯고 욕보이며 예의도 의리도 없고 스승과 어른을 존중하지 않느니라."

誘俗第六[254]
天成二年[255]八月七日一常[256]書
유속제육(誘俗第六)
천성(天成) 2년 8월 7일 일상(一常) 씀

253 [項楚] 原卷의 본문은 여기까지 초사되어 있다. 아래에 강창 부분이 없는 것으로 보아 아직 초사가 다 끝나지 않은 것임을 알 수 있다.

254 [項楚] '誘俗第六'은 본 편의 後題이다.

255 [譯注] '天成'은 後唐 明宗 李亶(926~934년 재위)의 연호이고 '天成二年'은 927년에 해당한다.

256 '常'자가 原卷에는 초서([illegible])로 쓰여 있다. 項楚는 이를 '當'의 간자라 보았는데 아무래도 '常' 혹은 '當'의 초서인 듯하다. 돈황사본에서 '常'자와 '當'자의 초서는 대단히 흡사하다. P.3808「長興四年中興殿應聖節講經文」: "人間大小莫知聞, 去就昇[illegible]並不存"에서는 '常'자이고, P.2305「解座文匯抄」: "眷屬多, 誰相管, 前路自家[illegible]苦難"에서는 '當'자이다. 위에서는 임시로 '常'자로 썼다.

부모은중경강경문 2(父母恩重經講經文二)[1]

□□□□□□□, 爭那[2]於家不孝.

□□□□□□□, 到處崇重惡人.

□□□□□□□, 不識人間罪福.[3]

1 【原校】 (向達) 原卷의 번호는 北京 河字 12호이다. 제목을 채워 넣은 근거는 앞의 작품을 참고하기 바란다. 【校注】 본편의 原卷은 앞뒤가 모두 잔결되어 있으며 바탕을 둔 經本은 상편과 동일하다. 그러나 강창부분은 구문이 전혀 다르다. 이를 통해 두 작품은 같은 뿌리에서 나왔으나 길을 달리 한 서로 다른 「父母恩重經講經文」의 잔편임을 알 수 있다.

2 '那'를 原錄에서는 '般'으로 썼다. 原卷을 보면 글자의 왼쪽 부분만 '舟'로 남아있는데 이는 '舺'이 지워진 것으로 보인다. '舺'는 '那'의 속자이다. 본편의 아래에 나오는 "忍熱忍寒那思倦, 抱持起坐忘苦辛"과 「張淮深變文」의 "고향을 잃고 헤매는 너희를 생각하면, 어찌 차마 찬 서리를 짊어지라 하겠는가(念汝失鄉淪落衆, 那堪更遣負寒霜)"에서 '那'자가 原卷에는 모두 '舺'으로 쓰여 있다. 『五音集韻』「歌韻」: "舺, 俗那." '爭那'는 '怎奈'와 같다. 『助字辨略』 卷二: "爭, 俗云怎, 方言如何也." 『詩詞曲語辭匯釋』 卷二: "那, 猶奈也." '爭那'는 변문에 흔히 보인다. 「目連緣起」: "악업이 얼마나 깊고, 慳貪의 장애가 얼마나 두텁기에(奈何惡業又深, 爭那慳貪障重)"가 그 예이다.

3 【項楚】 '罪福'은 인과응보를 말한다. 불교에서는 五逆十惡 등을 마땅히 苦報를 받아야

□□□□□等, 此是最下之下.

□□□□□衢, 衝突賢良之輩.

□□□□□□傾, 更須受盡百生身.

□□□□□□分, 逢人豈解行禮讓.

□□□□□□瘠, 勸着經營便努顒.

□□□□□□情, 結件離家街巷裏.

三三五五等閑去, 影響經旬捨不歸.

慈母心心只是憂, 恐怕這兒落奸便.

惡人楳點[4]連形獄,[5] 到此无人救得伊.

倚門只是妄(望)歸來, 過盡人行都不見.

羅袖班班[6]新淚點, 一心專憶外頭兒.

人家積穀本防飢, 養子還徒(圖)被老時.[7]

可料[8]長成都不孝, 直饒[9]十個也何爲.

할 죄악으로 여기고, 五戒十善 등은 樂果를 받아야 할 복덕으로 여긴다. 그래서 인과응보를 '罪福'이라 칭하는 것이다.

4 '楳'는 '謀'로 읽어야 한다. '謀點'은 나쁜 사람의 간계와 속임수에 빠지는 것을 말한다. P.3919 「佛說父母恩重經」의 "혹은 타향에서 삼가고 신중하지 못해 다른 사람에게 속임을 당하고 사건에 휘말려서는 공연히 형을 받아 감옥에 갇히고 형틀을 쓰곤 한다네(或在他鄕, 不能勤愼, 被人謀點, 橫事鉤牽, 狂(枉)被形(刑)科, 牢獄枷鏁)"라는 내용이 위 구절의 근거가 된다.

5 '連'은 '遭'가 되어야 할 것이다. 사본에서 이 두 글자는 모양이 비슷해 잘못 쓰이는 경우가 많다. 또 潘重規는 '形'을 '刑'으로 옳게 고쳤다. 고대에 '形'과 '刑'은 통용되었다. '連刑獄'은 經文에서 "狂(枉)被形(刑)科, 牢獄枷鏁"의 의미이다.

6 **[徐震堮]** '班班'은 '斑斑'이 되어야 한다.

7 **[項楚]** 원문의 '被'는 '備'가 되어야 한다. "곡식을 쌓는 것은 배고픔을 대비하기 위함이고 자식을 키우는 건 늙을 때를 대비하기 위함이다"라는 말은 당시의 속담이다.

8 **[項楚]** '可料'는 곧 '豈料'이며 '可'는 '豈'의 의미이다. 岑參 「北庭」: "나이 40에도 제후에 봉해지지 못할지 어찌 알았으리(可知年四十, 猶自未封侯)." 「伍子胥變文」: "아들과 함께 아내를 다투니, 어찌 천하에 부끄러운 일이 아니겠습니까(共子爭妻, 可不慚於天地!)"

9 **[項楚]** '直饒'는 '설사 ~일지라도'의 뜻이다. 敦煌遺書 P.2305 解座文: "설사 매일 재를 베푼다 해도, 어찌 자기가 친히 대비하는 것과 같겠는가(直饒每日設齋, 爭似自家親備?)"

始從懷抱作嬰孩, 長大成人六尺材.
棄德輩(背)恩多五逆, 惟行不孝縱癡咍.[10]
三年乳哺由(猶)閑事, 十月懷耽足可哀.
每見二親多慢易, 不生恭敬唱將來.

( )

어찌 집에서 효도하지 않는가.

( )

어딜 가나 나쁜 사람만 떠받드네.

( )

인간의 인과응보는 알지 못하지.

( )

이야말로 가장 낮은 것 중에 낮은 것이라,

( )

현량(賢良)한 무리와 부딪치지.

( )

백생(百生)의 몸을 다 받아야지.

( )

사람을 만나도 어찌 예양(禮讓)을 행할 줄 알리.

( )

장사를 권해 봐도 뺨만 씰룩거리네.

( )

무리지어 집을 나가 거리를 떠도네.
삼삼오오 멋대로 떠나서는
내키는 대로 열흘이 지나도록 돌아오지도 않지.
어머니의 마음은 근심뿐이라

10 '咍'는 '騃'로 읽어야 한다. '癡騃'는 同義連文이다.

아들이 몹쓸 꼬임에나 빠지지 않을까 걱정이네.
악인이 물을 들여 옥살이하게 되면
그때는 아무도 그를 구해줄 수 없으니,
문에 기대어 행여 돌아오지 않나 바라보지만
사람들 다 지나가도 보이지가 않는구나.
비단 소매는 새로이 눈물 떨어져 얼룩지고
오로지 마음은 밖에 있는 아들 생각 뿐.
사람이 곡식을 쌓아두는 건 배고플 때를 대비함이고
자식을 기르는 건 늙을 때를 준비하려는 것.
장성해서도 불효할 줄 어찌 알았겠는가!
자식이 열이라도 아무 소용이 없네.
시종 품에 안고 보듬어 아이를 만들고
6척 재목의 어른으로 키워놨더니,
은덕을 저버리고 걸핏하면 오역죄를 저지르며
오로지 불효만을 행하며 멋대로 어리석게 군다네.
3년 젖먹이는 오히려 별 것 아니나
열 달 잉태함은 참으로 슬퍼할 만하지.
두 부모님 뵐 때마다 오만하고 무시하며
공경하는 마음 내지 않으니, 이제 창이 나오겠습니다.

經云: "不生恭敬, 棄德背恩, 无有仁慈, 不孝禮儀."[11]

過去九十一劫, 有一罪人不孝父母, 常行五逆, 死後當墮火[12]坑地獄, 頭上長有鐵輪盤旋, 不惟[13]頂上.

11 원래 經本에는 '不孝不義'로 되어 있다.

12 '火'를 原錄에서는 '大'로 썼고 項楚는 이를 '火'로 고쳤다. 돈황사본에서 '火'자와 '大'자는 서로 잘못 쓰이는 경우가 많다. 여기서는 문맥에 따라 '火'로 썼다.

13 [項楚] 원문의 '惟'는 '離'를 잘못 쓴 것이다.

경문: "공경의 마음을 내지 않고 은혜를 버리고 덕을 배반하며 인자한 마음이 없어서 효도하지 않고 예의가 없느니라."

과거 91겁(劫)에 부모에게 불효한 죄인이 하나 있으니, 항상 오역(五逆)을 저질러 죽은 후 불구덩이 지옥으로 떨어지고 머리 위에는 철륜(鐵輪)의 소용돌이가 자라 머리 꼭대기에서 떨어지지 않는다네.

直爲罪根深重, 都緣不孝二親.
從此撲入坑中, 常有鐵輪在頂.
動經千劫萬劫, 晝夜常受[14]苦辛.
一落此中千萬劫, 不知早晚[15]復人身.[16]
爲緣不孝墮深坑, 受苦无因得暫停.
晝夜鐵輪居頂上, 早經百劫與千生.
勸君行孝莫因循, 子細思量這個身.
咽苦吐甘擡擧[17]得, 莫交(教)孤負阿孃恩.
供承隨順遣心安, 父母時長見喜歡.
孝行永標經史上, 直交(教)萬代廣流傳.
懷耽十月千般苦, 起坐身心早晚安.
都講闍梨[18]著氣力, 如擎重擔唱看看.[19]

---

14 原錄에서 '受'를 '常'으로 잘못 써서 原卷에 근거하여 옳게 고쳤다.

15 '早晚'은 '何時'와 같은 의미로서 의문의 어기로 쓰인다.

16 原卷에는 이 구가 앞의 '晝夜常受苦辛' 자리로 가 있다. 여기서는 문장의 체례에 따라 자리를 바꾸었다.

17 原錄에서는 '擡'를 '檯'로 쓴 다음 '擡'로 고쳤다. 原卷을 보면 편방이 '才'로 되어 있는데 사실 이 글자는 '擡'의 俗書이다. '擡擧'는 '보살피다, 부양하다'의 의미이다.

18 '闍梨'는 '阿闍梨'의 약칭이다. 범어 'Ācarya'의 음역이고 '闍黎'라고도 번역하며 승도들의 스승을 가리킨다. 原錄에서는 '闍黎'라고 일부러 고쳤는데 그럴 필요는 없다. 【項楚】 都講의 직무를 맡은 승려를 말한다. 불교의 강경법회에서는 도강이 먼저 發問을 하고 법사가 이에 대해 상세한 설명을 더한다. 당대 속강에서 도강은 경문을 전문적으로 창송하고 법사가 경문의 뜻을 자세히 설명해주었다.

19 原錄에서는 '看看'을 '將來'로 고쳤는데 이는 잘못이다. 袁賓은 '看'이 앞의 '歡, 傳, 安'

죄의 뿌리가 깊고도 무거운 건
두 부모님께 불효했기 때문이라네.
이로부터 구덩이 속에 빠져
철륜이 정수리에서 떠나질 않는다네.
천겁 만겁이 지나도록
낮이든 밤이든 고통만 받지.
이곳에 한번 떨어지면 천만겁이라
언제 다시 사람의 몸이 될지 모른다네.
불효해서 깊은 구덩이에 빠졌으니
괴로움 받는 일 잠시라도 멈출 리 없지.
낮이나 밤이나 철륜이 머리 꼭대기에 붙은 채
벌써 백겁과 천생(千生)이 지났네.
그대에게 권하노니 효를 행함에 머뭇거리지 말고
그 몸을 잘 생각해보시게.
쓴 것 삼키고 단 것 뱉어 먹이며 보살피셨으니
어머니의 은혜 잊어서는 안 되지.
받들어 모시고 말 잘 들어 안심시켜 드리면
부모님은 오래도록 기쁜 모습 보이신다네.
효행은 영원히 경서와 사서에 표시되어
만대에 널리 전해지도록 하지.
잉태한 열 달은 천 가지 고통이라
일어서고 앉음에 어느 때나 심신이 편안해질까.

등과 압운을 이루고 '看看'은 동사 뒤에서 '~해보다'의 어기를 나타낸다고 했다. P.2133 「妙法蓮華經講經文」: "부처님께서 사람들의 수행이 어느 정도인지 추측하게 하는 唱이 곧 나온다(佛把諸人修底行, 校量多少唱看看)"의 용법이 위의 구와 완전히 일치한다. 강경법사가 도강의 唱經을 이끌어낼 때 흔히 쓰는 상투어는 '唱將來'이다. 그러나 여기서는 위의 구들과 운을 맞추기 위해 일부러 글자를 바꾼 것이다. 原錄에서는 일반적인 경우를 따라 '將來'로 바꾸었으나 그럴 경우 운이 맞지 않게 된다.

도강도리(都講闍棃)가 기력을 내어
무거운 짐을 들어 올리듯 노래해보겠습니다.

經云:“阿孃懷子, 十月間(艱)辛.[20] 起坐不安, 如擎重擔; 飮食不下, 如長病人.”

경문:“어머니가 아이를 품은 열 달은 힘들고도 괴로우니라. 일어나고 앉는 것이 편치 않아 마치 무거운 짐을 드는 것 같고, 음식을 잘 내리지 못하여 마치 묵은 병에 걸린 사람 같으니라.”

十月懷耽弟子身, 晝夜恰如持重擔.
翠眉桃[21]臉潛移改, 膩[22]色萎黃暗裏來.
行亦愁, 座(坐)亦愁, 懷耽十月抵千秋.
昏昏不醉長如醉, 兀兀[23]無憂恰似憂.
悅耳管絃成逆耳, 含羞到此不能羞.
直須分免(娩)[24]蒙平善, 慈母心安始徹頭.
十月懷耽弟子, 晝夜身心不安.[25]

---

20 ‘十月間(艱)辛’이 經本과 P.2418에서 인용한 경문에는 ‘十月之中’으로 되어 있다. 아무래도 실수가 있었던 듯하다.

21 ‘桃’를 原錄에서는 ‘抛’로 썼다. 劉堅은 이를 ‘桃’로 고쳐야 한다고 했다. 原卷을 보면 이 글자가 지워진 흔적이 있는데, 먼저 ‘抛’를 썼다가 다시 그 글자 위에 ‘桃’의 속자를 썼다. P.2418「父母恩重經講經文」에는 ‘푸른 눈썹 복사꽃 얼굴은 저도 몰래 바뀌어(翠眉桃臉潛移改)’라는 구가 있다.

22 ‘膩’을 原錄에서는 ‘噶’로 썼으며 徐震堮은 ‘噶’이 ‘蠟’과 같은 ‘蝎’이 되어야 한다고 했다. 실제 原卷을 보면 ‘膩’의 변체인 ‘𦢊’로 되어 있다.(사본에서 ‘月’ 편방은 ‘目’ 편방과 섞여 쓰이는 경우가 많다) ‘膩’은 ‘臘’의 속체(『廣韻』「盍韻」 참고)이며 이 글자는 동음가차자인 ‘蠟’으로도 쓰인다. [項楚] ‘蠟色萎黃’은 얼굴이 누렇게 뜨고 수척해진 모습을 형용한다.

23 [項楚] 兀兀: 정신이 어둡고 혼미한 모습이다.

24 [項楚] ‘分免’은 곧 ‘分娩’이다. ‘免’과 ‘娩’은 서로 통한다.『國語』「楚語上」의 “장차 분만하려는 이를 알려주면 관아에서 의원을 보내 지켜주다(將免者以告, 公令醫守之)”에 대해 韋昭는 “免, 乳也”라고 주석을 달았다. ‘乳’는 곧 ‘분만’의 의미이다.

形容日日衰羸, 卽漸轉加憔悴.
幾度親情屈喚,[26] 無心擬去相隨.
縱然家內延賓, 實是懶鄉音歡笑.
龍髮[27]不梳累月, 鳳釵不揷經旬.
裝臺汚見眼前, 鸞鏡任從塵土.
自於[28]懷任[29]腹中子, 舊日裝梳不欲爲.
思量十月養君多, 爭忍因循不報恩.
阿孃消瘦如花貌, 變化萎黃疾病多.
雲鬢不梳經數月, 鳳釵抛擲如閑事.
不逐[30]少[31]姑花下[32]去, 懶鄉音伯母趁嬌兒.[33]
幾度親情命看花, 數遍藏鉤夜歡笑.
[34]這身無病如長病, 拓頰[35]終朝復皺眉.

---

25 原卷을 보면 '不安'을 '安不'로 먼저 썼다가 옆에 자리바꿈부호를 넣었다. 原錄에서는 그대로 '安不'로 썼다.

26 [項楚] '親情'은 친척이고 '屈喚'은 '초청하다'이다. '屈'과 '喚'은 둘 다 '초청'의 의미를 가지고 있다.

27 [項楚] 龍女의 머리카락이 아름답다 하여 흔히 아름다운 머릿결을 '龍髮'이라 한다.

28 '於'는 '從'이 되어야 할 것이다.

29 '姙'이나 '妊'은 '任'보다 나중에 쓰인 글자이다. 楊雄은 이를 '妊'으로 고쳤으나 굳이 그럴 필요는 없다.

30 '逐'이 原卷에는 '遂'로 되어 있으며 蔣禮鴻은 이를 '逐'으로 옳게 고쳤다. 潘重規는 '遂'가 '隨'와 통하기도 한다고 했으나 이는 옳지 않다.

31 '少'를 蔣禮鴻은 '小'로 고쳤다. 돈황사본에서 '少'와 '小'는 혼용된다.

32 '下'를 原錄에서는 '不'로 썼으며 蔣禮鴻은 이를 '下'로 고쳤다. 原卷을 보면 '下' 같기도 하고 '不' 같기도 하여 여기서는 문맥에 맞게 '下'로 썼다.

33 '嬌兒'를 張金泉은 '猧兒'(발바리)로 고쳤다. 『玉篇』「犬部」: "猧, 犬名." '猧兒'는 '猧子'라고도 하며 털이 많은 唐代의 애완견이다. P.2418 「父母恩重經講經文」: "삼삼오오 서로 어울려 죽마를 타고, 줄지어 짝을 짓고는 발바리를 좇는다네(五五相隨騎竹馬, 三三結伴趁猧兒)."

34 原錄에서는 이 행 앞에 "百般美味不刑相, □□□□□□□"라는 행을 집어넣었는데 項楚는 이를 다음과 같이 보았다. "이 두 구는 없애야 한다. 한 줄 건너 바로 '百般美味不刑(形)相, 是種珍修(羞)不嘗啜'라는 말이 나오기 때문이다. 필사자가 '百般 구를 미리 썼다가 잘못 쓴 걸 알고 다시 고치면서 이 구는 지우지 않은 것이다. 그런데 나중

百般美味不刑(形)相, 是種珍修(羞)不嘗啜.
甘甛縱喫如黃蘗, 口苦舌乾不欲餐.
懷耽十月欲將臨, 苦切之聲不忍聞.
千迴念佛求加護, 万遍燒香請世尊.
將臨十月怯身災, 秖怕無常一念催.[36]
那邊禮佛聲遼(嘹)亮, 這伴金經次第開.
共宰猪羊無兩種, 血流遍地唱將來.
열 달 동안 제자들의 몸을 잉태하여
낮이든 밤이든 무거운 짐을 지닌 듯하셨네.
푸른 눈썹 복사꽃 얼굴은 저도 몰래 바뀌어
어느새 밀랍 빛깔에 누렇게 떠버리네.
움직여도 근심이요 앉아도 근심이라
아이 가진 열 달이 천추와 같구나.
혼미한 게 취하지 않아도 오래도록 취한 듯하고
몽롱한 게 근심 없어도 근심스러운 듯하네.
귀를 즐겁게 해 주는 악기도 귀에 거슬리고
부끄러움도 이제는 부끄러움이 아니라네.
모름지기 분만이 편안하게 잘 되고 나서야
어머니의 마음은 비로소 안정된다네.
열 달 동안 제자들을 잉태하여
낮이든 밤이든 마음이 불안하셨지.

에 기록자가 이 구가 연문인 줄 모르고 한 줄만 쓰고 다른 구는 일단 빈칸으로 채워 넣었다. 이는 분명한 잘못이다." 項楚의 이 의견은 대단히 정확하다. 실제 原卷을 보면 앞 구 일곱 자만 있고 뒤 구는 아무 글자도 쓰여 있지 않다.

35 [項楚] '拓頰'은 손으로 뺨을 받치는 모습으로 근심이 있을 때 취하는 동작이다.

36 [項楚] 순식간에 목숨이 다할까 걱정한다는 의미이다. '無常'은 '無常鬼'이고 '一念'은 아주 짧은 시간을 말한다. 「父母恩重經講經文」(一)에도 '怕被無常一念催'라는 구가 있다.

얼굴은 하루하루 약하고 파리해지다
점차 초췌해지기까지 하네.
친척들이 몇 번이나 초청을 해도
가서 어울릴 생각이 전혀 들지 않지.
행여 집안에 잔치가 있다 해도
웃으며 모실 힘이 나지 않지.
아름다운 머리카락 빗지 않은 지 몇 달이고
봉황 비녀 꽂지 않은 지 열흘이 지났네.
화장대는 때가 눈앞에 보이고
난새 거울은 먼지 속에 멋대로 뒹구는구나.
뱃속의 자식을 갖고부터
예전의 화장은 하고 싶지가 않지.
열 달 동안 그대들 기른 것 생각하면
어찌 차마 머뭇거리며 보은하지 않으리.
꽃처럼 약하고 수척했던 어머니는
누렇게 떠 병색이 완연한 모습이 되었네.
구름 같은 살쩍은 빗지 않은 지 몇 달이고
봉황 비녀는 별 일 아닌 듯 던져버렸지.
꽃 아래에서 작은 시어머니 좇아가지도 않고
큰어머니 모시고 발바리 좇을 힘도 없네.
친척들은 몇 번씩 꽃구경하자 하고
수차례 장구(藏鉤)[37]놀이하며 밤중에 즐거이 웃네.
이 몸은 병이 없어도 묵은 병 든 듯하여
빰을 받치고 하루 종일 또 눈썹만 찡그리네.

37 【譯注】藏鉤: '藏鉤' 혹은 '藏彄'라고도 한다. 옛날 놀이의 일종으로 대부분 밤에 했다. 漢昭帝의 어머니 鉤弋夫人이 어렸을 때 주먹을 꼭 쥐고 입궁했는데 한 武帝가 그 손을 펴보니 갈고리가 나왔다 한다. 후대 사람들은 이를 장구 놀이로 만들었다고 한다.

온갖 좋은 음식 제대로 보지도 못하고
갖가지 진수성찬도 맛볼 수가 없다네.
달콤한 것 먹어도 황얼(黃蘖)[38] 먹는 듯하고
입은 쓰고 혀는 말라 음식이 당기지 않지.
잉태한 지 열 달이 다 되어 가면
찢어지는 고통 소리 차마 들을 수가 없다네.
천 번 염불하여 보살핌을 구하고
만 번 향을 피워 세존을 청하네.
열 달이 다가오니 몸이 어떻게 될까 겁나고
금방이라도 목숨 끊어질까 두렵기만 하네.
저쪽의 예불소리 맑고 또렷하며
이쪽의 불경은 순서대로 열리네.
돼지나 양을 잡는 것과 다를 바 없어
피가 땅으로 흘러내리니, 이제 창이 나오겠습니다.

經云: "月滿生時, 受諸苦痛, 須臾好惡, 只恐无常. 如煞豬羊, 血流遍地, 受如是苦."[39]

경문: "달이 차서 아기를 낳을 때는 갖가지 고통을 받으며, 잠깐 사이에 좋았다가 싫어져 오로지 덧없이 죽어버릴까만 걱정되느니라. 마치 돼지와 양을 죽이듯 피가 땅에 가득 흘러 이처럼 고통을 받는 것이니라."

---

38 【譯注】 黃蘖: 상록교목으로 겉껍질은 흰색이고 속껍질은 짙은 황색이다. 맛이 쓰며 약으로 쓰인다.

39 P.2148 사권에서는 '受如是苦'를 아래 인용된 경문의 앞에 넣어 "受如是苦, 生我此身. 咽苦吐甘, 抱持養育"이라 하였다. P.3919 經本도 마찬가지다. 본 편만 '受如是苦'가 '血流遍地' 뒤에 붙어 있으며 또 아래 인용한 경문에는 '抱持養育' 구도 없다. 아무래도 초사자의 실수인 듯하다.

奉勸坐中弟子, 大須孝養二親.
晨朝問信[40]起居, 且莫失恭顔色.
父母忽然處分, 輒莫應對二親.
夕陽出入兢兢, 此者是其孝子.
泣竹臥冰也不及, 百年侍養莫交(敎)虧.
十月迢迢在母胎, 乞求分免(娩)誕嬰孩.
三朝[41]爲喜蒙平善, 滿月[42]延僧息鄣災.
鄰里爭怜看不足, 親情瞻囑[43]意徘徊.
從此阿孃怜不已, 吐甘餵飼唱將來.
좌중의 제자들에게 삼가 권하노니
꼭 두 부모님께 효도하시길.
새벽에는 별고 없으신지 안부를 묻고
공경하는 얼굴빛을 잃지 말아야지.
부모님이 분부를 내리시면
두 분께 말대답하지 마시길.
해질녘에 걱정하며 자주 들여다봐야

40 '問信'은 '問訊'으로 읽어야 한다. 『廣韻』에 의하면 '信'과 '訊'은 모두 '息晉切'의 같은 음으로 통용된다. S.2614 「大目乾連冥間救母變文」: "나복 목련은 慈父를 알아보고 그간의 안부를 여쭈었다(羅卜目連認得慈父, 起居問信已了)." '問信'이 '問訊'과 통한다는 건 P.2319와 P.3485 사권이 모두 '問訊'으로 되어 있다는 점으로도 알 수 있다. '問訊'은 '안부를 묻다'의 의미이다.

41 [項楚] 자식이 태어난 후 만 3일째를 '三朝'라 한다. 明 陳士元 『俚言解』 卷1 「三朝滿月」: "자식을 낳은 후 사흘째 되는 날을 '三朝'라 한다. 이 날은 조상에게 제사를 지내고 아이를 씻기고 탯줄을 태우니, 흔히 이를 '洗三'이라 부른다(生子三日, 謂之三朝. 是日祭祖先, 洗兒炙臍, 俗稱洗三)."

42 [項楚] 자식이 태어난 후 한 달째를 '滿月'이라 한다. 明 陳士元 『俚言解』 卷1 「三朝滿月」: "또 아이를 낳은 지 한 달째를 '滿月'이라 한다. 이 풍습은 당송대에 가장 성행하였는데, 친지 중에 부유한 자는 洗兒錢[아이를 낳은 지 사흘과 한 달 째에 아이를 씻겨주는 풍습에서 이를 기념하기 위해 주는 돈―譯注]과 감귤을 주곤 했다(又生子一月謂之滿月. 此風唐宋時最盛, 親友富豪者, 投贈犀錢玉果)."

43 [徐震堮] '囑'은 '矚'이 되어야 한다.

이런 사람을 효자라 할 것이라.
대나무 숲에서 울고 얼음에 눕는 것으로도 안 되고[44]
백 년 동안 어긋남 없이 받들어 모셔야지.
열 달이나 어머니 뱃속에 있었으니
분만하여 아이가 태어나길 간절히 바라네.
사흘째엔 기쁨 되어 편안하고 좋아지며
한 달이 되면 승려를 모셔다 재앙을 없애지.
이웃들 다투어 아껴주며 보고 또 보고
친척들 뚫어져라 쳐다보며 즐거워한다네.
이때부터 어머니의 사랑은 끝이 없어
단 것은 뱉어 먹여주니, 이제 창이 나오겠습니다.

經云: "生得此身, 咽苦吐甘.[45] 洗濯不淨, 不憚劬勞. 忍熱忍寒, 不辭辛苦. 乾處兒臥, 濕處母眠. 三年之中, 飮母白血."

---

44 [項楚] '대나무 숲에서 울고'(泣竹) '얼음에 눕는'(臥冰) 이야기는 모두 고대의 유명한 효자 고사이다. 『三國志·吳書』「三嗣主傳」의 주석에서 裴松之는 다음과 같은 『楚國先賢傳』의 내용을 인용하였다. "孟宗의 어머니가 죽순을 좋아하였으나 그때는 죽순이 아직 나오지 않는 동지가 가까운 때였다. 그런데 맹종이 대나무 숲으로 들어가 슬프게 탄식하자 죽순이 밖으로 자라나 어머니께 드릴 수 있었다. 사람들은 모두 지극한 효성에 감동한 것이라 했다(宗母嗜筍, 冬節將至, 時筍尙未生, 宗入竹林哀歎, 而筍爲之出, 得以供母. 皆以爲至孝之所致感)." 『晉書』「王祥傳」: "왕상은 지극히 효성스러웠으나 어려서 어머님을 잃었다. 계모 朱씨는 자애롭지가 못해 수차례 왕상을 헐뜯었다. 이에 아버지의 사랑을 잃어 아버지는 항상 쇠똥을 치우게 하였으나 왕상은 그럴수록 더 공손하게 대했다. 부모가 병이 생기자 옷의 띠를 풀지 않았으며 탕약은 꼭 자기가 먼저 맛을 보았다. 어머니가 늘 생선을 먹고 싶어 했으나 당시는 하늘은 춥고 땅은 꽁꽁 어는 때였다. 이에 왕상은 옷을 벗고 얼음을 갈라 고기를 잡으려 하였다. 그러자 얼음이 스스로 갈라지더니 잉어 두 마리가 펄쩍 뛰어 올랐다. 왕상은 그것을 가지고 집으로 돌아왔다(祥性至孝, 早喪親. 繼母朱氏不慈, 數譖之, 由是失愛於父, 每使掃除牛下, 祥愈恭謹. 父母有疾, 衣不解帶, 湯藥必親嘗. 母常欲生魚, 時天寒冰凍, 祥解衣將剖冰求之, 冰忽自解, 雙鯉躍出, 持之而歸)."

45 '咽苦吐甘'을 原卷에서는 '咽甘吐苦'로 잘못 썼다. 여기서는 經本과 P.2418에서 인용한 經文에 근거하여 옳게 고쳤다.

경문: "이 몸을 낳고서는 쓴 것은 삼키고 단 것은 뱉어 먹이느니라. 더러운 것은 깨끗이 씻어내며 힘들고 괴로워도 꺼리지 않느니라. 더위도 참고 추위도 참으며 고생을 마다하지 않느니라. 마른자리에 아기를 눕히고 어머니는 젖은 곳에서 잠을 자느니라. 삼 년 동안 어머니의 흰 피를 먹게 되느니라."

不憚吐甘咽苦, 洗浣蓋是尋常.
或時忍熱忍寒, 慈母不辭辛苦.
可忍這身成長後, 恣行不孝妄(忘)深恩.
甘甛美味與兒餐, 苦澀一般母自喫.
忍熱忍寒那思倦, 抱持起坐妄(忘)苦辛,
迴乾就濕是尋常, 乳哺三年非莽鹵.[46]
豈料長成都不孝. 妄(忘)却從前掬[47]養恩.
단 것 뱉어 먹이고 쓴 것 삼키는 일 꺼리지 않고
깨끗이 씻는 건 늘 하는 일이라네.
어떤 때는 더위도 참고 추위도 참으며
어머니는 괴로움을 마다하지 않는다네.
어찌 참겠는가, 그 몸 다 자라고 나니
멋대로 불효한 짓 하며 깊은 은혜 잊는 것을.
달고 좋은 맛은 자식에게 먹으라고 주고

46 蔣禮鴻은 '莽鹵'는 곧 '쉽다'의 의미이고 '非莽鹵'는 '쉬운 일이 아니다'라는 뜻이라고 했다. [項楚] '莽鹵'는 '대충대충 하다, 주의를 기울이지 않다'의 의미이다. 柳宗元「酬韶州裴曹長使君寄道州呂八大使因以見示二十韻」: "가난하게 지내며 그럭저럭한 삶을 달게 받아들이고, 거친 털옷을 입어 화려한 무늬와는 멀어진다네(食貧甘莽鹵, 被褐謝斕斒)." 자리를 바꿔 '鹵莽'이라고도 쓴다. 『莊子』「則陽」: "당신은 정치를 함에 대충대충 하지 말고, 백성을 다스림에 가볍게 하지 마십시오(君爲政勿鹵莽, 治民勿滅裂)."

47 [項楚] 원문의 '掬'은 '鞠'이 되어야 한다. '鞠養'은 곧 '撫養'이다. 『舊唐書』「李承傳」: "이승은 어려서 고아가 되어 형 엽이 그를 길러주었다. 자라서는 효로써 형을 섬긴다고 사람들에게 알려졌다(承幼孤, 兄曄鞠養之, 既長, 事兄以孝聞)."

쓰고 떫은 것은 모두 어머니 자신이 드시네.
더위 참고 추위 참으면서도 어찌 피곤함을 생각하리,
안고 들고 일어나고 앉으면서도 괴로움을 잊는다네.
마른자리로 돌리고 젖은 자리로 나아감은 늘 하는 일이나
삼년 동안 젖 먹이는 건 쉬운 일이 아니지.
어찌 짐작했겠는가, 장성하고 나니 불효한 짓 하며
이전에 키워준 은혜 다 잊어버릴 줄을.

漸離懷抱, 身作童子, 常繫母心, 百般憂慮. (下缺)

점차 품에서 떠나 어린아이의 몸이 되면 항상 어머니는 마음 졸이고 갖가지 근심이 들지요.

(이하는 빠져 있음)

우란분경강경문(盂蘭盆經講經文)[1]

目連依教便修行,[2] 供養三尊及大衆.
福利遐超於鬼趣,[3] 願我慈親領受之.

---

1 원본은 臺北 국립중앙도서관에 소장되어 있다. 『敦煌變文集』에는 실려 있지 않으며 潘重規가 교정하여 『敦煌變文集新書』에 실었다. 여기서는 石門圖書公司에서 영인한 『敦煌卷子』 본에 근거하여 기록하고 교정하였다. 原卷은 첫머리가 잔결되어 있고 '盂蘭盆經'이라는 끝제목이 있다. 여기서는 潘重規가 임시로 정한 제목대로 '盂蘭盆經講經文'이라 하였다. 潘重規는 이렇게 교기하였다. "첫 부분은 잔결되어 있고 글자를 고친 흔적이 여러 군데 보인다. …… 끝제목 뒤에 '邈觀'이라는 두 글자가 있는데, 이는 소유자의 서명인 듯하나 확언할 수는 없다. '故題' 아래의 시는 소유자가 지은 시를 뒤에 부친 듯하다. 필적과 필획이 사본보다 더 세밀하며 글자를 고친 필적과 같다. 글자를 고친 건 대부분의 변문 두루마리가 그렇듯 초서로 되어 있으며, 글자를 알아볼 수 없어서 뜻에 맞춰 고친 듯하다. 이런 상황에서는 당연히 원문을 올바른 것으로 보아야지 무턱대로 고친 사본을 따라서는 안 된다. 본문에 '自出分憂佐大唐'이라는 말이 있는 것으로 보아 唐代 사람의 손에서 나온 듯하다." 原卷을 보면 '邈觀'이 끝제목 아래에 바짝 붙어 있고 두 번째 글자는 판독하기가 힘들다. 아무래도 인명인 아닌 듯하다.

2 [潘重規] 이 구 앞은 결문이고 또 종이의 가장자리가 잘려나가 자세히 살펴봐야 알아볼 수 있다.

因茲息苦得停酸, 免受倒懸三惡道.
離却鬼身休惡趣, 得向祇園禮世尊.
因此厥號盂蘭盆, 接引衆生交(敎)離苦.
不獨當初爲目連, 兼爲今朝座下人.
故知大聖不思議, 流向閻浮化群生.
爲救世間諸苦難, 名曰盂蘭淸淨經.
念觀世音菩薩三□[4] 佛子
목련이 가르침에 따라 수행하여
삼존과 대중들에게 공양을 하네
복리(福利)가 귀신세계에서 멀리 떨어져
우리 부모님께서 그것을 받으시길.
이로 인해 괴로움을 없애고 고통이 멈추며
삼악도(三惡道)에 거꾸로 매달리지 않을 수 있지.
귀신의 몸에서 벗어나고 악취(惡趣)에서 떠나시어
기원(祇園)으로 가 세존께 예를 올릴 수 있다네.
이로 인해 그것을 우란분이라 부르고
중생들을 끌어다 고통에서 벗어나게 한다네.
애초의 목련(目連)만을 위한 것이 아니라
지금 좌중의 사람들도 함께 위함이지.
이리하여 대성(大聖)의 불가사의함을 알고서
인간세상으로 흘러들어가 군생(群生)으로 화한다네.

---

3 【譯注】'鬼趣'는 '五趣'중 하나로 '鬼道'라고도 하며 아귀들이 모여 사는 세계이다. 【潘重規】原卷을 보면 '福利遐超於鬼趣'에서 '於'자가 초서로 적혀 있고, 校讀者는 '遐超' 두 글자를 없애고 '今朝'로 고쳐 썼으며 또 '於'자를 '收'로 고쳤다. 그러나 문맥으로 보면 '福利今朝收鬼趣'가 '福利遐超於鬼趣'보다 훨씬 못하다.

4 【潘重規】'三'자 아래의 잔결부분엔 '□'의 윗부분인 '冂'만 남아있는데 무슨 글자인지 모르겠다. 【校注】S.6551「佛說阿彌陀經講經文」: "그러고 나서 경문을 낭송하면 반드시 복을 받게 되리. 서너 명이 부처의 명호를 부른다(然後唱經, 必劃祐福. 稱三五聲佛名)"를 볼 때 '三'자 아래는 '聲'자가 되어야 하지 않을까 한다.

세상의 모든 고통을 구원하기 위함이니
이름하여 우란청정경(盂蘭清淨經)이라 한다네.
관세음보살 ( ) 염불함 불자(佛子)

將釋此經, 大分三段. 第一序分, 第二正宗, 第三流通分. 三段不同, 且初序分. 佛子

이제 이 경문을 풀이하여 크게 세 단락으로 나누면, 첫 번째는 서분(序分), 두 번째는 정종(正宗), 세 번째는 유통분(流通分)입니다.[5] 세 단락이 모두 다르니 우선 서분부터 시작하지요. 불자(佛子)

上來科判[6]卽如斯, 略與門徒分別說.
向下依經次第陳, 不知道理復如何.
大衆須生敬重心, 知道此經行孝行.
各各斂心合掌着, 經文次第唱將來.
위에서 단락을 나눈 것이 이와 같으니
일단 문도들에게 나누어서 설명해야지요.
아래에서는 경문에 따라 순서대로 말할 것인데
그 방법이 어떨지 모르겠습니다.
대중들은 모름지기 공경의 마음이 일어
이 경문을 알고서 효행을 행해야 할 터,

---

5 【譯注】序, 正宗, 流通 : 경문을 풀이할 때는 보통 서, 정종, 유통의 세 부분으로 나눈다. 서분은 그 경문을 발기한 이유 즉 緣起 부분이고, 정종분은 연기에 맞춰 法門을 이야기하는 부분이며, 세 번째 유통분은 정종에서 말한 법문을 제자나 국왕 등에게 먼 후대까지 유통시켜달라고 부탁하는 부분이다. 이 방법은 秦의 道安이 처음으로 만들었다.

6 【潘重規】 교독자는 原卷의 '科判' 두 자를 지우고 옆에 '分解'라고 다시 썼다. 【校注】『廣韻』「戈韻」: "科, 科斷也." 불전에서는 경문의 단락을 나누는 것을 '科文'이라 한다. 따라서 사실 '科判'은 동의의 복합어인 것이다. 교독자가 '分解'로 고친 건 쓸데없는 짓이었다.

모두들 마음을 가다듬고 합장하십시오.
경문 순서에 따라 이제 창이 나오겠습니다.

經云: "聞如是, 一時佛在舍衛國祇樹給孤獨[園]."[7] 佛子
경문: "이와 같이 들었다. 어느 때 부처님께서는 사위국(舍衛國) 기수급고독원(祇樹給孤獨園)에 계셨다." 불자(佛子)

西方梵語名佛陀, 此土翻爲求覺者.
自覺覺他覺圓滿, 覺行周圓號世尊.
於中三覺不思議, 別日[8]與門徒廣分別.
今且略明微妙義,[9] 願聞罪障得消除.
서방의 범어로는 불타(佛陀)라 하고
이곳에서는 '구각자(求覺者)'라 번역하네.
스스로 깨닫고 남을 깨우쳐 깨우침이 온전해지고
깨달음의 행법이 두루 원만하여 세존이라 부르지.
그 중 삼각(三覺)[10]의 불가사의함에 대해서는
다른 날 문도들에게 널리 가르쳐드리고,
지금은 우선 그 미묘한 뜻을 밝혀드리리니
이를 듣고 죄악의 장애가 사라지시길.

言[11]舍衛國祇樹給孤獨園. 佛子

---

7 【潘重規】 본 편은 西晉의 竺法護 譯 「盂蘭盆經」에 근거하고 있다. 경문에는 '獨' 아래에 '園'자가 있으나 여기에는 빠져 있다.

8 '日'자는 연문인 듯하여 지워야 할 것으로 보인다.

9 【潘重規】 원문을 보면 '義'가 초서로 되어 있으며 교독자는 이를 '法'으로 고쳤다.

10 【譯注】 三覺: 自覺, 覺他, 覺行圓滿이라는 깨달음의 세 가지 모습이다. 아라한은 '자각'의 일각을 지녔고, 보살은 자각과 각타의 이각을 지녔으며, 부처는 삼각을 모두 갖추었다고 한다.

11 【潘重規】 교독자는 '言'자 위에 '仏'자를 더했다. 필적은 끝제목의 글자와 동일하다.

사위국 기수급고독원을 말해보지요. 불자(佛子)

舍衛國者好嘉名, 人物英雄心猛利.
國王太子兼長者, 諸佛如來住[12]彼中.
給孤長者須達多,[13] 聞佛功德心中喜.
火急歸來造精舍, 便買祇陀太子園.
四十里地布黃金, 建造如來說法處.
殿宇樓臺侵日月, 池庭華果用莊嚴.
我佛當日在彼中, 說這盂蘭淸淨教.
爲救目連慈母罪, 免交(教)受苦得生天.
上來多段義不同, 總說經文成就義.
從此下文是別序, 目連得道復如何?
大衆須生敬重心, 六通之名當解釋.
各各虔恭合掌着, 目連得道唱將來.
사위국은 참으로 좋은 이름이요,
영웅 같은 사람들은 사납고도 날카롭네.
국왕과 태자가 장자(長子)를 겸해
제불과 여래께서 그 안에 머무셨지.
급고장자 수달다(須達多)는
부처님의 공덕을 듣고 기쁜 마음이 되어,
급히 돌아와 정사(精舍)를 지으려
곧 기타(祇陀) 태자의 동산을 사들였지.

[校注] '佛'자를 넣어서는 안 된다.

12 原卷에는 '往'으로 되어 있다. 돈황사본에서는 '住'와 '往'을 가리지 않고 쓴다. 여기서는 문맥에 따라 '住'로 썼다.

13 原卷에는 '須達多'가 '須達'로 되어 있으며 '須'자 오른쪽 아래에 '了'자 비슷한 글자가 있다. 아무래도 이는 생략 부호인 듯하다. 여기서는 위아래 구와 맞춰 '須達多'로 했다. '수달다'는 '수달'이라고도 하며 사위국 급고장자의 본명이다.

사십 리 땅을 황금으로 깔아
여래께서 설법할 곳을 만드셨네.
전당과 누대는 해와 달을 가리고
연못과 뜰과 꽃과 열매에 장엄(莊嚴)을 하였지.
우리 부처님은 그 날 그 곳에 계셔서
우란청정(盂蘭淸淨)의 가르침을 말씀하셨지.
목련(目連) 어머니의 죄를 구원하여
고통을 없애주고 생천(生天)을 얻게 하기 위함이지.
지금까지의 여러 단락은 뜻이 서로 다르나
모두가 경문이 이루어진 뜻을 말한 것이네.
아래의 글부터는 별서(別序)이니
목련은 대체 어떻게 득도를 했을까요?
대중들은 공경의 마음을 가지십시오.
육통(六通)[14]의 이름을 지금 풀이할 것입니다.
모두들 경건히 합장하십시오.
목련이 도를 얻는 창이 이제 나오겠습니다.

經云: "大目揵連始得六通." 佛子
경문: "대목건련(大目犍連)은 처음 육통을 얻었다" 불자(佛子)

恰似世間慈母身, 養得子時登官位.
威勢人間皆總怕, 自出分憂佐大唐.
忽然憶着我耶孃, 取向本州丞(承)[15]侍奉.

14 【譯注】 六通 : 불도를 닦음으로써 얻게 되는 여섯 가지 신통력, 즉 六神通을 말한다. 어느 곳이든 자유로이 오갈 수 있는 神足通, 어떤 소리도 들을 수 있는 天耳通, 다른 사람의 생각을 꿰뚫어보는 他心通, 전생의 운명을 아는 宿命通, 모든 고락과 형색을 꿰뚫어보는 天眼通, 번뇌를 완전히 없앨 수 있는 漏盡通의 여섯 가지이다.

15 潘重規는 '丞'을 '承'으로 고친 후 "原卷에는 '承'이 '丞'으로 되어 있고 교독자가 이를

所得財物買好物,[16] 將來奉獻我慈親.
百味珍羞皆恭(供)給, 朝朝[17]將心親侍奉.
若也悶來交(教)合曲, 音聲歌舞不曾休.
朝朝甘脆父母前, 晝夜[18]尋常居左右.
所要之徒皆與人,[19] 意徒[20]孝行遣人傳.
今此目連亦復然, 得道恰似爲官位.
憶得先亡念慈親, 墮落三塗阿那邊.
遂將天眼更遙觀, 欲覓尊親擬供養.
直爲亡來年歲久, 不知神識[21]落何方.
身今證得六神通, 根本還因於父母.
羅漢六通爲第一, 願報當初養育恩.
今此向下一唱經, 欲度父母報恩處.[22]

다시 '專'으로 고쳤다"고 했다. 사본에서 '承'과 '丞'은 통용된다. '承'은 곧 '受'로서 '맡다'의 의미이다.

16 原卷에서는 교독자가 '好物'을 지우고 '珠璸'으로 고쳐놓았으며 潘重規도 이를 그대로 따라 썼다. 그러나 아래의 '百味珍羞皆恭(供)給' 구를 볼 때 그대로 '好物'이라고 하는 게 나을 것 같다.

17 【潘重規】 原卷에는 '朝朝'가 '朝～'로 쓰여 있다. 교독자는 '朝'를 지우고 옆에 '日'자를 썼으며 '～'는 '夜'자로 고쳐 위쪽에 썼다.

18 【潘重規】 原卷에서는 '日'자를 지우고 옆에 '晝'자로 고쳐 썼다. 【校注】 여기서는 고친 대로 '晝'자로 썼다.

19 【潘重規】 原卷에서는 '徒'자('徒' 같은 자)를 지우고 옆에 '間'으로 고쳐 썼다. 原卷에서는 '與'자를 지우고 옆에 '盡'으로 고쳐 썼으며 '人'자는 위쪽에 '有'로 고쳐 썼다. 【校注】 이 구는 뜻이 통하지 않는다. 아마 오자가 있을 것이다. 【譯注】 '間'자가 들어갔을 때는 의미가 잘 통하지 않으나, 그 외에는 '與'든 '盡'이든 '人'이든 '有'든 해석에는 문제가 없다. 즉 '所要之徒皆與人'이나 '所要之徒皆盡有'나 '사람들이 필요로 하는 것을 모두 준다(갖게 한다)'는 의미에는 변화가 없다는 것이다.

20 【潘重規】 '徒'는 '圖'와 통한다.

21 【譯注】 '神識'은 '영혼'의 뜻이다. 『太平廣記』 권295에 인용된 宋(南朝) 劉義慶의 『幽明錄』 「安世高」: "안세고의 영혼은 안식국에 환생하여 다시 왕을 위해 아들이 되었다(世高神識還生安息國, 復爲王作子)." 돈황본 「大目乾連冥間救母變文」: "내가 십선과 오계를 닦으면 죽은 후 영혼이 천상에서 태어날 수 있다(我修十善五戒, 死後神識得生天上)."

大衆好生合掌着,[23] 經文有卽[24]唱將來.

세상의 어머니들과 마찬가지로
자식을 길러 벼슬자리에 올리셨네.
그 위세를 사람들이 모두 두려워하여
스스로 근심을 나눠 갖고 대당(大唐)을 보좌하였지.
문득 우리 어머니 생각나
고향으로 가 받들어 모시려네.
가진 재물로 좋은 물건을 사서
우리 부모님께 바쳐드려야지.
백 가지 진수성찬 모두 드리고
매일매일 마음으로 친히 받들어 모시네.
기분이 울적해지시면 곡을 연주케 하여
음악과 가무가 그칠 날 없다네.
매일매일 달고 맛있는 음식이 부모님 앞에 있고
낮이든 밤이든 항상 주변에 머문다네.
필요로 하는 무리가 있으면 모두 그에게 주니
효행을 사람들에게 전하려 함이지.
지금 여기의 목련 역시 그러하니
도를 얻은 것이 마치 벼슬에 오른 것과 같지.[25]

---

22 【譯注】 여기서 '處'는 구체적 장소가 아니라 이야기의 한 '장면' 혹은 '부분'으로 보면 된다. 변문에서 흔히 보이는 상투어인 '~處, 若爲陳說'의 '處'와 같은 의미이다. 불교에서는 어떤 장면(혹은 시점)을 언급할 때 '~處' 혹은 '~時'로 표현한다.

23 【潘重規】 原卷에서 '好生合掌' 네 글자는 알아보기 힘들 정도로 희미해져 있다.

24 【潘重規】 原卷에서는 '有卽' 두 자를 지우고 옆에 '次弟'로 고쳐 썼다. 【校注】 '有'와 '又'는 고대에 통용되었다. S.2614 「大目乾連冥間救母變文」: "스님께서 어인 일로 납시었는지요?(和尙又沒事由來)"에서 '又'가 곧 '有'와 통한다(실제로 P.3485 사권에는 '有'자로 되어 있다). 여기서 '有卽'은 곧 '又卽'이다.

25 【譯注】 수행자로서의 목련의 득도가 일반 사람들이 관직에 오르는 것과 마찬가지라는 의미로 보면 될 듯하다. 앞부분에서 일반인들의 부모님에 대한 효도를 말한 다음, 이 부분부터는 구체적으로 목련에 관한 이야기를 하고 있다.

먼저 돌아가신 분 생각하며 부모님 그리워하니
삼도(三塗)의 어느 곳에 떨어지셨을꼬?
곧 천안(天眼)으로 멀리 바라보니
존친(尊親) 찾아 공양하려 함이네.
돌아가신지 워낙 오래 지나
그 영혼이 어디로 갔는지 모르겠구나.
몸이 지금 육신통을 얻은 것도
그 근본은 부모님에게 있는 것이지.
나한(羅漢)의 육통이 제일이라
처음에 길러주신 은혜에 보답하길 바란다네.
이제 아래에서 경문을 한 번 부를 것이니
부모님을 (고통에서) 벗어나게 하여 은혜를 갚고자 하는 부분이지요.
대중들께선 마음을 가다듬고 합장하십시오.
이제 경문을 창하겠습니다.

經云: "目連欲度父母, 報乳脯(哺)之恩." 佛子

自得[26](德)旣圓, 應合救物. 懷其孝行, 欲報重恩. 經云'度'者, 卽是度脫, '報恩'兩字, 通標經題. 且夫人生在世, 父母爲親, 非母不生, 非母不育,[27] 是以目連報其恩德. 佛子

경문: "목련은 부모님을 고통에서 벗어나게 하여 젖 먹이신 은혜에 보답하려 하였다."

스스로의 덕이 이미 원만하니 사물을 구원함에 합당하지요. 효행을 품고서 무거운 은혜에 보답하려 한답니다. 경문에서 말하는 '도'는 곧 '제도하여 벗어나게 한다'는 뜻이고, '보은' 두 글자는 경제를 보여주고

26 '得'은 '德'으로 읽어야 할 것 같다. 아래 '目連自得旣周圓'의 '得' 역시 마찬가지다. 돈황사본에서 '德'과 '得'은 통용된다.

27 【潘重規】 原卷을 보면 '育'자를 지우고 '長'자로 고쳐 놓았다.

있습니다. 무릇 사람이 세상에 태어날 수 있는 것은 부모가 육친이 되어주신 덕분이니, 어머니가 아니면 태어나지도 못하고 부모님이 아니면 길러지지도 않았겠지요. 그런 까닭에 목련이 그 은덕에 보답하는 것입니다. 불자

目連自得(德)旣周圓, 理合救其親父母.
心裏爲懷行孝行, 報答從來養育恩.
人生在世合如斯, 父母深恩須報答.
想得當初養育我, 受苦懷擔不可論.
除其孝順在眼前, 供給所須不闕乏.[28]
假使碎身於[29]萬劫, 不能報答一毫恩.[30]
將知恩德大難酬, 我佛如來再三說.
奉勸座下佛弟[31]子, 大須孝順莫因循.[32] 佛子
목련은 스스로의 덕이 이미 다 갖추어져
그 친부모를 구원하기 합당하다네.
마음속으로는 효를 행하여
이전의 길러주신 은혜에 보답하리라 다짐하네.

---

28 原卷의 '之'자는 '乏'을 잘못 쓴 듯하다. 교독자는 '之'자를 지우고 옆에 '少'자로 고쳐 썼다.

29 【潘重規】 原卷을 보면 '身於'가 초서로 쓰여 있으며 교독자는 이를 '身干'으로 고쳐 써 놓았다.

30 【潘重規】 原卷을 보면 교독자가 '一毫'의 '一' 위에 '母'자를 써서 고쳤고 '毫'를 지우고 '深'으로 썼다. 【校注】 위 구가 근거를 두고 있는 P.3919 「佛說父母恩重經」의 "설사 어떤 사람이 기근을 만나 부모님을 위해 자기 몸을 모두 저민 고기로 잘게 부수어 수백 수천 겁을 지낸다 해도 오히려 부모님의 깊은 은혜는 갚지 못한다(假使有人遭飢饉劫, 爲於父母, 盡以其身臠肉碎壞, 經百千劫, 由(猶)不能報父母深恩)"를 참고할 만하다.

31 【潘重規】 原卷을 보면 교독자가 '弟'자 위에 '諸'자를 더해 놓았다.

32 【潘重規】 原卷에서 교독자는 '莫因循'을 한꺼번에 없애고 옆에 '阿耶孃'으로 고쳐 놓았다. 【校注】 '因循'은 '대충대충하다, 경솔하다'의 의미이므로 '莫因循'도 충분히 뜻이 통한다. P.2305 「妙法蓮華經講經文」: "오늘 선인을 뵙게 되었으니, 이제 내 마음을 함부로 할 수 없다(今朝旣得遇仙人, 我心終不敢因循)"의 '因循' 역시 같은 의미이다.

사람이 세상에 나면 마땅히 이렇게 하여
부모의 깊은 은혜를 꼭 갚아야하는 법.
예전에 나를 길러주심이 생각나고
고통 받으며 잉태하신 건 더 말할 나위 없지.
눈앞에서 효도를 보여드리고
필요한 것을 드림에 부족함이 없어야지.
만겁(萬劫)의 세월에 몸이 부서진다 해도
한 치의 은혜도 갚을 수가 없다네.
장차 은덕이 얼마나 갚기 힘든지 알게 될 것이니
우리 부처 여래께서 재삼 말씀하셨지.
좌중의 불제자들에게 삼가 권하노니
소홀히 하지 말고 꼭 효도하시길.
불자

故父母恩重經云, 父母有十種恩, 卒難報答. 一者懷胎守護恩,[33] 二者臨產受苦恩, 三者生子妄(忘)憂恩, 四者咽苦吐甘恩, 五者迴乾就濕恩, 六者乳脯(哺)養育恩, 七者洗濯不淨恩, 八者爲造惡業恩, 九者遠行憶念恩, 十者究竟憐愍恩. 佛子

그래서 「부모은중경」에서는 부모님께는 죽을 때까지 갚기 힘든 열 가지 은혜가 있다 했지요. 첫 번째는 잉태하여 보호해주신 은혜요, 두 번째는 출산에 임하여 고통 받으신 은혜요, 세 번째는 아이를 낳고서 근심을 잊으신 은혜며, 네 번째는 쓴 건 삼키고 단 건 뱉어 먹이신 은혜요, 다섯 번째는 마른자리로 아이를 돌리고 젖은 자리로 나아가신 은혜

33 [潘重規] 아래의 '第一懷擔守護恩' 구를 볼 때 위의 '胎'자는 아무래도 잘못 쓴 것 같다. [校注] P.3919 「佛說父母恩重經」에 '一者懷擔守護恩'으로 되어 있어 '擔'자가 經本의 원문이 된다. 그러나 '懷胎' 역시 뜻이 통하므로 각각 그대로 두는 것도 괜찮을 듯하다.

요, 여섯 번째는 젖 먹여 길러주신 은혜요, 일곱 번째는 더러움을 깨끗이 씻어주신 은혜요, 여덟 번째는 (자식을 위해) 나쁜 짓도 하신 은혜요, 아홉 번째는 먼 길 떠난 자식 걱정하신 은혜요, 열 번째는 끝까지 사랑하고 걱정해주신 은혜입니다. 불자

適來雖烈(列)十恩名, 義理差殊都未解.
門徒若要細分別, 先生敬重後依行.[34]
第一懷擔守護恩, 十月之[35]中常負重.
慈母將心憂孩[36]子, 恐怕胎中不得安.
生時受苦命如絲,[37] 赤血滂沱魂魄散.
時餉[38]之間潘[39]却命, 由(猶)怕孩兒有損殤.
生了心中便喜歡, 忘却憂愁如(而)[40]快樂.
眷屬親情皆總喜, 慶賀今朝母子安.
漸漸孩兒長大時, 咽苦吐甘爲孩子.
乾處唯留與子眠, 濕處迴將母自臥.
乳脯(哺)養育不辭勞, 洗濯之時無懈倦.
寒熱都來爲閑事, 怜念由(猶)如掌上珠.

---

34 【潘重規】 교독자는 이 구를 '坐下須生渴仰心'으로 고쳤다.

35 潘重規는 '之'를 '胎'로 쓴 다음 "原卷에서는 '胎'자를 卜 부호로 지우고 옆에 '之'로 고쳐 써 놓았다"고 교기하였다. 하지만 '之'자가 맞으므로 여기서는 옳게 고쳤다. P.3919 「佛說父母恩重經」: "어머니가 아이를 가져 열 달째가 되면 일어나도 앉아도 편치 못하니 마치 무거운 짐을 들어 올리는 것 같다(阿孃懷子, 十月之中, 起坐不安, 如擎重擔)"가 위 구의 근거가 되는 經文이다.

36 原卷에는 '孩'의 편방이 '女'로 되어 있다. 이는 편방을 바꾼 속자인 듯하다. 이하의 '孩'자도 모두 '女' 편방을 쓰고 있으나 여기서는 일괄적으로 '孩'로 썼다.

37 原卷을 보면 '斯'를 지우고 옆에 '絲'로 고쳐 써 놓았다. 위에서는 이를 따랐다.

38 原卷에서 '餉'은 원래 '向'으로 쓰인 것을 교독자가 '食' 편방을 덧붙인 모습이다. 사본에서 '向'과 '餉'은 통용되며 여기서는 바로 '餉'으로 썼다.

39 '潘'은 '拚'과 같으며 '돌보지 않다'의 의미이다.

40 潘重規는 '如'를 '而'로 옳게 고쳤다.

年登十五母由(猶)憂, 恐怕造諸不善業.
走去心中常憶念, 佛前[41]願子早歸來.
四時八節眼前無,[42] 不覺目中雙淚下.
時餉[43]之間不得見, 恫惶惆悵似湯煎.佛子
他家孝順阿耶孃, 不孝之男造惡業.
他州外鄉逐樂去, 父母肝腸寸寸斷.佛子
他家若是孝順兒, 解向家中親侍奉.
若是心中不孝順, 逃走他鄉總不歸.
因循向外歲年深, 逐樂何曾憶父母.
所得錢財別處用, 肯解將來獻二親.
將知世界逆衆生, 罪過愚庸不可說.
不報其恩不孝順, 墮向三塗惡道中.
奉勸門徒諸信心, 莫作如斯不孝人.[44]
學取目連心裏事, 命終必定見慈尊.佛子
上來道理轉殷勤, 聞道還須行孝行.
不但自家心裏事, 也令衆罪速消除.
방금 열 가지 은혜의 이름을 열거했으나
의리(義理)가 달라 모두 풀이하진 않았습니다.
문도들께서 만약 자세히 알고 싶다면
먼저 공경의 마음을 가진 후 그에 따라 행하시기를.
첫 번째는 잉태하여 보호해주신 은혜로
열 달 동안 항상 무겁게 지고 계시지.

41 '願子'가 原卷에는 본래 '發願'으로 되어 있었다. '發'자 오른편에 삭제 부호를 넣고 '願'자 오른쪽에 '子'자를 넣었다. 여기서는 고친 글자를 따랐다.

42 '眼前無'가 原卷에는 본래 '不前頭'로 되어 있었다. 교독자는 '不'자와 '頭'자를 없애고 오른쪽에 '眼'과 '無'자를 써 넣었다.

43 原卷에서 '餉'은 원래 '向'으로 쓰인 것에 교독자가 '食' 편방을 덧붙인 것이다.

44 '人'이 原卷에는 본래 '順'으로 되어 있다. 교독자가 이를 지우고 '人'으로 고쳐 썼다.

어머니는 마음속으로 아이를 근심하며
뱃속에서 불편하진 않을까 걱정한다네.
낳을 때의 고통에 목숨은 실낱같고
붉은 피 쏟아지며 혼백은 흩어지네.
잠깐 사이에 명이 다하는데도
오히려 아이가 상처 입을까 걱정한다네.
낳고 나면 마음속으로 기뻐하며
근심을 잊고 이내 즐거워하네.
친지가족들 모두가 기뻐하며
오늘 아침 모자(母子)가 편안함을 축하한다네.
아이가 점점 커갈 때면
쓴 건 삼키고 단 건 뱉어 먹이며 아이를 위하지.
마른자리는 오로지 자식 잠자리로 남겨주고
젖은 곳으로 돌아가 어머니 스스로가 누우시지.
젖 먹여 키움에 수고를 마다하지 않고
깨끗이 씻어줌에 게으르지 않으시지.
더위와 추위도 별 것 아닌 것으로 여기시며
손바닥 위의 구슬처럼 아끼고 사랑하시지.
나이 열다섯이 되면 어머니는 또 근심이 되어
여러 가지 나쁜 일을 저지를까 걱정하시지.
걸어가면서도 마음속은 늘 자식 생각이라
부처님 앞에서 어서 돌아오길 비신다네.
사시사철 눈앞에 보이지 않으니
저도 모르게 두 눈에선 눈물이 흐른다네.
잠깐 동안 보지 못해도
두렵고 슬퍼 애가 끓는다네.
다른 집에서는 부모님께 효도하는데

불효한 아들은 악업만 저지르누나.
타지외향으로 즐거움을 좇아 떠나니
부모님 간장은 마디마디로 끊어지네.
다른 집안의 이처럼 효도하는 자식은
집으로 가서 친히 시봉할 줄 아나,
이렇게 효도하는 마음이 없다면
타향으로 달아나 좀체 돌아오질 않지.
멋대로 밖으로 떠나 햇수만 깊어지고
즐거움만 좇으면서 어찌 부모님 생각 하겠는가!
돈과 재물을 얻어도 다른 곳에 써버릴 뿐
나중에 부모님께 바칠 생각 어찌 하겠는가!
장차 알게 되리라, 세상에서 역(逆)을 저지르는 중생은
죄과와 어리석음을 이루 말할 수 없다는 걸.
그 은혜를 갚지 않고 효도하지 않으면
삼악도(三惡道) 속으로 떨어지게 되리라.
진심으로 문도들에게 삼가 권하노니,
이처럼 불효한 자는 되지 마시고
목련의 심사(心事)를 배워다가
목숨이 다하면 반드시 자존(慈尊)을 뵙게 되기를.
지금까지 마땅한 이치를 간절히 읊어드렸으니,
도를 들었으면 꼭 효를 행하시어
비단 자기 마음속의 것 뿐 아니라
다른 많은 죄들도 속히 없애시기를.

우란분경(盂蘭盆經)

邈觀故題 : 此經讚嘆不思宜,[45] 留傳天下衆人知. 有緣得遇諸佛見,蓮花會裏與君倚.

막관고제 : 이 경문 찬탄의 불가사의함을 천하에 널리 전해 대중들이 알게 할지니. 제불(諸佛)을 만나 뵙게 되면 연화회(蓮花會)에서 그대와 함께 하리라.

45 '宜'는 '議'로 읽어야 맞다. '不思議'는 곧 '不可思議'로서 불교 전적에서 흔히 쓰는 용어이다. 앞에 "故知大聖不思議, 流向閻浮化群生"이라는 구절이 있다.

유마힐경강경문 3 維摩詰經講經文三

「불국품」 후반부와 「방편품」을 다루고 있다. 석존은 보적 등에게 보살이 정토를 얻으려면 마땅히 그 마음을 청정하게 가져야 하고, 그 마음이 청정해지면 곧 부처님의 국토가 청정해진다는 가르침을 편다. 그리고 '석존께서는 일찍이 보살행을 닦으셨을 적에 마음의 청정함을 닦으셨을 것인데, 어찌하여 석존이 계시는 우리 사는 이 국토는 청정하지 못한가'라는 의문을 품은 사리불에게 이 국토는 본래 청정한 것이지만 중생들의 허물 때문에 국토의 청정함을 보지 못할 뿐이라고 설한다.(여기까지 「불국품」 후반부의 내용) 「방편품」에 의거하고 있는 이 강경문 후반부에서 유마힐은 한량없는 방편으로 모든 중생들을 잘 인도하며, 그가 몸에 병이 있음을 보여 문병 온 자들에게 우리 몸의 '덧없음(無常)'과 우리 몸의 '나라고 할 만한 것이 없음(無我)'을 설한다.

유마힐경강경문 4 維摩詰經講經文四

부처님이 미륵보살과 광엄동자에게 유마힐의 병문안을 다녀오라고 명하는 대목을 다루고 있다. 「보살품」의 전반부 내용이다. 미륵은 석존으로부터 다음 차례에 성불할 것이라는 예언을 받은 자로, 지금은 도솔천에 머물며 천인들에게 설법을 하고 있다. 그런데 유마힐은 미륵이 받은 예언에 대해 대체 그 예언은 언제 들은 것이냐며 예언에 대한 미륵의 집착을 꾸짖는다. 그리고 미륵이 위없는 깨달음을 얻는다면 다른 모든 사람들도 그 깨달음을 얻을 것이고, 미륵이 열반을 얻는다면 다른 모든 사람들도 열반을 얻게 될 것이라고 말한다. 중생이 곧 보리의 모습이기 때문이다. 그리고 광엄동자는 도를 닦을 한적한 장소를 찾다가 유마힐을 만나는데, 유마힐은 그에게 도량이란 어느 절이나 산림과 같은 조용한 장소를 말하지 않고, 이 중생세계 속에서도 항상 정직한 마음 등을 가지는 것이 참다운 도량이라는 가르침을 편다.

유마힐경강경문 5 維摩詰經講經文五

「보살품」에서는 미륵보살과 광엄동자에 뒤이어 지세보살과 선덕동자에게 유마의 병문안을 명하는 내용이 나오는데, 이 강경문에서는 지세보살 부분을 다루고 있다. 어느 날 그가 있는 곳으로 마왕이 몸을 바꾸어 제석천 모습을 하고 일만 이천 명의 천녀를 데리고 나타나 천녀들을 시녀로써 달라고 했고, 지세보살은 그가 마왕임을 알아보지 못하고 출가한 자신에게 여인을 보시하는 것은 도에 어긋나는 일이라고 나무란다. 이때 유마힐이 나타나 이것은 제석천이 아니라 마왕이라고 가르쳐준다. 그런데 본 강경문에서는 유마힐이 등장하기 전, 지세보살의 나무람으로 끝이 난다.

유마힐경강경문 6 維摩詰經講經文六

「보살품」에서 부처님의 지명을 받은 네 명 가운데 마지막 인물인 선덕의 이야기를 다루고 있다. 선덕은 보적 등 오백 명의 장자의 아들들 가운데 한 사람이다. 그가 유마힐의 병문안을 감당하지 못하겠다고 사양하는 이유는 이러하다. 그가 일찍이 아버지의 집에서 큰 보시의 모임을 베풀어서 일주일 동안 사문과 바라문, 외도와 빈천한 사람, 의지할 데 없는 사람, 거지들에게 공양을 올렸는데, 유마힐은 그런 선덕에게 마땅히 법으로 보시하는 모임을 열어야 한다고 지적한다. 경전에서는 무엇을 법보시라 하는지 묻는 선덕에게 유마힐의 대답이 장황하게 이어지나, 본 강경문에서는 그 이전에 끝이 난다.

유마힐경강경문 7 維摩詰經講經文七

제5품「문수사리문질품」전반부 내용을 다루고 있다.『유마힐경』제3품인「제자품」에서는 부처님이 여러 제자들에게 유마힐의 병문안 가기를 명했고, 제4품인「보살품」에서는 부처님이 다시 여러 보살들에게 유마힐의 병문안을 명한다. 그러나 제자와 보살들은 모두 이전에 유마힐에게 혼이 났던 일들을 말하면서 자신들은 그 일을 감당할 수 없다며 사절한다. 이에 부처님은 문수사리보살에게 그 임무를 맡기고, 문수사리는 부처님의 성지(聖旨)를 받들어 문병을 가겠다고 답한다. 그리하여 그를 따르는 수많은 보살과 성문과 천인들과 함께 비야리성으로 들어간다.(강경문은 여기에서 끝이 남) 유마힐의 방에 도착한 문수사리는 먼저 부처님의 염려를 전한다. 그리고 '이 병은 무엇으로 인하여 생겼습니까', '이 병이 생긴 지는 얼마나 오래 되었습니까', '이 병은 어떻게 치료해야 나을 수 있습니까' 하고 묻고, 이에 대한 유마힐의 답변이 있은 뒤, 문수보살과 유마힐 간에는 높은 차원의 법 문답이 벌어진다.

쌍은기 雙恩記

저명한 돈황학자 반중규(潘重規)는 이 사본을 읽어본 후 소설『서유기』에 맞먹는 훌륭한 작품이라고 다음과 같이 평한 바 있다. "『쌍은기』는 선우 형제 고사에 의거하여 쓴 것인데, 이 우여곡절 많고 특이한 이야기는 경이롭고 애절하면서 빼어나니 바다 속에 들어가 여의주를 구하는 대목에서 최절정을 이룬다. 이는 마치 괴이하고 신기한 소설『서유기』를 읽는 듯하다. 우리들이 모든 강경문을 읽고나면,『쌍은기』가 가장 빼어남을 느끼게 된다. 생사이별과 선악을 서글프게 노래함이 지극히 유려하면서 장중하여 참으로 천지를 뒤흔들고 귀신을 감읍케 하는 걸작이다." 이 사본의 전체 줄거리는 다음과 같다. 바라나이국의 왕에게는 선우태자(善友

太子)와 악우태자(惡友太子) 두 아들이 있었다. 한번은 선우태자가 궁전 밖으로 나가 농부, 직공(織工), 도살인, 수렵인 등을 보고는 중생들이 고통스럽게 노동하고 죄악을 짓는 것을 애달게 여겨 드디어 부왕의 창고를 열어 대중들에게 나누어 주었다. 또 시종 500인으로 하여금 바다 속에 들어가 여의주를 채취하여 모든 중생들에게 나누어주게 하였다. 그 때 악우태자도 함께 동행했다. 갖가지 위험을 거쳐 선우태자 혼자 용궁에 들어가 여의주를 얻어 돌아가는 길에 동생인 악우태자와 만났다. 악우태자는 야밤에 마른 대나무로 선우태자의 두 눈을 찔러 상하게 하고는 여의주를 훔쳐 귀국하여서는 선우태자가 이미 죽었다고 거짓말을 하였다. 선우태자는 두 눈을 잃고 여기저기 떠돌아다니다 이사발국(利師跋國)에 이르렀다. 그곳에서 한 목동이 소리나는 거문고를 주어 도성(都城) 안에서 거문고 연주로 걸식하면서 살아가게 해주었다. 그런데 그 나라 국왕의 정원지기가 선우태자를 고용하여 정원의 새들을 보호하게 하였다. 그 나라의 공주는 선우(善友)의 거문고 소리를 듣고 그를 매우 사모하여 드디어 선우(善友)와 동거(同居)하게 되었다. 두 사람의 간절한 바람은 기적을 만들어내어 선우태자는 두 눈을 뜨게 되고 자신의 신분을 드러낸다. 그리고 이사발국(利師跋國)의 왕은 공주가 선우태자의 배필이 되는 것을 허락한다. 이에 선우태자와 아내가 고국으로 돌아오자 부모가 지극히 기뻐하고 안보였던 눈도 뜨게 된다. 하늘에서 옷와 음식 등 일곱 가지 보물을 비 오듯이 내려주어 일체 중생들은 모두 충족하게 되고 악우태자(惡友太子)도 용서를 얻는다.

불설관미륵보살상생도솔천경강경문 佛說觀彌勒菩薩上生兜率天經講經文

주소량(周紹良)은 '세(世)'자가 피휘되어 있고 중당(中唐) 때 시인인 유우석(劉禹錫)과 성당(盛唐) 때 시인인 이초운(李稍雲)이 언급된 것에 근거하여 이 사본을 만당(晩唐) 대의 것으로 추정한다. 현존 사본을 보면 '보살', '상생', '도솔', '천'으로 각각 나누어 경전 제목의 의미를 이야기하고 그에 해당하는 경문을 설명하는 방식으로 구성되어 있다. 앞부분이 없어서 경문 제목